国民党与共产国际

1919—1927

李玉贞 著

人民出版社

目录

附录：

序　一

共产国际与中国的关系是一个饶有趣味的题目。长久以来，这种关系都披着神秘的面纱。改革开放以后，随着对中共党史、中华民国史研究的深入和对外学术交流的开展，特别是随着苏联解体后共产国际档案的解密，历史的真面貌逐渐呈现出来。

一般来说，在研究这段历史时，学者们更关注的是共产国际与中国共产党的关系，现已发表的论著也大抵侧重这一方面。然而，李玉贞先生推出的新作则系统探讨了1919年至1927年共产国际与中国国民党的关系，从另一个侧面丰富了我们对这段历史的认知。李先生长期从事中国革命与共产国际关系的研究，是最早开始在海外收集有关档案资料的大陆学者。依据多年积累的史料和深入的研究，她在这部著作中不但记述了鲜为人知的事实，澄清了一些历史疑团，还摈弃了以往按照共产国际理论来解读这段历史所形成的偏见，提出了不少有见地的、具有启发性的新观点。

十月革命后，苏俄处境艰难。为摆脱困境，列宁想到了中国。不过，苏俄对华外交的对象不是单一的，它试图脚踩两只船、甚至几只船。苏俄一方面派遣正式外交代表赴北京，与北洋政府接触；另一方面又派遣共产国际的使者，联络他们心目中的革命势力，希图推翻这个政府，促进东亚和世界革命。在中国方面，以孙中山为领袖的中国国民党，欲与北洋军阀和其他实力派争雄，也亟须争取外部世界的经济和军事支持。在寻求西方援助无果的情况下，孙中山转向苏俄。正是在苏俄的援助之下，国民党具备了问鼎全国政权的实力。此后，在斯大林领导下，苏俄的这种脚踩两只船的政策又在处理国共关系时重演。不过，这一次却遭到了极大的失败。

在记叙这段迷离曲折的历史时，李先生选择了一个颇具新意的视角，以苏俄和中国国民党各自的利益诉求为分析的主轴，探讨了双方合作的基础及限度，双方分歧的由来与矛盾激化的原因，清晰地勾勒出国民党与苏俄和共产国际关系发展演变的来龙去脉。本书提出了一系列新观点，颠覆了一些传统的说法，其中有四点尤令人印象深刻：第一，苏俄与国民党是因各自的利益需求而走到一起的，最终又因利益冲突而分手。第二，统领和支配着苏俄对华外交的是其国家利益，而这种利益具有多重性，苏俄外交除巩固和维护新生革命政权之外也承袭了沙俄扩张主义的传统。第三，1919 年成立的共产国际不仅是世界性的共产党组织，也是苏俄外交、包括对华外交的一个重要工具，其奉行的是为苏俄外交服务的方针。第四，当年苏俄对中国的情况缺乏基本的了解，这导致了一系列判断失误和对华政策的混乱与矛盾，这种脱离实际的政策也根本不可能指导中国革命取得胜利。

在共产国际的历史上，同各国共产党以外的政党发生如同其与中国国民党这样密切的关系可以说是一个特例；而在中国近代史的这个重要时期，如果不了解共产国际与中国国民党的关系就难以把握历史的全貌，难以理解中国与苏俄关系的演变以及中国国共两党关系的演变。我相信，这部著作的出版不仅会引起普通读者对这段历史的兴趣，也会引起学界同仁对这段历史更深入的研究与思考。

中共中央党史研究室原副主任　章百家

2011 年 10 月 12 日

序　二

李玉贞教授积三十年之功，写成《国民党与共产国际》一书，就1919—1927年间，中国国民党与共产国际的关系这一重大历史课题，进行了客观的深入的研究，其内容涵盖了中苏外交、党际关系、党务、组织、军事、政工、思想、理论及众多相关人物活动，全面地真实地再现了历史场景。

作者以苏共领导人斯大林于1943年5月发表的讲话为切入点，展开论述。斯大林说："无论马克思和列宁在世时的经验，还是今天的经验，都已经表明，不可能从一个国际中心去领导全世界的工人运动。""当初建立共产国际时，我们过高估计了自己的力量，以为我们能够把全世界的运动领导起来。这是我们的错误。"共产国际及其策动的东方革命运动，事实上是"以主观革命愿望为基础的"，激进的"尽快""加速"历史进程的盲动，中国20年代大革命的结局就是有力的证明。在中国大革命过程中，斯大林幻想变国民党为工农革命党，变国民革命为工农革命，变国民政府为亲苏政权，变减租减息为暴力没收土地，变蒋介石为"雅各宾党人"，变汪精卫为"左派"领袖。大革命的结局正是这种一相情愿幻想之破灭，而非中国国民革命的失败。国民革命仍在进行，并取得胜利。

本书指出，对1919—1927年间中国国民党与共产国际双方关系的研究，不应再以斯大林已经承认"错了"的标准和律条为出发点，而应对苏联史学的陈旧观点提出一系列质疑，重新探索这一重大历史课题。诸如：

1. 第二国际的社会民主主义，何以与共产国际理论对立？根本分歧何在？

2. 中国第一批拥护苏俄的人，对十月革命了解多少？接受、选择了什么？忽略了什么？由于不了解这场革命而陷入何种误区？

3. 把是否赞成苏俄革命模式和共产国际理论，当做判断革命与反革命、进步与保守或反动的标准，是正确的革命理论和实践吗？

4. 国民党奉行三民主义学说，孙中山不赞成苏式革命理论，共产国际便说他们是资产阶级革命者，并实行发展其党内左派、争取中派、孤立和打击右派，进而分裂国民党的策略，到底产生了什么结果？

5. 国民党曾经访苏的使者，如蒋介石、胡汉民、邵力子、汪精卫等人，为什么一度被共产国际称为"左派"？蒋、胡、汪三人，日后为什么都成了反苏派？

6.1926年底到1927年夏，斯大林对中国革命的指导，究竟如何估量？……

作者在探索上述问题时，除了吸纳国内的研究成果和资料，大量地使用了国外新近公布的原始档案文献和研究成果，诸如原版五卷本大型档案文献集《联共、共产国际与中国》，英文版《国际新闻通讯》，俄文版《共产国际》及共产国际代表大会和执行委员会的速记记录，等等。特别难得的是挖掘和使用了俄罗斯国家社会政治历史档案馆的许多档案。这些资料足以支撑作者的理论探索和史实考证，进行严谨周全的理论阐述，真实正确的历史叙事，从而尽可能地还原历史面貌，给读者送上一本既有学术价值，又具反思意义的历史读物，并在已经问世的同类著作中占有重要的一席之地。

中国社会科学院研究员　陈铁健

2011年9月

序　三

十多年前，笔者读到李玉贞教授《孙中山与共产国际》所引用的新旧史料，增加了我在这方面的知识。

2006 年秋，我在上海参加“孙中山 140 周年诞辰研究会”，李教授也与会。会后因有共同兴趣，曾数度交谈，相当投缘，才种下她要我写这篇序文的缘因。

李教授于“文革”过后，身心疲惫之余丢弃高校教鞭来到学术界，接到上级指派的任务是收集、翻译出版共产国际与中国的资料。由于她是北京外国语学院俄罗斯语言文学系毕业，占有语言上的优势，很快便进入情况。接触到原始材料后，发现内容与当时已经出版的著作有南辕北辙之别，有关孙中山的情况即是一例，故一切要从头开始。从 1977 年调入近代史研究所从事研究开始，到 1996 年出版《孙中山与共产国际》，历经 19 年的“焚膏油以继晷，恒兀兀以穷年”的学者生涯，才完成了那部有学术水平的著作。

1994 年 5 卷本俄文版《联共（布）、共产国际与中国 1920—1925》出第一卷，是有关共产国际史料解密的集成。适逢李教授因撰写《马林传》搜集资料访俄，其专业素养得到俄国学术界肯定。遂后李教授被委以第一卷中译之重任，其书于 1997 年 4 月出版。这本书包括文献 205 件，共 670 页，将对中国影响深远的史实重现于国人之前，嘉惠士林，不止一端。

李教授在上述研究和译著基础之上，又经过十余年的不懈努力，才完成了涉及面更为广泛、研究更是深入的姊妹篇《国民党与共产国际》，允为当代这一领域的研究添砖加瓦之作。李教授的书得以出版受益于客观上得到天时、地利、人和的优越条件。诸如：

（一）“文革”如不结束，就没有机会进入学术机构——近代史研究所。

（二）没有前辈黎澍的引导，就不会进入共产国际研究这一领域。

（三）没有中国 30 年来的改革开放，就没有今天学术界的相对松动，如此敏感的题材，不可能以现在的面貌出现。

（四）苏联不解体，锁在莫斯科铁幕后的共产国际密档就不可能开放，不可能赴俄研读并与彼方资深研究人员交流，立论就不会如此周密和自信。

（五）如果没有对新解密之俄文资料的繁重译述过程，对这段史实就不会有独特的感悟，那么本书之叙事也就不会如此翔实，且多具新意。

由于以上主客观条件，才构成这本著作的面世，其内容广博，大刀阔斧处理丰富的国内外原始材料，又能细针密缕地写成极有条理的篇章。最难得者，於这样意识形态敏感的主题，作者不陷于立场纷争和情绪渲泄，娓娓道来，平实而服人。30 年岁月专注于共产国际这一专题，其成就绝非偶然。李教授才思敏捷，文章流畅，有时不由自主地写出可贵的谠论。举例如下：

1925 年孙中山逝世，莫斯科当局以它们的观点说孙中山“不是共产主义者，没有上升到马克思主义的世界观高度”。对这个评论，李教授写下了内心的抗议，说彼方“会当凌绝顶，一览众山小”，讽刺其妄自尊大，表达了她的民族自尊。

孙中山沉缅于其“西北计划”。想用俄援在西陲新疆建立军事基地，进攻北京，有人投其所好，竟建议以已有之华人编制与苏俄红军混编，在伊犁建立新疆苏维埃共和国，以一个加盟共和国的资格加入苏联。这个建议索性是要把这一大片中国领土割给苏联。论及此事，李教授补上一句“值得庆幸的是这个建议没有被采纳”，不自觉地表达了她的情操。从本书字里行间，认识到李教授不仅是个专业的学者，更是一位有责任心的知识分子（Intellectural）。

本书所述是变动不居的时代，斗争成了历史主轴。国际间有资本主义与社会主义之争，社会主义运动中又有第二国际与第三国际之争，更有帝国主义与殖民地反帝之争。国内有专制与民主之争，新旧军阀之争，阶级斗争与阶级和谐之争。共产党主张统一战线与国民党进行党外合作。本书主题陈叙虽仅八年，而世纪巨变之渊源均在其涵盖之中，然叙而不论，不言之教，陈义甚高。

本书作者穷 30 载岁月的经营于此一专题。思想、政制之异同，意识形态之分歧，民族感情之激荡，治乱兴衰之轨迹，昭然甚明。李玉贞教授著述之勤，实为人所钦慕矣。

邹　达

2010 年于美国

前 言

中国国民党与共产国际的关系是一个政治性很强的题目，至今依然十分敏感。笔者之所以涉足，乃鉴于中国和国际政治中的许多重大变化迫使每一个人再思。或再思自己的经历或梳理自己的思想，或再思研究工作如何与时俱进。本书便是这样的尝试。

共产国际成立于1919年，它是国际共产党的组织，是苏联外交的一个秘密渠道，同时也是苏联对华外交的一个渠道。

1919年孙中山整合各路人马组成中国国民党，目标在推翻北洋军阀政府，建立由中国国民党掌权的“革命”政府。于是就出现了一个奇特的现象，本书所述时期，中国国民党处于非执政地位，因十月革命中断的中俄关系也正在争取正常化的过程里。可是一个在野的中国国民党却与共产国际和莫斯科代表发生了日益频繁、日益公开的关系。莫斯科开展的是双管齐下的对华外交：一方面派遣正式的外交代表赴北京，与中国的正式政府接触，另一方面派遣共产国际使者，从世界革命的角度，联络他们心目中的革命势力，希图推翻这个政府，并促进东亚革命。在俄共（布）党员吴廷康、威廉斯基—西比利亚科夫1920—1921年年初的探路之行后，莫斯科便开始了明暗两条渠道的对华外交——往北京政府和华南派遣代表，有越飞—马林搭档，接着是加拉罕—鲍罗庭搭档。俄共（布）—联共（布）在任命代表时就明确了他们的主从关系：共产国际方面的代表马林和鲍罗庭要分别服从苏俄政府代表越飞和加拉罕的领导。这充分体现了共产国际为苏联外交服务的方针，确如俄罗斯学者们所说，共产国际的活动，“从来没有站在违背苏俄国家利益的立场上”。①

那个时期的中国国民党便扮演着革命势力的角色。不必从国际法的常规中去寻找依据，事情就是这样发生和演进的：它在野，但是得到外国援助。

---

① 阿基别科夫、什里尼亚：《俄共（布）—联共（布）中央委员会政治局与共产国际》［Г. М. Адибеков，М. М. Шириня. *Политбюро ЦК РКП（б）-ВКП（б）и Коминтерн* 1919—1943 *документы*］，前言，РОСПЭН，俄罗斯政治百科全书出版社2004年版，第5页。

有的史书，如茅家琦等人的《中国国民党史》① 将孙中山在世时的这段历史概括为“孙中山与中国国民党”，把孙中山逝世后直到1949年称为“蒋介石与中国国民党”，此说法也还贴切。

本书前半部分论述的，事实上就是孙中山与共产国际的关系。约15年前，作者的同题专著②对此有所讨论。当时由于研究不深入，想当然地重复了苏联史学的观点，无形中显现了“中毒”症状——以孙中山为核心把国民党划分为“革命”与“反革命”，或使用陈炯明③“背叛”孙中山一类的语句，再如商团事件，④ 待日后有了深入研究，发现昔日观点尚待全面研究。

本书后半部分的主角是蒋介石。按照共产国际的理论，蒋介石一度也是左派，他身边的汪精卫、胡汉民等一度被划归左派。划分革命与否的标准是“舶来品”——对待苏俄和共产国际的态度。

过去苏联史学中，国家利益这个因素长期被意识形态因素掩盖着，中国国民党对共产国际的关系因之纠葛缠绕，剪不断理还乱。本书作者认为以国家利益为轴心来认识苏俄和共产国际的对华政策，有许多复杂问题也许可以迎刃而解。例如，从蒋介石到汪精卫，一度在莫斯科眼睛里的“左派”，最后全都与“右派”携手，公开走上反共产国际和反中共之路。他们为什么这样做？他们“反”的是什么？这便是本书要探讨的内容。

国民党与共产国际分道扬镳的另外一个原因，就是共产国际支持中共争夺国民革命运动领导权的斗争。这不是本书内容，然而从共产国际设计的各种政权结构，特别是1927年年初斯大林等让中共尽快掌权的矛盾百出的指示，无一不直接涉及苏联国家利益。今天一些俄罗斯权威学者公正地说，共产国际“年复一年越来越有力地充当联共（布）和苏联外交的工具”⑤。

一、本专题的研究

中国国民党与共产国际关系的研究，直接受到世界政治的影响。到1991

---

① 茅家琦、徐梁伯、马振犊、严安林等：《中国国民党史》（上下册），鹭江出版社2009年版。

② 《孙中山与共产国际》，台北“中央”研究院近代史研究所，1996年版。

③ 段云章、倪俊明编：《陈炯明集》上、下卷，中山大学出版社1998年版；陈炯明之子陈定炎：《一宗现代史实大翻案——陈炯明与孙中山、蒋介石的恩怨真相》，香港，1997年版；段云章、沈晓敏、倪俊明编著：《历有争议的陈炯明》，中山大学出版社2006年版。

④ 对这个问题有深入全面的阐述的文章可见敖光旭：《“商人政府”之梦——广东商团与“大商团主义”的历史考察》，中国社会科学院近代史研究所：《近代史研究》2003年第4期；邱捷：《广州商团事变——从商人角度的再探讨》，《历史研究》2002年第2期。

⑤ 阿基别科夫，什里尼亚：《俄共（布）—联共（布）中央委员会政治局与共产国际》，莫斯科2004年版，第5页。

年苏联解体前，以苏、美为首的两大阵营你死我活的对立，涉及各个国家。中国属于社会主义阵营，中共是在共产国际帮助下建立起来的，“以俄为师”在中华人民共和国成立前后都不仅是中共史学的基本政治取向，而且是一段时间里国家经济建设的模板。在中国史学中，斯大林主持编纂的《联共（布）历史简明教程》拥有绝对强势的话语权，它被苏联史学界视为苏俄史和世界共产主义运动理论的圭臬。

对于布尔什维克历史的研究，斯大林一再突出强调“要有正确的方针”，史料并不重要，那是“那些没用的官僚才去做的事”。[①] 于是为了与党“一致”，加上苏共强大的宣传气势，严格的舆论控制和新闻审查，[②] 人们受到的教育是，共产国际理论乃放之四海而皆准的真理。苏联解体后，学者们从严肃的科学研究角度对这部在国际共产主义运动中影响深远的著作进行了剖析，说明这是斯大林歪曲历史和树立其个人崇拜的作品。[③]

在苏联时期，学者们对这些问题的研究，明显地分成两大派别。一是被称为“资产阶级史学”的欧洲、美国、日本学者。另一派是站在无产阶级党性立场上的苏联史学。由于历史的原因，台湾学者在许多涉及国共关系和共产国际的问题上，一度与大陆主流观点对立。

苏联史学多少年来承袭的观点是：中国是一个半殖民地半封建的国家，共产国际依据列宁关于半殖民地国家民族革命的理论，特别从其第二次世界代表大会之后，形成了一个带有指导性的观点，即：从无产阶级世界革命的角度看，像中国这样的东方殖民地和半殖民地国家的无产阶级可以在一定时期内与资产阶级政党“合作”，第一步谋求国家民族独立，完成资产阶级民主革命，第二步，待无产阶级力量壮大后，再进行更高阶段的革命——无产阶级共产主义革命。[④] 在第一个阶段，孙中山和中国国民党是一支可以利用的政治力量。过去苏联公布的文献多半强调的是苏联对孙中山、中国国民党和中

---

① А. Б. 祖波夫主编：《二十世纪俄国史》（Зубов. *История России. XX век*, Москва），莫斯科，阿斯特出版社 2009 年版，第 933 页。

② Л. В. 马克西缅科编：《极其严格的新闻检查制度——1917—1956 苏维埃国家的作家和记者》（Максименко. *Большая цензура - писатели и журналисты в стране Советов* 1917—1956, *документы*），莫斯科，2005 年版。

③ 《И. В. 斯大林—1920—1950 的苏联史学意识形态与历史学家的通信论文和札记讲话的速记记录汇编》，上集［*Сталин*, *Историческая идеология в СССР в* 1920—1950 *годы*, *переписка с историками*, *статьи и заметки по истории*, *стенограммы выступлений*, *Сборник документов и материалов*. *Часть* 1，(1920—1930)］，圣彼得堡，科学出版社 2006 年版。

④ 《共产国际第二次世界代表大会》（*Второй Всемирный Конгресс Коммунистического Интернационала*），莫斯科，党务出版社 1933 年版。

国民族解放斗争的国际主义援助。① 至于共产国际如何为苏联外交、为保卫苏联利益服务，则少有涉及。

共产国际认为像中国这样的东方殖民地半殖民地国家可以在世界无产阶级即苏俄无产阶级帮助下跨越资本主义发展阶段直接过渡到共产主义，即所谓的“跨越”论。这个“跨越”论在相当长的时间里是中共制定政策的依据。共产国际代表大会和执行委员会全会讨论中国问题时，最常见的提法便是如何让中国尽快走上非资本主义道路。② 最能及时反映其方针和政策的，当属共产国际的机关刊物《共产国际》。③ 就中国的国共合作而言，研究者一般是将共产国际第二次代表大会上列宁关于民族与殖民地问题的理论作为指导，遵循的也是：同资产阶级政党合作，仅仅是在一定时期内，待无产阶级政党——共产党自身强大，条件成熟，就同资产阶级政党分手，由共产党单独掌权。

即使完全按照上述观点，往昔的研究中也是多重复，乏新意。于是在苏联形成了一个奇特的研究现象：那里有丰富的史料，可学者们被要求只消理解党“正确的方针”。深藏在莫斯科大德特罗夫大街 15 号（Большая Дмитровка №15）原苏共中央马列主义研究院中央党务档案馆（ЦПА ИМЛ）④ 今俄罗斯国家社会政治历史档案馆（РГАСПИ）的 685 个卷宗计 210

---

① M. C. 贾丕才编：《苏中关系 1917—1957 》（Капица ：*Советско-китайские отношения*1917—1957），莫斯科，1959 年版；苏联外交部编：《苏联对外政策文件集》（ Министерство СССР：*Документы внешней политики СССР* ），第 1—10 卷，莫斯科，1957—1964 年版；《纪念孙中山诞生 120 周年。论文、回忆录、文献、资料集》 （ Сунь Ятсен：1866—1986. К 120-летию со дня рождения. Сборник статей，воспоминаний，документов и материалов），莫斯科，1987 年版。苏联汉学家 П. Е. 斯卡奇科夫的《中国书目》（Скачков *Библиография Китая*），莫斯科 1932 年版，1960 年版。最详细地列举了有关文章。

② 如中国问题科研所，共产主义学院下设的世界经济与世界政治研究所民族殖民地分部编辑的：《共产国际关于民族与殖民地革命的战略与策略在中国的运用》（*Стратегия и Тактика Коминтерна в национально-колониальной революции на примере Китая*），莫斯科，世界经济与政治出版社 1934 年版；《世界革命之路》（*Пути мировой революци*），莫斯科，国家出版社 1927 年版；《共产国际执行委员会第六次扩大全会速记记录 1926 年 2 月 17 日—3 月 15 日》（*Шестой Расширенный Пленум Исполкома Коминтерна стенографический отчёт*），莫斯科—列宁格勒，国家出版社 1927 年版。

③ 《共产国际》杂志 *Коммунистический Интернационал*1919—1943，俄文版、德语版、英语版在整个共产国际存续期间一直出版，后来陆续增加了西班牙语、法语和中文版。共产国际的机关刊物还有英文版《国际新闻通讯》（*International Press Correspondence*）。

④ 1920 年 9 月苏俄国内战争期间便开始了收集和整理档案的工作，建立了一个委员会，由 M. C. 奥利明斯基（亚历山大罗夫）负责。1921 成为俄共（布）中央委员会的一个部，后成为苏共中央马列主义研究院中央党务档案馆，1991 年苏联解体后，该档案馆更名为俄罗斯现代史料研究与保管中心（РЦХИДНИ）。1999 年该馆与苏联列宁主义青年团组织史料保管中心合并成立俄罗斯国家社会政治历史档案馆（РГАСПИ）。

万文件和 16 万各类博物馆史料便成了铁门后的秘密。东西方学者基本都不得使用。

1969 年为纪念共产国际成立 50 周年，苏联出版了一部重头著作《共产国际与东方》。[①] 其作者获准使用当时苏共中央马列主义研究院中央党务档案馆的档案。但是基本观点并没有什么改变。1978 年该书出增补版。这个版本副题为"反批评"，针对西方资产阶级学者、改良主义和其他"歪曲"或"否定"共产国际关于世界革命战略和策略的著作进行了系统批判。[②]

西方学者也出版了许多著作，基调是相反的。

1956 年就有珍妮·道格拉斯的《共产国际文件》问世。[③] 在美国，学者们既翻译发表基本文献，也写有不少著述。[④] 德国历史学家弗朗茨·波克瑙的《世界共产主义——共产国际史》的主题是应当"消灭共产主义"，[⑤]他认为列宁关于民族与殖民地问题理论的根本用意在于利用这些国家的运动为苏联利益服务。英国历史学家巩特尔·诺莱认为列宁这一理论旨在"从策略上考虑去支持殖民地和半殖民地国家的资产阶级民族运动和解放运动"[⑥]。他把共产国际在中国推行其战略和策略的实践称之为"中国的灾难"。[⑦] 英国著名历史学家 E. H. 卡尔的巨著《苏联历史》虽然也指出苏俄关于民族自决等政策的真诚性，但他同样认为共产国际对包括中国在内的殖民地半殖民地国家的政策，包含着利用这些国家的民族运动为苏联外交服务的因素。[⑧] 其他作者的书基调也大致如此。如 D. N. 雅科布斯著的《M. M. 鲍罗庭——斯大林派往中

---

① *Коминтерн и Восток*，莫斯科，东方文献总编辑部 1969 年版。

② *Коминтерн и Восток*，莫斯科，科学出版社 1978 年版。

③ 中国于 1964 年出版其译本，分上下两册，世界知识出版社。

④ 如惠廷的《苏联对华政策 1917—1924》（A. Whiting *Soviet Policies in China* 1917—1924），纽约，1954 年版；韦慕廷：《孙中山——壮志未酬的爱国者》（C. Wilbur *Sun Yat-Sen*，*Frustrated Patriot*），纽约，1976 年版；他和郝莲茵合编的：《革命使者——苏联顾问和中国国民党》（Missionarties of revolution—Soviet advisers and nationalist China 1920—1927），哈佛，1989 年版。勃兰特·孔拉德：《斯大林在中国的失败 1924—1927》（Brandt Conrad：*Stalin's failure in China*），剑桥，1958 年版。

⑤ F. 波克瑙：《世界共产主义—共产国际史》（Borkenau. *World Communism. A history of Communist International*），纽约，1939 年版，1962 年密歇根再版。

⑥ 见巩特尔·诺莱：《国际共产主义和世界革命。历史与方法》（Gunter Nollau *International Communism and World Revolution. History and Methods*），伦敦，1961 年版，第 59 页。

⑦ 见巩特尔·诺莱：《国际共产主义和世界革命。历史与方法》（Gunter Nollau *International Communism and World Revolution. History and Methods*），伦敦，1961 年版，第 98—104 页。

⑧ E. H. 卡尔：《苏联历史—布尔什维克革命》（Carr. *A History of Soviet Union. The Bolshevik Revolution*），伦敦，1953 年版。

国的人》。[1] 这些观点事实上已经与今天的俄罗斯学者的观点大致相同。

美国知名学者费正清、费维恺主编的《剑桥中华民国史》在研究分析共产国际的土地农民问题政策时，切入点在于农民骚动是“自发的，与共产主义运动同时发生，而又独立于共产主义运动之外”。认为中国共产党利用贫苦农民作为基本力量去推动苏式革命，而国民党则是从政府的“财政收入”来源这一现实考虑去制定对地主的政策，阐述的是哪个政策能调整地主和农民利益，其结果能否促进社会发展。从而在更加深远和广阔的背景上展示中国农民运动的状况，读之令人信服。[2]

旅澳华裔学者，澳大利亚科学院院士黄宇和在《中山先生与英国》[3] 一书中利用英国档案和俄国史料的对比，阐述孙中山与莫斯科的关系，称孙中山接受苏俄和共产国际援助是“饮鸩止渴”。[4] 他对商团事件前后广州形势和孙中山处境的详细阐述，为这一问题的研究开拓了新的视野，提供了可贵的史料，与前述敖光旭、邱捷文章有异曲同工之效。

曾有两个因素对中国台湾和内地在这个问题上的研究产生过影响，一个是国际上的冷战气氛，另一个就是内地和台湾的关系。两者一度以“匪”互称，致使两岸研究都不同程度出现学术问题“党化”的状况。此处仅介绍这方面的主要著作。中苏外交关系的研究著述不胜枚举，此处从略。[5]

在台湾，比较系统阐述中国国民党与苏联和共产国际关系的著作首先当推蒋介石的《苏俄在中国》。[6] 1957 年该书出版两年后，德国波恩便出了其德文版。蒋介石本人说，他要“揭露苏联共产党一向借以征服中国然后征服世界的所谓‘和平共处’政策的虚伪性，以及介绍中国国民党如何与之对抗”。他寄希望于“铁幕两边的中俄人民”在“世界范围内结成反对共产主义的战略联盟”，以“挽救人类免遭极权主义的奴役”，所以早在 1961 年 10 月 10 日在台北为该书的俄文版写了《序言》。不言而喻，该书俄文版在苏联解体前不可能出版。这篇《序言》沉睡了近半个世纪后才在 2009 年出现于其俄文版

---

① D. N. 雅科布斯：《斯大林派往中国的人—鲍罗庭》（Jacobs，*M. M. Borodin-Stalin's man in China*），哈佛，1981 年版。

② 刘敬坤等翻译，中国社会科学出版社 1993 年版。关于“农民运动”，见下卷，第 309—312、317—318 页。

③ 台湾，学生书局 2005 年版。

④ 台湾，学生书局 2005 年版，第 472—483 页。

⑤ 请见本书作者参与编译的《中苏国家关系史资料汇编（1917—1924）》附录，中国社会科学出版社 1993 年版；何汉文：《中俄外交史》，中华书局 1935 年版。

⑥ 台北，“中央”文物供应社 1957 年版。

中。蒋氏曾孙女蒋友梅为此书题字。[①]

蒋介石本人的著作书信等是最基本的史料依据，本书主要使用的是《先总统蒋公全集》,[②]《蒋中正总统档案》,[③] 或者早些时候出版的他的讲演集。

中国国民党中央党史委员会党史史料编纂委员会的《革命文献》为这个专题的研究公布了最早的珍贵资料。罗家伦主编的《革命文献总目》,[④] 则为使用这套卷帙浩繁的丛书提供了极大方便。

而刘绍唐先生主编的被旅美史学家唐德刚称为“（刘）绍唐以一人而敌一国”的《传记文学》，自1962年创刊至今一直是荟萃丰富史料的不可多得的宝库。

早在抗战时期出版的邹鲁的《中国国民党史稿》[⑤] 已经提及国民党对苏关系方面的内容。李云汉的《从容共到清党》[⑥] 是集中阐述中国国民党与中共、共产国际和苏联关系的专著。蒋永敬的《鲍罗廷与武汉政权》[⑦] 着重分析武汉政权时期共产国际在对华政策上的沿革和造成的结果。

李云汉的《中国国民党史述》[⑧] 使用了中国国民党党史会的档案，对于该党与共产国际的关系有提纲挈领的论述。他在《中国国民党党史研究与评论》[⑨] 一书中对这个领域的研究状况条分缕析予以深入介绍。

台北“中央”研究院近代史研究所陈永发的《共产革命七十年》[⑩] 是近年来台湾学者对中共革命进行简要而系统研究的著作，也涉及共产国际与国民党的关系。该书字里行间少了一些“冷战”色彩，是一部面向广大读者的著作。

蒋介石从1925年开始将个人的文档交专人保管，先后由毛思诚、陈布雷、周宏涛、秦孝仪负责。1949年蒋的资料运往台湾，现存于台湾“国史馆”。已经出版的主要有以下三种：

毛思诚编撰、蒋亲自审定修改过一个秘本——《蒋公介石年谱初稿》，后经陈布雷校订于1936年10月公开出版，更名为《民国十五年以前之蒋介石

---

① 莫斯科，播种（Посев）出版社2009年版。现任教于美国 Capital University 的俄裔教授 A. B. 潘佐夫博士重新修订该书俄译文并写了出版前言。

② 台北，中国文化大学中华学术院编纂，1984年版。

③ 台北，“国史馆”编纂，2004年版。

④ 台北，“中央”文物供应社1968年版。

⑤ 初版于1929年，上海民智书局；1938年商务印书馆、1944年再版；中华书局1960年再印。

⑥ 台北，中国学术奖助会1966年版。

⑦ 台北，传记文学出版社1972年版。

⑧ 台北，中国国民党中央委员会党史委员会1994年版。

⑨ 台北，近代中国出版社1995年版。

⑩ 本书分上下两卷，台北，联经出版社1998年版。

先生》。1971 年，台湾中央文物供应社再版《民国十五年以前之蒋介石先生》四册。1992 年中国第二历史档案馆依据《蒋公介石年谱初稿》，同时参照《民国十五年前之蒋介石先生》，出版《蒋介石年谱》一本，由中国档案出版社出版。此书为蒋一岁到四十岁（1887—1926 年）的纪年史。

1977 年由秦孝仪主编的《总统蒋公思想言论总集》，共四十本，收录 1922 年至 1975 年蒋去世时的资料，分专著、演讲、书告、文録、别録、谈话、书面致词，以及总目录、大事年表、论著年表，辑录而成。由中国国民党中央委员会党史委员会出版。

2003 年台湾"国史馆"开始逐渐出版《蒋中正总统档案事略稿本》，国史馆馆长张炎宪在序言中说："《事略稿本》系蒋氏的秘书参阅相关函电令告及节抄蒋氏日记，以仿《春秋》以事系日，以日系月，以月系年编撰而成。起讫年代，自一九二七年至一九四九年……总计二七四册"。目前已面世近 60 本，预计 2012 年全部出完。由于该书细致地收录蒋氏每天的重要活动，包括日记和思考，所以篇幅巨大且有较高的史料价值。

将介石在长达五十多年的时间里坚持写日记，近年美国胡佛研究所已经将其公开。

蒋氏两代都已作古，他们的档案有部分可供使用，由于有蒋经国遗命，这些资料近期之内尚无公之于世的可能。王力行、汪世淳在其《宁静中的风雨——蒋孝勇的真实声音》① 详细介绍了这个情况。目前笔者看到的仅仅有蒋经国《风雨中的宁静》,② 那是极其简略的回忆、杂感、书信和论述。

台湾和香港有一些出版物讨论这个领域的某一专题，例如关于莫斯科中山大学，有台北出版的《六十年来留俄学生之风霜绰厉》,③ 本书编辑期间尚在世的留俄人员或撰写或口授，留下珍贵材料。余敏玲据俄罗斯国家社会政治历史档案馆的史料写了《国际主义在莫斯科中山大学》④ 一文。台北出版的陶涵的《蒋经国传》,⑤ 也有部分据俄国档案讲述蒋经国在苏联的情况。香港出版的《陈碧兰回忆录》⑥ 是一本亲历纪实，回忆莫斯科中山大学的生活。

---

① 台北，天下文化出版社 1997 年版。

② 台北，正中书店 1967 年版。

③ 中华民国留俄同学会编辑，台北，中华图书出版社 1988 年版。

④ 台北"中央"研究院《近代史研究集刊》1996 年第 26 期。

⑤ Jay 陶涵（Tailor）：*The General's son ：Chiang Ching Kuo and the revolution in China and Taiwan*，林添贵译作：《蒋经国传》，台北，2000 年版。

⑥ 香港，十月书屋 1994 年版。

二、俄罗斯有关本专题的新出版物

过去，苏联和世界其他国家学者们使用的多是共产国际历次代表大会和执行委员会全会的记录，① 以及共产国际创办的（德、英、法、西和中文版）刊物《共产国际》杂志。

冷战结束，特别是1991年苏联解体，共产国际档案公开，近年又开放了斯大林个人档案。在史料公布方面可以说出现了“井喷”。

其中最值得关注的当然是俄罗斯国家社会政治历史档案馆的出版物。除了这里浩如烟海的共产国际档案，难能可贵的是该馆拥有一批优秀学者，他们编辑出版了许多重量级的档案集和参考书。直接有关中国的是，俄罗斯和德国学者从1992年开始合作至今已经完成的大型档案文件集《联共、共产国际与中国国民革命运动》一书；由俄罗斯科学院远东研究所、俄罗斯国家社会政治历史档案馆和德国柏林自由大学东方系联合编纂，② 它为推进这个领域的研究提供了迄今为止比较系统的史料，③ 而其第3—5卷（1931—1945年）的重点，则是共产国际与中共的关系。

俄罗斯国家社会政治历史档案馆阿基别科夫等人编辑的《俄共（布）—联共（布）中央委员会政治局与共产国际1919—1943》，一书，直接和间接地照亮了本专题研究鲜为人知的盲区，使研究者了解共产国际执行委员会决策的机关，其运作过程和背景，说明斯大林和俄共（布）—联共（布）中央委员会政治局在共产国际执行委员会中的重要作用，④ 该馆共产国际研究小组

---

① ［苏共中央］马列主义研究院：《共产国际第一次世界代表大会》（Институт Марксима-Ленинизма, *Первый Всемирный Конгресс Коммунистического Интернационала*），莫斯科，党务出版社1933年版；《共产国际第二次世界代表大会》［*Второй Всемирный Конгресс Коммунистического* Интернационала（июль-Август 1920）］莫斯科，党务出版社1934年版；《共产国际第三次世界代表大会》（*Третий Всемирный Конгресс Коммунистического Интернационала*），莫斯科，彼得格勒国家出版社1922年版；《共产国际第五次世界代表大会》（*Пятый Всемирный Конгресс Коммунистиче-ского Интернационала*）上下卷，莫斯科—列宁格勒，国家出版社1925年版；《共产国际执行委员会扩大全会》［*Расширенный Пленум ИККИ*（21 *Марта*—6 *Апреля* 1925］，莫斯科—列宁格勒，国家出版社1925年版；《世界革命之路共产国际执行委员会第七次扩大全会1926年11月27日—12月16日》［*Пути мировой революцииСедьмой Расширенный Пленум ИККИ*（27 *Ноября*-16 *Декабря* 1926）］，上下卷，莫斯科—列宁格勒，国家出版社1927年版。

② *ВКП*（*б*），*Коминтерн и Китай* 第1—5卷，其第1卷（1920—1925）由本书作者翻译，台北，东大图书公司1997年版。由中共中央党史研究室第一研究部组织翻译书名为《共产国际、联共（布）与中国革命文献资料选辑》在北京出版。

③ 希望中文译本再版时纠正为历史人物改名的现象，并查实官职、机构名称，使全书使用统一译名。为确切起见，本书作者使用的是该书的原俄文版。

④ 《俄共（布）—联共（布）中央委员会政治局与共产国际（1919—1943）》，莫斯科，2004年版。

的负责人弗里德里克·菲尔索夫[①]在《共产国际历史中的秘密机关》[②] 中肯定，共产国际执行委员会的政治指示首先取决于苏联外交上的需要，季米特洛夫发出的包括发往中国的指令，都是与苏联领导人特别是斯大林协商过的。[③]

《共产国际历史中的秘密机关》是一本指点迷津的工具书。由于许多材料本来极其秘密，而且收藏于共产国际的密码电报中，无法被人利用，所以对于已经出版的有关各国与共产国际的关系，如果希望有进一步的了解，这本书是一个极其重要的补充。例如，中国代号在这些密码电报里是“164”，20世纪30年代中后期，在皮克书记处里中国代号是“129”及代号Nahu。希望我国学者能够有人去坐这个冷板凳，再深一步挖掘共产国际与中国关系的史料。据现在已经披露的内容可知，即使在抗日战争期间，国共再次合作时，共产国际一直在援助中国共产党。究竟这种援助有多大，还有待进一步探讨。[④]

《共产国际组织机构》[⑤] 是该馆编辑的另外一本工具书，从中可以清晰地看出哪些机构参与或负责对华事务，以及它们的沿革。

俄罗斯科学院远东研究所的阿娜斯塔西娅·伊万诺夫娜·卡尔图诺娃博士编辑的《加伦在中国（1924—1927）》[⑥] 公布了蒋介石与加伦在北伐期间合作的情况。[⑦] 她编辑的文件集《斯大林、契切林与苏联驻华全权代表加拉罕的通信（1923—1926）》，[⑧] 则为阐述国民党与共产国际关系的发展提供了翔实可靠的背景——中苏国家关系。斯大林通过这个渠道，让外交人民委员契切林和苏联驻华全权代表加拉罕切实维护苏联利益。俄罗斯科学院远东研究所

---

① Фридрих Фирсов，他已经出版的研究著作有《斯大林和斯大林主义》（*Сталин и Сталинизм*），莫斯科，2009年版。

② Г. А. 巴尔久戈夫编，*Секретные соды Коминтерна*，（莫斯科，俄国社会研究者联合会，2007年版，第379页。

③ Г. А. 巴尔久戈夫编：《共产国际历史中的秘密机关》，莫斯科，俄国社会研究者联合会，2007年版，第292页。

④ 杨奎松在《共产国际为中共提供财政援助的历史考察》（载《党史研究资料》，2004年第1—2期）一文中已经有初步统计。

⑤ Г. М. 阿基别科夫，Э. Н. 沙赫娜札罗娃，К. К. 什里尼亚编：《共产国际组织机构（1919—1943）》（Адибеков，Шахназарова，Шириня，*Организационная структура Коммунистического Интернационала* 1919—1943），莫斯科，百科全书出版社1997年版。

⑥ А. И. Картунова *В. К. Блюхер в Китае*（1924—1927），莫斯科，2003年版。

⑦ 其部分文件已经翻译发表于广州历史博物馆、黄埔军校旧址纪念馆编：《国民革命与黄埔军校》，吉林人民出版社2004年版，第483—550页。

⑧ А. И. Картунова *Переписка И. В. Сталина и Г. В. Чиченина с полпредом СССР в Китае А. М. Караханом*（1923—1926），莫斯科，纳塔利斯，2008年版。

玛玛耶娃博士的《共产国际与国民党（1919—1929）》[1] 是从共产国际方面讨论其与国民党的关系。

此外还有俄罗斯学者编译的许多大型档案文献集，它们并不直接涉及国民党与共产国际，但是对于深入了解国民党何以拒绝苏俄革命模式，何以毛泽东说“十月革命一声炮响，给我们送来了马克思列宁主义”，都很有帮助。例如《极其严格的新闻审查制度》一书，[2] 它有一个副题《苏维埃国家的作家和记者》，书中文件按照时间顺序清晰地勾画了共产国际予以肯定并宣传的“党化”文学和新闻事业状况，告诉人们，在这些领域享有垄断话语权的是联共（布）和斯大林。该书所载关于苏联控制和管理意识形态领域并使之为无产阶级政治服务方面的资料，为人们了解其思想状况却是极有价值的史料。

《古拉格》，[3] 和《人民之声》[4] 两书用大量原始档案材料客观地反映苏联社会的一个奇特而且有影响的现象。前者告诉读者的是，1918 年 1 月 24 日起，苏维埃国家就制定了对付反苏分子的措施——强制劳动改造。9 月全俄“肃清反革命及怠工特别委员会”（即契卡，是这个机构的俄文缩写 ЧК 的译音）颁布了实行“红色恐怖”的命令，[5] 对反苏俄分子的镇压是“以革命的名义”完成的。列宁认为它在一段时间里巩固了苏维埃政权。《人民之声》则记载着普通苏联工农和各阶层人民对苏联政治经济政策及其发生的实际效果的反应。这些来自底层人民的声音告诉读者，苏维埃政府如何为了共产主义未来而忽视眼前的人民利益，甚至把不应有的牺牲神圣化，乃至工农的日常生活需求无法保证，许多稍有财产的人“白天敲锣打鼓，晚上捶胸顿足”。有农民用打油诗形容“多年心血，一朝付诸东流，红旗一摇，断送万贯家财”，富农、资产阶级、资本主义成了万恶之源。这对于理解孙中山在 1921 年年底会见共产国际代表马林时说过的苏俄式共产主义在中国“扞格不通”当是很好的背景材料。

此外德国学者郭衡钰教授的《俄共中国革命密档（1920—1925）》和《俄共中国革命密档（1926）》[6] 也是值得关注的著作。这是作者利用德国收藏的共产国际档案扼要叙述这一时期共产国际与中国关系的力作。

---

① *Коминтерн и Гоминдан*（1919—1929），莫斯科，百科全书出版社 1998 年版。

② *Большая цензура*（1917—1956），莫斯科，国际民主基金，大陆出版社 2005 年版。

③ А. И. 科库林、Н. В 彼得罗夫编：（*Главное управление лагерей*）1918—1960，составители А. И. Кокурин и Н. В. Петров，莫斯科，国际民主基金，大陆出版社 2002 年版。

④ *Голос народа, письма и отклики рядовых советских граждан о событиях*，莫斯科，百科全书出版社 1998 年版。

⑤ 《古拉格》（ГУНАГ），第 14 页。

⑥ 两书均由台北东大图书公司出版，前者为 1996 年 1 月，后者为 1997 年 3 月。其中绝大多数文件已经收入《联共（布）、共产国际与中国》一书的第 1—2 卷。

三、中国的研究与史料

中国对这个专题的研究和史料不胜枚举，笔者担心挂一漏万。此处仅将直接相关的研究著作和史料极其简要地予以介绍。

从 1978 年开始，中国社会科学院据上级安排开始着手收集和翻译共产国际与中国关系的史料与研究。承蒙当时近代史研究所所长、著名史学家黎澍先生安排，本书作者有幸参与这一工作。其成果便是从 1981 年开始陆续出版的《共产国际有关中国革命的文献资料》。①

中央档案馆编辑的大型 18 卷本的《中共中央文件选集》，有许多涉及这个题目的原始文献。一些有关文件还散见于中共中央党校党史教研室选编的《中共党史参考资料》（1—8 册），② 以及档案出版社的《中共中央第一次国内革命战争时期统一战线文件选编》。③

《国际共产主义运动史文献》编辑委员会组织编译的共产国际第一至四次，第六次代表大会的文件，④ 在 20 世纪 80 年代开始陆续出版。这基本是苏联时期出版的共产国际代表大会速记记录的中文译本。由于历史条件，这些记录显得苍白。

前述中共中央党史研究室组织编译的《共产国际、联共（布）与中国革命文献资料选辑》大型文件集，不仅翻译了俄德学者的新作，而且汇集了国内已经出版的有关文件。

中国第二历史档案馆编辑的百卷大型档案文件集《中华民国史档案资料汇编》，多达 5000 万字，是这一领域研究的重要史料来源。其他如《黄埔军校史料》和《黄埔军校史料》（续编），⑤《广东区党团研究史料》，⑥《上海工人三次武装起义》⑦ 等也提供了详细史料。

---

① 第 1—3 卷，中国社会科学出版社 1981—1989 年版。

② 人民出版社 1979—1980 年版。

③ 档案出版社 1990 年版。

④ 由中国人民大学出版社出版的《共产国际第一次代表大会文件》（1988）、《共产国际第二次代表大会文件》（1988）、《共产国际第三次代表大会文件》（1988）、《共产国际第四次代表大会文件》（1990）、《共产国际第六次代表大会文件》（1991）。

⑤ 广东人民出版社 1982 年版；陈以沛、邹志红、赵丽屏合编的该书“续编”，广东人民出版社 1994 年版。

⑥ 广州，广东省档案馆编，1983 年版。

⑦ 上海市档案馆编，上海人民出版社 1983 年版。

1921 年，共产国际执行委员会召开的远东人民代表大会，① 其档案史料虽已在会议当年（1922）公布，② 但会议记录中人名拼写混乱，本书作者将其整理于 2007 年予以公布。③

斯内夫利特（马林）档案，收藏于荷兰国际社会历史研究所（International Institute of Social History，Amsterdam）。④ 1986 年笔者访问荷兰，得以阅读。后蒙该研究所授权，得以将 Tony Saich 博士整理的英文版（文件部分）⑤用中文出版。它为深入了解孙中山、中国国民党领导人对共产国际的态度提供了相当重要的史料。

一些当事人的日记，比较可靠地记载了当时情况。如：《白坚武日记》，⑥《冯玉祥日记》，⑦ 冯玉祥：《我的生活》，⑧《张溥泉先生全集》和《张溥泉先生全集（续编）》⑨。

在那个时期亲历者的回忆录中，重要的可举出以下几种：盛岳的《莫斯科中山大学与中国革命》，⑩ 王凡西的《双山回忆录》，⑪ 张国焘的《我的回忆》，⑫ 陈公博的《苦笑录》⑬ 和《寒风集》，⑭ 陈公博、周佛海的《回忆录合

---

① 关于这次会议的筹划情况，可见：共产国际远东书记处的机关刊物《远东人民》（*Народы Дальнего Востока*），1921 年第 4 期；李玉贞译：《联共、共产国际与中国 1920—1925》，第 10、14、16、17 号文件。台北，东大图书公司 1997 年版。

② 关于这次代表大会的文件有英俄文两个版本，《远东人民第一次代表大会》（*Первый съезд народов Дальнего Востока*），莫斯科，1922 年版；英文版书名相同 *The First Congress of the toilers of the Far East*，The Hasmmersmith bookshop，伦敦，1970 年版。M. Л. 基塔连科主编的《共产国际与中国革命》（*Коминтерн и китайская революция*，莫斯科，1986 年版）也重印了这次会议的部分文件。

③ 上海中共“一大”会址纪念馆，上海革命历史博物馆筹备处合编：《上海革命史资料与研究》，上海古籍出版社 2007 年版，第 701—835 页。

④ 安东尼·塞奇将其用英文出版《中国第一次统一战线的起源：斯内夫利特（马林）的作用》（Tony Saich：*The origins of the first united front in China*：*the role of Sneevliet*（*alias Maring*），Brill，莱顿，1991 年版。

⑤ 本书作者仅仅编译了其上卷即其档案部分，书名为《马林与第一次国共合作》，光明日报出版社 1989 年版。未选马林以孙铎等化名发表在《向导》周报和《前锋》上的用中文发表的文章。

⑥ 江苏古籍出版社 1992 年版。

⑦ 中国社会科学院近代史研究所编，江苏古籍出版社 1990 年版。

⑧ 岳麓出版社 1999 年版。

⑨ 台北“中央”文物供应社 1951 年版；续编，1982 年版。

⑩ 奚博铨、丁则勤翻译，现代史料编刊社 1980 年版。

⑪ 现代史料编刊社 1980 年版。

⑫ 现代史料编刊社 1980 年版。

⑬ 现代史料编刊社 1980 年版。

⑭ 地方行政社 1944 年版。

编》,[①] 江亢虎的《新俄游记》,[②] 和毛以亨的《俄蒙回忆录》[③] 等。

在大陆方面，本研究领域比较早的著作是向青的《共产国际与中国革命关系史稿》,[④] 它是从革命的角度比较广泛简要地论述共产国际整体上与中国的关系，书中涉及国共合作，但是从中国共产党视角来研究。近年由杨天石主编的《中国国民党史》丛书中已经出版的一卷书，杨奎松的《国民党的“联共”与“反共”》,[⑤] 是从国民党的角度论述其与共产国际和苏俄的关系。他的《中共与莫斯科的关系（1920—1960）》[⑥] 也有一些章节涉及这个问题。谢幼田的《联俄容共与西山会议》[⑦] 着重讨论西山会议前后国民党与共产国际和苏俄的关系。作者对共产国际持激烈的批判态度。

新近出版的何云庵的《苏俄、共产国际与中国革命》[⑧] 从苏俄和共产国际的视角分析中国革命。王奇生的《国共合作与国民革命》[⑨] 是宏观地从中国历史的角度阐述国共合作。

四、国民党与共产国际的关系值得再思

在国民党与共产国际关系这个问题上，有三个大因素值得深思。

第一，国家利益应是研究这个问题的尺度。多年来苏联学者承袭的观点是从世界革命的角度看，苏联的巩固无论对于东方还是西方世界革命进程的发展“都是有益的”。[⑩] 在他们眼中，西方学者总把世界上第一个无产阶级国家——共产国际的司令部——苏联的利益同世界革命的利益对立起来，这样做是不对的。

苏联的这个观点在相当长的时间里产生着影响，例如，1921 年苏军进入外蒙古，中国北京政府为卫护国家主权要求苏俄先从外蒙古撤军，中苏国家交涉因之停顿。1922 年中共中央机关刊物《向导》周报不止一次出现过支持苏俄的文章，认为宁可把外蒙古给红色的苏俄，也比还给军阀掌权的北京政

---

① 香港春秋出版社 1971 年版。
② 上海商务印书馆 1923 年版。
③ 香港亚洲出版社 1954 年版。
④ 北京大学出版社 1988 年版。
⑤ 社会科学文献出版社 2007 年版。
⑥ 台北，东大图书公司 1997 年版。
⑦ 香港，集成图书有限公司 2001 年版。
⑧ 社会科学文献出版社 2009 年版。
⑨ 张海鹏主编：《中国近代通史》第 7 卷，凤凰传媒集团、南京人民出版社 2007 年版。
⑩ Г. З. 索尔金：《资产阶级和改良主义史学》，《共产国际与东方》（*Коминтерн и Восток*），莫斯科，1969 年版，第 224 页。

府要好。再如1929年的中东铁路事件，中国国家利益明显受到侵害，共产国际却要求中共提出“保卫苏联！”的口号。在所谓“无产阶级国际主义”和“世界革命”的口号掩盖下，共产国际把许多事情复杂化了。仅以蒋介石为例。1923年访问苏联时，他了解到莫斯科对外蒙古的真实态度后，对苏态度急剧变化。他不再相信“苏俄所谓援助中国独立自由的诚意所在”。[①] 从国家利益的角度，更容易至少是部分地理解共产国际动辄抛出的“反苏”政治帽子掩盖着的内容。蒋介石“反”的是什么呢？请看斯大林自己说的话：

俄国历代沙皇是做了许多坏事。他们掠夺人民，奴役人民。他们为地主的利益侵占领土。但是，他们做了一件好事——整合了一个直到堪察加的广袤的大国。我们继承的就是这个国家。[②]

难怪1945年斯大林同中国代表团的蒋经国、王世杰、宋子文等谈判时，竟然要以沙皇的条约为依据来谈判中苏关系，强硬地反驳中国国民政府收回外蒙古的合理要求，说若失去外蒙古“苏联将失去整个远东”。面对斯大林的态度，宋子文无可奈何地感叹“卧榻之旁，任人酣睡可也”。[③]

同样从这个角度，也很容易理解共产国际一度支持陈炯明或吴佩孚的原因。陈炯明不反对共产国际在广东设立办事处，共产国际认为这样可以在华南建立一个基地，对亚洲输出苏式革命。吴佩孚一度受到赞扬，因他答应过在1923年进军外蒙古，以减少苏俄在外交上受到的北京政府要求其立即从外蒙古撤军的压力；吴同意与孙中山组成“亲俄政府”，于是得到共产国际给予援助的承诺，但是他变了，转而反苏，从“革命”与否的角度难以分说清楚，据档案可知，其根本原因是他看到莫斯科对蒙古问题的立场有悖其前期的宣言，[④] 再加上共产国际鼓动的工运，妨碍了他辖区的安定。汪精卫也是一例，共产国际据自己的标准——是否亲苏——把他当成左派，凭这个头衔他一度成了宠儿，共产国际幻想着由他主持的政府顺利完成北伐，那么不仅可以“除掉”蒋介石，重要的是可以打倒张作霖，苏俄在中东铁路的利益毫无疑问就可以得到保障。很清楚苏联国家“利益”的浓烈色彩遮挡了莫斯科许多人的眼睛，斯大林在国共关系极其紧张的时刻于1927年3月在莫斯科接见了汪

---

① 蒋介石：《苏俄在中国》，《先总统蒋中正思想言论总集》第1卷，第286页。

② 《俄共（布）—联共（布）中央委员会政治局与共产国际（1919—1943）》，莫斯科，2004年版，第752页。

③ 详见李玉贞：《国民政府同苏联的最后博弈者》，《中国抗战与世界反法西斯战争》，社会科学文献出版社2009年版，第1433—1436页。

④ РГАСПИ，全宗514，目录1，案卷46，第45页。

精卫。国共分裂后，斯大林本人承认他被中国的事态和各种材料闹“糊涂”了，[①] 根据共产国际的标准，鲍罗庭自己也闹不清孙中山的派别属性——在左中右派里面，他到底是哪一派。

离开国家利益这个角度，从党争或国共争夺领导权的角度，无法把事实说清楚。

第二，“十月革命一声炮响给我们送来了马克思列宁主义”。这是毛泽东的著名论断。在阐述一些具体问题时，许多内陆作者遵循的是马克思主义 = 列宁主义的信条。笔者不敢苟同。但这是一个十分复杂的理论问题，艰深庞大，本书作者无力涉及。

笔者仅想用下面三个事实说明俄罗斯在其历史观点上的重大变化。

首先是关于《苏联共产党（布）历史简明教程》。这是一部凝聚了斯大林心血的巨著。1938 年该书初版时，联共（布）中央委员会政治局通过决议，认为这是对 20 世纪俄国历史和马克思列宁主义基本问题的、经过考验的、信得过的解释，任何人对这些问题“不得随意做任何其他解释”，联共（布）从此不仅垄断了这个领域的发言权，而且通过 1938 年 9 月 28 日联共（布）中央委员会政治局的正式决议（将其译为法、英、德、波、捷克、瑞典、芬兰、西班牙、意大利、中文、日文、保加利亚、马来语等 15 种语言）[②] 使之成为包括中共在内的共产国际的所有支部进行宣传和思想教育唯一可用的“经过考验”的教科书。10 月 15 日前选定了各译本的译者。[③] 11 月 14 日联共（布）中央政治局决定开展大规模学习和宣传该书的工作。在中国，不久便有包括秦邦宪（博古）译本在内的四个中文译本出现。[④]

斯大林逝世后，该教程经过修改再版。苏联解体后，俄罗斯学者摒弃了这部著作钦定的观点，俄罗斯高等学校不再使用统一的教材。

第二个事实是，苏联解体后俄罗斯出现了许多新的著作，百家争鸣。值

---

① 《斯大林致莫洛托夫和布哈林的信（1927 年 7 月 9 日）》，*ВКП（б），Коминтерн и Китай* 第 2 卷，上册，莫斯科，1996 年版，第 849 页。

② 《斯大林—1920—1950 年间苏联的史学意识形态，与历史学家的通信，历史论文和札记，发言的速记记录》（文献资料集）［И. В. Сталин *Историческая идеология в СССР в* 1920—1950 *годы, переписка с историками, статьи и заметки по истории, стенограммы выступлений, Сборник документов и материалов.* Часть 1，1920—1930，圣彼得堡科学出版社 2006 年版，上册，第 393 页。

③ 《斯大林—1920—1950 年间苏联的史学意识形态，与历史学家的通信，历史论文和札记，发言的速记记录》（文献资料集）圣彼得堡科学出版社 2006 年版，上册，第 393 页。

④ 欧阳军喜：《论抗战期间〈苏联共产党（布）历史简明教程〉在中国的传播及其对中国共产党宣传工作的影响》，《党史研究与教学》2008 年第 2 期，第 22—30 页。

得关注的是1991年后，一些俄罗斯高等院校竟然在长达三年的时间里把法国的俄罗斯问题专家写的《苏联国家史》当教科书使用。① 书中称十月革命为“军事阴谋”和“政变”；阿芙乐尔号巡洋舰并没有攻打冬宫，仅仅“发了几响空炮”，② 今天在阿芙乐尔号巡洋舰的石碑上写的也是从这里发出了袭击冬宫的“信号”（сигнал）。

第三，昔日共产国际的执牛耳者斯大林本人对共产国际的评价。1943年他说，事实证明：

“无论马克思和列宁在世时的经验，还是今天的经验，都已经表明，不可能从一个国际中心去领导全世界的工人运动。”“当初建立共产国际时，我们过高估计了自己的力量，以为我们能够把全世界的运动领导起来。这是我们的错误。”③

至于共产国际的解散，那是斯大林根据本国的利益决定的，不必为共产国际唱挽歌。而苏联的解体，则是一个十分庞大的题目，但基本原因还在苏式共产主义体制本身，此处无力探讨。但是笔者不敢苟同下述相当有市场的论断：把苏联和东欧局势中出现的“悲剧性后果”，简单地归咎于戈尔巴乔夫“按照西方宪政民主那套东西实施政治改革”造成的。④ 或许俄国政治家和学者对本国历史的看法，值得中国研究者们关注，毕竟他们比我们更加了解自己的昨天。

至于那些不远万里来到中国的共产国际代表，他们没有达到预期的目标——按照俄共（布）标准促进国民党“左转”和“革命化”，但他们为美好未来奋斗过，中国人民会记住这些友好使者。他们有的牺牲在中国土地上，多数无功而返，在20世纪30年代的大肃反中遭到错杀，尽管他们得到平反昭雪，但他们的命运毕竟是悲剧性的。

俄国人对苏联时期历史的研究和史料的公开，有助于我们了解这个国家的发展，对我们研究中国近现代史特别是本书涵盖时期中国与共产国际的关系，会有所启迪。

作为前言的结尾，笔者愿意与读者分享一个小小的真实故事。1949年夏季，中国人民解放军已经渡江。时国民党耆宿邹鲁先生已经举家迁往广州。在那里，他把公子邹达叫到近前，赠其一套《中国国民党史稿》，嘱闲暇时看看，多加思索。父子相觑，别有一番滋味在心头。谁也没想到这竟是诀别。

① H. 维尔特：《苏联国家史》，莫斯科“全世界”（Весь мир）出版社2000年出了该书的第3版。

② H. 维尔特：《苏联国家史》，莫斯科“全世界”（Весь мир）出版社2000年版，第115页。

③《俄共（布）—联共（布）中央委员会政治局与共产国际（1919—1943）》，莫斯科，2004年版，第812页。

④ 汪亭友：《“马克思主义的宪政主义”提法不成立》，《中国社会科学报》2010年11月11日。

邹达先生就带着这套书背井离乡漂洋过海，到美国打拼。国民党的历史在他心中，这个党的过去与他如影随形，挥之不去。2009 年，在他离开中国 60 年后重返故土，笔者坐在上海的豪华宾馆里，聆听他的故事。平实的语气传达着他的心声，他不仅对国民党的历史有深刻而客观的理解，并且对今天的中国充满美好感情和期待。他希望看到一本尽可能冷静客观描述那段历史的书，以之为鉴，展望中华民族的未来。邹达先生为本书写的序言文笔优美寓意深刻，本书作者感激之余殊觉汗颜，愧不敢当。

作者不才，谨以此书为国民党与共产国际关系研究抛砖引玉。

2010 年 3 月于北京东方太阳城万晴园

第一章
简要的历史回顾

1919 年共产国际成立时，中国国民党与之并没有直接联系。历史的渊源使孙中山成了中国国民党与俄国联系的主要渠道。

第一节　孙中山同俄国革命者最初的联系

众所周知，国民党的领袖孙中山同俄国政治人物早就有接触，他们的联系甚至可以上溯至 19 世纪末期。孙中山谋划反清，组织了 1895 年秋兴中会的广州起义。清廷便追逐他至国外，在 1896 年 10 月 11 日命伦敦中国驻英使馆将其拘捕。经好友康德黎（Mr. James Candlei）和英国舆论界乃至英国政府的干预，孙中山在 10 月 16 日获释。这场国际性的官司掀起了一场大波，过了十多天，到 10 月 22 日，英国《地球报》（The Globe）揭载孙中山被囚的消息。一时英国朝野哗然。胜败且不论，此事影响深远。当时中国海军派驻英国的武官凤凌在日记中写下了一段令人哭笑不得的话："孙文一案，反为该人成名"。①

从此"中国某个领袖"一词开始与孙中山的名字联系起来。在伦敦的俄国革命者知晓他的活动，当时仅有的途径便是英国的《伦敦与中国电讯报》（The London and China Telegraphy）发表的《中国公使馆的囚徒。一个奇异的故事——沙利斯堡进行干预》的报道。② 从现有史料中能够清楚地看出，促使他同俄国人士接触的因素，乃是他的革命志向、改造社会的理念和实践。

1897 年 3 月孙中山的《伦敦被难记》用英文出版③。此后不久，《俄国财富》④ 编辑部的一位政论作家⑤见到了孙中山。他们是在一个叫克莱格斯的英国朋友家中相识的。据现有资料可知，这是最早与孙中山交谈的俄国人。俄国革命者明显感到孙中山"要彻底推翻"清政府的决心，同情他的抱负。他

---

① 罗家伦：《中山先生伦敦蒙难史料考订》，南京，1935 年版，第 66 页。引自：中华民国各界纪念国父百年诞辰筹备委员会学术论著编纂委员会主编，中国国民党中央党史史料编纂委员会编：《国父年谱》上册，台北，1965 年版，第 87 页。

② 广东省社会科学院历史研究室，中国社会科学院近代史研究所中华民国研究室，中山大学历史系孙中山研究室合编：《孙中山全集》第 1 卷，中华书局 1981 年版，第 30 页。

③ 该书以《伦敦蒙难记》名于 2011 年由中国社会科学出版社推出庚燕卿、戴桢的全译本。

④ 《俄国财富》*Русское богатство*（1876—1918）。

⑤ 原书没有说此人姓名。详见：И. 叶尔马舍夫：《孙中山》（Ермашев *Сунь Ятсен*），莫斯科，1964 年版，第 61—65 页。

们流亡国外，也是为组织力量，与沙皇制度斗争。这是他们的共同语言。

临分手时，孙中山向《俄国财富》的主笔表示，希望后者能将《伦敦被难记》译成俄文发表。不久，该杂志就刊出了书的译文，该刊主笔与孙中山的谈话，以及孙中山关于改造中国任务的一篇文章。[①] 孙中山的名字自此在俄国流亡者中间传播开来。1897 年《俄国财富》第 5 期又译载了孙中山在伦敦《双周论坛报》上发表的《中国的现在与未来——革新党呼吁英国保持善意的中立》一文。孙中山的知名度越来越大。

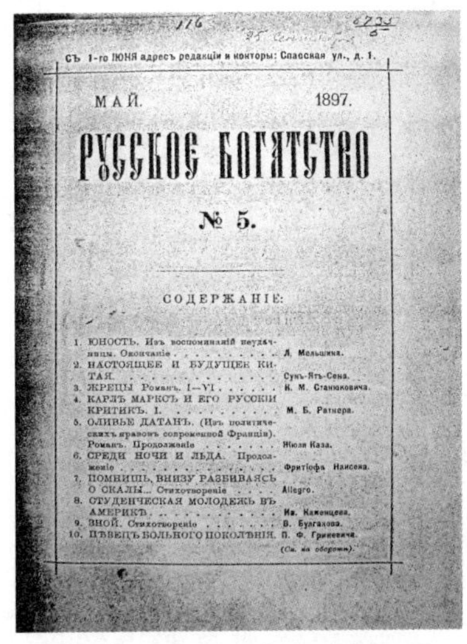

СЪ 1-го ІЮНЯ адресъ редакціи и конторы: Спасская ул., д. 1.

МАЙ. 1897.

РУССКОЕ БОГАТСТВО

№ 5.

СОДЕРЖАНІЕ:

1. ЮНОСТЬ. Изъ воспоминаній неудачницы. Окончаніе . . . . Л. Мельшина.
2. НАСТОЯЩЕЕ И БУДУЩЕЕ КИТАЯ . . . . Сунъ-Ятъ-Сена.
3. ЖРЕЦЫ. Романъ. I—VI . . . . . . К. М. Станюковича.
4. КАРЛЪ МАРКСЪ И ЕГО РУССКІЕ КРИТИКИ. I. . . . . М. Б. Ратнера.
5. ОЛИВЬЕ ДАТАНЪ. (Изъ политическихъ нравовъ современной Франціи). Романъ. Продолженіе . . . . Жюля Каза.
6. СРЕДИ НОЧИ И ЛЬДА. Продолженіе . . . . Фритіофа Нансена.
7. ПОМНИШЬ, ВНИЗУ РАЗБИВАЯСЬ О СКАЛЫ... Стихотвореніе . . . . Allegro.
8. СТУДЕНЧЕСКАЯ МОЛОДЕЖЬ ВЪ АМЕРИКѢ . . . . Ив. Каменцева.
9. ЗНОЙ. Стихотвореніе . . . . В. Булгакова.
10. ПѢВЕЦЪ БОЛЬНОГО ПОКОЛѢНІЯ. П. Ф. Гриневича.

(См. на оборотѣ).

《俄国财富》1897 年第 5 期
封面目录第二篇是孙中山的文章
《中国的现在和未来》

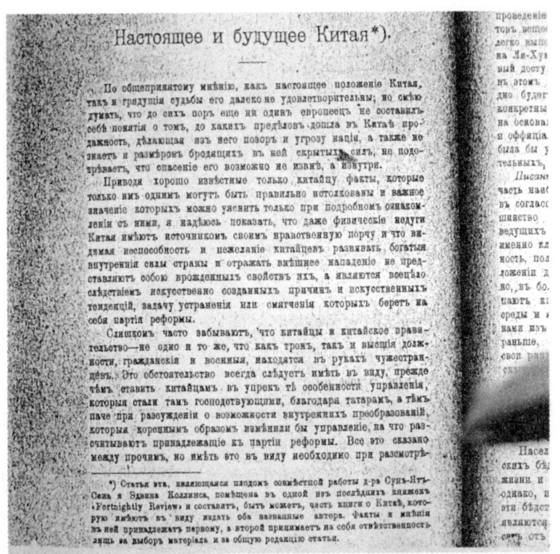

Настоящее и будущее Китая*).

По общепринятому мнѣнію, какъ настоящее положеніе Китая, такъ и грядущія судьбы его далеко не удовлетворительны; но смѣю думать, что до сихъ поръ еще ни одинъ европеецъ не составилъ себѣ понятія о томъ, до какихъ предѣловъ дошла въ Китаѣ продажность, дѣлающая изъ него позоръ и угрозу націи, а также не знаетъ и размѣровъ бродящихъ въ ней скрытыхъ силъ, не подозрѣваетъ, что спасеніе его возможно не извнѣ, а изнутри.

Приводя хорошо извѣстные только китайцу факты, которые только имъ однимъ могутъ быть правильно истолкованы и важное значеніе которыхъ можно уяснить только при подробномъ ознакомленіи съ ними, я надѣюсь показать, что даже физическіе недуги Китая имѣютъ источникомъ своимъ нравственную порчу и что видимая неспособность и нежеланіе китайцевъ развивать богатыя внутреннія силы страны и отражать внѣшнее нападеніе не представляютъ собою врожденныхъ свойствъ ихъ, а являются всецѣло слѣдствіемъ искусственно созданныхъ причинъ и искусственныхъ тенденцій, задачу устраненія или смягченія которыхъ беретъ на себя партія реформы.

Слишкомъ часто забываютъ, что китайцы и китайское правительство—не одно и то же, что какъ тронъ, такъ и высшія должности, гражданскія и военныя, находятся въ рукахъ чужестранцевъ. Это обстоятельство всегда слѣдуетъ имѣть въ виду, прежде чѣмъ ставить китайцамъ въ упрекъ тѣ особенности управленія, которыя стали тамъ господствующими, благодаря татарамъ, а тѣмъ паче при разсужденіи о возможности внутреннихъ преобразованій, которыя кореннымъ образомъ измѣнили бы управленіе, на что разсчитываютъ принадлежащіе къ партіи реформы. Все это сказано между прочимъ, но имѣть это въ виду необходимо при разсмотрѣ-

*) Статья эта, являющаяся плодомъ совмѣстной работы д-ра Сунъ-Ятъ-Сена и Эдвина Коллинса, помѣщена въ одной изъ послѣднихъ книжекъ «Fortnightly Review» и составитъ, быть можетъ, часть книги о Китаѣ, которую имѣютъ въ виду издать оба названные автора. Факты и мнѣнія въ ней принадлежатъ первому, а второй принимаетъ на себя отвѣтственность лишь за выборъ матеріала и за общую редакцію статьи.

《俄国财富》1897 年第 5 期
刊登的孙中山文章《中国的现在和未来》的正文

他的文章为什么会出现在《俄国财富》上？这与杂志的思想倾向有关。众所周知，列宁曾经把孙中山称做具有民粹主义思想的革命家。[②] 这样类比的内涵是什么？鉴于这与 1919 年后中国国民党的活动，甚至 20 世纪 20 年代，本书所述时期，国共两党的政策方针都有思想上的共同之处，这里稍费笔墨加以粗浅介绍。

民粹主义是 19 世纪俄国一个主要的思想流派。持续几百年的俄国农奴制

① 《俄国财富》1897 年第 12、5 期。

② 列宁：《中国的民主主义和民粹主义》，《列宁全集》第 2 卷，人民出版社 1984 年版，第 423—428 页。

度极其严重地限制了国内经济和社会发展，俄国思想界，特别是“平民知识分子”（разночинцы，指的是非贵族出身的知识分子）在探索社会改造的道路时，自然把目光投向俄罗斯农村，他们认为自己的根就在农村，在农民中。一些作家在作品中表达了对农奴制度的控诉，描述了他们心目中的理想社会。作家车尔尼雪夫斯基（Н. Г. Чернышевский）的《怎么办?》就是这样一部典型的作品。[①]“三农”——农村、农民、农业构成了18至19世纪俄国文学艺术的重要题材之一。

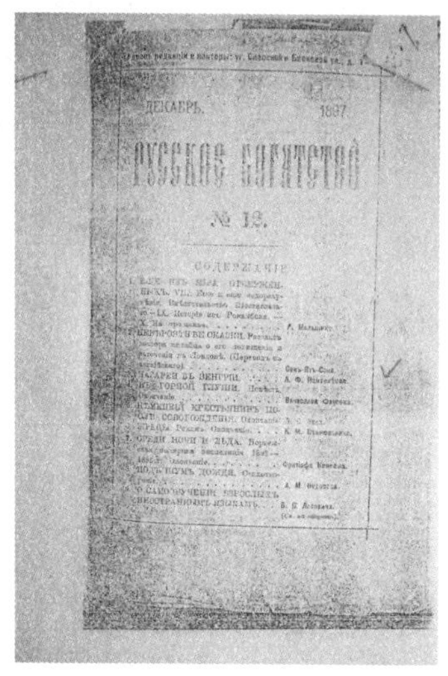
ДЕКАБРЬ. 1897

РУССКОЕ БОГАТСТВО

№ 12.

СОДЕРЖАНІЕ

《俄国财富》杂志1897年第12期封面孙中山的《伦敦被难记》最早出现的俄译文

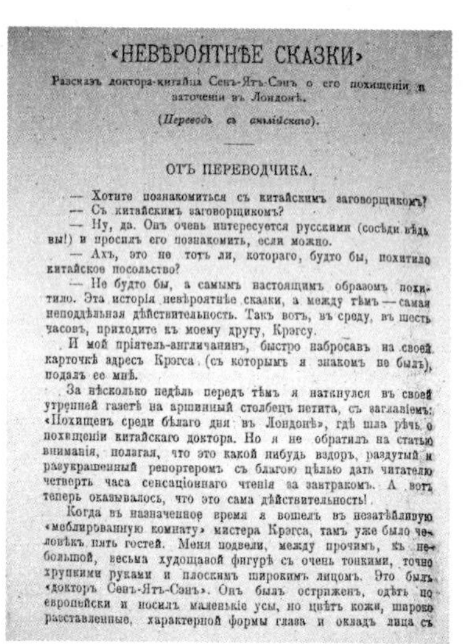
«НЕВѢРОЯТНѢЕ СКАЗКИ»

Разсказъ доктора-китайца Сенъ-Ятъ-Сэнъ о его похищеніи и заточеніи въ Лондонѣ.

(*Переводъ съ англійскаго*).

ОТЪ ПЕРЕВОДЧИКА.

— Хотите познакомиться съ китайскимъ заговорщикомъ?
— Съ китайскимъ заговорщикомъ?
— Ну, да. Онъ очень интересуется русскими (сосѣди вѣдь вы!) и просилъ его познакомить, если можно.
— Ахъ, это не тотъ ли, котораго, будто бы, похитило китайское посольство?
— Не будто бы, а самымъ настоящимъ образомъ похитило. Эта исторія невѣроятнѣе сказки, а между тѣмъ — самая неподдѣльная дѣйствительность. Такъ вотъ, въ среду, въ шесть часовъ, приходите къ моему другу, Крэгсу.

И мой пріятель-англичанинъ, быстро набросавъ на своей карточкѣ адресъ Крэгса (съ которымъ я знакомъ не былъ), подалъ ее мнѣ.

За нѣсколько недѣль передъ тѣмъ я наткнулся въ своей утренней газетѣ на аршинный столбецъ петита, съ заглавіемъ: «Похищенъ среди бѣлаго дня въ Лондонѣ», гдѣ шла рѣчь о похищеніи китайскаго доктора. Но я не обратилъ на статью вниманія, полагая, что это какой нибудь вздоръ, раздутый и разукрашенный репортеромъ съ благою цѣлью дать читателю четверть часа сенсаціоннаго чтенія за завтракомъ. А вотъ теперь оказывалось, что это сама дѣйствительность!

Когда въ назначенное время я вошелъ въ незатѣйливую «меблированную комнату» мистера Крэгса, тамъ уже было человѣкъ пять гостей. Меня подвели, между прочимъ, къ небольшой, весьма худощавой фигурѣ съ очень тонкими, точно хрупкими руками и плоскимъ широкимъ лицомъ. Это былъ «докторъ Сенъ-Ятъ-Сэнъ». Онъ былъ остриженъ, одѣтъ по европейски и носилъ маленькіе усы, но цвѣтъ кожи, широко расставленные, характерной формы глаза и окладъ лица съ

《俄国财富》杂志1897年第12期孙中山《伦敦被难记》的俄译文题目是《比童话还神奇》

俄国思想界存在过西欧派和斯拉夫派，1848—1849年欧洲革命的结局使相当一部分西欧派人士对西欧道路丧失了信心，许多人转而更多地关注俄国。19世纪40—50年代，作家赫尔岑便有跨越资本主义阶段直接走社会主义道路的主张。1861年沙皇亚历山大二世实行了重要的经济政治改革——废除了农奴制度。在赫尔岑等一派人看来，俄国的农民村社（община）应当成为这种理想的社会主义最基本的支柱。因为在这种制度下，大家已经在集体耕种，通过米尔大会（Мир）实行自治，社会主义的基础已经出现了。至于方式和道路，赫尔岑认为进步社会舆论向政府施加压力，政府便可以进行改革。这

① 该书副题叫“新人的故事”，表述的是作者对他理想中的新社会和新人、新家庭和新生活的向往。蒋路译为中文，人民文学出版社1959年版。

在某种意义上与梁启超向皇上“输诚相请”以达改革的主张有相似之处。民粹主义并没有具体清晰的定义，一个姓卡勃利茨－尤佐夫（Каблиц-Юзов）的人说过，他本人的观点“就是民粹主义的基本原理”，俄文中这才出现了民粹主义 народничество 一词。在初期，农奴制改革后自由主义盛行的时候，它有时具有“街头爱国主义”内容，有时表现为鲁莽的沙文主义和某一群体本能的发泄，有时则提出民主主义的主张。后来担任《俄国财富》主编的米哈伊洛夫斯基（Н. К. Михайловский）便持有这样的思想。他和赫尔岑等开始同情平民，主张接近他们，一些人致力于在“庄稼汉”面前抹平知识分子老爷几百年来的罪恶。

正是怀着这样的想法，1874 年在俄国开始了一场群众性运动，几千名青年人下到农村，他们真正想向农民学习，穿上农民的衣服，学习耕作，模仿农民说话，用浅显易懂的语言为农民写材料，对农民进行宣传，做一些启蒙性的工作。他们也在农村任职，当老师，当自治机关的职员。但是农村认为他们是危险分子，并不那么热情欢迎。运动不到一年就趋向冷淡，沙皇政府开始镇压。

到 19 至 20 世纪之交，像米哈伊洛夫斯基等自由派民粹主义者逐渐放弃了其激进的方式和手段，转而主张采用渐进的道路谋求社会发展，不再制造针对当局的谋杀等，而是“做一些目前条件下可行的和必要的事情”。持这类主张的人多半是医生、经济学家、工程师、地方自治机关工作人员，一些真心实意身体力行造福人民的人。①

与孙中山联络过的沃尔霍夫斯基（Феликс Вадимович Волховский）便是刺杀亚历山大二世案件的涉嫌者之一，② 1871 年无罪释放。后流放至西伯利亚，在那里的《西伯利亚生活报》任编辑（1881 年到 1889 年）。1890 年再遭流放伊尔库茨克，他辗转赤塔、恰克图、符拉迪沃斯托克（海参崴）逃至美国，后又到了英国。当时孙中山正在那里。

《伦敦被难记》公布后，孙中山的情况便公之于世。喧闹一时的案件，使身在伦敦沃尔霍夫斯基和舆论界了解到这个非同凡响的人。这本书为外国人了解孙中山提供了最早的材料。首先是孙从攻读医学转而从事改造中国的政治运动，他曾想以“和平之手段，渐进之方法请愿于清廷，俾倡行新政……改行立宪政体”，以取代“专制及腐败政治”③ 制度。第二是他对中国人民政

① А. Б. 祖博夫主编：《二十世纪俄国史》上卷，Аст Астрель 出版社 2009 年版，第 119 页。

② 此人 1846 年 8 月 15 日生于波尔塔瓦，贵族出身。1914 年 8 月 3 日卒于伦敦。

③ 孙中山：《伦敦被难记》，中国社会科学院近代史研究所中华民国史研究室、中山大学历史系孙中山研究室、广东省社会科学院历史研究室编：《孙中山全集》第 1 卷，中华书局 1984 年版，第 50 页。

治状况的看法：对于朝廷、国民、地方之事“百姓均无发言或与闻之权。”且人民身受冤抑，无所吁诉；人民没有言论自由“凡政治之书多不得流览；报纸之行，尤悬为厉禁”，政府对人民实行愚民政策，“除本国外，世界之大事若何，人民若何，均非其所知，”人民对于世界的科学进步更是“被困于黑暗之中”。对于中国的“法律典章惟兢兢遵守而已。”[①] 第三是孙中山何以放弃和平手段转而主张并实施激烈的革命活动。甲午战争，中国败于日本，这场失败刺激了中国的有志之士。孙中山上书李鸿章贡献救国之策，[②] 但没有被采纳，他认为：“和平之法不可复施。然望治之心愈坚，要求之念愈切，积渐而知和平之手段不得不稍易以强迫”，[③] 于是有 1894 年秋广州起义的发生。

不难看出，孙中山与俄国人士在思想上有不少相同之处。现在可以初步推断，这个沃尔霍夫斯基便是叶尔马舍夫说过的那位拜访孙中山的“政论作家”。[④] 也就是他曾经在 1897 年年初请孙写作论述法国和俄国在中国情况的文章。[⑤]

后来发表孙中山著作的那个刊物《俄国财富》（Русское богатство），无论是创办者、撰稿人，还是发行时间，在民粹主义刊物中都堪称佼佼者。它最早出现于 1876—1878 年间，原本是萨维奇（Н. Ф. Савич）主编的《农业小报》，后改版，杂志也几易其主，其办刊方向则经历了民粹主义、自由主义，后来逐渐成为一个文学刊物，世界文学泰斗托尔斯泰（Л. Н. Толстой）是其撰稿人之一。1891 年后杂志的民粹主义倾向再次明显。著名作家米哈伊洛夫斯基（Н. К. Михайловский）主持《文学生活》栏目。它是在俄罗斯影响比较大的刊物。十月革命后于 1918 年停刊。

由上述不难看出，农民问题既是俄国社会的主要问题，民粹主义运动的兴起和发展反映了俄国一个时期的社会政治生活，它自然也成了《俄国财富》杂志的主要内容。中国国民党的前身同盟会 1905 年在日本创刊的《民报》曾

---

① 孙中山：《伦敦被难记》，中国社会科学院近代史研究所中华民国史研究室、中山大学历史系孙中山研究室、广东省社会科学院历史研究室编：《孙中山全集》第 1 卷，中华书局 1984 年版，第 51 页。

② 孙中山：《伦敦被难记》，中国社会科学院近代史研究所中华民国史研究室、中山大学历史系孙中山研究室、广东省社会科学院历史研究室编：《孙中山全集》第 1 卷，中华书局 1984 年版，第 8—18 页。

③ 孙中山：《伦敦被难记》，中国社会科学院近代史研究所中华民国史研究室、中山大学历史系孙中山研究室、广东省社会科学院历史研究室编：《孙中山全集》第 1 卷，中华书局 1984 年版，第 52 页。

④ И. 叶尔马舍夫：《孙中山》，莫斯科，1964 年版，第 61 页。

⑤ 孙中山回信称他用英文写作还有困难而没有完成。感谢黄彦教授提供此信原件。《孙中山全集》第 1 卷，中华书局 1984 年版，第 107 页刊载了译自英文的《孙中山复伏尔霍夫斯基函》，但俄文“ВО”音译为中文应为浊辅音“沃”而非“伏”。

经大事宣传并热情讴歌俄国革命。民粹主义是其主要内容之一。

第二节　辛亥革命前同盟会与俄国政情

1905 年同盟会成立，是中国社会发展中的一件大事。这个具有政党性质的组织，是由兴中会、华兴会、光复会、军国民教育会、科学补习所等团体联合而成。新兴的中国资产阶级开始通过组织和整合革命力量参与国家政治生活。同盟会因其成员经历各异，政见分歧是不言而喻的。[①] 对俄关系来说，这里要说的是孙中山和他的主要追随者，以及同盟会的机关刊物《民报》。该刊从创立之日起便对俄国政情表达了浓厚兴趣。那么这一年俄国究竟发生了什么呢？症结还是土地、农民问题。

俄国同中国一样，以农立国，但地跨欧亚的这个大国在欧洲属于后进者。1861 年的农奴制改革固然是俄国政治生活中的大事，但农民无论在政治还是经济上都没有成为真正意义上的自由人。若干年后，沙皇尼古拉二世在 1902 年 1 月 22 日就设立了农业产业需要问题专门会议。其基本精神是必须建立农民个人所有制，因为这种土地占有形式优于近似大锅饭的村社土地占有制和集体耕作制；另外，既然要让农民拥有自己的土地，就必须实施明确的公民立法。[②] 1904 年 12 月 12 日尼古拉二世颁布诏书，大臣委员会开始研究建立法制、扩大言论自由、宽容信仰、地方自治等措施，解除对非俄罗斯人的过分限制和各种特殊法令。但是农民问题依然未能解决，“俄国革命形势已经风起云涌”，内政大臣等一些鹰派人物认为既然“对制止这种革命局势已经不抱什么希望，因它已经完全表面化了，那么，要制止革命，我们需要打一场小规

---

① 如围绕“国旗问题”、“赠款”、“倒孙”等问题出现的风波。详见：茅家琦、徐梁伯、马振犊、严安林等：《中国国民党史》上册，鹭江出版社 2009 年版，第 36—39 页。

② 根深蒂固的保守观念使这个会议未能做出公正的决议，不少为官者特别是贵族会议，认为各种好处都只能让贵族享有，不用改变农民的地位。他们将自己比做牧人，他们的理论是不必给“绵羊”（他们这样称呼农民）任何好处，只消把羊群安排妥当，使羊群膘肥体壮，牧羊人的日子就有了保障。俄国内政部和最高警察当局认为以牧羊群的方式来安排俄国农民的生活，便足以保障秩序。1905 年 3 月 30 日会议基本无果而终。俄罗斯科学院圣彼得堡历史研究所，纽约哥伦比亚大学巴赫梅季耶夫俄国和东欧历史文化档案馆合编：《维特档案　回忆录》（*Из Архива С. Ю. Витте Воспоминания*）第一卷，下册，圣彼得堡，2003 年版，第 543—545、547 页。

模的胜仗”，以提升民心和沙皇威望。[①] 于是有日俄战争的发生，但是它的结果却未能使沙皇如愿以偿，他输掉了这次战争，被迫缔结了《朴次茅斯和约》。俄国底层人民的经济状况更加恶化，民怨沸腾，仅仅在 1905 年一年就发生了 2862 次罢工，农民运动涉及全俄国三分之一的地区，参与其事的不仅仅是农民，还有农村知识分子。他们提出的要求就是“把土地分给农民”。[②] 1905 年 1 月发生了冬宫广场上的流血事件，即史称的“流血的星期日”，它便是俄国社会矛盾激化的结果。运动不断扩大，到 10 月因罢工人数已经达到 75 万，铁路运输几乎全部停止。政治性罢工涉及全俄：乌克兰、中亚部分、西伯利亚和远东。[③]

农村情况又怎样呢？农民在无望之际也开始铤而走险，他们袭击地主庄园，抢夺地主的种子和占领他们的土地，出于义愤，农民到一些国有的和地主的林场去砍伐，构木为屋，打土豪分田地的波浪席卷了俄国中西部许多省份。

为缓和社会政治气氛，沙皇政府在这年颁布了《10 月 17 日宣言》又称“关于完善国家制度”的宣言。它宣示“1. 在人格绝对不可侵犯，信仰，言论，集会与结社自由的原则基础上，给予人民不可动摇的公民自由的基本权利。2. 继续进行杜马选举，在杜马召开前之最短期间，立即在可能之范围内吸收那些完全没有选举权的各阶级人民参加杜马，尔后……进一步推进普选权的原则。3. ……未经国家杜马批准，任何法律均属无效。以保证选民真正监督”政府部门的执法行动。宣言“号召俄罗斯的忠诚儿女牢记对祖国的义务，起而制止骇人听闻的暴乱”，同心协力“恢复国家社稷的安定与和平”。[④] 这个宣言关于召开国家杜马的承诺是十分重要的，它已经带有宪政的性质。从此，沙皇不能再独揽立法大权。《宣言》的颁布，在俄国历史上开启了一个新的时代，朝着宪政时代迈步。这是沙皇尼古拉二世开始进行某些改革的尝试，它标志着俄国政治生活的改变。沙皇作出的让步固然是被迫的，固然是要维持罗曼诺夫王朝的统治，但这个法令中毕竟有顺乎时代要求和符合民意的成分。[⑤]

---

① 《维特档案　回忆录》第一卷，下册，圣彼得堡，2003 年版，第 652 页。

② О. В. 沃洛布耶夫，М. В 卢班，Р. М. 维建斯基等：《二十世纪祖国历史》（Волобуев，Рубан，Введенский：*Отечественная история XX века*），莫斯科，1999 年版，第 78、65 页。

③ О. В. 沃洛布耶夫，М. В 卢班，Р. М. 维建斯基等：《二十世纪祖国历史》，莫斯科，1999 年版，第 62—63 页。

④ 《维特档案　回忆录》，圣彼得堡德，2003 年版，第 210—211 页。

⑤ Н. 维尔特：《苏维埃国家史》，莫斯科，2000 年版，第 43 页。

此后俄国形势并没有立即平静下来。1906 年农民袭击地主庄园的事继续发生。政府不得不派出军队弹压，宣布一些地方进入特别状态。1906 年一些保守的势力组织流氓无产阶级和城市里的无业游民，建立了黑色百人团。工人代表苏维埃也是在这种情况下出现的。后来成为无产阶级革命家的托洛茨基，便是这个时期涌现出的领袖。[①]

1905 年后俄国出现了不同的主张：一种是中产阶级主张的自由主义改良派的道路，认为应当取西欧式道路，进行和平改革，用君主立宪取代沙皇专制；另外的主张来自各个阶层，他们的目标并不明确，他们采用的社会抗议形式和主张也大相迳庭，“从反地主的暴动和袭击，到当时还不明确的苏维埃”。[②] 列宁为避免出现于下层的自发性组织形式会“威胁”布尔什维克对革命行动的领导权，[③] 便提出了只有无产阶级是“唯一彻底革命的阶级”这个观点。他认为资产阶级改良主义的要求，是一种“迁延时日的、迟迟不前的、使人民机体中腐烂部分的消亡过程缓慢得引起万般痛苦的道路。”他主张用一种“迅速开刀、使无产阶级受到的痛苦最少的道路，”即推翻沙皇制度，由无产阶级掌握领导权。为达到这个目的，绝不能选择改良主义的道路，“而是经过革命的道路”。[④] 其策略便是把“居民中的半无产者群众联合到自己方面来，以便用强力打破资产阶级的反抗，并麻痹农民和小资产阶级的不稳定性。”[⑤] 俄国革命运动中的激进派就这样在政治潮流中亮出了自己的旗帜。

相似的情况也出现在中国。1894 年中国在甲午战争中的失败同样刺激了舆论民情。而俄国的“10 月 17 日宣言”，俄国 1905 年革命，同样使中国的资产阶级革命分子看到，在中国反对帝国主义和清廷专制统治的斗争，也应当提到日程之上。与此同时，革命与改良的争论也出现在那一代革命者中间。

说了这些俄国情况，就是为了衬托后来中国国民党特别是孙中山时期的“以俄为师”究竟如何缘起，后来如何演化甚至改变，例如在农民土地问题上。

同盟会对俄国政情的关注和有组织地宣传。孙中山和同盟会对这个邻邦一直十分关注。但是在相当一段时间里，鉴于沙皇的侵华政策，特别是 1900

---

① H. 维尔特：《苏维埃国家史》，莫斯科，2000 年版，第 45 页。

② H. 维尔特：《苏维埃国家史》，莫斯科，2000 年版，第 45 页。

③ H. 维尔特：《苏维埃国家史》，莫斯科，2000 年版，第 39 页。

④ 列宁：《社会民主党在民主革命中的两种策略》，《列宁选集》第 1 卷，人民出版社 1972 年版，第 542 页。

⑤ 列宁：《社会民主党在民主革命中的两种策略》，《列宁选集》第 1 卷，人民出版社 1972 年版，第 591 页。

年沙皇军队和八国联军在中国的暴行，同盟会的一些成员曾主张与日本结盟，“中东合同，以为亚洲之盟主，兴灭国，断绝世”，采取分化和瓦解的办法，让欧洲列强“自解其与俄之从，然后我得以利啖之，使之拒俄，或联东西成一大从，以压俄人东向之志。”① 日俄1904—1905年在中国境内开战，清廷不但不加驱逐，反宣布中立。后来成为同盟会骨干的黄兴、蔡元培等积极参加了“拒俄义勇队和军国民教育会，自告奋勇担任军国民教育会归国运动员，预备往湖南、湖北和南京一带活动，”② 由于沙皇多少年来的侵华，致使拒俄、抗俄情绪在相当一部分知识分子中比较普遍。

但是，1905年俄国的状况却给予以孙中山为首的“虽然还非常幼稚但是淬历奋发的中国资产阶级和小资产阶级革命分子以极大的鼓舞”。③ 这与后来孙中山等人的“联俄”不无关系。

《民报》几乎每一期都有介绍俄国革命的文章，同盟会的主要领导人宋教仁以“劈斋”的笔名频繁撰文描述这场“革命之端绪”，俄国民情与军队情况，“农民之暴动”，“十月之大同盟罢工”等。虚无主义者④苏菲亚的肖像，无政府主义者巴枯宁的简历和其他有关文章也开始出现在《民报》有限的篇幅上。⑤ 该报对俄国人民为反抗沙皇“无不斩木揭竿，风起云涌的革命局面”但知手舞足蹈表“极端之同情，为之高呼万岁，且自愧不如焉斯已矣”。⑥ 显然《民报》此时已经把俄国当做榜样。

尽管如此，同盟会的成员们对俄国社会民主工党的活动究竟了解多少，还是一个值得深入研究的问题。日本的东京、长崎等城市是各种思潮和消息的集散地，日本的安部矶雄，幸得秋水，片山潜，河上肇，木下上江和西川光二郎等活跃于思想界，1906年3月，日本第一个社会主义者办的刊物《社会主义研究》也问世了。⑦ 同盟会的成员们在那里感受到、了解到世界各国社会思潮。到19世纪80年代未期，民粹主义及其组织在俄国已经瓦解了，但是它们的思想却远播俄国之外。由于地缘和历史的原因，许多俄国革命者被迫流亡到日本，《民报》的主笔胡汉民等有条件在这里直接了解一些情况。

1906年，孙中山在日本长崎认识了俄国民粹主义者及其机关刊物《民意

① 《民报》第2期，第20页。
② 李新主编：《中华民国史》第1编《中华民国的创立》，中华书局1981年版，第273页。
③ 黎澍：《1905年俄国革命和中国》，《历史研究》1955年第1期，第9页。
④ 当时所谓虚无主义实际指的是民粹主义。
⑤ 《民报》第2期，第20页；第3期，第40页。
⑥ 《民报》第4期，第93—94页。
⑦ 万峰：《日本近代史》，中国社会科学出版社1978年版，第325页。

报》（Народная Воля）的主编鲁塞尔。[1] 两人谈得十分默契，后来一直保持着通信联系。鲁氏同情孙中山的高尚理想和抱负，为他的奋斗精神所感动，替他向西方和美国人士呼吁，要他们帮助“占世界人口四分之一的国家的复兴”。这位俄国革命者写了《中国之谜》一书，真切表达了他对中国人民的同情。孙中山为自己结识了这样一个“思想高尚、胸襟开阔”的志同道合者而颇感欣慰。《民报》则对鲁塞尔利用报刊和宣传工具为反对沙皇暴政所做的工作表示了高度的赞赏和肯定。胡汉民用“辩奸”的笔名撰文《俄国革命党之日报》，称颂鲁塞尔及其同道重视舆论的做法：

“俄国革命党拉锡尔[2]氏于日本长崎发行俄字日报，报名《自由》，自本月开始。其发刊趣意书词意极伟……”

同盟会的会员们十分佩服鲁塞尔这篇讨伐沙皇专制制度的檄文，对他揭露沙皇镇压人民的罪恶行径及其虚伪的“自由与安全”的实质，表示十分同情：“诏敕所谓自由者，以兵士之铳剑与哥萨克之鞭，为其表识”。[3]

上面的情况有两点值得我们特别注意：一是《民报》几乎是同步全文译载了《民意报》的发刊词，它是20世纪最早而及时在国外向中国同胞和世界报道俄国事态的刊物。二是它为中国同俄国人的联系奠放了最早的基石。

同盟会成员们对俄国的兴趣何在？可以归结为两点：第一，从政治目标上看，他们一致认同并仿效的是俄国革命者武力推翻当政者。同盟会成员们在海外的活动集中于两点，一是募集资金，二是组织队伍。第二，是斗争手段。同盟会在其成立前后一度推崇并试图使用暗杀手段。《民报》虽不可能反映同盟会员们在这方面的活动踪迹，但该组织成立前后的活动却使我们明显地追寻到参与同盟会的一些团体与俄国民粹派活动的雷同。

俄国民粹主义者的活动如其首领尤佐夫所说“恐怖——是我们唯一的手段，”他甚至建立了秘密的“战斗组织”，在1904年7月15日刺杀了内务部长普列维。有许多俄国革命者就近流亡到日本。

1906年孙中山在长崎遇到的该鲁学尼（Г. Герушени）就是这个“战斗组

---

① 鲁塞尔 Руссель《民报》译为拉锡尔，原名为苏济洛夫斯基。19世纪70年代侨居国外时取鲁塞尔名，曾经在夏威夷、菲律宾进行活动，1905年到日本时已经有一定的名望，日本报纸《大阪日日新闻》有人专门撰写文章论述他的事迹。鲁在长崎创办了一份《日本与俄国报》，对象为日俄战争期间的俄国战俘。1906年他与孙中山有通信联系。十月革命后鲁侨居天津，1930年病故。详见赫依菲茨：《20世纪初俄中人民的革命联系》，载苏联《历史问题》（*Вопросы истории*）1956年第12期。致孙中山的信见该刊第97—98页。原信系英文，存于苏联中央国家十月革命和社会主义建设档案馆，全宗5825，目录1，案卷号189。

② 即“鲁塞尔”。

③《民报》第4期，第93—94页。

织”的一员。[1] 此人因其激烈的政治主张和手段被沙皇流放到西伯利亚，他从那里逃跑，到了长崎。

无独有偶，同盟会原会员中万福华曾经在上海刺杀前两广总督王之春。[2] 1904 年日本东京的中国留学生组织的军国民教育暗杀团就是这样一个组织。后来参加该团的蔡元培也认为“革命只有两前途，一是暴动，一是暗杀。”他甚至与人一起研制过炸药。[3] 张继不仅积极参加军国民教育会，而且与何海樵、杨笃生共赴天津，谋炸西太后与光绪。[4]

从现有资料看出，早期同盟会对俄国政情中的兴趣，多半表现在俄国人民如何“斩木揭竿”，革命局面如何“风起云涌”，而对沙皇的改革——无论其成败——却很少兴趣。这与同盟会领袖人物孙中山有直接关系。

孙中山的革命倾向由来已久。19 世纪末期孙中山的《上李鸿章书》表述的通过发展实业的途径达到社会改造，使国家富强的目的，他明显地寄希望于清廷采取各种措施以达地尽其力，人尽其才，物尽其用，货畅其流。后来见“和平之法无可复就”，“知和平之手段，不能不易以强迫。”[5] 特别是 1900 年后，“八国联军之破北京，清后、帝之出走，议程之赔款九万万两……而人民之生计从此日蹙……有志之士，多起救国之思，而革命风潮自此萌芽矣。”[6] 孙中山在改造社会的观念和道路的选择上发生了比较大的变化。窃以为未必要用什么“进步”来界定。这不过是他在探索救国救民道路上的脚步。同盟会从成立伊始，其主流领导人就有“以俄为师”的明确倾向。

就像在俄国或任何国家一样，一场大的社会政治风暴之后，身临其境的忧国忧民者中间总会出现各种不同的主张。俄国 1905 年后出现了激进与改良的派别，中国也不例外，在戊戌变法失败后，出现了各种不同的主张。康有为组织了“保救大清光绪皇帝会”，甚至招募了一批“保皇军”，并努力使之正规化，提高其战斗力。“保国、保种、保政”——康有为的思想和活动离不开一个“保”字，“顺理成章”成了保皇派。孙中山、梁启超、康有为谋求过合作，但未有结果。梁启超在 1907 年与马相伯等立宪派在东京成立以实行宪政为宗旨的政党——政闻社，但他们坚持的依然是有别于同盟会的行动方针。如果说梁启超、康有为在排满问题上与孙中山、汪精卫等有分歧，孙指

---

① H. 维尔特：《苏维埃国家史》，莫斯科，2000 年版，第 27 页。
② 李新主编：《中华民国史》第 1 编《中华民国的创立》，第 278 页。
③ 李新主编：《中华民国史》第 1 编《中华民国的创立》，第 289—291 页。
④ 徐文珊：《北方之旅——张继传》，台北，近代中国出版社 1982 年版，第 90 页。
⑤ 《孙中山全集》第 1 卷，中华书局 1984 年版，第 18 页。
⑥ 《孙中山全集》第 6 卷，中华书局 1984 年版，第 235 页。

其“妖言惑众”[①] 那么形势的发展使他们的争论愈演愈烈，《民报》1905 年创刊后就针对康梁的言论：“与其共和不如君主立宪，与其君主立宪，又不如开明专制”[②] 发出了强烈指责。梁启超的《新民丛报》也不甘示弱，论战开始。梁启超认为“倘民智不开，而民气又盛，则人人有破坏心，无建设力，叫嚣一哄，家国城墟而已”。他引用德国波伦哈克的观点说：“因革命而得政体者常危”，因为在革命大暴动后“以激烈之党争，输之人民，而欲保持社会势力之平衡，此又必不可得之数也。”[③] 就这样，《新民丛报》被列出十二罪状。[④] 孙中山把包括康梁在内的保皇派势力冠以“反革命”，宣示与之“理不相容，势不两立，”并与之“作战”，并请革命队伍的人不要“中康之毒”，“当竭力大击保皇毒焰于各地”。[⑤]

但是康有为、梁启超并没有就此罢休。对于暴力革命的手段，梁启超的基本态度是：不可取，认为“承此大暴动之后，以激烈之党争，四分五裂之人民。而欲使之保持社会势力之平衡，此又不可得之数也。于斯时也，其势力最猖獗者，即彼鼓吹革命率先破坏之一团也。而此党派，大率属于无资产之下等社会，其所举措，往往不利于上流……自必日走于极端，而遂取灭亡”。[⑥] 针对孙中山的政治革命与社会革命并行，他说：“吾信其与甲县约法之后，而乙、丙诸县，虽如晚清之扬州、嘉定而不能下也。焉能下焉，则必乙、丙等县之游荡无赖子乃至乞丐罪囚之类，艳羡富民之财产可以均占，利用新政府之主义，而屠上流社会之族，潴上流社会之室，而挟此功以来降也。信如是也，则与其欢迎此神灵之革命家，毋宁欢迎李自成，张献忠之为愈也”。[⑦]

孙中山曾经向梁启超解释其政治、社会革命同时进行，谓革命不能缓慢行之：“缓则无及也，大革命后，四万万人必残其半，少亦残其三之一，积尸满地，榛莽成林，十余年后，大难削平，田土之无主者十而七八，夫是以能

① 汪精卫：《民族的国民》，引自张枬、王忍之编：《辛亥革命前十年间时论选集》，第 2 卷，上册，生活·读书·新知三联书店 1978 年版，第 98 页。

② 饮冰：《开明专制论》，《辛亥革命前Ｉ年间论选集》第 2 卷，上册，生活·读书·新知三联书店 1978 年版，第 168 页。

③ 饮冰：《开明专制论》，《辛亥革命前十年间论选集》第 2 卷，上册，生活·读书·新知三联书店 1978 年版，第 166 页。

④ 中国史学会编：《辛亥革命》（二），上海人民出版社 1987 年版，第 272—273 页。

⑤ 中国史学会编：《辛亥革命》（二），上海人民出版社 1987 年版，第 166 页。

⑥ 饮冰：《开明专制论》，《辛亥革命前十年间时论选集》第 2 卷，上册，生活·读书·新知三联书店 1978 年版，第 166 页。

⑦ 饮冰：《开明专制论》，《辛亥革命前十年间时论选集》第 2 卷，上册，生活·读书·新知三联书店 1978 年版，第 172 页。

一举起而收之，余所以必主张大流血者，诚以非此不足以达此目的也。”① 孙中山的表述与俄国革命者特别是与列宁的激进主张有许多相似之处。

梁启超指出“时闻其言，恶其不仁，且悯其不智，而彼今犹揭橥此义于天下，明目张胆以欺学识幼稚之人。”② 梁启超认为孙中山的民生主义，关于社会革命等观点，是“岂憔悴之未极，宁灭亡之不亟，其妨更以此至剧烈至危险之药以毒之速其死也！”他极其激烈地表态云：“故吾于他端可以让步焉，若此一端则寸毫不能让也”。③

按照长期以来我们熟悉的理论，梁启超反对广泛发动群众进行暴力革命，理所当然地立于革命派之外。这是相当一段时间里苏联学者按照《苏联共产党（布）简明历史教程》的观点而得出的持续时间甚久而且广为中国学者接受的看法。然而，孙中山的所谓“革命”是否一定意味着它必能促进社会发展和人民幸福，是值得研究的；二是这种革命的破坏性与建设性是否成正比有待研究；三是，当时中俄出现了大致相同的情况，并非不存在别的选择，也并非没有别的举措，例如俄国尼古拉二世皇帝的“10 月 17 日宣言”和二月革命已经使其朝宪政之路前进了，改良的道路存在。那么是否能轻断那都是不革命的呢？时至今日，这依然是值得讨论的。

再看中国，1901 年 1 月 29 日，清廷发出学习西方变法的“上谕”，迈开了十年新政的第一步。1905 年有端方等五大臣出洋考察，次年清廷宣布“时处今日，唯有及时详晰甄核，仿行宪政。”不管大清帝国统治者对宪政的理解是否深刻或是否“正确”，比之于戊戌变法时期，政情毕竟有了很大改变，倡言宪政者有了话语权：整顿吏治，改革官制，废科举、兴学堂，振兴商务，开发实业，修改律制，编练新军，国家开始出现新气象。④ 中国宪政史翻开了新的一页。

但是在俄国，列宁和以他为首的布尔什维克认为只有无产阶级是“唯一彻底革命的阶级”，只有推翻沙皇俄国才能走上社会改革的坦途，舍此别无良

---

① 饮冰：《开明专制论》，《辛亥革命前十年间时论选集》第 2 卷，上册，生活·读书·新知三联书店 1978 年版，第 172 页。

② 饮冰：《开明专制论》，《辛亥革命前十年间时论选集》第 2 卷，上册，生活·读书·新知三联书店 1978 年版，第 172—173 页。

③ 饮冰：《开明专制论》，《辛亥革命前十年间时论选集》第 2 卷，上册，生活·读书·新知三联书店 1978 年版，第 173 页。

④ 袁伟时教授在多种著述中所做分析很有启发性：《20 世纪中国社会变革的可贵开端——我看清末新政》，香港，《二十一世纪》2001 年第 2 期；《晚清大变局中的思潮与人物》第 5 章，深圳，海天出版社 1992 年版；《从孙袁妥协到“二次革命”》，北京《战略与管理》2006 年第 6 期；《洪秀全、洪仁玕与晚清思想研究的误区》，“学说连线”http：//www. xslx. com。

方，否则就是“保守的复辟势力”；那么，上述梁启超的言论则恰恰成了列宁“批判”的对象。孙中山和梁启超等人的论战类似俄国布尔什维克与改良主义者的争论。列宁的话似乎是在遥远的彼方给以孙中山为首的中国“革命派”助威。中国社会的思想斗争这时已经与世界同步了。

第三节　最早评介孙中山和同盟会纲领的俄国人

最早评介孙中山和同盟会纲领的这个人便是列宁。中俄国情有许多相似之处，两国都是以农立国，都是大国。两国农民土地问题解决的程度都直接关系国民经济的发展和社会的稳定。孙中山在同盟会机关刊物《民报》的创刊号上提出了民族、民权、民生主义的概念。1906 年 12 月他又在该报周年纪念会上发表了《三民主义与中国民族之前途》的重要演讲。三民主义的内容后来又有了发展和充实，但其核心已经十分明确了，“平均地权”的思想凝聚了孙中山“民生主义”的基本内容。至于革命道路，他明确表示反对“杀四万万人之半，夺富人之田据为己有”这种激烈的做法。① 那是 1906 年。可以看出，他的观点在变化，他已经放弃了前述与梁启超争论时“大革命后，四万万人必残其半，少亦残其三之一”的说法。放弃了先大乱再大治“必主张大流血”的社会改造的道路。他与梁启超当年的观点竟然开始趋同。

若不是孙中山改变了观点，他不会受到列宁的“批评”，事实是孙中山变了。对欧美国家情况做了考察和研究后，他得出了与西欧社会主义运动中被称为改良主义雷同的结论，都是想避免激烈的社会变动和阶级冲突，不再“必主张大流血”。后来邹鲁回忆说，“三民主义的哲学基础，因非因袭欧洲，亦非因袭中国，即非全属唯物，亦非全属唯心”。②

孙中山坚持这个观点直至他的晚年。列宁认为孙中山“同俄国民粹主义者十分相似，以致基本思想和许多说法都完全相同。”列宁赞颂孙中山的纲领“每一行都渗透了战斗的、真诚的民主主义，”因它“直接提出群众生活状况

① 《孙中山全集》第 1 卷，中华书局 1984 年版，第 329 页。

② 尚明轩、王学庄、陈崧合编：《孙中山生平事业追忆录》，人民出版社 1986 年版，第 640 页。

及群众斗争问题，热烈地同情被剥削劳动者，相信他们是正义的和有力量的。”①

然而，极其严厉地批判孙中山“空想”的也是列宁。近一个世纪之后再回味列宁与孙中山的关系，特别是对照20世纪20年代中期国共合作那段生动的活剧，那么我们会更加深刻地体会到，威胁国民党与共产国际关系并导致其破裂的伏线恰恰就是这时候埋下的。

请看：列宁认为同盟会的政纲表明孙想和平解决社会矛盾，想避免资本主义，不主张“群众革命情绪的高涨”，孙中山对“只有革命人民群众的英雄主义才能‘复兴’中国”这一点没有认识。“认为在中国可以‘防止’资本主义，认为中国既然落后就比较容易实行‘社会革命’等等，都是极其反动的空想”。他说孙中山是在“完全离开俄国经验和俄国著作的情况下，向我们提出了纯粹俄国的问题。”② 列宁后来进一步阐述这个问题，说得更加透彻：“自由派的乌托邦，就是妄想用和平妥协的办法，不得罪任何人……不经过激烈的彻底的阶级斗争，就能够……在劳动群众的地位方面，得到某些重大的改善。”③

实际上这牵涉到根本的革命道路问题，也就是共产国际史学中的所谓马克思列宁主义与修正主义道路之争。耐人寻味的是：中俄革命者在互相根本没有沟通的情况下提出了同样的社会革命思想，而这个思想又同国际上的斗争完全一致，各路“英雄所见略同”。如果我们把镜头后推至20世纪20年代中后期，那么很清楚，同盟会最初拟定的“不经过激烈的彻底的阶级斗争”的方针已经开始酝酿国共两党在农民运动问题上的分歧了。

整体上看，俄罗斯的动态给孙中山和同盟会员们留下深刻印象，孙中山相信俄罗斯革命“其卒必能抵于成”。1910年，还在辛亥革命前他就用俄国朋友的革命精神来鼓舞侨众，他特别赞扬俄国革命者的顽强意志，预言他们定能以“百折不回之志，欲以百年之时期摧毁俄国之专制政体，而达政治、社会两革命之目的”。④

---

① 列宁：《中国的民主主义和民粹主义》，《列宁选集》第2卷，人民出版社1972年版，第423—424页。

② 列宁：《中国的民主主义和民粹主义》，《列宁选集》第2卷，人民出版社1972年版，第423页。

③ 列宁：《两种乌托邦》，《列宁选集》第2卷，人民出版社1972年版，第429页。

④ 孙中山：《在旧金山丽蝉戏院的演说（1910年2月28日）》，《孙中山全集》第1卷，中华书局1984年版，第443页。

第四节　俄国革命者对孙中山和辛亥革命的声援

戊戌变法虽然失败了，但那毕竟是一次改革的尝试，维新运动的作用也是不可低估的。中国社会上的守旧、改革、革命三种力量在博弈，不过它们的立场也因政局的变幻而变幻，所以它们之间的关系并非铁板一块，大家都在探求兴国之道，做着各种尝试。很难说张三始终是正确的、是革命派，李四始终是错误的、是“阻挡历史潮流”或“维护封建统治”的。

那时中俄革命者的联系是自发的，是在个人之间进行的。孙中山及其战友们越来越坚定地相信，推翻腐败的清王朝的革命必将发生。俄国革命者对孙中山的同情，首先当推列宁和他领导的俄国社会民主工党。

还在义和团遭到清政府和外国联合力量的镇压时，列宁就写了《中国的战争》，抨击沙皇俄国对中国人民的野蛮行径。后来他一直密切关注中国事态。①

1910 年 2 月，俄国布尔什维克党的合法报纸《星报》② 在彼得堡创刊。凭着政治家们的敏感，该报主编嗅到中国革命的气息，从 1911 年起就系统报道中国情况，刊登了关于中国学潮的消息，还译载了同盟会的一张传单，大意是号召人们推翻骄横暴虐的清代统治者。正是在这一年，中华大地骤起狂飙，清王朝复灭了。中国历史翻开了新的一页。《星报》开辟了“中国革命”专栏，有人以《龙抬头》为题大作宣传，有人挥毫写诗讴歌中国的新生。③

《涅瓦明星报》同时刊登列宁、孙中山的文章。不言而喻，这是值得大书特书的划时代的事件。中国开始了民主共和的新纪元。孙中山不想建都于“宫殿巍峨，每足引起执政者帝王痴梦，官僚遗毒，深植社会人心”的北京。④ 他要定都南京，1912 年元旦，孙在南京就任临时大总统。

这场革命引起所有在中国有利益的东西方国家的强烈关注。中国国内的

---

① 1913 年列宁在《落后的欧洲和先进的亚洲》中称赞中国辛亥革命的业绩。而《中国各党派的斗争》则再次赞同孙中山重视农民问题。李玉贞：《孙中山与共产国际》，台北“中央”研究院近代史研究所 1996 年版，第 37—38 页。

② 该报于 1912 年 4 月 22 日（俄历 5 月 5 日）停刊，共出 69 期，其中有 30 期被没收，是第三届国家杜马中社会民主工党的机关刊物，它为《真理报》的创刊做了准备。

③ 赫伊菲茨：《19 世纪中俄人民的革命联系》，［苏］《历史问题》1956 年第 12 期，第 98 页。

④ 《中华民国临时政府新法令》第 5 册，第 24 页。这还不能完全清晰地解释孙中山让位于袁世凯的原因。问题复杂，此处不予探讨。

革命派与保皇派的斗争也相当激烈，复辟与反复辟的斗争严峻地考验着各派政治势力。

就在孙中山就任中华民国临时大总统的4天之后，即1912年1月5日，由列宁起草的《关于中国革命的决议》便在俄国社会民主工党的大会上获得通过。这是列宁及其领导的社会民主工党在多瑙河之畔对孙中山的声援，我们不清楚当时孙中山是否知道。无论如何，与沙皇的侵略相比，列宁“斥责俄国自由派支持沙皇侵略政策的行径”，该党所做的表态和他们对中国开始“共和”，向孙中山等革命者“表示全心全意的同情，”[①] 总算是一个正义的声音。

1912年比利时《人民报》刊登了孙中山的文章（China's Next Step），[②] 这是孙中山卸任大总统前夜，向全世界宣布了他对中国发展的构想。这篇重要文章引起了国际舆论的注意，遂很快被翻译成俄文，以《中国革命的社会意义》为题刊登在7月15日的《涅瓦明星报》[③] 上。它与列宁那篇著名的文章《中国的民主主义和民粹主义》出现在同一天的报纸上。这并不是巧合，而是有意的安排。它说明当时世界舆论对中国事态和孙中山的关注。

孙中山在文章中表达的是，辛亥革命后中国“政治革命今已告成，余更拟发起一更巨之社会革命，此社会革命不用兵力，而用和平方法”[④] 造成数十个先进的上海。这是他拟选择的道路。如前述，列宁则早在1905年便明确其主张，只有并只能由“唯一彻底革命的”无产阶级，“用强力打破资产阶级的反抗”才能达到社会革命的目的。列宁的论点此后在相当长的时间里成了共产国际对国民党理论和实践评价的准绳。

后来，列宁还写了许多文章，[⑤] 赞扬孙中山和“中国的革命民主派为人民的觉醒、为争取自由和彻底的民主制作出卓著贡献”。但他的上述观点一直左右着苏联史学，到20世纪30年代初期，孙中山的理论在共产国际讲坛被定性为：事实上是要在中国发展资本主义，这种小资产阶级路线“在帝国主

① 《苏联共产党决议汇编》，人民出版社1964年版，第265、286页。

② 这是孙中山的一篇讲演：《民生主义与社会革命》，黄彦编注：《论民生主义与社会主义》，广东人民出版社2008年版，第14—20页。

③ 该报由列宁领导，于1912年2月26日至10月5日在彼得堡出版，同年10月11日被查封，共出27期，其中的9期被没收，1912年4月22日起代替了被当局查封的《星报》（*Звезда*）。

④ 孙中山：《拟在中国发起和平方式的社会革命》，黄彦编注：《论民生主义与社会主义》，广东人民出版社2008年版，第21页。

⑤ 这些文章有：《亚洲的觉醒》、《落后的欧洲和先进的亚洲》、《新生的中国》等，《列宁选集》第2卷，人民出版社1972年版，第447—450页。

Ленин Владимир Ильич

№ 17. НЕВСКАЯ № 17.

ЗВѢЗДА

Цѣна 3 коп.

Годъ изданія первый.

№ 17　Воскресенье 15-го іюля 1912 г.　№ 17

Отъ Конторы.

„МЕТАЛЛИСТЪ"

Выборы въ Петербургѣ.

Соціальное значеніе китайской революціи.

ЕДИНСТВО ИЛИ РАСКОЛЪ?

Вторая стадія выборовъ

ДЕМОКРАТІЯ И НАРОДНИЧЕСТВО ВЪ КИТАѢ.

1912 年 7 月 15 日布尔什维克的《涅瓦明星报》同时刊登列宁的《中国的民主主义和民粹主义》（左）和孙中山的《中国革命的社会意义》（右上）

РГАСПИ 档案

义和无产阶级革命时代是行不通的。"①

第五节　高尔基的祝贺

1912 年，高尔基奉俄国社会民主工党的派遣到美国宣传革命，后来他又辗转到了意大利，住在卡普里岛。

对于孙中山和他的业绩，高尔基早有所闻，这年他看见了孙中山在比利时发表的那篇文章。② 他把中国革命的胜利当做自己的胜利，当做进步人类的胜利，由衷地为孙中山和中国人民的事业能有如此大的成绩而自豪，便从卡普里岛致函孙中山，称他为能够扭转乾坤的大力神"格尔库列斯"。③ 把孙比做自己的同志，说俄国革命者和全世界所有正直的人一样"都怀着关切、喜悦和敬佩的心情关注"他的正义事业，"不管这些思想在哪里获得胜利，"他高尔基都"为其胜利而感到欢欣鼓舞。"他请孙中山相信，俄国人与孙中山"心心相印，志同道合"。而"使俄国人民与中国人民为敌"的，仅仅是"俄国政府及其奴仆"。

高尔基认为要向世界介绍中国，非孙中山莫属，不能让那些为资本效劳的记者们歪曲中国事态，所以他请孙"撰文一篇，题目是中国人民对全欧资本的侵略行径特别是对俄国资本家和政府的侵略行径持何态度？他们干了哪些勾当？"中国"人民又是如何回敬他们的？"④

笔者未能查到此事下落：孙中山是否已经收到信，是否写了那篇文章，如果回信又是通过什么途径发出的。但这件事至少说明辛亥革命对世界政治生活产生的强烈影响。如高尔基信中所说，是社会主义思想，把中俄革命者联合在一起。⑤

---

① K. 安东诺夫：《三民主义与中国革命》，莫斯科共产主义学院出版社 1931 年版，第 47—48 页。

② 《高尔基文集》（*Собрание сочинений М. А. Горького*）（30 卷本）第 29 卷，莫斯科，1956 年版，第 275—276 页。1937 年高尔基逝世一周年时译载于《中苏文化》第 2 卷第 8 期，但译文略有删节。

③ 希腊神话中一个大力神的形象，他挥起手臂就能扭转乾坤。

④ 《高尔基文集》第 29 卷，莫斯科，1953 年版，第 275—276 页。

⑤ 目前还没有史料表明孙中山对列宁、俄国社会民主工党就中国问题做出的决议有何反应。

第六节　开国民党对俄关系的先河

1917 年俄国发生二月革命，孙中山向俄国临时政府发出了贺电，他为“苦专制之毒”的俄国革命者摧毁了万恶的专制制度而兴高采烈，并且表示愿意与俄国革命者共同进行反帝斗争。[①] 不过，这时处于在野状态的列宁和俄国社会民主工党并没有获知中国情报的系统，他们得到的关于中国情况的资料还难说完整。列宁仅仅朴素地看到，上海和华南是工商业最发达的、受欧洲影响最甚、最先进的地区，而“孙中山依靠的就是这样一块地区”。他认为“中国将出现许多个上海。”按照列宁的理论，中国无产阶级在上海成长起来之后，将建立起这样或那样的中国社会民主工党，这个党将“批判孙中山的小资产阶级空想和反动观点”，同时“保存和发展他的政治纲领和土地纲领的革命民主主义内核”。[②]

列宁在一系列著作中[③]表示了对中国政情的密切关注。值得注意的是，还在这个时候，俄国政治家用俄国革命经验和理论来分析和看待中国国情的现象已经萌芽了。不过这时他们仅仅坐而论道。1916 年流亡伯尔尼时，列宁想出了一个具体途径——通过旅俄华侨来实施同孙中山的联系。[④]

1917 年俄罗斯发生了两次大风暴，二月革命推翻沙皇制度后，出现了一届代表资产阶级的政府——临时政府。孙中山为俄国革命者的壮举十分兴奋，

---

① 这封电报的全文迄未见到，最早的记载是孙中山 1917 年 3 月 27 日致朱和中的电报，见《国父年谱补编》，台北，1975 年版，第 214 页。

② 《列宁选集》第 2 卷，人民出版社 1972 年版，第 428 页。从后来的事态发展看，列宁的话具有一定的预见性，例如 1921 年中国共产党的建立，再如 20 世纪 20 年代中后期，列宁逝世后共产国际对孙中山三民主义的批判等。其中著名的著作有：卡拉·穆尔札：《孙文主义的阶级实质问题探讨》，[俄]《中国问题》，吴永清译，载《国外中国近代史研究》，第 14 辑；Н. Г. 安东诺夫：《三民主义与中国革命》（Антонов. *Суньятсенизм и китайская революция*），莫斯科，共产主义学院出版社 1931 年版。

③ 参见：《中国的民主主义和民粹主义》、《亚洲的觉醒》、《落后的欧洲和先进的亚洲》，《列宁选集》第 2 卷，人民出版社 1972 年版，第 423—428、447—448、449—450 页。

④ К. 拉狄克：《中国人民的领袖》（К. Радек *Вождь китайского народа*），《真理报》1925 年 3 月 14 日。

发去贺电[①]并且敏感地预料到这块土地上的“来日狂澜”。[②] 果然，几个月后十月革命发生。孙中山本人于1918年致电新俄政权，对后者反对帝国主义干涉的正义斗争表示支持和同情。列宁收到后备受鼓舞，视之为“东方的光明”。[③] 然而孙的行动并不说明他赞同或认可苏俄的国内政策。

中国国民党组织上的完善和苏俄政权的巩固发展在时间上大致吻合。1919年3月共产国际在莫斯科成立，它为苏俄同中国国民党的联系拓开了一条新的渠道。[④] 该党同共产国际的关系也基本是从这年开始才逐渐从自发状态向自觉状态过渡。而开启两者关系先河的就是列宁和孙中山。

---

① 汪精卫在中国国民党第二次代表大会上的政治报告（《政治周报》1926年第2期第14页）中提到这封电报。迄今为止还没有找到这封电报的全文。

② 孙中山《批朱某［和中］函（1917年3月27日）》，《孙中山全集》第4卷，中华书局1981年版，第22页。

③ 汪精卫在1926年中国国民党第二次代表大会上的政治报告，《政治周报》第2期，第14页。苏联学者也多次提到这封电报，如C. Л. 齐赫文：《孙中山——外交观与实践》（Тихвинский Сунь Ятсен *Внешнеполитические мировоззрениян практика*），莫斯科，1964年版。

④ 苏俄曾经通过各种途径联络孙中山及其政党。见李玉贞：《孙中山与共产国际》，台北，1996年版，第二、四章。

第二章
同样重要的年份——1919 年

1917年，二月革命后成立的临时政府开始准备制定宪法完善新政府体制，在这个过程中，过了半年多，便又发生了一次重大的政治事件，不管史界如何界定它，是“十月革命”抑或“政变”，反正它对世界的影响是肯定的。

1919这个年份在中国也同样不平静。1918年世界大战结束后列强开始了新一轮瓜分世界的角逐，巴黎和会上传出日本将拥有战败国德国在山东的利益的消息。作为战胜国的中国却面临着刚出狼窝又入虎穴的处境。“外争国权，内惩国贼”与民主、科学的口号构成了新时期中国社会发展的交响乐。这一年中国发生了震惊中外的五四运动。

在这一年，共产国际成立（又称第三国际），在世界历史上1919年是一个难忘的年份。

还是在这一年，中华革命党等各党派力量经整合成为中国国民党，它开始谋划政党建设，拓展国内外的发展空间。

第一节　俄罗斯问题与第二国际

В. И. 列宁

中国国民党面临的国内外形势中有趣的一点是，莫斯科要建立世界性的无产阶级专政，反对资产阶级民主，中国五四运动也提出了响亮的民主口号，国民党要的则是三民主义。而国民党将与之交往的是一个既有共产主义奋斗目标又有共产主义策略的国际组织，这既涉及中国国民党的建党理论，又涉及其对外政策与实践。特别是考虑到中国国民党的领导人孙中山、蒋介石、蔡元培、张继、吴稚晖等都接触过甚至实践过国际社会主义理论，如张继、[①]吴稚晖。故此，从本源上明确中国国民党的思想，有助于理解它同共产国际的关系。

俄罗斯问题中最重要的就是十月革命了，第三国际的成立是列宁倡议的，这个国际组织的使命是推广十月革命的理念和道路，本书重在说明国民党与共产国际的关系，不拟就十月革命的过程和性质展开讨论。十月革命缔造的苏俄毕竟存活了七十多年。此处谨就列宁关于新生的苏俄的政策及其新政之"新"做一点简略的介绍，以看出共产国际肯定的是什么，希望全世界无产阶级仿效的是什么。以此为背景给国民党与共产国际的关系做一个铺垫。

列宁说过，十月革命后我们"匆忙地"，也许"过于匆忙地"[②] 实行各种社会主义的政策。这是些什么政策呢?

第一是《和平法令》。在 1917 年 11 月 7 日（俄历 10 月 25 日）全俄苏维埃第二次代表大会期间，克伦斯基的临时政府人员被捕，过了两个小时，列宁就颁布了这个法令。它建议各交战国立即停战和谈，并提出把取消临时政府和沙皇政府与外国缔结的不平等条约，一律予以废除，重新签订不割地不赔款的条约。它直接涉及许多国家。

第二是《俄国各民族权利宣言》。号召俄国各族人民进行革命，取消各种民族的、宗教的特权等。

第三是《土地法令》。这是革命后第二天即 11 月 8 日（俄历 10 月 26 日）颁布的，俄国布尔什维克迈出这一步，使他们还在临时政府时期的 1917 年 5 月全俄农民第一次代表大会上关于土地问题的决议草案，[③] 变成了革命后的俄国社会人人必须遵守的法令。

据此法令，地主、皇室、富裕农民的土地一律予以没收，归国家分配，每个农户平均得到 2—3 俄亩[④]的土地。无地农民似乎翻身了，但是牲畜和农具从哪里来，却是一个问题，这是后话了。最重要的是这一举措告诉农民：土地私有制永远废除了，国家的、皇族的、阁部的、寺院的、教堂的、租有的、私有的、公共的和农民的土地，一律无偿地取消其原主所有权。而执行

---

① 徐文珊：《北方之强——张继传》，台北，近代中国出版社，1982 年版，第 94—97 页。

② 列宁：《俄国革命五周年和世界革命的前途》，《列宁选集》第 4 卷，人民出版社 1972 年版，第 659 页。

③ 《列宁选集》第 3 卷，人民出版社 1972 年版，第 93—94 页。

④ 一俄亩等于 1. 06 公顷。

者便是全俄农民代表苏维埃，它领导着各地进行没收土地、分配土地和实施管理权。“任何毁坏被没收的即今后属于全民的财产的行为，都是严重的罪行，应由革命法庭惩办”。①

第四是实行工人监督。这也就是我们理解中的工人掌权，工人选出的代表受当地工兵农代表苏维埃的领导，这些代表行使工厂的管理权，账簿、仓库、工具等全部向工人代表公开并接受其管理，管理细则由地方工人代表苏维埃和工厂委员会代表以及职员代表会议的代表联席会议制定。②

第五是革命后第五天，苏维埃政权宣布实行八小时工作制，禁止使用童工，对失业者和患病者进行补助等。

第六是 12 月 14 日，政府颁布了把大工业企业收归国有的法令并立即得到执行。到 1918 年 3 月，仅仅在三个月的时间里，实行国有化的就有八十一家最大的企业。③

第七是颁布了《关于实行银行国有化及其必要措施的法令草案》。这个法令规定被没收财产的富有阶级，全部财产在五千卢布以上或每月收入在五百卢布以上的股东，必须向国家银行交出一切股票，每周向当地苏维埃报告本人活动情况。他们的现金必须存入国家银行，他们每周的消费额度和用做生产和商业的数目，必须由工人监督机关开具证明后方可支取。

此外还规定实行普遍劳动义务，居民为取得消费品必须加入某一个消费合作社等。凡有违抗者“交由革命法庭制裁”。④

上述各项政策和法令的核心就是“没收”或“剥夺”二字。没收富有阶级的财产后将其归全民所有，全民分配。几乎在每一项法令和草案中都有“交由革命法庭制裁”或“惩罚”的规定。

在列宁眼中，俄国政权是“由一个政党，即无产阶级政党夺到手了，保持住了和巩固下来了，甚至没有‘不可靠的同路人’参加。所以现在，当根本谈不上分掌政权和放弃无产者对资产阶级的专政时，再来谈论妥协，就无异像鹦鹉学舌一样，只是简单地背诵那些念得烂熟但毫不理解其意义的字句罢了”。⑤

列宁认为无产阶级能够而且就应该这样管理国家，苏维埃政府的新政是

---

① 《列宁选集》第 3 卷，人民出版社 1972 年版，第 363 页。

② 《列宁选集》第 3 卷，人民出版社 1972 年版，第 367—368 页。

③ H. 维尔特:《苏维埃国家史》，第 119 页。

④ 列宁:《关于银行国有化及其必要措施的法令草案》，《列宁选集》第 3 卷，人民出版社 1972 年版，第 385—387 页。

⑤ 列宁:《论粮食税、贸易自由、租让制》，《列宁选集》第 4 卷，人民出版社 1972 年版，第 514 页。

"走向社会主义的最初步骤"。[①]

至于那些利益受到损害的人，那些作为苏维埃政权的敌人受到当局批判和打击的——孟什维克、社会革命党人，他们持有的看法是列宁新政糟得很，认为"布尔什维克执政已经两个月了，但我们所看到的却不是社会主义的天堂，而是由混乱、内战和更大的破坏所造成的地狱"。[②]

显而易见，苏维埃遇到了许多反对者。但是新政权出台了一系列措施来保证上述法令和政策的实施。1918 年 1 月 24 日苏维埃政府决定利用被关押的"罪犯"为国家生产必须品。[③]

而全俄特别委员会即契卡（ВЧК）在 1918 年 9 月 2 日颁布了决定实行"红色恐怖"（красный террор）的命令，据此便要：

> "1. 逮捕所有孟什维克和左派社会革命党的头面人物，把他们关进监狱。
>
> 2. 把大资产阶级的代表、地主、工厂主、商人、反革命的神甫、所有反对苏维埃政权的军官悉行逮捕，作为人质，关入集中营，施以严厉监管，强迫这些先生们在看管下干活。任何聚众组织，造反，袭击看守者的人，立即予以枪决"。

《命令》还对私藏武器者的惩处等做了规定。

值得予以特别关注的是，《命令》特别体现了新政权对工兵农的关心和一定程度的照顾，规定，如果发现工人、士兵和农民有私藏武器等行为，在判决时要特别"谨慎"，把他们关在监狱里，不要和"反革命分子一起"枪决。[④]

9 月 5 日，俄罗斯苏维埃社会主义共和国联邦进一步认定"在目前形势下用恐怖的办法保证后方是十分需要的；为加强全俄特别委员会对反革命、投机倒把和职务犯罪等行为的斗争，并加强其工作的计划性，必须向其派遣更多的党的负责同志；必须将阶级敌人隔离关在集中营里，以保证苏维埃共和国免受其害；所有加入白俄组织、阴谋和骚动的人，一律枪决之；必须将被

---

① 列宁：《被旧事物的破灭吓坏了的和为新事物而斗争的》，《列宁选集》第 4 卷，人民出版社 1972 年版，第 388 页。

② 列宁：《关于人民委员会工作的报告（1920 年 12 月 22 日在全俄苏维埃第八次代表大会上）》，《列宁选集》第 4 卷，人民出版社 1972 年版，第 387 页。

③ А. И. 科库林、Н. В. 彼得罗夫合编：《古拉格》（ГУЛАГ，是俄文"劳动改造营管理总局"的缩写，这类集中营并没有固定的地方，因苏俄许多地方有这类机构，А. И. 索尔仁尼岑的《古拉格群岛》一书便将它比喻为"群岛"），莫斯科，2002 年版，第 14 页。

④ А. И. 卡库林（Какурин）、Н. В. 彼得罗夫（Петров）合编：《古拉格》，莫斯科，2002 年版，第 14—15 页。

枪决者的姓名及其罪状予以公布”。①

当时全俄各地有六百一十个契卡工作委员会，一千多个革命法庭。1918年至1922年2月被杀的人不少于二百万。但是没有精确的统计。②

鉴于在红色恐怖下被投入监狱的人很多，其中不乏有一技之长或技术高超者，苏维埃当局认为这些人的劳动有使用价值，便在1919年4月15日决定设立强制劳动营。③ 这就是古拉格集中营最初的酝酿。

尼古拉二世皇族命运。

苏维埃政府的领导人牢记法国大革命20年后波旁王朝复辟的教训，决定对皇族斩草除根。俄国二月革命后，罗曼诺夫家族住在皇村。克伦斯基临时政府成立了一个委员会专门审理尼古拉二世的问题，最后没有找到证据说明他叛国，便宣布其无罪。1917年8月罗曼诺夫皇族成员等五十余人迁移到托波尔斯克市。在那里他们遇上了十月革命。1918年5月19日俄共（布）中央委员会的记录中出现了下述记录：将处决尼古拉二世一事交由斯维尔德洛夫办理。6月底，列宁和斯维尔德洛夫十分了解并与之一起从事地下工作的伊萨亚·伊萨科维奇·戈洛谢金来到莫斯科讨论此事，他是乌拉尔省的军事委员。后来尼古拉二世等又被押至叶卡捷琳堡软禁在原伊帕季耶夫的别墅里。1918年7月7日，鉴于这些人的命运“关涉极其重大事务”，列宁安排乌拉尔苏维埃主席与之保持直线联系。过了9天，到7月16日夜17日凌晨，逊帝尼古拉二世夫妇，其四个女儿（17—22岁），皇子（14岁），医生和仆人等四人，计十一人，另有三条狗，在关押地被枪杀。次日斯维尔德洛夫向全俄中央执行委员会和人民委员会做了报告，19日对外界正式宣布的消息是，此决策系由地方当局作出，未报请中央即人民委员会。现尼古拉二世的皇后和孩子已经转移到可靠的地方。④

Л. 托洛茨基说：“杀死沙皇家族不仅仅是为了吓唬人，杀一儆百，打破敌人的幻想，而且也是为了震慑自己队伍的人，告诉他们，退路已经没有了，成败在此一举。党内知识分子中显然有人怀疑，有人摇头。但是广大工人和士兵一分钟也没有动摇过：他们不会理解任何别的决定，也不会作出别的决

① A. И. 科库林、H. B. 彼得罗夫合编：《古拉格》，第15页。

② 祖波夫：《二十世纪俄国史》上卷，第550—551页。作者称对这个问题的研究远远不够深入，原因是：一些部门的档案严密封存；正式文件多半是经过篡改的，官方公布的死亡人数仅仅可能是实际数量的二分之一或三分之一；被镇压的人一般没有一一登记。

③ A. И. 科库林、H. B. 彼得罗夫合编：《古拉格》，莫斯科，2002年版，第15—16页。

④ 原罗曼诺夫家族的亲王四人于1919年1月27日被枪杀于圣彼得堡彼得保罗要塞，反抗者遭活埋。他们的尸体被投到附近的动物园。尼古拉二世及皇后、子女等人的遗骨在20世纪80年代被发现。祖波夫：《二十世纪俄国史》上卷，莫斯科，2009年版，第531—541页。

定。列宁对此颇有体会：想群众之所想，急群众之所急，这是他特有的，特别是在大的政治转折时期”。①

1918 年 6 月 16 日，地方苏维埃的一位孟什维克代表写道：“你们看看吧，苏维埃处于多么深的仇恨之中，不仅在大城市，在外省也一样……市民、百姓、城市小资产阶级，被置于绝望境地的农民、工人……一个普遍的反感和失望时期来临了：‘布尔什维克、孟什维克，你们和你们的政策都滚吧’”。②

“富有者”的命运已如上述。至于对待知识分子，一般知识分子都在严厉的监视之下。列宁、斯大林和苏维埃政权的得力干部“契卡”们——从中央到地方全面、严密地控制和监视着报纸杂志，让它们为苏维埃政治服务。今天的俄罗斯学者将其称为“对话语权的专政”。③ 据不完全统计，从 1918 到 1922 年，已经有 482，000（四十八万二千）人被杀。④ 因言获罪的脑力劳动者：教师计 361，260（三万一千二百六十人）。据英国统计，红色恐怖的死难者计达 1，776，747（一百七十七万六千七百四十七人）⑤

这些做法是否起到“震慑”自己人队伍的作用呢？结论是饶有兴味的。一些俄罗斯历史学家说，这些做法产生的不是对布尔什维克的向心力而是离心力，促进了农村中“第三势力”的产生。农民说，“人民委员连沙皇都给宰了，我们还……”于是他们既不拥护“红”党，也不拥护“白党”，既不支持十月革命后建立的贫农委员会，也不买“红党”的账。

后来形势更加严峻，苏俄不得不实行“战时共产主义政策”，这就更加剧了国内各个方面的矛盾乃至引起冲突。苏维埃政府不得不实行新经济政策。结果如何呢？

1918 年列宁把指责布尔什维克的人——孟什维克，社会革命党人——称做“资产阶级的走狗”，⑥ 所以根本不存在放慢向资本主义进攻的速度或“退却”⑦ 的问题。1920 年时，列宁认为战时共产主义完全正确，对于那些试图给自己保留一点余粮的农民，他主张“不能让任何一个农户哪怕保留一普特

---

① В. 西罗特金 Сироткин：《再论“空白点”——读联共中央［消息报］有感》，《历史上的某些篇章》，列宁格勒出版社 1990 年版，第 16 页。

② А. 祖波夫：《二十世纪俄国史》上卷，莫斯科，2009 年版，第 13 页。

③ Л. В. 马克西缅科：《极其严格的新闻审查制度》，莫斯科 2005 年版，第 8 页。

④ 祖波夫：《二十世纪俄国史》上卷，莫斯科，2009 年版，第 551 页。

⑤ А. 祖波夫：《二十世纪俄国史》上卷，莫斯科，2009 年版，第 552 页。

⑥ 列宁：《给美国工人的信（1918 年 8 月 20 日）》，《列宁选集》第 3 卷，人民出版社 1972 年版，第 596 页。

⑦ 列宁：《俄国革命五周年和世界革命的前途》，《列宁选集》第 4 卷，人民出版社 1972 年版，第 660 页。

的余粮”，并命令俄共地方组织坚持彻底予以剥夺，“粮食必须全部交给工人的国家，那时国家才能恢复工业，以工业品回报农民”。① 农民的处境可想而知，他们连起码的粮食都没有，1921 年伏尔加河沿岸遭受严重自然灾害，几乎颗粒无收，工业发展成了无本之木。以剥夺农民来发展工业的道路，并没有促进俄国经济的迅速发展。

过了两年多，到 1922 年，到了新经济政策时期，它已经比战时共产主义政策宽松得多了，这时列宁不得不承认：苏维埃政权“遭到了苏维埃俄国内部巨大的、我认为是最大的政治危机，这个危机不仅引起相当大的一部分农民的不满，而且引起工人的不满。当时广大的农民群众在情绪上不是自觉地而是本能地反对我们的”。原因何在呢？“是因为我们在经济进攻中前进得太远了”。②

列宁提到的不满人群里有工人，这是一个值得注意的问题。既然是无产阶级专政，为什么工人还会不满？③ 一些俄罗斯学者认为这是因为人的基本权利和需求没有得到满足，人的尊严和人性没有得到尊重，执政党的政策难以促进社会发展。④

第二国际与俄罗斯问题。列宁虽有上述认识，但是并不等于他和他身后的共产国际放弃了“向资本主义进攻”或者消灭世界帝国主义的远大目标。

18—19 世纪，欧洲社会主义运动蓬勃发展，作为欧洲社会主义运动领导机关的第二国际，由于其成员党所在国的政治经济发展水平迥异，在改造社会、促进社会发展和解决阶级矛盾等问题上，不仅出现了明显的观点分歧，而且在实践道路上也泾渭分明，有激进的，有缓进的。列宁将其称为马克思主义同背离马克思主义的两大流派——修正主义和无政府主义的斗争。⑤ 这是一个很大的题目，此处仅就第三国际的创造者列宁及布尔什维克党的观点稍作介绍。

---

① 《共青团真理报》（*Комсомольская Правда*），1988 年 10 月 2 日，引自 B.B. 茹拉夫廖夫（Журавлёв）《难解的历史问题》（*Трудные вопросы истории*），莫斯科政治文献出版社 1991 年版，第 55 页。

② 列宁：《俄国革命五周年和世界革命的前途》，《列宁选集》第 4 卷，人民出版社 1972 年版，第 661 页。

③ 苏联史学界对于十月革命以前工人运动的研究比较充分，突出的是布尔什维克在无产阶级中工作的成果。但是十月革命以后的苏联工人运动特别是苏联工人的抗议，却几乎是一个空白点，因为官方将其视作“受反革命煽动”的行为。详见：Д. О. 丘里科夫：《苏联时期的秘密——造反的无产阶级，苏俄工人的抗议（1917—1930）》（Чуриков*Тайны советской эпохи-бунтующие пролетарии，рабочий класс в Советской России*1917—1930），莫斯科，2007 年版。

④ А. Б. 祖波夫：《二十世纪俄国史》便是这样一部著作。

⑤ 列宁：《欧洲工人运动中的分歧》，《列宁全集》第 2 卷，人民出版社 1984 年版，第 392 页。

以列宁为首的俄国布尔什维克是第二国际中的“革命马克思主义派”。两者分歧的实质可以简单概括为：是用暴力手段推翻资本主义，建立无产阶级一个阶级的专政，然后开始共产主义建设，还是通过发展经济逐步改良工人阶级的政治和经济状况，在和平环境中建立社会公正，缩小资本主义造成的两极分化。

列宁认为在第二国际内存在三个流派：

社会沙文主义派。德国社会民主党人是其代表。目前他们与资产阶级联合掌权。共产国际称这一派的人是无产阶级的“阶级敌人”。他们遵从资产阶级的旨意去“消灭战争”，使用的办法是向“劳动群众课以重税，不触动私有制，让资产阶级掌握军队，解散各地已经成立的工人代表会议，让资产阶级继续掌握国家机器。”简言之，就是“用资产阶级民主来反对社会主义”。这些人就是“杀害卡尔·李卜克内西和罗莎·卢森堡的刽子手”。国际无产阶级革命的任务便是向无产阶级指出这些社会沙文主义者的面目并武力推翻这个反革命政党。[①]

中派。这是一些社会和平主义者，修正主义者，诸如：英国工党的领袖，国际社会主义著名的活动家麦克唐纳，德国的 V. 艾德勒等，而考茨基则是他们的“理论领袖”。这一派在第一次世界大战前开始形成。他们与上述社会沙文主义者有许多相同之处，主张团结他们，甚至主张共产党人与屠杀卢森堡和李卜克内西的刽子手握手言和。

共产国际对于中派的策略是：通过无情揭露和批判中派的头目，去把其中的“革命分子分离出来”，从组织上同中派决裂已经是历史的必然。[②] 这是列宁创建第三国际的理论根据之一。

共产主义派。列宁认为这是一些在第二国际中捍卫马克思主义观点的人，代表是卢森堡、李卜克内西、德国的左翼激进派（后来的斯巴达克派）、俄国的布尔什维克派、荷兰的“论坛派”以及青年国际的左翼等。[③] 这一派对待第一次世界大战的立场是“变帝国主义战争为国内战争”。[④] 列宁认为“现在

---

① E. 科罗特基、Б. 库恩、O. 皮亚特尼茨基合编：《共产国际第一次世界代表大会》莫斯科党务出版社 1933 年版，第 190 页。

② E. 科罗特基、Б. 库恩、O. 皮亚特尼茨基合编：《共产国际第一次世界代表大会》，莫斯科党务出版社 1933 年版，第 191 页。

③ E. 科罗特基、Б. 库恩、O. 皮亚特尼茨基合编：《共产国际第一次世界代表大会》，莫斯科党务出版社 1933 年版，第 191 页。

④ E. 科罗特基、Б. 库恩、O. 皮亚特尼茨基合编：《共产国际第一次世界代表大会》，莫斯科党务出版社 1933 年版，第 192 页。

组建起第三国际的就是这一派人”。①

在这个意义上，共产国际的领导人特别是其发起党俄共（布）的革命家们，整体上说都是左派。1917 年 11 月俄国的巨大政治事件即被称为十月革命的事件，也是这一派人领导而取得成功的。

早在 1905 年的俄国革命前，这种矛盾就呈现公开化和激烈化的态势。以考茨基为代表的一派认为社会主义运动“面临着崭新的……形势和问题”。他反对俄国工人的做法，说是在“新的历史条件下，军事技术有了发展，要进行武装起义和街垒战是不可能的”。② 这一派被称为修正主义派。相反，其他国家的一部分人，如德国的倍倍尔、比利时和法国社会党人以及荷兰社会民主党人却支持俄国的革命。他们把俄国无产阶级领导的这次革命看做是一次意义深远的行动，认为同法国的资产阶级革命相比，这是工人运动史上的重大事件，说明无产阶级已经开始取代资产阶级而成为社会主义革命的领导者。③

总之，1905 年的俄国革命在第二国际内或者说在整个社会主义运动内部引起了相当大的震动并加深了早已存在的分歧。第一次世界大战爆发前的近十年里，欧洲各国社会党的分裂日益加剧。

在 1907 年的斯图加特国际社会党代表会议上，列宁和罗莎·卢森堡提出“一旦发生战争，社会党人应当参与，以促使其尽快转化，并竭尽一切可能利用战争引起的经济和政治危机把群众发动起来，从而加速资本主义的灭亡”。④ 第二国际也在 1912 年的巴塞尔会议上指出过战争引起革命的可能性，并指责可能发生的帝国主义战争。

到第一次世界大战爆发，各党对战争问题的不同立场和分歧凸显。1915 年列宁认为这次战争的性质是“帝国主义的、掠夺的、反无产阶级”的，⑤ 可是普列汉诺夫和考茨基却持不同的立场，认为是在“保卫祖国”的口号下“让法国工人向德国工人开枪，让德国工人向法国工人开枪”。⑥ 列宁说他们“明明看到德国帝国主义者在扼杀比利时，看到英、法、俄、意等帝国主义者

① Е. 科罗特基、Б. 库恩、О. 皮亚特尼茨基合编：《共产国际第一次世界代表大会》，莫斯科党务出版社 1933 年版，第 193 页。

② Л. И. 祖波克主编，南开大学外文系译：《第二国际史》上册，人民出版社 1984 年版，第 236 页。

③ Л. И. 祖波克主编，南开大学外文系译：《第二国际史》上册，人民出版社 1984 年版，第 238—240 页。

④ Е. 科罗特基、Б. 库恩、О. 皮亚特尼茨基合编：《共产国际第一次世界代表大会》，莫斯科党务出版社 1933 年版，第 189 页。

⑤ 列宁：《第二国际的破产》，《列宁选集》第 2 卷，人民出版社 1972 年版，第 618 页。

⑥ 列宁：《第二国际的破产》，《列宁选集》第 2 卷，人民出版社 1972 年版，第 626 页。

在掠夺奥地利和土耳其，却高谈‘保卫祖国’”。[①] 同时列宁还批评一些机会主义者仅仅“一般地承认社会主义的理想，承认资本主义要被社会主义取代，而“唯独”抛弃马克思主义活的灵魂和“马克思主义的革命性，抛弃无产阶级解放运动的理论”。[②]

列宁分析了机会主义在各国的表现后说，“大战造成的危机，揭开了帷幕……表明了机会主义所扮演的真正角色是资产阶级的同盟者。”他宣示了同这些机会主义者分道扬镳的决心：“把这些机会主义分子同工人政党在组织上彻底地分开，已成为必需的了”。[③]

4 月 16 日列宁一回到俄国便宣布了其著名的《四月提纲》，宣布俄国第一阶段的资产阶级革命已告结束，现在的任务是立即做好向革命的第二阶段——社会主义革命的过渡做好准备。

就是在这个著名的《四月提纲》里，列宁正式提出“革新国际”的口号，他打算建立一个既“反对社会沙文主义者”，又反对摇摆于沙文主义者（护国派）和国际主义者之间的“中派”的国际。1917 年的俄国十月革命，按照列宁的解释和做法，是《共产党宣言》在俄国的实施。也就是说，俄国的资产阶级革命是在四个月的时间里完成的，俄国从资产阶级革命向共产主义革命阶段的过渡，仅仅用了一百多天，而不是一百多年。

1918 年列宁的《无产阶级革命和叛徒考茨基》一文则是向第二国际的领导人发出的讨伐檄文和决裂书。列宁相当激烈而全面地批判了考茨基关于“一般民主”、“一般专政”等反对由无产阶级专政和实行无产阶级民主的理论。这年 12 月 24 日俄共（布）中央就发出电报，提出成立共产国际的（第三国际）的建议。不言而喻，俄国布尔什维克党将是这个新国际的领导和核心。

列宁在第二国际的战友们早就谴责俄国布尔什维克的做法，这些被称为修正主义或改良主义的活动家们，把苏维埃政权当做“专制制度”而加以反对，主张“纯粹民主”，表示要“与俄国”共产党人的“无知”相对抗。[④] 他们坚持的观点是，无产阶级应该在“革新的资本主义”条件下进行斗争，主张通过建立国际劳工局等机构解决劳资冲突和矛盾。对于 1917 年的俄国十月革命，第二国际的多数活动家们都予以谴责，布兰亭清清楚楚地警告工人们“不要滥用‘无产阶级专政’的字眼”，不能号召世界无产阶级像俄国那样，

① 列宁：《第二国际的破产》，《列宁选集》第 2 卷，人民出版社 1972 年版，第 628 页。
② 列宁：《第二国际的破产》，《列宁选集》第 2 卷，人民出版社 1972 年版，第 629 页。
③ 列宁：《第二国际的破产》，《列宁选集》第 2 卷，人民出版社 1972 年版，第 663 页。
④ Л. И. 祖波克主编，南开大学外文系译：《第二国际史》上册，人民出版社 1984 年版，第 746 页。

进行推翻资本主义的斗争。1919 年社会主义国际伯尔尼代表大会[①]强调的是，虽然第二国际的最终目的还是要把无产阶级从资本的桎梏下解放出来，但是不能走俄国人的道路。列宁和第三国际受到严重挑战。国际上出现了激烈的对立，第二国际领导人认为：应当反对俄国的无产阶级专政，因为“它只依靠无产阶级中的一部分”，而且这样做“必然导致内战和反动。”[②] 有的社会民主党右派如弟尔，则认为是“布尔什维克革命不是按照马克思主义的模式，而是按照布朗基主义的模式进行的。”“十月革命不过是从军队开小差出来的‘兵痞’占领了俄国而已”[③]。

这样，列宁派受到了强烈的刺激，国际上围绕革命道路的斗争已经公开化，尖锐化。双方都树起了自己的大纛，营垒分明。那么谁来领导欧洲的社会主义运动呢？既然列宁认为十月革命是社会主义革命，而且革命重心已经转移到俄国，既然苏俄革命者认为自己已经实践了马克思和恩格斯的《共产党宣言》，推翻了俄国的资产阶级临时政府，那么由苏俄承担领导世界无产阶级革命的使命也就顺理成章了。

第二节　共产国际（第三国际）的成立

第三国际第一次代表大会于 1919 年 3 月 2 日在莫斯科举行，历时五天，于 3 月 6 日闭幕。参加大会的计有来自欧洲、亚洲和美洲二十一个国家的三十五个组织的五十二名代表与会，中国代表是旅俄华工联合会的会长刘绍周（刘泽荣）和该会莫斯科分会的张永奎。[④]

列宁代表俄共（布）宣布大会开幕，他在简短的致辞中向世界资本主义宣战，肯定无产阶级专政的苏维埃政权是全世界无产阶级“实施统治的”

① 这是第一次世界大战临近结束时各国社会党在伯尔尼举行的代表会议（1919 年 2 月 3 日至 10 日），有 26 个国家的 102 名代表参加。它与巴黎和会相呼应。在伯尔尼代表会议上“俄国问题”是主要议题之一。

② 约·连茨：《第二国际的灭亡》，学庆译，斯人校，生活·读书·新知三联书店 1973 年版，第 176 页。

③ Л. И. 祖波克主编，南开大学外文系译：《第二国际史》上册，人民出版社 1984 年版，第 747 页。

④ 参见李玉贞：《参加共产国际第一、二次代表大会的中国代表》，《历史研究》1979 年第 6 期。

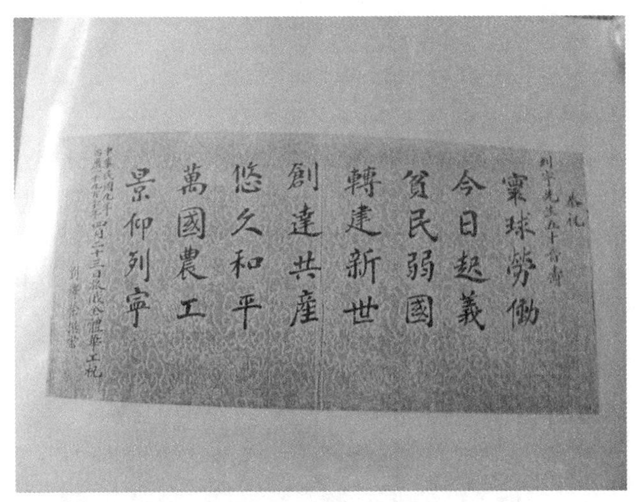

寰球勞働
今日起義
貧民弱國
轉建新世
創達共產
悠久和平
萬國農工
景仰列寧

1920 年 4 月，刘译荣代表旅俄华工祝贺列宁五十岁生日

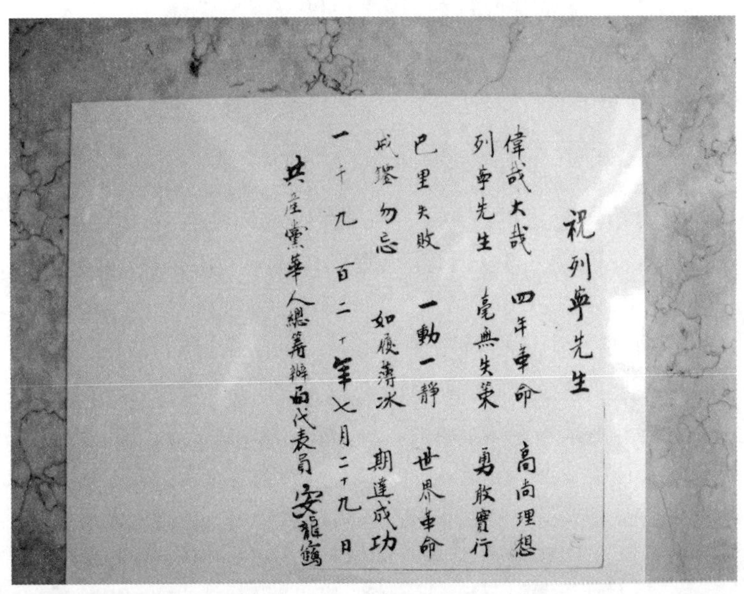

祝列寧先生
偉哉大哉　四年革命　高尚理想
列寧先生　毫無失策　勇敢實行
巴里失敗　一動一靜　世界革命
戒鑒勿忘　如履薄冰　期達成功
一千九百二十年七月二十九日
共產黨華人總籌辦局代表員安龍鶴

参加共产国际第二次代表大会的旅俄华人共产党总筹办局［俄国共产华员局］代表安龙鹤致列宁的贺词　РГАСПИ 档案

唯一形式。这个形式是由俄国工人阶级找到的。① 大会据列宁报告通过了

① E. 科罗特基、Б. 库恩、O. 皮亚特尼茨基编：《共产国际第一次世界代表大会》，莫斯科党务出版社 1933 年版，第 3 页。

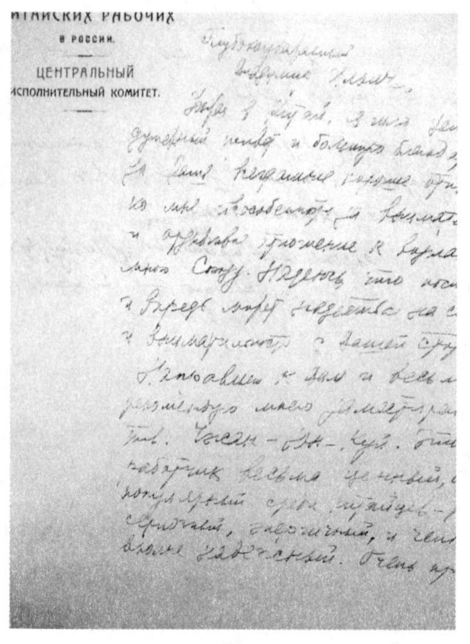

ИТАИСКИХ РАБОЧИХ
В РОССИИ.
ЦЕНТРАЛЬНЫЙ
ИСПОЛНИТЕЛЬНЫЙ КОМИТЕТ.

参加共产国际第一、二次代表大会的旅俄华人代表刘绍周（刘泽荣）回中国前致列宁的信（1920） РГАСПИ 档案

《共产国际纲领》，《对社会主义派别和伯尔尼代表大会态度的决议》，《关于国际形势和协约国政策的提纲》，《共产国际向全世界无产阶级的宣言》，《关于白色恐怖的决议》，《关于资产阶级民主和无产阶级专政的提纲》等的文件。

《共产国际纲领》中值得特别注意的是以下三个方面：

对时代的估计。《关于资产阶级民主和无产阶级专政的提纲》根据列宁关于帝国主义是资本主义最高发展阶段的论述，认为“一个新的时代开始了，”鉴于“资本主义瓦解，其内部已经崩溃”，“人类文化遭到毁灭，全人类正受到彻底灭亡的威胁。只有一支力量能够拯救之，——这就是无产阶级”。所以这个新时代便是“无产阶级世界革命的时代”。[①]

专政机关是“强制性机关”，它要强迫资产阶级在无产阶级监督下从事生产劳动，否则就要受到镇压。在无产阶级专政条件下，只有工业无产阶级是领导阶级，因它组织最为严密，政治上最为成熟。它享有“优越地位”，“半无产阶级和贫苦农民将服从工业无产阶级领导”。资产阶级民主是虚伪的，所

---

① Е. 科罗特基、Б. 库恩、О. 皮亚特尼茨基编：《共产国际第一次世界代表大会》，莫斯科党务出版社1933年版，第173页。

谓“全民意志”、“议会制的民主”都是谎言。

大会肯定苏俄革命的模式并将其向全世界推广。《剥夺资产阶级和生产社会化》一节中充分肯定了苏俄采取的把银行、矿山、交通、国家财政部门、重要的技术部门以及土地等收归国有的一系列措施。分配则由无产阶级政府掌握。至于技术人才，只有在他们服从无产阶级专政后才能予以使用。但是当时的文献却没能明确拥有多少土地就是地主，拥有多少房产或财产就应当被剥夺。从而出现了“有土皆豪”，“有产必夺”的状况。

更加引人注意的是，这一节中肯定了为改善工人住房拥塞状况而采取的果断措施，认为欲结束无产阶级在住房方面受到的资本家的剥削，必须把这些资产阶级房主赶出他们宽敞的住宅，扫地出门，把他们的房产交给地方苏维埃，“让工人住到资产阶级的房子里去”。

大会认为全世界无产阶级必须同一切改良主义的、伯尔尼黄色国际、威尔逊的国际联盟等断绝一切关系，只有采取苏俄革命的道路才是“胜利之路，”才能建成“国际无产阶级苏维埃共和国”。①

列宁认为既然俄国革命“在一夜之间”完成了。无地少地的农民立时有了土地，有产阶级全都从经济和肉体上被消灭，工人住进了昔日剥削者宽敞的房屋，那么，欧洲社会主义者的先驱欧文、傅立叶、圣西门向往的桃花源式的王国似乎出现了，苏俄成了 20 世纪世界上的一片乐土。

《共产国际纲领》提纲挈领地阐述共产国际的政治主张、奋斗目标。《共产国际向全世界无产阶级的宣言》则是参加此次代表大会的各国代表向世界人民发出的战斗号召，它不仅阐述共产国际的主张，而且宣布第三国际是 72 年前巴黎公社的后继者，它继承《共产党宣言》原则，联合世界上的真正无产阶级革命政党，“促进和加速全世界共产主义革命的胜利”。

共产国际在这个《宣言》中指责帝国主义制造的屠杀，批判机会主义者在战前提出的“逐渐过渡到社会主义”的理论，指出实行国际联盟的主张是为了维护资本统治，而能够领导战后经济恢复的，只有全世界无产阶级，只有它能够按照“社会主义的原则保证经济的复兴”。

无产阶级革命速胜论在这个《宣言》中透彻而强烈地表现出来：

“欲缩短正在发生的危机时期，只能用无产阶级专政的办法。这个专政不顾过去，不管继承下来的特权，不问所有权，而以拯救饥寒交迫的民众为出发点，它为此动用一切手段和力量，实行普遍的劳动义务，建立劳动纪律，

---

① E. 科罗特基、Б. 库恩、O. 皮亚特尼茨基编：《共产国际第一次世界代表大会》，莫斯科党务出版社 1933 年版，第 178—179 页。

通过这样道路，在几年内不仅医治好战争造成的流血的伤口，而且使人类发展到一个空前的新高度”。①

确如列宁所说，这是一届立即行动的国际。

这时的共产国际对西方“无产阶级兄弟”充满信心。仅以列宁的亲密战友托洛茨基为例。他表达的几乎是一种枕戈待旦，随时准备披挂上阵，为世界革命出征的情绪：“只要西方兄弟们一声呼救，我们立即回答：‘我们来了！我们在这里已经学会使用武器，我们做好了斗争准备，我们愿为世界革命献身！’”②

共产国际基于其对世界无产阶级力量和所谓资产阶级力量所做的估计，对欧洲形势也同样表现了深刻的乐观，1918 年德国发生革命，那里也试图按照苏俄模式建立红军，建立士兵代表苏维埃。在共产国际第一次代表大会上，列宁、托洛茨基和德国共产党的领导人等为这种形势欢呼。③ 1919 年出现了匈牙利共和国，上述起义虽全都以失败告终，但是它并没有使共产国际创建者和领导人头脑清醒下来。

不过，面对欧洲形势，共产国际领导人也并非没有改变。到 1920 年列宁在共产国际第二次代表大会上提出了民族与殖民地问题，他要求作为共产国际支部的各国共产党同本国“资产阶级”运动相结合，前提是他们不反对无产阶级的运动。但是这些国家要超越正常的经济发展阶段，用政治手段“促进”社会经济发展，“缩短”发展进程。共产国际第二次代表大会的基本思想是殖民地半殖民地国家的无产阶级在先进国家（当时只有苏俄）无产阶级帮助下跨越资本主义发展阶段，直接过渡到苏式共产主义。共产国际的领导人陶醉在无产阶级革命的胜利之鸟鼓翼欲飞“拍打翅膀”的声音中。这次代表大会上描绘的资本主义必亡无产阶级速胜的图景是“沉舟侧畔千帆过，病树前头万木春”，共产国际讲坛释放的信息是“等上两三年整个欧洲就苏维埃化了”。④

---

① E. 科罗特基、Б. 库恩、О. 皮亚特尼茨基编：《共产国际第一次世界代表大会》，莫斯科党务出版社 1933 年版，第 201—205 页。

② E. 科罗特基、Б. 库恩、О. 皮亚特尼茨基编：《共产国际第一次世界代表大会》，莫斯科党务出版社 1933 年版，第 44 页。

③ E. 科罗特基、Б. 库恩、О. 皮亚特尼茨基编：《共产国际第一次世界代表大会》，莫斯科党务出版社 1933 年版，第 41 页。

④ E. 科罗特基、Б. 库恩、О. 皮亚特尼茨基编：《共产国际第一次世界代表大会》，莫斯科党务出版社 1933 年版，第 2 页。

第三节　国民党的 1919 年

1919 年，也是中国历史上的重要年份。著名的反帝反封建的五四运动就是在这一年发生的，方兴未艾的新文化运动也因而具有了新的内容和规模。

对于国民党来说，这一年同样是转折点。

辛亥革命后中国形势一直动荡，军阀们各据山头，出现了袁世凯和张勋的复辟，张勋借调停之名解散国会，大总统黎元洪在“群益鸱张，叛形已著”之际，反向督军团求和，于 1917 年 6 月 13 日解散了国会，孙中山认为这“实同降伏”。在这种情况下“国会去，则民国有名无实”。[①] 7 月 1 日张勋复辟，中华民国政府连名义上的共和也不复存在了。

孙中山看到，必需建立一个真正维护民元约法的政府。他致电天津和上海的国会议员，请他们南下护法。8 月中旬已有 150 余名议员到广州。军方支持孙中山的是海军总长程璧光，他所部 10 艘军舰计 12，000 吨也在 8 月到达广州，开非常国会。9 月 1 日军政府在广州成立，孙中山当选为陆海军大元帅。此后孙中山任命了军政府各部部长，这是由国民党、海军和驻粤滇军组成的一个“联合”政府，鉴于它设在广州，两广巡阅使陆荣廷不仅态度消极而且联合云南唐继尧反对孙中山，后者只好于 1918 年 5 月 4 日辞去大元帅职，他希图在“民国干净土”的西南六省……建设临时政府以恢复法统”[②] 的设想基本落空。

中国国民党整合力量

孙中山只好回到上海，开始著书立说。1919 年 5 月他的《孙文学说》出版，6 月让戴季陶在上海《民国日报》创办《星期评论》，以便在思想界产生某些影响。另外，他也在谋划未来的国家建设，并致力于宣传和和动员国民“万众一心以赴之”。[③] 这实际是孙中山锐意振兴国民党的一个步骤，因一些

---

① 孙中山：《致黎元洪伍廷芳电（1917 年）》1917 年 6 月 10 日，《孙中山选集》第 4 卷，中华书局 1985 年版，第 104 页。

② 孙中山：《致西南六省各界电（1917 年 7 月 4 日）》，《孙中山选集》第 4 卷，中华书局 1981 年版，第 110—111 页。

③ 陈锡祺主编：《孙中山年谱长编》，第 1193 页。

党内“同志向多见道不真，故虽锐于进取，而无笃守主张之勇气继之，每至中途而旁皇，因之失其所守，故文近著［学说］一卷，除祛其谬误，以立其信仰之基”。①

中华革命党相当松散，同时该党并没有进行真正意义上的改组，② 孙中山护法失败后体会到“为保卫国家正气计，故决然与若辈［军阀］脱离……武人官僚断不可与为治，欲谋根本救国，仍非集吾党纯洁坚贞之士，共任艰巨”。③

1919 年 10 月 10 日，在武昌首义纪念日时，党部正式通告本党名称为中国国民党，“中国”二字是为了区别于民国元年由五个党合并而成的国民党。其性质与民国元年的国民党没有区别。不过，那时的国民党系由五个党合并而成，此时的国民党则由“中华革命党所递变而来”。④

然而，此前的国民党连名称都没有统一，1914 年成立的中华革命党因袁世凯行所谓“洪宪帝制”而没有开展党务活动。国民党总部于 1917 年通令海内外各支部、交通部等一律恢复国民党名义。但各支部用法依然未能划一，1919 年 8 月 30 日，中华革命党缅甸支部印刷的通告称 1918 年中华革命党已经改名为中国国民党，但上海总部要求使用中华国民党。

中国国民党随即颁布了规约，内中计八章共三十二条。其“总纲”内明确规定：“本党以巩固共和，实行三民主义为宗旨”。另有“党员”、“机关”、“职员”、“职员之选举及任期”、“会议”、“党费”、“附则”等详细规定。⑤

这时的北京政府是中国的官方政府，但国家并不统一，军阀割据。而中国国民党既还不是一支组织良善的力量，也不像某些军阀有军队可为依恃，盘踞一方，很难在中国政治生活中发出自己的声音，它连“在野”两字都还够不上。况且“北方为徐世昌盘踞，南方亦为陆荣廷所占有，故党务不能公开”，⑥ 根本无从以一个政党的资格进行工作。

在这种情况下，国民党只能把党的活动放在海外，这不仅在规约中有反映，如第 22 条关于议决权、选举权的规定，就海外总支部和分部的规定相当

---

① 孙中山：《复于右任函（1919 年 9 月 1 日）》，《孙中山全集》第 5 卷，中华局 1985 年版，第 106 页。

② 邹鲁：《中国国民党史稿》，第 1 册《组党》，第 390 页。

③ 孙中山复于右任函，《孙中山全集》第 5 卷，中华书局 1985 年版，第 106 页。

④ 邹鲁：《中国国民党史稿》第 1 册《组党》，中华书局 1960 年版，第 287 页。

⑤ 邹鲁：《中国国民党史稿》第 1 册《组党》，中华书局 1960 年版，第 287—291 页。

⑥ 邹鲁：《中国国民党史稿》第 1 册《组党》，中华书局 1960 年版，第 291 页。

细致，另外还有“海外支部通则三十三条”。虽然此“通则”就会议、人选、工作交流等作出了详尽规定，但是该党在国外力量也相当分散，要求海外支部“每半年中召集该支部所辖全体党员开大会一次，每星期开职员会一次，评议会每月一次”,① 只能是纸上谈兵。

至于国内外党务的协同动作，日常工作的展开和交流，则因中国国民党在国内的秘密状态，几乎根本无法进行，国内外甚至没有固定而密切的联系。这类规约和通则等形同虚设。

1920 年孙中山命陈炯明率援闽粤军回粤，广西陆荣廷、莫荣新等被逐出广州。11 月中国国民党的“总章”和“海外总支部章程”有了修正。继续坚持“三民主义为宗旨”，加进了“建立五权宪法为目的”的内容，把党务分为“军政时期”和“宪政时期”两步进行。

孙中山依靠的是滇桂军队，基础很不稳固。然而该党毕竟已经开始整合自己的队伍，从党的建设来说，这是一个重要的开端。

第四节　十月革命在中国的反映

前述共产国际已经在其成立大会上阐明了自己的政治主张。此后在离莫斯科万里之外的中国发生了著名的五四运动。这两件事虽然没有组织上的联系，但在中国特定的军阀混战、民不聊生的情况下，苏俄的新政权似彩虹，加上强大的宣传势头，引起中国社会的强烈反响，他们躁动的心态无疑受到强烈刺激。忧国忧民的中国知识分子对苏俄十月革命给予高度关注。

例如，从 1918 年开始李大钊陆续发表《庶民的胜利》、《布尔什维主义的胜利》、《法俄革命之比较观》等文章，带着浓重的理想色彩热情讴歌自己想像中的俄罗斯政局，以及由此引起的世界局势的动荡。“世界各处都有风靡云涌、山鸣谷应的样子”，“什么黄帝咧、贵族咧、军阀咧，官僚咧，军国主义咧，资本主义咧，—凡可以障阻这新运动的进路的……都像枯黄的树叶遇见凛冽的秋风一般，一个一个的飞落在地。自今以后，到处所见的都是 Bolshevism 战胜的旗。到处所闻的，都是 Bolshevism 的凯歌的声……试看将来的环

① 邹鲁：《中国国民党史稿》第 1 册《组党》，中华书局 1960 年版，第 298 页。

球，必是赤旗的世界”。[①] 这诗一般的语言表达的仅仅是一种情怀。

极耐人寻味的是，上述李大钊的三篇文章发表时间都在 1918 年，早于 1919 年共产国际的成立。难怪苏联时代[②]的历史学家们把他称为在中国传播马列主义的先驱。

“以苏划线”，“以苏共划线”，“以共产国际划线”，是共产国际制定的划分“革命”与“反革命”的标准。某人宣传苏俄革命，某人赞成《共产党宣言》，宣传马克思主义，他便是革命派。这种舶来的观点，未必过于简单化，需要予以分析。

首先，共产国际的基本理论是无产阶级通过推翻资产阶级的斗争建立无产阶级专政。被誉为“先驱”的李大钊并非一味宣扬和赞同这个理论，他认为应当实行“社会互助，社会不可能在斗争中发展”，“在阶级对立的经济构造的社会，那社会主义伦理的观念，就是互助、博爱的理想，实在一天也没有消灭，只因为阶级竞争的经济现象，天天在那里破坏，所以总不能实现”。不难看出他对阶级竞争造成的社会效应，评价是负面的。

其次，我们面临一个问题：如何理解毛泽东的话“十月革命一声炮响，给我们送来了马克思列宁主义”。这是毛泽东对中共思想路线的产生和发展最经典性的总结。

此处不能忽略的事实是，当时许多人是把共产主义作为一种精神寄托，一个理想和奋斗目标，一种高尚的追求，用以鼓舞人们为了国家独立和民族解放而献身的高尚口号。

毛泽东、蔡和森、肖子璋等人在《新民学会通信》中的文章最透彻地反映出当时青年人的精神状态。毛泽东在 1920 年几次说起要到俄国，他认为当时赴西欧固然可以学到东西，但是俄国是“第一个文明国”。应当组织“大留学”到俄国。他还有一个愿望，在“长沙要创造一种新生活，可以邀合同志，租一所房子，办一个自修大学……我们在这个大学里实行共产的生活”。[③]

第三，当时中国对苏俄的了解还处在初期阶段。从青年人的角度看，他们仅仅是在遥望理想中的彩霞，而寄托着无限希望，才决定走苏俄的路，所以还在 1920 年毛泽东就主张“新民学会”不仅不要什么省界，连“国界也不

---

① 原载《新青年》1918 年 11 月 15 日，引自中国李大钊研究会编注：《李大钊文集》第 3 卷，人民出版社 1999 年版，第 246 页。

② 媒体和一些学术著作经常出现“前苏联”一词，这种用法很不科学，因为没有什么“后苏联”。

③ 《毛泽东给周士钊（1920 年 3 月 14 日）》，《中共党史参考资料》第 1 册，第 459—460 页。

要限”。[①] 虽然在《民众大联合》中毛泽东已经把苏俄革命和国际社会主义运动中两条路线的斗争说得很清楚，但他们当时能做的毕竟只能是“指点江山，激扬文字”。毛泽东认为“我们起而一呼，奸人就要站起身来发抖，就要舍命的飞跑”。强烈的救国救民的使命感唤起了这些青年人的责任心。“我们不干谁干！”表达的是他们激越的情绪，高昂的爱国热忱。对于社会改造的艰巨性，以他们当时的社会地位和政治地位，还不可能有什么深入的体验，我们既不能苛求他们，更不必以共产国际理论为标准而给他们戴上什么“红色”或“先进”的帽子。

否则，若以这样的标准，张继早就应当是“共产党主义者”了，而且是世界“革命”的实践者了，因他还在 1908 年就到法国西北部森林里的鹰山村，偕同法、比、意、西班牙、俄等七八个国家的二十余人建立了一个共产村，在那里辟林为田，种植蔬菜，喂养一只大母牛，供给大家牛奶，在一百多亩土地上种出许多的菜，共产村的村民不仅自己食用，还自己驱车沿街吹喇叭叫卖，所得之钱用来维持生活。他们盖起了一幢二层的洋房，置办有印刷机器。在服装上，为示与贫苦人“打成一片”，他们也自成一统，不穿鞋袜。他们实行的是各尽所能、各取所需的分配原则，[②] 这也使人想起俄国民粹主义者们的行迹。可见，中国国民党的元老们并非不了解马克思的《共产党宣言》。如同胡适、李大钊、陈独秀、毛泽东一样，他们也在探索，在试验。他们都是革命者。他们的生活都是中国人探索革命道路的经验和知识积累。

不同的是，这些探索者中间出现了分野。这与共产国际有关。从 1920 年起，俄共（布）和共产国际的代表就陆续前来宣传苏式革命理论，为输出苏式世界无产阶级革命，他们在所到之处便致力于帮助一些拥护苏俄革命的人，按照俄共（布）模式，极力宣传共产国际理论。在 20 世纪初期活跃的中国思想界广泛“使用”阶级斗争一抓就灵的策略，很早就把各种思想流派的代表人物予以分类。后来的事实证明，他们甚至是进行着一种半有形的干预。

---

① 《新民学会通信（1920 年 11 月 25 日）》，《中共党史参考资料》第 1 册，第 467 页。

② 徐文珊：《张继传》，台北近代中国出版社 1982 年版，第 90 页。

第五节　共产国际异化了中国知识精英间的关系

耐人寻味的是，国际社会主义运动中两条路线斗争确切地在中国反映出来，最明显的就是两个事实，一是问题与主义之争。二是中国社会主义青年团和中共都在成立后不久，就以这个问题为导火线而发生了分裂，一些人退党退团。

事过八十年后再来看问题与主义之争，我们会冷静许多。这场后来被本土和外来因素异化了的争论，是由胡适在1919年《每周评论》第31号发表的《多研究些问题，少谈些主义》一文引发的。其焦点就是苏俄关于阶级斗争的理论。胡适始终坚持己见，他说阶级斗争使社会上本来应该互助的人养成仇恨心，演出不需有的惨剧。如前述，孙中山曾经主张对“富有者”取剥夺政策，但他改变了，从同盟会时期解释民生主义时就反对杀戮，反对用激进的办法“夺富人之地为己有”。① 陈独秀主张把工人阶级的生活和政治状况先提高到资产阶级水平，然后进一步争取其他权利。② 这一切都表露了他们的社会责任心，证明他们都在忧国忧民，具有以天下事为己任的抱负。同时，他们的主张表述的也都是渐进的色彩，他们之间并没有剑拔弩张，并非“两军对阵”非闹个“你死我活”不可。

相反，与共产国际的“一言堂”相对照，与《关于加入共产国际的条件》中要求“无情揭露……改良主义、和平主义等论调，并同他们彻底划清界限”的规定相对照，③ 我们会看到，在这个问题上，值得我们深思和借鉴的是中国这一批政治精英彼此间的宽容态度。

李大钊虽然与胡适在“问题与主义”上意见不同，但是他们二人依然保持着良好的关系。当时直接或间接参与这场争论的许多人继续以好友相称。持有不同见解的孙中山、胡适、陈独秀、毛泽东、蔡元培、鲁迅、顾维钧等

---

① 孙中山：《在东京〈民报〉创刊周年庆祝大会的演说（1906年12月2日）》，《孙中山全集》第1卷，中华书局1984年版，第328—329页。

② 《新青年》（1920年5月1日）1920年第7期，第6页。

③ О. 皮亚特尼茨基、Д. 曼奴伊尔斯基、Б. 库恩、В. 克诺林、М. 佐尔金等编：《共产国际第二次代表大会》（О. Пятницкий，Мануильский，Кнорин，Кун，Зоркий *Второй Веемирный Конгресс Коммунистического Интернационала*），莫斯科党务出版社1934年版，第650—654页。

是一个关心国家命运积极探索社会改革的群体。他们经常互相切磋政治、文化等国家大事。①

陈独秀

1918 年，傅斯年和罗家伦酝酿成立“新潮社”的时候，因苦于经费拮据而找到北京大学文科学长陈独秀，他慨然支持并允诺：“只要你们有办的决心和长久支持的志愿，经济方面，可以由学校担负”。胡适受聘当了该社的顾问。②“新潮社”成立后，李大钊“就把当时的图书馆——有名的红楼——办公室右侧的一个房间，拨给他们使用”。③

胡适、陈独秀、李大钊都是《新青年》杂志的积极撰稿人和组稿人。1919 年 6 月陈独秀因宣传自己的政治主张而被捕后，胡适写了文章表示抗议。④ 即使在《新青年》杂志社编辑部因政见不同发生分裂后，胡适依然同李大钊保持着良好关系，并在许多问题上真诚合作。他们与蒋梦龄等七位社会名流在《晨报》联名发表《争自由的宣言》，号召同胞起来反抗政府对人民自由权力的限制。⑤ 1922 年 3 月 21 日，他与李大钊等九人组成《国学季刊》。5 月 11 日胡适、李大钊等十六位社会名流在《努力周报》发表《我们的政治主张》，提出建立一个“好政府”，“一个“宪政的政府”，一个公开的政府”的口号。8 月 18 日胡适出席了李大钊为欢迎苏俄驻华全权代表越飞举行的宴会，为促进中苏关系的改善作出努力。他们并没有把个人政见和观点政治化，没有共产国际意义上的什么“革命”与“反革命”之分，更谈不上“划清”界限的问题。他们互相尊重、宽大为怀、互相促进、共同探求真理的态度是我们后人的榜样。也是一个和谐社会必须具备的因素。

在研究这个问题的时候，需要注意的是，无论是中国共产党还是中国国民党，其内部思想观点的政治化都与共产国际有关系。从 1920 年春魏金斯基

---

① 详见耿云志：《胡适年谱》，四川人民出版社 1989 年版，第 72、81、85 页（同毛泽东的交往，第 70 页；同蔡元培的关系，第 90 页；同鲁迅的交往）等。
② 陈春生：《新文化的旗手——罗家伦传》，台北，近代中国出版社 1985 年版，第 21 页。
③ 陈春生：《新文化的旗手——罗家伦传》，台北，近代中国出版社 1985 年版，第 22 页。
④ 耿云志：《胡适年谱》，四川人民出版社 1989 年版，第 75 页。
⑤ 参见 1920 年 8 月 1 日《晨报》。

(吴廷康)[①] 来华时起，就极力鼓吹并“向学生们指出了同资产阶级、知识分子和商人划清界限的必要性”。[②] 众所周知，存在于国际社会主义运动中的所谓革命路线与修正主义路线的斗争或曰围绕革命道路的斗争是由来已久的。后来的苏俄和共产国际代表毫无例外都十分坚定地奉行这样的路线，宣传这样的思想。

共产国际第一次代表大会（1919 年 3 月）上，这场斗争被明确赋予强硬的政治色彩。对十月革命的态度、对苏俄政治的态度，成了划分革命与反革命的标准。社会主义运动中不同路线被政治化了。但是列宁昔日在第二国际的战友们并没有因此而停止对十月革命和苏俄道路的激烈抨击和抑制。

第五节　国民党人的冷静

我们从国民党及其主要领导人口中并没有看到类似李大钊那样的激情。

---

① 俄国人，全名 Г. Н. Войтинский（1893—1953），格里格利·纳乌莫维奇·沃依钦斯基。原姓札尔欣 Зархин，化名有：格里戈里耶夫，格里戈里，塔拉索夫。此人最早以汉名“魏金斯基”公开出现于报刊是在莫斯科用中文出版的《前进报》。

他在《向导》周报撰文用汉名“魏琴”。在《新青年》（如 1924 年第 4 期《广东政府与国民党》）则用“卫金”。从广东省档案局编选的《广东区党、团研究史料》（广东人民出版社 1983 年版）一书可以看出，中国人经常管这个 Г. Н. Войтинский 叫吴廷康、吴廷康、伍同志、伍、吴、伍、吴先生、伍先生。毛思诚：《民国十五年以前之蒋介石先生》中使用的是：胡定康，胡定斯基。鉴于此人最早在 1920—1921 年任俄共（布）中央委员会远东局代表，受俄共（布）远东局符拉迪沃斯托克处外交科派遣以全权代表身份于 1920 年 4 月来华，会见孙中山、李大钊、陈独秀等，参预中共最初的创建工作，多次往返于中苏之间，在中国国共两党的活动中是一个重要人物。我们只能尊重历史而没有权力改变之。但匪夷所思的是，有的书竟然对原始文件《陈独秀致吴廷康的信》中使用的正确的历史称谓“吴廷康”后加了一个莫明其妙的注释，结果出现：吴廷康“即‘维经斯基’”的字样（中央档案馆编：《中共中央文件选集》中共中央党校出版社，1991 年版，第 1 卷，第 32 页）。还有一本大型文献资料《共产国际、联共（布）与中国革命资料选集》第 1 卷在未经我许可使用我主编的《马林与第一次国共合作》（光明日报出版社 1989 年版）一书的文件时，竟把本来我使用的“魏金斯基”通通改为既非音译也非意译的“维经斯基”。这样为历史人物改名的做法是极其不严谨的。遗憾的是像《剑桥中华民国史（1912—1949）》（汉译本）这样的重要著作也出现类似的用法。关于此人情况还可见：李玉贞：《中国共产党成立之前的苏俄秘使》，中共一大会址纪念馆编：《中国共产党创建史研究文集（1990—2002）》第 3 辑，上海古籍出版社 2003 年版，第 370—372 页。

② ［德］郭恒钰、M. 罗梅君、R. 菲尔贝尔（汉名费路），［俄］M. L. 基塔连科、K. M. 格卢宁、A. M. 格里戈里耶夫编：《联共（布）、共产国际与中国国民革命运动》（*ВКП（б）Коминтерн и национально-революционное движение в Китае*），李玉贞译：《联共（布）、共产国际与中国（1920—1925）》，台北，东大图书公司 1997 年版，第 12 页。

众所周知，1919 年 5 月 4 日开始的五四运动发展到 6 月 3 日，就有中国工人阶级参加，中共传统史学认为这是一个重大的事件，是五四运动的一个新的发展阶段，因为中国工人阶级在政治舞台上闪亮登场。①

这年的国民党或直接或间接地表明了对内政外交等重大政治问题的立场。一是明确表示对五四运动中工人运动的看法；二是说明党的外交政策取向；三是公布国民党的章程，向世人宣布国民党的思想基础。现分述于下。

首先看孙中山等对五四运动和工人运动的看法。孙中山对于五四运动、新文化运动倍加赞颂，为其"扬葩吐艳"之势而欢欣鼓舞，对于参与此运动的留法学生中那些"最优秀、最革命的知识分子"② 的爱国行为，他也从民族主义的角度予以肯定。唯独对于工人阶级的行动特别是罢工，孙中山基本持不赞同的立场。受到孙中山信任并在上海《民国日报》主持编辑《星期评论》版的戴季陶，同样对十月革命表示了一定程度的关照和兴奋，但他向孙中山表态说：大家要"想法子劝告工界的人不要罢工，为什么呢？就是因为这许多无组织、无教育、无训练，又没有准备的罢工，不但是一个很大的危险，而且于工人本身也是不利的"。戴担心"如果有知识、有学问的人不来研究这些问题，就思想上、知识上来领导他们"，将来会使工人运动"渐渐地走向到不合理、不合时的一方面去，实在是很危险的"。戴季陶归结说"我受到罢工风潮的感动，觉得用温和的社会思想，来指导社会上的多数人，是一桩很要紧的事"。③

以共产国际的理论来衡量，戴季陶的这一席话，就是十分典型的改良主义和修正主义，是第二国际和黄色工会的论调。孙中山此时还没有接触任何来自共产国际或苏俄的人士，他却客观上站到了共产国际理论的对立面。请看：

共产国际强调阶级斗争，孙中山却说："三民主义的精神，就是要建设一个极和平、极自由、极平等的国家。不但要在政治上谋民权的平等，而且在社会上要谋求经济上的平等。这样做去，方可免除种种阶级斗争冲突、阶级竞争的苦恼"。

---

① 这个观点还有待深入研究。

② 孙中山：《与留法学生的谈话（1919 年 11 月中旬）》，《孙中山全集》第 5 卷，中华书局 1985 年版，第 165 页。《孙中山与戴季陶的谈话（1919 年 6 月 22 日）》，《孙中山全集》第 5 卷，中华书局 1985 年版，《孙中山全集》第 5 卷，中华书局 1985 年版，第 69 页。

③ 孙中山：《与留法学生的谈话（1919 年 11 月中旬）》，《孙中山全集》第 5 卷，中华书局 1985 年版，第 165 页。《孙中山与戴季陶的谈话（1919 年 6 月 22 日）》，《孙中山全集》第 5 卷，中华书局 1985 年版，第 69 页。

共产国际说无产阶级是觉悟最高的阶级，无产阶级思想是代表人类发展方向的最先进的思想，必须用这种思想改造全人类，布哈林说“无产阶级采取的从枪杀到苦役等各种强制手段，不管听起来多么荒唐，都是用资本主义时期的人做原料塑造共产主义人类的方法”。[①] 孙中山认为阶级斗争学说“有害”。戴季陶说组织和鼓动罢工的人是在“做煽动工夫”，他们“拿了一知半解、系统不清的社会共产主义，传布在无知识的兵士中和工人里面，”孙中山不仅表示同意，甚至补充说，“中国在社会思想和生活还没有发达，人民知识没有普及，国家的民主的建设还没有基础的时候，这种不健全的思想，的确是危险”。他与戴季陶不同的仅仅是他劝说后者，罢工之类“虽然有害，但也用不着十分忧虑的”，这是时代必然的过程。[②]

第二，孙中山的外交政策取向。1919 年孙中山明确表示了其亲美联美的外交取向。他列举的理由，首先是，美国自从南北战争解放黑奴后“吸收数百万非洲之黑种而同化之，成为世界一最进步、最富强之民族，为今世民权共和之元祖”。他认为在当今世界上由美国出面维持世界和平，主张人道之正谊，甚至付出了巨大的牺牲，此乃“美利坚民族之发扬光大，亦民族主义之发扬光大也”。其次，就连美国融合黑白人于一国，“而冶成一世界之冠之美利坚民族主义”也是孙中山仿效的目标，他认为中国也可依照之而实行五族共和。[③]

这样在操作层面上，孙中山就尽力争取美国援助。1920 年孙中山完成其《建国方略》，接着便将其寄给了美国。后者从 1918 年 6 月发起的成立新银行团的动议正在酝酿和谈判过程中，美国有意通过这一新财团的建立向中国等远东国家提供援助。但美国认为中国的南北分立，政治分裂和“动荡成为所有贷款谈判中的一个令人泄气的因素”。[④] 鉴于俄国在远东的强大势力，美国总统威尔逊因俄国的十月革命“是背离西方自由主义传统的社会革命，”而“不愿与这个引人反感和使世界舆论莫衷一是的新政权来往”。[⑤] 美国只把北京政府当做交往和援助对象。还在 1918 年徐世昌就任大总统时，威尔逊便致函祝贺，希望徐“带来贵伟大国家各方之间的和睦合作，以使各方均可为全

---

① А. Б. 祖波夫主编：《二十世纪俄国史》上卷，莫斯科，2009 年版，第 555 页。

② 孙中山：《与戴季陶的谈话（1919 年 6 月 22 日）》，《孙中山全集》第 5 卷，中华书局 1985 年版，第 70—71 页。

③ 孙中山：《三民主义》，《孙中山全集》第 5 卷，中华书局 1985 年版，第 187—188、189 页。

④ ［美］罗伊・沃森・科里著：《伍德罗・威尔逊与远东政策（1913—1921）》，张玮英、曾学白译，社会科学文献出版社 1994 年版，第 189、202 页。

⑤ ［美］罗伊・沃森・科里著：《伍德罗・威尔逊与远东政策（1913—1921）》，张玮英、曾学白译，社会科学文献出版社 1994 年版，第 202 页。

体之利益贡献其最大努力，从而使贵共和国恢复国家统一，并在国际联合组织中占其应有之地位”。[①]

孙中山原认为美国对其方略“大表赞同”，[②] 事实上那仅仅是美国总统威尔逊的礼貌应对，威氏说“我不想和孙中山通信，虽然我有时很赞同他宣布的原则和目的”。美国国务卿蓝辛也认为孙中山就是想从外国人那里找到一些钱，所以不想同他“有进一步的交往”。[③]

陈友仁曾经致电威尔逊总统，委婉地批评后者违背自己的诺言。美国舆论对陈的电报给予高度评价，指出“明哲之士眼光如炬，对于此问题固自有最高之见解，即如陈君代表中国之呼吁，以中国所受之不公道置诸世界和平受危害之后，实具有卓识。盖彼之呼吁以正义为先，而利益为后，诚有见夫大者”。[④] 在战时和战后国内外的政治经济形势下，孙中山希望引起列强关注，共同来开发中国实业，根本是不可能的。

第三，也是在这一年，中国国民党向其各支部、各分部颁寄了一个《中国国民党通告及规约》，于其总纲中开宗明义载入“本党以巩固共和，实行三民主义为宗旨”。党决定设总部于上海，党内设总理一人“综揽党务”。其他关于党费、党产、各级党组织的职责等都有明确规定。一年后又对其进行了修改，但指导思想始终如一。[⑤]

至于国家建设，那么孙中山不仅在《建设》杂志连载其《建国方略》，而且向舆论申明：革命的目的是“建设一为民所有、为民所治、为民所享之国家”。[⑥] 在革命道路和方法上，孙中山强调的是他的民生主义政策，是发展实业，“以国家实业所获之利，归之国民所有”，而不是像共产国际那样，剥夺有产者的一切交由无产阶级享用。他清楚地表述不能再“蹈欧美今日之覆辙”，他要避免在实业发达过程中“孕育社会革命”。[⑦]

辛亥革命后的八年里，中国政局变幻确如俗话所说“你方唱罢我登场”，孙中山及其国民党锐意根本解决之：“南北新旧国会，一概不要它，同时把那些腐

---

① ［美］罗伊·沃森·科里著：《伍德罗·威尔逊与远东政策（1913—1921）》，张玮英、曾学白译，社会科学文献出版社 1994 年版，第 198 页。

② ［美］罗伊·沃森·科里著：《伍德罗·威尔逊与远东政策（1913—1921）》，张玮英、曾学白译，社会科学文献出版社 1994 年版，第 198 页。

③ ［美］罗伊·沃森·科里著：《伍德罗·威尔逊与远东政策（1913—1921）》，张玮英、曾学白译，社会科学文献出版社 1994 年版，第 189 页。

④ 《申报》，1919 年 7 月 31 日、8 月 6 日。

⑤ 邹鲁：《中国国民党史稿》第 1 册，《组党》，中华书局 1960 年版，第 287—298 页。

⑥ 孙中山：《八年今日》，《孙中山全集》第 5 卷，中华书局 1985 年版，第 132 页。

⑦ 孙中山：《中国实业如何发展》，《孙中山全集》第 5 卷，中华书局 1985 年版，第 135 页。

败官僚，跛扈武人，作恶政府［客］，完完全全扫干净它，免致它再出来捣乱，出来作恶，从新创造一个国民所有的新国家，比现在的共和国家还好得多”。[①]

第六节 国民党与共产国际关系的契合点

推翻北京政府，由国民党掌握全国政权便成了明确的奋斗目标。美国不愿意与孙中山打交道，但是莫斯科愿意。“莫斯科”指的是共产国际和苏俄政府。这里有几层原因。

首先，十月革命后苏俄在国际上十分孤立，到1919年不仅没有得到任何一个国家的承认，相反，西伯利亚和远东地区被日本占领着，俄国内部为国家统治权而激烈争战。

苏俄同中国壤地相接，国境线长达几千公里，睦邻政策对于这个大动荡后的国家越发显得重要。苏俄在1919年7月25日发表了《对中国人民和中国南北政府的宣言》，其中宣布废除帝俄同中国签订的一切不平等条约，并且表示愿意同中国人民和平相处，建议尽快建立两国的友好往来，这的确是苏俄的友好姿态。但是由于种种复杂的原因，这个如此友好的表示并未能把北京政府同苏俄的关系拉近。相反两国关系中还出现了不少麻烦。

最早的麻烦因哈尔滨兵工会而出现。这是一个苏维埃性质的组织。俄国二月革命后至十月革命前后的短时间内，中东铁路上是俄国“三个政权并存”的时期。[②] 一是1917年2月中东铁路俄侨得悉国内情况后，便在该路沿线开始普遍建立工人代表苏维埃（ХарбинскийСовет рабочих депутатов），3月立宪民主党人费阿尔科夫斯基（К. С. Фиалковский）当选为主席；二是士兵代表苏维埃 Совета солдатских депутатов，以柳京（М. Н. Рютин）为其首领，他本是孟什维克，1917年7月退出该党，成立了俄共（布）哈尔滨市委；另外还有一个受俄国临时政府控制的社会组织委员会（Комитет общественных организаций），由旧俄临时政府驻满洲的外交代表兼中东铁路督办霍尔瓦特

① 孙中山：《在上海寰球中国常委会学生会的演说（1919年10月8日）》，《孙中山全集》第5卷，中华书局1985年版，第148页。

② Н. Е. 阿勃洛娃：《中东铁路史和俄国在华侨民（20世纪前半叶）》（Аблова，Надежда Евгеньевна. *История КВЖД и Российской Эмиграции В Китае*（*первая половина XX века*），莫斯科，俄罗斯鸟瞰出版社2005年版，莫斯科，俄罗斯鸟瞰出版社2005年版，第17—18页。

（Д. Л. Хорват）主持。

俄共（布）哈尔滨党组织得悉十月革命胜利后，便于 11 月 12 日向当地发表文告，要求他们支持新俄政府。12 月 12 日哈尔滨苏维埃在《劳动声》（Голос труда）杂志发表命令，称外交人民委员部已经把霍尔瓦特解职，该苏维埃已经成为新政府在中东铁路唯一合法的代表。霍氏不甘心，急请中国政府派兵。不言而喻，用意是阻止新俄在中东铁路建立布尔什维克政权。[①] 中国政府认为，这个奉列宁之命从霍尔瓦特手中“夺取政权”[②] 后建立的苏维埃性质的哈尔滨工兵代表苏维埃，损害了中国主权，便命吉林督军孟恩远、省长郭宗熙“迅调精练足用军队，前往镇压”。[③] 中国军队摧毁了这个准苏维埃组织，维护了国家主权，但是还没有复交的中苏两国关系上却出现了阴影。

第二个麻烦是上述 1919 年 7 月的文件，北京政府在 1920 年 3 月才收到，而且相继有两个不同的版本，其中一件上带有把中东铁路无偿归还中国的语句，另一件却删去了这一句。中国政府不知道依据哪一个去“尽快”同苏俄建立外交关系。便派人就无偿归还中东铁路的许诺一事探听虚实，[④] 从而无法就 1919 年 7 月苏俄的对华宣言“立即”作出回应。孰知后来这却成了斯大林手中的一个“把柄”，既然中国政府没有“及时作出回答”，那么苏俄政府“过时不候”，改变立场就顺理成章了。到 1922 年夏，俄共决定不再依据 1919—1920 年间对中国的宣言作出对华谈判的“指示”。[⑤]

第三个麻烦是苏军进入外蒙古。苏俄为清剿恩琴白卫军而于 1921 年派兵进入中国领土，北京政府态度相当强硬，一定要苏俄从外蒙古撤军，并请其明确对中东铁路的态度。两国关系又出现了新的障碍。

南方孙中山则不同，1918 年当苏俄内忧外患内战正酣时，孙中山在中国也面临着艰巨的护法，他非常希望这个北方佳邻安定下来。1918 年《中日共同防敌军事协定》还在酝酿期间，由孙中山担任大元帅的南方非常国会喊出了与北京政府不同的声音，4 月 29 日非常国会发表通电表示反对这一类的协定。上海《民国日报》显然贯彻孙中山的意图，在《中日共同防敌军事协定》签订后第三天即 5 月 18 日便发表了论述苏俄外交政策的长篇文章，它告诉人们，列宁政府的对外政策“惟在排除资本家之垄断与官吏之强暴。至属

---

① H. E. 阿勃洛娃：《中东铁路史和俄国在华侨民（20 世纪前半叶）》，莫斯科，俄罗斯鸟瞰出版社 2005 年版，第 17—18 页。

② 详见：《中俄关系史料·中东铁路》（一），民国六至八年，第 3 页。

③ 《中俄关系史料·中东铁路》（一），民国六至八年，第 3 页。

④ 王聿均：《中苏外交的序幕——从优林到越飞》，台北，1978 年版，第 55—60 页。

⑤ 《联共（布）、共产国际与中国》，台北，东大图书公司 1997 年版，第 86 页。

苏俄政府外交人民委员部东方司在1919年8月向旅俄华工广泛散发的第一次对华宣言中文本《俄国政府致中国南北政府各界书》

其亦知歐美日諸國之強盜行為强奪滿洲及西北一帶等地之[illegible]
國乎深望中華民國全体國民速醒毋再懵懵矣今日本政
府深欲與 貴國革舊維新所以貢進解交涉之大綱數條如左
(1)前我俄國政府所侵略中國之領地如滿洲等處悉歸還中國
各地所住之各種人民將歸何國統治將立何種政体一切之問題方
從其民自然而決定
(2)本政府將中東鉄路及前俄帝國政府所侵之礦鑛森林
金礦等地一切退還於中華民國領權補款不要一錢此外

对华宣言中文本

地问题，则以放任主义立反前专制政府压迫之政策，务使人民悉登乐土”。在中国这是最早也是比较全面介绍苏俄外交政策的重要文章。尤其值得注意的是，《民国日报》与北京政府截然不同的立场，北京政府准备与协约国一起武装干涉苏俄，可是这家报纸却说：列宁政府“由于和平放任主义”而得以巩固，这家报纸先声夺人，提出学习俄国的口号说：中国应“取以为法”。[①] 孙中山和非常国会的通电送到了苏俄政府之手。1918年7月4日，苏俄外交人民委员契切林在向第五次苏维埃代表大会的报告中不无感激地说：南方“革命政府的代表把这个声明交给了我们和世界上的一切民主派”。[②]

列宁称颂“东方的光明来了”。上述电报是孙中山“很曲折地才托美洲的华侨同志”打给俄国的。“列宁此时正受帝国主义者四面的封锁，忽然接

① 至于如何理解该报所谓“取以为法”是本书以下章节将论述的内容。

② Г. В. 契切林：《国际政治问题文章言论集》，莫斯科社会经济政策出版社1961年版，第59—60页。

到……这一封信，实在生出意外的感动，视为这是东方的光明来了”。① 六七年后，担任孙中山总政治顾问的鲍罗庭也曾经很有感触地回忆说：“当此危急存亡之秋，收到孙中山先生一电，嘱其奋斗，列宁等十分感激”。②

如上述，北京政府和南方孙中山对苏俄的一冷一热，自然强烈影响了苏俄在对华政策上的抉择。鉴于第一次世界大战后列强争夺太平洋霸权的斗争越演越烈，而中国也有所谓“南北”战争，共产国际和俄共决定“利用南北两方的战争促进社会革命”。③ 于是开始秘密派遣使者访问孙中山和国民党领导人。它们制定的对远东工作的方针是：在中国“想方设法利用和激化”帝国主义之间的冲突，④ 其策略是“对远东的亚洲邻国最大限度地开展政治工作”，这乃是苏俄政府在 1919 年夏秋间不仅对中国，而且对朝鲜和蒙古分别发表宣言的目的。⑤ 鉴于俄共（布）和共产国际把宣传和推广苏维埃革命定为其并不遥远的目标，并且决定“利用远东现存的政党”，⑥ 那么已经有一定影响和历史并且为列宁熟悉的孙中山及其政党便成了一个相当有价值的交往对象。

1920 年苏俄函请孙中山“不该浪费时间，应该立即恢复我们之间的贸易关系，不要浪费任何一个机会”。⑦ 孙中山则建议苏俄不要着急，等到他取代“日本帝国主义的工具”北京政府，执掌全国大权后再谈两国关系也不迟。⑧

为什么孙中山会有这样的回答？一是因为他正在寻求列强对其实业计划的支持，共同发展中国经济，他担心后者会因他“亲俄”而拒绝帮助。二是他并不认同共产国际的理论。但莫斯科的使者们还是陆续拜访孙中山：玛特

---

① 汪精卫在中国国民党第二次代表大会上的政治报告，《政治周报》第 2 期，第 14 页。

② 汪精卫在中国国民党第二次代表大会上的政治报告，《政治周报》第 5 期，第 10 页。但是这封电报原文迄今为止还没有找到。

③ 《魏金斯基致佚名者的信（1920 年 6 月）》，《联共、共产国际与中国》，台北，东大图书公司 1997 年版，第 8 页。

④ 《威廉斯基－西比利亚科夫关于 1919 年 9 月至 1920 年 8 月在国外东亚民族中的工作向共产国际执行委员会的报告（1920 年 9 月 1 日）》，《联共、共产国际与中国》，台北东大图书公司 1997 年版，第 17 页。

⑤ 差不多在发表对华宣言的同时，苏俄也发表了对蒙古人民的宣言。俄罗斯国家社会政治历史档案馆（下用）РГАСПИ），全宗 5，目录 2，案卷 194，第 7—8 页。

⑥ 《威廉斯基－西比利亚科夫致列宁的信（1920 年 12 月 10 日）》，РГАСПИ，全宗 5，目录 2，案卷 194，第 2 页。

⑦ 《契切林致列宁的信（1920 年 10 月 31 日）》，《苏联对外政策文件集》第 2 卷，第 730 页。

⑧ 《孙中山致俄罗斯苏维埃社会主义共和国外交人民委员部的信（1921 年 8 月 28 日）》，《孙中山全集》第 6 卷，中华书局 1985 年版，第 591—594 页。

维也夫-鲍德雷、魏金斯基（吴廷康）、波塔波夫、波波夫、刘谦[①]等从不同的渠道来到孙中山的府邸，或向他宣传苏式共产主义或同他讨论推翻北京政府的军事计划。[②] 这就是国民党同莫斯科关系最早的也是一贯的契合点。

① 派遣刘谦前来的是“俄国共产华员局”，该局的《章程》见苏联《近现代史》杂志（*Новая и Новейшая История*），1959 年第 5 期，第 143—144 页。笔者曾在《历史研究》1979 年第 6 期使用过该组织的译名：俄共中央华人党员中央组织局。经查该组织的中文名称应是“俄国共产华员局”，并有自己的图章。

② 详见李玉贞：《孙中山与共产国际》，台北“中央”研究院近代史研究所1996 年版，第37—59 页。

第三章

登上国际舞台
国民党出师不利

孙中山曾寻求美国和其他国家的援助，但没有如愿以偿。不过外国援助也并非没有希望，孙中山和国民党领导人从1920年开始接触来自苏俄的正式和非正式的使者。交谈中双方都流露了彼此接近的意愿。

1921年中国政治形势中出现一个重大事件即中国共产党正式成立。中国国民党对共产国际的关系多了一个渠道，也隐含着不少麻烦。

1921年国共两党偕同各界代表30余人赴苏俄参加共产国际组织的远东人民代表大会。这是两党人士首次登上国际共产主义运动的舞台。可是，中国国民党代表张秋白却“出师不利”，他的发言在会上受到公开“批评”，张氏也毫不相让，作出反弹。无论就国民党同共产国际的关系，还是从中国国共两党关系的角度看，这都是“不祥之音”。

第一节　非正式渠道的苏俄人士

此处所谓“非正式渠道”，指非由共产国际正式派遣的代表，大致有三类，一是旅俄人士如张西曼；二是俄国十月革命后有意帮助苏俄拓展外交渠道的人，如玛特维耶夫－鲍德雷（Матвеев-Бодрый），波塔波夫（А. С. Потапов）；三是俄共（布）机构，主要是俄共（布）远东党组织或军队派遣前来的，如波波夫，吴廷康。到了中国以后，他们的联络对象全都包括孙中山。所以对中国国民党同共产国际的关系都起了一定作用。

据现有资料，最早到上海莫里哀路29号秘密访问孙中山的张西曼属于第一类。张并没有受到苏俄任何机构的委托，而是慕孙中山之名前去的。1918年年底张得知共产国际即将成立，[①] 便回国拜访孙中山，请其派遣代表到苏俄，并建议后者与苏俄建立联系。1921年4至5月份他再一次访问孙中山。他对十月革命后的苏俄充满欣羡之情，为俄国布尔什维克的党章党纲和一系列政策而欢欣鼓舞，但是并不了解孙中山的思想状况。他的建议没有被孙中山采纳。[②]

---

① 俄共（布）中央委员会于1918年12月24日正式发布关于建立第三国际（共产国际）的消息。《真理报》1918年12月25日。

② 迄今未见孙中山本人提及此事。张西曼本人在其《历史回忆》（上海济东印书社1949年版，第107页）有详细记载。另见李玉贞：《孙中山与共产国际》，台北“中央”研究院近代史研究所1996年版，第91—94页。张对十月革命的热情赞颂还表现在他把俄共（布）党章翻译为中文。

1919 年，有一个叫玛特维耶夫-鲍德雷（Матвеев-Бодрый）的人拜访孙中山。此人在十月革命后流落上海，称不上革命者，但对俄国新政权并无敌意。他同样没有受任何机构委托，是孙中山的知名度将他吸引前来。玛特维耶夫－鲍德雷通过在上海的俄侨事务局（Русское Бюро Труда）工作人员柳比莫夫的指引到了莫里哀路 29 号。[①] 这是第二类。

М. Г. 波波夫（上海市档案馆藏）

第三类中目前已经知道的有米哈伊尔·格奥尔吉耶维奇·波波夫（Михаил Георгиевич Попов）[②] 上校。1920 年 3 月[③] 他持阿穆尔州布尔什维克的正式介绍信到上海孙宅拜访孙中山。在此期间他还访问了时在上海的原中华民国国务总理唐绍仪，[④] 当时孙的处境相当困难，既要推翻南方军政府也要推翻北京政府。会见时，孙中山与波波夫讨论了自己的军事计

① 玛特维耶夫-鲍德雷发表的回忆文章《与孙中山的两次会见》（Две втсречи с Сунь Ятсеном）（载苏联作家协会哈巴罗夫斯克分会机关刊物《新远东》（*Новый Дальний Восток*）1957 第 3 期，第 173—176 页）是目前笔者见到的仅有史料，但其中提到的“列宁发给”孙中山的电报，参加过苏俄革命的华人发来的电报却是孤证，还需要进一步考察。因孙中山在 1921 年 8 月 31 日致契切林的信中说，1920 年 10 月 31 日契切林的信是他收到的唯一来自苏俄官方的信件。见下文。

② ［美］韦慕廷：《孙中山——壮志未酬的爱国者》，杨慎之译，北京新星出版社 2006 年版，第 148 页。

③ 波波夫，1884 年生于阿斯特拉罕一个渔民家庭，后来在一个渔业社当会计。1901—1903 年就读阿列克谢耶夫军校，为步兵擢用士官。1905 年日俄战争期间随东西伯利亚第 13 团参战，在旅顺一大连被俘后押至长崎附近兵营。五个月后回到俄国奥德萨。再至彼得堡疗伤，1906 年秋回到符拉迪沃斯托克（海参崴），以陆军中尉身份奉派进入东方学院学习。1906—1909 学年再次到中国。参加第一次世界大战，担任骑兵侦察队长，1915 年起任第 11 连连长。1916 年获金质乔治兵器。1918 年其所在的西伯利亚第 13 团改组，从中挑选了一些军官，据托洛茨基命令波波夫到了彼得格勒，听从外交人民委员部调遣，从莫斯科到了符拉迪沃斯托克（海参崴），但不久捷克军团占领该地，波波夫被捕，1919 年 3 月获释，因没有生活来源，当起了英语翻译（М. В. 刘克夫：《莫里哀路 29 号》（*Улица Мольера*，29）莫斯科历史思想文献出版社 2000 年版，第 133、138 页）。波波夫的外甥刘克夫在其文献叙事性小说一书中对本书作者所引上海工部局档案提出质疑，认为拙作《孙中山与共产国际》一书所说波波夫是另外一个同姓者，而不是此波波夫。但是笔者在此档案中确曾看到的波波夫与刘克夫先生书中（第 159 页）所用完全相同的照片。刘克夫先生曾经留学中国，原在俄罗斯科学院远东研究所、后到台湾淡江大学苏联问题研究所工作。现居北京。

④ 中华民国国务总理，1919 年南北议和，唐任南军代表。军政府发生内讧后，唐于 1920 随孙中山离开赴上海，並通电反对桂系军阀。

划，但后者认为那是不可行的，因俄国布尔什维克已经打了许多年的仗，[①] 出现厌战情绪。波波夫得出的印象是，“孙中山是一个旧式武人，除了打仗，找不到别的办法去救国”。[②] 波波夫是第一个看准孙中山思想倾向——只考虑用武力统一中国的人。[③] 在他之后的共产国际使者几乎毫无二致地持有这种观点。

下一名访客是吴廷康。[④] 他在1920年4月奉俄共（布）远东局符拉迪沃斯托克（海参崴）处外事科的派遣到中国。其使命是同中国革命运动的领导人建立联系，帮助分散的中国革命者组织起来，并筹备举行一个会议。他通过鲍立威（Полевой）联系了一些中国人，会见了陈独秀。利用当时美国人在上海办的《大陆报》（The China Press）介绍苏俄情况。[⑤] 吴廷康擅长印刷，便在上海建立了一个印刷厂，出版一些宣传苏俄情况的小册子。建于上海的由四名中国人和他组成革命委员会（又称“革命局”）[⑥] 下设了出版处情报鼓动处和组织处。在他的直接参与下，由革命委员会筹备逐渐在武汉、广州等工业中心建立同样的组织。在上海期间他除了帮助学生们在1920年8月建立起社会主义青年团和其他工作外，[⑦] 还经陈独秀介绍会见了孙中山。孙中山向来访者探询可否在符拉迪沃斯托克（海参崴）或中国东北建立一个大功率的

---

① 刘克夫：《莫里哀路29号》，莫斯科，2000年版，第158页。旅英学者李丹阳博士据英档案查出波波夫的活动。李丹阳：《早期来华的苏俄重要使者——波波夫》，《档案与史学》2002年第6期。

② 美国驻华总领事龚宁翰从上海发回的报告。USDS，N0.761.93·142，March 30，1920。刘克夫：《莫里哀路29号》，莫斯科，2000年版，第156页。

③ 美国驻华总领事龚宁翰从上海发回的报告。USDS，N0.761.93·142，March 30，1920。刘克夫：《莫里哀路29号》，莫斯科，2000年版，第256页。

④ 吴廷康（1893年2月28日—1953）生于俄国一个护林人家庭。17岁开始独立生活，1912—1917在美国，参加美国社会党，1917年2月—1918年3月担任加拿大温哥华市俄国工人联合会秘书，1918年回到苏俄，加入俄国社会民主工党。熟练掌握英语，受过大专教育，肄业于美国一所学院。其业务专长是：懂印刷，会刷油漆。РГАСПИ 全宗495，目录65а，案卷2474，第1—3页。

⑤ 《魏金斯基致佚名者的信（1920年6月，上海）》，《联共、共产国际与中国》，台北，东大图书公司1997年版，第7—8页。

⑥ 旅英学者刘建一、李丹阳：《革命局辨析》，《史学集刊》，2004，第3期，第38—52页，就此机构的产生、沿革和作用等问题做了详细研究。但ревбюро译为“革命局”却值得推敲，在俄语中бюро一词基本含义是：1.“委员会”，某些部门或机关的领导核心，如党委会核心小组бюро парткома，其地位是明确的；2.某类型的“办事处”：如“失物招领处，”“问事处”等；3.某些职能机构和部门，如铁路建设总局。把ревбюро译为“革命委员会”当比较妥帖，因其既具有指导性质，又可大可小。将其纳入厅（局）、处这样的行政组织系列，显然不合适。

⑦ 《联共、共产国际与中国》，台北，东大图书公司1997年版，第10—12页。

电台，以便于同苏俄联系。①

吴廷康

在他来访前后到上海莫里哀路孙府的还有亚历山大·斯捷潘诺维奇·波塔波夫（А. С. Потапов）。此人原为沙皇军官，十月革命时身在中国上海。他未受任何人派遣，也是慕孙中山之名前去。鉴于十月革命后他表示拥护苏俄，吴廷康对其活动表示支持，也有意与之建立联系，但二人未能在中国相见。② 波塔波夫在华期间还与王揖唐、③ 曹锟、吉林督军参谋长高士傧将军过从甚密。④ 1920 年 4 月，波塔波夫在上海期间从事过“翻译过激主义之书籍及以宣传于农民及工人间之目的”，⑤ 引起中国和上海法租界的注意。法国驻沪总领事函请租界方面注意他的动向，诸如他在法兰西宾馆开会时同何人相见，会上说了什么。⑥ 从中国回俄国途经香港时，波塔波夫还访问过当时孙中山广州军政府的参谋长李烈

---

① 后来他还由陈独秀陪同会见陈炯明。吴廷康：《我与孙中山的会见》，《真理报》1925 年 3 月 15 日。译文发表于《维经斯基在中国的有关资料》，1982 年版，第 109—113 页。遗憾的是这本书的广泛使用使吴廷康被“改了名”。关于吴廷康在中国的活动，日本学者石川祯浩在其《中国共产党创立史》（袁广泉译，中国社会科学出版社 2006 年版）第二章第 1—2 节中有详细叙述。

② 《联共、共产国际与中国》，台北，东大图书公司 1997 年版，第 20 页。关于波塔波夫的详细情况，РГАСПИ 全宗 514，目录 1，案卷 6，第 9 页记载有他对自己在中国活动所做报告的说明。另外，前引石川祯浩书也有他据日本史料所做的详细考证。

③ 生于清光绪四年（1878），卒于 1948 年 9 月 10 日。安徽省合肥人，早年留学日本东京振武学校学军事。曾任职北京政府。抗战爆发后投敌，1948 年以汉奸罪被国民政府处死。

④ 引自刘克夫：《莫里哀路 29 号》，第 155 页。迄今没有找到关于他们来往的中文史料。

⑤ 《顺天时报》1920 年 4 月 28 日。

⑥ 《法国驻沪总领事致荷属东印度领事的信（1920 年 6 月 24 日）》，荷兰外交档案馆 18III/32。感谢荷兰友人 Rene Seegers 提供此文件。

钧，并将其致列宁的信带到苏俄。[①]

再晚些时候，吴廷康于 1920 年 8 月派遣了俄罗斯电讯社记者米诺尔（Минор）[②] 到广州，后者在 1921 年 4 月访问了孙中山，表示了对其事业的同情与支持并建议他同苏俄联合。[③] 孙中山没有作出回应。

第二节　1919—1920 年间半正式渠道的外交试探

所谓“半正式”，指的是这种外交试探并非政府对政府，而是苏俄政府以一个未经国际承认的孙中山徒有其名的政府为对象，所做的外交试探，于其中起作用的是刘泽荣。

早在 1918 年 8 月 1 日契切林（Г. В. Чичерин）[④] 就曾致函孙中山，但信没有到达孙手中。[⑤]

1919 年共产国际从成立之日起就密切配合苏俄外交。最早受莫斯科官方支持试图同孙中山建立联系的是旅俄华工联合会[⑥]的会长刘泽荣（刘绍周）。

---

① 他带回的还有陈炯明致列宁的信，刊登于《苏俄外交人民委员部通报》（*Вестник НКИД*，莫斯科，1921 年第 1—2 期合刊，第 12 页。陈信译文和波塔波夫情况还可参见李玉贞：《孙中山与共产国际》，台北“中央”研究院近代史研究所 1996 年版，第 132—133、56—59 页。据美国情报人员索科尔斯基的报告，此人 1920 年年初（3 月之前）到了上海，自称受布尔什维克的迫害。事实上在 1918 年科尔尼洛夫反对苏俄的那个时期，他就在那里服役。这才是他到远东的原因。后来他到了日本，在那里因进行布尔什维克宣传遇到麻烦。因患神经衰弱，他总给列宁写信，可始终也没有得到列宁的任何指示，有时信就原封不动地退回。关于他在中国的活动，索科尔斯基认为他没有什么大的作为，“对此人不必太在意”。引自刘克夫：《莫里哀路 29 号》，莫斯科，2000 年版，第 155 页。

② 即 K. A. 斯托扬诺维奇（1886—1938），本名米亚钦，化名米涅尔、米诺尔，1920—1927 年任远东通讯社和塔斯社驻广州记者。

③ 这次谈话最早发表于 1921 年 4 月 7 日出刊的《苏维埃西伯利亚》（Советский Сибирь）杂志，1974 年苏联《远东问题》第 3 期予以转载并由 K. B. 舍维廖夫（汉名石克强）写了简短的按语。译文见《孙中山全集》第 5 卷，中华书局 1985 年版，第 527—531 页。

④ Георгий Васильевич Чичерин（1872—1936），生于贵族家族，早年参加社会主义运动，在许多问题上与普列汉诺夫有共识。曾侨居法、英等国。十月革命后担任苏俄外交人民委员。1925—1928 年任联共（布）中央委员会政治局中国委员会委员。一度狂热相信世界革命，后改变看法。以治疗为理由侨居国外两年。

⑤ 译文见薛衔天、李玉贞等编：《中苏国家关系史资料汇编 1917—1924》第 1 卷，中国社会科学出版社 1993 年版，第 671—672 页。

⑥ 详见李玉贞：《孙中山与共产国际》，台北“中央”研究院近代史研究所 1996 年版，第 40—46 页。

1919 年 3 月，他不仅应列宁之邀[①]参加了共产国际的成立大会，并在会上发言赞扬孙中山的革命活动。[②] 是他首次向与会者透露了苏俄曾经致函孙中山的这个信息。可以想象，当苏俄的信通过战争和革命的炮火圈到达中国革命者手中时，他们是多么兴奋。信中称孙中山为中国的骄傲。[③]

会后他于 5 月 3 日和乌克兰华侨会会长朱绍阳一起向列宁提出了一项建议，请苏俄政府派遣一个代表团到中国去，条件是“有一名奉有全权并了解中国情况的苏维埃政权的代表参加”。[④] 对于孙中山前来的意义，契切林在该信中加上了这样一句话，说这样做“可以使我们有机会直接了解中国革命领导者的思想”。[⑤]

由列宁安排，刘泽荣在 1920 年又参加了共产国际第二次代表大会。参加此次代表大会的另外一名中国代表是时为参加俄共的中国人，俄国共产华员局的安龙鹤。[⑥]

到 1920 年 6 月 18—24 日，旅俄华工联合会在莫斯科举行第三次代表大会时，刘泽荣便在苏俄政府支持下公开向孙中山作出了友好的姿态，选举孙中山和“世界解放运动的领袖列宁同为大会名誉主席”。两人的肖像十分醒目地悬挂在会场的主席台上。大会之后，旅俄华工联合会在 7 月 5 日向中国国内发出了三份电报，第一封致中华民国大总统，要求他联合国内革命党一致对外，反对帝制和资本家；即行承认苏俄，并取消与列强所订的反对俄国的协定；任命正式代表驻扎俄国；设法安排华工归国。另外两封是发给孙中山的，其中有一封正式邀请孙中山访问苏俄。[⑦]

孙中山于五天之后在上海收到了这三份电报。但是如何回电却使孙中山颇感为难，因上海电报局拒绝拍发给苏俄的电报。他只好通过马素辗转两次才将复电发出：先从纽约发至苏俄驻哥本哈根的全权代表李维诺夫（Максим

---

① 刘泽荣：《回忆同伟大领袖列宁的会晤》，《工人日报》1960 年 4 月 21 日。

② 值得注意的是他传达了苏俄官方的信息：1918 年孙中山的电报已经送到苏俄政府手中。详见李玉贞：《孙中山与共产国际》，台北，“中央”研究院近代史研究所 1996 年版，第 47—48 页。

③ 《共产国际第一次世界代表大会》，莫斯科党务出版社 1933 年版，第 243 页。

④ A. H. 赫依菲茨：《苏俄与东方邻国 1921—1927》（Хейфец. *Советская Россия и сопредельные страны Востока*. 1921—1927），莫斯科科学出版社 1964 年版，第 360 页。

⑤ C. Л. 齐赫文：《孙中山——对外政策观点与实践》（Тихвинский *Сунь Ят-сен. Внешнеполитические воззрения и практика*），第 252—253 页。

⑥ 据 РГАСПИ 全宗 5，目录 1，案卷 166，第 4—5 页。还可见中共“一大”会址纪念馆、上海革命历史博物馆筹备处合编：《上海革命史资料与研究》第 5 辑，第 333—335 页。

⑦ 中国第二历史档案馆，机关代号 1001，目录 2，案 1362。信的俄译文公布于苏联《亚非人民》（*Народы Азии и Африки*）杂志 1963 年第 1 期，第 72—73 页。

Максимович Литвинов)[①]，后者再于7月18日将电报发往莫斯科。

电文称："莫斯科旅俄华工联合会成立大会7月5日所发电报，我已经于7月10日在上海收悉，并已立即向全国公布。[②] 但请允许我指出，目前中国只不过是名义上的一个共和国，而政权却掌握在帝制集团和军人集团手中，人民尚未得到自由。在实施您电文中的第四条之前，还应该进行一次革命来扫荡这些统治集团。此电经纽约由马素代转，因上海电报局拒绝拍发"。[③]

这是孙中山与刘绍周的旅俄华工联合会最初的函电往来。孙中山的态度非常谨慎，他没有表示要马上去苏俄，也没有就承认苏俄等事作出回答。

苏俄外交人民委员契切林于1920年10月31日再次致函孙中山，向其介绍苏俄国内形势，说明苏俄外交的任务："设法与中国争取解放的力量建立联系"。讲到中国国内情况时，契切林显然由于不了解中国各派政治力量的性质，而把直皖战争的交战双方看成了正义一方与非正义一方的战争，认为直系的获胜，为中国的自决和自治创造了很好的条件。对于当时的国际形势，契切林也一样重复共产国际的调子，表现了过分的乐观，他说全世界工人"每天都在获得新生力量，而帝国主义力量正在受到破坏"，所以他对孙中山说："压迫你们的势力一天天衰落下去，再稍等一等，你们就要胜利了"。基于这个看法，契切林得出的结论同共产国际一样，面对即将到来的胜利，孙中山"不该浪费时间，应该立即恢复我们之间的贸易关系。不应该放过任何一个机会"。[④]

---

① 原名Макс Валлах Филькинштейн（1876—1951年），生于（今波兰境内的）别洛斯托克。苏联外交家，1918年起担任苏俄驻英外交代表，但英国不承认其职衔。1918—1921年任俄罗斯联邦外交人民委员部部务委员。1921—1930任苏俄（苏联）副外交人民委员。1930—1939年任外交人民委员。在此任上于1932年与中国外长顾维钧主持中苏复交。1934—1938年苏联驻国际联盟全权代表。1941—1943年为苏联驻美国大使，后任驻古巴公使，1946年退休。

② 参见上海《民国日报》1921年7月13日。

③ 详见李玉贞：《孙中山与共产国际》，台北"中央"研究院近代史研究所1996年版，第51页。

④ 《苏联对外政策文件集》第2卷，第730页。译文见薛衔天、李玉贞等编：《中苏国家关系史资料汇编（1917—1924）》第1卷，中国社会科学出版社，1993年版，第671页。

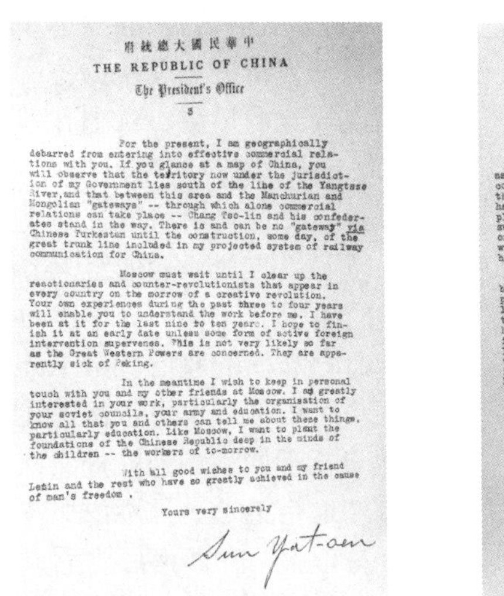

中華民國大總統府

THE REPUBLIC OF CHINA

The President's Office

3

For the present, I am geographically debarred from entering into effective commercial relations with you. If you glance at a map of China, you will observe that the territory now under the jurisdiction of my Government lies south of the line of the Yangtsze River, and that between this area and the Manchurian and Mongolian "gateways" -- through which alone commercial relations can take place -- Chang Tso-lin and his confederates stand in the way. There is and can be no "gateway" *via* Chinese Turkestan until the construction, some day, of the great trunk line included in my projected system of railway communication for China.

Moscow must wait until I clear up the reactionaries and counter-revolutionists that appear in every country on the morrow of a creative revolution. Your own experiences during the past three to four years will enable you to understand the work before me. I have been at it for the last nine to ten years. I hope to finish it at an early date unless some form of active foreign intervention supervenes. This is not very likely so far as the Great Western Powers are concerned. They are apparently sick of Peking.

In the meantime I wish to keep in personal touch with you and my other friends at Moscow. I am greatly interested in your work, particularly the organisation of your soviet councils, your army and education. I want to know all that you and others can tell me about these things, particularly education. Like Moscow, I want to plant the foundations of the Chinese Republic deep in the minds of the children -- the workers of to-morrow.

With all good wishes to you and my friend Lenin and the rest who have so greatly achieved in the cause of man's freedom.

Yours very sincerely

Sun Yat-sen

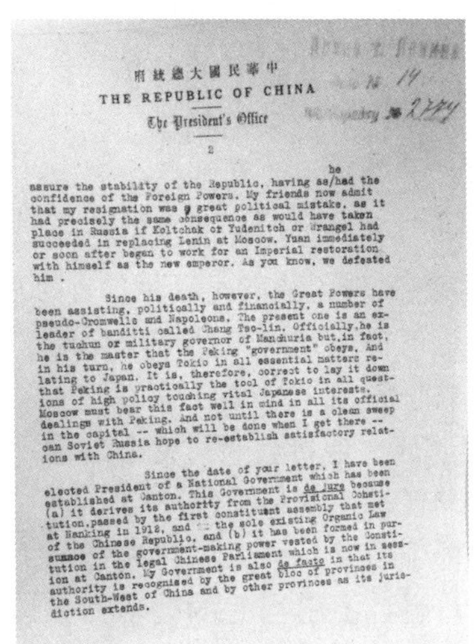

中華民國大總統府

THE REPUBLIC OF CHINA

The President's Office

2

assure the stability of the Republic, having as/had the confidence of the Foreign Powers. My friends now admit that my resignation was a great political mistake, as it had precisely the same consequence as would have taken place in Russia if Koltchak or Yudenitch or Wrangel had succeeded in replacing Lenin at Moscow. Yuan immediately or soon after began to work for an Imperial restoration with himself as the new emperor. As you know, we defeated him.

Since his death, however, the Great Powers have been assisting, politically and financially, a number of pseudo-Cromwells and Napoleons. The present one is an ex-leader of banditti called Chang Tso-lin. Officially, he is the tuchun or military governor of Manchuria but, in fact, he is the master that the Peking "government" obeys. And in his turn, he obeys Tokio in all essential matters relating to Japan. It is, therefore, correct to lay it down that Peking is practically the tool of Tokio in all questions of high policy touching vital Japanese interests. Moscow must bear this fact well in mind in all its official dealings with Peking. And not until there is a clean sweep in the capital -- which will be done when I get there -- can Soviet Russia hope to re-establish satisfactory relations with China.

Since the date of your letter, I have been elected President of a National Government which has been established at Canton. This Government is *de jure* because (a) it derives its authority from the Provisional Constitution, passed by the first constituent assembly that met at Nanking in 1912, and the sole existing Organic Law of the Chinese Republic, and (b) it has been formed in pursuance of the government-making power vested by the Constitution in the legal Chinese Parliament which is now in session at Canton. My Government is also *de facto* in that its authority is recognised by the great bloc of provinces in the South-West of China and by other provinces as its jurisdiction extends.

孙中山致苏俄外交人民委员契切林的信（1921 年 8 月 28 日）

РГАСПИ 收藏

契切林的这封信到达孙中山手中已经是 1921 年 6 月 14 日。这是孙中山同苏俄正式通信的开始。那已经是在他就任非常大总统之后，正忙于争取各国承认的时候。然而对于主动向他示好的苏俄，他却拒绝了。况且契切林信中类似“全世界工人”等的语句，对于孙中山是相当陌生的。8 月 28 日孙中山给苏俄政府回信，坦率地表达了其思想。

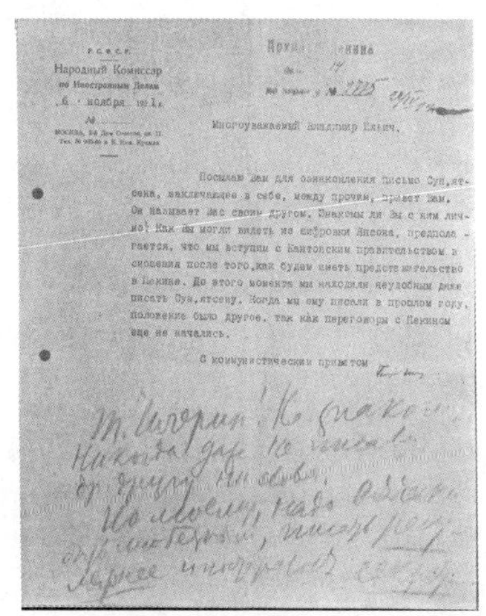

Р.С.Ф.С.Р.

Народный Комиссар по Иностранным Делам

6 ноября 1921 г.

Многоуважаемый Владимир Ильич.

Посылаю Вам для ознакомления письмо Сун,ятсена, заключающее в себе, между прочим, привет Вам. Он называет Вас своим другом. Знакомы ли Вы с ним лично? Как Вы могли видеть из шифровки Янсона, предполагается, что мы вступим с Кантонским правительством в сношения после того, как будем иметь представительство в Пекине. До этого момента мы находили неудобным даже писать Сун,ятсену. Когда мы ему писали в прошлом году, положение было другое, так как переговоры с Пекином еще не начались.

С коммунистическим приветом

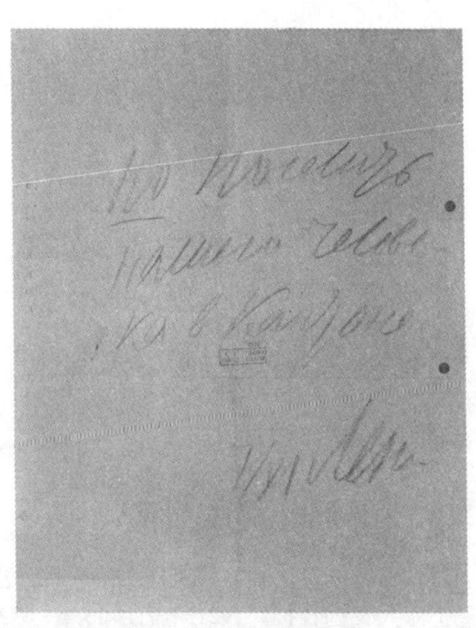

契切林收到信后将其转交列宁，铅笔字是列宁批示手迹，称没有与孙中山通过信，但要尽可能表示友好，并秘密派遣使者到广州　РГАСПИ 收藏

孙信中首先说明，这是他收到的第一封来自苏俄的信，① 接着介绍中国国内形势和南方广州政府的处境。孙中山承认自己当初把大总统的位子让给袁世凯是一个很大的政治错误。他比喻这个错误导致的后果，犹如在俄国让高尔察克、尤登尼奇或弗朗格尔等取代列宁执政一样，结局不堪设想。

另外，他向契切林表示想与他“个人”和“其他莫斯科朋友建立私人联系”。孙中山想了解的是新俄的苏维埃组织，军队和国民教育的组织情况。

这里值得注意的是孙中山说的“苏维埃的组织”一词。孙中山对苏维埃政权的兴趣所在，是其一党专政，一个由革命党掌权的政府。至于苏维埃的“教育组织”，他希望通过恰当的途径让“中华民国的基本思想深深扎根于明天的劳动者——青年一代的心田里”。至于是否立即同俄国建立外交或者贸易关系，孙中山以一语“为时尚早”②，非常婉转地拒绝了。且不说那些深层的原因，只就孙中山当时的处境而言，也很容易理解。在西南底定后，他正积极筹措费用，准备大举义师北伐，统一中国，以达到真正的长治久安。

在孙中山的眼中，他与苏俄的关系，仅仅处于初级阶段。实际情况也确实如此。契切林也持相同算法，他当时对孙苏关系的描述是：“中国有一些社会力量正在为摆脱外来压迫与暴力，为把中国变为统一的民主国家而奋斗。同这些社会力量建立联系的初步尝试，乃是目前我国在这个领域中政策的内容。与民主南方的领袖孙中山的通信和刚刚开始的同华北知名的民主活动家的往来，则是建立劳农俄国和未来新生的、摆脱掉帝国主义压迫的中国之间密切友谊道路上的初级阶段”。③

第二节　首位正式使者，首次正面交锋

中国人习惯称呼其为“马林”的那个人，就是共产国际正式派遣的使者。此人在中共创建和国共合作的酝酿中起了相当重要的作用。

马林于1883年5月13日生于荷兰鹿特丹一个贫苦人家，教名为亨德里克斯·约瑟夫·弗朗西斯克斯·马里，姓为斯内夫利特（Sneevliet）。在中国的

---

① 《苏联对外政策文件集》第2卷，第671—672页。

② 《苏联对外政策文件集》第2卷，第674—674页。

③ Г. В. 契切林：《国际政治问题文章言论集》（Чичерин *Статьи и речи по вопросам международной политики*），莫斯科，1960年版，第181—182页。

常用名有：安德莱森（Andereson），马林（Maring，Маринг），马丁（Мартин）和孙铎（Sentot）等。[①]

马林早期投身欧洲社会主义运动，1913年到荷属印度（独立后为印度尼西亚）的爪哇、三宝垄从事当地反对殖民主义的斗争。他把当地各派政治力量联合起来成立了伊斯兰联合会，共同致力于争取民族解放的运动。1917年俄国发生二月革命和十月革命时，他都曾在那里予以热情宣传并起而仿效，组建了类似俄国苏维埃的士兵委员会或称士兵苏维埃。为此受到印尼殖民当局的审判和驱逐，于1918年回到荷兰。1920年他以印度尼西亚共产党代表的身份到苏俄参加了共产国际第二次代表大会，在国际共产主义运动中崭露头角。马林在会上提出的关于加强对东方殖民地半殖民地国家工作的建议与共产国际决策层的想法一致。

1919—1921年间是共产国际形成其组织原则的时期，1920年的共产国际第二次代表大会通过了《共产国际章程》和《加入共产国际的条件》（“21条”）[②] 等重要文件。这是列宁亲自主持和制定共产国际政策的时期。不言而喻于其中起主要作用的是俄共（布）。[③] 虽然列宁为这次大会特意写了《论共产主义运动中的左倾幼稚病》，但是一篇文章难以挽住执著强劲的极“左”倾向。大会通过的《加入共产国际的条件》贯穿的依然是为渊驱鱼为丛驱雀的方针，社会主义运动里的中派和改良派都被排除在共产国际队伍之外。

共产国际派驻中国的第一个正式代表马林

马林是该次大会下设的民族与殖民地委员会的秘书，与列宁、中国代表刘绍周、安龙鹤等一起工作。在这次代表大会上他介绍了爪哇等地民族解放运动的情况，并呼吁共产国际更多地关注东方殖民地和半殖民

① 马林在共产国际工作期间使用的其他化名还有Andereson（安德莱森），Brouwer（布劳薇尔），Henk（亨克），Mander（曼德尔），Мартин Иванович Бергман（马丁·伊万诺维奇·贝尔格曼），Минос（米诺斯），Симонс（西蒙斯），Mr. Philipp（菲力浦先生），Philipp（菲力浦）。“孙铎”是他为中共机关刊物《向导》周报撰稿时用的化名。

② 《共产国际第二次代表大会》，莫斯科党务出版社1933年版，第499—505页。

③ 《俄共（布）—联共（布）中央委员会政治局与共产国际》，莫斯科2004年版，第44页。

地的革命运动。这个报告受到普遍关注，可以说他是代表大会上的一颗新星。[①] 1920 年 8 月 8 日，共产国际执行委员会小局[②]任命他为代表，这是目前我们知道的由共产国际正式派遣的第一名来华代表。他的正式身份是共产国际派往远东的代表。[③]

1921 年 6 月 3 日他走下“阿奎利亚”号轮船，踏上东方名城上海。

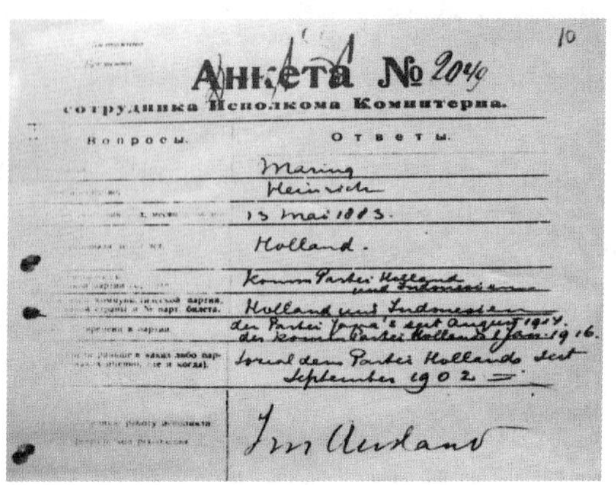

Анкета № 2049
сотрудника Исполкома Коминтерна.

Вопросы. | Ответы.
Maring
Heinrich
13 mai 1883.
Holland.

马林在共产国际执行委员会的登记表
荷兰 IISG 收藏

不言而喻，马林在共产国际第二次代表大会上感染了强烈的世界革命速胜论情绪。时代使然，他像当时的列宁一样，表露了埋葬旧世界向资本主义进攻的强烈愿望。试看，在共产国际第二次代表大会闭幕后不久（1920 年 9 月 22 日）列宁就说，“我们面临着一个新的任务。对世界帝国主义的防御战时期已经结束，我们可以也应当利用军事形势开始进攻性的战争。他们打我们的时候，我们反击了。为了让波兰苏维埃化，我们现在要试试去进攻他们了。我们会帮助立陶宛和波兰苏维埃化”。[④] 表现了共产国际领导层踌躇满志，为世界无产阶级革命大干一场的气势。马林来自东方，所以更加关注那里的情况，他在大会上提出的关注东方的建议受到重视，共产国际执行委员会决定在巴库召开东方人民代表大会（Съезд народов Востока）[⑤]

马林来华的使命是：研究中国、朝鲜、日本、菲律宾、印度尼西亚等远东国家的革命运动，与之建立联系并考察是否有可能在上海建立共产国际的

---

① 详见李玉贞：《马林 Henk Sneevliet 传》，《马林传》，第 1—4 章，中央编译出版社 2002 年版。

② Малое бюро 是设于共产国际执行委员会内的人数很少的“小”局，其职能相当于主席团，是重要决议的最后拍板者。

③ РГАСПИ，全宗 495，目录 2，案卷 3，第 17 页，引自 Г. М. 阿基别科夫，З. И. 莎赫纳札罗娃，К. К. 史里尼亚合编：《共产国际的组织机构》（*Организационная структура Коминтерна*），俄国政治百科全书出版社（РОССПЭН），莫斯科 1997 年版，第 30 页。

④ 原载《历史档案》（*Исторический Архив*），第 1 期，第 15、16 页，引自《俄共（布）—联共（布）中央委员会政治局与共产国际》，莫斯科，2004 年版，第 55 页。

⑤ 大会文件见《东方人民第一次代表大会 1920 年 9 月 1—8 日，巴库》（速记记录），彼得格勒共产国际出版社 1920 年版，第 45 页。

办事处。①

参加中共成立大会的共产国际代表尼科尔斯基中共一大会址纪念馆收藏

1921年7月他和共产国际远东书记处的尼科尔斯基一起参加了中共成立大会。

在参加中共成立大会前后，他认识了孙中山的亲密朋友张继并经后者介绍决定到桂林访问孙中山。②

当时共产国际对中国的了解还停留在极其浮浅的水平上，可是他们头脑中输出苏式革命和推行世界革命的念头十分强烈，所以无论马林还是其他来自苏俄的使者无一不把“捍卫”苏俄，仿效苏俄，鼓动革命作为其思想指导。有一个在中国从事秘密工作，1921年起担任共产国际执行委员会远东处秘书的名叫索科洛夫-斯特拉霍夫（Соколов-Страхов）的人，曾这样总结国民党和孙中山在共产国际战略中的地位和共产国际同国民党建立联系的初衷：

> “我们可以利用广州政府作为在东方推进国民革命的工具，有了这场革命，中国就会和协约国对立起来”。共产国际要从“广州人和广州政府中寻找一些有能力在中国制造全民性起义，以反对日本、美国资本对整个远东统治的力量”。③

马林也不例外，他把自己当成普罗米修斯，自认给被压迫的中国人民送来了无产阶级革命的“天火”。“会当凌绝顶，一览众山小”是莫斯科使者们共同的心态。

从个人层面上说，马林具有正义感。他在爪哇、三宝垄看到殖民政府当局对当地人民的欺压，便组织他们维护自己的利益。1921年6月3日一到上海他就见到黄包车夫受到外国白人的拳打脚踢，便挺身而出，与打人者理论，并且义愤填膺地撰文向朋友们，向共产国际报告中国人受到欺压的情况。④ 他

---

① 马林：《向共产国际执行委员会的报告》（1922年7月11日），李玉贞：《马林传》，中央编译出版社2002年版，第343—357页［附录］No. 15。

② 张国焘：《我的回忆》第1册，现代史料编刊社1981年版，第212页。

③ 《索科洛夫－斯特拉霍夫关于广州政府情况的报告（1921年4月21日）》，《联共、共产国际与中国》，台北，东大图书公司1997年版，第34页。

④ 马林：《致共产国际远东书记的信（1921年7月7日至10月9日）》，РГАСПИ，全宗495，目录154，案卷102，第25—33页。摘要译文见中央文献研究室：《党的文献》2011年第4期，第7—9页。

是把根除这些现象同打倒帝国主义，谋求中国人民的解放联系起来的。这也是他们共同的心态。不过，他没有意识到，立即通过苏式道路达到这个目的，却具有相当浓厚的乌托邦色彩。

另外由于马林即将与之谈判的国民党领导人孙中山等，有着与他完全不同的个人背景和经历，谈话命定地会出现某些分歧。

为更好地理解此次重要会晤的情况和结果，这里我们先把参与会见者的情况粗略地做一介绍。在座者几乎每人都与孙中山有很深的交往，大多数是同盟会时期就参加革命活动的，大多数有美国留学或侨居美国、日本的经历，时任广州市长的孙科，四岁时（1895）便随母亲移居夏威夷，在檀香山中学毕业，他的学士和硕士是在美国名校伯克利和哥伦比亚获得的。

时任粤军二军军长的许崇智，在二次革命后于1913—1915年有两年旅居日本的经历。

时任总统府高等顾问的曹亚伯，是早期同盟会会员，1906—1912年留学英国，习海军。

孙中山的英文秘书李禄超，9岁（1891）赴美，1912年始回国。

胡汉民系前清举人（1900），1902年到日本。

朱卓文21岁（1896）旅居旧金山，1912年回国，1913年到日本。

从青年时期便与孙中山、尤少纨、陆皓东等四人同被称为“四大寇”的陈少白，是香港西医书院的高材生，并遵孙中山之请在那里办《中国日报》。

显然，马林在这里见不到洋溢于莫斯科的无产阶级革命气氛。

桂林，孙中山与马林的会见地

1921年12月10日，马林由张太雷陪同南下广西。[①] 这时孙中山正师次桂林，准备北伐。马林使用马丁的化名，于1921年12月23日至25日[②]在桂林访问孙中山。孙中山与马林三次谈话时，孙科、曹亚伯、胡汉民、陈少白、许崇智、林云陔、朱卓文、李禄超等国民党要员也在座。这是中国国民党的领导层首次接待共产国际的使者，但也是从这第一次接触起，双方就开始交锋。谈话中涉及华盛顿会议。会谈双方在这个问题上观点基本一致，承认“华盛顿会议造成了不利于中国的局面”。[③] 为对抗帝国主义拟在华盛顿举行的会议，共产国际采取了一个重大对策——召开远东人民代表大会，[④] 孙中山已经在这年10月派出张秋白作为国民党代表[⑤]前往苏俄。

但是在另外一些重大问题上，孙中山等与马林的谈判并不和谐。

首先，孙中山坚持用军事手段解决中国革命问题的立场，使其谈伴马林感觉沮丧，他对孙只关心苏俄革命的表层——军队的组织和建设一事殊感奇怪。尤其是孙始终坚持用三民主义和五权宪法为指导思想统率其军事行动，令他诧异。此前“孙向士兵们反复强调的是”三民主义是造成新世界之工具”，号召他们为三民主义而战。当时孙把北伐看得很重，认为“能出兵可以统一中国。现两粤人民虽得自由幸福之乐，然我国尚有多数同胞，犹在水深火热之中也。此次出兵，实天与人归”。[⑥] 国民党领导人的口中根本没有共产国际讲台上那种热情奔放的议论和赞美苏式革命的言词。[⑦]

其次，孙中山等国民党领导人甚至对苏式共产主义理论做了“反宣传”。孙中山不仅对苏俄革命有自己的理解，而且从波塔波夫手中得到了苏俄的《土地法令》，[⑧] 此时针对马林关于阶级斗争等的理论，孙中山郑重介绍他自己的的思想体系，说：“中国有一道统，尧、舜、汤、武、周公、孔子相继不绝。余之思

---

① 马林：《向共产国际执行委员会的报告（1922年7月11日）》，李玉贞：《马林传》，2002年中央编译出版社，第352页。

② 这个日期很难断定。郑学稼在《革命文献》中认为是12月23日，马林1927年3月在鹿特丹发表讲话《新中国的源起》时，间接说到了他到达桂林的时间。见 De Arbeid，1927年3月19日，李玉贞主编：《马林与第一次国共合作》，光明日报出版社1989年版，第372页。

③ 马林：《向共产国际执行委员会的报告（1922年7月22日）》，李玉贞：《马林传》，第355页。

④ 详见《联共（布）、共产国际与中国》，台北，东大图书公司1997年版，第10、14、16、17号文件。

⑤ 张的委任状是1921年10月30日由“国民党总理”孙文签发的，张氏还有另外一个委任状，系由《太平洋与中国》杂志社签发（РГАСПИ，全宗495，目录154，案卷181）。该杂志情况不详，可能是针对华盛顿会议临时出过几期。

⑥ 孙中山演说见《孙中山全集》第5卷，中华书局1985年版，第598页。

⑦ 直至1925年马林也向人们介绍说，孙“时时不忘宣传自己的事业”——即他的三民主义。李玉贞主编：《马林与第一次国共合作》，光明日报出版社1989年版，第367页。

⑧ 《联共、共产国际与中国》，台北，东大图书公司1997年版，第26页。

《马丁谒总理实纪》，这是目前见到的仅有的中文记录

想基础即承认道统而发扬光大耳”。①

不仅如此，他还批评一般青年人传播共产主义学说，说他们“不了解斗争的任何实际意义。因为他们只会埋头读书和空谈哲理”。更加有趣的是，孙中山

① 邓家彦：《马丁谒总理实纪》，罗家伦编：《革命文献》第 9 辑，第 203—207 页。

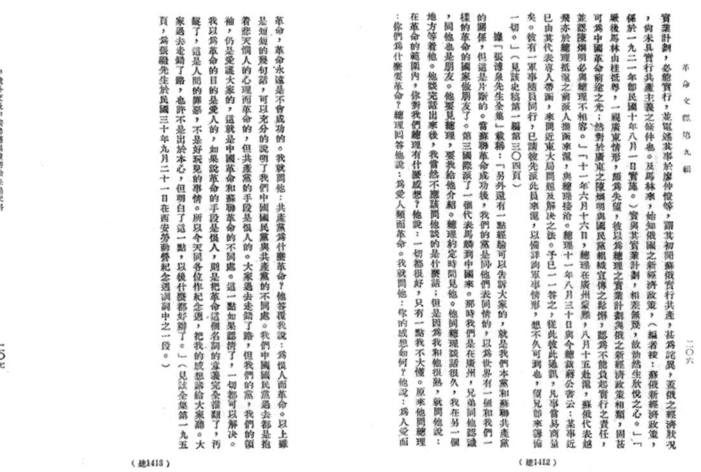

革命文獻第九輯　二〇六

實業計劃，必能實行，並冀遂其事於廖仲愷等，謂其初聞蘇俄實行共產，甚爲詫異，蓋俄之經濟狀況，尚未具實行共產主義之條件也。及馬林來，始知俄國之新經濟政策，（編者按：蘇俄新經濟政策，係於一九二一年卽民國十年八月一日實施。）實與其實業計劃，相差無幾，故勃然生欣悅之心。」「厥後馬林由桂抵粵，一覘廣東情形，頗爲失望，彼以爲總理之實業計劃與俄之新經濟政策相類，固甚可爲中國革命前途之光；然對於廣東之陳炯明與國民黨組織宣傳之鬆懈，認爲不能負起實行之責任，並認陳炯明必與總理不相容。」「十一年六月十六日，總理在廣州蒙難，八月十五赴滬，蘇俄代表越飛亦於總理抵滬之前派人攜函來滬，與總理接洽。總理十一年八月三十日與今總裁蔣公書云：某事近已由其代表專人帶函，來問近東大局問題及解決之法。予已一一答之，從此彼此通訊，凡事當易商量矣。彼有一軍事隨員同行，已請彼先派此員來滬，以備詳詢軍事情形，想不久可到也，俟兄卽來籌備一切。」（見該史稿第一編第三〇四頁）

據「張溥泉先生全集」載稱：「另外還有一點經驗可以告訴大家的，就是我們本黨和蘇聯共產黨的關係，但這是片斷的。當蘇聯革命成功後，我們的黨是同他們表同情的，以爲世界有一個和我們一樣的革命的國家做朋友了。第三國際派了一個代表馬林到中國來。那時我們是在廣州，兄弟同他認識，同他也是朋友。他要見總理，要我給他介紹。總理約定時間見他。他同總理談話很久，我在另一個地方等着他。他談完話出來後，我當然不應該問他談的是什麼話；但是因爲我和他很熟，就問他說：在革命的範圍內，你對我們總理有什麼感想？他說：一切都很好，只有一點我不大懂。原來他問總理：你們爲什麼要革命？總理回答他說：爲愛人類而革命。我就問他：你的感想如何？他說：爲人愛而

（總1412）

革命，革命永遠是不會成功的。我就問他：共產黨爲什麼革命？他答覆我說：爲恨人而革命。以上雖是短短的幾句話，可以充分的說明了我們中國國民黨與共產黨的不同處。我們中國國民黨過去都是抱着悲天憫人的心理而革命的，但共產黨的手段是恨人的。大家過去走錯了路，但我們的黨，我們的領袖，仍是愛護大家的，這就是中國革命和蘇聯革命的不同處。這一點如果認清了，一切都可以解決。我以爲革命的目的是愛人的，如果說革命的手段是恨人，則是把革命這個名詞的意義完全推翻了，汚衊了，這是人間的罪惡，不是好玩兒的事情。所以今天同各位作紀念週，把我的感想講給大家聽。大家過去走錯了路，也許不是出於本心，但明白了這一點，以後什麼都好辦了。」（見該全集第一九五頁，爲張繼先生於民國三十年九月二十一日在西安勞動營紀念週訓詞中之一段。）

（總1413）

中俄外交及中共陰謀與被誘論統過史料　二〇七

《马丁谒总理实纪》，这是目前见到的仅有的中文记录

还让这些人多读一些中国传统哲学书籍，“为什么要从马克思那里寻找智慧，从中国经典著作中不是也能找到马克思主义的基本思想吗?”

值得注意的是，在座的人受到的是中国教育和美国教育，他们的谈吐使马林明显感觉到“那些自称中国之友的国家（美国）”对这些人的深刻影响，他认为要争取他们，“应该揭穿那些自称中国之友的国家（美国）的虚伪友谊”。[①]

谈判的情况颇耐人寻味，这壁厢是比较老道的孙中山，那壁厢则是满怀信心热情洋溢介绍共产国际理论的马林，听罢马林的话，孙中山先是问询在座的国民党骨干分子有何看法，见四座哑然，他用英语郑重地说明自己的主张：“革命之主义，各国不同，甲能行者，乙或扞格不通。故共产主义之在苏俄行之，而在中国断乎不能”。[②]

国民党要员们与访客找到的唯一共同语言，就是对于苏俄政策改变的看法。然而结论却是南辕北辙。孙认为那是俄国实行战时共产主义后，以“深感困难”，乃“改行”新经济政策。针砭苏俄道路和共产国际理论的意图十分清楚。这是一次意味深长的表态，此后在国民党同共产国际的关系中，前者的根本立场没有改变。

再次，孙中山依然拒绝立即同苏俄和共产国际接近或结盟。孙中山的态度

---

① 李玉贞主编：《马林与第一次国共合作》，光明日报出版社 1989 年版，第 100 页。

② 邓家彦：《马丁谒总理实纪》，罗家伦编：《革命文献》第 9 辑，第 203—207 页。

依旧：在列强与苏俄间不偏不倚。他意味深长地拒绝客人的建议说："吾此次师次桂林，志在北伐，今吴佩孚屯军洞庭以逆我，吾夺洞庭，窥武汉，直取长江，而长江流域为英国势力范围，英若知道我联俄，必怀忌恨，力图遏我，以助直系，北伐之师从此殆矣！"[①] 孙中山设计的时机是："一俟义师北伐，直捣幽燕，再谋具体合作，未为晚也"。[②]

尽管马林不无失望，也还是找到了拉近同国民党关系的切入点：向国民党提供军事援助。因一些国民党领导人希望苏俄要么从外蒙古要么从西伯利亚向国民党提供军事援助，以推翻北京政府。国民党认为"俄中两国联合起来可以解放亚洲"。为此国民党可以派一个代表到苏俄去。[③] 这一点基本表露了孙中山"亲俄"或"联俄"的初衷。

至此，国民党在对内对外政策上的立场已经很清楚。他对战后世界局势的看法与共产国际大张旗鼓宣传的埋藏世界资本主义，打倒帝国主义不同，他认为"现世界正是资本主义极盛时代"。[④] 所以他希望取得列强的支持，帮助他开发中国资源，实施他的《建国方略》。而共产国际代表此时想做也能够做的，仅仅是设法让国民党"避免同大国发生新的财贸关系，以阻止他们强大资本主义势力的侵入"，以尽可能争取孙中山站在苏俄一边。[⑤]

国民党人士同马林接触虽然说不上融洽，但是半年后马林在1922年7月11日的报告，是第一个以共产国际执行委员会正式代表的身份所做的关于中国政情和国民党情况的报告。后者在共产国际执行委员会对国民党看法和政策的形成中发挥了相当作用。这是后话。

就共产国际对国民党的政策来看，马林离开桂林后的见闻也阴差阳错地起了一些作用。前已述及马林在荷兰和爪哇有从事工人运动的经验。也许是历史的安排，他离开桂林经长沙至上海的路上看到了中国工人的罢工。他见证了香港大罢工，得知黄爱、庞人铨从事工人运动而遭到当局迫害的案件，看到国民

① 李玉贞：《孙中山与共产国际》，台北"中央"研究院近代史研究所1996年版，第92—94页。

② 邓家彦：《马丁谒总理实纪》，罗家伦编：《革命文献》第9辑，第203—207页。

③ 马林：《向共产国际执行委员会的报告（1922年7月22日）》，李玉贞：《马林传》，中央编译出版社2002年版，第355页。

④ 林伯克：《孙中山与中华民国》，1925年版，引自中华民国各纪念国父百年诞辰筹备委员会学术论著编纂委员会主编，中国国民党中央党史委员会编纂委员会编辑：《国父年谱》下册，台北1965年版，第801—802页。

⑤ 存藏于他第一次中国之行的档案里那份用英文写的文件《中国重建与对俄关系》（The Chinese Reconstruction and Relations to Russia）（1922年年底）说明他这种思想状态一起持续了近一年的时间。译文见李玉贞主编：《马林与第一次国共合作》，光明日报出版社1989年版，第52—54页。这个文件未曾以电报或信函的形式发给任何人，也没有注明其用途，可能就是他本人的体会或他为了向共产国际执行委员会报告而拟定建议的要点。

党同罢工工人的联系，产生了一些似是而非的印象："罢工领导人每天都和国民党领导人接触，后者向他们宣传党的目标和主张"。①

罢工过程中大批军队人员踊跃加入国民党也使马林欢欣鼓舞。他断定"国民党正在考虑采取这一方式发展成为一个士兵和工人的党"。② 这有些异想天开。马林的看法整体上"美化"了国民党和孙中山对罢工的态度。固然这与孙中山劳工法案等的制定，与中共劳动组合书记部的组织不与关系，事实上那次罢工是长期以来海员积怨的总爆发。它的民族主义成分，反对帝国主义的成分和劳资矛盾交织在一起，应该说前二者是主要的。并非共产国际意义上的以阶级斗争方式解决劳资冲突。虽然"此时中国阶级分化还不明显"，可是"小资产阶级不用说同情，就是资产阶级，且有对海员表示同情，竟至以物质相援助的"。③ 这也远不是共产国际所说的旨在推翻资本主义制度的罢工。

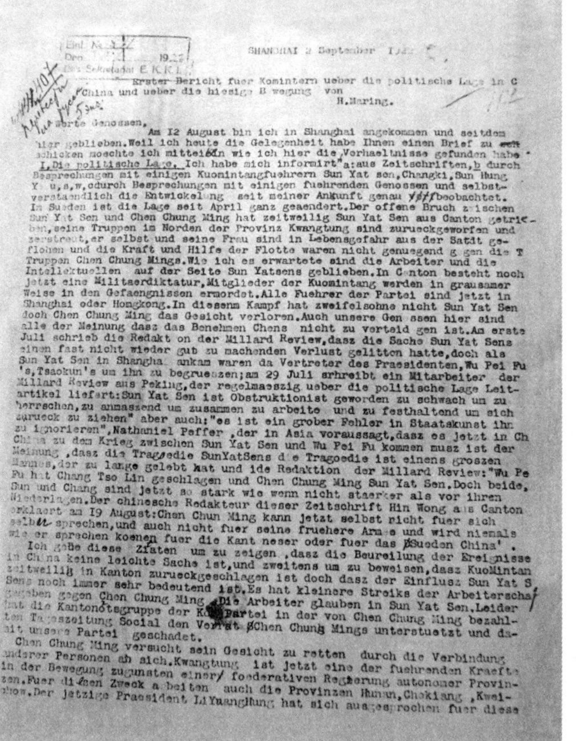

Eing. Nr. ...
Den ... 1922
Das Sekretariat E.K.K.I.

SHANGHAI 2 September 1922

Erster Bericht fuer Komintern ueber die politische Lage in C
China und ueber die hiesige B wegung von
H.Maring.

Werte Genossen,
Am I2 August bin ich in Shanghai angekommen und seitdem
hier geblieben.Weil ich heute die Gelegenheit habe Ihnen einen Brief zu
schicken moechte ich mitteilen wie ich hier die Verhaeltnisse gefunden habe.
I,Die politische Lage. Ich habe mich informirt a:aus Zeitschriften,b durch
Besprechungen mit einigen Kuomintangfuehrern Sun Yat sen,Changki,Sun Hung
Y u,s,w,cdurch Besprechungen mit einigen fuehrenden Genossen und selbst-
verstaendlich die Entwickelung seit meiner Ankunft genau beobachtet.
Im Sueden ist die Lage seit April ganz geaendert.Der offene Bruch zwischen
Sun Yat Sen und Chen Chung Ming hat zeitweilig Sun Yat Sen aus Canton getrie-
ben,seine Truppen im Norden der Provinz Kwangtung sind zurueckgeworfen und
zerstreut,er selbst und seine Frau sind in Lebensgefahr aus der Satdt ge-
flohen und die Kraft und Hilfe der Flotte waren nicht genuegend gegen die T
Truppen Chen Chung Mings.Wie ich es erwartete sind die Arbeiter und die
Intellektuellen auf der Seite Sun Yatsens geblieben.In Canton besteht noch
jetzt eine Militaerdiktatur,Mitglieder der Kuomintang werden in grausamer
Weise in den Gefaengnissen ermordet.Alle Fuehrer der Partei sind jetzt in
Shanghai oder Hongkong.In diesenm Kampf hat zweifelsohne nicht Sun Yat Sen
doch Chen Chung Ming das Gesicht verloren.Auch unsere Genossen hier sind
alle der Meinung dasz das Benehmen Chens nicht zu verteidigen ist.Am erste
Juli schrieb die Redaktion der Millard Review,dasz die Sache Sun Yat Sens
einen fast nicht wieder gut zu machenden Verlust gelitten hatte,doch als
Sun Yat Sen in Shanghai ankam waren da Vertreter des Praesidenten,Wu Pei Fu
's,Tsaokun's um ihn zu begruessen;am 29 Juli srhreibt ein Mitarbeiter der
Millard Review aus Peking,der regelmaeszig ueber die politische Lage Leit-
artikel liefert:Sun Yat Sen ist Obstruktionist geworden zu schwach um zu
herrschen,zu anmaszend um zusammen zu arbeite und zu festhaltend um sich
zurueck zu ziehen" aber auch:"es ist ein grober Fehler in Staatskunst ihn
zu ignorieren",Nathaniel Peffer ,der in Asia voraussagt,dasz es jetzt in Ch
China zu dem Krieg zwischen Sun Yat Sen und Wu Pei Fu kommen musz ist der
Meinung ,dasz die Tragoedie SunYatSens die Tragoedie ist einens groszen
Mannes,der zu lange gelebt hat und ide Redaktion der Millard Review:"Wu Pe
Fu hat Chang Tso Lin geschlagen und Chen Chung Ming Sun Yat Sen.Doch beide,
Sun und Chang sind jetzt so stark wie wenn nicht staerker als vor ihren
Niederlagen.Der chinesche Redakteur dieser Zeitschrift Hin Wong aus Canton
erklaert am I9 August:Chen Chun Ming kann jetzt selbst nicht fuer sich
selbst sprechen,und auch nicht fuer seine fruehere Armee und wird niemals
wie er sprechen koenen fuer die Kant neser oder fuer das Sueden China' .
Ich gebe diese Zitaten um zu zeigen ,dasz die Beurteilung der Ereignisse
in China keine leichte Sache ist,und zweitens um zu beweisen,dasz KuoMintan
zeitweilig in Kanton zurueckgeschlagen ist doch dasz der Einflusz Sun Yat S
Sens noch immer sehr bedeutend ist.Es hat kleinere Streiks der Arbeiterschaf
gegeben gegen Chen Chung Ming .Die Arbeiter glauben in Sun Yat Sen.Leider
hat die Kantonortsgruppe der Ko Partei in der von Chen Chung Ming bezahl-
ten Tageszeitung Social den Verrat Chen Chung Mings unterstuetzt und da-
mit unsere Partei geschadet.
Chen Chung Ming versucht sein Gesicht zu retten durch die Verbindung
anderer Personen an sich.Kwangtung ist jetzt eine der fuehrenden Kraefte
in der Bewegung zugunsten einer foederativen Regierung autonomer Provin-
zen.Fuer diesen Zweck arbeiten auch die Provinzen Hunan,Chekiang ,Kwei-
chow.Der jetzige Praesident LiYuangHung hat sich ausgesprochen fuer diese

马林向共产国际执行委员会的报告
荷兰 IISG 收藏

共产国际理论的标尺把国民党量的"太高"了，可以看出马林对这个党的了解是隔靴搔痒，远在莫斯科的共产国际执行委员会则更甚。他们一相情愿地用苏俄模式来看待国民党，用它来衡量国民党的三民主义，并试图用共产国际理论来改变国民党，急切希望国民党"前进"或"提高"到共产国际

① 马林为荷共机关报《论坛报》写的文章，李玉贞主编：《马林与第一次国共合作》，光明日报出版社 1989 年版，第 354—361 页。

② 马林为荷共机关报《论坛报》写的文章，李玉贞主编：《马林与第一次国共合作》，光明日报出版社 1989 年版，第 354—361 页。

③ 邓中夏：《中国职工运动简史》，人民出版社 1953 年版，第 61 页。

理论的水平。

然而，1922 年 7 月共产国际看过马林的报告后作出的任命，却歪打正着，使国民党从另外一个角度得利于共产国际的某些帮助。

第三节 中国国民党代表对共产国际理论的第一次公开反弹

马林在中国期间做的另外一件事情，是通过国共两党动员各界人士派遣代表到苏俄参加远东人民代表大会，这是共产国际为与华盛顿会议分庭抗礼而组织召开的。马林本希望国共两党像他本人一样，到世界无产阶级的朝圣地红色“麦加”莫斯科或彼得格勒，去感受革命气氛，但是结果却非如人愿。如果说 1921 年年底—1922 年年初孙中山等国民党领导人同马林的会晤仅仅是在小范围内交换看法，那么 1922 年的远东人民代表大会便成了二者公开交锋的舞台。主角便是国民党代表张秋白。这是一个鲜为人知的故事。

共产国际从第二次代表大会后在列宁的导引下，把一部分力量转到了东方。但是其基本思想依然是吸引东方殖民地和半殖民地人民走苏俄道路。1920 年 9 月 1 日—7 日在巴库召开的东方人民代表大会，与会者竟达到二千人。中国代表是旅俄华人。大会的基本指导思想就是列宁关于民族与殖民地问题的决议，大会通过了《东方苏维埃政权提纲》、《土地问题提纲》和《告东方人民书》。这些决议特别强调在东方封建制度占统治地位的国家也要像苏俄一样完成激进的土地革命，建立苏维埃，超越资本主义的发展阶段直接进入共产主义阶段。它也像共产国际第二次代表大会一样，把建立无产阶级专政的苏维埃制度当成这些地区人民的目标。①

1921 年 7 月美国总统哈定电请一些国家参加华盛顿会议，但把苏俄排除在外。后者感到其在远东的利益必须得到保护，便由共产国际出面，通过发动远东和太平洋沿岸地区的革命，使这一带无论在意识形态还是在政权制度上都成为共产国际的同情者，彻底把其他帝国主义的势力挤出这个地区。

1921 年 8 月 26 日共产国际执行委员会小局确定要在华盛顿会议开幕同一

---

① 大会文件见：《东方人民第一次代表大会 1920 年 9 月 1—8 日》（速记记录）。1 *Съезд народов Востока Стенографический отчет.* 彼得格勒，1920 年版。

天——11 月 11 日在伊尔库茨克举行一个没有帝国主义国家代表参加的会议，这就是远东人民代表大会。① 其预备会议在共产国际执行委员会远东书记处所在地——伊尔库茨克召开，应邀赴会的有中国、朝鲜、爪哇、日本、菲律宾等国代表。后来为了赋予这次会议更加重要的意义，决定把代表们请到莫斯科去，使会议升格。

远东人民代表大会各国代表权限调查表

国家	有议决权者数量	国家	有发言权者数量
1. 朝鲜	52 代表	1. 印度	2 代表
2. 中国	37 代表②	2. 日本	3 代表
3. 日本	13 代表	3. 野古③	3 代表
4. 蒙古	14 代表	4. 苏维埃俄罗斯与远东共和国之蒲略④	4 代表
5. 蒲略 BURIAT.	8 代表⑤	5. 中国	5 代表
6 爪哇	1 代表		
7. 嘉尔摩 KALMYTSKAYA⑥	2 代表		
此外尚有共产大学中国学生有议决权者二人⑦			

① 《联共、共产国际与中国》，台北，东大图书公司 1997 年版，第 41 页。此次会议的名称出现过许多译法，如 Первый съезд трудящихся Дальнего Востока 远东劳动人民第一次代表大会，远东革命组织第一次代表大会等。中国史料又称远东各国共产党及民族革命团体代表大会。

② 英文版大会资料《远东劳动者第一次代表大会》*The First Congress of the Toilers of the Far East* London，Hammersmith Book，1922，1970 年再版。1922 年彼得格勒英文版，第 237 页说，东方劳动者共产主义大学的两名代表享有表决权。

③ 即雅库特。

④ 即布里雅特。

⑤ 原注“4. 5 合并一部”。

⑥ 即喀尔梅克。

⑦ 表格等的编制据以下档案和文献：俄罗斯国家社会政治历史档案馆（РГАСПИ，ф. 495，оп. 154，дело166 第 11—12 页）；《远东革命组织第一次代表大会》Первый Съезд революционных организаций Дальнего Востока（сборник），彼得格勒，1922 年版，第 290—292 页；英文版《远东劳动者第一次代表大会》，伦敦，1922 年版，第 237—242 页。

这次中国代表团成员的复盖面也是很广泛的。其中：就社会地位看，知识阶级、学生 20 名，工人 9 名，农民 9 名，职员 1 名。就受教育程度看，受高等教育的 9 名，中等教育者 26 名，初等教育者 4 名。就党派看，共产党 14 名，社会主义青年团 17 名，无党派 14 名。

此次会议中、韩、外蒙古、日本四方总计代表 116 人。①

---

① 当时在东方劳动者共产主义大学 Коммунистический Университет трудящихся Востока（КУТВ）的许多中国学员可能先后列席过会议，目前无档案资料可资依据，暂不可能编制出列席会议和旁听者的名单。

中国代表团详情

代表调查表												
出生年月日及姓名	受过几年的教育	职业	社会的位置	现有什么委任状	委任状签署者	属什么党派或团体	属什么工会	什么时候到俄边什么地方	来俄的目的	会说哪一国的话	你已经在俄国多少日子过去是否在俄国逗留	其他
1. 王光辉 1896年	湖南省立第一甲种工业学校染织科毕业	工业	工人	湖南劳工会代表	湖南劳工会	湖南劳工会	湖南劳工会	中华民国十年十一月五日抵满洲里	出席伊尔库次克会议	中国话	无	
2. 王振翼 1901年11月9日	山西省立第一中学	学生	中学生	太原社会主义青年团	同左	太原社会主义青年团	未入工会	1921年11月7日到达满州里	参加远东会议	英语,汉语	没到过	
3. 王筱锦 1899年10月11日	十五年,山东中学毕业,工业专门学校肄业	学生	学界	山东学生联合总会委任状	山东学生联合总会	中华共产党山东部	没有	1921年11月1号到达满洲里	赴伊尔库茨克会议	中国话	没有	
4. 王居一 1887年9月13日	十二年,山东法政专门学校毕业	中学教员及民治报记者	学界	教育界	无个人签名或机关图章	中华共产党山东部	没有	[1921年]11月1日到达满洲里火车站	赴伊尔库资克会议	不会	没有来过	

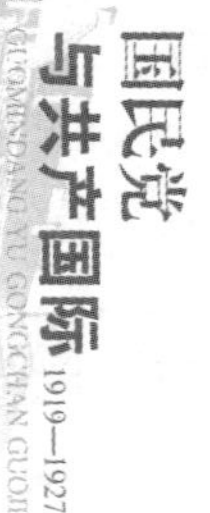

续表

代表调查表

出生年月日及姓名	受过几年的教育	职业	社会的位置	现有什么委任状	委任状签署者	属什么党派或团体	属什么工会	什么时候到俄边什么地方	来俄的目的	会说哪一国的话	你已经在俄国多少日子过去是否在俄国逗留	其他
5. 王寒烬 1899年10月15日	八年，中学	工会的总书记	做工	有建筑工会委任状	建筑工会	共产党	广州土木建筑工会	［1921年］12月1号到达满洲里	因远东会议	中国话	未有	
6. 王福源 1899年8月1日	十年，高等小学校毕业	印刷	工人	山东劳工会的委任状	无个人签名或机关图章	中华共产党山东部	山东劳工会	1921年11月1日到达满洲里	赴伊尔库司克太平洋会议	中国话	没有	
7. 高尚德 1896年10月22日	十一年	学生	学生	少年中国学会	少年中国学会	少年中国学会	无	1921年11月7日到达满洲里	参加远东会议	英语	没来过	
8. 欧阳笛渔 1895年1月8日		铁工	工人	上海机器工会		上海社会主义青年团	上海机器工会	11月1日到达满洲里	考察运动劳动者的方法，参预太平洋会议	中国话	没有	
9. 倪忧天 1891年10月13日	私塾三年	印刷	第四阶级	工作互助会派赴伊尔库茨克会议委任状	工作互助会	无党派	印刷工会	1921年11月8日到俄地满洲里	伊尔库茨克会议	中国话	没有	

续表

代表调查表											
出生年月日及姓名	受过几年的教育	职业	社会的位置	现有什么委任状	委任状签署者	属什么党派或团体	属什么工会	什么时候到俄边什么地方	来俄的目的	会说哪一国的话	你已经在俄国多少日子过去是否在俄国逗留	其他
10. 王尽美 1899年4月2日	十五年，山东第一师范毕业	山东劳动报记者	学界	有山东报界委任状	无个人签名或机关图章	中国共产党山东部	没有	1921年11月1日到达满洲里	赴伊尔库茨克会议，并留学	中国话	没有	以上材料据俄罗斯国家社会政治历史档案馆（РГАСПИ 全宗495，目录154，案卷176）整理
11. 唐道海 1901年8月13日	八年，现在安徽第一学校读书	学生	平民	中国芜湖劳工互助团	无个人签名或机关图章	无	芜湖劳工互助团	1921年11月9日到达满洲里	到伊尔库茨克开会	中国话，略通英语	六天	
12. 邓又铭 1900年10月15日	十二年，山东第一中学肄业	学生	学界	山东励新学会委任状	无个人签名或机关图章	中华共产党山东部	没有	1921年11月1日到满洲里	赴伊尔库茨克会议	略会英语	没有	
13. 邓培 1885年5月6日	私塾八年	机器	铁路工厂工人	唐山铁路职工会	共产党	铁路工会	铁路工会	1921年11月5日	赴伊尔库茨克会议	不会	没有	此前据同上档案史料（495，154，177）整理

续表

代表调查表												
出生年月日及姓名	受过几年的教育	职业	社会的位置	现有什么委任状	委任状签署者	属什么党派或团体	属什么工会	什么时候到俄边什么地方	来俄的目的	会说哪一国的话	你已经在俄国多少日子过去是否在俄国逗留	其他
14. 冯菊坡 1899年8月13日	中学，十一年	学生，记者	学生，知识分子	广州马克思主义研究会，广州《群报》	无个人签名或机关图章	马克思主义小组，广州群报编辑部	无	1921年12月1日到满洲里	参加远东会议	英语	没有	据同上档案史料(495,154,178)整理
15. 林育南 1898年生	十六年，武昌中华大学中学部毕业，住北京医学专门学校一年	教员	平民	有共存社的委任状		共存社(共产主义团体)的社员	无	1921年12月5日	出席伊尔库次克会议	略知德语	没有	
16. 李霁初 1900年2月8日	十一年，湖南长沙中学毕业	长沙通讯社编辑	知识分子	湖南长沙报界联合会的委任状		共产党员	无	1921年10月5日到满州里	参加伊尔库茨克东方人民代表大会	汉语、英语	10天	
17. 梁鹏万 1898年3月25日	十一年，天津中学毕业	机器工人	工界	没有	无个人签名或机关图章	唐山社会主义青年团	唐山职工会	十一月中旬到俄边十八里站	赴伊尔库斯克会议	英语	没有	

续表

代表调查表												
出生年月日及姓名	受过几年的教育	职业	社会的位置	现有什么委任状	委任状签署者	属什么党派或团体	属什么工会	什么时候到俄边什么地方	来俄的目的	会说哪一国的话	你已经在俄国多少日子过去是否在俄国逗留	其他
18. 马念一 1900年9月25日	十四年，湖北第一中学毕业	汉口正义报驻上海底记者	中产阶级	武汉报界联合会	陈独秀	共产党武汉青年团底职员	无	11月10号到满洲里	远东会议出席代表		1920年5月在海参威住过两个月	原件系英文
19. 马章录 1900年11月30日	受过十二年教育，曾在安徽省立第五中学肄业第七学期	学界，职员	平民	有芜湖职教员联合会的委任状	芜湖职教员联合会的会员	芜湖职教员联合会		11月7号到达俄边地方满洲里	参加远东会议	稍知英语	已经到俄国6天了	
20. 刘一华 1901年1月27日	长沙中学毕业	学生	学生	长沙学生工人联合会①	学生互助总会②	无	无	1921年11月6日到满洲里	参加东方会议	英语	没来过	此前据同上档案史料（495，154，179）整理
21. 夏揆予生于1900年10月14日巳时	10年	学生	平民（农人）	有芜湖工商协进社的委任状	张国焘签署的英文委任状	共产党	无	1921年11月7日到满洲里	在开伊尔库次克会议	略知英语	这是第一次到俄国	原注："会议完毕即留学俄国"原件系英文

①原文如此。

②原文如此。

续表

代表调查表												
出生年月日及姓名	受过几年的教育	职业	社会的位置	现有什么委任状	委任状签署者	属什么党派或团体	属什么工会	什么时候到俄边什么地方	来俄的目的	会说哪一国的话	你已经在俄国多少日子过去是否在俄国逗留	其他
22. 许赤光 1899年6月9日	十五年，湖北甲种工业学校毕业	机器工人	工界	劳动组织研究会的委任状	无个人签名或机关图章	中华劳动组合书记部及劳动组织研究会的会员	曾入机器工会	1921年11月1日入俄边满洲里	赴开伊尔库次克会议	略识英语	没有	
22. 夏曦 1901年7月14日生	（11年）中等教育，现在初级师范肄业已四年	学生	平民	湖南学生联合会	无个人签名或机关图章	中华共产党		11月6日到满洲里	出席伊尔库次克会议再求学	不能说外国话	没有	
23. 宣中华 1898年5月16[①]日	十五年，由小学到师范毕业	教师	中等	衙前农民协会委托出席伊儿库次克太平洋会议的委任状	无个人签名，只有该组织的印章。	无	教育工会	1921年11月8日到俄边满洲里附近	伊儿库次克会议	中国语	没有	

① 此数字不清晰，似“6”也似“0”。

续表

代表调查表											
出生年月日及姓名	受过几年的教育	职业	社会的位置	现有什么委任状	委任状签署者	属什么党派或团体	属什么工会	什么时候到俄边什么地方	来俄的目的	会说哪一国的话	你已经在俄国多少日子过去是否在俄国逗留	其他
25. 郝天柱 1896年10月23日	十五年，小学、中学毕业，日本大学一年半	太平洋与中国杂志社[1]记者	平民	太平洋与中国杂志社留日学生救国团，改造安徽同志会，安徽救国代表团，旅沪学生同志会	被军队搜失	中韩国民互助总社及太平洋与中国杂志社留日学生救国团，改造安徽同志会，安徽救国代表团，旅沪学生同志会	无	1921年11月12日到满州里边境	代表各团体参与远东各民族团体代表会议反抗华盛顿会议	英语	没有	此前据同上档案（495，154，180）整理
26. 贺恕 1989. 1. 4.	湖南省立第三师范毕业	教员	知识分子	湖南省亘教职员联合会		中华共产党	无	1921年11月5日	赴伊尔库次克会议并求学	说中国话，略谙英语	没有	
27. 蒋佛生，1898年10月24日生	旅鄂湖南中学毕业	教员	学界	湖南农会委任状	湖南农会会长蒋葆荪	上海社会主义青年团	没有	1921年11月3号到俄边地十八里站	赴伊尔库次克会议	略知英国话	没有	

① 该杂志情况不详。英文版记录《远东劳动者第一次代表大会》第233页将杂志名称标为 The Pacific Congress and China（太平洋会议与中国）。

续表

代表调查表

出生年月日及姓名	受过几年的教育	职业	社会的位置	现有什么委任状	委任状签署者	属什么党派或团体	属什么工会	什么时候到俄边什么地方	来俄的目的	会说哪一国的话	你已经在俄国多少日子过去是否在俄国逗留	其他
28. 1896年8月27日黄凌霜[①]	北京大学毕业（十七年）	新闻界及工界	平民	广东机器工会委任状	广东机器工会主席马超俊	共产党	机器工会	11月11日到满洲里	代表机器工会出席会议	中国、英国、法、德	没有	
29. 1886年11月8日黄璧魂	十五年家塾	上海妇女界联合会文牍主任	平民	中华妇女界联合会总会委托书	女界联合会	社会主义共产党	女界联合会	11月11号到过满洲里	参与远东会议	中华民国话	未有	
30. 1900年12月初5日贺衷寒	十七年，旅鄂湖南中学校毕业	大汉报新闻记者	学界	武汉社会主义青年团	董必武	社会主义青年团	没有	11月3号到俄边十八里站	赴伊尔库次克会议	英国语	没有	

① 黄享有表决权，但会上就此事有人屡次致函大会表示反对，称黄氏信仰无政府主义，不能让他当代表。浙江杭州工作互助会代表倪忧天于1月20日致函大会（РГАСПИ，ф. 495，оп. 154，дело175，第64页），后于次日他又同另外七人（唐山工会代表邓培，上海劳动组织代表许赤光，湖南劳工会代表王光辉，上海机器工会代表［欧阳］笛渔，武汉社会劳动团代表赵子俊，唐山社会主义青年团工人梁鹏万，唐山建筑工人代表王寒烬）联名致函大会（原件英文，同上第65页反正面）。黄凌霜得知后于1月23日致函吴廷康（原件英文）进行申辩（同上，第63页）。但大会资格审查委员会没有改变决定。

续表

代表调查表												
出生年月日及姓名	受过几年的教育	职业	社会的位置	现有什么委任状	委任状签署者	属什么党派或团体	属什么工会	什么时候到俄边什么地方	来俄的目的	会说哪一国的话	你已经在俄国多少日子过去是否在俄国逗留	其他
31. 张国焘，1897年11月	十一年，高等教育	劳工运动，中国劳动组合书记部书记	知识分子，工界和学界的知名人物	有中国共产党的委任状	中共书记陈独秀	中共上海党组织成员	机器工人联合会会员	11月7日到满洲里，11月13日到伊尔库次克	参加此次大会	略通英语	没有	委任状系英文
32. 赵子俊 1886年5月23[①]日	三年	运输工人	平民	有武汉社会主义劳动团[②]的委任状	中共书记陈独秀	武汉社会主义劳动团	无	1921年11月13日到伊尔库次克	出席伊尔库次克会议	不会	没有	
33. 朱枕薪 1904年11月1号	上海仓圣明智大学肄业	新闻记者	记者	有民国日报的证书	邵力子	从前属上海安那其社[③]	无	11月7号至满洲里之俄边	赴伊尔库司克会议	会说中文英文	已经有五天了	

① 笔迹难以辨认，也可能是3月29日。

② 陈独秀的委任状上写的是“社会主义青年团”。

③ 表格中此处内容又被划去。

续表

代表调查表											
出生年月日及姓名	受过几年的教育	职业	社会的位置	现有什么委任状	委任状签署者	属什么党派或团体	属什么工会	什么时候到俄边什么地方	来俄的目的	会说哪一国的话	你已经在俄国多少日子过去是否在俄国逗留	其他
34. 于树德 1893年1月18日生	20年，日本京都帝国大学经济学部遇［预］科毕业	法政专门学校教员	平民	新中学会委任状，但未曾带来	无	新中学会	无	1921年11月5日到达满洲里俄边	参加伊尔库次克会议并考察俄国现状	日本语	新到	
35. 1887年2月28日张伯亚	十三，毕业于北京农校[①]	新闻记者广州	平民（报馆主笔）	上海太平洋与中国社委任状	国民党总理孙中山签署的委任状[②]	中国国民党	无	1921年11月10日到距华界十八里俄边	联合东方被压迫各民族创立亚洲社会主义联邦共和国	此项未填写	今日到伊尔库次克11月13日（1921）	

①“毕业于北京农校”是别人用俄文加上去的。
②张伯亚（张秋白）有两个委任状。

此次代表大会于1922年1月21日在莫斯科开幕，2月2日在彼得格勒闭幕。这是中国共产党成立后第一次派遣代表参加的国际会议，也是国共两党代表首次携手登上国际舞台。经共产国际执行委员会代表马林的斡旋，中共和国民党以及其他团体共派出39人与会，① 团长张国焘为中共代表，国民党代表是张秋白，② 他随身带了1921年8月孙中山致列宁的信。

正在苏俄旅游的江亢虎也列席大会，③ 瞿秋白担任翻译。④

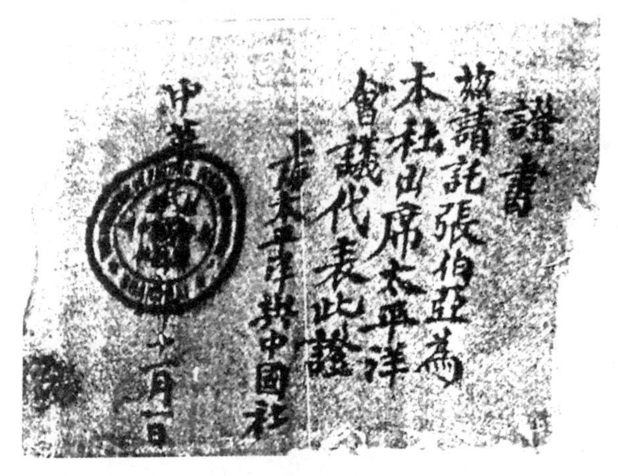

證書
茲請託張伯亞為
本社出席太平洋
會議代表此證
上海太平洋與中國社
中華……十一月一日

上海太平洋与中国社发给
张伯亚（秋白）的委任状

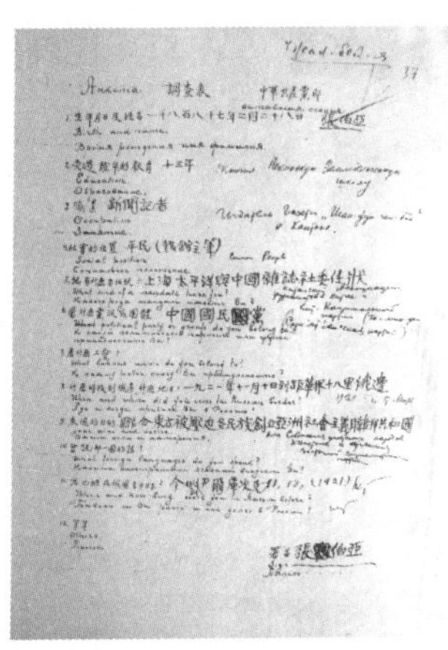

张秋白（伯亚）的登记表

РГАСПИ 收藏

① 目前笔者在РГАСПИ，全宗495，目录154，案卷176、179、180、181、190等藏件中只见到35个人的登记表。

② 在与会代表登记表中有孙中山为张秋白亲笔签发的委任状，日期是“中华民国十年十月三十日”（РГАСПИ，全宗495，目录154，案卷181，第39页）。可能是出于保密的需要，11月1日《太平洋与中国社》又为他签发了一个证书，上载“兹请张伯亚为本社出席太平洋会议代表此证”的字样。登记表上张所属党派为“中国国民党”。他在代表大会上发言时用名为“张伯亚”（РГАСПИ，全宗495，目录154，案卷181，第37—38页）。缪楚黄在《远东各国共产党及民族革命团体第一次代表大会》一文中曾说有一个“张伯源”（《中共党史参考资料》第2册，第466页）。经查，中国代表团内无此人，当即为张伯亚。

③ 江亢虎：《新俄国游记》，上海商务印书馆1923年版，第85—87页。

④ М. И. 斯拉德科夫斯基主编：《中国现代史（1917—1927）》（*Новейшая история Китая*（1917—1927），上卷，莫斯科科学出版社1983年版，第106页说与会者中还有作家蒋光慈，但在代表登记表中没有发现他的材料，也许是列席。

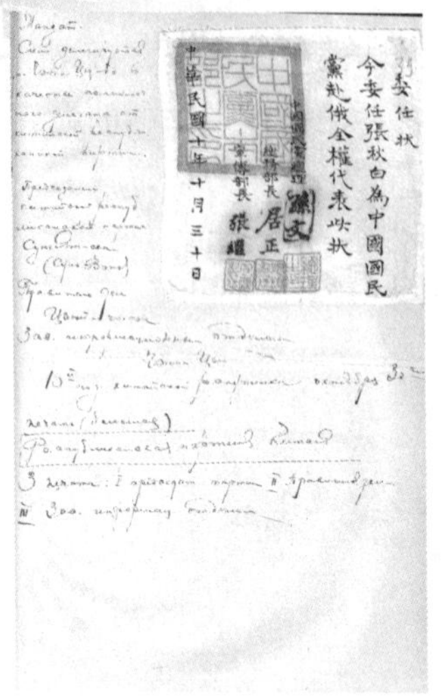

委任狀
今委任張秋白為中國國民
黨赴俄全權代表此狀
中華民國十年十月三十日
居正
張繼

孙中山、居正、张继为张秋白签署的参加远东人民代表大会的委任状

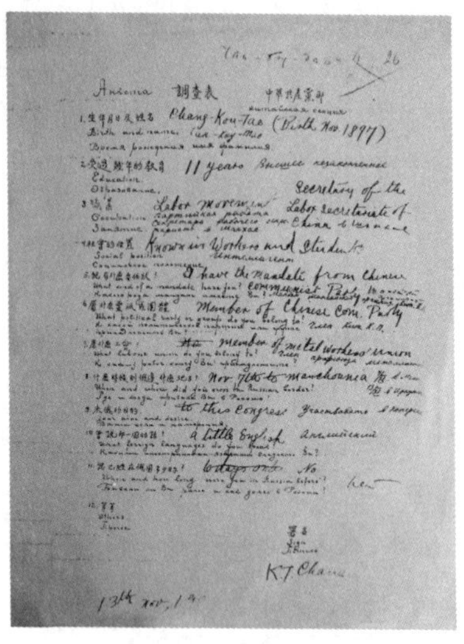

Анкета 調查表
Chang-Kou-Tao (Birth Nov 1897)
11 years
Labor movement
Secretary of the Labor secretariat of China
Known in Workers and Student
I have the mandate from Chinese Communist Party
Member of Chinese Com. Party
member of metal workers union
to this Congress
a little English
K.T. Chang

张国焘的登记表

РГАСПИ 收藏

参加大会期间的张国焘

瞿秋白

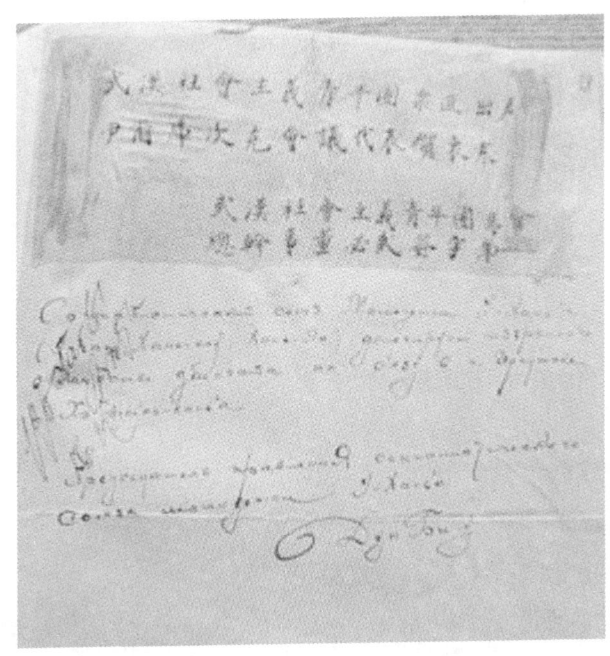

董必武为贺衷寒开具的委任状

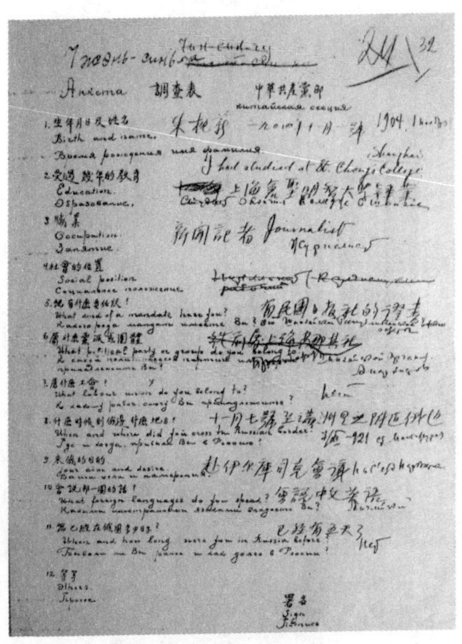

朱枕薪的登记表

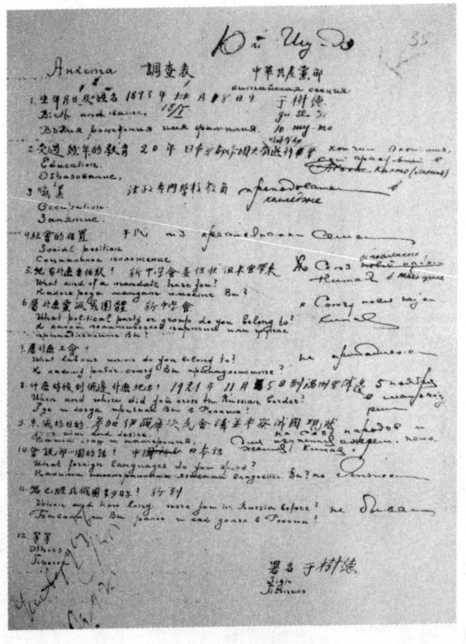

于树德的登记表

РГАСПИ 收藏

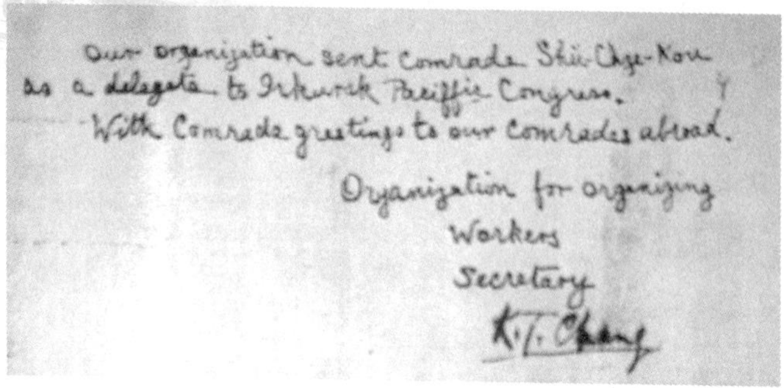

Our organization sent Comrade Shü-Chye-Kou as a delegate to Irkutsk Paciffic Congress.
With Comrade greetings to our comrades abroad.
Organization for organizing Workers
Secretary
K.T. Chang

张国焘为夏揆予签署的委任状

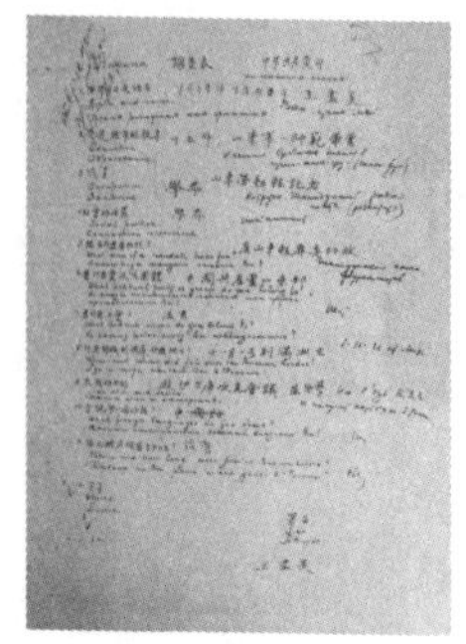

王尽美的登记表

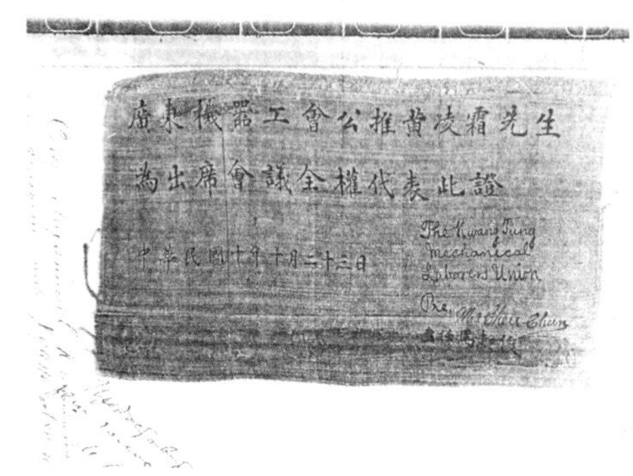

廣東機器工會公推黃凌霜先生為出席會議全權代表此證

中華民國十年十月二十三日

The Kwang Tung Mechanical Laborers Union

广东机器工会发给黄凌霜的委任状

委託書

本會推舉支積主任黃璧魂君為貴會出席全權代表

中華民國十年女界聯合會

女界联合会发给黄璧魂的委任书

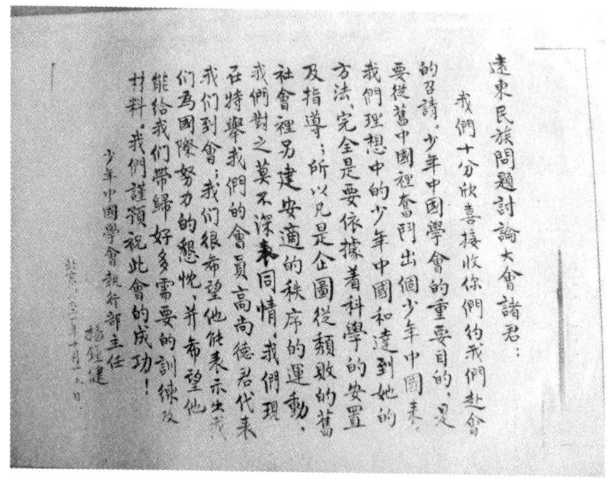

遠東民族問題討論大會諸君：

我們十分欣喜接收你們約我們赴會的召請。少年中國學會的重要目的，是要從舊中國裡奮鬥出個少年中國來，我們理想中的少年中國和達到她的方法，完全是要依據着科學的安置及指導；所以凡是企圖從頹敗的舊社會裡另建安適的秩序的運動，我們對之莫不深表同情。我們現在特舉我們的會員高尚德君代表我们到會；我们很希望他能表示出我們為國際努力的懇忱，并希望他能給我們帶歸好多需要的訓練及材料。我們謹預祝此會的成功！

少年中國學會執行部主任 楊鍾健

北京，一九二一年十月十八日。

少年中国学会发给高尚德（君宇）的委任状

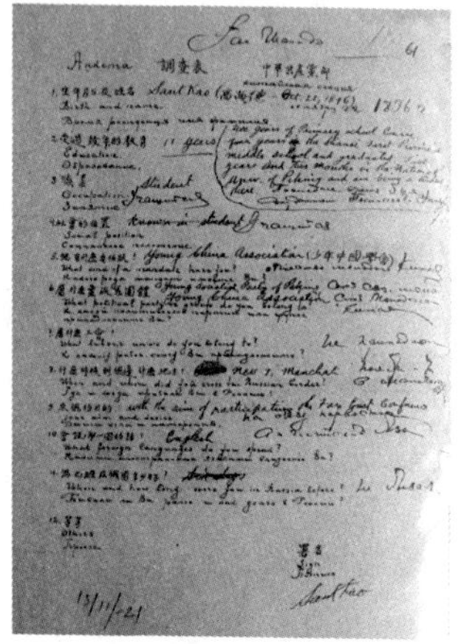

高尚德的登记表

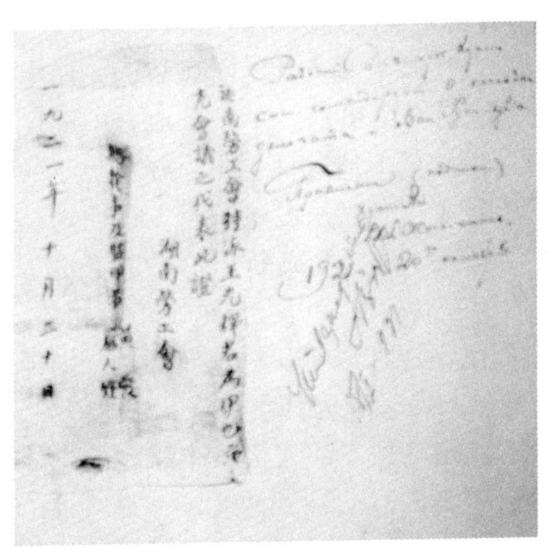

黄爱、庞人铨为王光辉签署的状

国民党在会上受到批判。季诺维也夫在会上的报告：《国际形势和华盛顿会议的总结》表述了听起来良好的愿望。他认为这次会议应该“为中国革命运动的活动家们起指路明灯的作用”，“共产国际的任务就是帮助遭掠夺受压迫的中国人民完成其起码的任务——把掠夺者赶出中国去”。中国代表从他的口中听到的是“共产国际对中国人民当家作主掌握自己命运”的支持和同情。

同时，他也表达了争取中国站在苏俄一边的明显意图。他说，在华盛顿会议上，中国问题的解决是按照美国“门户开放”政策解决的，是对美国有利的。美国对华贸易已经从1916年的一亿八千九百万（189, 000, 000）美元猛增到1920年的三亿八千五百万（385, 000, 000）美元。美国从中国榨取的利润成倍地增长。所以中国南方的代表们如果接受美国“门户开放”的口号，将其视为“真正民主的精华，那么，他们就会落入最常见的资本主义的圈套”中去。

接着，他用相当长的时间和篇幅来批评国民党和孙中山：

“在中国南方革命运动的活跃分子中，在孙中山的拥护者中，在国民党的领导人中，都有一些对美国寄予希望的人，他们寄希望于美国的资本主义，以为革命中国的民主与进步，只能受益于美国资本主义。我希望华盛顿会议将使中国南方比较有远见的领导人，中国革命者和一切为民族的真正觉醒而奋斗的人坚信：美国资本家绝对不是他们的朋友，而是最凶恶的敌人，是一些向来用民主自由的口号和最臭名昭著的虚伪以欺骗其受害者的人”。①

国民党代表张秋白并没有“买账”，他为国民党的“民生主义”辩护，说这就是一般人所说的“社会主义”，其内容有很多与俄国所定目标相同的地方。（1）土地国有；（2）全国铁路、矿山、大工业、统归国有；（3）粮食由政府分配；（4）根本上不承认资本主义存在——但在全国生产未开发以前，小资本之存在，乃予以多少之容许，而由政府加以严重之取缔，以限制，以防其发达，俟全国生产开发后，可以足全国人之分配时，便将“‘本制度’亦

① 《远东劳动者第一次代表大会》，伦敦哈默史密斯书局1970年版，第25—26页。

从根本上取消。这种办法好像现在俄国所行的新经济政策略同”。①

接着他说，基于国民党这样的立党原则，“像这种办法，美国式国民民主主义的原则必不能容纳，我所以前天说，他们［国民党］不是赞成美国式民主主义的团体，就是根据这个原则上的立说。至于他这种主张，有十余年的《民报》，与孙逸仙之著述和演说，及其历年来这党党员的论著可以证明。至于说他这党有少数人赞成美国式的民主主义云，这少数人断［不］能变更了他的党纲，也更不能为这党根本主义上的代表者。故我说，他这个革命团体，如果本是一个‘社会革命’的团体，别人也不能加以否认——如不是，则任何人也不能说他是。诸位同志！可不要误会，我这话是因为社会革命的俄国，才像这样的说法，因为他‘本身的性质’和他‘根本的人格’本来是这个样子的，我不能放弃了再加说明的义务”。②

共产国际执行委员会东方部主任萨法罗夫的《第三国际与远东民族问题》中也阐述了共产党人对民族殖民地问题的立场和共产党与民族革命政党的合作。他像列宁在共产国际第一次代表大会上一样，严厉地批判了资产阶级民主，并宣称共产国际“素来与资产阶级政客们处在对抗的地位，也与欧美列强处在对抗的地位”，③ 像季诺维也夫批评“中国政治家中现在有不少亲美派”一样，萨法罗夫也在“推开窗子说亮话”，告诉这些“资产阶级民主主义分子”：

> “若果他们要想抑制中国劳动运动，若果他们想利用中国的工会去做他们零零星星的政治运动，想把这些工会限制在旧式手艺组织的精神上或宣传劳资两阶级融合的论调……我们对他们绝不饶恕”。

同时他更加严厉地为这些人定性：

> “谁不帮助民族革命运动的，是一个共产主义无产阶级的蟊贼”，
> “谁和无产阶级的觉悟为难的，也是一个民族革命运动的蟊贼”，
> “谁阻止中国无产阶级站在他自己的脚点上说他自己的语言的，也是一个中华国民的蟊贼”。④

无论萨法罗夫还是季诺维也夫，都没有明确国民党在中国国民革命运动中的领导地位，而是强调中国共产党要“把中国从外国的羁绊下解放出来”。大会要求中国、朝鲜、日本等国的无产阶级立即提出“土地国有化的口号”，并按照苏俄模式尽快完成苏维埃革命。

---

① РГАСПИ，全宗495，目录154，案卷166，第7—11页。
② РГАСПИ，全宗495，目录154，案卷166，第7—11页。
③ 萨法罗夫：《第三国际与远东民族问题》，《向导》周报第9期，第75页。
④ 萨法罗夫：《第三国际与远东民族问题》，《向导》周报第10期，第84页。

参加此次代表大会的有外蒙古的代表巴丹增和登德布，[①] 在涉及中国领土外蒙古的问题上，有些代表就国民党对蒙古问题的立场提出批评，与季诺维也夫和蒙古代表登德布持同样的口径，认为国民党不应该坚持让蒙古回归中国，因为北京政府是一个军阀政府，它不代表人民，蒙古独立乃是那里人民的迫切愿望。

张秋白被迫表态。这样一来，中国国民党在会上成了众矢之的。国民党代表张秋白不得不据理力争，几次发言回敬对国民党的指责。

第一，他批评季诺维也夫没有掌握有关中国问题的足够确凿的材料，季诺维也夫只好承认。

第二，他针对会上在外蒙古独立问题上对国民党的指责，说季诺维也夫得到的情报并不确切，张秋白为国民党的立场辩解说，该党并不反对外蒙古独立。这是他从国民党领导层一些政府人士那里得知的。[②]

第三，为争取国民党在世界上至少是在远东的地位，张秋白甚至有些“不知深浅”了。他几次“顶撞”季诺维也夫。

事情的原委是，作为远东的一个重要国家，日本问题是会上的一个重点，因为当时日本干涉者还没有完全从苏俄远东撤军，使后者感觉若芒刺在背。另一方面，日本接过第一次世界大战之前德国在中国的利益，这就直接影响到远东势力范围的划分。为了吸引远东各国同苏俄站在一起共同反对日本，萨法罗夫在其报告中明确地寄希望于日本无产阶级并强调它对于远东形势所起的决定性作用。

对于这一点，张秋白直言不讳地表示异议说：季诺维也夫有些本末倒置，过分强调日本无产阶级的作用，可忽视了远东最重要的因素——中国国民党。这是不对的。[③] 他介绍了中国国民党的革命业绩，说它已经有二十年的历史，是一个大党，它得到民众的支持与拥护。张秋白自信地向与会者宣布：“说及远东革命运动和发展，必须将其同在中国举足轻重的中国国民党的存在结合起来”。[④]

第四，在会议上，中国共产党的代表被视为共产国际的“自己人”，这可以理解。然而令张秋白难堪的是，中国代表中也有人批评他。包括中共在内

① 他的发言已经有译文，见《向导》周报第6—7期连载。

② 《远东劳动者第一次代表大会》，伦敦哈默史密斯书局1970年版，第149页。

③ 《远东劳动者第一次代表大会》，伦敦哈默史密斯书局1970年版，第153页。

④ 《远东劳动者第一次代表大会》，伦敦哈默史密斯书局1970年版，第183—184页。

的非国民党代表①多次指责孙中山和国民党的亲美倾向。综观现有记录，几乎看不出对国民党的肯定，也就更谈不上赞誉了。孙中山在遥远的桂林准备北伐的时候，季诺维也夫甚至谨慎地流露出不赞成之意，而认为陈炯明的“联省自治”② 颇有道理。

张秋白针对季诺维也夫的讲话反唇相讥，否定季氏说国民党“亲美并且欢迎美国资产阶级民主”的观点，因为国民党早在20年前就宣布要建立一个“自由的中国”。待建立国家掌握政权后，国民党要做的第二步是进行“政治革命。第三步是社会革命”，依据“这样一个纲领，国民党就不会接受美国资产阶级的民主”。③

第五，不知道是有意还是无意，张秋白在会上使用了类似“顺水推舟”或“偷梁换柱”的手法。这一点突出地表现在大会就核心问题——殖民地半殖民地国家建立苏维埃问题进行的讨论上。具体地说是：季诺维也夫和萨法罗夫等人宣读的、坚持的依然是共产国际的主张：像中国、朝鲜等工业落后，工人阶级力量薄弱的国家，应当避开资本主义阶段，走非资本主义道路，立即实行土地国有化，按照苏俄模式建立苏维埃。季诺维也夫要求与会者把共产国际的口号带回各自的国家。④ 萨法罗夫更进一步说，中国只有走建立苏维埃的路，把外国帝国主义和资本主义势力打倒，才能达到民族解放。⑤

张秋白的做法饶有兴味，他把苏维埃理论与国民党的三民主义结合起来，说国民党二十年来一直坚持三民主义。它事实上“与苏维埃制度巧合”。⑥

关于国家制度问题，按照孙中山等国民党要人对苏维埃制度的理解，从马林访问国民党领导人的情况断定，立即建立苏维埃一事是最引起他们反对的，可是张秋白却巧妙地接过了苏维埃的口号，说萨法罗夫讲话中涉及的赋税，国家制度等问题，其实质也与三民主义“巧合”，孙中山的三民主义得到工人群众的支持，已经有不少工人加入了国民党。散居于华北、华南、美国、

---

① 例如，《远东劳动者第一次代表大会》（伦敦哈默史密斯书局1970年版）184页有一个名为KOO的中国代表，看发言内容可能是张国焘。同一个张国焘记录中有时用的仅仅是TAO，可能是依照外国人的习惯把中国人姓氏的最后一个字当成了姓。这个英文版本上许多中国代表的名字记载十分混乱，张秋白的发言记录上用的也是TAO，但注明是国民党代表。由于记录中中国代表姓名的混乱，目前无法确定哪些代表在第几次会上发过言。

② 他没有点名道姓地说出陈炯明，但是精确地描绘了陈关于联省自治主张的内容，认为孙中山应当先把南方治理好，有一个可依靠的中心，然后再北伐。《远东劳动者第一次代表大会》，伦敦哈默史密斯书局1970年版，第152页。

③ 《远东劳动者第一次代表大会》，伦敦哈默史密斯书局1970年版，第149页。

④ 《远东劳动者第一次代表大会》，伦敦哈默史密斯书局1970年版，第153—154页。

⑤ 《远东劳动者第一次代表大会》，伦敦哈默史密斯书局1970年版，第148页。

⑥ 《远东劳动者第一次代表大会》，伦敦哈默史密斯书局1970年版，第152页。

亚洲如马来西亚等地的工人都拥护国民党，[1] 所以中国国民党的政权形式在某种意义上说，早已经接近苏维埃了。

会上，季诺维也夫和萨法罗夫频繁指责中国国民党，说它带有资产阶级性质，张秋白解释说："至于大大小小的资产阶级和官僚资产阶级，那么这些人虽然初期可能倾向于帝国主义"，但是革命完成后，"进步的政党建立起由全体国民代表参加的'国民大会'"，它将取代季诺维也夫说的苏维埃制度。

张秋白就这样避开了无产阶级专政的实质，用"全民"取代了"无产阶级"，甚至为这个对于孙中山来说十分敏感的问题得出了一个似是而非的结论——"中国国民党现在正领导广州政府实行苏维埃制度"。他说"国民党反对西欧的议会制"，"主张成立由各地代表参加的国民大会"，这个"国民大会的一整套制度比西欧国家现有的制度更加民主"。[2]

第六，张秋白斩钉截铁地拒绝了季诺维也夫等人关于立即实行土地国有化的观点，说现阶段还不能颁布类似苏俄《土地法令》的文件。他向与会者介绍说，政府曾有意这样做，但是推迟了，原因是在中国还没有统一的情况下，这样的法令"会对我们今后的政策造成严重的不良后果"。[3]

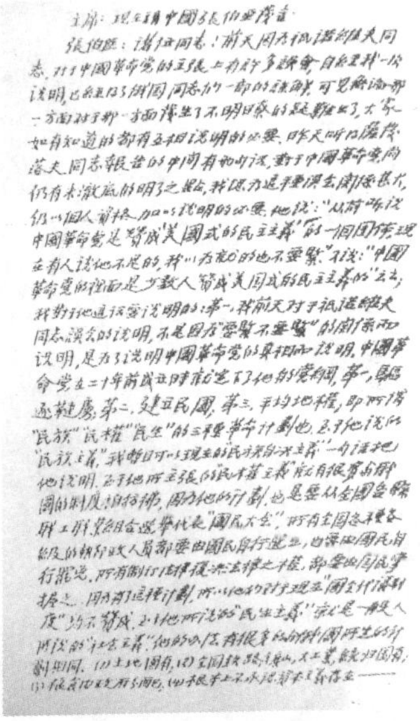

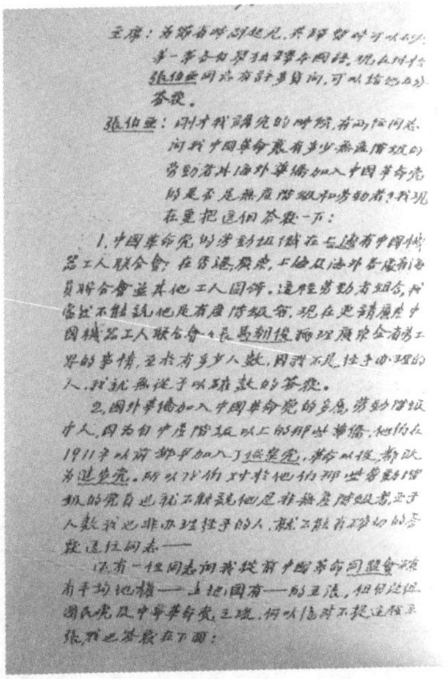

张秋白在远东人民代表大会上的发言记录　РГАСПИ 收藏

---

① 《远东劳动者第一次代表大会》，伦敦哈默史密斯书局 1970 年版，第 153 页。

② 《远东劳动者第一次代表大会》，伦敦哈默史密斯书局 1970 年版，第 185 页。

③ 《远东劳动者第一次代表大会》，伦敦哈默史密斯书局 1970 年版，第 182 页。

根据以上情况可以看出，张秋白不愧为中国国民党代表，他没有辜负孙中山的希望，像一个多月前孙中山在桂林同马林会见时一样，张在根本问题上明确表态，公开地在国际共产主义讲坛上，对共产国际视为金科玉律的苏俄经验作出反弹。亲历此次大会的张国焘认为这是大会上的“一个亮点”。① 它为国共两党互相了解提供了很好的条件。这次会议对于国共接近产生了影响，张秋白积极参加了中国国民党改组。另一方面这次会议也为后来国民党同共产国际的关系，为国共两党关系过早地投下了阴影。②

① 张国焘：《我的回忆》（一），现代史料编刊社 1980 年版，第 197—200 页。

② 本章所用图片取自俄罗斯国家社会政治历史档案馆。

第四章
孙中山、陈炯明矛盾公开化
共产国际再选择

中国国民党领导人同共产国际代表马林的第一次交锋，迫使后者稍微冷静下来并从对无产阶级革命速胜的过高期望中一次再一次地“后退”。在华南，1922 年至 1923 年年初的中国事态特别是陈炯明事件和孙吴联合政府计划破灭后，共产国际不得不考虑其素来主张的向资本主义不断“进攻”的哲学如何在中国运用。

国民党和共产国际都不会放弃其政治目标，但是二者的关系又离不开各自的利益。如前所述，共产国际同中国国民党的联系是在中苏国家关系的整体中展开的，华北的政情也影响了国民党同共产国际的关系。前述，共产国际想在广州政府中寻找能够制造全国范围内起义的人，为此他们经历了选择和再选择的过程。本章叙述陈炯明的“落选”，以及孙吴政府设想的短暂生命。

第一节　孙中山、陈炯明矛盾公开化

孙中山、陈炯明的矛盾和公开冲突有许多原因，直接的导火线是北伐问题。对这个问题的陈述，以《陈炯明叛国史》[①] 为代表，传达的是孙中山的声音。但有些实情还有待加以说明，因为即令当时，社会上对于二人的主张中也存在不同的、客观公正的声音。胡适说：“孙文与陈炯明的冲突是一种主张上的冲突。陈氏主张广东自治，造成一个模范的新广东；孙氏主张用广东作根据，做到统一的中华民国。这两个主张都是可以成立的。但孙氏使他的主张，迷了他的眼光，不惜倒行逆施以求达他的目的。于是有八年联安福部的政策，于是有十一年联张作霖的政策。远处失了全国的人心，近处失了广东的人心，孙氏还要依赖海军，用炮击广州城的话来威吓广州的人民”。[②]

胡适点到了孙陈矛盾的要害：陈主张联省自治，孙主张武力统一中国；孙中山之所以急切追求北伐成功，乃因“孙氏使他的主张，迷了他的眼光”，胡适认为孙的北伐是“不惜倒行逆施以求达他的目的”。本来陈炯明的主张并非没有可取之处，在稳妥改革地方政治的基础上建立“自治省”进一步求“联邦制”，他要的是一个“代表民意的立宪政府”，即使需要争取外国援助，

---

① 《香江晨报》编辑部鲁直之、谢盛之、李睡仙编，上海，1922 年 10 月。

② 胡适：《这一周》，《胡适全集》第 2 卷，安徽教育出版社 2003 年版，第 526 页。

也不是为了将其用做军费。① 陈希望在联省自治的基础上和平制宪，最终建立仿照美国的联邦制，成立中华合众国。孙中山在 1894 年也主张过"驱除鞑虏，恢复中华，建立合众政府"，但是二次革命后他改变了，极力主张并追求"武力统一"中国，他找到的途径便是模仿苏俄的一党专政和党军制度，这与陈炯明形成强烈的对照。从共产国际方面看，莫斯科对于陈炯明和孙中山情况的了解，可以归结为半了解、半美化，再加以教条主义的框框。

陈炯明其人

陈炯明

陈炯明字竞存，1878 年 1 月 13 日生于惠州府海丰县，卒于 1933 年 9 月 22 日。陈并非一介武夫，20 岁时（1898 年）中秀才。1906 年入广东法政学堂，与邹鲁同窗，教员中有朱执信、古应芬。1909 年加入同盟会，1910 参加广东新军起义，1911 年参加黄花岗起义。1916 年在广东成立粤军，任总司令，反对袁世凯的洪宪帝制。袁死后，被北洋政府封为"定威将军"。1917 年拥护孙中山南下护法，对抗北京段祺瑞政府。从军事上支持孙中山在广东的发展。

自从陈炯明率领援闽粤军击败闽督李厚基，在汀洲、漳洲、龙岩等大片地区建立西南护法区后，陈所在的漳洲从政治、经济、文化、社会生活各方面采取了一些民主改革的措施，改良社会风气，稳定社会秩序，禁赌，禁毒等。陈治下的漳州，在五四新文化运动中自有一番表现，1919 年 12 月 1 日《闽星半月刊》创办，过了一个月，1920 年 1 月 1 日又有《闽星日刊》出现，陈炯明在该刊《宣言》中批判了少数人对多数人的剥削而造成社会的痛苦，阐述刊物宗旨是"在旧社会里面，打破束缚而为自由，打破阶级而为平等，打破竞争而为互助"。《闽星日刊》"是拿世界上社会的新闻来表现新文化应该创造的道理。"陈炯明懂得宣传的复杂性，认为一份"报纸胜过三千毛瑟"，对这份报纸寄予愿望，将其定性为一份民主的刊物"democracy 的日刊"。② 《闽星日报》第一篇文章是梁冰弦写的，标题是《论

① 《与美国商务参赞亚诺的谈话（1921 年 11 月 7 日）》，段云章、倪俊明编：《陈炯明集》上卷，中山大学出版社 1998 年版，第 705 页。

② 段云章、倪俊明编：《陈炯明集》上卷，中山大学出版社 1998 年版，第 426、428 页。

中国政治革命与社会革命应同时并进》，提出了中国社会需要全面改革的观点，给因循守旧的势力以全面的否定和攻击。而在漳州几乎成为家喻户晓的那篇题为《除掉家家的竹帘》的文章，则径直挑战几千年来束缚和封闭女子于社会之外的习俗。据说，这还是当年朱熹在漳州讲学之际定下的规矩。[①] 漳州思想气氛活跃。即使城市外貌也体现了新的气象，漳州公园里那个尖塔，塔体四面镌刻的是“自由平等、博爱互助”，它为刚刚脱离中世纪状态的城市增添了浓厚的现代色彩。另外，陈炯明还对地方政权体制进行了一些改革。他邀请名教授陈独秀等前来担任广东教育委员会的委员长，[②] 从而有力支持了陈炯明治下地区的教育事业。再加上陈炯明是军界耆宿，曾经率领援闽粤军参加护法，讨伐李厚基立下了战功。孙中山也一度敬他几分。林森、邹鲁、胡汉民等常常从外地前来参观。[③] 朱执信、廖仲恺、汪精卫等为刊物撰稿。漳州一时成了国民党的政治军事和思想中心。于是，一时间沸沸扬扬，陈炯明的名字被人们从南方传到北方。乃至国外，引起舆论界的关注。连德国报纸也盛赞漳州是东方的一颗明星。

与广东一般地方的三多——赌多、鸦片多、强盗多——相比，漳州的新气象吸引国内外注意并不为奇。戴季陶曾经描述广东情况说：“官开赌，兵护赌；种苗的时候，迫着百姓种烟，收了浆之后，再挂起禁烟的旗子。”云南则更甚，索性“发俸发饷是用鸦片烟，督军以下，几乎没有一个不抽鸦片烟。”[④]

1920年这座享有“模范城市”美誉的漳州迎来了一位异国客人——路博[⑤]。他就是我们在本书第二章里提到的那个波塔波夫。[⑥] 来客从上海坐轮船到厦门，然后乘小舟到漳州。由当时在总司令部工作的陈其尤到码头接迎。陪同前来的一个赵姓的朝鲜人担任翻译，还有一位女士。路博向陈炯明面交

---

① 梁冰弦：《陈炯明与新秀才造反》，《传记文学》第32卷第2期，第34页。

② 台北中国国民党党史会保存着这个邀请信的原件。见李云汉：《从容共到清党》，台北，及人书店1987年版，第63页。

③ 陈其尤：《1919年苏联派来一个代表团到漳州》，载《文史资料选辑》第24辑，第97页。

④ 朱汇森主编：《戴传贤与现代中国》，台北，“国史馆”1989年版，第194页。

⑤ 将上引陈其尤：《1919年苏联派来一个代表团到漳州》提到的人和事与《苏俄外交人民委员部通报》对照，可以看出几个相同的情节，例如，《苏俄外交人民委员部通报》说与波塔波夫同行的有一个朝鲜人，名刘云恒（音），陈文也说有一个朝鲜人，但是姓赵；陈文提到列宁致陈炯明的信，《苏俄外交人民委员部通报》肯定这是陈致列宁的复信并予以发表，陈文提到过这封信的起草人是朱执信，当时朱确实在漳州。另外，陈说他一直把该信复件保存，后佚。“路博”一名来历不明，也许是化名，笔者从《苏俄外交人民委员部通报》中没能找到他的名和父名，波塔波夫的详细情况见 РГАСПИ，全宗514，目录1，案卷6。

⑥ 陈其尤：《1919年苏联派来一个代表团到漳州》，《文史资料选辑》第24辑，第97页。

了列宁的亲笔信，[①] 后者对中国革命表示关切，向陈炯明传达敬佩和鼓励。路博在谈话时提到了列宁的建议：多做农民运动，发动群众。路博在漳州逗留约二周。此期间对陈炯明详细介绍了苏俄国内政策和世界革命的设想，表示愿意与陈炯明做各方面的联合。路博临走时，陈炯明亲笔写了一封信给列宁，一为回答来信，二则表示与苏俄合作之意。鉴于这封信后来在一定时期里——尽管是很短的时期，最多只有一年多——影响了共产国际对华政策，也最能说明陈炯明与后二者寻求建立关系的真实意图。我们在这里全文译引如下：

"列宁贤师：

遥悉贵国革命成功，不胜欣幸之至。当今人类的一切纷争与灾难皆源于国家的存在与资本主义制度。我侪唯有打破国界，方可制止世界战争，且亦惟有消灭资本主义制度，方可言人类平等。

中国人民有五千年文明，崇高的广义[②]原则早已经成为中国人民的美德并使我民族立于远东的文明中心地位。

不幸之处乃是我人民外遭强权者掠夺，内受专制暴政之压迫，故不能组织广义原则在全世界之实施。

今俄国人民及其领袖为人类利益计，勇敢坚毅刚强不屈，扫除人类前进道路上的一切障碍。近以布尔什维主义建立的新俄已开辟世界革命之新时代。此举实令世人幸甚。

劳农政府致中国人民的宣言已经传至中国，[③] 全国人民不胜感激。

前数日波塔波夫前来，与我多次晤谈。他已了解我国情况并且向竞存等介绍了新俄形势和推广自治原则的途径，我等甚感欣悦。

我对新俄向中国人民表示的真诚同情深信不疑，坚信我国未来各种形式的新的革命运动必将得到你们的帮助。有新俄之同情，中国人民经过斗争前仆后继定能做到自决，冲破专制暴政，挣脱资本主义的桎梏，建立起新中国。

---

① 今佚。笔者尚未见到此信。

② "布尔什维主义"一词，在史料中有不同译法：广义主义、过激主义等。"布尔什维克"则有多数派、过激派等译法。

③ 陈其尤文所述情节与内容可信，但是陈炯明接待苏俄代表的年代并非如陈所云在"1919 年"，显系错误，因：这里所说"宣言"指的当是 1919 年 7 月 25 日《苏俄政府致中国人民和中国南北政府的宣言》，即俗称第一次加拉罕宣言，它传到中国的时间是 1920 年 3 月。又陈其尤文（《文史资料选辑》第 24 辑第 96 页）提到当时陈炯明担任援闽粤军总司令并立下战功一事可知，此年代当为 1920 年。

新中国与新俄国将如亲朋好友携起手来。

我更坚信，布尔什维主义带给人们的是福音，我将倾全力在全世界传播布尔什维主义。我们的使命不仅是要改造中国，而且要改造整个东亚。

我以福建省行政代表和我的故乡（按指广东）军队的名义，以广东省省长的名义，代表遍布全中国的我的同道和我国革命人民，向您致以衷心的问候。

祝贺贵劳农政府和新俄万事顺遂并祝未来幸福繁荣。

问候您和您的所有同仁。

1920 年 5 月 10 日

援闽粤军司令部陈炯明（签名）"①

上信清楚表明，陈炯明表露的对布尔什维克党，对苏俄和列宁的兴趣远远超过孙中山。与孙中山的谨慎态度和他仅仅关心苏俄军队组织和建设相比，陈炯明的视野显然更广泛，他着眼于改造社会。另外，他对于同苏俄建立联系表现了强烈的愿望，这恰恰是此一时期的孙中山还无意去做的，又恰恰迎合了苏俄当时外交的需要，客观上与共产国际向中国输出革命的目标相合。但也仅此而已。

不过，将陈的信理解为一种探索和追求，应当更为妥当。研究者也不必承袭苏联史学观点因陈对苏俄的赞扬而冠以"革命者"或"先进"的名声。如果说从 1921 年马林到桂林访问孙中山等起，到 1922 年 4、5 月间 C. A. 达林②来访时，孙中山还怕引起帝国主义干涉而明确表示不能与苏俄联合，那么陈炯明早在 1920 年年底就表态要与新俄友好了，在莫斯科的眼睛里陈炯明成了比孙中山更合适的联合对象，自然不足为怪。然而这也不能支持共产国际的观点，认为陈炯明几乎是一个"共产主义者"了。

陈炯明令莫斯科兴奋不已，还因他向漂泊异乡的同胞感叹：中华民族外遭列强压迫，内受当权者独裁统治之苦，纵有五千年文化"也不能腾飞"，所以寄希望于这些受过十月革命洗礼的同胞回国："把俄国革命的种子撒播在自己的同胞中间，发动他们起来共同奋斗，必定能建立一个社会主义的新中国，

---

① 《苏俄外交人民委员部通报》*Бюллетень НКИД*，1921 年第 1—2 期合刊，第 17 页。

② 达林，早期国际共产主义运动的著名人物，苏联经济学家。1921 年担任共产国际派驻远东的代表，任青年共产国际远东书记处成员。1924、1926 年间两度来华。参加国民革命军的北伐。他每次从中国回国都发表大量记实报道如《伟大的转折》、《中国革命概述》，莫斯科，1927 年版，《行走在中国革命的队列里》，晚年据笔记写的《中国回忆录》（莫斯科，1981 年版）等都被认为是苏联史学重要的史料。1927 年回苏后从事政治经济学和中国历史的教学与研究。

势将引起东亚的变革并把全世界重新改造。这乃是我们的希望，我们梦寐以求的夙愿”。[①] 在这一点上，与北京政府从根本上禁止“过激主义”在中国的宣传相比，陈炯明的态度显然增大了莫斯科的期望值。

路博为陈炯明带来的信息中，尤其值得关注的是，列宁答应在必要时给陈炯明军火，称可以把苏俄储存在符拉迪沃斯托克的军械提供给粤军使用。当时陈以漳州这里没有合适的港口接收武器，遂决定到广州再议。

武器对于当时的孙中山来说是当务之急。路博回苏途经香港时，为孙中山采买船舰的军政府参谋长李烈钧正在那里。李也委托其给列宁带去了信件。[②]

共产国际眼中的陈炯明

虽然陈炯明给列宁写了信，表述了对苏俄的热情和联络的愿望，但不能据以得出他拥护苏俄制度或共产国际道路的结论，一则陈炯明显然把他并不十分了解的苏维埃制度理想化了，二则他心中有数，“不应仰苏俄之接济，尤不应受第三国际之指挥”，[③] 这话说于1927年。目前没有见到他此前与共产国际之间有什么过节，倒是共产国际直到孙陈矛盾公开化之后的1923年还臆想孙陈和解。所以1927年他说的话，基本上反映了他的思想状况。

五四运动前后正是中国社会各种思潮十分活跃，西方社会主义学说，俄国十月革命理论激荡着中国思想界的时候。蔡元培曾说：“那时候，思想和言论的自由，真是达到近乎极点”。[④] 陈炯明生活在这样的气氛中，有些自己的想法也很自然。一些苏俄人士的相继往访，[⑤] 以及他们向莫斯科写的报告，说明他们未必了解真实的陈炯明，而仅仅以共产国际的框框和尺度予以衡量罢了。请看波塔波夫（路博）如何向列宁描写陈炯明：

“陈将军是中国民族资产阶级中最‘受人欢迎’的人物。陈政治信仰坚定，爱憎分明，处事非常慎重……陈炯明尽管条件困难，但在世界帝国主义对南方政府的明显敌视态度下，还是顺利地进行着反对中国反革命势力、反对封建政权残余势力的斗争。作为广州市［原文如此，当为广东省］的民选省长，他试图在全省范围内实行一系列措施，以便把广东省变为‘模范省’。身为南方政府陆军部长的陈炯明正在改组军队，使之承担起未来同北洋军阀

---

① 《苏俄外交人发委员部通报》，1921年第1—2期合刊，第18页。

② 《苏俄外交人发委员部通报》，1921年第1—2期合刊，第19页。

③ 陈炯明：《中国统一刍议》，《陈炯明集》下卷，中山大学出版社1998年版，第1140页。

④ 中国蔡元培研究会：《蔡元培全集》第6卷，浙江教育出版社1991年版，第572页。

⑤ 详见李玉贞：《孙中山与共产国际》，台北“中央”研究院近代史研究所1996年版，第129—140页。

的厮战。"[①]

陈炯明的回信使列宁和苏俄非常兴奋，陈炯明成了"坚定的共产主义者"，[②] 乃至共产国际执行委员会的刊物上一度出现了明显的褒陈贬孙的倾向。

另外一位访客威廉斯基－西比利亚科夫，也对陈炯明寄以厚望，他在其《中国共产党成立前夜》一文中认为"陈炯明本人已经和正在把中国进步的学生与工人组织起来，如果要在中国建立共产党，那么就应该以他为依靠对象，因为他，陈炯明的'大同党'已经是共产主义组织了。"[③]

作为共产国际研究和指导远东活动的权威刊物《共产国际远东书记处简报》，也用不少版面报道华南形势，还把陈称为"中国最有名望的人之一"，而孙中山则被说成"巧妙的外交家，谨小慎微的政治家"，根本不是什么革命者，而且孙"在中国舆论界尤其革命知识分子中和劳动人民中的威望正在消失"，因为孙"既远离发展中的正在摆脱封建束缚的年青的中国资产阶级，又远离劳动群众"，所以他的声明极少得到工人的信任。[④] 这与前引胡适关于孙中山"远处失了全国的人心，近处失了广东的人心"那一席话有出奇的相似之处。

吴廷康也曾经往访陈炯明，印象良好。[⑤]

待到马林访问桂林，为履行共产国际执行委员会交予的使命，曾经同陈炯明讨论过能否在中国某地设立共产国际的宣传机构，陈给予一个非常理想的回答，申明他"不反对共产国际在广州建立一个办事处"。[⑥]

上述情况信清楚表明，陈炯明的信被莫斯科过分乐观地解读，才被当成比孙中山更合适的联合对象。然而，1922 年夏季广州的状况特别是 6 月 16 日发生的事件，急剧改变了中国国民党与共产国际关系的局面。

围绕孙中山的北伐。孙中山知道，欲取代北京政府，他的实力不够，1921 年 5 月 5 日他就任的那个大总统职务并没有使他得到国际承认，也无助

① 《威廉斯基－西比利亚科夫致列宁信的附录（1922 年 3 月 15 日，北京）》，《联共、共产国际与中国》，台北，东大图书公司 1997 年版，第 55—56 页。

② 《苏俄外交人民委员部通报》（1921 年 1—2 期合刊，第 12—13 页）在刊登陈信时，专门加的按语。

③ 《共产国际》（*Коммунистический Интернайионал*）1921 年第 16 期，第 3589—3591 页。

④ 《共产国际远东书记处简报》（*Бюллетень Дальневосточного Секретариата Коммунистического Интернационала*），№7，1921，复印件页码无法辨认；还可见拙作：《孙中山与共产国际》，台北"中央"研究院近代史研究所 1996 年版，第 134—140 页。

⑤ 吴廷康：《我与孙中山的会见》（Мои встречи с Сунь Ятсеном），《真理报》1925 年 3 月 15 日。

⑥ 马林：《向共产国际执行委员会的报告（1922 年 7 月 11 日）》，李玉贞：《马林传》，中央编译出版社 2002 年版，第 356 页。

于他摆脱经费、军队等方面的困境，不过孙中山开始造舆论，先是要求总统徐世昌下野。并宣布徐与吴佩孚的罪行。此时，与广州近在咫尺的港英当局却为“孙中山成立了正式政府而感到忧虑，尤其是忧虑占香港人口绝大多数的华人会受到革命思潮影响而起来反对殖民政府”。[①] 孙中山的目的明确——他要北伐，还在1921年6月他就开始在湖南赵恒惕及其他军阀间周旋，他的计划是以两广为主力，团结西南各省，向长江进发，最后实现全国统一。[②] 他的决定得到一些国会议员的认同。赵恒惕也召开军事会议试探舆论。[③] 1922年3月4日，孙中山在桂林举行北伐誓师典礼。接着派伍朝枢等到奉天与张作霖等联系，贯彻孙中山意图：建立联省政府，以孙中山为总统，排除徐世昌，吴佩孚，保持张作霖的地盘，实行各省自治。[④] 这明显地是在争权夺利，很难以某方属于正义来界定之。

反对孙中山北伐的陈炯明早在1921年年底就与吴佩孚的代表张雨山联系，后又派遣代表随张北上洛阳，与吴佩孚谈判。[⑤] 1922年2月3日孙中山下令北伐，陈炯明不赞成，孙中山只要求他“接济军饷”。[⑥]

但是陈炯明事实另有所图。2月6日，陈炯明在惠州召开紧急军事会议，讨论与吴佩孚结盟，与孙中山决裂的问题。[⑦] 3月28日陈炯明派其心腹古均往访英国驻香港总领事，要求贷款二百五十万元，但没有如愿以偿。[⑧] 此后陈炯明又提出辞职并且利用一些机会储备钱和武器，孙中山并没有察觉这些情况。4月间他向达林介绍的仅仅是陈炯明“不听调遣”。[⑨] 事实上，陈炯明离

---

① 黄宇和：《中山先生与英国》，台北，学生书局2005年版，第386—387页。

② 广东省档案馆藏，粤海关档案全宗号94，目录1，案卷1582，秘书科类｛各项事件传闻录｝，1921年6月27、28日条。转引自黄宇和：《中山先生与英国》，台北，学生书局2005年版，第388页。

③ 广东省档案馆藏，粤海关档案全宗号94，目录1，案卷1582，秘书科类｛各项事件传闻录｝，1921年12月16日条。1922年3月14日条，报道桂林来电有关3月28日条。转引自黄宇和：《中山先生与英国》，台北，学生书局2005年版，第390页。

④ 广东省档案馆藏，粤海关档案全宗号94，目录1，案卷1583，秘书科类｛各项事件传闻录｝，1922年3月6日条。转引自黄宇和：《中山先生与英国》，台北，学生书局2005年版，第391页。

⑤ 广东省档案馆藏，粤海关档案全宗号94，目录1，案卷1583，秘书科类｛各项事件传闻录｝，1921年12月27日条。转引自黄宇和：《中山先生与英国》，台北，学生书局2005年版，第391页。

⑥ 邹鲁：《中国国民党史略》，中华书局1960年版，第105页。

⑦ 广东省档案馆藏，粤海关档案全宗号94，目录1，案卷1583，秘书科类｛各项事件传闻录｝，1922年2月6日条。转引自黄宇和：《中山先生与英国》，台北，学生书局2005年版，第392页。

⑧ James Jamieson（CG Canton）to Sir Beiby Alston（Britich Minister，Peking），《英国驻广州总领事杰弥逊向英国驻华公使比尔比·艾斯顿爵士的报告，1922年3月30日》，转引自黄宇和：《中山先生与英国》，第392页。

⑨ C. A. 达林：《中国回忆录》（Далин，*Китайские мемуары*）第133页。本书由侯均初、潘荣、张亦工、梁澄宇等译为中文，李玉贞校对，中国社会科学出版社1981年版。

开惠州前，“已经从政府库房提款购买并带走了约四百万港币，又带领随从约九千人从广州军火库中取去大量武器弹药，其中大部分是新式的来福枪和机关枪。当他回到惠州后，即开始结集军队。”他已经有恃无恐了。到 5 月下旬，陈炯明基本准备停当，只待时机，他对其部下钟景棠说：“今时机尚未至，切不可轻举妄动，静待我最后之命。”①

陈炯明的有恃无恐，还由于他知道港英当局支持他。还在 1919 年南北议和时曾商定，南北方政府分享海关收入，南方政府得 13.7% 的份额，并支付过六次。② 1920 年南北政府分裂，公使团暂停交付关余。1921 年孙中山遂照会北京公使团，要求其勒令代管关余的委员将西南应得的关余部分和西南方面的海关盈余交给位于广东的军政府使用，但是他遭到拒绝。孙中山也因自己尚未能牢牢掌握广东而先行作罢。③ 广东财政支绌。在这种情况下孙中山要北伐，英国不愿意“看到有任何形式的中国内战，因为内战影响英国人做生意。”在港英当局得知陈炯明反对孙中山北伐后，总督便授权立法局华人议员、商人刘铸伯提出援助陈炯明的计划。虽然陈炯明以自己羽毛未丰拒绝了，④ 但他领会了英国人的“善意”。另外香港海员大罢工时，孙中山没有表态，英国人以为是他煽动了针对英国的罢工，把香港搞得天翻地覆。⑤ 陈炯明却出面制止过罢工，这也增加了他在英国人眼中的筹码。⑥

关于 1922 年广州的“六一六事件”

在国民党史学中，相当长的时间里，党的中心和主轴是孙中山、蒋介石。拥护者即“革命”，否则便是“反革命”或“反党”或“叛国”。再加上共产国际的掺和，把拥护共产国际理论者称为“革命派”，否则毫不留情地打入“反革命阵营”。陈炯明，在一度严重党化的国民党史学中，被称为“叛徒”，1922 年鲁直之等人的《陈炯明叛国史》几乎为陈“一定终身”。近年《陈炯

---

① 段云章、倪俊明编：《陈炯明集》下卷，中山大学出版社 1998 年版，第 875 页；还可参见茅家琦、徐梁伯、马振犊、严安林等：《中国国民党史》上，鹭江出版社 2009 年版，第 173—175 页。

② 孙中山：《关于海关问题之宣言（1923 年 12 月 24 日）》，《孙中山全集》第 8 卷，中华书局 1986 年版，第 549 页。

③ Sir B. F. Alston（British Minister，Peking）to Lord Curzon，2 February 1923，FO405/230，第 142 页，引自黄宇和：《中山先生与英国》，台北，学生书局 2005 年版，第 382 页。又见张俊义：《20 世纪初期的香港与广东政局》，载余绳武、刘蜀永编：《20 世纪的香港》，中国大百科全书出版社 1995 年版，第 76 页。

④ 黄宇和：《中山先生与英国》，台北，学生书局 2005 年版，第 382 页。

⑤ 黄宇和：《中山先生与英国》，台北，学生书局 2005 年版，第 416 页。

⑥ 黄宇和：《中山先生与英国》，台北，学生书局 2005 年版，第 414 页。

明集》,[①]《陈炯明传》,[②] 陈炯明之子陈定炎与高宗鲁合著的《一宗现代史实大翻案——陈炯明与孙中山、蒋介石的恩怨真相》,[③] 以及《历有争议的陈炯明》[④] 等著作塑造的是另外一个陈炯明。

过去一般将“六一六事件”定性为用陈炯明“炮轰观音山”,“背叛”孙中山，此后孙中山处境险恶，不得不败走上海。

陈炯明公子陈定炎认为此重要史实有以下三点应当予以澄清。首先，孙中山所谓的北伐，不仅没有得到陈炯明的支持，也遭到社会舆论普遍反对，事变前13天的6月3日，北京大学校长蔡元培暨北方知名人士二百余人致电孙中山，请孙实行与北方总统徐世昌同时下野。事变前两天的6月14日，粤军全体官兵通电响应，请孙中山停止北伐，谋求全国和平统一。其次，所谓“炮轰总统府”，原是府内守军拒绝被粤军缴械解散，粤军开土炮“三响吓之”。6月16日凌晨，是孙中山预得粤军总指挥叶举的警告，才避走舰上的。再次，所谓“炮轰总统府”，陈定炎称他在当年香港出版的中、英文报章中均未找到类似消息，反倒是有孙中山于次日（6月17日）下午一时半，以海军大炮乱轰广州市区大标题的新闻报道。孙中山率领永丰等七舰，“在省河海珠、天字码头、士敏土厂前各处开炮轰击，又向白云山、观音山、大沙头(广九车站)、沙河等处遥远射击”。午后五时，又重行开炮，两次炮轰，计“炮声前后将及百响，子弹横飞，四散堕下……房屋损失估计总共不下五百万元，平民死伤，总在百人以上”。[⑤] 陈定炎认为，据此，将陈炯明说成“荼毒生灵”,“有负国人”的冤案应当彻底纠正。[⑥] 蒋介石的记载是：6月17日下午5时，孙中山指挥舰队“沿长堤向东游行，沿途发炮，击毙叛军数百人。”[⑦]

既是武装冲突，就免不了受害者，国民党党报的记载是，军舰停止进攻后，陈炯明部叛军“四出淫掠”，直到19日晚“复有此种匪徒，向小市街一带抢劫，由小市街起，至东关止，共劫七条街”，掠去首饰银两无数，“又许崇智在广大路之住宅亦被抢”。东沙角、东市街、清水濠等街道的铺面悉遭砸

---

① 段云章、倪俊明编:《陈炯明集》，中山大学出版社1998年版。

② 康白石著:《陈炯明传》，香港文艺书屋1978年版。

③ 香港，1997年版。

④ 段云章、沈晓敏、倪俊明编著:《历有争议的陈炯明》，广州，2006年版。

⑤ 陈定炎、高宗鲁:《一宗现代史实大翻案——陈炯明与孙中山、蒋介石的恩怨真相》，香港 Beiliud Investment Ltd. 出版社1997年版，第316—337页。

⑥ 对于陈炯明“炮轰”一事，也有人持不同看法，认为绝不能“翻案”。马失途:《陈炯明也可以翻案吗?》，香港《信报》1998年3月11、12日。

⑦ 蒋介石:《孙大总统广州蒙难记》，台北，黎明文化事业出版有限公司1923年版，第5—6页。

烂。事变三四天后“均有陈部军人持携大帮男女衣服被毡等物，在路边押运卖，取价极廉”。[①]

“六一六事件”后

对此事件尽管看法不一，但无论如何，“六一六事件”在中国历史上，特别是在华南同共产国际和苏俄的关系上，确实是一个重要的转折点，对于中苏两国关系和此后的中国历史都有深远影响。此后，孙中山改变了其对共产国际若即若离的态度，达林甚至认为孙中山就此完成了什么世界观的“重大的转折”，[②] 威廉斯基－西比利亚科夫们不再期望以陈炯明为核心联合中国的革命力量[③]建立中国共产党，1921 年中共已经以陈独秀、李大钊、李汉俊等人为中心建立起来。马林也放弃了依托陈炯明在广州建立共产国际东亚书记处办事处的想法。

“六一六事件”后，共产国际执行委员会开始改变其对陈炯明和孙中山的态度。在 1922 年 8 月基本采纳了前述马林 7 月 11 日汇报中的观点并以其为根据拟定了《共产国际执行委员会给其派驻中国南方代表[④]的指令》，[⑤] 其中把国民党界定为一个“革命组织”。[⑥]

促使这个转变的外部因素有二，一是前述远东人民代表大会的召开对中国共产党的影响。主要是无产阶级政党要与本国的资产阶级政党合作这一观点。出于保密需要，大会文件未能由代表们带回，[⑦] 张国焘口头向中共传达了会议精神。他曾形象地回忆说：“我们的同志多数是些初出茅庐的书生，脑海中总有些乌托邦思想和无政府观点。他们瞧不起现实政治，甚至认为不够清洁或者充满罪恶”。所以许多人对于张〔秋白〕关于国共合作的想法，发出种种不解或疑虑，有人觉得欲速则不达，要反对揠苗助长的做法，有人认为“莫斯科有点急不可待，总想在反帝天秤上加上一些中国革命的砝码。甚至有人讥讽中共党员加入国民党为党员，不过是想很快求得一官半职。”[⑧] 经过反

---

① 上海《民国日报》1922 年 6 月 26 日。

② C. A. 达林：《中国回忆录》（Далин*Китайские мемуары*），莫斯科，1981 年版，第 150 页。

③ 威廉斯基－西比利亚科夫：《中国共产党成立前夜》（Виленский-Сибиряков ），Коммунистический Интернационал《共产国际》，1921 年 12 月 10 日，第 16 期，第 3591 页。

④ 马林此次来华兼几重身份：公开身份是《共产国际》杂志和《国际新闻通讯》（Interpreccor）．记者。见李玉贞：《马林传》，中央编译出版社 2002 年版，第 164—165 页。

⑤ 笔者在《马林传》（第 364 页）出版时，曾对本人主编的《马林与第一次国共合作》（光明日报出版社 1989 年版，第 59—77 页）的译文重新予以修订。

⑥ 李玉贞：《马林传》，中央编译出版社 2002 年版，第 364 页。

⑦ 张国焘：《我的回忆》（一），现代史料编刊社 1980 年版，第 201 页。

⑧ 张国焘：《我的回忆》（一），现代史料编刊社 1980 年版，第 214—215 页。

复讨论和协商，中共改变了第一次代表大会上对其他政党持排斥观点的立场，[①] 还在“六一六事件”前一天的6月15日发表了《中国共产党对于时局的主张》，其中指出“只有国民党比较是革命的民主派，比较是真的民主派。”基于这样的想法，中共决定“邀请国民党等革命民主派及革命的社会主义各团体开一个联席会议……共同建立一个民主主义的联合战线，向封建式的军阀继续战争。”

权且把国民党作为“资产阶级政党”，如共产国际第二次代表大会所说；或将其定性为“真的民主派”，如中共上述《主张》所说；这一重要转变，无疑表明，共产国际已经从排斥其他“非无产阶级”政党的立场上“后退”或者说冷静下来后作出让步了。

第二，“六一六事件”延续过程中，孙中山处境艰难，他与陈炯明在北伐问题上的矛盾公开化，孙几乎没有了任何可以依恃的力量。但他并没有放弃武力统一中国的打算。他四处寻求援助，可是1921年5月5日他就任的那个大总统并没有改变他的在野身份。尽管他把《建国方略》寄给了英美等国，请他们帮助，他也未能如愿以偿。相反，与广州近在咫尺的港英当局却为“孙中山成立了正式政府而感到忧虑，尤其是忧虑占香港人口绝大多数的华人会受到革命思潮影响而起来反对殖民政府”。[②] 香港方面对于孙的行动十分关注。

在永丰舰上孙中山思绪万千，此时他想起了苏俄，便让陈友仁通过达林向莫斯科转交了一封信。

> 亲爱的契切林：
>
> 今因达林转来尊函，[③] 谨致数语。文今祸生肘腋，实由文全力扶持的陈炯明一手造成。达林会将文为应付目前局面的打算转告与您。谨向您及列宁致意。[④]

---

① 过去由于翻译错误和史实的考订不够严密，中国党史界误把一些文件当作正式决议。如在翻译*Первая резолюция о Киткомпартии* 1921*г*，英文为 *The first decision as to the object of the Communist Party of China* 1921. 文件时，漏译了前置词“О”（英文则漏译了 *as to the object of*）而将《关于中国共产党的决议（1921年》翻译为《中国共产党的决议》；把本为汇报提纲的《1921年中国共产党的第一个纲领》当成了正式文件。详见中共“一大”会址纪念馆，上海革命博物馆筹办处编：《上海革命史资料与研究》第6辑，上海古籍出版社2006年版，第169—192页。

② 黄宇和：《中山先生与英国》，台北，学生书局2005年版，第386—387页。

③ 指四个多月前，1922年2月7日契切林的信，《中苏国家关系史资料汇编（1917—1924）》，中国社会科学出版社1993年版，第675—676页。达林在远东人民代表大会后动身来中国，据日期推算可能是他带来的。信见：《中苏国家关系史资料汇编（1917—1924）》，第675—676页。

④ 1987年苏联《远东问题》杂志第1期公布该信的俄译文，中国社会科学院近代史研究所的《近代史研究》于1988年第2期发表本书作者翻译的该信中文。

为了安全，为了不致再引起更多的麻烦，孙中山十分小心地把自己的打算通过陈友仁告诉了达林。这时的孙不再回避同苏俄的接触，他让陈下舰去转告达林：

“如果我没有可能到苏俄去，我现在甚至可以不去上海，而在这里战斗到最后一息，但是我坚信，苏俄在我身处逆境时，也是我唯一的朋友。我决定赴上海继续斗争，倘若失败，我就去苏俄”。①

此后国民党与共产国际的关系便在一个援助与被援助的框架中展开。但施援方的既定方针是“利用广州政府作为在东方推进国民革命的工具”，并且要“从广州人和广州政府中寻找一些有能力在全中国制造全民性起义，以反对日本、美国资本对整个远东统治的力量”。② 在这个形势下，孙中山期望的外援开始有了一些眉目，然而此后中国国民党同共产国际的关系，因涉及中国的国家利益和国共两党关系，而出现了许多波折。

中苏国家关系的状况

前引“制造”起义之类的方针，在当时中国国内的具体条件下显得特别重要，因为苏俄政府同中国北京政府的外交关系因外蒙古和中东铁路问题几乎陷入僵局。1921 年苏俄军队进入中国外蒙古追歼白卫军恩琴残部，苏方本答应一俟军事行动完毕立即撤军，可是它食言了，苏军不仅没能撤出，一个依靠苏俄支持的人民革命党于 1921 年取得胜利，到 1924 年蒙古人民共和国反倒出现在中国领土上。执政的蒙古人民革命党③得到俄共（布）中央委员会政治局决定拨给它二十万（200,000）银卢布的资助。④ 北京政府坚决不承认这个政府，要求苏俄先撤军，然后再开始复交谈判。

中东铁路问题的解决同样不顺利。苏俄 1919 年 7 月 25 日的《对中国政府和中国南北政府的宣言》已经答应将中东铁路无偿归还中国，“毫不索偿”，⑤ 但是 1922 年 8 月 31 日俄共（布）中央委员会政治局由斯大林签署的指示，实际上否认了 1919 年苏俄对华宣言中关于中东铁路的表态，苏俄驻华特使全权代表 A. A. 越飞（Иоффе）就是本着这样的指示在中国进行外交交

---

① C. A. 达林：《中国回忆录》，莫斯科，1981 年版，第 149 页。这封信是孙中山用一张从学生练习本上撕下的纸匆匆写就的，由陈友仁秘密从永丰舰上拿给达林。

② 《索科洛夫－斯特拉霍夫关于广州政府情况的报告（1921 年 4 月 21 日）》，《联共、共产国际与中国》，台北，东大图书公司 1997 年版，第 40 页。

③ 我国史料又称其为国民革命党。

④ Г. М. 阿基别科夫、К. М. 安德森、М. М. 什里尼西合编：《俄共（布）—联共（布）中央委员会政治局与共产国际 1919—1943》，莫斯科百科全书出版社 2004 年版，第 83 页。

⑤ 这个宣言的文本在到达中国之前已经在旅俄华工中传播。感谢俄罗斯科学院远东研究所已故高级研究员 К. Шевелев（汉名石克强）先生在 1994 年从莫斯科的列宁图书馆找到了这个文件。

涉的。特别值得注意的是，指示把外蒙古同中国政府置于“平起平坐”的地位，让它参与中苏两国关于苏俄是否从外蒙古撤军问题的谈判。[①] 北京政府作为中国的正式政府自然要否定这样的立场。事实上这个立场一直持续到1945年斯大林同宋子文的谈判。[②]

历史的“阴差阳错”使国民党在中苏外交中被置于一个十分重要的地位：为配合苏俄对华外交，共产国际只能加速拉近同国民党的关系。

第二节　青年共产国际代表达林访问孙中山

苏俄对其远东地区和东方邻国进行共产主义宣传的工作，原由1920年7月俄共（布）西伯利亚州局设立在伊尔库茨克的东方民族部负责，[③] 其主任Н. Г. 布尔特曼（Буртман）[④]，他曾经到过中国。但由于事出多头，“东方民族部的工作呈现复杂局面”，该部主任布尔特曼9月15日致函伊尔库茨克党委，建议将东方民族部改组为共产国际的一个书记处，Б. З. 舒米亚茨基（Шумяцкий）[⑤] 和Н. К. 冈察罗夫（Гончаров）[⑥] 立即到莫斯科商讨此事，[⑦] 这就是后来共产国际远东书记处[⑧]的酝酿。1921年1月15日共产国际执行委员会正式决定建立远东书记处，它基本保留了东方民族部的人员。这个书记

① 《联共、共产国际与中国》，台北，东大图书公司1997年版，第86—87页。

② 《史太林统帅与宋子文院长第四次谈话记录》，秦孝仪主编：《中华民国重要史料初编——对日抗战时期》，《战时外交》（二），第612页；李玉贞：《国民政府同苏联的最后搏弈者——宋子文、王世杰、蒋经国与斯大林的谈判（1945—1946）》，《中国抗战与世界反法西斯战争——纪念中国人民抗日战争暨世界反法西斯战争胜利60周年学术研究会文集》，社会科学文献出版社2009年版，第1425—1459页。

③ 详见李玉贞：《与中共建立有关的俄共（布）、共产国际机构和人员》，中共中央文献研究室 中央档案馆编：《党的文献》2011年第4期，第23—24页。

④ 1900年生，1921年因手枪走火身亡。

⑤ 化名：契尔汪尼 Червонный（1886—1938），1921年起为共产国际驻远东代表，1922年起从事外交工作，1926—1928在东方劳动者共产主义大学任教。1938年苏联肃反时被杀害，后恢复名誉。

⑥ 俄共（布）中央委员会东方工作的全权代表（1886—1970），俄共中央委员会远东局成员，1921年起是第5军革命军事委员会成员，后任西伯利亚红军政治部政委。1931—1934驻日本神户总领事。

⑦ РГАСПИ，全宗495，目录154，案卷34，第73页。

⑧ 在某些文件里也曾被称作“远东处”（Отдел Дальнего Востока）。Г. М. 阿基别科夫等编：《共产国际的组织机构（1919—1943）》，莫斯科百科全书出版社1997年版，第48页。

C. A. 达林

处又名东方局（Восточное Бюро）。[①] 书记处常设部门有：主席团和四个支部（Секция）：蒙藏支部、中国支部、日本支部和朝鲜支部。张太雷在1921年春到了苏俄，他是中国支部（或中国科）的工作人员，月薪6，160卢布，[②]必要时可从这个部门领取必要的衣物。[③] C. A. 达林（1902—1985）也是共产国际远东书记处的成员。同时他还是青年共产国际[④]远东书记处成员。

1922年1月在远东人民代表大会上，达林结识瞿秋白、张国焘等中国代表，他与中国社会主义青年团的二十五名代表、朝鲜、日本等国代表一起参加了大会工作。1922年4月，以青年共产国际代表的身份来华，筹备并参加1922年5月中国社会主义青年团的成立大会和第一次劳动大会。

这时由 A. K. 巴意开斯（Пайкес）[⑤]率领的第一个苏俄外交代表团正在此地与北京政府谈判两国关系的正常化。巴意开斯得知达林将南下广州会见中国社会主义青年团的代表和孙中山后，便委任他为苏俄正式代表去同孙中山谈判。达林的使命是：了解孙中山对内对外政策的根本思想，他对苏俄的态度，他的近期计划和国民党在广州政府中的实际地位。1922年4月27日达林在张太雷陪同下[⑥]到广州会见孙中山。

达林很热情地转达了苏俄工农对孙的问候和祝愿。孙中山则表示了自己对苏俄的友好感情。像几个月前在桂林访问孙中山的马林一样，达林也热情

---

① Г. М. 阿基别科夫等编：《共产国际的组织机构（1919—1943）》，莫斯科百科全书出版社1997年版，第26页。

② РГАСПИ，全宗495，目录154，案卷94，第43页。

③ РГАСПИ，全宗495，目录154，案卷87，第28页。

④ 建立于1919年11月。还在第一次世界大战期间，俄国布尔什维克开始争取国际青年运动中的左派力量的时候，列宁就有建立一个青年共产国际的想法，其成立大会于1919年11月20—26日在柏林举行，是共产国际的一个支部。共开过6次代表大会，1943年共产国际解散后也随之解散。中国社会主义青年团从1922年起加入该国际，成为其支部。详见 共青团中央青运史研究室、中国社会科学院现代史研究室编：《青年共产国际与中国青年运动》，中国青年出版社1985年版。

⑤ A. K. 巴意开斯（1873—1958），1921—1922年任苏俄驻华特命全权代表，1923年起从事经济工作。

⑥ 详见 C. A. 达林：《中国回忆录》，第86页；李玉贞：《孙中山与共产国际》，台北“中央”研究院近代史研究所1996年版，第118—127页。

洋溢地详细介绍苏维埃的共产主义制度。孙中山的“表态”却令达林啼笑皆非。他认为苏维埃政权只适用于经济落后，文明不发达的地区。他无意在自己掌管的地区建立苏维埃，所以给了“反建议”：请达林设立“共产主义试验田”：

“我给你一个山区，一个最荒凉的没有被现代文明教化的县。那里住的是苗族人。他们比我们城里人更容易接受共产主义，因为在城里，现代文明使城里人成了共产主义的反对者。你们就到那个县组织苏维埃政权吧，如果你们的经验是成功的，那么我一定在全国实行这个制度。”①

这个反建议的潜台词不言自明，孙中山不赞成苏式共产主义。达林从谈话中明显体会到孙中山的紧张情绪。及至达林把话锋转到中国当时革命的性质和可行的革命纲领以及建立民族革命统一战线等问题时，孙中山的情绪发生了变化。他开始向客人详细介绍自己的三民主义和五权宪法，并且引用亨利·乔治的“民有、民治、民享”说明他三民主义的思想来源和借鉴，从而毫不含乎地表明了政治立场。此外，孙中山批评了陈炯明的离心倾向和不听指挥。

1920 年春天，孙中山在上海会见俄共（布）的吴廷康时，曾经向后者提出过由苏俄帮助在中国东北建立大功率电台以保证与苏俄联系的问题。此次同达林会见中。孙中山从尽快统一中国，扫荡各路军阀的想法出发，向达林描述了自己的打算——先把吴佩孚打败，把关内直皖二系尽行消灭，下一步就出关，打败张作霖。到那时如果苏俄能就近助一臂之力，孙就稳操胜券了。他向达林谨慎地探询“苏俄能不能像在蒙古一样，在满洲发动政变?”在孙中山的心目中，打败吴佩孚后，挥戈向张时，“苏俄的帮助将特别重要”了。②

达林对孙中山把苏军进入蒙古与政变相比，颇不以为然，认为这正是宣传苏俄外交政策的好机会，便解释了苏俄军队进入蒙古的意图。不过从后来孙中山与越飞的谈判看，达林的解释似乎也没有对孙发生什么作用，孙中山自有其主见。这次会见时，孙中山还表示希望苏俄帮助他实现其铁路建设的计划。③

到这个时刻为止，孙中山和达林的交谈与接触只能说有助于促进彼此了解，还说不上孙中山与共产国际的关系有什么进展。

---

① C. A. 达林：《中国回忆录》，莫斯科 1981 年版，第 125—126 页。
② C. A. 达林：《中国回忆录》，莫斯科 1981 年版，第 136 页。
③ C. A. 达林：《中国回忆录》，莫斯科 1981 年版，第 129 页。

第三节　中国国民党得马林助一臂之力

达林在广州期间，莫斯科又有情况发生。这里说的是1922年7月11日马林向共产国际执行委员会的报告。马林把他在中国逗留期间的见闻写了一个很长的报告。其中关于国民党的部分特别值得关注。

首先是对国民党性质的评价。张国焘感觉到在中共党内存在一种对国民党不赞许的情绪，认为它不是无产阶级组织，成分也复杂。张的感觉似乎也没有什么错，但是，在当时的中国各政党中，中国国民党毕竟有比较悠久的历史。马林同国民党人士接触后感觉到，国民党并不是阶级成分单一的组织，它由四部分人组成："起主导作用的是知识分子"，他们大部分参加过辛亥革命；第二部分是华侨，他们是国民党内的资产阶级分子，但他们"一向帮助工人组织"；第三部分是华南军队中的士兵；第四部分是工人。

其次是马林凭其所见香港海员大罢工等的情况作出结论，认为国民党做工人运动和联系工人的工作，都优于中国共产党。

再次是马林建议共产国际让中共把中央驻地迁往广州。鉴于对国民党的上述看法，马林认为国民党势力所在的广州，是中共可以公开活动的地方；另外，因马林兼任共产国际执行委员会派驻远东的代表，他还要同远东其他国家如爪哇等的共产主义组织联络，在广州开展工作也比较方便。[①]

这个报告传递的信息说明，马林在努力研究和了解中国情况，但他的认识有许多与事实相左之处：一是他对国民党内这四部分人的分析中，都包含着一个"标准"——对苏俄的态度，对共产国际理论的态度。在马林笔下，这几部分人基本都对苏友好。二是他描述的国民党同工人的联系以及它对工人运动的支持与帮助，[②] 颇有用共产国际的理论"高抬"甚至美化国民党立场的倾向，令人清楚地嗅到其中的"俄国味"。固然，孙中山、国民党有支持工农运动的一面，1920年11月他回广州二次重组政府后颁布的《内政方针》中载明了"保护劳动"、"谋进工人生计"、"提倡工会"、"保护农民"等的条

---

① C. A. 达林：《中国回忆录》，莫斯科1981年版，第356—358页。

② 李玉贞：《马林传》，中央编译出版社2002年版，第353—354、357页。

款,[①] 再后，孙中山也表示确信“公共生活若有劳工势力参与期间，其意味当益浓厚”，而主张让工人获得参政权，使工人获得平等的社会权利与“资格”。[②] 但是，孙中山并没有接受共产国际关于阶级斗争的理论，他也不赞成苏俄式无产阶级专政的做法。这是马林并不了解的。例如，早在1919年出版的《孙文学说——行易知难（心理建设）》中，孙中山自认是“先知先觉”者，他要以领导者的身份领导和教训“不知不觉”的包括工人和普通人在内的广大群众。[③] 另外，国民党领导人戴季陶具体表述孙中山的意图，认为在工人组织“尚未端绪”的情况下，应当对其取“保育政策”，以保证其健全之发育。[④] 1922年2月，就在马林目睹香港海员大罢工的前后，国民党出台《工会条例》，进一步明确要控制工人运动，以防止其“过激”化。有论者称，这蕴涵着国民党对工人运动“扶助与防范的双重使命”。[⑤]

另外，对华南的士兵——马林同样做了过高估计，当时国民党没有一兵一卒，孙中山仅仅是在各派军阀中周旋而已。当时地方实力派军队的最大特点是其雇佣性质，远不是孙中山所云“为主义而战”的军事力量。

但是无论如何这是共产国际向中国派遣的第一个正式代表向共产国际执行委员会提交的第一个报告。这个报告在共产国际对华政策的制定中发挥了相当作用。

而就国共关系来说，马林主张国共接近，提议“中国共产党及社会主义青年团均加入国民党”[⑥] 乃是影响很大的一件事情。虽然在中共成立大会前后和会上会下，他多次劝说年青的中国共产党放弃对国民党的排斥立场，但他都遇到来自国、共两党的相当阻力。前述达林同孙中山谈判的情况也说明，在陈炯明事件发生前国民党同共产国际接近的可能性很小。中共方面情况也基本相同。陈独秀甚至向莫斯科“告御状”，列举了各种原因，其中就有中共的许多地方组织如广东、上海、长沙、武昌等不赞成这样做，国共奋斗目标、政治主张的不同，以及孙中山“不能容纳新加入分子的意见”等，请吴廷康

---

① 《孙中山全集》第5卷，中华书局1985年版，第433页。

② 孙中山：《与约翰·白莱斯福的谈话》，《孙中山全集》第5卷，中华书局1985年版，第634页。

③ 孙中山：《与戴季陶的谈话》，《孙中山全集》，第5卷，中华书局1985年版，第70页。

④ 戴季陶：《广东省工会法草案理由书》，转引自广东省孙中山研究会编：《“孙中山与亚洲”国际学术讨论会论文集》，中山大学出版社1994年版，第714—715页。

⑤ 莫世祥：《广州“正式政府”述论》，转引自广东省孙中山研究会编：《“孙中山与亚洲”国际学术讨论会论文集》，中山大学出版社1994年版，第715页。

⑥ 《陈独秀致吴廷康的信（1922年4月6日）》，中央档案馆编：《中共中央文件选集》第1册，中共中央党校出版社1982年版，第15页。

向共产国际反映。[①]

上述意见并没有影响共产国际的决策，倒是马林的 7 月 11 日的报告产生了明显的效应。马林报告后过了一个星期即 1922 年 7 月 18 日，共产国际执行委员会主席团做出给中共中央的指令，要求后者把驻地移至广州，并与菲力浦同志密切配合开展工作。[②] 同时，共产国际的支部红色工会国际也任命马林为其代表“在中国南方同［共产］党中央委员会保持联系，并代表”它们同“南方国民革命运动领导人合作。”[③] 显然莫斯科认可了马林的观点。

稍后，7 月 24 日，共产国际据对华外交的需要，派遣马林作为越飞的助手来中国，同时给他一个公开的身份：《共产国际》（*Коммунистический Интернационал*）和《国际新闻通讯》（*International Press Correspondence*）两杂志派驻中国的记者。[④]

在这个期间，中国共产党于 7 月 16—23 日在上海举行了第二次代表大会。这是 1927 年前唯一没有共产国际代表参加的中共代表大会。此次大会举行时，共产国际代表马林正在莫斯科。

参加远东人民代表大会的高君宇、张国焘、王尽美等把大会精神直接传达给二大与会代表们。在中共党史上这是一次重要的会议，[⑤] 成立不到一年的中国共产党直接吸收了共产国际的战略和策略思想。如：

《关于“世界大势与中国共产党”的议决案》接受了共产国际关于世界形势的分析，明确了“保护无产阶级的祖国——苏维埃俄罗斯”的思想，“因为苏维埃俄罗斯也是解放被压迫民族的先锋。”

《关于“民主联合阵线”的议决案》则修改了对国民党和其他党派的排斥立场，提出与各派政治势力共同“组织民主联合阵线”的方针，与它们合作，同时保持无产阶级的独立性。

《中国共产党加入第三国际决议案》表示中共完全接受共产国际的理论、方针、行动方式和奋斗目标，完全接受《加入共产国际的条件》而成为其一个支部。从此中共沿着共产国际的道路开展党内建设和处理同其他政党的关系，和开展日常的活动。共产国际的理论成为中共的指导思想。

---

① 见《陈独秀致吴廷康的信（1922 年 4 月 6 日）》。这时吴廷康还不是共产国际执行委员会正式派驻中国的代表。陈与之相识是在 1920 年春季吴廷康首次年来华时。РГАСПИ，全宗 514，目录 1，案卷 22，第 24 页。

② 《共产国际给中国共产党中央委员会的命令（1922 年 7 月 18 日）》，李玉贞主编：《马林与第一次国共合作》，光明日报出版社 1989 年版，第 77—78 页。

③ 李玉贞主编：《马林与第一次国共合作》，光明日报出版社 1989 年版，第 77—78 页。

④ 李玉贞主编：《马林与第一次国共合作》，光明日报出版社 1989 年版，第 79 页。

⑤ 笔者未能看到中共此次代表大会的速记记录，不知张等三人如何传达。

《关于议会行动的议决案》“按照第三国际第二次大会所通过的原则”做了具体规定。其他还有关于妇女运动、少年运动和工会的决议。①

中共中央的杭州会议

共产国际执行委员会听取了马林的报告后，委派专门人员，为拟定中国工作的纲领性文件而成立了一个委员会。由拉狄克主持就国共关系作出了一个重要决议，这就是《共产国际执行委员会给其派驻中国南方代表的指令》，俗称《八月指示》，实际上它是1922年7月制定的。

7月18日共产国际执行委员会主席团举行会议，基于马林对国民党和广州形势的分析，认为中共应把驻地移至广州，并与菲力浦（马林化名）配合开展工作。② 按照当时的做法，为了保密，这个指令写在了轻薄的丝质料子上，马林将其缝入西装的衬里。

马林带着它于1922年8月12日到达北京，然后转道上海。孙中山也于8月14日抵沪。8月25日马林先去找了孙中山与其谈国共合作的事。③

这时中共第二次代表大会已经开完，马林同李大钊商量后，决定邀集中共中央委员到杭州，于8月29—30日在这里集会，就是在这个会议上，马林传达了共产国际执行委员会的指令。

这个文件表明了共产国际对国民党的看法：“共产国际执行委员会认为国民党是一个革命组织，它保持着辛亥革命的性质并努力创建一个独立的中华民国。”

共产国际执行委员会认为，中国共产党的任务，是训练能保持独立思想的党员，未来由他们组成中国共产党的核心。至于同国民党的关系，《指令》鉴于国民党将随着资产阶级、小资产阶级分子间日益明显的分裂而成长，在国民党分裂之前，“共产党人应该支持国民党，特别是国民党内代表无产阶级分子和手工业工人的那一翼。”

指令也同时要求中国“共产党人应该在国民党内和工会内把拥护共产党的人组织成一个小组。”

在对外政策方面，文件要求中共建立一个专门的宣传组织，设法在全国开展反对日本、美国、英国帝国主义的工作，要“立足于联合苏俄和日本革命分子”。④

至此，是年4月曾因中共党员跨党事向吴廷康告“御状”的陈独秀，也

---

① 中央档案馆：《中共中央文件选集》（一），中共中央党校出版社1982年版，第46—53页。

② 李玉贞主编：《马林与第一次国共合作》，光明日报出版社1989年版，第160页。

③ 李玉贞主编：《马林与第一次国共合作》，光明日报出版社1989年版，第83页。

④ 李玉贞主编：《马林与第一次国共合作》，光明日报出版社1989年版，第80—81页。

改变了态度，在杭州会议上同意共产国际的指示。[①] 中共体会到，“指令的主旨是让我们的共产党员加入孙中山的国民党。”[②]

国民党在中国政治生活中的地位得到肯定，应当说与马林的这个报告有直接关系。有了这个前提，此后国民党才得到援助。这与当年共产国际杂志上对陈炯明的赞颂相比，显然是一个大的转折。

共产国际指示暂时遏制了“左”倾势头对国共关系的影响，因共产国际内部及其派往中国的代表中不乏“左派”，他们尽管承认广州政治气氛比较宽松，但是“革命急性病”却远比马林严重，他们头脑中让中共立即执掌领导权的思想十分突出。还在 1922 年 5 月一个名叫利金的共产国际执行委员会代表就认为应当利用广州对中共有利的政治气氛，中共中央是可以迁移到那里，但立足点却在于：“务必让中国共产党领导国民革命运动”，同时进行与国民党争夺群众的工作，中共中央在广州“将更容易把劳动群众从国民党影响下争取过来。”[③] 对于一个刚刚成立不到一年，只有几百名成员的中国共产党，要立即承担起领导全中国工人运动和国民革命运动，难度是相当大的。但无论如何，与一年前相比，杭州会议是一个重要转折点，共产党内部那种排斥国民党的情绪有所扭转。

第四节　国民党开始党务改进

与陈炯明的冲突发生后，孙中山事实上是败走上海。他不得不考虑下一步的道路。自穗回沪第二天便发表宣言，重申 6 月 6 日他的《工兵计划宣言》，宣布他的政治主张：“国民经济问题，则当发展实业，以厚民生……政治问题，则当尊重自治，以发舒民力……今当本此资格，以为国民尽力，凡忠于民国者则引为友，不忠于民国者则引为敌。义之所在，并力以赴，危难

---

① 《马林向共产国际执行委员会的报告（1922 年 9 月 7 日）》，РГАСПИ，全宗 514，目录 1，案卷 20，第 157—158 页。

② 《共产国际执行委员会主席团会议速记记录（1922 年 12 月 26 日）》，《联共、共产国际与中国》，台北，东大图书公司 1997 年版，第 140 页。

③ 《利金就中国情况向共产国际执行委员会远东书记处提交的报告（1922 年 5 月）》，《联共、共产国际与中国》，台北，东大图书公司 1997 年版，第 68 页。

非所顾，威力非所畏，务完成中华民国之建设。”[①]

国民党虽然号称有多年的历史，但组织十分松散。就党的建设而言，任务艰巨。

毫无疑问，孙中山本人希望成为中国的领袖，而他的国民党希望成为中国的执政党。在这个前提下，从党务的改进看，应当有三个方面的工作，一军事，二政治，三党务。其中党务乃当务之急：“中华民国系吾党所缔造，维持维护，亦惟乃吾党之责权。国事之隆替，亲乎吾党势之盛衰，而吾党之盛衰，则视乎我党对于党事之观念如何。”9月4日，孙中山召集在沪的五十三人开会商讨此事。与会者同意修订党的纲领、党章等。[②] 9月6日孙中山指定丁惟芬、茅祖权、覃振、张秋白、吕志尹、田桐、陈独秀、管鹏、陈树人九人为国民党改进草案起草委员会成员，[③] 负责起草各种文件。

不仅如此，陈独秀、李大钊还经孙中山证明介绍加入了国民党。对于陈独秀的被任命，马林很重视，及时（于9月7日）向共产国际执行委员会做了报告。认为这是国共合作的开端。[④]

这次“改进”，和以往国民党党务革新相比，有两点值得注意：一是党务问题不再由孙中山一人单枪匹马去做，而是“由一个专门委员会集体起草，并由各省国民党代表数十人多次集议，最后经孙中山核定，前后历数月方才完成。”[⑤] 二是开启了党派合作的端绪——新成立的中国共产党不仅引起孙中山的注意，而且像李大钊等一些共产党人经孙中山介绍加入了中国国民党。[⑥] 孙中山对李说：“你尽管一面做第三国际的党员，尽管一面加入本党帮助我。”孙中山容共的重大举措开始了。这个“容共”指的是容纳中国共产党人加入国民党，容许他们的活动，容许共产党人做共产国际的宣传和行动。与四个月前他同达林谈话时的态度相比，在对待共产主义方面，他的确宽容多了。不过，也只是宽容而已，而且宽容是有限度的。

中共党员陈独秀被孙纳入国民党改进草案起草委员会。“其后，孙中山又

① 孙中山：《宣布粤变始末及统一主张（1922年8月15日）》，《孙中山全集》第6卷，中华书局1985年版，第523页。

② 罗家伦主编：《革命文献》第8辑，第34—35页。

③ 起草委员会成员中有国会议员如丁惟芬、田桐等，因他们要赴北京开会，中间经孙中山提名又增加了叶楚伧、刘芷芬、彭素民。

④ 《马林向共产国际执行委员会的报告（1922年9月2日）》，РГАСПИ，全宗514，目录1，案卷20，第167—168页。

⑤ 王奇生：《党员、党权与党争》，上海书店出版社2009年版，第4页。

⑥ 李大钊：《狱中自述》，中国李大钊研究会编：《李大钊全集》第5卷，人民出版社2006年版，第236页。

任命陈独秀为‘改进’后的国民党参议之一，直接参与国民党中央的党务决策。”林祖涵、张春木也参加了“改进”事务。[①]

起草委员会工作顺利，经过一个半月提出了“党纲”和“总章”的初稿，交孙中山审核。11 月 15 日经上海的部分国民党员开会讨论，马林参加了这次会议。[②] 为向社会阐明中国国民党的情况并发出自己的声音，党内人士认为“须还另有宣言，叙述本党来历，及所采用之适应政策。”便推定汪精卫、胡汉民起草。12 月 16 日开第三次会议，略作修改后交孙中山审核。这就是 1923 年 1 月 1 日发表于上海《民国日报》的《中国国民党宣言》。

这仅仅是党务改进的初步。孙中山在其中起着重要作用，他得到陈独秀、李大钊的有力配合。马林和陈独秀很快就撰写了一个改组计划，将其交给孙中山。尽管国民党内有人不仅反对这个计划而且反对陈独秀加入国民党，因陈曾经在陈炯明手下任教育委员会委员长，有国民党人士说他是受陈炯明派遣来“破坏国民党”的。但无论如何，这个时期南有陈独秀，北有李大钊，[③] 国民党艰难开始的党务改进毕竟得到了外力的帮助和推动。

第五节　国民党应对一个虚幻的政权——孙吴联合政府

国民党偏安华南，孙中山力图通过武力尽快统一中国，特别是在陈炯明事件发生后。另外，1922 年春夏的中国政局发生了一些变化。华北有第二次直奉战争，曹锟、吴佩孚战胜奉系，张作霖丢掉了东三省巡阅使、蒙疆经略使等头衔，败退出关，自封东三省保安总司令。曹、吴则宣布废督裁军，力倡国家的和平统一。改良政治的呼声日益明显，1922 年 5 月，蔡元培、胡适、梁漱溟、王宠惠、李大钊等人联名发表《我们的政治主张》，倡议组织一个“好政府”，将其作为改革中国政治的最低要求，呼吁社会上的优秀分子出来和恶势力斗争，组建一个“宪政的”、“公开的”、“有计划”的政府。几位作者开始同吴佩孚接触。1922 年 9 月，在吴佩孚支待下，王宠惠、罗文幹、汤尔和组成政府，王宠惠为国务总理。这是一些无党派的好人，故有“好人政

---

① 《革命文献》第 8 辑，第 32—53 页。

② 马林:《我对孙中山的印象》，李玉贞主编:《马林与第一次国共合作》，光明日报出版社 1989 年版，第 368 页。

③ 李玉贞:《马林传》附录，中央编译出版社 2002 年版，第 366—367 页。

府”之称。同时国内也出现了南北罢兵的呼声。

在这种形势下，一些莫斯科驻华使者认为应当改变因外蒙古和中东铁路问题而处于胶着状态的中苏关系。从这个角度考虑，要利用孙中山和国民党，“既然有可能出现孙中山当中华民国首脑的问题，所以俄罗斯苏维埃联邦社会主义共和国可望作为一支积极的力量参与中国的政治生活。况且就中苏未来的联合而言，中国还存在开展大规模工作所需要的条件。”①

莫斯科针对中国政局产生了一个孙中山、吴佩孚联合组建政府的设想。

这个设想的产生与实施大致经过三个阶段，先是一些使者前往保定、洛阳联络吴佩孚，后是越飞来华，继续为此奔走联络，请孙吴二人组建联合政府，并抛出诱饵：苏俄可以向该政府提供经济上的援助。② 这个政府的亲俄性质便自不待言了，最后是1923年2月这个设计落空。

第一阶段中，为配合苏俄对华外交，莫斯科外交代表和共产国际代表积极开展工作。苏俄赴华使团A. K. 巴意开斯（Пайкес）团长同北京政府的谈判极不顺利时，吴佩孚的开明吸引了俄国。苏俄外交人员A. E. 霍德罗夫（Ходоров）③ 早在5月16日即经李大钊介绍到保定同吴“作主义上之深谈”，大凡涉及中俄外交、国际关系、“政府改革前途”等等，均是他们“沟通”的内容。④

吴佩孚对待劳工运动的宽松做法也使莫斯科使者们充满期望。吴接受了李大钊通过吴的政治处长白坚武提出的“保护劳工”的政策，允许共产党在吴的辖地开展组织和教育工人的工作。⑤

威廉斯基-西比利亚科夫显然把吴部驻地保定认作当时“中国政治生活的中心”，便应吴佩孚邀请前去访问。6月27—28日在吴部逗留两天，印象最深刻的是吴部良好的军容风纪，特别是吴愿意以苏俄红军为榜样建军。⑥ 他得知中共已经对吴做了许多工作，而且吴有意与俄国携手在远东“完成共同的

① 《威廉斯基-西比利亚科夫致列宁的信（1922年3月15日，北京）》，《联共、共产国际与中国》，台北，东大图书公司1997年版，第53页。

② 越飞知道孙中山对吴佩孚存有戒心，见《马林与第一次国共合作》，第85、86、89页。越飞与孙中山、吴佩孚的通信见《联共、共产国际与中国》，台北，东大图书公司1997年版，第24、25、27、36、40、43、47、48号文件。

③ A. E. Ходоров（1886—1949）1919—1922年担任罗斯塔远东通讯社驻北京代表。1923年起担任东方商会副主席，1924年起从事科教工作。苏联大肃反期间被杀害，后恢复名誉。

④ 中国社会科学院近代史研究所编，杜春和、耿来金整理：《白坚武日记》，江苏古籍出版社1989年版，第360、361、368页。

⑤ 邓中夏：《中国职工运动简史》，人民出版社1949年版，第25—27页。

⑥ 苏联《消息报》1992年8月12日。

任务”，遂向苏俄外交人民委员契切林和革命军事委员会主席托洛茨基报告说：“这是中国和苏俄军事、政治合作的起点。”[①] 巴意开斯也与吴佩孚的代表孙丹林接触，说服吴与孙联合，至少要避免他们之间的战争。[②] 就这样，在莫斯科那里已经“内定”吴佩孚及其军队为国民党的“合作者”。吴佩孚向孙中山的代表说明该政府“如有所就，必以中山总其成”。[③]

吴佩孚方面也表示了相当兴趣，他主动致函苏俄革命军事委员会主席和共产国际执行委员会委员托洛茨基。这一切“在莫斯科产生了异常好的印象”。[④]

那时苏俄驻华特命全权代表 A. A. 越飞（Иоффе）[⑤] 还没有到达中国。他是在赴中国途中得知上述情况的，所以 8 月 12 日到达中国伊始，便紧锣密鼓地得由马林配合开始了其在华北、华南双管齐下的对华外交策略。对吴佩孚的期望值也就从此越来越高。

第二阶段是越飞的极力促成。下面简单的日程便可勾勒当时的景象：

8 月 19 日越飞致函“思想深邃、精明睿智的哲学家”，“卓有经验、十分干练的政治家和天才的军事家”吴佩孚，告诉他苏俄在中国“不谋求任何帝国主义目的”，但是立即从外蒙古撤军不符合两国利益，请这位“高瞻远瞩”的政治家配合苏俄同北京政府的谈判。[⑥]

越飞的军事顾问格克尔（A. И. Геккер）[⑦] 带着这封信立即前往吴佩孚处，他在吴营的见闻和感受是：“从来没有看见过如此严整的军中秩序”。对于越飞信中所述之事，吴佩孚逐一表示赞同：“孙中山当民国总统，吴本人——任

---

① 《联共、共产国际与中国》，台北，东大图书公司 1997 年版，第 70 页。

② 《联共、共产国际与中国》，台北，东大图书公司 1997 年版，第 71 页。

③ 《白坚武日记》，江苏古籍出版社 1989 年版，第 368 页。

④ 《越飞致吴佩孚的信（1922 年 8 月 19 日）》，《联共、共产国际与中国》，台北东大图书公司 1997 年版，台北，东大图书公司 1997 年版，第 72 页。

⑤ 越飞委任状现存台湾外交部档案之中。见王聿均：《中苏外交的序幕：从优林到越飞》。台北，1978 年版，第 322—354 页。越飞（1883—1927），生长在一个犹太人家庭。曾在德国学习医学，早年同情布尔什维克党的主张并且资助他们的革命活动。后与托洛茨基、斯科布列夫和帕尔伍斯一起创办了《真理报》。十月革命后在苏维埃政权十分困难的时期，肩负着列宁交办的使命赴布列斯特与德国谈判，是其外交生涯的开始。这次谈判的结果是签订了著名的立托夫斯克—布列斯特和约。列宁对越飞表示高度信任，派他担任苏俄驻德国大使。这是苏俄外交史上的第一个大使。1921 年 3 月被任命苏俄全权代表，在里加与波兰签订通商条约。1921 年 4 月代表苏俄出席日内瓦会议。1927 年因不能经受斯大林与托洛茨基反对派斗争之复杂而自杀。

⑥ 《越飞致吴佩孚的信（1922 年 8 月 19 日）》，《联共、共产国际与中国》，第 72 页。

⑦ A. И. 格克尔（1888—1938），1920—1922 任驻巴库的第 11 军军长，驻第比利斯的哥萨克独立军军长。1922 年任苏俄工农红军军事学院院长。1922—1925 年为苏联驻华武官。后从事军事外交工作。1938 年苏联大肃反期间被错杀，后恢复名誉。

军事部长兼总司令。”让越飞“半放心”的是外蒙古问题，吴已经准备了一个师的精锐兵力，拟在1923年春占领外蒙古。特别重要的是吴及其幕僚们表示“亲俄”。①

8月22日，越飞致函孙中山，十分谨慎地探询孙中山对中苏关系各敏感问题的看法，并且特别直率地表述说，北京政府推行的政策既不符合国民党的党纲，也不符合中国人民的利益。越飞显然知道孙中山同张作霖联络的目的在于反对吴佩孚，所以十分策略地表示了自己的看法，认为孙吴联合，国民党的势力“定会大增”。②

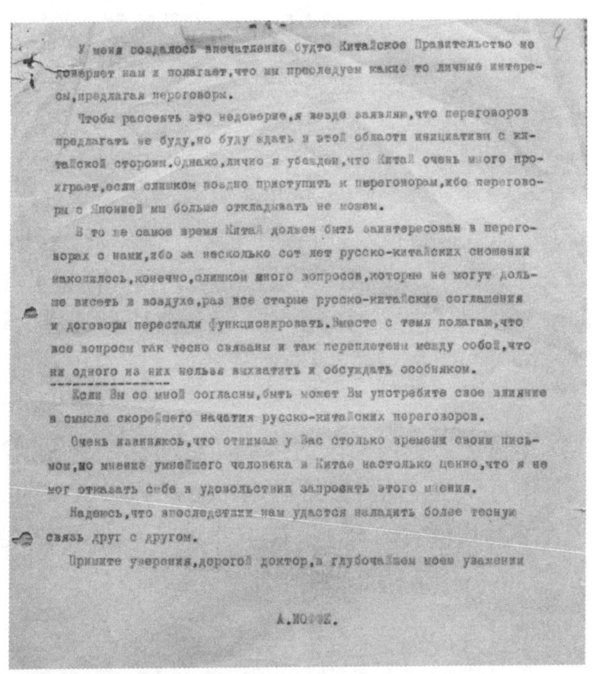

- 4 -

У меня создалось впечатление будто Китайское Правительство не доверяет нам и полагает, что мы преследуем какие то личные интересы, предлагая переговоры.

Чтобы рассеять это недоверие, я везде заявлял, что переговоров предлагать не буду, но буду ждать в этой области инициативы с китайской стороны. Однако, лично я убежден, что Китай очень много проиграет, если слишком поздно приступить к переговорам, ибо переговоры с Японией мы больше откладывать не можем.

В то же самое время Китай должен быть заинтересован в переговорах с нами, ибо за несколько сот лет русско-китайских сношений накопилось, конечно, слишком много вопросов, которые не могут дольше висеть в воздухе, раз все старые русско-китайские соглашения и договоры перестали функционировать. Вместе с тем я полагаю, что все вопросы так тесно связаны и так переплетены между собой, что ни одного из них нельзя выхватить и обсуждать особняком.

Если Вы со мной согласны, быть может Вы употребите свое влияние в смысле скорейшего начатия русско-китайских переговоров.

Очень извиняюсь, что отнимаю у Вас столько времени своим письмом, но мнение умнейшего человека в Китае настолько ценно, что я не мог отказать себе в удовольствии запросить этого мнения.

Надеюсь, что впоследствии нам удастся наладить более тесную связь друг с другом.

Примите уверения, дорогой доктор, в глубочайшем моем уважении

А. ИОФФЕ.

1922年8月22日越飞致孙中山信，敦促孙与吴佩孚联合　РГАСПИ 收藏

8月23日，遥远的莫斯科也为此敲边鼓，官方报刊不仅颂扬吴佩孚，而且把一次普通的军阀战争——直奉战争说成革命者与反动派的决战，认为吴佩孚的胜利“不仅是革命的胜利，而且通过这次胜利，使中国已经接近阶级

① 《越飞致加拉罕的信（1922年8月25日）》，《联共、共产国际与中国》，台北，东大图书公司1997年版，第79页。

② 《越飞致加拉罕的信（1922年8月25日）》，《联共、共产国际与中国》，台北，东大图书公司1997年版，第76—78页。

斗争胜利的时刻了”①。

越飞本人在北京接触了一些民间人士，是一批拥护苏俄的知识分子，通过李大钊等联络吴佩孚，还通过“蔡元培（自由主义者，我们的朋友……此时已经辞去北京大学校长）对学生做工作”，② 这种种情况使越飞认为条件已经具备，便在9月15日正式向孙中山提出：请他与吴佩孚“共同建立中国的中央政府。”至于对待张作霖，越飞的“设计”也很巧妙：“为确保张作霖支持这个政府，宜恢复他的一切称谓、职务和头衔。”越飞认为“这样，中国也就统一了。”③

9月26日，格克尔带着这封信到上海会见了孙中山。④ 马林担任记录。谈判的内容是孙吴联合组成政府，反对张作霖。孙中山请苏俄帮助在中国新疆毗邻苏境处建立军队。⑤

莫斯科力图控制新的孙吴政府，至于是否从经济上支持这个政府，有关方面经过了一番争论。起初，共产国际和苏俄政府高层有过犹豫，越飞一方面在中国联络各派人物，亲自说服并派遣代表分赴孙、吴处具体商洽组建“政府”，另一方面，还从提高苏俄国际地位和共产国际促进世界革命的角度，特别是从加强苏俄与列强争夺中国的角度，呈请莫斯科答应给予这个政府以强有力的经济支持。⑥ 越飞还认为，只有这样苏俄才能真正起到世界革命堡垒的作用。⑦

为此共产国际不惜干预中国的政治生活。它们打算拿“旧”政府——北京政府怎么办呢？不言而喻莫斯科要推翻之。还在1922年8月，吴佩孚知道越飞“不喜欢”颜惠庆内阁，便表示要在7至10天内驱散之，要把这届内阁“搞掉”，⑧ 不久颜惠庆果然没有了任何职务。⑨

---

① 《消息报》1922年8月23日。

② РГАСПИ，全宗514，目录1，案卷46，第43—44页。

③ 《联共、共产国际与中国》，台北，东大图书公司1997年版，第97页。

④ 《越飞致马林的信（1922年9月18日）》，《联共、共产国际与中国》，台北，东大图书公司1997年版，第100页。

⑤ 《联共、共产国际与中国》台北，东大图书公司1997年版，第104—106页。

⑥ 越飞致加拉罕的信（9月4日）中说大约需要2，000万美元（《联共、共产国际与中国》第94页），但是起初俄共（布）中央政治局否定了越飞的建议（《联共、共产国际与中国》，台北，东大图书公司1997年版，第96页）。

⑦ 《越飞致加拉罕、政治局斯大林、人民委员会主席列宁，共产国际主席季诺维也夫，拉狄克的信》РГАСПИ，全宗5，目录1，案卷2145，第21页。

⑧ 《越飞致加拉罕的电报（1922年8月25日）》，《联共、共产国际与中国》，台北，东大图书公司1997年版，第79页。

⑨ 吴佩孚如何答应巴氏又如何“倒”颜惠庆，尚待核查。

这年9月顾维钧被任命为外交总长，越飞向一些亲俄的知识分子做工作，请他们把顾维钧赶“下台”，“或者反对政府任命彭允彝当教育总长。”[①]

对抗张作霖则是这种干预行为的另一个侧面。越飞知道张不甘心自己在直奉战争中的失败，时时试图卷土重来，便希望用这届孙吴政府“对抗”张作霖，保证中国不会出现“张胜吴败”的局面。[②] 但是，他又希望张“承认并支持”这个新政府，所以要对其安抚。[③] 莫斯科的算计是：待吴部占领外蒙古，中东铁路形势平静下来，苏俄在中国东北、西北这一广袤地带就可以高枕无忧了。

在这期间莫斯科使者相继访问吴佩孚，得出良好印象，吴的支持中共和劳工运动，全部被神化并被纳入共产国际革命理论与实践的“框架”之内。到1922年年底共产国际第四次代表大会，拉狄克的发言把对吴佩孚的评价提升到最高点：“革命的资产阶级力量实现了自己的历史使命”，中共才“能够在华北的工人群众运动中站住脚”。[④]

国民党的态度

与吴佩孚相比，国民党方面的情况则复杂一些。吴佩孚表示该政府“如有所就，必以中山总其成”，这的确有相当吸引力。孙中山对“拥有重兵而操纵北京政权”的直系原没有什么好感，1921年年底还在桂林同马林谈话时，他就表示了对吴的反感。陈炯明事件后，孙对英国与吴佩孚、吴佩孚与陈炯明的关系等就更加痛恨，况且他一直有孙—段—张三角联盟共同对抗直系的想法。不过，孙中山也感到这时吴的主张不无可取之处，吴若真心护法，则从此兵不血刃则国是可定，便在1922年6月6日发表《工兵计划宣言》，公开表示愿与吴“共同携手，以济时艰”。这还是孙、陈冲突爆发之前。越飞来后，有各方面的促进，若实现孙正吴副的政府格局，那就既“保证”孙中山的领袖地位，又能消除内战统一中国，况且还有苏俄的援助，何乐而不为。

但是国民党并没有表现出太高的热情。“孙正吴副”，孙主政府，吴管军队的提法，更多地反映了莫斯科和吴方面的意图。孙中山起初虽没有拒绝，他收到马林带来的越飞8月22日的信后，便写了回信，于9月初派遣张继到北京同吴佩孚和越飞联系。因越飞到来后，吴佩孚为孙、吴携手设定的前提

---

① РГАСПИ，全宗514，目录1，案卷46，第45页。

② 《越飞致马林的信（1922年11月17日）》，李玉贞主编：《马林与第一次国共合作》，光明日报出版社1989年版，第103页。

③ 《越飞致孙中山的电报（1922年9月15日）》，《联共、共产国际与中国》，台北，东大图书公司1997年版，第97页。

④ 这是拉狄克在共产国际第四次代表大会上的发言，中国社会科学院近代史研究所翻译室编：《共产国际有关中国革命的文献资料》第1辑，中国社会科学出版社1981年版，第63页。

是孙张分手，这遭到孙中山反对。孙说他不能背叛朋友张作霖，他告诉越飞，他有能力向张施加影响，所以劝越飞不要把张作霖“推向日本方面去”，如果苏俄过分仇视张”，则可能迫使张去寻求日本在外交上的支持。[①]

孙中山向莫斯科传递信息

就在各方为此事奔走的时候，苏俄在中苏边界集结军队，迫使孙中山明确表态。

1922 年 10 月 25 日俄共（布）中央委员会远东局的秘密会议通过了一个对待中东铁路地面的策略性指令，内称拟利用边境的中俄居民和前游击队为兵源，派出三四名可靠的共产党员为核心，组建一支俄中特别游击队，将其派往中国东北与白卫军作战，若在边境地区发生大规模武装冲突，可以越入中国境内全歼白匪势力。但不得深入中国内地，并应尽快撤出。[②] 因张作霖在其辖区容留白卫军，使苏俄安全受到威胁，在一些苏俄人士中酝酿着一个武力占领中东铁路的计划。

孙中山担心苏俄会在新一轮直奉战争中帮助吴佩孚对付张作霖而出现张败吴胜的结局，尔后吴佩孚将会利用苏俄援助对付他孙中山。[③] 这样孙本人及其有意联合的张作霖就会处于被动地位。他要求苏俄不得援助吴佩孚打张作霖，[④] 希望看到张胜吴败。但是越飞却说，苏俄会为此局面“不安”。[⑤] 孙中山告诉越飞，通过他，孙中山能够迫使张作霖“为保证苏俄安全而理智地作出他应做的一切。”[⑥]

于是，孙中山针对苏俄武力占领中东铁路的意向径直致函列宁、越飞和共产国际领导人，这是一个值得注意的文件。他赞颂苏俄对华宣言所起的良好作用，说它“给中国人民带来很大的希望并争取了民心，使人们把俄国看作中国的朋友，他能保证中国摆脱帝国主义列强而得到民族解放”。故此，他请列宁千万不可作出占领北满这样的举动，否则“中国人民定会将其视为旧

---

① 《孙中山致越飞的信（1922 年 8 月 22 日）》，《联共、共产国际与中国》，台北，东大图书公司 1997 年版，第 82 页。

② РГАСПИ，全宗 372，目录 1，案卷 7，第 133 页；薛衔天、李玉贞等编：《中苏国家关系汇编（1917—1924）》，中国社会科学出版社 1993 年版，第 412—441 页。

③ 《孙中山致越飞的信（1922 年 11 月 2 日）》，《联共、共产国际与中国》，台北，东大图书公司 1997 年版，第 113 页。

④ 《越飞致马林的信（1922 年 11 月 17 日）》，李玉贞主编：《马林与第一次国共合作》，光明日报出版社 1989 年版，第 101 页。

⑤ 《越飞致马林的信（1922 年 11 月 17 日）》，李玉贞主编：《马林与第一次国共合作》，光明日报出版社 1989 年版，第 103 页。

⑥ 《孙中山致越飞的信（1922 年 11 月 2 日）》，《联共、共产国际与中国》，台北，东大图书公司 1997 年版，第 113 页。

俄帝国主义政策的继续”。孙中山明白，苏俄是因为“不信任张作霖”才有这样的打算。他请列宁相信，“通过”他孙中山并与他孙中山合作，就能够“迫使张作霖为俄国安全采取一切必要措施”。他还告诉列宁，哪怕从苏俄自己的国际地位和声誉考虑，也不能这样做，否则会授人以柄，使北京政府内敌视苏俄的人大做文章。孙中山可谓用心良苦。他希望以此为“更加顺利和迅速地开展中苏合作创造外部条件。”①

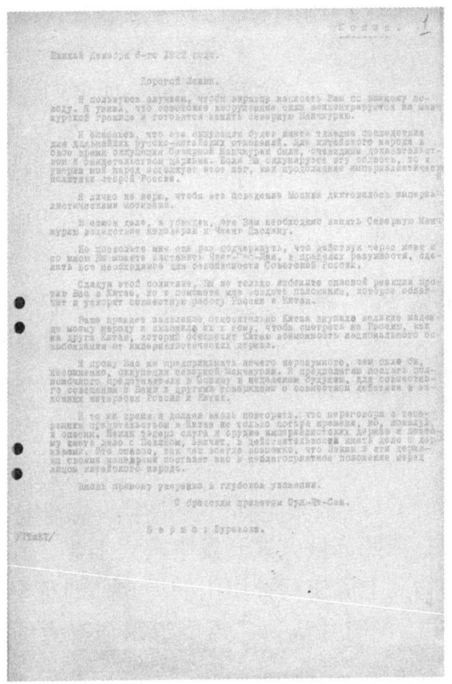

1922 年 12 月 6 日孙中山致列宁信

РГАСПИ 收藏

尽管后来孙中山在对苏关系某些问题的处理上不无失当之处（见第五章：“西北计划”），此时他给列宁的这封信传达的声音却客观上有利于中国。

以上是华北情况。

在华南，孙中山并没有斩钉截铁地拒绝与吴共组政府。他派遣张继“赴保定，洛阳，答曹吴”，因为曹、吴派遣了使者同孙中山商量共组政府事，张

① 《孙中山致列宁的信（1922 年 12 月 6 日）》，《联共、共产国际与中国》，台北，东大图书公司 1997 年版，第 129—130 页。

继认为这是回“礼”性质。[①] 他奉孙中山之命北上同越飞、马林和吴佩孚直接协商，[②] 并通过身兼数职的马林和中共联络，配合越飞多方斡旋。马林得到的指示是：向孙中山说明孙、吴联合组成的“这样的政府将不仅得到俄国而且得到共产国际的支持……建立这个政府，是我们目前对华政策中的第一要素。”[③]

А. И. 格克尔

9月26日格克尔由马林陪同在上海会见孙中山，给孙一个定心丸：苏俄承认他在中国的领导地位并愿意支持他统一中国。[④]

如果说莫斯科使者们在华北同吴佩孚的谈判仅仅“决定”了军政领导人，那么有关方面在上海同孙中山的谈判则具体而详细得多，那里有中国共产党的配合，共产国际代表马林和中共通过9月刚刚创办的中共机关刊物《向导》周报掀起强大的争取承认苏俄的运动，宣传苏俄对于外蒙古的主张，抨击北京政府关于苏俄撤军外蒙古的主张是为军阀统治“多添一块地盘”，[⑤] 以此向北京政府施加压力。同时也向张作霖施加压力，以保障苏俄在中东铁路的利益。[⑥] 《向导》周报把孙、吴携手的基础定为：联合苏俄，建立中、德、俄经济同盟；依照苏俄方式开发中国大工业。[⑦]

李大钊在9月中旬到上海访问孙中山。得知孙的意图：“逐步加强兵力于中央来实现全国统一”，同时孙认为“需要组织强有力的政党”，所以他“目前正在改组中国国民党”。

紧接着李大钊去洛阳访问吴佩孚。吴正致力于他兵工政策的实施“早上

---

① 张继：《张溥泉先生回忆录·日记》，台北文海出版社1985年版，第15、23页；中国国民党中央委员会党史委员会编：《张溥泉先生全集》（续编），台北，1982年版，第525页。

② 张继：《张溥泉先生回忆录·日记》，载沈云龙主编：《近代中国史料丛刊》第3编第3辑，第15页。

③ 《越飞致马林的信（1922年9月18日）》，李玉贞主编：《马林与第一次国共合作》，光明日报出版社1989年版，第100页。

④ 《格克尔与孙中山的谈话（1922年9月26日）》，李玉贞主编：《马林与第一次国共合作》，光明日报出版社1989年版，第104—106页。

⑤ 君宇：《国人对于蒙古问题应持的态度》，《向导》周报第3期，第20页。

⑥ 《孙中山致越飞的信（1922年11月2日）》，《联共、共产国际与中国》，台北，东大图书公司1997年版，第112—113页。

⑦ 和森：《统一、借债与国民党》，《向导》周报1922年9月创刊号，第6页。

五点前就全体起床出去操练到七点，然后再到附近的山上种树。”吴明确表示：“如果孙文先生肯出任兵工会的会长，那么他自己愿意担任副会长，率领数十万士兵到大西北新疆、青海一带去开荒种地。”[①]

张继北上访问吴佩孚，目的是设法摸清孙中山“有否可能与之携手共谋统一中国和建立一个强大而稳定的政府一事。”然而孙中山对这一番接触的结果并不理想，他认为“吴是一个很难与之打交道的人。”他，孙“难以同吴共事。”[②] 孙中山也不信任苏俄，他担心苏俄会在新一轮的直奉战争中援助吴佩孚打击张作霖，他还担心，一旦吴佩孚南下向孙开衅，苏俄或许会站在吴佩孚一边。

事实上，到是年 11 月份，拟议中的孙吴政府已经出现不祥之兆。原来不仅孙不信任“直系中之吴子玉”，就是中国共产党也时时担心吴佩孚“成为卖国贼领袖段祺瑞第二”。[③]

到 1922 年年底吴佩孚态度明显变化，他给北京政府发了一个电报，于其中猛烈攻击俄国。吴的顾问通过李大钊转信给越飞，批评后者无诚意，耍手腕，而且莫斯科对蒙古问题的立场有悖其前期宣言。[④] 越飞认为吴佩孚已经参加了“反俄大合唱”，[⑤] 本拟在 1923 年春进军库伦取代苏俄军队占据外蒙古的吴佩孚，并没有践言。种种情况显示，吴佩孚不可能再“亲俄”。此时越飞已经看出，孙、吴也不可能联合，莫斯科必须在孙、吴之间选择一个为合作对象，这个人只可能是孙中山。[⑥]

喧噪一时的孙、吴联合在其第三阶段成为泡影，1923 年初这个拟议中的政府已经没有任何意义了。2 月，吴佩孚下令屠杀京汉路罢工工人，阻挠他们建立自己的组织，成立工会，酿成了惨案，彻底改变了他支持劳工运动的立场，共产国际一度为之奔走的这届“亲俄”政府的设想破灭。国民党领袖没有通过它掌握全中国政权。

---

① 《联共、共产国际与中国》，第 95 页。
② 《联共、共产国际与中国》，台北，东大图书公司 1997 年版，第 112 页。
③ 和森：《孙、吴可以在一种什么基础上联合呢?》，《向导》周报第 4 期，第 29 页。
④ РГАСПИ，全宗 514，目录 1，案卷 46，第 45 页。
⑤ 《越飞致俄共（布）、苏联政府和共产国际领导人的信摘录（1923 年 1 月 26 日）》，《联共、共产国际与中国》，台北，东大图书公司 1997 年版，第 167 页。
⑥ 《越飞致俄共（布）、苏联政府和共产国际领导人的信摘录（1923 年 1 月 13 日）》，《联共、共产国际与中国》，台北，东大图书公司 1997 年版，第 156 页。

第五章
孙逸仙博士考察团
遥取他山之石

从1920年会见来自苏俄的使者吴廷康、俄共（布）党员刘谦时起，孙中山就流露了请莫斯科帮助其建立国民党党军的想法。到1921年年底国民党领导人在桂林初次会见马林时，便提了出来。作为国民党改组三个内容之一的军事建设，经历的是从单纯的军事行动逐步发展为党军、军校，最后用国民党的主义统帅军队的过程。总体上，孙中山一向强调其三民主义，希望有一支为主义而战的党军，但是在最初的酝酿时期，中国国民党特别是孙中山更多考虑的是单纯军事行动，很难说他拿什么“主义”去指导军事行动。孙中山最初把建立党军的想法同一个叫做“西北计划”或“西北军事计划”相联系，而将其置于一个叫中德俄联盟的载体中。该“计划”从酝酿、提出到否定经过了五个阶段，它的被否定，并不是什么坏事，相反，可以将其视为国民党党军建设的前奏。此后由于双方的努力和争取，这个被否定的计划发生了良性变异，结果是以黄埔军校的形式奠定了国民党军事力量的基础。本章从其酝酿、提出和否定来看国民党与共产国际如何围绕此计划进行交涉。

第一节 “西北计划”的酝酿

1918年已经是俄国布尔什维克掌权的第二个年头。是年德国在第一次世界大战中失败。孙中山萌生了联合德俄，从中国西北进军攻打并推翻北京政府的计划，便派遣当时在德国的曹亚伯向德国外交部转达了中德俄联盟的想法。①

1920年俄共（布）阿穆尔州委一个名叫刘谦②的党员至上海会见孙中山，讨论过南北夹击共同推翻北京“反动政府”。③

① 如［德国］郭恒钰：《孙中山与德国》，《国史馆馆刊》复刊第23期，1997年12月，第83－110页；Josef Fass，“*Sun Yat－sen and Germany in 1921—1924*”，Archive Orientalni 36（1963，Praha），第135—148页；［日本］田岛信雄：《孙中山与德国——兼论中德苏联盟的构》，《南京大学学报：哲学人文科学社会科学》2009年第3期，第71—77页；［德国］费路：《借助新的档案资料重新探讨孙中山与苏俄的关系以及对德态度》，林家有、李明主编：《孙中山与世界》，吉林人民出版社2004年版，第350—362页。

② 刘谦（俄文化名费多尔，费德罗夫），生年不详，卒于1920年。1920年起任俄共阿穆尔州委中国部书记。早年到中国。后向中俄边界转移时，在中国境内被击毙。

③ 《刘谦向俄共（布）阿穆尔州委的报告（1920年10月5日）》，《联共、共产国际与中国》，台北，东大图书公司1997年版，第22—24页。

从中国西北进军，推翻北京政府，借苏联援助掌握全国政权是西北计划的核心，原因是西北与苏俄接壤。从酝酿时起，计划便具有强烈的军事密约性质和干预性质。

西北计划的酝酿大致分为三个阶段。

在其酝酿的第一阶段，这个计划的明确提出，与刘谦有关，而刘谦又与一个华人共产主义组织有关。这就是俄国共产华员局。

关于俄国共产华员局

旅俄华工联合会以原中华旅俄联合会为基础，于 1918 年成立于彼得格勒，是苏俄正式批准并予支持的组织，它在莫斯科设有分会。旅俄华工联合会在其第三次代表大会（1920 年）后，开始具有明显的政治性质，据俄共（布）旨意在其中设立了一个具有组织和领导全俄境内华人党员的机构，俄文名称是 Центральное организационное бюро китайских коммунистов при РКП（б），该局的图章上刻的中文名称是“俄国共产华员局”。苏俄原视之为建立中国共产党的预备机构，其章程上规定，日后拟将其总部移往中国国内，把苏式革命出口到中国的性质十分明确。① 参加共产国际第二次代表大会的安龙

① 俄国共产华员局，成立于旅俄华工联合会 1920 年第三次代表大会后。1920 年 7 月 1 日俄共（布）中央组织局予以批准。机关刊物《震东报》（Пробуждение Востока）上有名称：莫斯科共产党总筹办处。中华民国九年八月。书记是安龙鹤（苏联《近现代史》杂志 1959 年第 5 期，第 139—144 页予以公布。P. A. 米罗维茨卡娅，在《远东问题》1988 年第 2 期再次公布，题目是《关于旅俄华人党组织章程》）。

党章总纲内明确了这个组织的隶属关系和建立的目的：“为组织旅居苏俄的华人共产主义者，凡有华人共产党员的地方均建立隶属于俄共（布）委员会的华人共产党支部”。其最高机关是“至少一年召开一次的全俄代表会议”，领导机关是“俄国共产华员局”，该局“在代表大会上选举产生并经俄共（布）中央委员会批准”。该局暂时设于莫斯科俄共（布）中央委员会内，其所有重要问题决议的做出均须“经俄共（布）中央委员会完全同意”。

俄国共产华员局按照一个规范政党的模式，设立了由五名委员和二名候补委员组成的中央（组织）局，其执行机构是主席团。在组织系统上，俄国共产华员局经俄共批准可在各地建立该局的支部，其领导人经党员大会选举产生，任期三个月。这些支部也要进行党员登记。党章规定该局可“组织鼓动周，以吸引中国劳动者入党”。支部的日常工作为：“领导对中国群众的鼓动和宣传工作，向他们灌输革命思想，为此要召开群众大会，集会，举办有关中国和中国革命运动的讲座”。

党章全文：

在祖国建立共产主义者的组织

1. 华人共产主义者认为，进行祖国各地的社会革命和组织中国的工人阶级是自己对各国无产阶级应负的直接义务。

2. 在祖国凡有共产主义者和同情共产主义者的地方均建立党的支部。

3. 这些支部的工作由华员局按照上述程序予以开展。

4. 华员局的地方组织要利用一切机会同暂设于莫斯科的俄国共产华员局中央局取得联系。

其中“暂设于莫斯科”很值得注意，它以后要移至中国。

鹤便是该局派遣的。[①]

旅俄华工联合会在苏俄中亚和远东等地成立了分会，并且参加了俄共（布）领导的活动。阿穆尔州所设的分会就是在这种情况下由原中华社会党改组产生的。

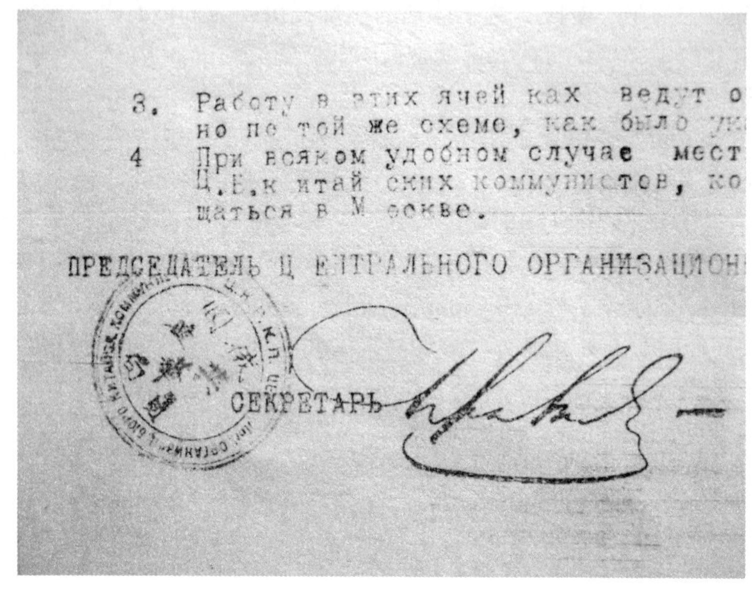

3\. Работу в этих ячей ках ведут о
но по той же схеме, как было ук
4 При всяком удобном случае мест
Ц.Б.к итай ских коммунистов, ко
щаться в М оскве.

ПРЕДСЕДАТЕЛЬ Ц ЕНТРАЛЬНОГО ОРГАНИЗАЦИОН

СЕКРЕТАРЬ

以安龙鹤为主席的俄国共产华员局章程及图章

东三省巡阅使、奉天督军兼署省长张作霖认为旅俄华工联合会“会中之华人皆无业流氓”。分会会长名“王宝贵”主持会务和“内中布置仍是前社会党首宫甲辰即宫锡川主持一切”。[②] 由于当时苏俄实行严厉的没收政策，华工联合会（中国档案称之为华工协会）的成员参与了没收有产者财产的行动。[③] 许多华侨的财产受到损失。此事引起中国政府的不满。张作霖因该会“时常开会，均经该会文牍姜希畅发表意见、演说、鼓惑共产主义，反抗中国官府，种种谬论皆系目无法纪之言”，而呈请北京政府“速向俄远东代表优林[④]严重交涉，以期饬阿省长官取消该会，国家幸甚，侨民幸甚”。

刘谦，是这个联合会阿穆尔地区分会的首领之一。这是他来中国前的背

---

① РГАСПИ，全宗 5，目录 1，案卷 166，第 4—5 页。

② 《外交部收咨（1921 年 6 月 21 日发，23 日收）》，台北“中央”研究院藏中俄关系档案。

③ 活动情况见［苏］《近现代史》1959 年第 5 期，第 138—139 页。

④ И. Л. Юрин（原名金托夫特 - 杰瓦尔托夫斯基 Гинтовт-Дзевальтовский）生卒年代不详，1920—1921 年为远东共和国驻华代表团团长，远东共和国外交部长。后从事经济工作。

景。目前还没有看到他有委任状之类的文件。

刘谦等华工，为生活所迫流落异乡，在那里漂泊，这是一个受压迫被剥削的群体，具有朴素的改变命运的诉求。但他们既远离政治和政权，又缺乏对于社会问题的了解，见到苏俄出现“红旗卷起农奴戟，黑手高悬霸主鞭”的景象，本能地接受了俄共（布）强有力的宣传，便认为苏俄道路是翻身求解放的捷径，从而进入了所谓无产阶级国际主义的“盲区”。他们除了准备把自己的华员局移至中国，还由俄共支持写了一封致祖国共产主义者的信，在他们眼中，北京政府是反动的、“愚蠢而罪恶的政府”，它帮助外国帝国主义“掠夺”百姓和国家财产，是理应被推翻的对象。信中号召同胞走苏俄的路，团结起来，没收地主的土地，没收资本家的财产，把矿山、铁路等都收归国有。同时，该信请同胞们不要反对一切外国人，因外国也有好人，这就是“无产阶级”,[①] 不言而喻指的是苏俄的无产阶级。共产国际的有关机构把这个信件送到鼓动处，予以印刷和散发。[②] 这一切遵循的是“无产阶级没有祖国”的信条。

刘谦则向苏俄当局提出，请其帮助新疆成立苏维埃，然后加入社会主义的苏俄。[③] 如果可以把旅俄华工的活动看作他们政治愿望的诉求，那么刘谦的这封信却说明，这些怀有朴素想法的人不自觉地陷入了一个误区，而且犯了一个可能导致严重后果的错误：他们提出的一些建议有悖于中国国家独立、民族和谐与领土完整。

刘谦和安龙鹤等与社会党首领江亢虎有联系。[④] 江亢虎也向列宁提出过类似的建议。他说早在 1921 年 4 月他离开中国前就同一些人酝酿过一个计划：组织起一支一万人的军队，协助苏军占领外蒙古。[⑤]

刘谦还在来中国前，就已经开始在中俄边界的谢米巴拉廷斯克和七河省交界处组织旅俄华人参加军队的工作。[⑥]

任何一个独立国家的政府都不会欢迎这样的行动。张作霖向中国政府报

---

① 安龙鹤致中国共产主义者的信（Письмо Ан Ненхака китайским коммунистам），原件无日期，据内容推断应是 1920 年，因 1921 年该组织迁移至上乌丁斯克，活动基本停止。РГАСПИ，全宗 495 目录 154，案卷 5，第 2—3 页。

② 这是安氏信上某人的指示。

③ РГАСПИ，全宗 495 目录 154，案卷 5，第 1—2 页。

④ РГАСПИ，全宗 495 目录 154，案卷 5，第 1—2 页。

⑤ РГАСПИ，全宗 495，目录 1，案卷 154，第 7—8 页。

⑥ 《刘谦向俄共（布）阿穆尔州委的报告（1920 年 10 月 5 日）》，《联共、共产国际与中国》，台北东大图书公司 1997 年版，第 22 页。

告说：在华工联合会阿穆尔分会成立大会上，“俄政府重要人[①]之演说，大概以过激党派如共产诸政策，平均人民生计，于劳动家大有利益，既已实行国内，当普及全球，贯彻主张务达目的等语”。

中国外交部也知悉，在此次会上驻俄总领事陈广平“登台发言，盛称孙大总统为我中华革命伟人，素抱民生主义，与俄过激党不谋而合。自让位项城[②]后迄今十年，伪托共和，施行专制旧官僚之习气，军阀派之淫威，苦我同胞受其压力。若不铲除阶级制度，其将何以发展民权。旧国会选举孙文复为民国总统，已得俄国承认。凡我旅俄华侨果有爱国真心，自应互相引导，招致华人入会。本总领事当请示俄政府助以枪械粮饷，编制操练，开赴边境，侵入内地，遥与南军响应，助孙中山一举成功”。[③] 有总领事正式宣布拟“请示俄政府助以枪械……侵入内地”，这一席话是十分值得关注的。

张作霖报告称，苏俄“外交部总长车林[④]曾与粤东孙文结约，[⑤] 又为陈［广平］总领事怂恿，极端斯举，谋助华工会饷械为军事上行动听粤党之来粤者调遣指挥”。“现粤东孙党既以兼并广西，势必进兵闽赣滇黔川，态度已变，窥伺中原，鄂西告警。若新疆东三省再有俄邻利用华人资助饷械以扰边防，外患内忧深为可虑”。[⑥] 张作霖的报告中含有许多维护中国国家利益的成分。

北京政府鉴于这些情况，频繁颁饬其各边关大吏注意防范，以免“过激主义”遍散国中。

1920 年夏秋间，刘谦来中国，在上海会见孙中山。[⑦] 两人就孙中山的军事行动达成一个协议，内容是：“立即把中国南部、俄国中部和远东的中国革命势力统一起来，以便共同地、步调完全一致地为反对华北现在的反动政府打好基础”。军事行动的指挥中心定在俄境内的布拉戈维申斯克；军队集结中心在新疆省，谢米巴拉廷斯克和七河省交界处；孙中山已经派遣两人[⑧]到苏

---

① 苏俄要员出席了这次大会并讲话，如全俄中央执行委员会主席加里宁，苏俄外交人民委员契切林。［苏］《近现代史》1959 年第 5 期，第 139 页。

② 项城指袁世凯。

③ 台北“中央”研究院近代史所收藏中俄关系档案：《外交部收咨（1921 年 6 月 21 日发，23 日收）》。

④ 即苏俄外交人民委员契切林。

⑤ 不知所指。

⑥ 台北“中央”研究院近代史研究所收藏中俄关系档案 03—32—319（2）：《黑龙江督军张作霖致外交部长颜惠庆电》（1921 年 10 月 30 日发，31 日下午 5 时到）。

⑦ 《刘谦向俄共（布）阿穆尔州委的报告（1920 年 10 月 5 日）》，《联共、共产国际与中国》，第 22—25 页。

⑧ 这两人的姓名和活动尚待查找。

俄，他们拟在阿穆尔停留“就地向工人群众和中国军队做宣传工作”。[①]

同孙中山会见后，刘谦回苏俄，后来又到中国来，活动于上述地区。显然他的活动引起东北当局的注意，1920年年底，他由中国赴苏俄途中，被中方击毙。[②]

格克尔[③]访问孙中山，是酝酿期的第二阶段。1921年年底马林在桂林访问孙中山和国民党领导人时，孙等曾经表露希望苏俄帮助国民党在中国西北建军。后因1922年的“六一六事件”没有重提。这个阶段正是孙中山、吴佩孚分别同莫斯科使者谈判，共产国际、中共、国民党为孙中山与吴佩孚合组政府积极奔走的时候。

1922年9月访问孙中山的格克尔已经是苏俄的正式使者了，格氏是随苏俄驻华全权代表越飞一道于1922年8月12日到达北京的，在该团担任军事顾问。

A. A. 越飞

越飞向孙中山介绍格克尔，说他“当过全俄总参谋部军事学院的领导人”，孙可以“同他十分开诚布公地讨论”所有问题。

9月26日，格克尔带着越飞致孙中山的信[④]来到上海莫里哀路孙宅。他向孙中山介绍了吴佩孚军队的严明纪律和战斗力，说吴佩孚的实力强过张作霖。与吴联合，可以“建立一个由孙领导的政府”。

鉴于中东铁路沿线中苏的对峙状态，格克尔劝孙中山放弃联合张作霖的念头。孙中山认为自己有能力让张作霖改变对俄政策，为此已经做了而且正在做一些工作，以说服张作霖视新俄为中国的朋友。至于中国的统一，孙中山认为只有俄国可以成为“支持中国

---

① 《刘谦向俄共（布）阿穆尔州委的报告（1920年10月5日）》，《联共、共产国际与中国》，台北东大图书公司1997年版，第22页。

② 台北“中央”研究院近代史研究所藏：《外交部收东三省巡阅使咨（1921年6月21日发，23日收）》政字第142号。

③ 全名阿纳托利·伊里奇·格克尔 Анатолий Ильич Геккер（1888年8月25日—1938年7月1日）。生于第比利斯，毕业于符拉基米尔学院训练班和总参谋部学院，参加过第一次世界大战。1917年加入俄共，十月革命后被选为第38军参谋长。1919年2月任步兵第13师师长。是年5月—1920年2月任13军团司令。1922年任工农红军军事学院副院长，1922年7月出任苏俄驻华武官，1925—1926年在中国东北，中东铁路管理委员会任职。1929—1933任苏联驻土耳其武官。1934年起在总参谋部任领导工作。1938年遭错杀，后平反。

④ 1922年9月16日越飞信全文见《联共、共产国际与中国》，台北东大图书公司1997年版，第97—99页。

统一的朋友”。[①] 不管中国的政治力量出现哪一种组合，欲求中国统一只靠自己的力量是不够的。他请俄国帮助。具体地说是：

在中国西北边界或新疆省，由苏俄提供武器和军用物资，建立一支由他孙中山指挥的军队。至于武器装备等的运输路线，孙中山认为最可行的是经过新疆。[②] 不言而喻，这个援助的目的就是推翻北京政府，建立以孙中山为领袖的新政府。这就是即将出笼的孙中山“西北计划”的雏形。

张继北上与越飞等当面商谈，可视为西北计划酝酿的第三阶段。

张　继

1922 年 8 月 25 日孙中山在上海家中接待了共产国际代表马林，后者带来了越飞 8 月 22 日写给孙的信。[③] 孙中山在困境中得到了莫斯科的支持，他认为与共产国际“从此彼此已通音讯”，便一面函蒋介石急来上海，[④] 一面考虑同苏俄合作的事。

为此事最先奔走的是张继。这年 11 月初他衔命北上。这时尽管共产国际秘密甚至公开地为孙吴联合政府的建立紧锣密鼓地撮合，[⑤] 孙中山最关心最感兴趣的并不是这届政府。他急切盼望的还是把华南的军事行动结束。难怪通过与张继在北京的商谈[⑥]后，越飞认为孙中山的“策略中有缺点”，他“不参预全国性事务，一心只想着军事革命，对于组织民众重视不够”。[⑦]

① 《格克尔与孙中山的谈话（1922 年 9 月 26 日）》，《联共、共产国际与中国》，台北东大图书公司 1997 年版，第 105 页。

② 《格克尔与孙中山的谈话（1922 年 9 月 26 日）》，《联共、共产国际与中国》，台北东大图书公司 1997 年版，第 104—106 页。

③ 全文见李玉贞：《孙中山与共产国际》，台北“中央”研究院近代史研究所 1996 年版，附录。

④ 毛思诚：《民国十五年以前之蒋介石先生》，第 4 册，第 39—40 页。

⑤ 如刊登了不少文章，如《孙吴可以在什么基础上联合呢?》，《向导》周报第 4 期，第 28—29 页。

⑥ 张继：《张溥泉先生回忆录·日记》，载沈云龙主编：《近代中国史料丛刊》第 3 编第 3 辑，第 23 页说他们商谈过两次。但是越飞记载与张不同，说他与张“交谈多次”，“越飞致加拉罕的信（1922 年 11 月 9 日）”，《联共、共产国际与中国》，台北东大图书公司 1997 年版，第 118 页。

⑦ 《越飞致契切林的信（1922 年 11 月 7、8 日）》，李玉贞主编：《马林与第一次国共合作》，光明日报出版社 1989 年版，第 115 页。

事实上经历了陈炯明事件后，孙中山急于报这一箭之仇，他的幕僚、受他器重的蒋介石也是同样心情。[①]

关于张继同越飞会谈的情况，过去少见详情。[②] 到1922年年底，越飞知道同北京政府谈判的僵局几乎不可挽回，看到吴佩孚的影响力“降低，曹锟势力增大”,[③] 便通过张继和马林强烈要求孙中山插手中央政府事务，但孙“依然热衷于南方事务”。[④] 另一方面，越飞为了挽回外交失败的面子，希望在其同北京政府的谈判中，在关于中东铁路和外蒙古问题上，通过张继得到来自孙中山方面的帮助。据新史料可知，张继的北上原来对于国民党同共产国际的关系，特别对于越飞同孙中山的谈判，起了重要作用。

首先，张继为越飞释疑，告诉后者，孙中山的确没有同张作霖签署什么秘密协定，孙中山坚请苏俄不要派遣军队到中东铁路,[⑤] 孙答应劝说张作霖不要支持白卫军，“即使张作霖执意不听孙劝，那也可以在华北聚集革命力量迫张就范”。况且苏俄出兵东北会授帝国主义国家以口实，使苏俄在国际上受到谴责。

其次，张继明确了越飞当时的主张：孙中山应多插手中央政府事务，设法把一个“强大的稳固的中央政府”尽快建立起来以取代北京政府。[⑥] 他同时把孙中山的主张告诉越飞：要求莫斯科协助他立即开始推翻北京政府的军事行动。越飞不愿意见的是孙对吴佩孚若即若离。但是让孙中山插手中央政府的条件并不存在，孙中山希望的还是先把广东陈炯明的势力消灭。张继告诉越飞，“现在历史时机已到，统一的中国政府能否成功，完全取决于我们（莫斯科。——笔者）”。[⑦]

---

① 《蒋介石日记》未刊稿，感谢邹达先生为笔者抄录美国斯坦福大学收藏的蒋介石档案。

② 在《张溥泉先生回忆录·日记》中见到“秋，奉总理命赴北平，致书越飞。赴保定，洛阳，答曹吴派孙禹行（丹林）问候总理礼”，又见《张溥泉先生全集》（续编），台北1982年版，第524页相同记载。

③ 《越飞致外交人民委员加拉罕，政治局斯大林，人民委员列宁，革命军事委员会托洛茨基，共产国际主席季诺维也夫以及拉狄克的信（1922年12月14日）》，РГАСПИ，全宗5，目录1，案卷2145，第68页。

④ 《越飞致外交人民委员加拉罕，政治局斯大林，人民委员列宁，革命军事委员会托洛茨基，共产国际主席季诺维也夫以及拉狄克的信（1922年12月14日）》РГАСПИ，全宗5目录1，案卷2145，第68页。

⑤ 1922年9月27日，越飞致列宁、托洛茨基等苏联领导人的信中说，他已经向孙中山披露，苏俄可能出兵北满以消除白卫军基地一事。РГАСПИ，全宗5，目录1，案卷2145，第40页。

⑥ 《越飞致契切林的电报节录（1922年11月10、13日）》，《联共、共产国际与中国》，台北东大图书公司1997年版，第119页。

⑦ 《越飞致契切林的电报节录（1922年11月10、13日）》，《联共、共产国际与中国》，台北东大图书公司1997年版，第119页。

孙中山的具体要求则是：苏俄与其派兵至东北占领中东铁路，莫如把这些兵力例如一个师，派去占领新疆，当地只有四千中国士兵，无力抵抗。再向南一些有四川省的十万兵力，他们亲孙，不会阻止苏军前来。然后在资源丰富的新疆开办一个中、德、俄联合公司从事资源开发，建立制药厂和钢铁厂。孙本人会到那里。至于那里的社会制度，孙中山作出极大让步：那里甚至可以建立“苏维埃制度”。①

这使越飞更加深刻地体会到，让孙中山到北京“在中国政府中占有相应的地位”② 固然重要，可碍于中国形势却不可能做到。因孙中山并没有掌握全国政权，“在官场上，他只是个人身份”，所以苏俄“公开同他签约……为时过早。很可能这样一来，中国政府就会索性宣布同我们断绝外交关系……那我们将一筹莫展，我们在中国事务中得到的就将仅限于一个东突厥（新疆）了”。③

孙中山的想法隐含了太多的风险。如果说他请列宁不要出兵占领中东铁路客观上是正义的，那么关于新疆的建议幸亏没有实施，否则无异于再为本来已经相当复杂的中苏关系雪上加霜，会伤及中国主权。无论“红色”还是“白色”的外国军队一旦进入中国，酿成的局面必然是“请神容易送神难”。

越飞否定了孙中山的建议，理由并不在其“密约”和“干预”因素，而在于苏俄顾及对华关系，他向马林表示“只要孙博士还不是正式的中央政府中的人物，我们就不能做占领中国的打算”。④

张继的北上为后来孙越会谈做了很好的铺垫。这中间自然有马林的奔走，也正是他在 1922 年底把这些想法从中国带到了莫斯科。他要向斯大林请示工作。⑤

---

① 《越飞致契切林的电报节录（1922 年 11 月 10、13 日）》，《联共、共产国际与中国》，台北东大图书公司 1997 年版，第 116 页。

② 《越飞致契切林的电报（1922 年 11 月 7、8 日）》，《越飞致契切林的电报节录（1922 年 11 月 1、13 日）》，《联共、共产国际与中国》，台北东大图书公司 1997 年版，第 115—117、119—121 页。

③ 《越飞致契切林的电报（1922 年 11 月 7、8 日）》，《越飞致契切林的电报节录（1922 年 11 月 7、8 日）》，《联共、共产国际与中国》，台北东大图书公司 1997 年版，第 117 页。

④ 李玉贞主编：《马林与第一次国共合作》，光明日报出版社 1989 年版，第 89 页。

⑤ 马林、斯大林会见和谈话的具体内容待查，目前仅有布哈林写给斯大林的便条。见李玉贞主编：《马林与第一次国共合作》，光明日报出版社 1989 年版，第 108 页。

第二节　“西北计划”——一度希望闪现

从1919年到1923年年初，经过三年多的接触，国民党对待共产国际从若即若离发展到具有密约性质的谈判，尽管二者并没有签署什么文件，但它们的关系越来越密切却是不争的事实。

共产国际经过了一个在中国选择合作对象的过程，陈炯明“落选”，吴佩孚“落选”，无论对于国民党还是共产国际，下一步如何发展关系便成了一个十分重要而迫切的问题，特别是在中苏两国官方政府谈判陷于僵局的时候。

孙中山目标明确：不仅希望莫斯科帮助他推翻北京政府，甚至希望莫斯科抛开北京而同他谈判中国统一和对俄关系。但莫斯科的既定方针一直没有改变。1920年苏俄告诉孙中山：“不管北京政府是一个什么样的政府”，也还是要同这个“中国的正式政府”打交道，[①] 此后其外交代表们也很清醒。越飞很明智地看到“目前中国广大群众的情绪高涨，坚决要求中国政府开始同俄国政府的谈判并建立正常外交关系，倘我拒绝谈判这些问题，群众会莫明其妙，影响不好”。[②]

孙中山激进的要求

然而孙中山并没有就此罢休。1922年12月20日，他通过越飞向苏俄提出了一个更加激进的要求，请苏俄立即提供援助。孙说他能够调动十万兵丁，“从四川经甘肃到内蒙古，最终可在由西北进军北京这一传统的路线上占居优势”。但是国民党没有武器，无法解决辎重、技术和专家等方面的需求。他请越飞径直问询莫斯科，能否通过后者已经占领的库伦向国民党提供这些方面的援助。

孙中山认为这是一个“革命”的办法，他请苏俄不要使用世界资本主义国家常用的手段——通过外交谈判来解决对华关系和中国问题。孙阐述自己的主张说：“资本主义列强认为剧变对于外贸的压力太大”，它们认为孙中山“至今坚持的办法为不可取”。孙劝说越飞：“采取缓慢的逐渐改变的被称为演变的办法”，并不是苏俄式的“可称之为革命的办法”。“如果不采取革命措

---

① 《契切林致孙中山的信（1922年2月7日）》，《中苏国家国家关系史资料汇编（1917—1924）》，中国社会科学出版社1993年版，第675—676页。

② 《越飞致孙中山的信（1922年9月15日）》，《联共、共产国际与中国》，台北东大图书公司1997年版，第97页。

施，扫荡现存的整个腐败制度，就不可能有任何实质性的变革”。[①] 与孙中山在社会改革方面的“稳健”立场相比，因急欲掌握全国政权，他在军事上是相当激进的。

马林和越飞身处对华外交的前沿，比共产国际执行委员会的领导人更加了解中国情况，但是对国民党的看法也不无言过其实之处。这是后话。在初期，共产国际的对华政策造就了国民党为合作对象，却与马林和越飞的建议有关。他们二人根据在中国的调查，对中国各派政治力量做了分析后，于1922年年底联合写了一个《关于我们在殖民地半殖民地尤其是在中国的工作问题（提纲）》，间接批评苏俄对华政策，认为苏俄不能采取任何使人联想起沙皇俄国侵略的举措。对待中国国内各党派，他们认为不能给予那些利欲熏心的军阀以援助，“必须答应给国民党以援助”。[②] 至此，他们的建议已经超过了1922年共产国际执行委员会给其派驻中国南方代表的八月指示，援助国民党的问题被直接摆到了共产国际面前。

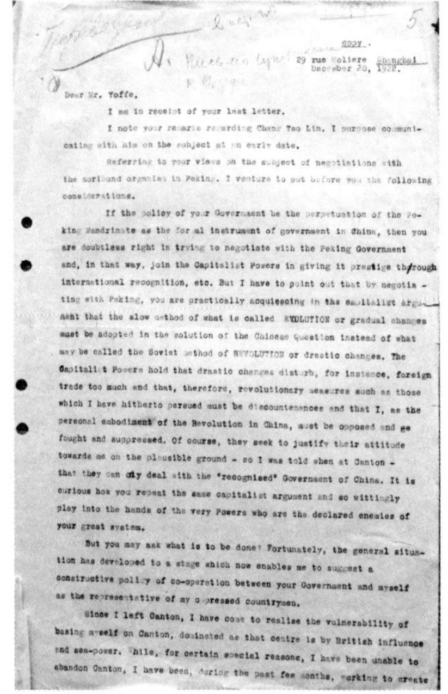

COPY.

29 rue Moliere Shanghai
December 20, 1922.

Dear Mr. Yoffe,

I am in receipt of your last letter.

I note your remarks regarding Chang Tso Lin. I purpose communicating with him on the subject at an early date.

Referring to your views on the subject of negotiations with the moribund organism in Peking. I venture to put before you the following considerations.

If the policy of your Government be the perpetuation of the Peking Mandrinate as the formal instrument of government in China, then you are doubtless right in trying to negotiate with the Peking Government and, in that way, join the Capitalist Powers in giving it prestige through international recognition, etc. But I have to point out that by negotiating with Peking, you are practically acquiescing in the capitalist argument that the slow method of what is called EVOLUTION or gradual changes must be adopted in the solution of the Chinese Question instead of what may be called the Soviet method of REVOLUTION or drastic changes. The Capitalist Powers hold that drastic changes disturb, for instance, foreign trade too much and that, therefore, revolutionary measures such as those which I have hitherto persued must be discountenances and that I, as the personal embodiment of the Revolution in China, must be opposed and fought and suppressed. Of course, they seek to justify their attitude towards me on the plausible ground - so I was told when at Canton - that they can only deal with the "recognised" Government of China. It is curious how you repeat the same capitalist argument and so wittingly play into the hands of the very Powers who are the declared enemies of your great system.

But you may ask what is to be done? Fortunately, the general situation has developed to a stage which now enables me to suggest a constructive policy of co-operation between your Government and myself as the representative of my oppressed countrymen.

Since I left Canton, I have come to realise the vulnerability of basing myself on Canton, dominated as that centre is by British influence and sea-power. While, for certain special reasons, I have been unable to abandon Canton, I have been, during the past few months, working to create

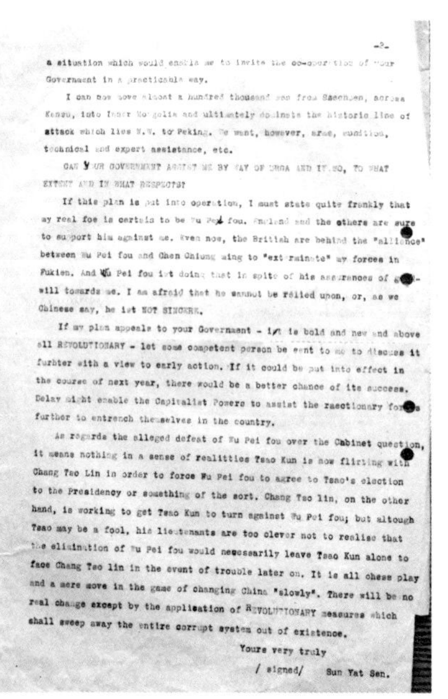

-2-

a situation which would enable me to invite the co-operation of your Government in a practicable way.

I can now move almost a hundred thousand men from Szechuen, across Kansu, into Inner Mongolia and ultimately dominate the historic line of attack which lies N.W. to Peking. We want, however, arms, munition, technical and expert assistance, etc.

CAN YOUR GOVERNMENT ASSIST ME BY WAY OF URGA AND IF SO, TO WHAT EXTENT AND IN WHAT RESPECTS?

If this plan is put into operation, I must state quite frankly that my real foe is certain to be Wu Pei fou. England and the others are sure to support him against me. Even now, the British are behind the "alliance" between Wu Pei fou and Chen Chiung ming to "exterminate" my forces in Fukien. And Wu Pei fou is doing that in spite of his assurances of good-will towards me. I am afraid that he cannot be relied upon, or, as we Chinese say, he is NOT SINCERE.

If my plan appeals to your Government - it is bold and new and above all REVOLUTIONARY - let some competent person be sent to me to discuss it furbter with a view to early action. If it could be put into effect in the course of next year, there would be a better chance of its success. Delay might enable the Capitalist Powers to assist the reactionary forces further to entrench themselves in the country.

As regards the alleged defeat of Wu Pei fou over the Cabinet question, it means nothing in a sense of realitties Tsao Kun is now flirting with Chang Tso Lin in order to force Wu Pei fou to agree to Tsao's election to the Presidency or something of the sort. Chang Tso lin, on the other hand, is working to get Tsao Kun to turn against Wu Pei fou; but altough Tsao may be a fool, his lieutenants are too clever not to realise that the elimination of Wu Pei fou would necessarily leave Tsao Kun alone to face Chang Tso lin in the event of trouble later on. It is all chess play and a mere move in the game of changing China "slowly". There will be no real change except by the application of REVOLUTIONARY measures which shall sweep away the entire corrupt system out of existence.

Youre very truly

/ signed/ Sun Yat Sen.

为协调与越飞的会谈，孙中山于1922年12月20日写给后者的信　РГАСПИ收藏

① 《孙中山致越飞的信（1922年12月20日）》，《联共、共产国际与中国》，台北东大图书公司1997年版，第131—132页。

② 《关于我们在殖民地半殖民地尤其是在中国的工作问题（提纲）》，李玉贞主编：《马林与第一次国共合作》，光明日报出版社1989年版，第101页。

在这种情况下，苏俄的双轨对华外交格局就凸显出来。越飞一方面同北京政府谈判，一方面同另外一支反对它的政治力量谈判，同时通过马林联系共产国际给予后者以援助。

1922 年 12 月 26 日马林在共产国际执行委员会主席团会议上就中国国内状况特别是关于中共党员以个人名义加入国民党的策略及其实施情况，做了一个报告。他批判了共产国际某些人关于应当“把全部精力用于建立一个群众性共产党”的观点，因这“已经完全脱离了实际情况”。①

1923 年 1 月 4 日，俄共（布）中央委员会政治局举行会议，综合研究了关于中国的各种问题，并作出了相应决议。越飞和马林的《提纲》显然已经引起了共产国际决策机关的注意。就对中国的工作而言，莫斯科的考虑中有下面几个重要内容值得注意。

“采纳外交人民委员部关于肯定越飞旨在全力支持国民党政策的建议”。同时“责成外交人民委员部和我们驻共产国际的代表加强这方面的工作”。对于国民党来说，这应当是一个喜讯。更加重要的是：

“支持国民党的费用从共产国际的后备基金中支出，因该工作系循共产国际的渠道进行”。② 这就清楚地把国民党圈定在共产国际对华工作的范围之内。

会议针对孙中山就苏俄拟出兵占领中东铁路一事给列宁的信③作出安排，决定委托外交人民委员部“以列宁的名义给孙中山写回信”。④ 此次会议注意到孙中山的信还有另外一个要求，即请苏俄不要出兵中东铁路，便“指示远东革命委员会，令其不要干预对外政策”。⑤

显然，俄共（布）中央委员会政治局这次会议说明，共产国际此时没有采纳吴廷康⑥等主张抛开国民党的意见。这种“左”的倾向在这个问题上还没有占上风。

但是究竟莫斯科通过共产国际渠道能够拨出多少钱，这个问题还有待解决。

---

① 马林报告见《联共、共产国际与中国》，台北，东大图书公司 1997 年版，第 140—144 页。无论马林还是越飞对国民党的看法都带有明显的理想色彩，例如他们从共产国际理论的角度阐述国民党对待工人运动的立场，他们似乎认为这是一种“提高”。见上书第 53、57、60、61 号等文件。

② 会议记录见《联共、共产国际与中国》，台北，东大图书公司 1997 年版，第 148—149 页。

③ 信全文见《联共、共产国际与中国》，台北，东大图书公司 1997 年版，第 129—130 页。孙信中说苏俄这样做有害于两国关系和苏俄国际形象，请其“不要做出任何类似占领北满这样不理智的举动”。

④ 此信待寻。

⑤《联共、共产国际与中国》，台北，东大图书公司 1997 年版，第 148 页。

⑥《联共、共产国际与中国》，台北，东大图书公司 1997 年版，第 149 页。

一个不祥音符开始影响孙中山与共产国际的关系。就在西北计划酝酿的过程中，出现了一个不可小视的音符，这就是“批评国民党”。虽然共产国际执行委员会正式作出决议支持国民党，但无论是那里的稳健者还是激进者，都有一个共同的指导思想：促使国民党按照俄共（布）模式前进。而国民党从根本上并不赞成共产国际的理论，所以其政治主张、观点乃至行动，时时都有表现。于是“批评”国民党的字样，在共产国际收到的许多报告特别是出自马林手笔的报告中，便成了一个积极词汇。

早在1922年8月底的杭州会议上，在讨论马林从莫斯科带回的指示时，与会者便把在国民党内外进行共产主义宣传作为中共党员以个人身份加入国民党的先决条件。[①] 确实，中共中央机关刊物《向导》周报从创刊开始就接连登载评论国民党的文章。这些评论开始是温和的，例如《统一、借债与国民党》；[②] 有支持孙中山国民党政策的，如《中德俄三国联盟与国际帝国主义及陈炯明之反动》、《孙吴可以在一种什么基础上联合呢?》和《介绍一篇国民革命的纲领》；[③] 有分析国民党性质的，如署名“只眼”的文章：《国民党是什么》，[④] 也有委婉地劝告国民党采取正确政策，“明确表示与军阀断绝搅和”的。[⑤]

这些看似善意的规劝，已经成了既定方针，马林为《向导》周报制定的任务是通过共产党人和青年团员们的通力合作，以建立“国民运动的左翼并引导它朝着实行坚强有力、明确的反帝政策方向前进”。[⑥]

由于马林没有意识到这个问题的复杂性和艰巨性，所以一直坚持这样的做法。对国民党的批评涉及两个大的问题：一是建立所谓“左翼”，它包含着明显的分裂国民党的意图；另一方面是国民党的“亲美”倾向，这涉及国民党的意识形态及其对共产国际“打倒世界帝国主义”、“消灭世界资本主义”

---

① 《共产国际执行委员会主席团会议记录节录（1922年12月26日）》，《联共、共产国际与中国》，台北东大图书公司1997年版，第140页。书中将日期误为29日。

② 例如在《向导》周报第1期便针对孙中山工兵计划宣言的文章《统一、借债与国民党》，其中称该设想虽然好，但“以大义责军阀是无效的”。另外，对于孙中山想从财政问题的解决入手来解决中国统一并且寄希望于美国的帮助一事，该刊也婉转地指出，务必接近苏俄，反抗帝国主义才能使中国的国民运动发展壮大。对于正在酝酿的孙吴联合，该刊认为应当使国民党与民众联合起来，这才是根本大计（该刊第5—6页）。

③ 前二文为蔡和森所写。《向导》周报第4期，第25、28—29页。后一篇为高君宇和春默（张太雷）所写。

④ 《向导》周报，1922年第2期，第16页。

⑤ 君宇：《福建现下的局势与国民党》，《向导》周报，1922年，第41页。

⑥ 《共产国际执行委员会主席团会议速记记录节录》（1922年12月26日），《联共、共产国际与中国》，台北东大图书公司1997年版，第141页。

的根本目标。不同的道路必然引出不同的政策和策略，而马林和共产国际执行委员会代表们的悲剧恰恰在于他们盲目崇信自己的理论，不遗余力将其灌输给国民党。由于他们并不了解这个党，特别是没有意识到除了苏式革命道路，国民党试图遵循的完全是另外一条道路，所以，即使国民党人在开始阶段对这些批评的反弹并不厉害也不明显，那也不等于说国民党“欣然接受”。[①] 而且不管国民党人是快是慢地“前进”，它的方向也与共产国际迥异。

由于共产国际执行委员会代表让中共“在国民党人中间广泛散发”《向导》周报，[②] 由于该报对国民党和孙中山的批评越来越尖锐，涉及的面也越来越广泛，越来越深入，其潜伏的影响二者关系的因素也越来越明显。可是马林等人却过于天真地以为国民党水平不高，一相情愿地感觉这样就能促使国民党“进步”，于是《向导》周报上的批评越是激烈，便越是事与愿违。孙中山已经觉察，并在同越飞会谈中作出了反应。

第三节　孙文越飞会谈，西北计划正式出炉和短暂的实施过程

这是西北计划的第四阶段。张继于 11 月 12 日[③]回上海。越飞同北京政府的谈判因中东铁路和外蒙古问题陷入僵局。为了使自己的出使不至于一无所获，他不再将活动范围局限于北京政府，而要同孙中山直接接触，便在 1923 年 1 月 17 日从北京南下上海，同孙中山数度会谈。[④] 可以推断，这与 1923 年

---

① 《共产国际执行委员会会议速记记录节录》（1923 年 1 月 6 日），《联共、共产国际与中国》，台北，东大图书公司 1997 年版，第 149 页。

② 《联共、共产国际与中国》，台北，东大图书公司 1997 年版，第 149 页。

③ 越飞 11 月 10、13 日致契切林的电报中有“今天张继回”的字样。《联共、共产国际与中国》，台北，东大图书公司 1997 年版，第 120 页。

④ 上海档案馆：《警务日报》1923 年 1 月 19 日、1 月 22 日。又可见英国驻沪总领事巴尔敦的秘密报告《1 月 16—22 日孙中山的活动》（Sun Yatsen's activities during 16—22 January），上海档案馆全宗 104 号第 96 页。另外上海《警务日报》有一条未经证实的报告说 1 月 20 日 11 时孙中山去汇中旅馆会见越飞。上海《民国日报》、北京《晨报》都有 1 月 20 日孙越会见的消息。前引巴尔敦的报告也说这天他们曾经见面。因此可以肯定他们 20 日的会见。但会见地点有出入，后二报说会见是在孙府。但《民信日刊》1923 年 1 月 23 日第二版记载他们初次会见的日期是 1 月 22 日，地点是莫里哀路孙宅。王聿均：《中苏外交的序幕——从优林到越飞》（台北“中央”研究院近代史研究所 1978 年片，第 452 页）也取这个说法。

1月4日共产国际执行委员会主席团作出援助中国国民党的决定不无关系。

众所周知，《孙文越飞联合声明》是两人会谈的结果，其内容已经广为人知，但是尚有许多待重新研究之处。例如“中国当得俄国国民最挚热之同情，且可以俄国援助为依赖”① 一语的含义究竟是什么？

前已述及共产国际在中国选择了国民党作为合作对象。这固然比分裂国民革命运动要好，但是从国际关系的角度，我们又不得不承认，对于中国政治来说，它的干预成分或者说“友好的干预”成分是十分明显的，因为它援助的是中国社会中事实上的在野势力——中国国民党，而目的则是由它去取代中国的正式政府——北京政府。笔者使用“友好的干预”一词，是因为第一，国民党确实比其他派系有更多优势，它虽还松散但毕竟是一个粗具规模的组织；第二，孙中山一直对苏俄示好并在寻求援助。

孙中山、越飞的会谈

《孙文越飞联合声明》这个重要文件的字里行间连同其上下文和顺序，需要予以进一步分析，以揭示背后的东西。

为什么它开宗明义载入“共产组织甚至苏维埃制度，事实上均不能引用于中国”。

围绕这个问题可介绍的情况有两点。一是孙中山知道绝大部分国民党领导人不喜欢苏维埃制度。前述《向导》周报在国民党人中广泛散发，共产国际在国际上发起声势浩大的宣传共产主义的运动，特别是中共在1922年加入了共产国际成为其一个支部之后，这一切都在孙中山的视野之内。他十分清楚苏俄和共产国际的愿望：尽快在中国建立苏维埃，所以才在1922年11月让张继向越飞表示只要苏俄占领新疆，在此地可以建立任何性质的社会制度甚至苏维埃制度。

然而那仅仅是孙中山私下里说的，涉及的也仅仅是新疆一地，况且后来并未得实施。对苏式革命道路、苏式共产主义和苏维埃，他从根本上持排斥立场，这也是国民党的主要政治倾向。可是越飞试图说服孙中山，在他动身到上海前的几天，他对苏联政府和共产国际领导人说，他的南下不仅要进一步了解中国形势，而且要对孙中山本人，对整个广泛的运动去“施加影响”。② 这里的“影响”是什么就很清楚了。

越飞是否达到目的了呢？孙中山是否为得到俄援而“让步”了呢？

---

① 这个文件的外文最早出现于1927年1月27日上海英文《大陆报》（*The China Press*）。中文最早出现于《民信日刊》。

② 这是越飞在1月13日写的信，见《联共、共产国际与中国》，台北，东大图书公司1997年版，第157页。

二是孙中山、越飞谈判过程中的情况。据上海公共租界工部局警务档案记载，他们的短短几天会谈，气氛并非一直和谐顺利。下面的日程可以说明详细情况。

1 月 17 日越飞南下上海。他目睹的实况是，在这个大城市里“布尔什维克宣传不力”，为克服这种状况，他“打算从北京增派十几名受过训练的中国布尔什维克宣传者来支援上海地方的宣传人员”。①

另外，莫斯科使者们都注意到，在上海这个非常重要的国际舆论中心，租界里时时发出反苏声音，对苏俄国际形象产生负面影响。所以他们对拥护苏俄的《上海俄文生活日报》（Шанхайская жизнь）所做的正面宣传十分关心，甚至把它作为一个接头点。② 但孙中山是否支持从北京来的“宣传者”在这里宣传共产主义，毕竟是很重要的，如果得到孙的首肯，无论对苏俄、还是共产国际视为“自己人”的中共都是大有好处的。越飞试图对孙“施加影响”无非也是这个目的。

另外越飞也想利用谈判桌外的一切条件，配合对孙的交涉。他会见了《上海俄文生活日报》编辑部的成员，会见了 1922 年 8 月曾经在北京为他举行欢迎会的蔡元培。

1 月 22 日下午 6 时，在莫里哀路孙府，发生了令世人瞩目的孙文、越飞会见。③ 是日，越飞偕施维尔萨隆在孙府与孙中山共进午餐。这次讨论的是：“达到下述三项目的的途径和方法：1. 迫使日本撤出东北；2. 保证废除在中国的治外法权；3. 促使中苏结盟。”④

1 月 23 日，越飞在汇中旅馆⑤宴请孙中山和国民党领导人张继等。可是

---

① 上海档案馆：《警务日报》1923 年 1 月 23 日。

② 《上海俄文生活日报》是 1920 年由谢麦施科等倾向社会主义的俄侨在上海创办的，约在 1920 年年初获得苏俄政府资助。是年春，肩负建党使命的吴廷康一行不仅以该报编辑、记者的身份来华，而且将共产国际东亚书记处设在报社内。从此，《上海俄文生活日报》不仅成为东亚书记处拥有的一个宣传工具，也成为布尔什维克在华活动的掩护机关。由于报社成员协助隐蔽在报社内的苏俄、共产国际派遣人员，从事在华建立共产主义组织的活动，整个报社作为一个群体在中国早期共产主义运动中发挥了特殊作用。1922 年年底，因来自俄国的资助终止而导致《上海俄文生活日报》的停刊，但报社许多人员仍继续为布尔什维克工作。详见：李丹阳、刘建一：《〈上海俄文生活日报〉与布尔什维克早期在华活动》，《近代史研究》2003 年第 2 期，第 1—43 页。

③ 上海档案馆：《警务日报》1923 年 1 月 19 日。1 月 22 日记载称“他们倾谈四小时后方分手”。关于此事还有信息说：1 月 20 日，孙中山、越飞再次会见。孙的英文秘书 Evening News 编辑陈友仁到汇中旅馆拜访越飞，传达孙中山的意图并且安排次日越飞秘书与孙中山的会面。1 月 21 日上午 10 时半至 11 时 50 分，越飞秘书列文和施维尔萨隆访问孙中山。

④ 上海档案馆：《警务日报》1923 年 1 月 23 日。

⑤ 巴尔敦报告说这天会见在大东饭店（Great Eastern Hotel），见上海档案馆第 102—1—9 号文件；《警务日报》1923 年 1 月 24 日。

Peiping China.

ШАНХАЙСКАЯ
ЖИЗНЬ

Цена 10 ц.

№ 796 (128)

上海俄文生活日報

Tuesday, June, 20 1922.　The SHANGHAI LIFE　Вторник, 20 Июня 1922 г.

ПРИНИМАЕТСЯ ПОДПИСКА НА 1922 ГОД

„ШАНХАЙСКАЯ ЖИЗНЬ"

ДОКТОР МЕДИЦИНЫ
А. РОЗЕМБЕРГ

Д-р ФИРШТЕНБЕРГ

ЗУБОВРАЧЕБНЫЙ КАБИНЕТ
З. С. Торжевской

ДОБРОВОЛЬНЫЙ
ФЛОТ
АГЕНТСТВО В ШАНХАЕ
14 Киюкианг род. Телефон Сентрал 2215.

Russian Volunteer Fleet.
SHANGHAI AGENCY
14 Kiukiang Road. Telephone Central 2215.

ДОКТОР МЕДИЦИНЫ
Р. И. ГОЛЬПЕР

(Здание American Oriental Bank).

Зубная лечебница

М. КЛЯЧКО

1922 年 6 月 20 日的《上海俄文生活日报》

因为共产主义宣传一事而出现的麻烦并没有稍减。显然越飞把这一条当成了苏俄给予孙中山军事援助的重要筹码。孙中山感到非常为难。

1 月 24 日，当孙越二人再次谈到这件事时，孙中山的立场丝毫没有改变，“越飞与孙中山的会谈遂出现障碍”。双方不得不步履艰难地前进。

越飞在这个关头向孙中山表示了给予国民党军事援助的诚意，让跟随苏俄代表团前来上海的使团军事代表赫沃斯托夫（Хвостов）参加了会谈。① 这显然是一种姿态。双方一度僵持，费时甚多。越飞向孙中山提出了三个条件：1. 立即公开承认苏维埃政府为俄国合法政府；2. 与苏俄政府公开签订盟约；3. 答允不禁止在中国进行布尔什维主义宣传。如能答应，那么苏俄将给予国民党以道义上和物质上的援助。

至此，问题已经清清楚楚地摆了出来。得到俄国援助的前提或者交换条件就是“不禁止在中国进行布尔什维主义的宣传”。孙中山“答应考虑前两个

---

① 上海档案馆：《警务日报》1923 年 1 月 30 日。

条件，但是他由于拒绝就第三点作出让步而感到为难”。[①]

也许“不禁止”三个字构筑了缓冲区。充其量是“不禁止”布尔什维主义宣传，而不是“引进”或“建立”苏维埃制度。于是孙中山作出了“准让步”。

越飞进一步作出姿态：立即发电报给北京，把苏俄使团的军事顾问格克尔叫到上海来。格克尔是在越飞被任命为驻中国全权代表后不久被任命为驻中国武官的。他已于 1922 年 9 月会见过孙中山。此人当时在苏俄居于高位，举足轻重，有他直接参与会谈，这件事本身就说明苏俄政府对援助孙中山一事的重视。格克尔火速赶到上海，1 月 25 日上午 10 时到达。参加了孙越关于军事问题的会谈。[②]

孙吴携手是谈判中必然涉及的另外一个非常重要的问题。越飞向孙中山明确表示，“苏维埃当局急于使孙吴携手”。

1 月 26 日孙中山、越飞二人联合签署了《孙文、越飞联合声明》，上海《大陆报》（The China Press）受他们委托于 27 日发表。[③]

（1923 年 1 月 27 日）《大陆报》[④]

大标题：孙逸仙博士语，俄国将放弃沙皇从中国强索的一切权益

小标题：南方领袖孙逸仙和莫斯科代表特命全权代表 A. A. 越飞先生就诸争议问题达成谅解

搁置中东铁路问题

双方同意鉴于北京局势不宜立即从外蒙古撤军

越飞君此次在沪，曾与孙逸仙博士会谈数次，关于中俄关系各重要事件，意见一致，而下列数端尤著：

《大陆报》列为文件之首：

（1）孙逸仙博士以为，共产组织甚至苏维埃制度，事实上均不能引用于中国，因中国并无可使此项共产主义或苏维埃制度实施成功之情形存在之故，此项见解，越飞君完全同感，且以为中国最重

---

① 上海档案馆：《警务日报》1923 年 1 月 24 日。

② 上海档案馆：《警务日报》1 月 24 日、26 日。

③ 1924 年《中国年鉴》*China Year book* 刊登过这个文件，1928 年该刊再登载时用的题目是《孙文、越飞联合声明》“Joint statement”一词，《中国年鉴》*China Year book*（1928），第 1318 页。

④ 此处使用的是收入《中国国民党重要宣言汇编》中的《民信日刊》1923 年 1 月 28 日载世界新闻社最初的译文，与《孙中山全集》第 7 卷，中华书局 1985 年版，第 51—52 页所载文字上略有不同。参见拙作：《孙中山与共产国际》，台北“中央”研究院近代史研究所 1996 年版，第 207—208 页。

RUSSIA WILL RENOUNCE ALL CZARIST EXACTIONS ON CHINA, DR. SUN TOLD

Southern Leader And Joffe, Moscow Representative, Reach Understanding On All Disputed Points

WILL GIVE UP CHINESE EASTERN

Immediate Evacuation Of Outer Mongolia Not Immediately Desirable, Both Agree, Because Of Peking Situation

Dr. Sun Yat-sen and Mr. A. A. Joffe, Russian Envoy Extraordinary and Plenipotentiary to China, have authorised the publication of the following statement:

During his stay in Shanghai, Mr. Joffe has had several conversations with Dr. Sun Yat-sen, which have revealed the identity of their views on matters relating to Chinese-Russian relations, more especially on the following points:

(1).—Dr. Sun Yat-sen holds that the Communistic order or even the Soviet system cannot actually be introduced into China, because there do not exist here the conditions for the successful establishment of either Communism or Sovietism. This view is entirely shared by Mr. Joffe, who is further of opinion that China's paramount and most pressing problem is to achieve national unification and

要最急迫之问题，乃在民国的统一之成功，与完全国家的独立之获得。关于此项大事业，越飞君并向孙博士保证，中国当得俄国国民最挚热之同情，且可以俄国援助为依赖。

SOVIET'S ATTITUDE

(2).—In order to clarify the situation, Dr. Sun Yat-sen has requested Mr. Joffe for a re-affirmation of the principles defined in the Russian Note to the Chinese Government, dated September 27, 1920. Mr. Joffe has accordingly re-affirmed those principles and categorically declared to Dr. Sun Yat-sen that the Russian Government is ready and willing to enter into negotiations with China on the basis of the renunciation by Russia of all the treaties and exactions which the Tsardom imposed on China, including the treaty or treaties and agreements relating to the Chinese Eastern Railway (the management of which being the subject of a specific reference in article VII of the said Note).

《大陆报》所用小标题：苏联的态度

（2）为明了此等地位起见，孙逸仙博士要求越飞再度切实声明一九二〇年九月二十七日俄国对中国通牒中所列举之原则。越飞君当即重行确认此项原则，并向孙博士切实宣称：俄国政府准备且愿意根据俄国抛弃帝政时代对华一切条约及强索权利之基础，另行开始中俄交涉。上述各条约中，包括关于中东铁路之各项条约及协定在内（关于此路之管理，上述通牒中第七条曾特别叙述之）。

(3).—Recognising that the Chinese Eastern Railway Question in its entirety can be satisfactorily settled only at a competent Russo-Chinese Conference, Dr. Sun Yat-sen is of opinion that the realities of the situation point to the desirability of a *modus vivendi* in the matter of the present management of the Railway. And he agrees with Mr. Joffe that the existing Railway management should be temporarily re-organised by agreement between the Chinese and the Russian Governments without prejudice, however, to the true rights and special interests of either party. At the same time Dr. Sun Yat-sen considers that General Chang Tso-lin should be consulted on the point.

(3) 因承认全部中东铁路问题，只能于适当之中俄会议克满意解决，故孙逸仙博士以为就目前的实际情况，宜于铁路管理上觅一相当办法。且与越飞君同意现行铁路管理法，只能由中俄两政府不加成见，协商暂时改组，但不得损害两方之真实权利及特别利益。同时，孙逸仙博士以为此点应与张作霖将军商洽。

《大陆报》所用小标题：非帝国主义的

（4）越飞君向孙博士切实宣称（孙博士对于此层完全同意）：俄国现政府决无亦从无在外蒙实施帝国主义政策，或使其脱离中国之意思与目的。孙博士以为俄国军队不必立时由外蒙撤退，缘为中国实际利益与必要计，中国北京政府庸弱无能，无力阻止因俄兵撤退后白俄反对赤俄之阴谋与敌对行为之发生，而酿成一种较目下尤为严重之局面。

NOT IMPERIALISTIC

(4).—Mr. Joffe has categorically declared to Dr. Sun Yat-sen (who has fully satisfied himself as to this) that it is not and never has been the intention or purpose of the present Russian Government to pursue an Imperialistic policy in Outer Mongolia or to cause it to secede from China. Dr. Sun-Yat-sen, therefore, does not view an immediate evacuation of Russian troops from Outer Mongolia as either imperative or in the real interest of China, the more so on account of the inability of the present Government at Peking to prevent such an evacuation being followed by a recrudescence of intrigues and hostile activities by White Guardists against Russia and the creation of a graver situation than that which now exists.

Mr. Joffe has parted from Dr. Sun Yat-sen on the most cordial and friendly terms. On leaving Japan, to which he is now proceeding, he will again visit the South of China before finally returning to Peking.

Shanghai, January 26, 1923.

越飞君与孙博士以最亲挚与有礼之情形相别。彼将与离日本之际再来中国南方访问，然后赴北京。

一九二三年一月二十六日。上海。

孙逸仙　越飞（签字）

孙中山要求越飞就外蒙古问题做的表态，固然表面上看起来像是权宜之计，然而，历史的发展却说明，无论是1921年外蒙古临时人民革命政府的出现，它被斯大林赋予的参加中苏两国正式外交谈判的“特殊资格”，以及斯大林为此让越飞再三说服国民党领导人，① 还是1924年蒙古人民共和国的成立，都在苏俄政府的谋划之中。从中国国家领土和主权的角度来说，“一种较目下尤为严重之局面”最后毕竟还是“酿成”了。

即使在当时，孙中山的这个举动，也不能说是明智的。越飞则更加明白，他应孙中山之请所做声明“俄国现政府决无亦从无在外蒙古实施帝国主义政策”根本就是表面文章，这不是苏联政府的本意，作为旁证，可以引用此前一个多月，他写给列宁、斯大林、托洛茨基等要人的信，批评莫斯科欲占领中东铁路，以及其对待外蒙古的政策：

“甚至在推行帝国主义政策问题上，我们莫斯科存在完全错误的看法。没有任何一个侵略成性的帝国主义国家敢这样做，日本现在也不得不撤出中东铁路。外国都是在保护侨民的口号下把军舰开到中国水域。一支军队要有四、五万人，还要懂中文和中国习惯。俄国没有这样的军队；外国也不得不承认他们只能在条约规定的通商口岸活动……中国是半殖民地国家，帝国主义国家中没有哪个敢把兵直接开进来，而是以防范外国涌入为借口。这是华盛顿会议决定的”。②

尤其值得注意的是，早在上年12月6日，孙中山已经就此事致函列宁等人。后来，为配合孙中山同越飞的谈判，张继在北京时，越飞也把关于外蒙古和中东铁路的情况告诉了他，请其转告孙中山。③

仔细阅读这个联合声明，可以看出，在越飞就外蒙古问题表态后，孙中山才“同意”苏俄可以暂时不撤出外蒙古，以免“酿成……”的字样。但是也没有孙中山“反对”的字样。事实上孙中山默认了越飞的表态。

---

① 参见《联共、共产国际与中国》，台北东大图书公司1997年版，第30、115号文件。

② 《A. A. 越飞致列宁、托洛茨基等人的信（1922年12月14日）》РГАСПИ，全宗5，目录1，案卷2145，第71页。

③ 《A. A. 越飞致列宁、托洛茨基等人的信（1922年12月14日）》РГАСПИ，全宗5，目录1，案卷2145，第71页。

然而如何理解“一种较目下尤为严重之局面”却是一个值得思考的问题。难道中国自己治理自己的蒙古民族聚居地，就会出现“较目下尤为严重之局面”吗？当时孙中山的态度与中共某些领导人是一致的，① 中共中央正式文件的表述是西藏、蒙古、新疆等省，若将其“统一为中国本部”，“还不能统一的武人政治之下，结果只有扩大军阀的地盘，阻碍蒙古等民族自决自治的进步”。所以应该先赞成其“自主”，然后“再联合成为中华联邦共和国”。② 同样的话不止一次出现在其机关刊物上。③ 中共和孙中山的态度，使中国政府在对苏谈判中处于一种十分尴尬的境地。

有些人“称许”④ 苏俄占领库伦，这是否合适呢？是否因蒙古受到中国外交系和军阀，蒙古王公和中国奸商的“欺压”，⑤ 就把这一片广袤之地拱手给“全世界无产阶级的祖国”、“解放全世界被压迫民族的大本营”——苏俄呢？类似说法显然是有损中国领土完整的。按照这种逻辑，在某种意义上的“落后”国家难道都要交由“先进”国家治理才顺理成章吗？

所以在如何解读《声明》里载入的“中国当得俄国国民最挚热之同情，且可以俄国援助为依赖”的那句话时，既不能否认莫斯科对中国人民民族解放运动的支持，对中国国民党的援助，也不能以侵犯中国主权为代价寻求援助。平等互利才是处理国家关系的准则。

《声明》中仅仅极其简要地说中国可“以俄国援助为依赖”，而没有阐述其内容。“依赖”指什么？这里面有莫斯科正在考虑的给孙中山人力物力援助的事，也有军事因素。

给国民党人力物力援助，指的是1923年1月4日俄共（布）中央委员会政治局议决的：“肯定越飞旨在全力支持国民党政策的建议”，“支持国民党的费用从共产国际的后备基金中支出”。鉴于该工作将通过共产国际渠道进行，外交人民委员部应该“同越飞同志协商，向政治局提出补充拨款的议案”。⑥

军事因素指的是孙中山早在1922年12月底便函告越飞：他孙中山，拟

---

① 参见中共中央机关刊物《向导》周报发表的［高］君宇的文章：《国人对于蒙古问题应持的态度》（《向导》第3期，第19—20页），该报为发表参加远东人民代表大会的蒙古代表登德布在此次大会上的发言《蒙古及其解放运动》时写的编者按（1922年10月11日出刊，该报第5期，第43页）。

② 《中共中央文件选集》（一），中共中央党校出版社1989年版，第111页。

③ 上引高君宇的文章称，若收回外蒙古，就是“要替军阀多一块地盘，替帝国主义多了一块殖民地”，《向导》周报第3期，第20页。

④ 国焘：《还是赞助新蒙古吧》，《向导》周报第8期，第68页。

⑤ 国焘：《还是赞助新蒙古吧》，《向导》周报第8期，第68页。

⑥ 《联共、共产国际与中国》，台北，东大图书公司1997年版，第149页。

“调动十万军队从四川经甘肃到内蒙古，最终可在由西北进军北京这一传统路线上占优势”。为此他需要莫斯科在“辎重、技术和专家方面”提供援助。孙中山称这个直接推翻北京政府的计划是“革命的办法，或曰速［剧］变的办法”，而不是“缓慢的逐渐改变的被称为演变的办法”。他所谓“演变”就是同北京政府谈判按部就班地解决中苏复交问题。①

越飞方面，因其同“庸弱无能的中国中央政府委蛇”② 毫无成果，觉得孙中山这个“革命的办法”也不无可取之处，他设想若能促使孙中山政府的诞生，承认“孙中山的革命政府为中国的合法政府，并且只同这个政府打交道”，③ 那么中苏复交的进程就顺畅得多。还在上海会见孙中山之前他就为此请示过莫斯科。不过，这样做要冒风险，那将意味着军事干预。此路不通。

会谈中涉及国民党的计划，它包括一个近期计划和一个长远计划。

近期计划是：消灭陈炯明，然后北上至吴佩孚的势力范围汉口和洛阳，将吴击溃。在继续北上过程中，张作霖会把北京让给他孙中山，届时孙就以“统一的中国代表者的身份入主北京”。

长远计划是：把国民党的基地移往中国腹地，到“穆斯林聚居的”新疆，离苏俄近一些的地方，以便同苏联“保持密切而直接的联系”。在行动上，这样“可以不经过吴佩孚的辖地”，而直接“通过甘肃、宁夏等省调动孙中山在那里的十万军队赴蒙古边界”，因这里恰恰位于通过库伦至苏联的“必经之路上”。这个方案的长处，在于避开东南沿海方面可能出现的外国干涉，因为列强不敢“铤而走险”——“从海上派兵到中国腹地”。

为实施近期计划，孙中山重新提起他同达林会谈时的想法，期望苏俄“在满洲挑起事端，将张作霖的军队从他占领的北京吸引到那里去”。当时越飞个人认为苏俄有可能“依据同孙中山的协定，进军满洲”。为实施远期计划，孙中山希望苏俄帮助他装备和训练由他指挥和调遣的“十万军队”，辎重和被服由孙中山自筹。孙中山的这个想法差不多两三个月前已经通过张继向越飞表示过，为了取得援助，孙中山甚至打算在其三民主义问题上做出一些

① 《孙中山致越飞的信（1922 年 12 月 20 日）》，《联共、共产国际与中国》，台北，东大图书公司 1997 年版，第 131 页。

② 《越飞致俄共（布）、苏联政府和共产国际领导人的信摘录（1923 年 1 月 13 日）》，《联共、共产国际与中国》，台北，东大图书公司 1997 年版，第 156 页。

③ 《联共、共产国际与中国》，台北，东大图书公司 1997 年版，第 156—157 页。

让步，即苏军进入新疆后可以在那里建立任何性质的政权，甚至苏维埃政权。[①]

孙中山采纳了越飞提出的建议，用“融政治—外交—军事于一体的综合方法开展活动”。[②] 越飞表示满意，建议苏俄政府考虑这两个方案中涉及的问题：能否向国民党提供二百万金卢布的援助；苏俄能否在必要时出兵满洲，把张作霖的军队引离北京；能否帮助孙装备十万军队，何时可以提供这些装备。[③] 他本人认为答案应当是肯定的。[④]

西北计划部分地得到财政支持。1923 年 1 月 30 日越飞离开中国到了日本，国民党派廖仲恺前往，继续同越飞商谈苏联援助国民党事。3 月 8 日，俄共（布）中央委员会担心苏俄军队“进军满洲”会引起苏俄同日本在中东铁路沿线的冲突而否定了孙中山的近期计划。会议决定向国民党提供财政援助并帮助他建立军队，在征得孙中山同意后向其派遣军事和政治顾问。[⑤] 挑选顾问的工作当即启动。[⑥]

5 月 1 日，身在东京的越飞通过马林告诉孙中山：苏联准备向国民党“提供二百万金卢布，作为筹备统一中国和争取民族独立的工作之用”，还准备协助国民党“利用中国北方或中国西部的省份建立一个大的作战单位”，苏联能够提供的武器是“八千支日本步枪，四门奥利萨卡炮和两辆装甲车”，国民党可用这些武器和教练员建立一个包括各兵种的内部学校而非野战部队。值得注意的是，电报中指的是“非野战部队”，并说“这就可以为在北部和西部的革命军队准备好举办政治和军事训练班的条件”。[⑦] 它的含义是苏俄并非帮助国民党直接建立军队，而是为其准备“条件”。西北计划仅仅部分地得到莫斯科的财政支持。

---

① 《越飞致契切林的电报（1922 年 11 月 7、8 日。北京，绝密）》，《联共、共产国际与中国》，台北，东大图书公司 1997 年版，第 116 页。

② 《越飞致俄共（布）、苏联政府和共产国际领导人的信摘录（1923 年 1 月 26 日）》，《联共、共产国际与中国》，台北，东大图书公司 1997 年版，第 169—171 页。

③ 《联共、共产国际与中国》，台北东大图书公司 1997 年版，第 171 页。

④ 还在 1922 年 8 月 31 日越飞就在写给外交人民委员加拉罕的信中说苏俄要想“当中国的救命恩人”，就应当向中国提供 200 万金卢布的贷款。РГАСПИ，全宗 5，目录，1，案卷 2194，第 115 页。

⑤ 《俄共（布）中央委员会会议记录第 53 号》（1923 年 3 月 8 日），《联共、共产国际与中国》，台北，东大图书公司 1997 年版，第 183 页。

⑥ A. И 契列潘诺夫：《一个驻华军事顾问的笔记》，第 20—22 页。此书已经由中国社会科学院近代史所翻译室译为中文，书名为《中国国民革命军的北伐》，中国社会科学出版社 1981 年版。

⑦ 马林：《收越飞本年 5 月 1 日热海来电》，李玉贞主编：《马林与第一次国共合作》，光明日报出版社 1989 年版，第 170—171 页。

西北计划短暂的实施过程

鉴于这个计划从提出到官方部分地肯定与否定期间经历了几个月，而中苏两国谈判又很不顺利，所以在共产国际执行委员会和苏俄决策层中都有人感到必须找一个“快刀斩乱麻”的办法，这就是前述苏俄武力占领中东铁路的计划。它被否定了。

但是孙中山的西北计划还在其酝酿时期就得到有关各方面的支持。

远东共和国的部分领导人依然致力于武力保卫苏俄利益。他们认为既然不能由苏俄或远东共和国直接出兵，那么把远东的华人组织起来，由他们和红军战士一起帮助孙中山统一中国，也是一条可取的道路。在这个思想指导下，他们准备了一个师的兵力。①

远东共和国军事部长 И. П. 乌鲍列维奇（Уборевич）② 和部长会议主席、革命委员会主席 П. А. 科鲍泽夫（Кобозев）③ 还在1923年年初就与路经此地的马林讨论了利用西伯利亚的华人为孙中山组建军队的事。他们“打算满足中国国民党人的要求”，同意为这一带的“中国人建立一个国民党办事处的计划”，这样，中国国民党人就可以在那里具体开展招募兵士的工作，④ 并利用北满已有的三千名游击队员。作为交换条件，孙中山应当同意与吴佩孚携手共同反对张作霖，以便让俄国“保住中东铁路”。⑤

共产国际也在为孙中山的西北建军寻找兵源。《孙文越飞联合声明》发表前一天，吴廷康致函共产国际东方部，认为活动于中国东北地区的“红胡子”游击队员应当予以利用，因他们已经自称革命队伍，有时候索性自称共产主义队伍，他们约有二千名。应当把他们组织起来，使其“打出国民党的旗

---

① РГАСПИ，全宗17，目录14，案卷203，第130页。

② 全名伊耶罗尼姆·彼得罗维奇·乌鲍列维奇 Иероним Петрович Уборевич（1896年1月2日—1937年6月11日），立陶宛人，苏俄军事家，1917年参加俄共。1918年参加红军，参加国内战争和粉粹外国武装干涉斗争并立战功。1921年8月起先后任第五集团军司令、东西伯利亚军区司令，1922年起任远东共和国军事总长，1926年起为苏联革命军事委员会委员，后历任莫斯科军区司令、苏联革命军事委员会副主席，兼工农红军装备部部长，白俄罗斯军区司令。还可见李玉贞主编：《马林与第一次国共合作》，光明日报出版社1989年版，第113页注释②③。

③ 全名彼得·阿列克谢耶维奇·科鲍泽夫 Петр Алексеевич Кобозев（1878年8月13日—1941年1月4日），苏联党务、国务活动家，军事家。1918年6月任东方面军革命军事委员会主席。在苏俄国内战争期间屡立战功。1922—1923年任俄共（布）中央远东局委员，远东共和国部长会议主席，远东革命委员会主席。1923年后从事军事科学研究工作。

④ 马林：《致加拉罕的信（1923年2月3日）》，李玉贞主编：《马林与第一次国共合作》，光明日报出版社1989年版，第120页。

⑤ 马林：《致越飞的信（1923年1月10日至2月3日之间）》，《联共、共产国际与中国》，台北，东大图书公司1997年版，第114页。

号”，从而“师出有名”。[①] 像吴廷康若这样组织的兵源，能否为主义而战也还是问题。

值得特别注意的是，这个招募兵丁组建军队的计划并非十分秘密，至少它已经深入到相当一部分旅俄华工中去。一些参加过苏俄国内战争的华人和俄国士兵，出于善良的愿望想把苏俄红军的模式移植到中国来，旅俄华工联合会党组织俄国共产华员局的领导者之一单培沣就是其中之一。他建议把参加过苏俄国内战争后从红军复员的部分中国士兵组织起来，与苏俄红军混合编队，在新疆伊犁建立一个新疆苏维埃共和国，以一个加盟共和国的资格并入苏联。[②] 这个建议索性要把这一大片中国领土割离中国。它比在1922年11月孙中山同越飞的会谈中提到的孙中山关于开发新疆一事更加“大胆”。可见“世界苏维埃革命”的音符多么强烈地影响了这些国家民族意识淡薄的华工们。这样的建议没有被采纳，应当是一大好事。

国民党方面，也在积极进行中，准备工作主要是联络地方力量。孙中山派出了王约瑟和毕少珊到西北，与当地宗教和行政领导联络，商洽开发边陲的大计。他在致西北宗教领袖耳巴都拉而吉子[③]的信中称颂后者在“国家政局不宁，经营未暇，致使贪污坐据，宰割横行”的情况下，“赖以宗教之力，宣传导化，使人民得获慰安，此则执事之功不浅也”。孙中山向其阐述自己的主张称：“文素持三民主义，首即以融化五族，普及教化为务”，并希望与耳巴都拉而吉子“交相辅益，竭忠尽智，以扫除政教之魔障，增进民族之幸福”。[④]

孙中山还同中国国民党西北党组织的领导人马文元通信，对于这一地区“猾吏凶横，坐据自大，致使政教坏于废弛，回、汉苦于隔阂”的状况表示忧虑，盼望马等人共同以三民主义治国，“求民族之融化，更图西北之发展”。[⑤] 王约瑟还持孙函拜访马麒，传达同样的意思。[⑥]

---

① 《魏金斯基致共产国际东方部的信（1923年1月25日）》，《联共、共产国际与中国》，台北，东大图书公司1997年版，第163页。此处所用数字“3000”与上注所用数字“2000”有出入。多半系他们的估计。

② РГАСПИ，全宗514，目录1，案卷152，第131页。

③ 此人情况待查。

④ 《孙中山全集》第7卷，中华书局1985年版，第37—38页。

⑤ 《孙中山全集》第7卷，中华书局1985年版，第38页。

⑥ 《孙中山全集》第7卷，中华书局1985年版，第38页。马麒（1869—1931），曾在清军中任哨官，后在宣化世袭旗官。辛亥革命后历任西宁镇总兵，甘边宁海镇守使。1917年北京政府授予其中将军衔。1931年死于青海省政府主席任上。

第四节　孙逸仙博士考察团

早在1922年孙中山就有派遣代表赴苏考察的想法。陈炯明事件发生，他被困在永丰舰上时，甚至有过亲自赴苏的打算。但是他始终没能踏上这片红色土地。当时的苏俄对于许多人有吸引力，热血青年特别是崇尚苏俄革命的青年自不待言。就是当时已经35岁的蒋介石也好奇地向往着这个神秘的国家。他离开广州前于7月14日一封致杨庶堪的信中表露过这个意图。[①] 孙中山知道蒋"有志西图"，便决定派遣他赴俄。

马林参与了代表团的筹建

8月5日蒋介石在上海与马林会见。最后选定沈定一、王登云和张太雷为团员，蒋介石担任团长，代表团的名称是孙逸仙博士考察团。

一行人于8月16日自上海首途，9月2日到达莫斯科。后邵元冲也前来苏俄，参加了代表团的活动。蒋介石的使命是"了解俄共"，请其对国民党在华南的工作给予"指教并彼此通报情况"。[②]

孙中山向苏方介绍蒋介石说"他是我的参谋长，是我委任的代表。我派他到莫斯科是为了探讨可行的途径和方法问题，以便我们那里的朋友能协助我做我们国内的工作。尤其是，蒋介石将军应同贵国政府和军事专家，讨论我的军队在北京西北及京畿地区进行军事行动的建议"。[③]

9月17日，孙中山给加拉罕写信介绍蒋介石，内容与上相同。孙说蒋介石将"同我那里的朋友们商讨可能通过什么途径和办法帮助我在中国的工作。蒋介石将军特别要同贵国政府和军事专家讨论我的军队在中国西北和北京及京畿一带开展军事行动的计划。蒋将军赋有全权代表我行事"[④] 信中突出表述了孙中山对于西北计划的希望。

9月23日，加拉罕致函孙中山，十分友好，信称：

---

① 引自陆培涌：《早年蒋介石个性和政治活动研究》（Pichon P. Y. Loh *The Early Chiang Kai-shek—A study of his personality and politics* 1887—1924），第87页。

② 苏俄外交人民委员部远东司翻译：《巴兰诺夫斯基关于国民党代表团会见鲁祖塔克的书面报告（1923年9月7日）》，《联共、共产国际与中国》，台北，东大图书公司1997年版，第232—233页。

③ 《联共、共产国产与中国》，台北，东大图书公司1997年版，第233页。

④ A. 惠廷：《苏俄对华政策》（Whiting，*Soviet Policies in China*），纽约，1957年版，第243页。惠廷说，他是从L. 费舍尔处得到此信的，后者是记者，当年与加拉罕交往频繁。

亲爱的孙博士：很长一段时间来广州缺少一个我国政府的常驻代表。这一点莫斯科深有所感。对米哈伊尔·马尔科维奇．鲍罗庭的任命是在这方面采取的一个重要步骤。鲍罗庭同志是我党最老的党员之一，参加俄国革命运动已经多年。您不仅可以把鲍罗庭同志视为政府的代表，而且可以把他当作我的私人代表。您可以同他无所不谈，就像对我一样。他的任何话您都可以予以信任，就像信任我的话一样。他了解全部情况。此外，在他来南方之前，我们两人曾经做过一次长谈，他会把我的想法、愿望和感受传达给您。

希望鲍罗庭同志到广州后情况会比以前（我为以前的情况深感遗憾）进展快些。此致友好敬意！

您的加拉罕（签名）

又及：我非常感谢您的电报。它给予我很大鼓舞，使我相信我们在中国的目标定能达到。[①]

M. M. 鲍罗庭

“同胞姐妹”共叙友好

蒋介石一行访问苏联的活动，从9月7日会见俄共（布）中央委员会书

① A. 惠廷：《苏俄对华政策》，纽约，1957年版，第244页。

L. M. 加拉罕

记鲁祖塔克开始。不知道是俄共（布）出于对孙中山和国民党的不甚了解，抑或是为了表示亲切，这位红色都城掌权集团的人竟称“国民党就其本质而言，与俄国共产党十分近似”，中俄两国“劳动群众的联系是非常自然的”。蒋介石则更进一步肯定了这种亲密关系，并说国民党与俄共是一母同胞，俄共是国民党的“胞姊”。

说是“同胞”姐妹，也不无道理，俄共（布）与国民党，确实有许多相似之处。在国民党方面，孙中山等所说的苏联的国家组织、军队组织，其实就是苏联的党国和党军制度。在那个时代的中国，若有一个主义明确的政党来统率一支自己的武装力量，再施以严格的训练，其战斗力自然强于军阀们乌合之众的雇佣兵。孙中山向往一支用三民主义武装起来的国民党党军便是这层意思。而在党国与党军之间，党国应当是目标，党军是工具。国民党追求的和后来1927—1928年间建立的也是这样一个“党国”。

此次会见时，鲁祖塔克表现了相当深刻的友好情谊，他在介绍了苏俄十月革命后的政治、经济和民族政策后，建议国民党代表团派人与共产国际执行委员会组成一个专门委员会研究国民党的要求，并且欢迎国民党有代表常驻莫斯科。“同胞姐妹”间关系看起来确实融洽，难怪此时的蒋介石被苏方称为“国民党左派”，因为他“亲苏”。①

为了国民党的“党军”，9月10日，代表团一行四人会见革命军事委员会斯克梁斯基和总司令加米涅夫，明确提出了请苏联援助建军的问题：尽可能多派遣军事专家到华南帮助国民党；安排代表团一行参观苏联军队；讨论代表团提出的在中国西北建军和开展军事行动的计划。

代表团提出的要求在逐步实现着。经苏方安排，代表团于17日参观了第144步兵团。

说到此次参观，“国民党左派”蒋介石还有一点小花絮值得予以介绍，它

---

① 《杜霍夫斯基关于国民党情况的报告（不晚于1923年9月10日）》，《联共、共产国际与中国》，台北，东大图书公司1997年版，第237页。

说明了当时蒋介石的状态。听说要去军队参观，他便一身戎装，以军人风度出现在专车旁。但是苏方予以制止，为保密起见，劝蒋换了便装。

蒋介石在该团品尝了战士们的饭食，仔细观看了营房中的一切。一行人受到热烈欢迎，蒋介石并发表了关于世界革命的讲话，称要向“已经战胜了帝国主义和资本主义”的苏联军队学习，我们中国军人“也要准备为反对帝国主义和资本主义而捐躯”。他的讲话不时为热烈的掌声打断，结束讲话时，他热情洋溢，双手发抖，激动不已。气氛极其友善，蒋介石竟是被战士们抬着放到汽车跟前的。①

后来他们又考察了红军部队、工厂和农村。苏俄军队的建设特别是红军的“党军性质”即红军中的政委制度给了行武出身的蒋介石以十分深刻的印象。他看到，由于红军“每团部由党部派一政治委员常住，参与主要任务。命令经其署名，方能生效”，② 从而保证了党对军队的领导。后来毛泽东所说的“支部建在连上”也是这个意思，它同样被中共采行。

官兵之间的融洽关系令代表团一行十分敬佩。军队中的共产党员“将领及士兵……为主干。凡遇有困难勤务，必由其党首负责，躬先之”。③ 这与中国所说身先士卒是一回事，不过这在当时的中国军阀军队中并不常见罢了，那里根本不可能有什么共产党员的带头作用。步兵144团融洽的官兵关系使蒋介石眼界大开，印象极其深刻：“全团上下亲爱。团长专任军事指挥。政治及智识上事务与精神讲话则由党代表任之。权责甚明”。④ 他向该团官兵表达了这种感受，说军民团结是红军强大的真正原因。⑤

《代表团意见书》是孙逸仙博士考察团在9月9日提交到共产国际的。是日代表团全体人员向苏联革命军事委员会主席斯克梁斯基和红军总司令加米涅夫介绍了国民党计划的要点：

党决定避开华南外国人盘踞的两大基地上海和香港，把活动重心移向西北。在库伦迤南靠近中蒙边界处按照苏联红军的模式建立孙中山的新军，兵源便是这一带中国境内外的华人。

至于拥有武器和制造武器的能力，代表团称，“在广州，只有华南唯一的

① 《关于国民党代表团参观144步兵团的书面报告（1923年9月17日）》，《联共、共产国际与中国》，台北东大图书公司1997年版，第238—240页。

② 毛思诚：《民国十五年以前之蒋介石先生》第5册，第51页。

③ 毛思诚：《民国十五年以前之蒋介石先生》第5册，第51页。

④ 毛思诚：《民国十五年以前之蒋介石先生》第5册，第52页。

⑤ 《关于国民党代表团参观144步兵团的书面报告（1923年9月17日）》，《联共、共产国际与中国》，台北，东大图书公司1997年版，第239页。

一家能开工的工厂，火药厂去年在陈炯明叛乱中爆炸，因此，火药和其他炸药不得不靠进口”。

关于在华南开展军事行动，代表团称困难很大，一是因为广州与香港近在咫尺，港英当局总是为向广州运送武器制造障碍。另外，只要孙中山、国民党稍有动静，“只要南方军队挥戈北上，英国立即就会收买邻近各省的督军，像去年陈炯明将军那样，在后方作乱”。三是“外国人靠自己在长江上庞大的江河舰队，也会使孙中山的军队沿长江北上受阻”。所以外国人据有的广州和上海便事实上成了两个基地，就连国民党在长江流域开展军事行动也会受到阻挠。“南方军队绝无可能重创吴佩孚，因后者有大部分外国帝国主义者撑腰”。

关于孙中山与其他实力集团力量的对比，文件介绍说，孙中山目前真正掌握的只有一个广东省，但他的影响可扩及四川、广西、云南、湖南、湖北、江西等地。这些地方的军队可以听从孙中山的调遣，兵力可达六万人。

关于国民党的战略转移，蒋介石说，在他赴苏前，南方军队大本营就决定离开华南，转战到中国其他地区，具体就是到西北去，到距离苏联最近的地方。代表团希望就此征求苏方建议和帮助。①

后来蒋介石又把孙中山的意图：军事行动，作战物资，行动路线等，② 详细表述于《代表团意见书》中，交给苏联和共产国际领导人。③ 在莫斯科期间蒋介石还向共产国际执行委员会提交了一份《国民党代表关于中国国民运动和党内状况的书面报告》，于其中表明中国的“国民革命将具有世界性质”，因为中国也要推翻世界资本主义。而中俄两国应当在这场斗争中携手合作。④

从国民党代表提交那个文件到宾主一起讨论，经过了约两个月的时间。这中间蒋介石一度感到莫斯科“完全藐视他”而大发雷霆。⑤

“欧亚苏维埃共和国联邦”的海市蜃楼

显然蒋介石并不知道自己被“藐视”的原因何在，鉴于他后来在共产国际执行委员会的会议上也谈到了国民党的世界革命观念和中德俄联盟的问题，这里有必要简单介绍德国情况。倒不是共产国际藐视他，而是因为那个时期共产国际在策动德国革命，寄希望于很快就会出现的“欧亚苏维埃共和国联

---

① 《关于国民党代表团参观 144 步兵团的书面报告（1923 年 9 月 17 日）》，《联共、共产国际与中国》，台北，东大图书公司 1997 年版，第 234—235 页。

② 杨奎松：《孙中山的西北计划及其夭折》，《历史研究》1996 年第 3 期。

③ 毛思诚：《民国十五年以前之蒋介石先生》第 5 册，第 51 页。

④ 《联共、共产国际与中国》，台北，东大图书公司，第 244—248 页。

⑤ 《联共、共产国际与中国》，台北，东大图书公司 1997 年版，第 253 页。

邦”。

如前述，早在1918年德国仿效十月革命成立巴伐利亚苏维埃共和国时，列宁便急切地问及那里的革命者“采取了什么措施同资产阶级刽子手谢德曼之流作斗争？各市区的工人和仆人苏维埃是否已经建立？工人是否已经武装起来？资产阶级是否已被解除武装？”① 这次德国的尝试失败了，著名的德国女革命家罗莎·卢森堡被杀害了。1919年共产国际第一次代表大会时，人们殷切盼望的苏维埃红旗没有在几个月后飘扬全欧洲，第二次代表大会时盼望的世界无产阶级革命的胜利之鸟也没有像列宁、季诺维也夫等预言的那样振翼腾飞。

但是无论列宁还是共产国际都念念不忘世界革命。1923年1月，作为第一次世界大战的战败国，德国就赔偿问题与法国、比利时等国出现争论，后两国便出兵占领了德国鲁尔地区，其结果是德国经济凋敝和社会动荡。德共领导人于1923年7月11日发表《告全党书》，表示要准备开始武装斗争，说应当考虑到爆发公开的国内战争的可能性，如果其他政党拒绝起而战斗，德共就要号召群众起义，“一个工人被杀，就要用两个法西斯的命来抵”。德共于7月29日组织了反法西斯日活动。此后国内形势更加动荡，有传闻说政府要放弃“消极抵抗”的政策，腾出手来对付人民。德国混乱情况可想而知。

共产国际内部尽管存在过争论，拉狄克这个素以激烈著称的“左派”居然也有过担心，怕“过早的激烈行动”不利形势的发展，而建议取消类似“占领街道”之类的做法。② 斯大林则认为德国共产党并没有具备1917年俄共（布）那样的优势：如退出战争的《和平法令》，让农民得实惠的《土地法令》，工人的支持和农民的同情等。③

季诺维也夫不仅起草了《德国形势与我们的任务》的初步提纲，而且试图说服斯大林，称革命已经迫在眉睫，并建议立即供给德国共产党人武器，派遣五十名俄国干将去德国。“我们作出具有世界性历史意义决策的时刻已经临近了”。④

形势变化剧烈，斯大林也“与时俱进”，改变了主意，认为“德国即将发

① 《苏联对外政策文件集》第29卷，第169页。

② 《俄共（布）—联共（布）中央委员会政治局与共产国际（1919—1943）》，莫斯科2004年版，第154页。

③ 《斯大林致季诺维也夫的信（1923年8月7日）》，《俄共（布）—联共（布）中央委员会政治局与共产国际（1919—1943）》，莫斯科2004年版，第163页。

④ 《季诺维也夫致斯大林的信（1923年7月31日）》，《俄共（布）—联共（布）中央委员会政治局与共产国际（1919—1943）》，莫斯科2004年版，第159页。

生的革命是当代最为重要的事件。它的胜利，对于欧洲和美洲的无产阶级来说，要比六年前的俄国革命意义更为重大。德国无产阶级的胜利无疑将把革命的中心从莫斯科移到柏林”。[①] 俄共（布）中央委员会政治局还成立了由季诺维也夫、拉狄克、斯大林、托洛茨基和契切林组成的委员会，以实行上述计划。

9 月 23 日俄共（布）举行会议，通过了季诺维也夫拟定的《即将发生的德国革命和德国共产党的任务》（提纲），就像共产国际对于苏俄在世界局势中的作用所做的过高估计一样，这个提纲对德国局势也做了过于乐观的估计，诸如德共得到工、农、小资产阶级的支持，德共得有经济上的支持，俄共（布）中央还决定为此建立一个基金，以便向德国提供直接的帮助。基金的来源主要依靠苏联那些比较富裕的加盟共和国。[②] 所以“德国的无产阶级政变不仅不可避免，而且已经迫在眉睫了”。[③] 《提纲》为世界革命绘制的蓝图是：德国革命后即将建立起“欧洲工农共和国联邦”。而俄国将加入不久即可望出现的“欧亚苏维埃共和国联邦”。[④] “共产国际逐渐占据世界政治斗争舞台前沿的时期正在到来”。[⑤] 《提纲》颇有些背水一战英雄此去必凯旋的气势。共产国际设想的是，如果德国革命失败，那么欧洲就会出现“白色德国，俄国地主将借助白色波兰、白色罗马尼亚等国地主从俄国农民手中夺走他们的土地，在俄国复辟帝制”。[⑥]

就这样，德国无产阶级的“武装起义”在紧锣密鼓地准备之中。这也正是身在莫斯科的蒋介石急切盼望共产国际执行委员会就其提交的《代表团意见书》作出回答的日子。当时的俄共（布）领导人根本没有时间考虑这件事，他们沉浸在“胜利前夕”的喜悦中。

---

① 《斯大林致 A. 塔尔海默的信（1923 年 9 月 20 日）》，《俄共（布）—联共（布）中央委员会政治局与共产国际（1919—1943）》，莫斯科，2004 年版，第 169 页。

② 《俄共（布）—联共（布）中央委员会政治局与共产国际（1919—1943）》，莫斯科 2004 年版，第 201 页。此基金设立前，1923 年第三季度，给德共的援款是 44，594 美元；设立后提供援款为 250，000 美元，追加 150，000 美元，后再追加；到 1923 年 11 月 21 日总计给予 250，000 + 195，000 = 445，700 美元（同上，第 207 页）。

③ 《俄共（布）—联共（布）中央委员会政治局与共产国际（1919—1943）》，莫斯科，2004 年版，第 185—186 页。

④ 《俄共（布）—联共（布）中央委员会政治局与共产国际（1919—1943）》，莫斯科，2004 年版，第 193—194 页。

⑤ 《俄共（布）—联共（布）中央委员会政治局与共产国际（1919—1943）》，莫斯科，2004 年版，第 202 页。

⑥ 《俄共（布）—联共（布）中央委员会政治局与共产国际（1919—1943）》，莫斯科，2004 年版，第 201 页。

9 月 25 日举行了俄、德、法、意、捷克斯洛伐克等国共产党领导人和共产国际执行委员会的会议，斯大林坐镇，季诺维也夫、托洛茨基、拉狄克、法共领导人加香、德共领导人勃兰德勒发言。德共领袖台尔曼出席。援助德国的计划在实施中。

到 10 月初俄共指派拉狄克、Г. Л. 皮达科夫（Пятаков）、[①] 劳动人民委员 В. 施密特和苏联驻德全权代表 Н. 克列斯廷斯基担任起义的政治领导，[②] 定于 11 月 9 日起事。但是，因鲁尔危机在 9 月下旬已经基本结束，通胀有所收敛，社会情绪缓和，到 10 月底，因其关于进行总罢工以配合武装起义的计划已经没有号召力，德共只好放弃起义计划，四人小组也悄然收兵。共产国际费时数月策划的德国"十月革命"遭到了失败。继 1918 年的德国革命、1920 年的匈牙利苏维埃共和国之后，共产国际为"缩短"社会发展进程而促进世界革命的"路线图"在世界范围内第三次遭到失败。

蒋介石谈到世界革命时，所说的德国革命便是上述情形，他依然希望共产国际帮助德国革命成功。

莫斯科对《代表团意见书》的回应

共产国际首先听到的是身在苏联对华外交第一线的特命全权代表们对这个计划的反对声。越飞早在 1922 年秋，孙中山向格克尔提出西北计划后，就认为这是"异想天开"的事，[③] 其含义不言自明。加拉罕在得知蒋介石向共产国际提交了《代表团意见书》后没有多久便于 10 月 6 日表示了同样的看法，他甚至满有把握地说："莫斯科未必会不听我的意见，就做出任何决定"。身为副外交人民委员，他的话对于苏共决策是有相当分量的。他像越飞一样，也认为孙中山西北计划拟"从华北兴师"攻打北京政府是"异想天开"。[④]

越飞的继任者 Л. М. 加拉罕（Карахан）对孙的设想持基本相同的态度。加拉罕 1923 年 9 月 2 日到北京，接替越飞任苏联驻中国特命全权代表，与他一起前来中国的是鲍罗庭，后者充当他的助手，至于鲍罗庭的权限和地位，俄共（布）正式指明："鲍罗庭同志应同苏联驻北京全权代表协调工作，通过

① Г. Л. 皮达科夫（1890—1937），俄共（布）中央委员，此时为俄罗斯联邦最高经济委员会副主席。1927 年起从事外交和经济工作，1937 年遭杀害，后平反。

② 《俄共（布）—联共（布）中央委员会政治局与共产国际（1919—1943）》，莫斯科，2004 年版，第 206—207、218 页。

③ 《越飞致马林的信》（1922 年 11 月 7 日），李玉贞主编：《马林与第一次国共合作》，光明日报出版社 1989 年版，第 89 页。

④ 《加拉罕致鲍罗庭的信》（1923 年 10 月 6 日），李玉贞主编：《马林与第一次国共合作》，光明日报出版社 1989 年版，第 242 页。

后者同莫斯科联系”。[①] 这是越飞、马林“一北一南”、“一明一暗”的搭档后，莫斯科开始的新一轮对华双轨外交。对鲍罗庭的任命是俄共（布）中央委员会根据斯大林的建议作出的。像马林一样，他在华南活动，奔走于国共两党之间并及时向其上司加拉罕报告情况。

莫斯科的态度实际上受制于两个因素：一是共产国际既以输出苏式共产主义革命为己任，自然不会违背苏俄国家利益在中国活动；二是苏联政府及其外交代表越飞、加拉罕等人毕竟是在进行政府对政府间的交涉。如果说越飞在1922年就已经体会到由于苏俄在外蒙古和中东铁路问题上出尔反尔，未能实践1919—1920年间对中国的承诺，而每每感到困惑，感到“愧对”中国人善良的愿望，他并且对列宁等表示：“当然，如果要一点‘灵活手腕’，可以把这些宣言化为乌有。但是我认为，这将是我们对华政策的失败，而最终成为我们全面失败的开始，因为在对外政策中，一旦我们以最普通的帝国主义者的面目出现，我们就会在相当大的程度上失去世界革命堡垒的作用，这个损失要比在对内政策中作出重大经济让步严重的多”。[②]

及至加拉罕来华，中苏的复交谈判已经有了起色，但由于1917—1918年间哈尔滨工兵苏维埃的出现与被摧毁，1922年中东铁路上出现的剑拔弩张的局势，中国舆论和官方已经有苏俄“侵犯”中国主权等的说法，如果此时苏俄再支持孙中山从西北兴兵攻打北京政府，那不仅会使中苏复交谈判成为泡影，而且对苏俄的国际形象也十分不利，日本、美国等在中国有利益的国家自然会群起干涉。

德国事态明朗后，11月9日苏方正式就《代表团意见书》表态。

11月12日苏联革命军事委员会副主席鲁祖塔克和红军总司令加米涅夫，以及斯克梁斯基同代表团讨论蒋介石提交的《代表团意见书》，便是莫斯科直接的回应。

中国代表团全体成员参加，从伦敦前来的孙中山驻英国非正式代表邵元冲也参加了是日的讨论。

苏方没有直接针对《代表团意见书》中与军事行动计划有关的具体问题作出回答，只强调务必加强对军队的思想教育和从根本上解决国民党军队干部的培养问题。

斯克梁斯基建议国民党“集中力量做中国的政治工作，否则，在目前情

---

① 对鲍罗庭的任命参见《联共（布）、共产国际与中国》，台北，东大图书公司1997年版；李玉贞主编：《马林与第一次国共合作》，光明日报出版社1989年版，第219页。

② 《A. A. 越飞致列宁、托洛茨基等人的信》（1922年9月27日）РГАСПИ，全宗5，目录1，案卷2145，第40页。

况下，任何军事行动都必遭失败”。他建议国民党甚至“应该集中财力用于宣传：出版报刊，选举运动之类”。他举了俄国革命为例，说明共产党人是在大量政治工作的基础上开展军事行动的。“只有在大量的政治工作完成以后，当国内条件十分有利于军事工作的时候，才可能着手大规模的军事行动”。有了充分的政治工作，群众才能明白军事行动的意义，才可能出现人民箪食壶浆支持革命军的场面。

蒋介石对斯氏说法并不以为然，他强调中国国民党开展政治工作的困难，说这项工作既遇到帝国主义的镇压，又受到国内警察的追踪乃至迫害。中俄情况不同，俄国当年只有一个敌人——沙皇政府，而中国革命者面对的是“世界各国的帝国主义者”。

斯克梁斯基反驳了蒋介石的观点，也间及《代表团意见书》：“尽管条件艰苦，国民党仍应在群众中开展革命工作，否则就一事无成”。

斯氏事实上否定了立即在中国开展军事行动的想法，他认为“近几年必须只做政治工作。若要采取军事举措，只能是在国内条件十分有利的时候。如果按照草案所提那样开启战端，那就意味着冒险，出兵未捷身先死”。国民党代表团毫无疑问听出了弦外之音。

峰回路转

然而代表团并非一无所获，作为补偿或者使蒋介石等感到安慰的是，双方就国民党军事干部的培养交换了看法。苏方革命军事委员会答应让国民党派遣一些人到苏联军校学习。总参谋部军事学院可以接收3—7个人，军事学校可以接收30—50人。至于选拔学员的条件，斯克梁斯基认为，既然要建立党军，就必须是忠诚于国民党，忠诚于工人阶级，忠诚于革命的人。这几个“忠诚”里，恐怕蒋介石等国民党人士未必同意或理解，比如什么是“忠诚于工人阶级”。以当时的情况而言，能接收一些国民党学员进军校便是很具体的收获了。

双方接着就国民党指导思想等亮明观点。国民党以三民主义立党，这是明确的。孙逸仙博士考察团一行应邀于1923年11月25日参加了共产国际执行委员会主席团的会议。① 蒋介石在会上重点阐述了两个问题：一是国民党奉行的指导思想——三民主义；二是国民党对于世界革命的看法。

就指导思想问题，蒋介石强调，孙中山的三民主义“就是走向共产主义的第一步……现在对于中国革命事业来说，作为第一步，最好的政策就是使

---

① 《联共、共产国际与中国》台北，东大图书公司1997年版，第270页所标日期为26日。经查原档，此日期当为25日（РГАСПИ，全宗495，目录1，案卷88，第12页）。

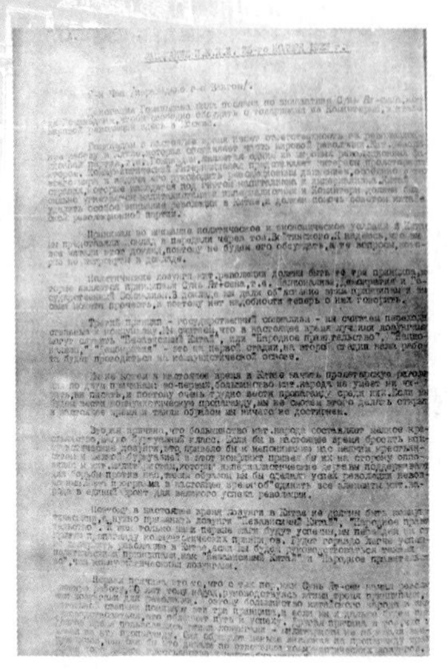

1923 年 11 月 25 日蒋介石向共产国际执行委员会主席团提交的关于三民主义解释的部分文字

用下列政治口号‘争取中国独立’，‘人民政府’，‘民族主义’，‘民权主义’。到第二步，我们才能根据共产主义的原则，有所作为”。[①] 而在革命的任务问题上，蒋介石说国民党“还不能开始进行无产阶级革命。第一，多数中国人都不会读书或写字，因此，在人民中做宣传工作极为困难”，而且目前在中国不可能以共产主义口号宣传群众。第二，“多数中国人都是小农阶级和小资产阶级”，共产主义的口号会使他们“走向敌对阵营，他们就可能跟着中国军阀反对我们，这样，中国革命就不可能取得成功了。因此，我们目前的纲领就是要联合全体中国人民，取得革命的伟大成功”。他反复强调，用全民革命的口号更加容易号召和动员中国人民群众。

蒋介石的话说得相当委婉，况且苏俄的没收政策和激烈做法，特别是“红色恐怖”确实让一些人谈虎色变。他说如果国民党一如既往宣传三民主义，“中国军阀……不会像对付共产主义宣传那样……警觉”。

会上围绕这个问题并没有展开面对面的争论，也没有呈现共产国际代表大会上那种剑拔弩张要消灭资本主义和帝国主义的场面，不过共产国际人士还是念念不忘阶级斗争和非资本主义道路。针对蒋介石所说，如果用三民主义宣传和组织群众，“小土地所有者和小资产阶级不会反对我们”这个观点，[②] 季诺维也夫指出：“现在我们想让小资产阶级与我们组成反对资本主义和帝国主义的统一战线。但是，我们不是为它的利益而战”。

蒋介石感到问题重要，便立即申明两点：首先，“我们想强调一点，我们不是为资产阶级的利益而进行革命工作。这就是我们的立场”。其次，对于小资产阶级，蒋介石说“我们让小资产阶级与我们组成反对资本主义和帝国主

① 《有国民党代表参加的共产国际执行委员会会议速记记录（1923 年 11 月 25 日）》，《联共、共产国际与中国》，台北，东大图书公司 1997 年版，第 270 页。

② 《有国民党代表参加的共产国际执行委员会会议速记记录（1923 年 11 月 25 日）》，《联共、共产国际与中国》，台北，东大图书公司 1997 年版，第 271 页。

义的统一战线。但是我们不是为它的利益奋斗”。①

耐人寻味的是“但是”后面的文章：蒋也没有说国民党只为无产阶级利益进行革命工作。究竟为了谁的利益而进行革命工作？——蒋没有给出正面答案。不过他关于“号召和动员中国人民群众”的话已经把问题说清楚了，国民党着眼于全体中国人民，是“建立‘独立的中国’和‘人民政府’的口号，而不是共产主义的口号”，认为这样就比较容易取得成功。②

如果不加偏见，应该说，他的观点是符合当时中国国情的。值得注意的是，对于这一点，与会的共产国际领导人并没有予以反驳或表示异议，但是双方在革命道路问题上的分歧却十分明显，虽然没有发生什么争论，也依然能够感觉出来双方在“较劲”，话语中闪现着刀光剑影。

在革命道路问题上，也就是国民党应该如何对待在中国开展阶级斗争，支持工人运动的问题上，蒋介石与共产国际执行委员会领导人发生了观点分歧。

蒋介石在早些时候向共产国际执行委员会提交的书面报告中谈到了工人的状况：现代工业处于萌芽状态决定了“大型企业有组织的工人只是很少的一部分”。但是工人斗争和大罢工“在很大程度上震慑了中国军阀和外国帝国主义者”，并指出，“激发中国人民倾向革命的因素”中，就有“工人的贫困，世界革命的高涨”等。③

显然共产国际执行委员会对于国民党组织工人运动的状况很不满意，到11月25日这次会上蒋的说法受到质疑，季诺维也夫问：国民党究竟在京汉路工人大罢工中给予了什么支持？蒋介石称“我们给了财力和组织上的帮助。工会在京汉铁路大罢工中起了积极作用”，并指出，汉口工会中还有国民党员担任工会委员。不过他没有说服季诺维也夫，后者毫不客气地批评说：“汉口的罢工，国民党方面就没有给予应有的强大而坚决的支持。国民党方面的冷漠态度很令人失望”。

季氏甚至认为，国民党对待工人运动的态度，在已经出现于国共两党间的磨擦中，产生了负面影响。他希望国民党不负众望。④

---

① 《有国民党代表参加的共产国际执行委员会会议速记记录（1923年11月25日）》，《联共、共产国际与中国》，台北，东大图书公司1997年版，第275页。

② 《有国民党代表参加的共产国际执行委员会会议速记记录（1923年11月25日）》，《联共、共产国际与中国》，台北，东大图书公司1997年版，第271页。

③ 《国民党代表团关于中国国民运动和党内状况的书面报告（1923年10月18日）》，《联共、共产国际与中国》，台北，东大图书公司1997年版，第244、246页。

④ 《有国民党代表参加的共产国际执行委员会会议速记记录（1923年11月26日）》，《联共、共产国际与中国》，台北，东大图书公司1997年版，第276页。

这次会见的重要性在于国民党阐明了自己的观点，代表团把国民党的指导思想定格为对三民主义的解释，它成了后来 11 月 28 日共产国际执行委员会主席团关于国民党问题决议的基础。

这里有一点很重要，应当予以提及，即蒋氏和共产国际执行委员会领导人争论的还仅仅是国民党曾否积极支持中国工人运动问题，并没有触到这一问题的“痛处”。事实上，国民党对待工人运动自有其明确的立场，很典型的一个例子是孙中山。

此前此后孙就工人运动都有过明确表示。此前，在 1922 年香港海员大罢工发生后，有一些中国和外国人认为“劳工组织如取激进主义，颇为危险”。当孙被外国记者问及是否“与工界有关系”时，孙中山说：“中国人从不为极端举动”。① 此后不久，在 1924 年 1 月中旬开始的三民主义演讲中，他又系统地阐述了何以不同意马克思主义关于阶级斗争的学说。

总起来看，蒋介石同共产国际执行委员会领导人这次会见中，关于国民党对待工人运动的态度问题仅仅是轻描淡写地被触及，双方各有看法，但没有展开，没有深入讨论。原因之一，可能是无论蒋介石还是共产国际执行委员会领导都认为，在当时的中国，共产国际关于建立全世界无产阶级专政性质的苏维埃这个“远大任务”还没有提到日程之上。

蒋介石强调的另外一点是：中国国民党是中国国民革命运动的领导者。② 代表团一行到苏联之前，国共关系中已经出现了一些龃龉，但是蒋介石有意避开了。他知道这是一个十分敏感的问题。从后来他写给廖仲恺的信中可以看出，蒋介石见到一些在苏联的中共党员“对于孙先生惟有诋毁与怀疑”，而“俄党对于中国之唯一方针乃在造成中国共产党为其正统，决不言信我党可与之始终合作以互策成功”③ 等状况，已经开始不满。国共关系中的不睦同样反映在代表团之间的关系上。蒋介石对于张太雷颇有微词，一是他“诋毁”孙中山，二是他“只崇拜外人，而抹杀本国人之人格”。对于在苏俄的中共党员他也不满意，说他们“但骂他人为美奴、英奴与日奴，而不知其本身已完全为一俄奴矣”。④ 从这个意义上看，当时共产国际把蒋介石划为“左派”实际上是一相情愿，是“高抬”他了。

---

① 孙中山：《对［字林］西报记者的谈话（1922 年 5 月 29 日）》，《孙中山全集》第 6 卷，中华书局 1985 年版，第 139 页。

② 《有国民党代表参加的共产国际执行委员会会议速记记录（1923 年 11 月 26 日）》，《联共、共产国际与中国》，台北，东大图书公司 1997 年版，第 270—272 页。

③ 毛思诚：《民国十五年以前之蒋介石先生》第 6 册，第 28 页。

④ 毛思诚：《民国十五年以前之蒋介石先生》第 6 册，第 29 页。

蒋介石后来写道："苏维埃制度乃是专制和恐怖的组织，与我们中国国民党的三民主义的政治制度，是根本不能相容的。关于此点，如我不亲自访俄，决不是在国内时想像所能及的"。①

就世界革命问题阐述国民党的观点，是蒋介石在此次会见时做的另外一件事。他说："国民党设想，由俄国、德国（当然是在德国革命成功之后）和中国（中国革命成功之后）共建三大国同盟，以抗衡世界资本主义势力。依靠德国人民的科学知识，中国革命的成功，以及俄国同志的革命精神与俄国的农产品，我们就可能轻而易举地取得革命胜利"，② 他介绍的基本思想还是孙中山的中德俄联盟。其中最主要的是，孙中山认为德国是已经放弃了侵略主义。③

对于蒋介石所说，这样"我们就可以推翻全世界的资本主义制度"是由衷之言抑或他为了迎合共产国际执行委员会领导人而佯装"左倾"，这还是个问题。对于德国局势他了解多少，也是一个问题。但他讲的世界革命与共产国际主张的以建立全世界无产阶级专政为目标的苏维埃革命并不相同，这是肯定的。

代表团访问苏联期间还完成了一个重要的工作，即参加了《共产国际执行委员会主席团关于中国民族解放运动和国民党的决议》的讨论，并将其带回中国。

第五节　西北计划成为泡影

蒋介石递交的《代表团意见书》并没有就其中的各项要求逐一得到共产国际执行委员会的肯定。外蒙古问题既是苏俄同北京政府关系中的梗阻，也是孙逸仙博士考察团在莫斯科遇到的麻烦事之一。这里有一件事和两个人必当被提及。

一件事，是外蒙古问题。1919 年 6 月北京政府取消外蒙古自治，徐树铮

---

① 蒋介石：《苏俄在中国》，台北，"中央"文物供应社 1957 年版，第 286 页。

② 《有国民党代表参加的共产国际执行委员会会议速记记录（1923 年 11 月 26 日）》，《联共、共产国际与中国》，台北，东大图书公司 1997 年版，第 272 页。

③ 李玉贞：《孙中山的外交政策给后人的启迪——中德俄联盟与民族国际浅析》，载张磊编：《孙中山与中国近代化》，人民出版社 1999 年版，第 609—624 页。

奉中央政府指派担任西北筹边使兼西北边防军总司令后，在外蒙古册封了活佛，代表中国政府行使主权。苏俄密切关注这一动态，对于“外蒙古已经失去自治权而成了中国的一个省”之后的情况深为不安。莫斯科本希望外蒙古“成为俄国从西到东3，500维尔斯特国界上的缓冲带，一旦同中国交战，它能阻止后者向俄国边界调兵”。同时，莫斯科认为中国政府的考虑是“蒙古的殖民地地位对中国有利”，因此“从俄国的角度看……要想方设法让蒙古恢复自治”。[①] 于是采取了一些措施，诸如为“蒙古人的民族觉醒”而在蒙古群众中开展革命运动；以“积极进行革命斗争共同反对中国帝国主义”为号召，建立蒙古各阶层的统一战线等。[②] 1920年7月，在伊尔库茨克成立了一个俄共（布）中央委员会西伯利亚局东方民族部，其主任是Ф. И. 加蓬（Гапон），这个部恰好担负起了一个特殊的任务：“培养、组织中、朝、日、蒙的共产主义团体和政党，给予这些国家的反对派势力（不一定非共产党不可）军事—技术和思想上的帮助”。从当地民族干部中培养职业革命家，并经共产国际批准“以独立的共产主义组织的形式”把这些人派到相应国家开展工作。[③] 这清楚地传达出苏俄输出其共产主义革命的真谛——维护苏俄的利益。

蒙古代表登德布在1922年1月的远东人民代表大会上做了长篇发言，传达的是苏俄和第三国际是“全体被压迫民族之保卫者”，所以要同这个“反对帝国主义的世界无产阶级革命”的中心相结合的思想。[④]

这种策略一直延续着，直到1946年1月国民政府正式承认蒙古人民共和国。

在1923年的秋天，蒋介石本人也因外蒙古问题经历了一段极不愉快的时间。10月21日下午，他同苏俄外交人民委员契切林会见，谈到蒙古问题。虽然我们没有见到此次谈话的详细记录，蒋介石乃因同契切林谈话并不顺利，才向孙中山报告的。从孙中山给蒋的回信中可以捕捉到一些内容。孙在复信中告诉蒋介石，所谓“蒙古人怕中国人”这句话，并不确切，“蒙古人所怕的是现在中国北京政府的军阀，决不是怕主张民族主义的国民党。蒙古人惟其有怕的心理，所以急急要求离开怕的环境，这种动作在国民党正想把他能够

---

① РГАСПИ，全宗495，目录152，案卷1，第25页。引自С. Г. 卢加宁：《20世纪前半叶的俄国、蒙古、中国》（Лузянин *Россия*，*Монголияи*，*Китай ъ первой поиовине ххвека*），莫斯科，2000年版，第89页。

② С. Г. 卢加宁：《20世纪前半叶的俄国、蒙古、中国》，莫斯科，2000年版，第90页。

③ С. Г. 卢加宁：《20世纪前半叶的俄国、蒙古、中国》，莫斯科，2000年版，第91页。

④ 登德布发言全文载《向导》周报第5期（第43—44页）和第7期（第57—59页）。

从自治的途径上达到相互间亲爱协作的目的。如果苏俄有诚意，即应该使蒙古人免除怕的状况”。蒋介石则认为“蒙古不应该怕中国，因为中国是主人”。[①]

无论从时间还是从此信内容看，外蒙古问题是蒋介石曾经“大发雷霆”的重要原因之一。

托洛茨基会见蒋介石等人时说，“蒙古想独立”，如果国民党“想同蒙古结成统一战线，那你们应该把他们当成亲兄弟，告诉他们，你们不想对他们发号施令”。[②]

此后蒋介石对所有的人都“怒目相视，说托洛茨基欺骗他们。如果蒙古想独立，那应该由我们承认他们独立，要由我们让他们独立才行，而不能由蒙古自己承认自己”。中国代表团内部为这个问题发生了激烈争论，中共党员张太雷、社会主义青年团员沈定一为一派，蒋介石和王登云为另一派，双方争执，相持不下，差一点拳脚相加。外交人民委员部的人都知道“中国代表团里打起来了”。[③]

蒙古问题严重影响了蒋介石对苏俄的看法，当时他只能遵照孙中山的意图“对我们的朋友倾谈”，并且向其介绍国民党的观点：“国民党所主张的民族主义，不是说各个民族分立，乃是主张在民族精神上做到相互间亲爱的协作”。他进一步解释说，西北计划“正是包括国民党要做的工作的真意”。[④]

孙中山嘱咐蒋介石说：“谁是我们的良友，谁是我们的敌人，我们胸中都有十二分明了”。笔者没有见到信的全文，不知道此所指若何。但总体上看，是在肯定苏联为中国的朋友，因信中有“友邦政府及政党派代表鲍罗庭到粤援助之热心与诚意”。[⑤] 话中明显流露着“安抚”。同时，为表示对蒋介石一行的关注和友好，苏俄外交人民委员在 1923 年 10 月 10 日向代表团一行祝贺中华民国国庆 12 周年。

显然蒋介石并没有完全“被安抚”而心悦诚服。孙中山的西北计划也没有得以实施。

直接参与此事的有两个人，一个是加拉罕（Л. М. Карахан），他的身份和

① 毛思诚：《民国十五年以前之蒋介石先生》第 5 册，第 61 页。

② 《鲍罗庭与瞿秋白的谈话记录（1923 年 12 月 16 日）》，《联共、共产国际与中国》，台北，东大图书公司 1997 年版，第 312 页。

③ 《鲍罗庭与瞿秋白的谈话记录（1923 年 12 月 16 日）》，《联共、共产国际与中国》，台北，东大图书公司 1997 年版，第 312 页。

④ 毛思诚：《民国十五年以前之蒋介石先生》第 5 册，第 61 页。

⑤ 毛思诚：《民国十五年以前之蒋介石先生》第 5 册，第 60—61 页。

地位决定了他的立场：坚决维护苏联利益。加氏表面上是与北京政府打交道。此外还有一个人，是加拉罕巧妙运作而使用的，他就是巴丹增。①

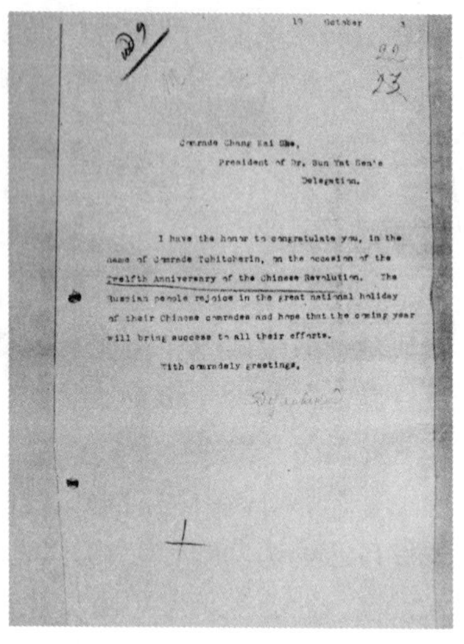
19 October 3

Comrade Chang Kai She,
President of Dr. Sun Yat Sen's
Delegation.

I have the honor to congratulate you, in the name of Comrade Tchitcherin, on the occasion of the Twelfth Anniversary of the Chinese Revolution. The Russian people rejoice in the great national holiday of their Chinese comrades and hope that the coming year will bring success to all their efforts.

With comradely greetings,

苏俄外交人民委员部就辛亥革命十二周年致孙逸仙博士考察团团长蒋介石的贺信 РГАСПИ 收藏

在外蒙古历史上，巴丹增与外蒙古活动人士乔巴山齐名。从1920年8月到1921年二人三次往返于莫斯科—伊尔库茨克—乌兰巴托之间。他们于1920年8月底率领代表团到了莫斯科，受到外交人民委员部全权代表兼东方民族部负责人加蓬的接见。② 建立独立的“蒙古国”的愿望已经十分明确。到1921年1月加蓬已经帮助外蒙古的人组织起一支包括布里亚特、卡尔梅克、图瓦等各民族一千人左右的队伍。苏俄政府此前答应给予的十五万金卢布和武器也在这时兑现。1921年他担任新成立的外蒙古人民革命政府的财政部长和蒙古人民党主席。苏俄认为他“无疑是亲我们的，他是贫民，一个小官吏……说不上有什么大的魄力，但忠实于国民革命运动”。③

1923年3月北京政府任命王正廷为中俄交涉事宜公署督办，9月加拉罕取代越飞担任苏俄驻华特命全权代表到北京继续进行中苏谈判。由于越飞已经向世人声明苏俄绝无侵略外蒙古的意图，由于中国舆论与北京政府的立场并无二致，苏俄不得不考虑其外蒙古政策。1923年秋，巴丹增受蒙古人民党中央委员会派遣到了北京。为了保密，巴丹增的公开身份是晋谒新当选为中华民国大总统的曹锟，事实上他此行负有搜集情报的目的，是为外蒙古制定“独立的对中国的政策而采取的一项重要的政治措施”。他访问了奉天、广州、北京和上海。

他的使命是：“了解北京政府、一些党派的上层有什么计划和意向”。他同有关方面谈判的具体内容是：“1. 在蒙古问题上大小民族一律自治；2. 中国境内各民族不分大小联合起来”。这后一条有一个前提，一定是在中国革命

---

① 史料又称巴丹增或亚蓬丹增。

② РГАСПИ，全宗495，目录154，案卷105，第1页，引自 С. Г. 卢加宁：《20世纪前半叶的俄国、蒙古、中国》，莫斯科2000年版，第91页。

③ С. Г. 卢加宁：《20世纪前半叶的俄国、蒙古、中国》，莫斯科，2000年版，第105、102页。

胜利，彻底摆脱“帝国主义政权的统治之后”。[①] 事实上这不仅把北京政府定性为“帝国主义政权”，而且把斗争的锋芒直接指向它。同时在苏联的支持下外蒙古政府“试图在中国推行支持内蒙古民族解放运动的革命方针”，巴丹增就负有这样的使命。外蒙古政府声称自己是“这一运动潜在的领导者”，所以特别关注从 1911 年开始的当地民族主义分子“反对中国斗争的丰富经验”。[②]

这时中国国民党第一次代表大会正在紧张地筹备中。孙中山的目标很清楚：加强自身建设，在毗邻苏联的蒙古地区建立军队，推翻北京政府。于是在这种微妙的关系中，国民党也成了巴丹增联系的对象。白云梯是国民党临时中央执行委员会的委员，他被孙中山指派负责内蒙古的革命运动。早在 1923 年年底他就代表国民党同巴丹增联络谈判。二人在“谁应当领导内蒙古的革命运动”问题上出现分歧。巴丹增代表外蒙古政府说，内外蒙古地域相连而且外蒙古已经完成了革命，自然应当成为这一地区的领导者。白云梯则强调，内蒙古是中国领土不可分割的部分，领导这一地区非国民党莫属。[③]

加拉罕同两者都保持着密切联系，他在 1924 年年初会见过白云梯，[④] 巴丹增则通过另外的途径及时同身在广州作为加拉罕助手的鲍罗庭交换信息。蒋介石在莫斯科时也向苏俄党政领导明确而严厉地表态，国民党不承认外蒙古独立，后者不能以一个独立国家的身份参加中苏会议。[⑤]

加拉罕知道这是不可逆转的，便精心作出安排，以确保孙中山的西北计划无法实施。他的安排分两方面：一是让鲍罗庭告诉孙中山，如果中国有一个好政府，那么“蒙古人是会在一定自治原则的基础上回归中国的”；另一方面，加拉罕在北京会见巴丹增的时候就“叮嘱”他：待孙中山谈到“是否有可能在蒙古境内或库伦某地建立国民党的军队以攻打北京政府时”，巴丹增不得“作出任何回答”。加拉罕再三叮嘱巴氏“特别要申明，他不能回答，因为这是蒙古政府的事，应当同蒙古政府讨论”。巴氏能做的仅仅是“对孙中山作

---

① РГАСПИ，全宗 495，目录 154，案卷 152，第 10A 页，引自 С. Г. 卢加宁：《20 世纪前半叶的俄、蒙古、中国》，莫斯科，2000 年版，第 111 页。

② РГАСПИ，全宗 495，目录 154，案卷 152，第 10A 页，31 日，引自 С. Г. 卢加宁：《20 世纪前半叶的俄、蒙古、中国》，莫斯科，2000 年版，第 111 页。

③ 《鲍罗庭与瞿秋白的谈话记录（1923 年 12 月 16 日）》，《联共、共产国际与中国》，台北，东大图书公司 1997 年版，第 311 页。

④ 《鲍罗庭与瞿秋白的谈话记录（1923 年 12 月 16 日）》，《联共、共产国际与中国》，台北，东大图书公司 1997 年版，第 316 页。

⑤ 《鲍罗庭与瞿秋白的谈话记录（1923 年 12 月 16 日）》，《联共、共产国际与中国》，台北，东大图书公司 1997 年版，第 311 页。

为中国唯一革命领袖表示友好”。①

而加拉罕紧握着苏联的底牌：孙中山不能在靠近外蒙古边界的地方拥有军队。

1924 年 1 月巴丹增到广州，他的身份是蒙古人民革命党主席。② 正值中国国民党在广州举行第一次全国代表大会时，他会见了孙中山并且不折不扣地按照加拉罕的意图表示，一旦“国民党……打倒万恶之北方军阀……统一中国”，他巴丹增肯定“率外蒙从庶取消独立”。③ 这样一来，中国国民党的西北计划就成了一纸空文。但是国民党建立自己党军的想法却开始部分实施，这就是后来于 1924 年开学的黄埔军校。

第六节　蒋介石对共产国际开始失望

访问苏俄归国后，蒋介石并没有立即前往广州向孙中山复命，而是到了上海。据他自己说，他对于广州的政治、经济状况、军事形势等都不甚满意。在政治上，孙中山自从 1923 年 2 月回广州后近一年“为时不可为不多，而对于民政、财政、军政，未闻有一确定方针发表，以慰军民之心”。廖仲恺、邹鲁分管的财政状况使广州财政支绌万分，迄无解决良方。蒋介石对自己的同僚如孙科等多有微词，担心其“庇护财团，执迷不察，而孙先生必以哲生（孙科）信用之计为是”，最后“害大局”，话语中也流露出对孙中山的不满。在军事上，为维持广州稳定，他有过一个建议，请先解除时任建国滇军总司令杨希闵、刘震寰的威胁，但没有被采纳，“竟致有今日军事纷乱不可收拾之现象”。他固然自责“无耐性与能力”。他为自己不被人理解甚至受到诟病感到委屈。④

另外一个原因是他对于广州许多人看不透苏俄对华的实质而感到难以与

① 《加拉罕致鲍罗庭的信（1923 年 12 月 27 日）》，《联共、共产国际与中国》，台北，东大图书公司 1997 年版，第 317 页。

② 他“秘密”到广州，没有任何委托书。《联共、共产国际与中国》，台北，东大图书公司 1997 年版，第 316 页。

③ 上海《民国日报》1924 年 1 月 28 日。

④ 蒋介石：《复廖仲恺论党政诸病并述在俄考察意见（1924 年 3 月）》，罗家伦编：《革命文献》第 9 辑，第 69 页。

之共事。1924 年 3 月 14 日他致廖仲恺的信中所述苏联印象最能说明问题：

“尚有一言欲直告於兄弟者，即对俄党问题是也。对此问题，应有事实与主义之别。吾人不能因其主义之可信，而乃置事实于不顾。”

蒋介石看到廖仲恺过于信任苏俄，便直言相劝，称：

“以弟观察，俄党殊无诚意可言。即弟对兄言俄人之言，只有三分可信者。亦以兄过信俄人，而不能尽扫兄兴趣也”。

对于莫斯科外交政策特别是对华政策，蒋介石也有相当激烈的看法：

“所谓国际主义，与世界革命者，皆不外凯撒之帝国主义，不过改易名称，使人迷惑于其而已，所谓俄与英法美日者，以弟视之，其利于本国而损害他国之心，直五十步与百步之分耳”。

在蒙古问题上，蒋介石甚至认为苏联对华政策

“在满、蒙、回、藏诸部，皆为其苏维埃之一”。①

从前述江亢虎、刘谦等人的提议，特别是外蒙古 1946 年的公民“投票”最后脱离中国等情况看，蒋介石的怀疑并非空穴来风。此次访问苏联期间的见闻，对于他后来的反苏立场产生了直接影响，甚至可以说是他对共产国际态度的转折点。

蒋介石回国后给孙中山写了一个《游俄报告书》，但迄今为止我们还没有看到。蒋经国肯定父亲写过这个文件。他说，父亲“回国的时候，便秘密向总理报告：第一，苏俄的共产主义实行起来，一定为害人类；第二，今日的‘朋友’苏俄，正是我们未来最大的‘敌人’。当时为着避免和俄国分裂，所以这个报告，没有公布”。②

---

① 毛思诚：《民国十五年以前之蒋介石先生》，罗家伦编：《革命文献》，第 28、29 页。

② 蒋经国：《我的父亲》，台北，“中央”日报出版社 1986 年版，第 62 页。

第六章

围绕党的改组　国民党与共产国际初现不睦

国民党改组这一历史性的举动对该党的自身建设产生了深刻的影响，客观地说，中国共产党人以个人身份加入国民党无论对于当时国共合作的反帝统一战线的建立，还是对于中共自身的发展，都起了重要作用。有了孙中山的容共，才有后来的国民党改组。然而不和谐音与改组共生。从国民党的发展看，该党毕竟是得利者，因党组织的加强为其掌握全国政权打下了坚实的基础。

第一节　国共合作的开始

在20世纪20年代特定的国际国内环境中，国民党改组这一重要政治行动不仅把两国六方——中苏两国政府、国共两党、苏俄共产党和共产国际都卷了进来，而且把国际上围绕意识形态和革命道路上的斗争也带到了中国。不言而喻，各方面也都要发出自己的声音。其中最主要的当然是国民党。

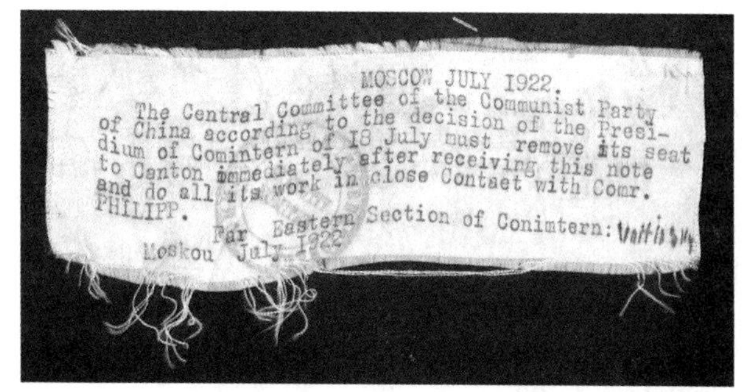

MOSCOW JULY 1922.

The Central Committee of the Communist Party of China according to the decision of the Presidium of Comintern of 18 July must remove its seat to Canton immediately after receiving this note and do all its work in close Contact with Comr. PHILIPP.

Far Eastern Section of Conimtern:

Moskou July 1922

共产国际执行委员会给中共的指令由马林缝在衣服衬里携带来中国。指令请中共中央据共产国际执行委员会主席团7月18日决定将驻地移往广州，并同菲力浦（即马林）配合开展工作。　IISG 收藏

1922年8月14日孙中山从广州回到上海。马林也带着共产国际执行委员会的指示第二次来到中国。它要求中国共产党人放弃对国民党的排斥态度，加入国民党内去开展工作，同时保持组织上的独立性。[①] 国共合作提到了日程

① 李玉贞主编：《马林与第一次国共合作》，光明日报出版社1989年版，第80—81页。

之上。8 月 25 日马林会见孙中山，后者的态度已经十分明朗，他表示愿意容纳共产党人加入国民党。为落实共产国际执行委员会的指示，中共杭州会议后李大钊等加入了国民党，中共要求各地方组织成员也立刻加入国民党。党内出现了一些生机，自然也酝酿着日后的矛盾。但是孙中山是在逆境中得到有力外援的。可以认为这是国共合作的开端。马林 7 月 11 日向共产国际执行委员会的报告对于推动这个历史进程起了相当大的作用。

第二节　从党的“改进”到“中国国民党宣言”

《中国国民党宣言》

欲改组国民党，就必须明确改组的指导思想，而为此就必须动员国民党的骨干来参与工作。1922 年 9 月 4 日孙中山召集在上海的部分国民党人士如张继等 53 人开会商讨改组事宜，[①] 与会者均表示赞成开始这一重要工作。9 月 6 日。孙中山指定国民党改进方略起草委员会，计由九人组成：丁惟芬、管鹏、茅祖权、陈独秀、覃振、田桐、张秋白、吕志伊、陈树人。[②] 共产党人林祖涵［林伯渠］也参加了这项拟定改进方案的工作。

经过一个多月的准备，他们提出了《中国国民党党纲》、《中国国民党总章》草案。11 月 15 日孙中山又召集张继等 59 人开会审定之。“会议中，代表们认为应该发表一个宣言，以说明党纲、党章的来历以及国民党今后的政策。经孙中山同意后，会议推定胡汉民、汪精卫为《国民党改进宣言》起草人。后来参与讨论的人员又有增加，到 12 月 16 日有 65 人参加审查中国国民党改进案、党纲和党章。18 日，居正将誊正的《中国国民党改进宣言》、《中国国民党党纲》和《中国国民党总章》呈报孙中山”。[③]

1923 年 1 月 1 日发表的《中国国民党宣言》、《中国国民党党纲》就是这一工作的具体成果。

《中国国民党宣言》分析了三民主义内涵的演变和发展，向世界宣布国民

---

① 邹鲁：《中国国民党史稿》第一篇，第 305 页。

② 因丁、吕、田、覃四人北上赴北京，争国会应继承广州民国八年之法统，起草委员会人数过少，孙中山于 9 月 21 日派叶楚伧、刘芷芬、孙科、彭素民补其缺。中华各界纪念国父百年诞辰筹备委员会学术论著编纂委员会主编：《国父年谱》下，第 854 页。

③ 茅家琦、徐梁伯、马振犊、严安林等：《中国国民党史》上册，鹭江出版社 2009 年版，第 188 页。

党“乃以三民主义为立国之本原。五权宪法为制度之纲领”。

该文件就革命道路问题做了说明，认为欧美的革命和纷争乃源于“不均”，“不均则争”。而中国国情迥异，“中国之患在贫”，所以对中国来说，重要的是“以欧美为鉴，力谋社会经济之均等发展”，要致力于“开富源以富之”。

这个文件明确表示要避免欧美的革命和纷争。《中国国民党宣言》把土地农民问题放在首位，说在一定时期内保证私人拥有和使用土地，同时指出国家在必要时“得以报价收买”土地。至于土地、农民问题，文件规定的办法是“徐谋地主佃户间地位之平等”，一个“徐”字传达的是：渐进和改革，从而排除了采取类似苏俄没收地主土地等的激烈路线。

对于城市工人状况的改善，文件也同样以“徐谋劳资间地位之平等”，[①]一个“徐”字否定了苏俄式暴力革命的做法，没有采纳推翻资产阶级实行无产阶级专政的道路。

文件中明确要吸收工人参加生产管理，实行普选等民主权利。这标志着中国国民党已经开始整顿队伍，朝着以党治国的路前进。

共产国际高层十分敏感地注意到这个文件中没有苏式共产主义的印迹，这乃是莫斯科决定“经常批评国民党”的原因。[②]

不过，莫斯科从称赞陈炯明[③]到采纳越飞和马林的建议，不再援助中国任何一派图谋私利的军阀，而只援助国民党，[④]对后者来说是一个历史的际遇。1923 年 1 月 4 日俄共（布）中央政治局正式决定向国民党提供援助，1923 年 1 月 12 日共产国际执行委员会认定，在中国“唯一重大的民族革命集团是国民党，它既依靠自由资产阶级民主派和小资产阶级，又依靠知识分子和工人”。[⑤]特别引人注目的是，与上年秋冬季孙中山请苏联派兵到新疆时的情况相比，此时的国民党坚持三民主义的立场已经明朗而公开化，甚至从小范围的同莫斯科代表的争论变为通过舆论表态。《孙文越飞联合声明》把共产主义不适合中国作为第一条揭诸世人，于是莫斯科和沪上形成鲜明对比：一边是

---

① 邹鲁：《中国国民党史稿》第一篇，《组党》，中华书局 1960 年版，第 308—309 页。

② 马林：《关于国共合作的笔记》，李玉贞主编：《马林与第一次国共合作》，光明日报出版社 1989 年版，第 91 页。

③ 例如对于陈炯明的估计，见李玉贞：《孙中山与共产国际》，台北“中央”研究院近代史研究所 1996 年版，第 129—139 页。

④ 见他们二人合写的《关于我们殖民地和半殖民地尤其是在中国的工作》（提纲），李玉贞主编：《马林与第一次国共合作》，光明日报出版社 1989 年版，第 99—101 页。

⑤《共产国际执行委员会关于中国共产党与国民党的关系问题的决议》，《共产国际有关中国革命的文献资料》第 1 辑，中国社会科学出版社 1981 年版，第 76 页。

盼望世界无产阶级革命胜利之鸟立即腾飞；另一边却是共产主义不适合中国国情，不能不说是孙中山坚持其思想体系的一大成功。[①] 难怪苏俄报纸一直没有公布这一条重要内容。仅仅强调苏俄对中国人民革命斗争的援助。[②]

1923 年 1 月 2 日孙中山在上海主持中国国民党改进大会，党的骨干胡汉民、于右任、张继、李烈钧、张秋白、杨庶堪与会。会上明令自此废止 1920 年的《中国国民党总章》和《中国国民党规约》。[③] 孙中山发表了讲话，号召全党今后重视“宣传党的主义，党的纲领”，要借鉴俄国经验，“俄国五六年来，革命成功，也就是宣传得力”。[④]

1923 年 1 月的上海乃至中国和世界舆论着实被上海震动。先是前述两个文件的发表，月底则有《孙文越飞联合声明》的发表。人们听到国民党在有组织地发出自己的声音，揭示该党将在中国政治生活中发挥重要作用。

第三节　大本营的建立

孙中山自 1922 年 8 月离开广州后，南方针对陈炯明的军事活动并没有停止，8 月 22 日，他派遣汪精卫到奉天联络张作霖，协调军事行动加筹集款项。[⑤] 9 月，许崇智各部自粤边境向福建进兵。10 月 1 日自赣湘入桂的北伐军朱培德克桂林。东路北伐军向古田推进，5 日后北伐军克古田，10 月 18 日孙中山任命许崇智为东路讨贼军总司令，蒋介石为参谋长。西路讨陈军则由滇军和部分桂军组成，杨希闵为指挥。[⑥]

邓泽如、古应芬、林直勉、林树巍、李文范等在香港设立了“讨陈驻港办事处”，以胡汉民为处长，10 月 26 日孙中山任命邹鲁为驻港特派员，以及

---

① 上海工部局档案：《警务日报》（1923 年 1 月 20—31 日）有详细记载。

② 当时的苏俄《真理报》（1923 年 1 月 30 日）在报道这一消息时，没有提及《孙文越飞联合声明》的第一条，详见李玉贞：《孙中山与共产国际》，台北“中央”研究院近代史研究所 1996 年版，第 211—212 页。

③ 茅家琦、徐梁伯、马振犊、严安林等：《中国国民党史》上册，鹭江出版社 2009 年版，第 188 页。

④ 《孙中山全集》第 7 卷，中华书局 1985 年版，第 7 页。

⑤ 原件存台北中国国民党党史会，引自“中华民国”各界纪念国父百年诞辰筹备委员会学术论著编纂委员会主编：《国父年谱》。

⑥ 原件存台北中国国民党党史会，引自“中华民国”各界纪念国父百年诞辰筹备委员会学术论著编纂委员会主编：《国父年谱》，第 858、859、863 页。

其他理财、联络等部门负责人。[①] 经他们的争取工作，滇军杨希闵、桂军沈鸿英等联合粤军陈济棠于 1923 年 1 月 16 日赶走陈炯明部占领广州。

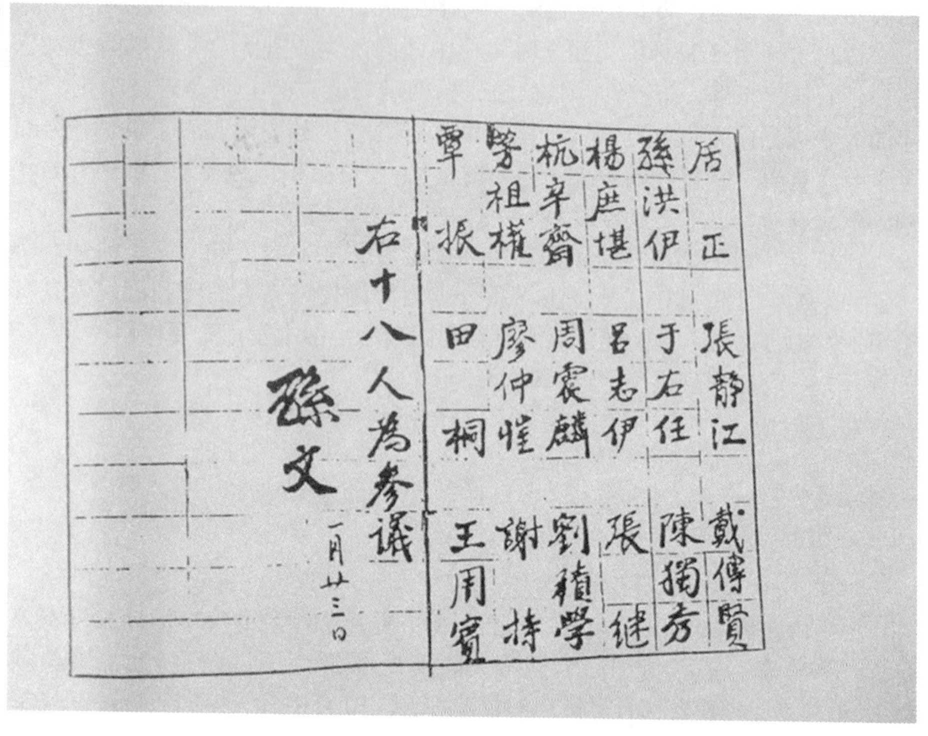

居正 張靜江 戴傳賢
孫洪伊 于右任 陳獨秀
楊庶堪 呂志伊 張繼
杭辛齋 周震麟 劉積學
茅祖權 廖仲愷 謝持
覃振 田桐 王用賓
右十八人為參議
孫文
一月廿三日

1923 年 1 月孙中山任命包括共产党人在内的十八人为参议员

对于这时的孙中山，筹借款项，得到外国援助依然是关注点，为此他在上海会见了正在此地访问的汇丰银行香港总行总经理史提芬（Alexander Gordon Stephen），“事后又请其给香港总督司徒拔捎个口令，询问在他经过香港时能否一晤”。[②] 得到的回答是，“只要孙中山不以中华民国大总统或其他英国不认可的身份抵港，他将乐意接见”。[③] 至此，英国的态度已经明朗，无疑，唐宁街不愿意看到孙中山在华南打出任何“独立”政府的旗号。

① 邓泽如：《中国国民党二十年史绩》，第 272 页。

② A. G. Stephen（Chief Manager Hong Kong）to Sir Newton Stabb（London），private ms，23 February 1923，HSBC Group Archives，letter Book Private，K. 2. 1。引自黄宇和：《中山先生与英国》，台北，学生书局 2005 年版，第 422 页。

③ Stubbs to Lord Devonshire，23 December 1923，CO129/481，第 557 页，引自黄宇和：《中山先生与英国》，台北，学生书局 2005 年版，第 423 页。

1923年2月15日孙中山离开上海，踏上回广州之路。

上章述及，达林曾经认为孙中山在永丰舰上委托陈友仁转交苏俄的信说明了孙世界观的“伟大转折”。事实并非完全如此。那封信仅仅是他被困舰上时的思考，从内心而言，他对英国的好感并没有消失。只不过莫斯科使者们的示好，中国共产党人的跨党，使孙中山多了一张可用的牌。还在孙中山同越飞发表联合声明前，他就开始打俄国牌，于1月11日和19日派遣陈友仁两次拜访英国驻沪总领事巴尔敦爵士。值得注意的是，此时越飞已经到达上海。

与巴尔敦第一次会晤中，陈友仁表达了孙中山对英国的好感。第二次则表达了孙中山与香港政府修好的愿望，并打出了苏俄牌，说“若孙中山重返广州建立政权而一如既往遭到香港英国政府的敌视，则待双方再起纠纷时，孙中山将会被迫寻找其他列强（按指苏联）的帮助”。此外，陈友仁暗示，“若孙中山能与香港总督举行一次会晤，将会甚得人心”。1923年2月1日新任英国驻华公使麻克类（Sir Ronald MacLeay）赴北京途经上海时，孙中山派遣陈友仁前去会晤。陈氏给麻克类的印象是孙中山并不想在广州成立一个“独立的共和国”，麻克类因向英国外交部建议，“若孙中山不再挑起香港的劳工运动，则英国政府可以对他保持友好态度”。[①]

孙中山途经香港时受到港英当局的礼遇。2月18日港督设午宴招待孙中山，当天下午孙中山由陈友仁陪同到何东爵士府喝下午茶。[②] 2月20日下午，他拜访了香港汇丰银行总经理史提芬。得悉后者答应无担保贷款，孙中山兴奋异常，当日便向工界领袖通报情况。[③] 在香港孙中山受到热烈欢迎。[④]

21日孙中山抵达广州，显然是为了维护已经略与修好的英国政府的同情与支持，他为自己定的头衔仅仅是陆海军大元帅。3月2日大本营正式成立，后设内政、军政、建设、财政四部，法制、审计两个局，参军长、秘书长、金库长三职位。行政方面的工作正在进行之中。然而综观种种情况，孙中山从英国处得到的仅仅是安慰。英国的真正援助还在未知之中。

---

① Sir Ronald Mac Leay to Lord Curzon，28 February 1923，FO405/240. 引自黄宇和：《中山先生与英国》，台北，学生书局2005年版，第422页。

② Sir Ronald Mac Leay to Lord Curzon，28 February 1923，FO405/240. 引自黄宇和：《中山先生与英国》，台北，学生书局2005年版，第433、434页。

③ 《香港华字日报》1923年2月22日，引自黄宇和：《中山先生与英国》，台北，学生书局2005年版，第442页。

④ 《香港华字日报》1923年2月22日，引自黄宇和：《中山先生与英国》，台北，学生书局2005年版，第433—446页。

马林 1923 年 8 月前在广州使用过的孙中山大本营的出入证

第四节　1923 年 5 月 1 日的电报

孙中山回到广州后，国民党本部仍然设在上海，谢持奉孙中山委派为全权代表，处理国民党的党务。在广州，孙中山命邓泽如“恢复中国国民党广东支部，以利宣传三民主义”。[①] 4 月 1 日邓泽如主持广东支部举行的恢复典

① 邓泽如：《中国国民党二十年史绩》，第 276 页。

Sn 3048/1

Телеграмма полученная от тов.ИОФФЕ из Атами I-го Мая с/г.

Передайте доктору СУН-ЯТ-СЕНУ :

Мною получен ответ моего Правительства на конкретные вопросы,в свое время обсуждавшиеся нами лично всвязи длительными Вашими,а не ударными планами.

ПЕРВОЕ- Мы считаем необходимой широкую подготовительную работу идейно-политическую,на которой должны базироваться Ваши революционные военные действия и создание по возможности централизованного апарата,в Вашем ведении находящагося.

ВТОРОЕ- Этой Вашей организации мы готовы ссудить сумму до двух миллионов золотых рублей на работу по подготовке об"единения Китая и его национальной независимости. Указанная денежная помощь должна быть расчитана на год и может выдаваться лишь частями по пятсот тысяч золотых.

ТРЕТЬЕ- Мы готовы также оказать Вам содействие в организации крупно крупной воинской единицы из северных или западных китпровинций,но к сожалению материальная наша помощь может иметь лишь очень скромные размеры максимум восемь тысяч японских винтовок,пятнадцать пулеметов,четыре пушки «Орисака" и две бронемашины.Если Вы согласны то можно использовать нашу военно-материальную и инструкторскую помощь на создание неполевой части,а внутренней военной школы всех родов оружия. Это дало-бы возможность подготовить в политическом и военом смысле курсы для революционной армии на севере и на западе.

ЧЕТВЕРТОЕ.- Мы убедительно просим чтобы вся наша помощь оставалась строжайше конспиративной,ибо открыто и официально мы и впредь не сможем итти дальше лишь выражения активного сочувствия национально-освободительным тенденциям «Гоминдан". Вполне уверены Вашем конечном успехе желаю Вам поскорее выйти из временного затруднения и надеюсь лично в кантоне переговорить о деталях вышеуказанных предложений. Если же для Вас желательно скорее,то можете вести таковые переговоры с моим заместителем,через товарища Маринга. ВАШ ИОФФЕ.

1923 年 5 月 1 日越飞通过马林转交孙中山苏俄政府的电报

礼。已经加入国民党的陈独秀，以及徐绍桢等人应邀发言。6 月 1 日，陆海军大元帅大本营成立宣传委员会，陈独秀被孙中山任命为委员长。宣传的内容，按照孙中山的意图，自然是三民主义。

如前述，在加强宣传上，国民党与共产国际并没有区别。不和谐音出现于宣传内容上。此时的共产国际考虑的是什么呢？

共产国际转而采取支持国民党的方针没有经历太复杂的过程。然而 1923 年年初的中国政治形势却使共产国际内部那些极左派们再次构筑对国民党的“严格要求”。京汉路事件发生后的一个月，俄共（布）中央委员会便于 3 月 8 日作出了决定：“认为以完整作战单位的形式，在中国西部为一支革命军队的建立奠定基础是合宜的”。会上决定向国民党提供 200 万墨西哥元的援助。但会议为此设置了前提：国民党必须开展思想政治工作，因俄共（布）中央委员会“政治局为孙中山过分注重纯粹军事行动但忽略组织准备工作而非常担心”。①

这后一点也是当时共产国际与苏俄代表同孙中山接触中最难以解决的问题。它对共产国际同国民党的关系并非没有影响，至少反映了共产国际内部的分歧。就在俄共（布）作出上述表态的同一天，一些激进的左派如吴廷康发出了另外一个声音，他认为“至今国民党还不是一个全国性的政党，而只

① 《俄共（布）中央委员会会议第 53 号记录节录（1923 年 3 月 8 日）》，《联共、共产国际与中国》，台北，东大图书公司 1997 年版，第 182 页。

不过是作为一个军阀集团继续其活动罢了。国民党甚至连近来的工人罢工和遭到枪杀，以及学生受镇压这样的事，都没有加以利用，以开始政治宣传和吸收广大劳动人民、青年学生和知识分子参加反对北京（直系）军阀的斗争。显然国民党的领导人依然主要寄希望于联合某一个军阀集团、借助某一个帝国主义国家，来取得军事上的胜利。我们党能够无条件地支持孙中山做这样联合吗?”[①] 显然，吴廷康、萨法罗夫等人寄希望于国民党开展的宣传，是后者无法接受的，相当多的国民党人士、认为按照苏俄方式轰轰烈烈地开展劳资斗争，与三民主义精神相悖。

过了不久，在4月4日，另外一个同样充满激情但难以实施的声音也传进了俄共（布）中央政治局，共产国际执行委员会东方部的萨法罗夫在信中称“工人运动特别在近期诸事件中，已经表现出强烈的愿望，要在全中国范围内，把中国无产阶级组织起来……我们对运动估计不足，或者确切说，当工人阶级觉悟已经开始的时候，我们把运动拱手交给国民党，让它去实习”。[②] 他没有把国民党当成自己人。

不过，这种观点在1923年没有影响到共产国际对国民党的援助，相反，从1923年年初起共产国际同国民党的关系开始迅速而有成效地发展。5月1日苏联政府在研究过越飞关于孙越会谈的报告后，就孙中山的长远计划和近期计划作出回答，由时在日本热海的越飞经马林转告孙中山：

“我们认为广泛的思想政治准备工作是不可以须臾离开的，您的革命军事行动和您领导的尽可能集中的机构的建立都应以此为基础”。

与3月8日电报相比，这些武器的用途多少有所改变即：国民党可以利用上述物资和武器“建立一个包括各兵种的内部学校（而非作战部队）。这就可以为在北部和西部的革命军队准备好举办政治和军事训练班的条件”。

从莫斯科要求孙中山对苏联援助“严守秘密”一点，可以看出这种援助的密约性质。不言而喻，这笔钱是用来帮助一支在野的政治势力推翻其所在国的现政府。莫斯科称“即令在今后，对国民党谋求民族解放运动的意向，我们也只能表示积极同情而已”。[③]

然而这个决定毕竟对国民党很重要，该党已经不再局限于被中国“唯一

---

① 见他1923年3月8日写给共产国际执行委员会东方部萨法罗夫的信，《联共、共产国际与中国》，台北，东大图书公司1997年版，第185页。

② 见他1923年4月4日写给俄共中央政治局的信，《联共、共产国际与中国》，台北，东大图书公司1997年版，第203页。

③ 电报全译文见李玉贞主编：《马林与第一次国共合作》，光明日报出版社1989年版，第170—171页。

重大的民族革命集团”，而且这个集团已经得到具体援助了。不过，从决议承诺到援助到来还有相当长的时间，中间枝节繁生。

第五节　国民党改组计划的提出

从组织上加强党的力量，本来是国民党人梦寐以求的事，但是由于莫斯科的使者们往往自觉或不自觉地把俄共（布）的工作方式特别是指导思想搬用到中国，而一些国民党人由于个人的教育背景和意识形态的差异，对这一切十分警惕，他们时时防范“赤化”危险。莫斯科既然认为国民党是共产国际在中国宣传、促进共产主义革命和苏俄对华外交唯一“可用”的力量，[①]便对国民党的改组提出了相当“高”的要求。针对1923年5月1日苏俄致孙中山的电报中要求加强政治思想工作一项，孙中山在5月24日回电答应立即开始党的改组和宣传工作。[②]不言而喻，无论孙中山本人，也无论是国民党的任何派别都不可能去宣传苏式共产主义。

国民党本身特别是孙中山却有着更加广泛的活动和计划，他们着力于组建政府。为此，还在上海期间，孙中山在1922年就已经开始考虑国民党改组的工作了。[③]

国民党改组计划应该视为其组织建设的一个步骤，计划的拟定，是孙中山亲自委托马林和陈独秀去做的。这个计划建议把莫斯科援款的“三分之一用于重新组织革命的国民党和反帝宣传，余款用来在北方或西部地区建立一个军事组织”。[④]

从上图表可以看出，方案把重点放在“宣传”上，如组织和安排出版、

① 《萨法罗夫致共产国际执行委员会的信（1923年4月4日）》（Письмо Г. И. Сафарова ИККИ 4 Апр 1923），РГАСПИ，全宗514，目录1，案卷40，第37页。

② 孙电见李玉贞主编：《马林与第一次国共合作》，光明日报出版社1989年版，第155、178页。插图上有“Through Wilde 24 ／5 ／24”（通过维里杰24 ／5 ／24的字样，据马林档案中收发函电日期判定：第一个“24”可能是通过维里杰转发的日期，第二个“24”应当是年份，但显系错误，应当是“23”。

③ 《李大钊全集》第4卷，人民出版社2004年版，第94页。

④ 马林：《致越飞、达夫谦和季诺维耶夫的信（1923年5月31日）》，李玉贞主编：《马林与第一次国共合作》，光明日报出版社1989年版，第198页。

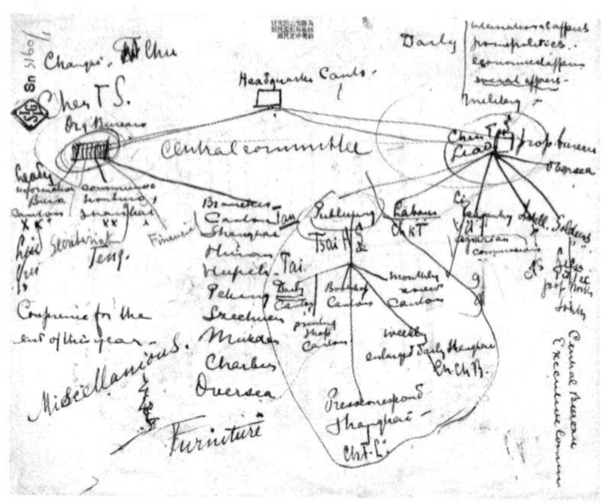

马林、陈独秀草拟的国民党改组计划

Sn 3107/1

FOR POLPRED PEKING AND JOFFE

WILL START IMMEDIATEL REORGANISATION PARTY.ESTABLISH DAILY PAPERS CANTON SHANGHAI HARBIN WEEKLY PEKING SHANGHAI PRESSCORRESPONDENCE SHANGHAI AND MONTHLY CANTON.DEVELOP PROPAGANDA AMONG NORTHERN SOLDIERS SOONEST POSSIBLE.WANTED FIRST INSTALMENT OF GRANTED SUPPORT PLEASE WIRE MOSCOW IMMEDIATELY

AS TO ORGANISATION MILITARY FORCE NORTHWESTERN BOARDER DELEGATES GOING ~~MOSCOW~~ SOON DISCUSS DETAILS.

REGARDING RAILWAY AGREEMENT HAVE AGAIN GIVEN STRONG ADVICE TO DELEGATED MUKDEN for acceptance by Chang

24/5/24

Sunyatsen

1923 年 5 月 24 日孙中山致越飞信　IISG 收藏

宣传，国民党各部委的人选和任务，预算等。[①] 孙在 1923 年 5 月接受了这个方案，[②] 并从宣传入手促进计划的落实，立即开展声势浩大的群众运动，在宣传方面，拟在广州、上海、哈尔滨办日报；在北京、上海办周报；在上海设

① 马林：《收发函电记录（1923 年 4 月 30 至 7 月 18 日）》，李玉贞主编：《马林与第一次国共合作》，光明日报出版社 1989 年版，第 155 页。

② 据李玉贞主编：《马林与第一次国共合作》光明日报出版社 1989 年版，第 155 页记载，孙中山接受这个方案的时间当在 5 月 23 日之前。

立新闻通讯社；在广州办月刊；在北方士兵中尽快开展宣传。[①] 是年8月1日《广州民国日报》创刊，11月《国民党周刊》出第1期，说明国民党在准备改组的同时，也重视本党的宣传。

然而，国民党和共产国际心目中宣传的内容却有天壤之别。就国民党而言，重视宣传并非新鲜事，也不是接受了什么外来建议。该党领导人关于三民主义的言论比比皆是。例如，还在陈炯明事件发生前，国民党宣传部就在上海设立了宣传机关："国民书报社"，"新闻记者演讲员养成所"创办了《国民丛书》月刊；《国民周刊》。而在陈炯明事件发生后，谢持、邹鲁到北京联络各大学生入党，表面用"民治主义同志会"名目。北京有国民党组织的《民生周刊》宣传党义。全国学生联合会在广东开会时，邹鲁又拨款给国民党籍的学生在北京、上海刊行杂志。在北京刊行者名《新民国》，在上海刊行者名《新建设》，不言而喻，中国国民党的对内对外政策和立党之本都是宣传的内容。即使中国国民党改组以后，这三种杂志也依然由党支付款项。[②]

1923年1月2日，孙中山又对国民党改进会议的参加者以古人"攻心为上，攻城为下"相告诫，号召进行国民党的宣传，使中国四万万人之心倾向国民党。他还特别引用俄国经验，以说明"宣传这种武器比军队还强"。[③]

然而，实际工作中却出现了对抗。马林、陈独秀等人另有做法——"保持共产党人政治上的独立性"，[④] 以示立场鲜明。从《向导》周报的文章可以十分明显地看出共产国际如何强调苏俄革命道路及其实践，从中明显读出孙中山主张与苏式道路的不兼容性。就其本意而言，马林、张太雷、蔡和森等人对国民党都是"恨铁不成钢"，而没有什么敌意。但是，效果却不尽如人意。国民党人开始表露相当强烈的对抗情绪，甚至公认的"国民党左派"廖仲恺也颇有微词，他对马林说：中国人做事，并非时时"把党抬出来"。[⑤]

共产国际代表们对国民党是"高标准"、"严要求"。可问题就出在何谓"高"。共产国际从其阶级斗争和无产阶级专政理论的"高度"向国民党提出的要求，与国民党的三民主义呈现南其辕北其辙的态势，犹如走在两条并行

① 《孙中山致达夫谦和越飞的电报（1923年5月23日）》，李玉贞主编：《马林与第一次国共合作》，光明日报出版社1989年版，第178页。

② 邹鲁：《中国国民党史稿》第二篇，第587页。

③ 孙中山：《在上海中国国民党改进大会的演说》，《孙中山全集》第7卷，中华书局1985年版，第6—7页。

④ 马林：《致共产国际执行委员会东方部拉狄克和萨法罗夫的信（1923年5月30日）》，李玉贞主编：《马林与第一次国共合作》，第181页。

⑤ 马林：《致达夫谦和越飞的信（1923年7月13日）》，李玉贞主编：《马林与第一次国共合作》，光明日报出版社1989年版，第283页。

不悖道路上的人，本无所谓高与低，各自认为自己的路有前途，任何一方都不可能被说服，但是一方却在大造声势向另一方呐喊，试图将其“争取”过来。而被“争取”者态度“顽固”，丝毫不接受，也根本无意“并线”。

于是其中一方的声音越高，另一方的反感就越强，孙中山就是一例，共产国际的批评越是频繁，孙中山的愤怒就越是激烈，他向马林直言不满：“［向导］周报上的批评是无法接受的”。如果陈独秀不放弃这样的做法，他，孙就“一定要把他开除出党”。[①] 尽管出现了这样令人担忧的局面，国民党改组计划毕竟是提出来了。[②] 用“三民主义为体，俄共组织为用”予以总结应是恰当的。[③]

第六节　共产国际无计可施　马林离华

共产国际通过种种途径迭次催促孙中山开始党的改组工作。于是广州的军事行动与国民党改组孰先孰后便成了焦点。

清除“心头之患”的陈炯明，在孙中山眼中始终是第一要务。面对广州的形势，孙中山认为他不能按步就班地进行国民党改组。5 月 25 日陈炯明部攻下潮安、汕头，孙中山依靠的许崇智部被迫退向揭阳。陈部逼近离广州仅 50 公里的惠州，准备向广州发起进攻。6 月 1 日孙中山亲自到前线督师，在石龙、博罗、北江一带紧张应对陈部。

孙中山急于统一广州，然后集中力量开展国民党改组工作。他忙于联络滇、闽、粤、桂各军，奔走于前线或劳军或指挥战事，同时还要争取张作霖助以经费。然而他面临着经费支绌，急需苏俄援助，于是在莫斯科面前处于一种“有求于人”的地位。1923 年 5 月马林、陈独秀提出改组计划草案的时候，也是广州形势十分紧张的时候。

---

① 马林：《致达夫谦和越飞的信（1923 年 7 月 20 日）》，李玉贞主编：《马林与第一次国共合作》，光明日报出版社 1989 年版，第 296 页。

② 马林：《致共产国际执行委员会、红色工会国际、共产国际执行委员会东方部和东方部远东局——关于中国形势和 1923 年 5 月 15 至 31 日期间的工作报告（1923 年 5 月 31 日）》，李玉贞主编：《马林与第一次国共合作》，光明日报出版社 1989 年版，第 193 页。

③ 王奇生：《党员、党权与党争》，上海书店出版社 2009 年版，第 11—26 页。

孙中山与马林

1923年4月21日马林从上海出发前往广州。可幸的是，在华南马林得到了令他十分意外的帮助。亲孙中山的许崇智将军这时已经占领汕头，他派了一艘运输艇护送这位远道而来的客人。到香港时马林不仅没有遇到麻烦，反而得到警察的帮助，一路顺风于4月28日到达广州。[①]

孙中山的地位究竟如何，他能否控制华南，尚不好断定，这要取决于形势的发展。马林确实心中无数。

在军事上，孙依靠的是许崇智的滇军，约12，000士兵。在广东用这支力量可以击败南方军阀。如果吴佩孚不支持南方军阀反孙，那么孙的对手力量会小一些，可是孙吴携手落空后，吴佩孚成了对孙不利的因素，再次成为对手，并且有总统曹锟为大后台。在经济方面，广州市民已经对孙中山征税过多表示不满。南方富有的资本家不得不缴纳战争税，有的人也能提供资助，数额毕竟极其有限。香港工人给了他150万元，但杯水车薪，无济于事。为了筹措款项，孙中山不得不拍卖土地和公共建筑，甚至拍卖官位，遂致引起社会风气的日趋恶化。这一切都是为了解决经费问题。[②]

当时广东税收大都为滇桂驻军就地截留，孙中山屡次严令交还，但无成效。命邹鲁任广东财政厅长，整饰财政，但积重难反，竟至按时发放官员，获俸都相当勉强。筹措军费的难度可想而知。[③] 这就是为什么孙中山反复通过马林催促共产国际援助尽快兑现。[④]

马林最不满意的因素还是在政治方面。他认为孙中山和国民党领导人有两个致命的薄弱点：一是他们十分害怕帝国主义列强；二是他们不愿意全力抓紧国民党的改组。

早在1922年同孙中山和陈友仁等接触时，马林就断定国民党领导层中存在对于帝国主义“害怕的心理”，上海《沪报》的陈友仁利用自己的刊物“也像《字林西报》一样发表反对苏俄的文章”，为此马林已经多次向孙中山“告状”，但是没有奏效。1923年2月孙中山从上海回广州途经香港时曾经对香港大学师生和香港工界代表发表演说，表明自己不拥护“极端主义”，他要

---

① 马林：《向共产国际和红色工会国际的报告（1923年5月14日）》，РГАСПИ，全宗514，目录1，案卷43，第49—52页。

② 《马林致吴廷康的信》（Letter of Maring to G. Voitinskii 16 September 1922），РГАСПИ，全宗495，目录154，案卷133，第123—125页。

③ 冯双编著：《邹鲁年谱》上卷，中山大学出版社2010年版，第158—160页。

④ 马林：《收发函电记录》，李玉贞主编：《马林与第一次国共合作》，光明日报出版社1989年版，第165页。

的革命也不是苏式“极端主义”的革命，而是争取建立一个“良好稳健之政府”。他强调其革命思想肇起于香港，郑重声明自己的政治倾向：“吾人必须以英国为模范，以英国式之良政治传播于中国全国”。① 他的讲话先由香港报界传播，再经由上海《民国日报》广泛传布至内地。马林得知后十分不快。遂向共产国际执行委员会报告了孙中山的这一重要表态。无非是孙中山在那里重叙对英国的友情，暗示对共产国际理论的不赞。②

二是，孙中山不想采纳共产国际关于政治工作优先，以政治工作统率军事行动的建议，他急于全歼陈炯明部。孙中山甚至有一个快速消灭北京政府的计划，为此聘请了一百多名美国飞行员并且购买了飞机。一俟轰炸成功，他本人也坐飞机到北京建立一个“好政府”。③ 相比之下，对于共产国际习惯使用的宣传和组织群众的轰轰烈烈的工作方式，孙中山却表现冷淡，特别不愿意以党的面目出现来宣传群众。马林积累了从事社会主义宣传的经验，有共产国际日常的宣传工作为楷模。在中国，中共已经创刊了《向导》周报，他希望中国国民党也创造出同样热烈的局面，所以他频繁地函请共产国际执行委员会给他多寄一些书刊和资料。④

马林力图在国民党改组工作中把苏俄建党的模式和经验搬到国民党内来。他认为 1923 年的夏天具备了开展声势浩大的群众运动的条件。临城劫车案方在交涉中，湖南长沙市民和学生又举行反对日本的游行，要求收回旅顺、大连和废除丧权辱国的 21 条。日本伏见号兵舰竟派兵登陆，向和平游行者开枪，造成“6·1”惨案。抗议活动迅速展开，发展为 13 万人的大游行和大规模的罢工、罢市、罢课。当地有许多国民党人参加了反日活动。中国共产党领袖陈独秀在《向导》周报撰写文章《日本杀害长沙同胞》以示抗议。⑤ 但是中国国民党没有发表任何表态性的文章，这令马林十分失望。

他想改变孙中山、廖仲恺等人对政党的看法，督促他们打着国民党的旗

---

① 孙中山：《在香港大学的演说（1923 年 2 月 19 日）》，上海《民国日报》1923 年 2 月 28 日，《孙中山全集》第 7 卷，第 115—116 页。关于此次讲话的时间，陈锡祺《孙中山年谱长编》（下册，第 1854 页）认为是 2 月 20 日，《孙中山全集》（第 7 卷，中华书局 1985 年版，第 115 页）定为 2 月 19 日。黄宇和：《中山先生与英国》，台北，学生书局 2005 年版，第 436—438 页有分析。

② 《马林向共产国际和红色工会国际的报告（1923 年 5 月 14 日）》（Report of Maring to CI and Profintern，14 May 1923），РГАСПИ，全宗 514，目录 1，案卷 43，第 9—52 页。

③ 《马林向共产国际执行委员会的报告（1923 年 5 月 15 日）》Report of Maring to ECCI（15 May 1923），РГАСПИ，全宗 514，目录 1，案卷 43，第 55—56 页。

④ 马林写给吴廷康（1922 年 8 月 6 日、9 月 16 日）、杨松（1922 年 9 月 7 日）等人的信，РГАСПИ，全宗 495，目录 154，案卷 133，第 62、122—125 页；以及向共产国际执行委员会的许多报告。

⑤ 《向导》周报第 29 期，1923 年 6 月 13 日出刊，第 213 页。

帜，在中国政治生活中发出国民党的声音。为此他两次找孙中山谈话。

马林首次赴前线拜访孙中山

1923 年 6 月 3 日马林到了石龙，在战地上见到孙中山。他不仅批评孙中山在临城劫车案中让伍朝枢从上海给外交团发的那个要求外国不承认北京政府的电报，同时指出后者 1923 年年初在香港赞赏英国政治制度并希望以之为楷模建立英式“好政府”的讲话，以及孙自称“稳健”而暗示不赞成俄式“激烈派”的表态。[①] 马林批评国民党及其领袖没有在反对帝国主义斗争的关键时刻站出来领导反帝运动。于是便开诚布公地对孙说出了心中积存已久的想法，建议孙中山立即停止军事行动，抓紧国民党改组。

但是，马林没有达到预期的目的。他碰了“钉子”。孙中山回答说“论行动，则只能是军事行动，党不应该插手人民中的运动，至少不要以党的名义去插手”。就连被称为左派的廖仲恺也持这样的看法。当马林同廖谈到国民党改组和党建问题时，廖仲恺同样予以反驳：“总是把党抬出来，这不是中国人的做法”。[②]

马林十分失望。孙坚持“在解决广东问题之后，我们就能着手进行”改组工作。关于派遣代表到莫斯科去一事，孙中山“未置可否”。马林通过张继了解到孙中山有意在广东战事结束后，亲自到俄国去，此时孙只是向马林强调，他，孙的政府此时迫切需要军事援助。并请马林催促莫斯科尽快提供已经许诺的援助。

马林前线之行没有任何成果。他开始考虑，是否应该给孙中山援助，[③] 以及如何“帮助”国民党。他于是亲自出马，拿起笔在《向导》周报撰文，批评孙中山及其拥护者“缺乏明了帝国主义的真正性质，真是令人惊异”，并且直言不讳地说“假设明天孙中山靠了外国的帮助得着机会做了民国的总统，岂可说中国已距离他的自决和独立近了一步吗？决没有，只造成了使孙中山丧失他是一位忠实的革命党的名誉之机会”。[④]

在马林的带领下，张太雷也撰文批评国民党，张看得十分清楚：“国民党有意在国民群众中不把旗子树起来，因为恐怕国民党的旗子树起来了反把群

---

① 孙中山：《在香港大学的演说》，《孙中山全集》第 7 卷，中华书局 1985 年版，第 116 页，《孙中山集外集补编》，第 315—316 页也登载了取自香港《华字日报》的一个同题异文的讲演词。

② 马林：《致越飞和达夫谦的信（1923 年 7 月 13 日）》，李玉贞主编：《马林与第一次国共合作》，光明日报出版社 1989 年版，第 282—283 页。

③ 马林：《致越飞和达夫谦的信（1923 年 6 月 20 日）》，李玉贞主编：《马林与第一次国共合作》，光明日报出版社 1989 年版，第 262 页。

④ 孙铎：《中国改造之外国援助》，《向导》周报第 29 期，第 214 页。

众吓咆了”，他尖锐地抨击国民党，说群众之所以怕它，是因为国民党过去的政策与方法“和一切混蛋的政团如安福系、交通系、直系、奉系的无什差别”。[①] 但是事与愿违，这些文章不仅对孙没有起任何作用，反而加深了他同中共和共产国际的隔阂。

马林第二次往访孙中山

那时正值北京政府发生危机的关头。1923 年 6 月 6 日张绍曾内阁指责黎元洪破坏内阁权限，提出总辞职，并于晚间前往天津。以示倒黎之意。此后北京城内谣言四起，军警罢岗，开会，人心严重动荡。黎元洪只有匆忙出逃，但在赴天津的路上又遭到王承斌拦道抢走印章。6 月 14 日北京内务总长高凌霨组织摄政府，代行国务院职务。北京出现无内阁无总统的局面。一些国会议员便致函孙中山，请他北上，“速正名位，复总统职”。孙中山认为这是一个极可利用的机会，他更加迫切地希望立即结束南方的战事，而为此他急需苏俄援助。马林也知道这一点，他几乎从所有国民党领导人口中听到要求援助尽快到位的呼声。

6 月 19 日，马林又一次来到孙中山面前，劝孙中山利用北京政府的危机状态，立即转变方向，加快国民党改组的步伐，“设法抓住反对北庭运动的领导权”，并劝他往上海一行，并且尽快派遣代表赴莫斯科。然而马林得到的又是拒绝。孙中山认为能否“抓住”那种领导权并不重要，他还是要把南方的战事了结，两个月后可往莫斯科和柏林一行。那个靠俄国军事援助、德国技术共同建设新中国的中德俄计划实施的日子已经不远了，最迟也就是五年。[②] 又是一个软钉子。

马林的悲剧在于，他过高地估计了共产国际理论的感召力，没有想到自己遇到的对手孙中山是一个饱经沧桑的政治家，是一个阅历很深，不太容易被“感召”的人。马林本人确实全心全意地在宣传国民党，他和中共领导人已经充分表达了对国民党改组的迫切心情。

在这种情况下，那种想抛开国民党另外建立一个“好一些”的党来代替国民党的情绪也不可能不流露出来。《向导》周报上一篇篇的文章接连不断批评孙中山“太右的和平妥协政策”，并“高唱与各派军阀大调和!”这样下去，“不久中山这次调和各派军阀的和平统一的号召失败，我们敢说在民众中一点影子也没有。所以像有民众基础的俄国共产党来采用一个这样右的政策

---

① 春木：《羞见国民的国民党》，《向导》周报第 29 期，第 213 页。

② 马林：《致越飞和达夫谦的信（1923 年 6 月 20 日）》，李玉贞主编：《马林与第一次国共合作》，光明日报出版社 1989 年版，第 262 页。

或还没有什么大的危险；但无民众基础的国民党援用一个这样右的政策，前程是很危险的！”蔡和森引用亚里士多德的话比喻国民党人“是政治的动物，除非不是人，哪能够不问政治！‘不问政治’这句话，是亡国的哀音，是中国人安心不做人的表示！”[①] 张国焘想抛开国民党，[②] 马林本人也有这样的想法，他在5月底对布哈林说过，“如果国民党因其领导上的种种错误而垮台，那就一定要另建一个革命的国民党”。[③] 孙中山清清楚楚地看到了这一切。

马林遇到麻烦

马林的努力竟事与愿违，就连积极支持国共合作的廖仲恺都不能接受，不赞成“时时把党抬出来”。然而孙中山和廖仲恺面临的就是抛开国民党另外建立一个新国民党以尽快“完成”中国国民革命的急躁情绪，它在中共党内也是相当普遍的。孙中山不仅有所觉察，而且在1923年7月同马林最后一次谈话时，十分严厉地表明，“像陈独秀那样在他的《向导》周报上批评国民党的事再也不许发生”。[④]

在这样的关头，廖仲恺和胡汉民“襟若寒蝉”，马林还很大度地为陈独秀辩护，说有些文章虽然署了陈独秀的名字，事实上出自他马林之手。可那也于事无补，孙中山照例不肯“饶恕”任何人。他的怒气有增无减。[⑤] 马林同孙中山的关系已经远远说不上和睦了。

马林等不惜釜底抽薪

事实上马林已经因为够“左”，才受到孙中山的批评，可共产国际执行委员会那几个比他更“左”的人却说他“热恋于国民党并因此把他划归“右派”。[⑥] 这很像“大水冲了龙王庙”，他们原本都是“自家人”。

就马林工作而言，他对共产国际执行委员会赋予的使命十分“忠诚”，工作中始终没有偏离用共产国际理论改造国民党的方针。早在1923年4月底就明确向其上司越飞表示，对孙中山的援助“要据他全面改组国民党的愿望而

---

① 蔡和森：《四派势力与和平统一》，《向导》周报第18期，第143页。

② 马林：《致红色工会国际共产国际执行委员会东方部和东方部远东局关于中国形势和5月15—31日期间的工作报告（1923年5月31日）》，李玉贞主编：《马林与第一次国共合作》，光明日报出版社1989年版，第192页。

③ 李玉贞主编：《马林与第一次国共合作》，光明日报出版社1989年版，第196页。

④ 陈独秀：《告全党同志书（1929年12月10日）》，《中共党史参考资料》第5册，第394页。

⑤ 马林：《致越飞和达夫谦的信（1923年7月18日）》，李玉贞主编：《马林与第一次国共合作》，光明日报出版社1989年版，第294页。

⑥ 马林：《致共产国际执行委员会东方部拉狄克和萨法罗夫的信》（1923年5月30日），李玉贞主编：《马林与第一次国共合作》，光明日报出版社1989年版，第180页。

定”。[①] 5月底待国民党改组计划已经拟定并经孙中山接受后，他进一步对越飞、达夫谦和共产国际执行委员会的季诺维也夫说，最好在国民党“保证不把援款用于南方的军事行动之后，再开始提供援助”。[②] 否则就“意味着慷慨解囊资助热衷于继续争战的将军们了”。[③] 见孙中山不能放弃军事行动，不能“改变态度去把国民党的宣传推到新的轨道”，他特别失望，认为不能让孙中山把苏俄提供的款项“轻易”地浪费在广东的军事行动中，“不能为了让孙氏王朝控制广东再把200万元塞进南方将领们的腰包”，在无望之际他要出“狠招”——釜底抽薪了，便建议共产国际停止这种“不负责任”的做法，[④] 停止向孙提供援助，[⑤] 以迫使孙放弃“在南方毫无意义的军事行动”。[⑥] 可是他的促进国民党和孙中山按共产国际路线工作的种种努力并没有收到成效，共产国际执行委员会的“左派们”仅仅根据马林在国民党“鼻子底下”工作这一点，便斥他为“右派”。

不管马林如何努力，都不可能达到目的，他同孙中山的关系越来越紧张。在对孙和国民党逐渐绝望之际，一个更加“果断”的主意开始萌生——索性由中国共产党人越俎代庖。他建议从苏俄给孙中山的援款中拿出21，000元来帮助“为数不多的共产党人从事国民党的宣传”。[⑦] 马林不无焦虑地向莫斯科说，如果包括廖仲恺在内的国民党左派顽固坚持只有在关键时刻国民党才以政党的面目出现，那就必须抛开国民党，“由别人来接手这一工作”。[⑧] 更有甚者，他“坚决主张，如果国民党因其领导上的种种错误而垮台，那就一

---

① 马林：《致共产国际执行委员会东方部拉狄克和萨法罗夫的信（1923年5月30日）》，李玉贞主编：《马林与第一次国共合作》，光明日报出版社1989年版，第151页。

② 马林：《致越飞、达夫谦和季诺维也夫的信（1923年5月31日）》，李玉贞主编：《马林与第一次国共合作》，光明日报出版社1989年版，第197页。

③ 马林：《致达夫谦和越飞的信（1923年7月20日）》，李玉贞主编：《马林与第一次国共合作》，光明日报出版社1989年版，第296页。

④ 马林：《致越飞和达夫谦的信（1923年7月18日）》，李玉贞主编：《马林与第一次国共合作》，光明日报出版社1989年版，第293页。

⑤ 马林：《致越飞和达夫谦的信（1923年7月18日）》，李玉贞主编：《马林与第一次国共合作》，光明日报出版社1989年版，第293页。

⑥ 马林：《收发函电记录（1923年4月30—7月18日）》，李玉贞主编：《马林与第一次国共合作》，光明日报出版社1989年版，第159页。

⑦ 马林：《致越飞和达夫谦的信（1923年7月18日）》，李玉贞主编：《马林与第一次国共合作》，光明日报出版社1989年版，第295页。

⑧ 马林：《致达夫谦和越飞的信（1923年7月20日）》，李玉贞主编：《马林与第一次国共合作》，光明日报出版社1989年版，第283页。

定要另建一个革命的国民党”。①

孙中山得知后十分愤怒，他宣布，如果陈独秀的“批评里有支持一个比国民党更好的第三党的语气，我一定要开除他。如果我能自由地把共产党人开除出国民党，我就可以不接受财政援助”。② 孙中山甚至不惜以放弃对苏关系为代价来坚持他自己的三民主义，多次对马林说：“共产党既加入国民党，便应服从党纪，不应该公开地批评国民党。共产党若不服从国民党，我便要开除他们；苏俄要袒护中国共产党，我便要反对苏俄”。③

就这样，马林同孙中山的关系恶化到不可收拾的地步。当时在中国的一位记者称，由于共产国际在中国的工作紧紧围绕苏俄外交人民委员部的对华外交，由于“马林们”把党拉着“像看万花筒似的，一会儿朝这个一会儿朝那个军阀摇摆”，最后“竟然发展到孙中山要把陈独秀开除出党的地步”。这不能不说是共产国际和中共在国民党改组工作上的失策。共产国际没有什么“高招”或给予新的指示。于是 1923 年 8 月马林离开中国回到共产国际。④

第七节 不得已的举动

为了取得援助，国民党被要求配合苏俄外交，它必须首先“向北京政府施加压力”,⑤ 迫使其改变对苏俄关系的强硬态度。其次，还要帮助苏俄维护其在中东铁路的利益，向张作霖施加压力，让他接受苏联的建议：成立一个中东铁路管理委员会，并保证苏方在十名委员中占七个席位，即一个“苏 7:3 中 =7:3”的方案。

尽管孙中山认为苏俄过分强调本国利益，这个要求是“单方面”的，是

① 马林：《致布哈林的信（1923 年 5 月 31 日）》，李玉贞主编：《马林与第一次国共合作》，光明日报出版社 1989 年版，第 196 页。

② 马林：《致越飞和达夫谦的信（1923 年 7 月 18 日）》，李玉贞主编：《马林与第一次国共合作》，光明日报出版社 1989 年版，第 294 页。

③ 陈独秀：《告全党同志书》（1929 年 12 月 10 日），《中共党参考资料》第 5 册，第 394 页。

④ 马林的离任还有其他许多原因。见李玉贞：《马林传》，中央编译出版社 2002 年版，第十章。

⑤ 《维里杰致斯内夫利特函转越飞来电（1923 年 3 月 11 日）》，李玉贞主编：《马林与第一次国共合作》，光明日报出版社 1989 年版，第 134 页。

一相情愿的，况且对张也不能“紧逼”，[①] 然而他不得不应越飞之请派汪精卫、张继赴奉天与张作霖商洽这个方案。苏俄的底牌是“希望孙中山认清形势，理解苏俄在中东铁路问题上的要求”，苏俄“不可能违背自己的利益去支持”国民党。[②] 言下之意乃是：莫斯科对国民党的援助取决于后者能否向张作霖施压使其保证苏联在中东铁路的利益。共产国际和苏联政府对国民党关系的两条线索密切地交织。

孙中山收到苏俄政府1923年5月1日的电报后，十分兴奋，两次致电苏俄，答应了后者提出的“一切建议”，[③] 盼望援助尽快到位，好把他的十万士兵装备起来，开始实施其西北计划。他只好派遣汪精卫、张继带着上述“7:3”方案去见张作霖。但是他们先后从东北徒手而归，未能说服张作霖。张认为“如果他接受7:3，吴佩孚就很容易煽动人们反对他”。[④]

在这种情况下，越飞便通过马林向孙中山提出进一步要求，请孙中山“亲自到张作霖那里去处理铁路问题，因他把我们的要求看成是单方面的，这是绝对错误的。而且……我们给中国人民的太多了，这个不能再给了”。[⑤] 一语道破天机。

孙中山本人没有前去，只好多次派人游说张作霖。与此同时，孙中山多次通过马林催促苏俄政府支付已经答应的援款和物资，鉴于汪精卫、张继等在广州—奉天间的徒劳奔波，孙中山认为，要应付广州局势，抵挡或者消灭严重威胁广州的陈炯明部，武器是首当其冲的，1923年6月底他于无可奈何之际致电苏俄把“有关中东铁路问题的谈判推迟至适当时候”。[⑥] 但这些不得已的举动都没有达到预期效果。苏俄援助的物资到1924年10月才运抵广州。

---

① 马林：《收发函电记录（1923年4月30至7月18日）》，李玉贞主编：《马林与第一次国共合作》，光明日报出版社1989年版，第151—152页。

② 《达夫谦致斯内夫利特的信（1923年5月5日）》，李玉贞主编：《马林与第一次国共合作》，光明日报出版社1989年版，第172页。

③ 马林：《转孙中山致越飞的电报（1923年5月12日）》，《孙中山致达夫谦和越飞的电报》（1923年5月23日），李玉贞主编：《马林与第一次国共合作》，光明日报出版社1989年版，第174、178页。

④ 马林：《致越飞、达夫谦和季诺维耶夫的信（1923年5月31日）》，李玉贞主编：《马林与第一次国共合作》，光明日报出版社1989年版，第198页。

⑤ 《越飞致斯内夫利特的电报（1923年5月20日）》，李玉贞主编：《马林与第一次国共合作》，光明日报出版社1989年版，第175页。

⑥ 《孙中山致越飞的电报（1923年6月30日）》，李玉贞主编：《马林与第一次国共合作》，光明日报出版社1989年版，第270页。

第八节　国民党加快改组的步伐

米哈伊尔·马尔科维奇·鲍罗庭（Михаил Маркович Бородин）来了。共产国际代表马林离华时，国民党改组刚刚起步，许多工作急待安排。鲍罗庭接替马林担任莫斯科的使者，奉俄共（布）中央委员会政治局派遣前来中国担任“孙中山的政治顾问”。①

鲍罗庭何许人？他原名格鲁津贝格（Грузенберг），1884 年 7 月 9 日生于维帖布省一个贫苦农民的家庭，十几岁就开始参加社会民主党的活动，1903 年加入布尔什维克党，1904 年根据党的安排开始侨居瑞士。1905 年 1 月 9 日流血的星期日事件后，他奉党的指派把一个秘密命令从国外送到俄国，历尽艰险完成了这一重任。后来他以正式代表的身份出席了俄国社会民主工党在斯德哥尔摩举行的第四次代表大会。侨居伦敦、波士顿、芝加哥期间，在俄国政治流亡者中间开展了广泛的工作。1918 年 7 月回到革命后的苏俄。时正值苏俄内战，该国在国际上的处境也十分不利。但列宁认为这一切很快就会过去，苏俄革命不久就要波及西方资本主义世界。鲍罗庭就是在这样的情况下回到祖国，他的见解与列宁相同，于是到克里姆林宫会见了这位令世人瞩目的人物。在列宁看来，鲍罗庭热情拥护苏维埃革命，知识素养好，能够代表西方工人阶级的情感和他们的新生力量。②

从西方乍一回到俄国，鲍罗庭立即为苏俄的革命气氛所感染。他表示愿意把列宁的想法向西方工人介绍，1918 年 8 月 20 日列宁那封著名的《给美国工人的信》便是由鲍罗庭送往美洲的。这是十月革命后他完成的第一次重要使命。从此得到列宁信任，1919 年参加了共产国际第一次代表大会。后就被共产国际派遣到西班牙、墨西哥、英国、美国等地去完成秘密使命。1922 年回到苏俄。

1923 年 6 月 27 日，苏俄政府任命列夫·米哈伊洛维奇·加拉罕为苏俄驻中国全权代表，继越飞之后同中国政府谈判两国关系正常化的问题。鉴于当时中国南北对立的形势，莫斯科依然采取“双管齐下”的对华策略，也就是说一方面公开地与北京政府打交道，另一方面，为了保证外交的顺利进行，

---

① 鲍罗庭是据俄共（布）中央委员会政治局 1923 年 8 月 2 日做出的决议被任命为此职的。见《联共、共产国际与中国》，台北，东大图书公司 1997 年版，第 219 页。

② D. N. 雅科布：《斯大林派往中国的人——鲍罗庭》（Jacobs *M. M. Borodin—Stalin's man in China*），哈佛大学出版社 1981 年版，第 30 页。

要通过华南的孙中山和国民党一则配合加拉罕外交，二则输出苏式革命于华南。9 月 2 日加拉罕到达北京。他与鲍罗庭在北京研究了中国形势，9 月 23 日加拉罕修书一封向孙中山介绍鲍罗庭。

> “亲爱的孙博士：很长一段时间以来，广州缺少一个我国政府的常驻代表。这一点莫斯科深有所感。对米哈伊尔·马尔科维奇·鲍罗庭的任命是在这方面采取的一个重要步骤。鲍罗庭同志是我党最老的党员之一，参加俄国革命运动已经多年。您不仅可以把鲍罗庭同志视为政府的代表，而且可以把他当做我的私人代表。您可以同他无所不谈，就像对我一样。他的任何话您都可以予以信任，就像信任我的话一样。他了解全部情况。此外，在他来南方之前，我们两人曾经做过一次长谈，他会把我的想法、愿望和感受传达给您。希望鲍罗庭同志到广州后情况会比以前（我为以前的情况深感遗憾）进展快些。此致友好敬意！”①

孙、鲍建立良好关系

鲍罗庭带着这封信，由波利亚克陪同，于 9 月下旬离开北京，10 月 6 日到达广州。当日，孙中山为鲍罗庭举行欢迎宴会。他号召中国国民党人以苏俄红军为楷模。席间，鲍罗庭应孙中山之请介绍苏俄革命史，言谈话语中表达了对孙中山的尊敬。莫斯科给鲍罗庭的指示是“服从中国民族解放运动的利益，绝对不要热衷于在中国树立共产主义的目标”，② 看来这个指示起了一定作用，或者说至少在表面上比马林那种“革命的机会主义”即一面同国民党合作，一面时时不忘批评国民党的做法要温和得多。鲍罗庭来华初期遵照这个《指示》确实一度缓解了马林时期国民党同共产国际代表间的紧张关系。孙中山看出鲍“办党的经验”对国民党是可取的。③

---

① L. 费舍尔：《人们与政治家们》（Fisher *Men and politics*），纽约，1941 年版，第 138—139 页；遗憾的是迄今笔者没有见到俄国学者公布其全文。苏联学者 P. A. 米罗维茨卡娅在撰写《M. M. 鲍罗庭小传》（载《杰出的苏联共产党人——中国革命的参加者》*Видные советские коммунисты-участники китайской революции*，莫斯科，1970 年版）一书时从苏联档案中引用了这封信中的几句话。美国记者菲舍尔 1929 年在苏联时曾经从加拉罕处得到信的全文，后来到 1941 年他在出版自己写的《人们与政治家们》一书时公布了信的一部分。后来这封信到了艾伦·惠廷手中，他也是从菲舍尔处得到的，后将其发表于《苏俄对华政策（1917—1924）》一书中。

② 俄共（布）中央委员会政治局 1923 年 8 月 2 日会议是根据斯大林提议，以决议形式为鲍罗庭制定此指令的。见《联共、共产国际与中国》，台北，东大图书公司 1997 年版，第 219 页。

③ 应当指出，比较孙中山同俄国顾问的关系，可以说他同鲍罗庭关系一直平和，他们尽管在一些问题上往往各执一端，但没有发生过激烈争论。然而也并不像鲍罗庭夫人鲍罗庭娜所写的那样“和谐”。见鲍罗庭娜：《孙中山的顾问鲍罗庭》（Ф. Б. Бородина *Бородин-Советник Сунь Ятсена*），载《孙文 1866—1986》（*Сунь Ятсен 1866—1986*），莫斯科科学出版社 1987 年版，第 246—248 页。

从个人角度，孙鲍关系也有了一个良好的开端，他向鲍罗庭“长时间地询问列宁的情况，不仅以一个革命者的身份，而且以一个医生的口吻关注伊里奇的健康。他称列宁为中国最好的朋友，再三衷心感激我国（指俄国）共产党和苏维埃国家”，因后者“迅速而真诚地回答了他吁请援助的要求”。[①]孙鲍二人关系的这个态势不言而喻为他们的共事创造了良好的氛围。

国民党改组加快步伐。鲍罗庭到来后，积极活动于国共两党之间，奔走于国民党中央所在的上海、孙中山所在的广州和加拉罕所在的北京之间。尽管鲍罗庭的使命也是按照共产国际的总战略促进中国革命，但是他在具体工作中比他的前任更加注意协调各个方面的关系。然而，广州政府辖下地区的状况却不容乐观：

“全省各处有驻军20万。不管你到广东的什么地方，都会碰上某个将军的司令部……土匪有自己的组织，它们要么与军阀勾结，要么由城市里举足轻重的政客为魁首。受香港支持的买办们在争权夺利，豪绅们把持着民团，鱼肉百姓；广东大学掌握在反革命分子手中，商人们憎恨国民党及其政府。工会害怕与政治沾边而袖手旁观。吴佩孚、张作霖和其他军阀的间谍比比皆是并且拉帮结伙。改组前的国民党不能发挥一个政党的作用”。[②]

至于工农的情况，在鲍罗庭看来，35万名工人和手工业者因局势不稳定，没有良好的经营环境，不可能生意兴隆，农民则苦于苛重的捐税，有时拒绝缴纳，甚至根本不理解孙中山与陈炯明之争，孙中山在前线指挥战斗，可后方却不时遭到农民的袭击。[③]

国民党本身的状况也同样堪忧。某党员入党后，连“住居休息，所执何业，亦莫之悉。故名有十万党员，实者贤者人自为战，莫收统一之效。或自由进退，组织不完，因而训练不能周到”。在思想上就更加混乱，许多人“不明党义，遑言政策”。[④] 孙中山当然知道这种状况。

针对国民党的状况，鲍罗庭提出国民党改组面临的三大任务：1. 在全国广泛开展国民党的宣传，使其党纲普遍为国人知晓，加强党在中国政治生活中的声音；2. 保住广东并将其建设为中国国民革命运动的基地。为此就必须由政府提出工人立法、改善农民经济状况等措施，把工农争取过来“建立强

---

① 《孙文 1866—1966》，莫斯科科学出版社 1987 年版，第 246 页。

② А. И. 契列潘诺夫：《一个驻华军事顾问的笔记》（Черепанов*Записки военного советника*），莫斯科，1964 年版，第 37—38 页。

③ 《鲍罗庭关于华南形势的报告（1923 年 12 月 10 日）》，《联共、共产国际与中国》，台北，东大图书公司 1997 年版，第 299 页。

④ 邹鲁：《中国国民党史稿》第一篇，第 315 页。

有力的社会基础”。3. 改组现有的五万至十万士兵的军队，使之归为国民党领导。为此莫斯科必须保证对国民党的援助。[①]

从 1923 年 10—11 月间孙中山的讲话和安排，可以明显地感觉到，鲍罗庭的到来和他的想法开始对孙中山发挥一种督促作用。10 月 15 日孙中山在国民党恳亲会上的致词已经散发出新的气息，他反复强调“党员不可存心做官”，要加强党的建设，“以党治国”。要党员广泛宣传三民主义，要把“广东这块净土做成我们的策源地”。[②]

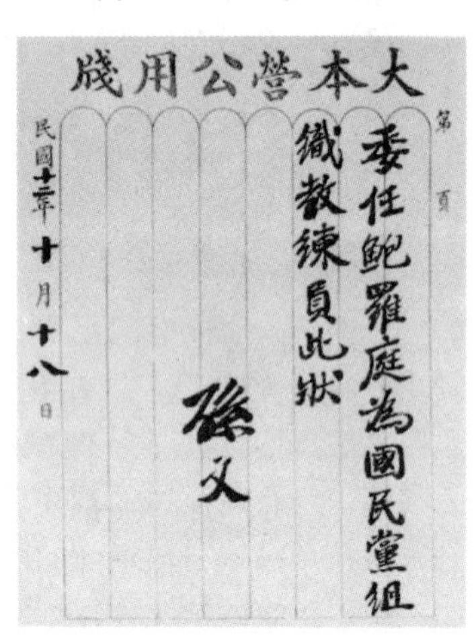
大本營公用牋
第　頁
委任鮑羅庭為國民黨組織教練員此狀
孫文
民國十二年十月十八日

孙中山给鲍罗庭的委任状
РГАСПИ 收藏

10 月 18 日孙中山任命鲍罗庭为国民党组织教练员。

孙中山做了明朗的表态，他要通过鲍罗庭借用苏俄“办党的经验”来帮助国民党的组织建设。不过，我们只能从技术层面上去理解孙对鲍的任命。就个人而言，他同鲍罗庭的关系，与一年多前他马林的关系相比，要平和得多。邹鲁回忆孙中山当时的话说“今日改组，应保持本党之情感，采取苏俄之组织，则得其益而无其弊”。孙中山归结自己对苏俄办党的经验为“非言主义，乃言组织”。[③]

在组织建设方面，有两个步骤产生了立竿见影的效果：一是国民党临时中央执行委员会的成立；二是上海执行部的成立。

10 月 19 日，孙中山致电上海国民党事务所，告知他们已经委任廖仲恺、汪精卫、张继、戴季陶、李大钊为国民党改组委员，并通过孙伯兰［洪伊］催促李大钊到上海会商有关事宜，[④] 此举旨在克服国民党组织的涣散状态。24 日廖仲恺、邓泽如主持召开会议研究国民党改组的具体问题。紧接着，25 日孙中山任命胡汉民、邓泽如、林森、廖仲恺、谭平山、陈树人、孙科、吴铁城、杨庶堪九人组织国民党临时中央执行委员会，候补委员有李大钊、谢英伯、古应芬、许崇清。[⑤] 鲍罗庭为顾问。10 月 28 日，廖仲恺受孙中山之命主

① 《鲍罗庭关于华南形势的报告（1923 年 12 月 10 日）》，《联共、共产国际与中国》，台北东大图书公司 1997 年版，第 306—307 页。

② 《孙中山全集》第 8 卷，中华书局 1986 年版，第 285、286、283 页。

③ 台湾各界纪念国父百年诞辰筹备委员会编印：《国父全集》第 5 集，第 559 页。

④ 《孙中山全集》第 8 卷，中华书局 1986 年版，第 310 页。

⑤ 《孙中山全集》第 8 卷，中华书局 1986 年版，第 534 页。

持召开了临时中央执行委员会第一次会议，宣布临时中央执行委员会正式成立。同日，该执行委员会上海执行部成立，廖仲恺奉派前往组织之。①

在廖仲恺的主持或参与下，临时中央执行委员会自 11 月 1 日起，至国民党第一次全国代表大会召开共举行了 28 次会议，议决四百多案件。其中包括改组工作中出现的具体问题。委员会负责起草国民党党章、党纲，办理分部登记，并准备于 1924 年 1 月召开全国代表大会。②

对于党的互通信息、组织和宣传来说有重要意义的《国民党周刊》也在 1923 年 11 月 25 日创刊。临时中央执行委员会还要联络全国同情革命的报馆，应付反对者。从此党员对外发表党务意见也要步调一致。该刊物的创办至少作为硬件成了一个保证，以克服过去那种党员“不明党义，遑言政策”的状况。

原来的宣传机关、大本营党务处、大本营直辖委员会、广东宣传局等一律裁撤，归临时中央执行委员会统一办理。这说明国民党组织在广州已经有了明确的比较统一的组织和开展活动的保障。

11 月 29 日，廖仲恺受孙中山的委派赶到上海，与各省支部商讨改组问题，并召集胡汉民、汪精卫、张继、叶楚伧和戴季陶五人筹组国民党上海临时执行机构。在他们的共同努力之下，举行了上海七个区的分区会议，成立了各区分部，并投票选举了上海市出席全国代表大会的三名代表。12 月 17 日上海执行部由廖仲恺主持举行会议，选举胡汉民、张继、汪精卫负责该部日常工作。彭素民、瞿秋白为候补委员。次日会议决定北京方面党务由李大钊负责。

在宣传方面，拟将世界新闻社改为国民党的通讯社，上海《民国日报》作为党报，由汪精卫、胡汉民和共产党人瞿秋白主持编辑，③ 决定把上海大学作为党的大学，④ 国民党有了自己的党校。

自此国民党改组工作正式启动，国共两党领导层已经开始合作。广州十二个区里有十二个区分部在活动。广州市党部、区党部、区分部开始建立，并分头调查农工及中产阶级状况。⑤ 上海方面也有明显的起色。

国民党发表改组宣言

国民党的活动出现了新的景象。同时，该党也开始比较频繁地在中国政

---

① 《临时中央执行委员会第一次会议记录》（民国十二年十一月二十八日）。

② 邹鲁：《中国国民党史稿》第一篇，第 316 页。

③ А. И. 契列潘诺夫：《一个驻华军事顾问的笔记》，莫斯科，1964 年版，第 72 页。

④ 上海特别区党务改进会议录。引自李云汉：《中国国民党史述》第二编，中国国民党中央委员会党史委员会 1994 年版，第 401—402 页。

⑤ 《国民党周刊》第 1 期。

治生活中发出自己的声音。1923 年 11 月发表的《国民党改组宣言》便是其中之一。

它对同盟会以来的该党历史做了一个分析和检讨，强调党之所以无所作为乃因其“组织未备，训练未周”，在党员方面则“意志不明，运用不灵，虽有大军，无以取胜”。宣言态度明确，“欲起沉疴，必赖有主义、有组织、有训练之政治团体，本其历史的使命，依民族之热望，为之指导、奋斗，而达其政治上之目的”。而“国中政党，言之可羞”，只有“本其三民主义而奋斗”的中国国民党。《宣言》告诉世人，国民党已经组织临时中央执行委员会，正在起草党纲党章，且“务求主义鲜明，政策切实，而符民众所渴望”。为此，党组织应该争取做到“上下沟通，有所指臂之用，分子淘汰，去恶留良”。《宣言》表达了国民党“本其自知之明，自决其勇”① 完成这一使命的决心。国民党显示出踌躇满志的精神状态。

是日，孙中山在大本营发表了讲话，说明国民党改组的意义，号召国民党用文字或口头形式宣传党的主义，以“主义征服”全国人民，使人民“心悦诚服……所谓‘得其心者得其民，得其民者得其国’”。讲到学习苏俄时，孙中山着重予以介绍的是俄国革命成功的经验，“一方面要党员奋斗，一方面又有兵力帮助，故能成功”。而国民党“欲革命成功，要学俄国的方法组织及训练”。② 这是他对共产国际和苏俄经验最基本的态度。

当时国民党内一些人对苏俄革命道路存有怀疑，认为其政策“过激”。孙中山为了团结党内同志，反复说明，国民党的主义与苏俄主义“实在暗相符合……吾党与他们所主张皆是三民主义，主义既是相同，但吾党尚未有方法，所以仍迟迟不能成功”。

显然出于团结党内同志的动机，孙中山不仅说明了其政策与苏俄的雷同，而且重点介绍了鲍罗庭，称他“气魄厚，学问深，故能想出好方法，吾党要革命成功，一定要学他”。至于学习什么呢？孙中山再次安抚党内同志说：“因为要学他的方法，所以我请鲍君做吾党的训练员，使之训练吾党同志。鲍君办党极有经验，望各位同志牺牲自己的成见，诚意去学他的方法”。③ 强调的还是“方法”。

鲍罗庭来华初期部分地遵从了俄共给予的指示。与共产国际执行委员会东方部以左派自诩的萨法罗夫、吴廷康等人相比，鲍罗庭确实手腕高强。如

---

① “中华民国”各界纪念国父百年诞辰筹备委员会编印：《国父年谱》下册，第 980 页。

② 孙中山：《在广州大本营对国民党员的演说（1923 年 11 月 25 日）》，《孙中山全集》第 8 卷，中华书局 1986 年版，第 432—433、436—437 页。

③《孙中山全集》第 8 卷，中华书局 1986 年版，第 438 页。

果说萨法罗夫认为国民党在军阀间纵横捭阖，所以在中国“既应当反对其他督军和军阀，也应当反对孙中山”，靠国民党开展什么政治工作是“无稽之谈”。[①] 那么鲍罗庭则相当灵活而善于同孙中山打交道，在实际工作中让后者不知不觉地开始接受他从莫斯科带来的“天火”。另一方面，不言而喻，国民党人在接收这些东西时是严格坚持其三民主义立场的。

在军队和军事行动方面，鲍罗庭也比上述人等更加务实。如前述，共产国际驻华人士中有人要孙中山放弃军事行动，有人主张抛开国民党，有人想把苏俄援助用于共产党及其党军的建设，萨法罗夫等人甚至认为“不管中国工人阶级力量多么软弱”，中共建立自己军队的重要性远远超过“把红胡子改造为共产党人”。[②] 鲍罗庭则不同，他采取了更加缓和的做法，以便在不激怒国民党领导的情况下，为顺利进行国民党改组创造有利的条件。例如，他同孙中山一道视察军事设施时，发生了有人打暗枪的情况，鲍罗庭便趁机向孙中山说明团结民众的重要性。[③] 在敏感的领导权问题上也一样，鲍罗庭在初期至少表面上更多地倾听孙中山的意见，他本人几乎参加了临时中央执行委员会的每一次会议。

然而，就思想实质和对国民党的看法而言，莫斯科的使者们无不坚持一个相同的信念：自信来自是“先进”国度，每人都怀着善良的愿望，要把国民党引导至“先进”的苏俄道路上。如果说当年越飞想让俄国通过提供援助来充当“中国的拯救者”，[④] 那么此时的“加拉罕—鲍罗庭新搭档”则采取了积极进取的态度，他们认为“必须监督”国民党的“每一个步骤，让他们把弦绷紧”，因为“不能期望它［按指国民党］自己明白过来而且能够把事情做好……所以必须把他们紧紧抓在手里”。目的是什么呢？是让即将举行的国民党代表大会通过一个尽可能激进些的决议，从而以此类纲领性文件为指导，促使这个党走上苏俄和共产国际设计的非资本主义发展道路。[⑤]

---

① 《萨法罗夫致中共中央执行委员会的信（1923 年 4 月 4 日）》Письмо Сафарова ЦИК КПК, 4Апреля 1923，РГАСПИ，全宗 514，目录 1，案卷 40，第 40 页。

② 《萨法罗夫致中共中央执行委员会的信（1923 年 4 月 4 日）》РГАСПИ，全宗 514，目录 1，案卷 40，第 40 页。

③ 李玉贞：《孙中山与共产国际》，台北“中央”研究院近代史研究所 1996 年版，第 261 页。

④ 《越飞致加拉罕、斯大林、列宁、托洛茨基、季诺维也夫的信》（1922 年，不晚于 10 月 20 日）Письмо Иоффе Л. М. Карахану, Сталину, Ленину, Троцкому, Зиновьеву, РГАСПИ，全宗 5，目录 1，案卷 2145，第 22 页。

⑤ 《加拉罕致鲍罗庭的信（1923 年 10 月 6 日）》，《联共、共产国际与中国》，台北，东大图书公司 1997 年版，第 241—243 页。

第九节 国民党人士最初的反弹

且不论共产国际代表们想像中的“非资本主义道路”是什么，单就他们的愿望看，固然不无“好心”，若能避免资本主义社会的两极分化，又何乐而不为。但这些代表们接受的是共产国际第一次世界代表大会上那种人为“缩短”社会发展进程，跨越社会发展阶段的乌托邦理论，他们并不明白，所谓“尽可能激进些的决议”指的就是让国民党根据这种理论去指导即将举行的中国国民党第一次代表大会。这涉及国民党根本的意识形态，想让他们“明白”谈何容易。

上述中共党员加入国民党的做法和《国民党改组宣言》的产生已经引出了一些矛盾，招致国民党领导层的反弹。

第一，国民党内一些敏感人士像邓泽如等，认为陈独秀等中共党员加入国民党本来应该是“群然来归”。他们把“来归”解释为共产党“归顺”国民党，从而认定共产党人宣传共产国际理论便是不顺从，他们不仅反对这种做法，而且表示了相当的反感，认为共产党是“借国民党之躯壳，注入共产党之灵魂”，甚至指责“陈独秀欲借俄人之力，耸动我总理……使我党隐为彼共产所指挥”。对于党章草案中定选举产生总理一事他们更加敏感地意识到，日后“恐事实随环境变迁，五年之后将见陈独秀被选为总理”，[①] 大权会落入中共之手。邓等人出于维护国民党的动机，在改组宣言发表后刚刚过了六天（11 月 29 日）便上书孙中山，指责中共领导特别是陈独秀、谭平山等“奸人谋杀吾党，其计甚毒，不可不防”。这 11 人全是国民党广东支部的负责人士。领衔者邓泽如是广东支部长，“联名人有林直勉、黄心恃、曾克祺、黄隆生、朱赤霓、赵士觐、邓慕韩、吴新荣、林达存、陈占梅，都是对革命卓著贡献的华侨老同志”。[②]

这份文件明显表露了相当一部分国民党人士的观点。凭心而论，邓泽如等人的看法并没有什么新奇之处，更不必据此将他们划为什么右派。既然加拉罕如前述要把国民党“紧紧抓在手里”，那么邓等人不过是敏感地看透了鲍

---

① 邓泽如等呈文现在台北中国国民党党史会。台湾各界纪念国父百年诞辰筹备委员会编：《国父年谱》下册，第 978 页。

② 李云汉：《中国国民党史述》，台北中国国民党中央委员会党史委员会 1964 年版，第 402 页。

罗庭等人的心思而已。

况且，邓等所说：中共利用吴佩孚，“颂吴佩孚之功德，指吴为社会主义实行家”，乃是事实，并非歪曲，那本是共产国际试图制造一个亲苏的孙吴政府而作出的不成功的政权设计和尝试，这已如上述。再如，邓等所说陈独秀“在学界倡言，谓三民主义、五权宪法，为绝无学理的根据，指斥我党为落伍的政党”，这里也没有任何新奇发明，共产国际一直是把苏俄革命道路奉若神明，把共产国际理论放在世界革命理论的制高点，并以之为标准把世界政治力量和重要人物划分为革命或反革命，进步或反动或修正主义。①

邓的弹劾引起党内外广泛注意，过去中共史学一般认为这是国民党右派的“反共”言行。笔者认为在一定意义上可以认为是“反共”，但关键是他们“反”的是什么？此处不拟讨论，仅要说的是孙中山的态度，看他做如何处理，因他的回答十分明确表述了他对中共和共产国际代表的立场。

他先对邓等人晓之以理，针对那种贬低三民主义的观点说：“此乃中国少年学生自以为是，及一时崇拜俄国革命过当之态度”。——他很不客气地批驳了某些中共人士。

继则尖锐地指出，一些人对国民党的批评和“疵毁”是欲“阻止俄国不与吾党往来，而彼得以独得俄助，而自树一帜，与吾党争衡也”。顺便点出他，孙中山本人也注意到有人要争夺领导权这个问题。

对于鲍罗庭，孙中山认为他有眼光，“乃俄国之革命党皆属有学问经验之人，不为此等少年所遇，且窥破彼等伎俩”，孙中山甚至对鲍罗庭在处理国共关系时，对那些少年“大不以彼等为然”，还流露了一定的感激和肯定之情。不管是真情抑或权宜之计，孙的话客观上对邓等人起的仅仅是安抚作用。

在对俄关系上，孙中山向邓等表达的是，俄国若要合作则“只有与我党合作”，至于陈独秀等之共产党“自应与吾党一致动作；如不服从吾党，我亦必弃之”。这是孙中山的基本政治倾向。

对于邓等人，他的态度是循循善诱。我们看到的是，孙中山仅仅嘱他们对中共要宽容，“不能以彼人往时反对吾人，则绝其向善之路”。他把邓等当成“自己人”，请他们有问题可直接来面谈。至于对中共某些人，他所说不要绝其“向善之路”，指的是陈独秀等必须与国民党“取一致动作”。

至于起草党章党纲一事，孙中山告诉他们，陈独秀并未插手此事，鲍罗庭

---

① 李玉贞：《孙中山与列宁关系的几个问题》，胡春惠主编，《亚洲研究》第55期，香港，珠海书院亚洲研究中心2007年版，第3—23页。

乃受他，孙本人之请所做。[①] 就这样孙中山凭着自己的威望为右派们释疑并暂时平息了这场风波，保证这些文件在国民党第一次全国代表大会上获得通过。

第二，一次半公开的较量。这指的是国民党对共产国际关于土地农民问题政策的反弹。它的表现是，在 1923 年的 11 月是否立即按照共产国际模式在广东掀起土地革命。鲍罗庭同国民党人的不睦，在接触到国民党根本政策和指导思想时，出现严重的对峙。

勿庸赘述，共产国际认为苏俄 1917 年的《土地法令》应当成为全世界特别是殖民地和半殖民地国家解决土地农民问题的典范和圭臬，这个思想贯穿于其代表大会的所有文件中。1922 年共产国际第四次代表大会明确指出，“东方各国的革命党必须明确制定自己的土地纲领……提出彻底消灭封建主义及其残余的要求，为了使农民群众积极参预民族解放斗争，必须宣布坚决改变土地所有制的基础，同时也必须强迫民族资产阶级政党尽可能接受这一革命的土地纲领”。[②]

也许我们可以说，那是泛指“东方”国家，具体到中国，到 1923 年 5 月共产国际执行委员会就十分明确地要求中国共产党“不断地推动国民党支持土地革命。在孙中山军队的占领地区，必须实行有利于贫苦农民的没收土地政策”。具体步骤便是“没收地主土地，没收寺庙土地并将其无偿分给农民”，直到“建立农民自治机构，并由此机构负责分配没收的土地”。[③] 这个《指示》等于让中共立即行动起来，在广东等国民党力量所及的地区采取像苏俄十月革命后一样的做法：掀起轰轰烈烈的土地革命，推翻当地的政权后建立农民自治机构，所谓“由此机构负责分配没收的土地”实际上就是人们熟悉的“打土豪，分田地”。

但是由于广东的形势一直不稳定，孙中山忙于前线战事，上述指示在 1923 年春夏间的形势下难以落实，中共也无可奈何。可鲍罗庭对国民党步步紧逼。到 1923 年 11 月陈炯明部逼近广州时，广州危如累卵，孙中山甚至设想着退路：万一广州不守，他既不到上海，更不能去香港，“英国人会要他的命”，他打算逃亡日本。

鲍罗庭可谓“用心良苦”，他先是向孙中山伸出了援手：说万一广州不守，请孙中山途经日本到符拉迪沃斯托克［海参崴］，再从那里到莫斯科。孙

---

① 孙中山：《批邓泽如等的上书（1923 年 11 月 29 日）》，《孙中山全集》第 8 卷，中华书局 1986 年版，第 458—459 页。

② 共产国际第四次代表大会：《关于东方问题的总提纲》，《共产国际有关中国革命的文献资料》，中国社会科学出版社 1981 年版，第 69 页。

③ 《共产国际有关中国革命的文献资料》，中国社会科学出版社 1981 年版，第 79 页。

中山欣然接受邀请，并说他也想到德国一行。[①]

同时，鲍罗庭设计了一个应对广州紧急状态的方案：动员工农和贫苦农民保卫政府，而为此则要发动他们。用什么办法呢？鲍罗庭认为首先要颁布一个类似苏俄《土地法令》的文件，让贫苦农民从经济上得到解放，再争取他们前来支持广州政府，如果能够做到这一点，那么社会问题的解决便可一蹴而就。

在这个问题上，他不仅受到国民党领导人孙中山和廖仲恺的抵制，而且受到其上司加拉罕的批评。后者说，对于广东的安定局面来说，“仅仅这个法令就会作用无穷！……在某种意义上说，这将是广东省的一场革命”。加氏“预见到”这个法令势必激化广东省农民与地主的矛盾，甚至会扩大开去导致“中国内战”，乃至成为一场影响“整个印度支那的革命”。显然鲍罗庭在盼望“无产阶级革命的胜利之鸟”鼓翼腾飞，而加拉罕则担心如果列强知道是鲍罗庭在炮制这样一个《土地法令》，那就等于说鲍罗庭“领导着广州政府的（布尔什维克化），到那个时候，我们莫斯科就不仅有引来列强扼杀孙中山之虞，而且还会招致”帝国主义的“抗议”和指责，说它“旨在煽起别国的革命”。[②]

较量

否定鲍罗庭想法的不仅是加拉罕，事实上还有国民党领导人特别是孙中山和当时身为广东省长的廖仲恺，这次较量，迄今为止还鲜为人知。它是一段意味深长的故事。

1923 年 11 月上旬陈炯明部逼近广州，为应对形势，鲍罗庭提出上述要求后，就通过廖仲恺多次催促孙中山制定和颁布土地法令，但是直到“11 月 15 日上午 10 点钟”中国国民党广州区联会应当开会的时候，“廖仲恺还没有把法令拿来”。鲍罗庭很不满意，立即写了一封信，差信使送到大本营孙中山手里。鲍氏竟不无越殂代庖之意，告诉孙“区联会的会议已经在 14 日晚通知各区分部说，同意政府颁发三个法令”。鲍罗庭相当倚重的廖仲恺虽然在会上代表政府表了态，但那不过是为了应付鲍罗庭，他内心并不愿意这样做，所以实际在虚与委蛇，过了两天也没有露面。鲍罗庭紧急修书给孙中山“鉴于此事直接关涉国民党目前在广州所做工作的成败”，便以命令的语气让孙立即派遣代表前来，俾继续各区委为应付眼下“紧急局面”业已开始的工作。

当时为对付陈炯明，广州区联会上决定召募志愿兵并“把他们安排在大本营”临时住宿。即使在这样的关头，孙中山依然同那些被认为是“右派”

---

① А. И. 契列潘诺夫：《一个驻华军事顾问的笔记》，莫斯科，1964 年版，第 63 页。

② 《加拉罕致鲍罗庭的信（1923 年 12 月 27 日）》，《联共、共产国际与中国》，台北，东大图书公司 1997 年版，第 315 页。

的人持相同的意见——放弃拟议中的《土地法令》，他于17日紧急约见鲍罗庭，明确表示他要“设法阻止此法令的颁布”，因为：若颁布这样的法令，侨居国外的国民党人一定会落入非常困难的境地。尤其是他们会因为国民党的“布尔什维克化”，通通被驱逐出殖民地。[①] 孙中山说眼下要做的事，不是颁布法令而是培养农民干部，以便日后《土地法令》颁布之时，能有人宣传和组织农民群众。孙中山没有拒绝为工人的社会立法和改善小资产阶级的状况做出努力，并且答应实施之。

更加耐人寻味的是，孙中山在暗渡陈仓。就在鲍罗庭等待并说服孙中山的过程里，在他动员国民党广州地方组织向孙中山施加压力的日子里，孙中山作出了让鲍罗庭无计可施的行动。

一是孙中山显然感到在拟定大会文件的过程中，对于民生主义的重要问题——土地、农民问题必须态度鲜明，便在19日告诉鲍罗庭，国民党的三民主义是他，孙本人多年研究的结果，他为之奋斗，也要带领全体国民党人为之奋斗。[②]

二是孙中山审定了邹鲁的一个报告[③]，并且以大本营的名义颁布了《广东田土业佃保证章程》，其中明确指示，此文件旨在保证“农民业佃双方利益”。[④]《章程》贯穿的不是苏俄式的暴风骤雨式的没收地主土地，而是“调剂业佃利益”的思想，类似我们熟悉的阶级斗争调和论或阶级斗争熄灭论，《章程》要的是“增进社会和平”而不是激化农村阶级斗争。国民党领导人就这样“抵制”了鲍罗庭通过广东省的农民运动“引爆”印度支那乃至世界革命的想法。孙中山要确保自己辖地的稳定，没有允许鲍氏以其拟议中的《土地法令》在这里制造阶级斗争。

第三，与此同时，国民党人也在努力捍卫自己的意识形态。孙中山对邓泽如等的回答说明他认为中共的目的，在于达到“独得俄助而自树一帜与吾党争衡也”。[⑤]

这一切发生在国民党党章、党纲、宣言等“一大”文件起草的过程中。更值得关注的事实是，孙中山1923年年底向他的幕僚和军官讲解三民主义，

---

① РГАСПИ，全宗514，目录1，案卷50，第113—114页。

② А. И. 契列潘诺夫：《一个驻华军事顾问的笔记》，莫斯科，1964年版，第64—65页。

③ 中国国民党中央委员会党史委员会：《邹鲁文集》，台北，1984年版，第343—344页。

④ 孙中山：《批邓泽如等的上书（1923年11月29日）》，《孙中山全集》第8卷，中华书局1986年版，第458页。

⑤ 中国社会科院近代史研究的近代史资料编辑组杜永镇编：《陆海军大元帅大本营公报》，中国社会科学出版社1981年版，第233—236页。

而这方面的系列演讲则安排在国民党"一大"期间。众所周知，他在这些演讲中公开而系统地批评马克思列宁主义关于阶级斗争和无产阶级专政的学说，充分表达了他主张社会和谐①的意愿和政治倾向，他的安排意味深长：以三民主义为基础加强国民党的凝聚力。

国民党在这个问题上的立场没有改变过，大会闭幕半年多后，1924 年 8 月 10 日，以廖仲恺和孙中山为一方，同鲍罗庭为另一方之间，甚至当面就土地农民问题的政策发生了激烈争论。孙中山坚定地表示"目前……进行任何反对地主的鼓动都是策略上的错误"。② 这或许有助于我们了解孙中山晚年真正的思想状况。

---

① 第二国际的某些领导人反对通过阶级斗争达到社会主义，主张和平过渡，他们经常使用"civil peace"（社会和谐、安定）来对抗阶级斗争"class struggle"，为此曾被指斥为修正主义。

② 《孙中山、廖仲恺、鲍罗庭就中国农民问题的谈话（1924 年 8 月 10 日）》，《联共、共产国际与中国》，台北，东大图书公司 1997 年版，第 423 页。

第七章
不平静的中国国民党第一次全国代表大会

中国国民党第一次全国代表大会，于1924年1月20日在广州举行。这次代表大会无论从哪个角度：党的组织、宣传、党在中国政治生活中的作用来说，都称得上是一个里程碑式的事件。共产国际及其代表对国民党的帮助，在技术层面上说，是一个常数。但也仅仅限于技术层面即"组织"方面。而国民党同共产国际在意识形态上的分歧，则随着改组工作的深入而深入，而暴露。

在讨论国民党的立党原则和指导思想上，国民党与共产国际的分歧演化成矛盾，乃至双方不得不就某些问题摊牌，在原则问题上互不相让。这从临时中央执行委员会在上海起草国民党的纲领性文件开始，直至国民党在广州举行的第一次全国代表大会期间。不过，事态也基本还在"可控"范围内，即在孙中山的掌握中。持不同意见的双方还没有到"真刀真枪"相向的地步。

透视这次大会的文件可以看出共产国际执行委员会主席团1923年11月28日决议的影子，也可以说明代表大会文件起草和大会期间的讨论聚焦于哪些问题，从而厘清下一阶段国民党与共产国际关系的脉络。

第一节 国共两党活动分子、共产国际使者为国民党"一大"同心协力

在宣传和加强国民党组织方面，国民党要建立的是一个三民主义的中国，它接受的是苏俄建国的方法：建立一个党国，一个由国民党独掌政权的国家。临时执行委员会成立后，鲍罗庭和委员会成员一起于1923年12月初从广州到上海，准备起草大会文件。陈独秀生病，不能参加大会工作。为了当面聆听加拉罕的指示，鲍罗庭于12日到北京。①

上海执行部成立后，国民党的活动家像张继、汪精卫、叶楚伧、张秋白等人施展其才华，为国民党改组发挥作用。鲍罗庭和中共在这个时期对国民党的宣传做了许多工作。鲍罗庭为国民党的上海《民国日报》提供世界新闻资料并且多次请吴廷康设法寄送材料。这些做法与马林在任时通过《向导》周报对国民党的批评引起的国民党人的反感自然大相径庭。从1923年秋季鲍

① 《共产国际远东书记处主管维利杰致吴廷康的信（1923年12月13日）》，РГАСПИ，全宗514，目录1，案卷44，第63页。

罗庭到来后国民党改组加快了步伐。

中共积极参与国民党改组。陈独秀、李大钊等从1923年秋就在国民党改组委员会内直接参加工作。中共三大以后，中共党员和中国社会主义青年团员相继加入国民党，中共党员据1923年11月底中共三届第一次中央执行委员会的决议，广泛地扩大国民党组织，在“国民党有组织之地方，如广东、上海、四川、山东等处，同志们一并加入”。“国民党无组织之地方，最重要的如哈尔滨、奉天、北京、天津、南京、安徽、湖北、湖南、浙江、福建等处，同志们为之创设”。对于新建的组织，依然用国民党中央“党部所发的党纲章程及党证”。[①]

尽管这样，从国共合作酝酿时起就形成的那种保持共产党人独立性的观念，那种主宰或如加拉罕所说把国民党“牢牢抓在手里”的观念，时刻向共产党人提示着，中共须“努力站在国民党中心地位”，虽然中共“在国民党内为一秘密组织”，[②]中共也还时刻不忘记跨党也要关注本党在国民党内的领导权。

鲍罗庭与中共和中国社会主义青年团全力促进各项工作。1923年12月30日鲍罗庭在上海收到1923年11月28日《共产国际执行委员会主席团关于中国民族解放运动和国民党问题的决议》。[③]过了两天即1924年1月1日他便在上海召开中共和青年团的联席会议，及时向他们传达了这个重要文件的精神，而且告诉他们，因跨党的同志随时随地都同派出他们的组织保持联系，并且在国民党组织内贯彻其决定，从而不仅不会削弱党本身，而且会使国民党越来越“坚强”。[④]这可以说是鲍罗庭组织的一次“吹风会”，一次旨在动员中共党员和团员积极参加国民党改组的预备会。

1月18日，鲍罗庭在中共党团会议上发言，强调共产党人“要尽力把国民党变成一个代表国民运动的真正革命的政党”。他建议使用加强左派，反对乃至清除右派的策略，虽然这个策略后来酿成了严重冲突，但此时还在秘密进行中。不过他自认其意图是使国民党“战斗力更强，能够把国民运动领导起来，并且顺利达到目标”。[⑤]这便是后来鲍罗庭自称的那个“楔子策略”。

---

① 《国民运动进行计划决议案》，中央档案馆编：《中共中央文件选集》（一），中共中央党校出版社1982年版，第146页。

② 《中共中央文件选集》（一），中共中央党校出版社1982年版，第147页。

③ 全文见《共产国际有关中国革命的文献资料》第1辑，中国社会科学出版社1981年版，第81—83页。蒋介石本人也带回了这样一份文件。

④ 《鲍罗庭笔记和报告记录摘要》，《联共、共产国际与中国》，台北，东大图书公司1997年版，第358页。

⑤ 《联共、共产国际与中国》，台北，东大图书公司1997年版，第360页。

同时，他把大会文件制定过程中出现的矛盾向与会者介绍，说汪精卫等人不接受共产国际关于没收土地的方案。中共党员们开诚布公地交换看法。在鲍罗庭介绍了宣言起草委员会就土地问题发生的争论，特别是一些国民党人如胡汉民等对立即没收地主土地等问题的看法后，毛泽东也据自己的工作经验很理智地说，“农村的种田人还看不懂我们的宣言”，“我们党组织力量还不够强大，我们的影响力还没有触及群众”。共产党在农村的支部还不够“坚强有力。若不进行短时间的鼓动工作，我们就不能采取激烈反对比较富裕地主的决策”。否则农民不仅不会支持我们，“反而恨我们”。①

当时孙中山本人也感觉到一个坚强有力的党组织对于统率军事行动的重要性并且向国民党军政高层阐述这个道理。②

显然，就这个问题在代表大会上并非没有磨擦，③ 但会议期间和会议前后，中国共产党人的“表现非常好，守纪律，没有发表任何左倾的共产主义言论”，对于国民党党章、党纲的起草也没有造成“任何麻烦”。④ 这一点显然有利于大会工作。

第二节　关于民生主义的歧见及其消除

鲍罗庭在他向共产国际的报告中说，共产国际执行委员会 1923 年 11 月 28 日决议中关于民族主义、民权主义和民生主义的提法，都或多或少地成了国民党一大宣言的基本内容。⑤“反帝”内容的载入应当是他指的“多”的那一部分。关于国民党历史经验的总结也基本采纳了共产国际决议的观点。“少”的是什么呢？是关于土地农民问题，在对待这个问题的政策方面国民党人与鲍罗庭存在着严重歧见，大致有两个方面的内容：一是如何理解民生主义；二是如何实施民生主义。后一个问题涉及国民党与共产国际在社会革命

① 《联共、共产国际与中国》，台北，东大图书公司 1997 年版，第 378 页。

② 从这年 12 月孙中山的讲话可以明显地察觉到鲍罗庭所起的作用。见《孙中山全集》第 8 卷，中华书局 1986 年版，第 430—439、468—479、500—505、565—578 页。

③ 黄季陆：《划时代的民国十三年》，台北，“国史馆” 1978 年版，第 15—18、21—24 页。

④ 《加拉罕致契切林的信（1924 年 2 月 9 日）》，《联共、共产国际与中国》，台北，东大图书公司 1997 年版，第 336 页。

⑤ 《鲍罗庭笔记和报告记录摘要》，《联共、共产国际与中国》，台北，东大图书公司 1997 年版，第 374 页。

道路上的根本不同。孙中山认为这是一个“重大问题”，是国民党的“基础”，所以必须分说清楚。①

在《宣言》起草和讨论过程中凡是涉及这个问题，歧见立时出现。其焦点便是11月28日决议中关于土地农民问题和是否通过开展阶级斗争的道路解决了这两点。

是耕者有其田还是“没收土地”，长达十五小时的争论

1923年1月1日公布的《中国国民党宣言》中已经明确了国民党的土地政策：“改良农村组织，增进农人生活，徐谋地主佃户间地位之平等”。② 如上章所述，“徐谋”含义深远——它排除了激烈的苏俄式做法，不赞成在农村开展农民反对地主的你死我活的阶级斗争。这与苏俄关于没收土地的做法背道而驰。孙中山1924年曾邀请德国单维廉博士到广州时，廖仲恺也曾与其事，共同研究制定了一项土地法原则。孙中山说他本人推崇的是德国人“单维廉博士的办法……是根据社会主义政策所定的，曾在中国山东胶州试行过”。③

鲍罗庭自然把苏俄经验绝对化，不会同意孙中山关于“平均地权”，国家照地价收税，照地价收买等的做法。这个问题在上海已经出现。1923年12月底上海执行部起草《宣言》，讨论到土地农民问题时，争论双方的观点可谓泾渭分明：以胡汉民、汪精卫、廖仲恺、张秋白为一方，鲍罗庭、瞿秋白为另一方。

鲍罗庭向他们传达了11月28日决议，但是胡汉民等几位国民党人仅仅表示应当实施国民党的主张“耕者有其田”。“田”从何处来？他们完全按照孙中山的思想，用和平的方法组织农民，分配土地。也就是说，他们在抵制共产国际的道路，“他们根本未接受共产国际决议中关于没收土地的提法”。④

另外，就像蒋介石在共产国际执行委员会主席团的会议上坚持三民主义一样，胡汉民等与鲍罗庭争执不下，不能接受后者把农民分为贫农、中农和富农的观点，而是笼统地以“农民”冠之。不言而喻，按照这样的说法，就没有什么农村的阶级斗争。鲍罗庭认为这些国民党人思想“混乱”，为克服之，他同宣言起草者们用了十五小时进行讨论，但毫无结果。

---

① 孙中山：《关于民生主义之说明》，《孙中山全集》第9卷，中华书局1986年版，第110页。

② 《孙中山全集》第7卷，中华书局1985年版，第4页。

③ 1924年孙中山邀请意单博士到广州时，廖仲恺也曾与其事，共同研读制定了一项土地法原则。蒋永敬：《鲍罗庭与中国国民党之改组》，台北，“中央”研究院近代史研究所编：《中华民国建国史讨论集》第3册，1981年版，第83—84页。

④ 《中华民国建国史讨论集》，台北，1981年版，第376页。

此时出现的有趣状况是发人深省的。鲍罗庭认定，胡汉民等“国民党左派们”水平低，“他们一方面干脆不懂，另一方面又在一定程度上，真诚地想了解现代社会的机制”；对于复杂的社会问题“采取的是小资产阶级的立场。思想“混乱”。[①] 事实上鲍罗庭自认站在共产国际理论的高度，所以“一览众山小”，认为国民党的精英们根本不理解这样的理论。难怪他对上海的工作情况并不满意。

由于在上海的争论没有结果，文件起草者们只好把各自的观点又带到了广州。[②] 廖仲恺等在12月底到了广州。鲍罗庭无可奈何。因为不仅仅是国民党人士，就连李大钊、毛泽东也持有与国民党人相同的见解。李大钊对鲍罗庭说“我们可以坚持说农民应得到土地，但不提土地从何处来”。[③] 显然，此时的李大钊并不赞成苏俄那种用政治手段进行土地革命的道路，不过他的表述足够委婉，不无“凑合”鲍罗庭的意图。

是否开展阶级斗争，这是共产国际理论的要害，也是共产国际理解中区分“革命”与“反革命”或马列主义与修正主义的标准。《宣言》起草过程中，就工人阶级问题的讨论因此进行得同样不顺利。汪精卫提出的草案说“由于中国工人以勤劳著称于世，故应改善其地位作为回报”。[④] 汪草案根本没有像共产国际理论中表述得那样，强调工人阶级的领导作用或必须由无产阶级掌握领导权，更没有突出通过阶级斗争推翻资产阶级统治建立无产阶级专政的道路，来改善工人阶级的经济和政治地位。孙中山在某处甚至写过，中国工人欢迎资本家开办“榨取工人血汗的工厂来剥削他们”。鲍罗庭将这种观点界定为“谬误”，认为它“暴露了”这些国民党人士“对中国的整个经济状况一窍不通”。他认为这“纯粹是小资产阶级的，甚至是庸俗的对待工人阶级的态度”。[⑤] 鲍罗庭建议完全删除汪精卫草案中关于中国工人“勤劳”之类的话，这个建议最后被采纳了。[⑥]

---

① А. И. 契列潘诺夫：《一个驻华军事顾问的笔记》，莫斯科1964年版，第74页。

② 鲍罗庭在其笔记和报告中详细记载了讨论经过和结果，详见《联共（布）、共产国际与中国》台北，东大图书公司1997年版，第111号文件。

③ 《鲍罗庭笔记和报告记录摘要》，《联共、共产国际与中国》，台北，东大图书公司1997年版，第378页。

④ 《鲍罗庭笔记和报告记录摘要》，《联共、共产国际与中国》，台北，东大图书公司1997年版，第366页。

⑤ 《鲍罗庭笔记和报告记录摘要》，《联共、共产国际与中国》，台北，东大图书公司1997年版，第374页。

⑥ 《鲍罗庭笔记和报告记录摘要》，《联共、共产国际与中国》，台北，东大图书公司1997年版，第374页。

孙中山在代表大会上的表态

反对走共产国际道路像一股暗潮，它潜藏得很深，在这个问题上的分歧，孙中山心知肚明，他看到“近日因此主义而生误会”，他担心因误会“而生暗潮，刻既有此现象，恐兆将来分裂，发生不良结果”。[①] 历史发展特别是国共关系、国民党同共产国际关系的发展证明孙中山不幸言中。这是后话。

在代表大会的第二天即1月21日，孙中山就国民党的民生主义做了一个极其重要的发言。他明确指出了存在于“老同志”和“新同志”之间的歧见。称“老同志为稳健思想，新同志为猛进思想。稳健者可说是不及，猛进者可说是太过”。表面上他说二者“均未明白民生主义之真谛”，这是不言而喻的。此时在代表大会上为了消除歧见，加强党内团结，他就此问题做了说明。

猛进者何人？孙中山批评了北京一些青年“非常崇拜新思想，及闻俄国共产之主义，便以此为极新鲜之主义，遂派代表往俄，拟与之联合，并代俄宣传主义，认定‘共产主义’与‘民生主义’为不同之二种主义”。

稳健者何人，孙中山说“我们老同志亦认定‘民生’与‘共产’为不同之二种主义，于是群起排斥，暗潮便因之而生”。

为使稳健者与猛进者消除歧见，他做了一个十分耐人寻味的说明：画了一个大圆圈，把社会主义、集产主义和共产主义通通包括在内。说明“共产主义与民生主义毫无冲突。不过范围有大小耳”。他希望“新旧同志［因］误会、怀疑而生之暗潮，从此便可打消”。[②]

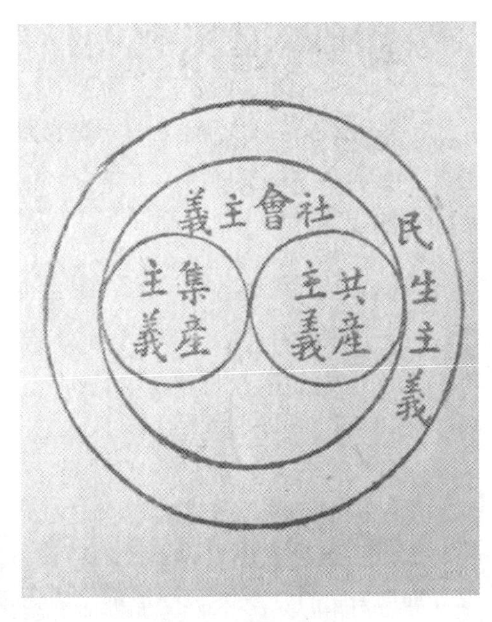

孙中山对民生主义的解释

---

① 孙中山：《关于民生主义之说明（1924年1月21日）》，《孙中山全集》第9卷，中华书局1986年版，第111页。

② 孙中山：《关于民生主义之说明（1924年1月21日）》，《孙中山全集》第9卷，中华书局1986年版，第110、112—113页。

至于孙中山对苏俄共产主义政策的理解也颇引人深思，他把苏俄政策与洪秀全相比，使人想起“均贫富”和“打土豪，分田地”。

最后通过的大会宣言载入的还是孙中山的政治主张，依然使用“贫苦农民”这样的词汇。鲍罗庭尽管不止一次地揭露汪精卫在讨论中力图“遮掩他们小资产阶级的庸俗思想”，当面向汪指出“你们可以随便叫它什么，只是别叫社会主义”,① 但他依然对汪等国民党人士无计可施，只好向共产国际报告，说这些人“根本未接受共产国际决议中关于没收土地的提法”。《宣言》中“没有‘没收’的字眼”。②

围绕通过什么道路改善工人阶级政治经济地位问题争论的结果是，鲍罗庭与其对手双方仅仅打了一个“平手”，最后形成的大会《宣言》并没有载入阶级斗争之类的词语，而只是笼统地提到要谋求“工人之解放”。

至于对中国工农的作用，《宣言》表示的是国民党的明确态度，要辅助他们的组织，支持他们为改善自身状况而努力奋斗，特别是承认了他们在社会历史上的重大作用，鲍罗庭认为这“是一个巨大的成就”。③

事实也确实如此，它表明国民党要把这个劳动者群体作为依托，这就是孙中山经常说的民众，比之于过去依靠会党秘密开展党务活动，《宣言》毕竟还是前进了一步。

第三节　重要的日子，关于民族主义的讨论

围绕国民党对外政策问题争论的前因。如前述，像邓泽如等国民党内的敏感人士，已经意识到，莫斯科的使者们时时想“监督”和“影响”国民党，而后者的性质及其领导层的个人素质或曰世界观又决定了他们本能地对苏俄革命理论格格不入。大会前后和会议期间的争论相当棘手。

众所周知，孙中山1920年在上海写成了其《建国方略》，其外文为 Inter-

① 《鲍罗庭笔记和报告记录摘要》，《联共、共产国际与中国》，台北，东大图书公司1997年版，第375页。

② 《鲍罗庭笔记和报告记录摘要》，《联共、共产国际与中国》，台北，东大图书公司1997年版，第376页。

③ 《鲍罗庭笔记和报告记录摘要》，《联共、共产国际与中国》，台北，东大图书公司1997年版，第375页。

national development of China（国际共同开发中国的计划）。鲍罗庭认为孙一直想靠外国援助来图中国发展，这才是他关于“中国民族问题的解决非同列强合作不可”这一错误观点的根源。“国民党的知行观中，就找不出一点认真的必须同帝国主义进行彻底斗争的表示”。[①]

鲍罗庭的判断有一定道理。孙中山一方面痛恨帝国主义对中国的压迫，至死都要联合世界上以平等待我之民族为此共同奋斗。另一方面，他也很重视国民党海外党员的想法，考虑他们的处境，所以主张不要激怒列强。许多海外人士早在上年11月就找孙中山吐露这样的心情。[②]

凭实际情况而论，国民党不得不顾及一个事实，即有相当大的一部分海外党员，长期从财政和道义上支持该党，在当时的国际政治形势下，许多国家对于新生的苏俄及其政策怀有严重的畏惧，怕布尔什维主义蔓延到自己国家。华侨则害怕与布尔什维克有牵连而被驱逐出所在国家。况且在代表大会期间，他们会上会下再三表达了自己的担心。“一些老国民党员从国外拍来了几封电报，质问国民党是否已经不再是国民党，而开始布尔什维克化了”。孙中山的耐心解释对他们产生了良好影响，他告诉他们“不是国民党变成了共产党，而是共产党接受了国民党的纲领”。这既像外交辞令又能服人，便于消除恐惧情绪。

至于上述人等对国民党会否被跨党的共产党人“夺权”一事，孙中山同样循循善诱，让他们相信，国民党改组并非受任何人强迫或由“旁人加强给国民党”。这也使心存疑虑的人多少感到轻松一些。孙中山的言行对于保持对苏友好的大方向起了重要作用，乃至苏俄人士斯列帕克不无感慨地对共产国际代表说，“孙中山的进步是发人深省的。每想到这一点，你会情不自禁地得出一个结论：孙中山之于国民党，就像列宁之于俄共（布）”。[③] 至于孙中山朝向哪里“进步”，这又另当别论了。

鲍罗庭看到了这种状况，但是他有另外的理解，认为“国民党在主观上并不反帝”，它对于群众的反帝运动或“冷眼旁观，或躲”在一边。仅仅在“生活本身触及了中国的国际地位问题”时，才有所表示。另外国民党人认为上海租界是管理完善的“模范地区”，特别是国民党人遇到危险时，将其当做“庇护所”。至于孙中山本人，鲍罗庭认为“美国精神在他头脑中

---

① 《鲍罗庭笔记和报告记录摘要》，《联共、共产国际与中国》，台北东大图书公司1997年版，第347—348页。

② РГАСПИ，全宗514，目录1，案卷50，第113—114页。

③ 《斯列帕克致魏金斯基的信（1924年2月8日）》，《联共、共产国际与中国》，台北东大图书公司1997年版，第332页。

根深蒂固”。①

孙中山在这个问题上的态度十分慎重，有些为难，同时事态进展也富有戏剧性。这与1923年已经发生并持续至今的广州关余事件有关。

关余问题本身就是不平等条约的产物②。按照辛丑条约，列强要中国把海关税收作为庚子赔款的抵押，偿还债务后剩下的部分叫做关余。这笔收入一直是交给北京中央政府的。但是海关被洋税务司把持。1919年广东军政府得到关余收入的13.7%，连续6个月按时收到这些款。但是1920年3月，广州军政府分裂了，孙中山离开广州到了上海，军政府催促北京政府按从前的做法付与关余，但分文未得。孙中山1923年9月5日照会北京公使团，说明关余分配属于中国内政，外国没有必要干预，特请各公使命银行委员会立即将关余交总税务司，由该司把广州政府应得之部分拨交广州中央银行，孙中山并且要求把1920年后未付的部分一起补交。

照会发出后10多天没有回音。10月7日伍朝枢又电北京外交团，重申孙的要求。原来，北京外交团显然以为广州政府垮台在即，孙中山会再度逃亡，届时这个“棘手的问题将迎刃而解”，便不予置理。

孙中山的态度强硬，令列强不得不认真对待，11月20日，英国驻广州总领事杰弥逊爵士（Jamieson，Sir James William）③ 致函英国驻中国公使麻克类爵士（MacLeay，Sir Ronald William）④ 提醒他注意，此事不宜再予托延不答，因为孙中山已经表示他不怕与英国人冲突，并且要任命一个广州政府的人去接替总税务司。12月1日，外交团电广州领事，提请地方当局注意，外交团不允许任何人干预中国海关事务。这显然是针对孙中山的电报。12月3日，电报送达孙手中，它指责孙中山“不俟使团答应9月5日照会，拟迳行胁迫收管广州税关，此种干涉税关之举动，使团断难承认。倘若竟然为此，当以相当之强硬手段对付”。同日，麻克类也致函伍朝枢表达同样的意思。⑤ 此后孙中山的态度有所缓和，便在12月5日复电外交团，称海关在广州政府辖内，自应遵守政府法令。如将其关余交付北京政府“不啻资助其战费，以肆其侵略政策”。况且，关税的分配纯粹是中国内政，外国不得干涉。但是为了

---

① 《鲍罗庭笔记和报告记录摘要》，《联共、共产国际与中国》，台北东大图书公司1997年版，第343—344、383页。

② 张俊义：《南方政府截取关余事件与英国的反应（1923—1924）》，《历史研究》2007年第1期，第115—119页。

③ 他的任职时间是1906—1926年。

④ 他的任职时间是1922—1926年。

⑤ 原件存英国外交档案405／244号，引自韦慕廷：《孙中山——壮志未酬的爱国者》，哥伦比亚大学出版社1975年版，第183、346页。

不进一步激化矛盾，孙中山答应延期两周采取行动。

就在上述文电往来的过程中，列强再次使用了他们认为行之有效的办法——炮舰政策。法国、意大利、日本、葡萄牙和美国都准备抵制孙中山的做法，把军舰开到广州水域，美国驻中国公使舒尔曼（Jacob Gould Schurman）[①]，建议政府立即采取行动阻止孙中山截留关余，美国海军部长命令亚细亚舰队司令以广州为目标集结军队并且采取除战争以外的任何手段。美国国务卿休斯（Charles Evans Hughes）[②] 则更甚，索性建议总统柯立芝（John Calvin Coolidge）[③] 命令美国南海舰队开往广州以示威慑。[④] 12 月 5 日，孙中山电复北京外交团时，广州水域已经大军压境—— 9 个国家的 17 艘军舰虎视眈眈。不久，列强又向北京政府发出正式照会，说他们将联合派出海军力量保护海关。

孙中山态度的缓和并没有发生作用，他于是在舆论界掀起了一场强大的宣传攻势，反复强调关余处理属于中国内政，任何国家无权干预。

在这个过程香港总督有意帮助孙中山，但是英国驻华公使麻克类“在深究香港总督的行事动机时，肯定是 1922 年的香港海员大罢工以及由此而来的全港大罢工，让该督拼命要维持香港与广东的友好关系，以致破坏英国在华的整体利益而在所不惜”。[⑤] 显然这是一场利益之争，不可能想象英国、美国等会放弃其“在华的整体利益”而援助孙中山。列强的态度在相当大的程度上进一步打破了孙中山对他们寄予的希望。12 月 20 日孙中山发表了致美国国民书，揭露这个华盛顿及林肯之国派遣炮舰至不设防的广州压制争取自由的中国人民。“设若贵国以海军向我所辖境内争取关余，而令北方不良之军阀得获胜利，实为一种愆咎，及无穷耻辱也”。同时，在此前后，他接见了《泰晤士报》、《纽约时报》、《字林西报》的记者。上海《民国日报》几乎每天都以大量篇幅报道此事，宣传孙中山主张的正确性。此时的孙中山一方面因利益悠关，另一方面也确实因列强的蛮横做法而十分愤怒，他利用各种传播媒介仗义执言，抗议“美舰夺境独多，助乱长乱，深为公理惜”。[⑥] 与前一两年相比，此时的孙中山在对待列强态度上的变化是十分明显的。

---

① 舒尔曼（1854—1942），1921—1925 年担任美国驻华公使。

② 休斯（1862—1948），1921—1925 年任美国国务卿。

③ 柯立芝（1872—1933），美国第 30 任总统（1923—1929）。

④ 参见 USDS，893. 51/4432 号及附录；893. 51/4436 号；FRUS1923，1：561—562。引自韦慕廷：《壮志未酬的爱国者》，哥伦比亚大学出版社 1975 年版，第 184、349 页。

⑤ 黄宇和引用英国档案详细说明了这个问题的过程，见黄宇和：《中山先生与英国》，台北，学生书局 2005 年版，第 459—465 页。

⑥ 上海《民国日报》1923 年 12 月 21 日。

“这一交涉，影响中国国民党的改组，也改变了孙中山晚年的外交政策”。①

中国国民党第一次代表大会开幕在即。在这次会上他对莫斯科的态度，明显受到关余事件的刺激。

重要的日子——1月23日、30日

然而孙中山毕竟还是希望舒尔曼能够代表美国“主持公道”，他期望后者支持他反对中国军阀的斗争，为此他与鲍罗庭两人有过长达三个小时的谈话。鲍罗庭对这一切了如指掌。② 所以在1月23日讨论大会宣言的关键时刻，他坦率地批评孙中山对美国、日本、英国的期望和等待，说这个时期已经延续得太长了，不能让这种纯粹的“幻想”再行影响他“寻求新的道路”。鲍罗庭意味深长地请孙中山等人解决一个重要问题：“是同全世界的民族革命运动一道前进，还是继续游说舒尔曼，说他的对华态度有失公允，甚至等待他或其他类似国家的代表来干涉中国事务”。他希望孙中山作出抉择：“要么跟着有两千五百万人口的帝国主义阵营走，要么跟着遭受帝国主义压迫的十亿七千五百万人口走”。③

孙中山听过这一番谈话后并非没有考虑。他知道有些国民党人对于宣言草案中提出废除不平等条约如外国租借地、领事裁判权等心存疑虑，便向中央执行委员会委员邹鲁探问：“现在准备提出废除不平等条约，你有什么意见?”得知后者也完全拥护后，孙意味深长地说：“假使不通过这点，大会就毫无意义”。④ 就在这天的会上，孙中山做了《对于中国国民党宣言旨趣之说明》，于其中在对外政策方面强调：“要反抗帝国侵略主义，将世界受帝国主义压迫的人民来联络一致，共同动作，互相扶助，将全世界受压迫的人民都来解放”。他突出说明的是今后既然有此宣言，就“决不能又蹈从前之覆辙，做到中间又来妥协。以后应当把调和的手段一概打消”。不仅如此，他还向与会者指出，对帝国主义的妥协“是我们做彻底革命的大错”。⑤

到1月30日会上，廖仲恺见依然有人持反对意见，便给孙中山递了一个便条，在这个关键时刻，孙中山态度坚决，发表讲话，说明他从辛亥革命时

---

① 陈三井：《中山先生与美国》，台北，学生书局2005年版，第48页。

② 《鲍罗庭笔记和报告记录摘要》，《联共（布）、共产国际与中国》，台北，东大图书公司1997年版，第382页。

③ 《鲍罗庭笔记和报告记录摘要》，《联共、共产国际与中国》，台北，东大图书公司1997年版，第382页。

④ 邹鲁：《回顾录》第1册，南京，独立出版社1941年版，第148页。

⑤ 《孙中山全集》第9卷，中华书局1986年版，第126页。

起就提出过这样的口号。①

尽管这样，也不必从孙中山对帝国主义的认识有什么“转变”或“进步”的角度来看待，这时候甚至不排除他是在感到依靠英国援助已经无望之际而作出的决策。②

至于一度心存顾虑的同志特别是海外同志，也各有各的想法。有人认为宣言不妨只提出把庚子赔款的俄国部分转做教育经费，他们并非不反帝，而意在争取“青年和教育界”“很大的同情”。③

就这样共产国际执行委员会 11 月 28 日决议中对于国民党“民族主义”的解释载入了这一天会议通过的《中国国民党第一次全国代表大会宣言》。

第四节 《宣言》起草过程中关于民权主义的讨论

汪精卫提出的草案中，用两个部分的内容解释民权主义，一部分是国民党取自世界上“先进民主国家”的理论即立法、司法和行政三项，另外还要加上监察权和考试权，也就是国民党的五权宪法。

“先进民主国家”指的是英美，对此鲍罗庭了如指掌，受共产国际理论的熏陶，他对“先进民主国家”的提法发自内心地反感。况且，无论他还是参与《宣言》起草工作的国民党人都明白，国民党实施其民权主义的目的，绝对不是以苏俄的社会制度为楷模建立自己的政府，享有民主权利的也不仅仅是共产国际理论中的无产阶级一个阶级，因此，“先进”一词并不同苏维埃制度挂钩，国民党要的是被共产国际理论称为资产阶级性质的全民政府。

然而鲍罗庭也知道，如果没有五权宪法这一条，孙中山“是无论如何都不会同意的”，鲍氏便努力使民权主义摒弃西方资产阶级的“天赋人权”色

① 黄季陆：《划时代的民国十三年——第一次全国代表大会的回忆》，“国史馆”编印，台北 1978 年版，第 29—30 页。

② 1923 年年底得悉麦克唐纳可能当选，孙中山在 1923 年 12 月 20 日左右给麦氏发了电报，但直至大会要通过一系列文件并唱出联俄音符之时还没有回电。黄宇和：《中山先生与英国》，台北学生书局 2005 年版，第 468 页。

③ 黄季陆：《划时代的民国十三年——第一次全国代表大会的回忆》，“国史馆”编印，台北 1978 年版，第 28 页。

彩，让它带上“革命”的色彩，让《宣言》中的民权主义“不是从天赋人权的角度，而是作为一个革命原则提出的。凡造成革命政权者，才享有民权。凡反对革命政权者，凡帝国主义的走狗，就无民权可言”。①

最后载入《宣言》中关于民权主义的解释，在指出人民的权利和五权分立的原则后，采纳了鲍罗庭的建议，明确表述“国民党之民权主义，与所谓‘天赋人权’者殊科，而唯求所以适合于现在中国革命之需要”。

尽管这样，从共产国际关于无产阶级专政理论的角度衡量，国民党对于民权主义的解释照旧也还是没有所谓鲜明的阶级性，因《宣言》强调的是“国民党之民权主义，则为一般平民所有”。这种说法与共产国际第一次代表大会批判的“普遍民主”如出一辙。无论国民党人是否深入研究过共产国际理论和国际社会主义运动中的各流派，反正在“一般平民”和“普遍民主”的提法上，“革命性”强的理论家们嗅到的是“抹杀”阶级斗争的气味，是“阶级斗争熄灭论”的气味。问题的提出尽管尖锐，双方的态度尽管对立，鲍罗庭还是无计可施，因为他面对的绝对不是一些接受共产国际理论的无产阶级革命家。

国民党一大《宣言》中关于国民党历史经验的总结也基本采纳了共产国际执行委员会主席团决议中的观点。鲍氏对这个历史文件的评价是：这是一个“国家社会主义的”文件，“是社会党在资产阶级革命后所努力追求的目标”。②

第五节　共产国际执行委员会主席团决议与国民党一大宣言的比较

中国国民党在广州举行的第一次全国代表大会，是该党历史上首次经过精心筹备的大会。依据孙中山的要求，大会要“重新来解释三民主义”。③

---

① 《鲍罗庭笔记和报告记录摘要》，《联共、共产国际与中国》，台北，东大图书公司 1997 年版，第 375 页。

② 《鲍罗庭笔记和报告记录摘要》，《联共、共产国际与中国》，台北，东大图书公司 1997 年版，第 375 页。

③ 孙中山：《中国国民党第一次全国代表大会闭幕词（1924 年 1 月 30 日）》《孙中山全集》第 9 卷，中华书局 1986 年版，第 179 页。

在三民主义的解释上，值得指出的是1923年蒋介石在苏联时专门就三民主义写的报告。这个文件引起了共产国际执行委员会足够的重视。先是吴廷康参照蒋介石的意图拟定了一个稿子。11月23日，共产国际执行委员会主席季诺维也夫通知契切林和布哈林，要他们把意见呈来。[①] 两天后，即11月25日，蒋介石等参加共产国际执行委员会主席团的会议，在会上着重说明了国民党还不能立即实行苏式共产主义的理由，并且明确表态说，在国民党的文件中，提出这样的口号，时机还不成熟。他再三强调的是，鉴于中国的国情，只有使用"争取中国独立"、"人民政府"和三民主义这样的口号，国民党"才能有所作为"。[②]

另外一个值得指出的是，在这天的会上竟没有共产国际人士提出过左的口号。于是蒋介石从苏联带回的《共产国际执行委员会主席团关于中国民族解放运动和国民党问题的决议（1923年11月28日）》中关于民族主义、民生主义的解释在一定程度上成了中国国民党第一次代表大会宣言这个文件的基础。[③] 这里不乏蒋介石的功劳。就像此后到共产国际的国民党代表胡汉民、邵力子等人一样，蒋介石在三民主义问题上的立场是十分坚定的。

《宣言》"政纲"部分与《"11.28"决议》的对比

（一）基本吸收左列决议的部分

《"11.28"决议》	《宣言》
分析辛亥革命失败的原因时说：这主要是因为，这个党没有吸收城乡广大劳动群众参加斗争。民族主义，就是国民党依靠国内广大的农民、工人、知识分子和工商业各阶层，为反对世界帝国主义及其走卒，	中国以内，自北至南，自通商都会，以至于穷乡僻壤，贫乏之农夫，劳苦之工人，所在皆是。其要求之情至为迫切，则其反抗帝国主义之意亦必至为强烈，故国民革命之运动，必恃全国工人、农夫之参加，然后可以

① 《季诺维也夫就共产国际执行委员会主席团关于中国民族解放运动和国民党问题的决议草案写给契切林的便笺（1923年11月23日）》，《联共、共产国际与中国》，台北，东大图书公司1997年版，第258页。

② 《有国民党代表参加的共产国际执行委员会会议速记记录》（1923年11月25日），《联共、共产国际与中国》，台北，东大图书公司1997年版，第270页。

③ A. 卡尔图诺娃：《共产国际与国民党改组的若干问题》，载《共产国际与东方》（*Коминтерн и Восток*），莫斯科，1969年版，第308—310页。

为争取中国独立而斗争。对于上述每一个阶层来说，民族主义的含义是，既要消灭外国帝国主义的压迫，也要消灭本国军阀制度的压迫。

取胜。……国民党人因不得不继续努力，以求中国民族之解放。其所恃为后盾者，实为多数之民众，若智识阶级，若农夫，若工人，若商人是也。盖民族主义对于任何阶级，其意义皆不外免除帝国主义之侵略。

如果对于工商业资产阶级来说，民族主义意味着更好地发展国家的生产，那么对于国内各劳动阶层来说，民族主义就不能不意味着消灭封建专制的压迫，就不能不意味着，不仅要消灭外国资本的残酷剥削，而且也要消灭本国资本的残酷剥削。

国民党应当实际上表明，在那些由于进行民族斗争而削弱了帝国主义的地方，群众能够立即顺利地发展和巩固自己的组织，以便进一步进行斗争。国民党只有通过增强、支持和组织国内各个劳动人民阶层来放手发动全国的力量，才可以向群众表明，这个民族主义体现的是健全的反帝运动的概念。只要国民党能深入地联系中国民众，它就能保证取得国家的真正独立。

这个主义的另一方面应当是，中国民族运动同受中国帝国主义压迫的各少数民族的革命运动进行合作。国民党在宣布中国境内各民族一律平等的原则时应当牢记，由于中国官方的多年压迫，这些少数民族甚至对国民党的宣言也持怀疑态度。因此，国民党不要忙于同这些少数民族建立某种组织上的合作形式，而应暂时只限于进行宣传鼓动

其在实业界，苟无民族主义，则列强之经济的压迫，自国生产，永无发展之可能。其在劳动界，苟无民族主义，则依附帝国主义而生存之军阀及国内外之资本家，足以蚀其生命而有余。故民族解放之斗争，对于多数之民众，其目标皆不外于反帝国主义而已。

帝国主义受民族主义运动之打击而有所削弱，则此多数之民众，即能因而发展其组织，且从而巩固之，以备继续之斗争。此则国民党能于事实上证明之者。吾人欲证实民族主义实为健全之反帝国主义，则当努力于赞助国内各平民阶级之组织，以发扬国民之能力。盖惟国民党与民众深切结合之后，中国民族之真正自由与独立始有可能也。

第二方面……辛亥以后，满洲宰制政策，既也摧毁无余，则国内诸民族宜可得平等之结合……然不幸而中国之政府，乃为专制余孽之军阀所盘踞，中国旧日之帝国主义死灰不免复燃，于是国内诸民族，因以有杌陧不安之象，遂使少数民族疑国民党之主张亦非诚意。故今后国民党为求民族主义之贯彻，当得国内诸民族之谅解。时时晓示其在中国国民革命运动

工作，随着中国国内革命运动的顺利发展，再建立组织上的联系。国民党应公开提出国内各民族自决的原则，以便在反对外国帝国主义、本国封建主义和军阀制度的中国革命取得胜利以后，这个原则能在由以前的中华帝国各民族组成的自由的中华联邦共和国中体现出来。	中之共同利益。今国民党在宣传主义之时，正欲积集其势力，自当随国内革命势力之伸张，而渐与诸民族为组织的联络……国民党敢郑重宣言，承认中国以内各民族之自决权，于反对帝国主义及军阀之革命获得胜利以后，当组织自由统一的（各民族自由联合的）中华民国。
国民党的第二个主义——民权主义，不能当作一般“天赋人权”看待，必须看作是当前中国实行的一条革命原则。因此，国民党在向民众灌输民权主义的原则和解释其含义时，应使其有利于中国劳动群众即只有那些真正拥护反帝斗争纲领的分子和组织才能享有这些权利和自由，而绝不能使那些在中国帮助外国帝国主义或其走狗（中国军阀）的分子和组织享有这些自由。	民权主义……近世各国所谓民权往往为资产阶级所专有，适成为压迫平民的工具，若国民党之民权主义，则为一般平民所共有，非少数人所得而私也。于此有当知者，国民党之民权主义，亦所谓“天赋人权”殊科，而惟求所以适合于现在中国革命之需要。盖民国之民权，为民国之国民乃能享之，必不轻授此权与反对民国之人，使得藉以破坏民国。详言之，则凡真正反对帝国主义之个人及团体，均得享有一切自由之权利。而凡卖国罔民，以效忠于帝国主义及军阀者，无论其为团体或个人，皆不得享有此等自由及权利。

（二）《“11.28”决议》与《宣言》明显分歧的部分

民生主义，如果解释为把外国工厂、企业、银行、铁路和水路交通收归国有，那它才会对群众具有革命化的意义……至于中国的民族工业，国有化原则在现在也可适用于它，因为这将有助于进一步发展国家的生产力。	民生主义……凡本国人及外国人之企业，或有独占的性质，或规模过大为私人之力所不能办者，如银行、铁道、航路之属，由国家经营管理之，使私有资本制度不能操纵国民之生计。此则节制资本之要旨也。
必须向投入土地的广大农民群众说明，应当把土地直接分给在这	于此，犹当有为农民告者，中国以农立国……国民党之主张，则以为农民之缺乏田地沦为佃户者，国家当

块土地上耕种的劳动者，消灭不从事耕作的大土地占有者和许多中小土地占有者的制度……国家应当减轻农民的赋税负担，应当大力帮助农民解决灌溉、由人口稠密地区向人口稀少地区移民、开荒等问题。

给以土地，资其耕作，并为之整顿水利，移植荒徼，以均地力。农民之缺乏资本至于高利借贷以负债终身者，国家为之筹设调剂机关，如农民银行等，供其匮乏。

以上对比说明，《宣言》吸收了“决议”中关于三民主义解释的相当大的部分，载入的是国民党关于“平均地权、节制资本”的主张，《宣言》没有采纳关于消灭大土地占有者和许多中小土地占有者制度的提法。对于资产阶级财产所取的立场，仅仅是“节制”而已。《宣言》中没有共产国际理论中惯常使用的“无产阶级”、“贫农”等的词汇。任鲍罗庭如何不满意，想克服这些国民党人思想上的“混乱”，他也无能为力，胡汉民等“根本未接受共产国际决议中关于没收土地的提法”。[①] 鲍罗庭只好向共产国际执行委员会报告说，“国民党对三民主义的理解，还没有达到我们所理解的高度”。[②] 鲍罗庭认为这是国民党右派的胜利，今后只能寄希望于“党的优秀分子”即他心目中的左派，相信这些人对共产国际的理论“会心悦诚服，并以之为根据，在群众中广泛开展宣传鼓动工作”。[③]

另外在对待支持工人阶级及其政治组织——中国共产党问题上，《“11.28”决议》与《宣言》之间也存在明显的差异。前者强调工人阶级的重要性和全力支持中国共产党，后者把贫苦工农并提，主张予以发展的是国民党。请对比以下部分。

《“11.28”决议》

当前，中国工人阶级是全国各地区（北至满洲，南至南方各省和帝国主义盘踞的港埠）在经济上和政治上利益一致的唯一的阶级，因而必然在统一国家和争取中国独立的反帝斗争中，起到自己的一分重大的作用。

《宣言》

中国以内，自北至南，自通商都会以至于穷乡僻壤，贫乏之农夫劳苦之工人，所在皆是。其要求解放之情至为迫切，则其反抗帝国主义之力，亦必至为强烈。故国民革命之运动，必恃全国工人农夫之参加，然后可以取胜，盖无可疑者。国民党于此，一

① 《鲍罗庭笔记和报告记录摘要》，《联共、共产国际与中国》，台北，东大图书公司1997年版，第376页。
② 《联共、共产国际与中国》，台北，东大图书公司1997年版，第363页。
③ 《联共、共产国际与中国》，台北，东大图书公司1997年版，第365页。

共产国际相信，革命政党国民党将更多地考虑中国工人运动日益发展的情况，为了加强全国的解放运动，将放手发动工人阶级的力量，全力支持它的经济组织及其阶级的政治组织—中国共产党。	方面当对于农夫工人之运动，以全力助其开展，辅助其经济组织，使日趋于发达，以其增进国民革命运动之实力。一方面又当对于农夫工人要求参加国民党者，相与为不断之努力，以促国民革命运动之进行。

这里已经隐藏着未来国共关系不睦的种子，共产国际要发展中国共产党，而国民党坚持本党的发展，把吸收“农夫工人”入党作为“促进国民革命运动”的条件。这些种子在暗中“发芽成长”着。

尽管国民党没有接收共产国际执行委员会主席团《“11.28”决议》中关于工人阶级的提法，但它明确了支持工农运动并吸收他们参加国民革命运动的态度。

共产国际原想通过《“11.28”决议》让“三民主义”得到全新解释，使国民党成为“符合时代精神”的政党，这是一个亮点。鲍罗庭关于《“11.28”决议》多多少少被吸收进国民党宣言的看法虽然不无道理，但在重大问题上，国民党还是坚持本党的主张。在国民党一大期间孙中山本人不仅多次讲述三民主义和五权宪法，而且通过《宣言》的制定和发表把它作为国民党的指导思想：“国民党之主义若何？即孙先生所提倡之三民主义”。显然，无论是孙中山还是其同僚，对于鲍罗庭都存有相当的戒心，反对之声经常传入孙中山耳中，所以他在大会闭幕词中反复强调：“主义是永远不能更改的”。① 1月28日通过的《中国国民党总章》则开宗明义载入“中国国民党第一次代表大会为促进三民主义之实现，五权宪法之创立，特制定中国国民党总章”。②

第六节　《中国国民党章程》讨论中的分歧

在这个重要文件的讨论中，最主要的分歧产生于“跨党”，跨党指的是共产

① 《孙中山全集》第9卷，中华书局1986年版，第178页。
② 《孙中山全集》第9卷，中华书局1986年版，第152页。

党人和社会主义青年团员以个人身份加入国民党，最初提出国共合作的是达林，后来马林又从共产国际执行委员会得了指令，为此中共举行了杭州会议，中共第三次代表大会专门就共产党人和社会主义青年团员加入国民党做了决议。1922 年李大钊、陈独秀等加入了国民党。后孙中山任命改组委员会，陈独秀、李大钊等直接参加了国民党改组工作的筹备，再后无论是国民党第一次全国代表大会的筹备、文件的制定、该党地方组织的建立，都有共产党人的参加，后者为发展国民党的地方组织做了大量工作。国共合作这个重大的政治举措，对于国共两党的发展都产生了重要影响。应该说是一个双赢的事情。

但是，共产国际执行委员会领导层中一些人迷信世界无产阶级革命速胜的理论，在他们看来，像共产国际第一次代表大会所说那样，应该“加速”历史发展的步伐，像共产国际第二次代表大会所说的那样，半殖民地国家的发展可以在苏俄无产阶级帮助下跨越资本主义发展阶段，直接过渡到共产主义社会。而其派驻中国的代表们也毫无例外地持有这样的看法。鲍罗庭在 1923 年秋试图迫使孙中山发布类似《土地法令》的文件便是证明。此事的被否定和鲍罗庭的服从，说明在这个时期他还算是温和，也正因如此，他才能在马林工作的基础上，为国共正式形成合作机制做些工作。

李大钊

跨党这个重要举措，从一出现就受到来自国民党和共产党两个方面的质疑。

在中国共产党内，主要是受到来自左边的质疑。早在中共第一次代表大会的筹备和进行过程中，就此问题便有过争论。马林认为中国共产党刚刚成立，不要排斥与国民党合作。中共党内许多人反对他的意见。

后来，蔡和森等左派反对这样做，陈独秀初期也持反对态度。他们的共同特点，是认为国民党不是无产阶级政党，所以要抛开它，由中国共产党独自担当起领导中国国民革命运动的责任，吴廷康和马林早在 1923 年年初便在共产国际执行委员会的会上发生了争论，[①] 吴廷康一直被强烈的左倾宗派主义

① 《共产国际执行委员会会议速记记录节录（1923 年 1 月 6 日）》，《联共、共产国际与中国》，台北，东大图书公司 1997 年版，第 149 页。

情绪左右，他关于建立一个独立的工人阶级政党的主张，[①] 关于把莫斯科援款用于中共建设和发展的主张，赢得了一些中共领导的同情。可以理解，要他们放弃自己的意见而心悦诚服地“跨党”是相当困难的。到 1923 年 6 月中共第三次代表大会上，这种情绪依然表现强烈。[②] 根据对待国民党的态度，共产国际执行委员会一些人将其驻华代表划分为左派和右派。

共产国际驻华代表中，吴廷康是一个左派，另一个代表马林，则被共产国际执行委员会的左派萨法罗夫划为右派，被斥为“热恋于”国民党。[③] 尤其对马林不利的是，这种做法和观点也存在于中共党内，张国焘认为马林关于“工人阶级是国民革命队伍中的一部分，是其中的左翼”这个观点是错误的，他指责马林把“‘国民革命’和‘中国国民党’两个不同的东西混为一谈；硬要将中共已经领导起来的职工运动奉送给并不一定愿意接受的国民党”。张国焘甚至认为马林“犯了右倾取消主义的错误”。[④]

与吴廷康、蔡和森等人不同的是李大钊，他在杭州会议上取“调和立场”。[⑤] 此后，他不仅加入了中国国民党而且真诚认为，它就应当是中国实际改造的中心势力。“二七”罢工失败后，他理智地看到工人阶级力量太过薄弱，一时不易复振，因而还胜任不了领导国民革命的重任。他认为中国革命“还应由力量较雄厚的资产阶级来领导”。中共第三次代表大会之前差不多一个月他就说，“除了使它［中国国民党］更大更有力量以外，一点其他道路都没有。现在的国民党还没有什么实力，然而这个团体尚有容纳我们考虑问题的包容力。而且孙文氏具有理解人们主张的理解力，加上我们对它的不适当之处的改良，从而使该党形成更加有力的团体”。[⑥] 正因为如此，他受到孙中山的信任，孙指定他为中国国民党第一次全国代表大会的代表，并委托他在华北开展国民党的工作和扩建国民党的组织。不过，他也预感到“多数共产

---

① 《共产国际执行委员会会议速记记录节录（1923 年 1 月 6 日）》，《联共、共产国际与中国》，台北，东大图书公司 1997 年版，第 130 页。

② 见中共“三大”关于国共关系的讨论，李玉贞主编：《马林与第一次国共合作》，光明日报出版社 1989 年版，第 227—229 页。张国焘：《我的回忆》（一），现代史料编刊社 1980 年版，第 291—301 页。

③ 马林：《致共产国际执行委员会东方部萨法罗夫的信（1923 年 5 月 30 日）》，李玉贞主编：《马林与第一次国共合作》，光明日报出版社 1989 年版，第 180 页。张国焘《我的回忆》（一），现代史料编刊社 1980 年版，第 291 页。

④ 张国焘：《我的回忆》（一），现代史料编刊社 1980 年版，第 290、291 页。

⑤ 张国焘：《我的回忆》（一），现代史料编刊社 1980 年版，第 291 页。

⑥ 李大钊：《就中国改造的中心势力问题与〈北京周报〉记者的谈话（1923 年 5 月 17 日）》，中国李大钊研究会编注：《李大钊全集》第 4 卷，人民出版社 2004 年版，第 180 页。

党人参加国民党工作后，将引起两党间许多纠纷”。[①]

在国民党方面则主要是被苏联史学称为“右派”的邹鲁、邓泽如等人。1923 年 11 月国民党发表改组宣言时，他们向孙中山告状，批评陈独秀、鲍罗庭，那还是私下的，是国民党自己人之间的事。但到国民党“一大”上，情况就不同了。鉴于大会要通过各种各样决议，它们要指导和约束党员的行动，持不同意见的双方便尤其谨慎。犹如在讨论大会宣言等文件的过程中一样。

1 月 28 日的会议由胡汉民主持。大会讨论《中国国民党章程》，围绕着中共党员的跨党进行了激烈的争论。

中国国民党元老方瑞麟提议加入“本党党员不得加入他党”[②] 的内容。这实际上把矛头指向孙中山已经开始的容共做法，也涉及已经参加国民党的中共党员，如果加入这样的内容，中共党员就不能有两个党籍。李大钊针对此事做了发言。

中共党员的真诚

跨党起初并非指国共两党的党员可以互相跨入对方的党，仅仅指中共党员以个人身份加入国民党。1 月 24 日上午大会开始讨论《中国国民党党章草案》，关于跨党问题出现后，并没有就是否允许中共党员跨党又保持其共产党员的身份一事产生结果。

尽管中共内部在跨党问题上有分歧，但此时左倾者的意见没有占上风，尽管 1927 年演出了国共两党分裂乃至许多共产党人血洒上海街头的一幕，但那是三年以后的事。此时，1924 年年初的中共，还是真诚帮助国民党的。针对前一天出现的问题，1 月 25 日，中共党团举行会议，商量是否要在代表大会上作出一个正式声明，阐述中共跨党的意图。李大钊认为：“最好公开阐述我们的立场，说明我们何以加入国民党”。他的建议是想坦诚告诉那些怀疑中共跨党的国民党人，中共跨党并非是“想利用他们”做共产党人“自己的事，向他们分一杯羹，取代他们”。李大钊进一步说明“我们跨党是为了帮助国民党改组和发展国民革命运动。我们不想从国民党手里窃取任何东西。如果国民党人有怀疑，请他们直接说出，孙中山本人明白我们跨党的前前后后和目的”。

共产国际代表鲍罗庭此时的作用，也不可忽视。他不仅同意李大钊的意

---

① 张国焘：《我的回忆》（一），现代史料编刊社 1980 年版，第 292 页。

② 中国第二历史档案馆编：《中国国民党第一、二次全国代表大会会议史料》上册，江苏古籍出版社 1986 年版，第 88—90 页。

见，而且建议做这个声明时，最好有孙中山在场。于是决定组成一个三人小组①起草这个声明。况且，鲍罗庭认为这次国民党的代表大会是该党在“办喜事”，② 希望大家不要制造一些难题。

到 28 日这个问题再次提了出来。就在这一天李大钊在代表大会上做了一个重要发言，他就所有敏感问题，所有足以引起国民党人误会或怀疑的问题，逐一做了说明：

“本党总理孙先生亦曾允许我们仍跨第三国际在中国的组织，所以我们来参加本党而兼跨固有的党籍，是光明正大的行为，不是阴谋鬼祟的举动”。——他在表明中共跨党的坦荡胸怀。

“只有国民党可以造成一个伟大而普遍的国民革命党”。——表明中共承认国民党在中国社会中的地位。

“我们觉得刚是革命派的联合战线，力量还是不够用，所以要投入本党中，简直编成一个队伍，在本党总理指挥之下，在本党整齐纪律之下，以同一的步骤，为国民革命的奋斗”。——承认孙中山国民党的领袖地位。

“我等之加入本党，是想为国民革命运动而有所贡献于本党的，不是为个人的私利，与夫团体的取巧而有所攘夺于本党的”。——中国共产党人的真诚跃然纸上。

“有一部分同志疑惑因为我们加入了本党，本党便成了共产党，这亦是一种的误会。我们加入本党是来接受本党的政纲，不是强本党接受共产党的党纲。试看本党新定的政纲，丝毫没有共产主义在内，便知本党并没有因为我们一部分人加入，便变成共产党了”。——尊重国民党的意识形态，“左”的东西没有写进国民党一大的文件，此时成了证明共产党人真心与国民党合作的有力凭据。

“我们加入本党，是一个一个的加入的，不是把一个团体加入的，可以说我们是跨党，不能说是党内有党。因为第三国际是一个世界的组织，中国共产主义的团体，是第三国际在中国的支部，所以我们只可以一个一个的加入本党，不能把一个世界的组织纳入一个国民党的组织……我们可以加入中国国民党去从事于国民革命的运动，但我们不能因为加入中国国民党便脱离了国际的组织”。——从历史发展来看，这仅仅是一个理想的合作模式，结果难以预卜。

---

① A. H. 契列潘诺夫：《一个驻华军事顾问的笔记》，莫斯科，1964 年版，第 96 页称这三个人可能是瞿秋白、谭平山和李大钊。

② 张国焘：《我的回忆》（一），现代史料编刊社 1980 年版，第 316 页。

“不过我们既经参加了本党，我们留在本党一日，即当执行本党的政纲，遵守本党的章程及纪律，倘有不遵本党政纲、不守本党纪律者，理宜受本党的惩戒”。——可贵的初衷。

“我们所希望于先辈诸同志者，本党既许我们以参加，即不必对于我们发生疑猜，而在在加以防制。倘认我们参加本党为不合，则尽可详细磋商，苟有利于本党，则我们之为本党而来者，亦不难为发展本党而去”。① ——表述团结合作的诚意。

李大钊的表态对于稳定与会者情绪，发挥了良好作用。

即使在大会选举中央执行委员会、中央监察委员会及两者候补委员问题上，鲍罗庭这个时期也还没有表现出为他的“自己人”——中共党员争取席位的倾向。还在1月18日中共党团便在会上达成共识：“共产党员不应在分部或委员会中争职位”。②

李大钊的发言感动了与会的大部分人。“会场情势几乎顿之逆转”。③ 叶楚伧、汪精卫、李永声等均表示支持，只有江伟藩、黄季陆同意方瑞麟的建议。汪精卫进而以吴稚晖、李石曾、张溥泉曾是无政府党，今已经被承认为国民党员，“如何对于共产党员，又不允许他，这是什么道理?”汪精卫还以过去戴季陶说过：“只有民族主义者不赞成民权主义或民生主义，断没有主张民生主义者不赞成民族主义与民权主义之理；亦未有民生主义者不赞成社会主义、共产主义之理”。④

主持会议的胡汉民，把争论双方的意见予以归纳说：“讨论之焦点，在怕违反本党党义和违反党德、党章，但此种顾虑，只要在纪律上规定即可。在纪律已定有专章……唯申明纪律可也”。⑤

这样方瑞麟的提议便被否决了。

国民党新选举产生的领导成员中，新老并存，国共兼顾。虽然“就整个中央执行委员会组成分子看，共产分子共占十人，⑥ 为总人数四十一之四分之

① 《李大钊全集》第4卷，人民出版社2004年版，第369—371页。

② 中国李大钊研究会编：《鲍罗庭笔记和报告摘录》，《联共、共产国际与中国》，台北，东大图书公司1997年版，第359页。

③ 黄季陆：《划时代的民国十三年》，“国史馆”编印，台北，1978年版，第16页。

④ 荣孟源主编、孙彩霞编辑：《中国国民党第一、二次全国代表大会会议史料》上册，光明日报出版社1985年版，第53页。

⑤ 中国第二历史档案馆编：《中国国民党第一、二次全国代表大会会议史料》上册，江苏古籍出版社1986年版，第54页。

⑥ 中央执行委员中的共产党员有：谭平山、李大钊、于树德，候补委员有：沈定一、林祖涵、毛泽东、于方舟、瞿秋白、韩麟符、张国焘。

一弱，已足以形成牵制会务进行的破坏力量”，[①] 但是上述鲍罗庭参加的1924年1月18日、1月25日中共党团的会议情况说明，在国民党“一大”期间，尽管不无分歧，有关各方面也还能以全局为重互相配合，从而保证了大会的成功。

公正地说，不管鲍罗庭后来多么左或者霸道，此时的他，通过上述工作，对于国民党的这次全国代表大会排除左的干扰——某些共产党人想抛开国民党急欲争夺国民革命的领导权——还是起了相当抑制作用。而对于来自所谓右的干扰，因他尊重孙中山的领袖地位，通过孙去做工作，利用孙的威望，从而在一定程度上化解了至少是表面化解了可能影响大会的不安定因素。

然而，值得注意的是鲍罗庭的底牌：这就是在大会文件起草和讨论以及大会进行过程中，他开始酝酿并决定使用共产国际惯常的划分左中右的做法来对付国民党。[②] 他暗暗地决策，像一条危险的伏线，潜藏在国共两党内部及两党之间的关系中。

第七节　孙中山依然是大权独揽者

如果说在涉及中国国民党某些理论和政策问题上，国民党人和鲍罗庭有过争论，那么，在国民党的领导体制上，无论是国民党内还是中共，还是共产国际方面，都没有产生任何分歧。1919年中华革命党改组为中国国民党时，其党章就领导体制作出的规定是：“本党总理一人，代表本党总揽党务”。[③] 五年之后的中国国民党第一次全国代表大会依然如此规定。大会通过的《中国国民党总章》中的第四章“总理”条目载明：

“本党以创行三民主义、五权宪法之孙先生为总理”。

《总章》赋予孙中山很大的权力，国民党员“须服从总理之指导，以努力于主义之进行”。“总理为全国代表大会之主席”。“总理为中央执行委员会之主席”。特别是他有“复议”全国代表大会决议的权力。“对于中央执行委员

---

① 李云汉：《从容共到清党》，台北中华学术奖助委员会1996年版，第267—268页。

② 《罗庭笔记和报告摘录（不早于1924年2月16日）》，《联共、共产国际与中国》，台北，东大图书公司1997年版，第371—373页。

③ 《孙中山全集》第5卷，中华书局1985年版，第413页。

会之决议，有最后决定之权”。也就是说，无论中央执行委员会还是代表大会，都不能制约总理。这种状况决定了中国国民党未来的党国性质。

这比《共产国际章程》为其领导机关共产国际执行委员会制定的权限还要大。固然俄共（布）在共产国际是执牛耳者，但毕竟《共产国际章程》里还是堂而皇之地载入共产国际执行委员会“须向共产国际世界代表大会报告工作”,[①] 这个《章程》至少在表面上并没有赋予第三国际缔造者的列宁以任何权力。

第八节　孙中山牢牢把握对苏关系的大方向

对苏外交，是国民党的一个重要问题。孙中山曾经在 1923 年提出过同苏俄签署一个政治协定的想法，也曾经在中苏谈判出现波折时建议加拉罕到广州同他的国民党谈判。[②] 据自己开展外交活动的经验和国内处境，他知道这未必可行，但无论如何，他对苏俄采取的是十分务实的态度——团结这个以平等待我之民族，并且争取援助。他重视的是两者间事实上的友好关系。[③]

在国民党第一次代表大会期间，因对苏关系问题出现过相当紧张的局面，到 1924 年年初，苏联同北京政府的谈判已经有了很大进展，正处于关系正常化的前夜。[④] 鉴于苏联面对的是一个正式的中国政府，此时它自然不会放弃得来不易的谈判成果，而同一个偏安华南的孙中山政府签约。另一方面，俄共（布）党、政府和共产国际领导人都在不同程度上担心类似土耳其凯末尔的状况[⑤]重现于国民党、孙中山身上，届时俄援就会事与愿违，莫斯科会“赔了夫人又折兵”；况且他们清醒地看到“同孙中山签订的条约，不可能取代同北京

---

① 《共产国际第二次世界代表大会》，莫斯科党务出版社 1934 年版，第 537 页。

② 孙中山：《复加拉罕函（1923 年 9 月 17 日）》，《孙中山全集》第 8 卷，中华书局 1986 年版，第 218—219 页。

③ 《孙中山对广州新闻社记者的谈话（1924 年 2 月）》，Интервью Сунь Ятсена корреспонденту Canton News Agency（Февраль1924），载《远东问题》1996 年第6 期，第 115—117 页。此前《亚非人民》（*Народы Азии и Африки*，1964 № 2 第 139—140 页）曾经刊登过此谈话的节录。

④ 1924 年 3 月中苏两国政府草签各有关文件。

⑤ 苏俄曾经向凯末尔（1880—1938）领导的土耳其反对英国统治争取民族解放的运动提供过大量援助。1923 年凯末尔领导的土耳其人民党建立了共和国，他本人任第一届总统，有“土耳其之父”的称号。他没有采取苏俄模式建设国家，苏联史学界斥责他背叛无产阶级和贫苦农民的利益。

政府的条约，同孙的条约不过是一纸空文，没有任何实际意义”，即使签署了，也“只有待孙中山入主北京之后，该协定才能得以实施”。[①]

国民党第一次全国代表大会通过的《宣言》在文字上没有吸纳共产国际执行委员会《“11.28”决议》中要求国民党“必须同工农国家苏联建立统一战线”[②] 这一条内容。这是因为孙中山不想激化国民党内的一部分人对苏联和中共的不满情绪，以及担心国民党赤化的心理。事实上，国民党同莫斯科的关系已经公开，并是两者关系发展中迈出的一大步。

国民党公开地作出了对苏友好的姿态。刚刚开幕一日的代表大会在得知列宁逝世的消息后即宣布休会以示哀悼。国民党同莫斯科之间的往来函电已经不再保密，无论远在莫斯科的《真理报》，还是在上海的国民党机关刊物《民国日报》上，都公开报道这方面的情况。[③] 与两三年前孙中山的态度相比，这种做法的确令世人瞩目。客观地说，它并未使党的代表大会带上明显的“赤化”色彩，反倒有利于稳定国民党内的思想状况。

无法以现代国际关系准则衡量的现象

1924 年 5 月 31 日顾维钧和加拉罕代表中苏两国政府签订了《中俄解决悬案大纲协定》，随后两国互派大使，实现了关系正常化。

耐人寻味的是，在 20 世纪 20 年代那个特定的时期，事实上处于“在野”状态的国民党心甘情愿地接受并欢迎苏俄双管齐下的外交策略。如果说越飞力图让孙中山尽可能多地“插手中央政府事务”，那么此时的加拉罕也一样。凡《中俄解决悬案大纲协定》中涉及的重要问题，加拉罕、鲍罗庭都为国民党留有一定的空间，让它发出自己的声音。

例如，上述《协定》中载明“苏联政府允予抛弃俄国部分之庚子赔款”，并确定成立一个由三人组成的委员会商洽处理一万万元的款额。[④] 此时国民党中央银行正在积极筹备酝酿之中，以邹鲁为校长的广东大学经费支绌，1924 年 7 月 11 日国民党中央执行委员会的核心机关中央政治委员会成立，鲍罗庭是其高级顾问，[⑤] 上任伊始他就受到国民党中央的委托向加拉罕提出，这三人

---

① 《加拉罕致契切林的信（1924 年 2 月 9 日）》，《联共、共产国际与中国》，台北东大图书公司 1997 年版，第 339 页。

② 《共产国际执行委员会主席团关于中国民族解放运动和国民党问题的决议》（1923 年 11 月 28 日），《共产国际有关中国革命的文献资料》第 1 辑，第 81—83 页。

③ 详见李玉贞：《孙中山与共产国际》，台北“中央”研究院近代史研究所 1996 年版，第 352—356 页。

④ 见北京政府外交部编：《中外约章汇编》，七、中俄部分，第 709—715 页。

⑤ 中国国民党党史会存：《中央政治委员会会议记录》。

委员中的两名中方委员内必有国民党一席。[①] 孙中山派出邹鲁代表国民党北上，[②] 易培基也受孙中山委托在北京就近同加拉罕接洽过。[③] 此建议虽然未被加拉罕接纳，但是后者答应在中苏谈判时由苏联代表“保护南方学校的利益”。[④] 事情还不止于此。中苏建交后中国国民党于7月发表宣言欢迎中苏关系的新发展，同时又在文中抨击北京“伪政府”。[⑤]

于是国民党就处于一种十分微妙的地位，在中国它是事实上的反对派或曰准在野派，它的利益和诉求乃在一定程度上由外国势力予以“代表”，形成一个“曲线”争权的局面，这是无法以现代国际关系准则衡量的现象。

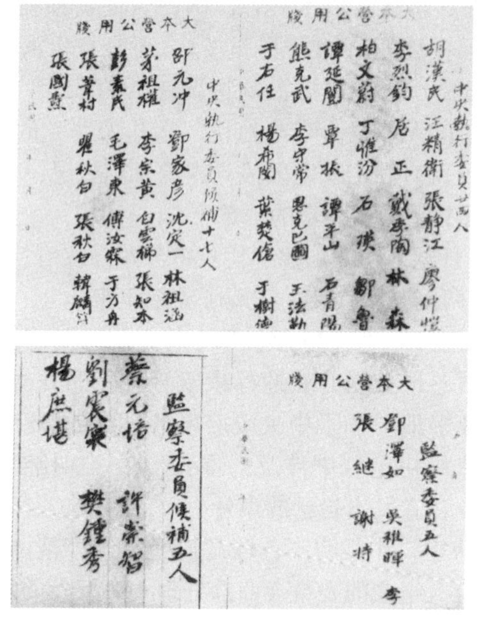
大本營公用箋
中央執行委員廿四人
胡漢民 汪精衛 張靜江 廖仲愷
李烈鈞 居正 戴季陶 林森
柏文蔚 丁惟汾 石瑛 鄒魯
譚延闓 覃振 譚平山 石青陽
熊克武 李守常 恩克巴圖 王法勤
于右任 楊希閔 葉楚傖 于樹德

大本營公用箋
中央執行委員候補十七人
邵元冲 鄧家彥 沈定一 林祖涵
茅祖權 李宗黃 白雲梯 張知本
彭素民 毛澤東 傅汝霖 于方舟
張葦村 瞿秋白 張秋白 韓麟符
張國燾

大本營公用箋
監察委員五人
鄧澤如 吳稚暉 李
張繼 謝持

監察委員候補五人
蔡元培 許崇智
劉震寰 樊鍾秀
楊庶堪

中国国民党第一次全国代表大会期间孙中山审批的国共人员参加的中央领导机关取自《孙中山与上海文物文献档案图录》[⑥]

① 1924年7月3日《中央执行委员会第40次会议记录及附录》。

② 邹鲁：《回顾录》，南京独立出版社1947年版，第165、185页。

③ 《中国国民党周刊》1924年7月20日第40期。孙中山与加拉罕就此事通信见苏联《国际生活》（*Международная жизнь*），1957年第10期，第156—157页。孙信中说邹鲁在途期间由易卜基代表国民党同加拉罕接洽。

④ 《加拉罕致孙中山的信（1924年7月12日）》，［苏］《国际生活》第10期，第156—157页。

⑤ 中国国民党在北京政府同苏俄外交关系中的态度，前后十分复杂，见敖光旭：《失衡的外交——国民党与中俄交涉（1922—1924）》，台北，“中央”研究院：《近代史研究所集刊》第58期，第141—190页。

⑥ 上海市历史博物馆、上海市档案馆编，上海书店出版社2006年版。

第八章

国民党党军建设
蒋介石将“蔚为大器”

建设党军是国民党改组的重要内容之一。蒋介石率领的孙逸仙博士考察团赴俄重要使命之一就是请莫斯科帮助筹建党军。

孙中山和共产国际代表一度为之奔走的西北计划，蒋介石提交的《代表团意见书》中关于西北计划的部分虽然成了泡影，但是国民党党军建设的问题却开始越来越清晰地显影。

1924 年年中之前，国民党的党军建设可以大致分为两个阶段。第一阶段始自 1920 年刘谦同孙中山的会谈，其下限可以划定为孙逸仙博士考察团同共产国际执行委员会的讨论，而终结则在中国国民党第一次代表大会前后西北计划的夭折。蒋介石率领的孙逸仙博士考察团开启了第二阶段，也是第一、二两个阶段的衔接和转折点，因为莫斯科再三强调的“党指挥枪”的思想或者说军队中的政治思想教育和政治委员制，从此开始成了国民党军队建设的根本。这是蒋介石在中国国民党内崛起的开始。孙中山曾据蒋介石情况，称此人将“蔚为大器”。

第一节　欲建军先建校

蒋介石等人在苏联的参观访问和他们同共产国际执行委员会领导人在莫斯科的讨论，涉及了国民党党军建设的实质性问题。对党军建设发生直接作用的是：由国民党选派“忠于党、忠于工人阶级”的人进苏联军校学习。总参谋部军事学院可以接纳三至七个人，军事学校可以接纳三、五十人。① 然而这毕竟是杯水车薪，远不能满足中国国民革命运动迅速发展的需要。于是在建军的想法中衍生出一个由莫斯科帮助国民党建立军校的主意。这样便可以成批地培养起党军骨干。先建军校便成了当务之急。

国民党特别是孙中山，十分急切希望尽快借助莫斯科完成统一中国由国民党掌权的大业。他同越飞的会谈中充分阐述了自己的想法。但共产国际方面却谨慎得多。如上述，共产国际和苏俄政府为避免引起列强干涉，不想在中国直接卷入军事行动，从而否定了武力占领中东铁路的建议。1923 年 3 月 8 日，俄共（布）中央政治局决定委托契切林、拉狄克和托洛茨基三人组成

① 《巴兰诺夫斯基关于国民党代表团会见斯克梁斯基和加米涅夫的书面报告（1923 年 11 月 13 日）》，《联共、共产国际与中国》，台北，东大图书公司 1997 年版，第 256 页。

一个委员会专门研究对国民党的援助。虽然此次会上接收越飞建议批准向国民党提供200万金卢布援款，但同时强调国民党必须重视军队组织和建设。①这个思想贯穿于莫斯科的许多决议及其在华军事顾问的活动中。

如前述，1923年5月1日，苏俄政府通过越飞把3月8日会议的决定电告孙中山，这个电报却改变了国民党利用苏俄援助直接建军的想法，施援方希望孙中山用这批“物资和教练员建立一个包括各兵种的内部学校”，“而非野战部队”。电报称只有这样才能为在中国西北建立革命军队准备好“举办政治和军事训练班”的条件。② 很清楚，电报的中心思想是培养干部。

关于军事干部，因汉语难学，苏联有意开办专门招收中国学员的军事学校。这样容易些，因自1921年起已经有一些中国青年陆续到苏俄，此时已经有30名学员就读于东方劳动者共产主义大学。③ 不过这里的重点在于培养中国的政治干部，东方大学并不是直接培养军事干部的学校。

第二节　军校的建立

就建立军校、校址等事的进一步商洽

孙逸仙博士考察团访问苏俄的那个时期，该国军校建设已经有了相当规模。1918年遵照列宁指示创建于莫斯科的军事学院，是苏俄十月革命后最早培养军事干部的机构。蒋介石同共产国际执行委员会领导人会谈期间提到的便是这一所军校，它又名总参谋部军事学院，因其学员日后主要是进入俄共党军的最高指挥部。1925年该校更名为伏龙芝军事学院。苏联军事实力的强大与其完备的培养军事干部的体系有直接关系。军事工程学院、炮兵学院、海军学院、空军学院和军事政治学院等各类专业学院为国家输送了大批干部。④

这些院校的规模和训练给了蒋介石一行人深刻印象。蒋介石看到政委制

---

① 《巴兰诺夫斯基关于国民党代表团会见斯克梁斯基和加米涅夫的书面报告（1923年11月13日）》，《联共、共产国际与中国》，台北，东大图书公司1997年版，第182页。

② 《巴兰诺夫斯基关于国民党代表团会见斯克梁斯基和加米涅夫的书面报告（1923年11月13日）》，《联共、共产国际与中国》，台北，东大图书公司1997年版，第170—171页。

③ 《巴兰诺夫斯基关于国民党代表团会见斯克梁斯基和加米涅夫的书面报告（1923年9月10日）》，《联共、共产国际与中国》，台北，东大图书公司1997年版，第234页。

④ 详见И. А. 卡姆科夫：《军事院校》（Камков，В. М. . Коноплянник *Военные Академии и училища*），莫斯科，军事文献出版社1974年版。

使苏联红军无比强大，他坐在飞机上“翱翔天际如在陆地也”，[①] 意识到“俄国武器之研究及进步，可与欧美各国相竞，非若我国之窳败也”。[②] 从而更加深刻地体会到“党指挥枪”的重要性。蒋介石访问期间并没有就黄埔军校建设的具体问题同莫斯科领导人做具体的探讨。但为时三个月的考察却对后来黄埔军校的政治教育制度产生了相当深刻的影响。

先建军还是先建校，国民党就这个问题的决策过程有过几次改变。在磋商中，校址的选择也因而有所改变。孙逸仙博士考察团于11月同苏俄曾就以下几个方面达成共识：与外交人民委员部协商，在俄国境内为中国学员开办军校。拟开办两所军校，一为高等军校，培养不低于营级的指挥人员，招收具有一定俄语知识的人，约三十名。地点在莫斯科或彼得格勒。[③] 另一所在中国，为培养中等人才的军校，在靠近中国的伊尔库茨克或符拉迪沃斯托克，可招收多少经过军事训练的人五百名。招生的数量取决于经费多少。[④] 这个计划后来改变了，没有在上述地方专门为中国开设军校。

至于在中国为军校选址，那是1923年年底孙中山的代表在北京同苏俄驻华全权代表加拉罕商定的，选择广州为军校校址。[⑤]

义勇军

1923年11月13日因陈炯明部的逼近，广州危如累卵。鲍罗庭建议国民党临时中央执行委员会立即建立义勇军。[⑥] 1923年11月19日陈炯明部被击溃，广州转危为安后，国民党临时中央执行委员会举行第七次会议，作出的决议之一便是，定“先招有军事学识党人约十数人，日间为学生讲习军事学及党义，夜间教练义勇军”。[⑦] 11月26日，在临时中央执行委员会第二十次会议上，林森、廖仲恺、孙科、谢英伯、吴铁城、许崇靖、谭平山、邓泽如等会同鲍罗庭一起商定，义勇军学校定名为“国民党军官学校”，以蒋中正为校长，陈翰誉为教练长，廖仲恺为政治部主任。[⑧] 由此可以看出，广州和莫斯科都考虑并同步安排了军校的筹备工作。因蒋介石还在苏联，此次会议委托

---

① 《民国十五年以前之蒋介石先生》第5册，第53—54页。

② 毛思诚：《民国十五年以前之蒋介石先生》第5册，第54页。

③ 后来情况略有变化，一些中国学员到苏联已经开办的列宁学院、列宁格勒的托尔马乔夫军事学院等处学习。

④ 《巴兰诺夫斯基关于国民党代表团会见斯克梁斯基和加米涅夫的书面报告》（1923年9月10日），《联共、共产国际与中国》，台北，东大图书公司1997年版，第235页。

⑤ 《联共、共产国际与中国》，台北，东大图书公司1997年版，第256页。

⑥ A. И. 契列潘诺夫：《一个驻华军事顾问的回忆笔记》，莫斯科，1964年版，第57—58页。

⑦ 国民党临时中央执行委员会第七次会议记录。鲍罗庭几乎参加了该委员会的所有会议。

⑧ 国民党临时中央执行委员会第二十次会议记录。

廖仲恺筹备军校事宜。1923 年 11 月 25 日，国民党临时中央执行委员会讨论决定按照营的建制在广州设立第一所军校。

关于经费、培养目标和校址，军校的开办费由广东财政厅拨出 186,600 元；经常费由财政厅拨 5,000 元，市公安局拨 150,000 元，市政厅和筹饷局各拨 5,000 元。①

1924 年 1 月 28 日在国民党第一次全国代表大会期间，孙中山指定黄埔为陆军军官学校校址。② 是日会上最后决定就在广州城外的黄埔岛办校，故此该军校又有黄埔军校的俗称。

国民党“一大”会闭幕后，苏联顾问波利亚克（Владимир Поляк）、尼古拉·杰列沙托夫（Н. Терешатов）、亚历山大·伊万诺维奇·契列潘诺夫（А. И. Черепанов）③ 和鲍罗庭等，在瞿秋白陪同下同孙中山讨论组建陆军军官学校培养步兵指挥人员和改组南方军队事宜，孙中山再次明确表示，“要按照苏联红军模式缔建军队，为北伐建设基地”。④

苏联军事顾问 Н. 杰列沙托夫

国民革命军总顾问
А. И. 契列潘诺夫

① 毛思诚:《民国十五年以前之蒋介石先生》第 6 册，第 72 页。

② 《民国十五年以前之蒋介石先生》第 6 册，第 73 页。

③ 契列潘诺夫（1895—1984），1918 年加入红军，毕业于工农红军军事学院（1923 年）和高级首长进修班（1928），1923—1927 在中国担任军事顾问，1938 年再次来华帮助中国抗日，在第二次世界大战中参加列宁格勒保卫战，1944 年赴保加利亚担任盟国对保加利亚委员会主席助理。1948 年任高等军事院校部副部长，得授各类勋章十多枚。

④ А. И. 契列潘诺夫:《一个驻华军事顾问的笔记》，莫斯科，1964 年版，第 105—106 页。

选择校长

1923 年 11 月 25 日，国民党临时中央执行委员会讨论决定在广州设立第一所军校时，便确定蒋介石担任校长，廖仲恺为政治委员。①

蒋介石当时是中国和苏俄都能接受而且受到欢迎的人物。就个人素质而言，共产国际执行委员会认为蒋介石是国民党“左”派，这已如前述。孙中山则以蒋“为浙江出身之武官，十年前曾留学于日本士官学校，受新式之军事教育”，此人“雄略沉毅”，由他担任校长，不仅他本人“将蔚为军官中之大器”，由他编制的军队将必定是“民国第一劲旅”。②

筹备招生

2 月 10 日分配各省招收学员名额。第一期共拟招收三百二十四名。初步定各省招收学员名额如下：

东三省、热河、察哈尔，共五十名。

直隶、山东、山西、陕西、河南、四川、湖南、湖北、安徽、江苏、浙江、福建、广东、广西每省十二名，共一百六十八名。

湘、粤、滇、豫、桂五军各十五名，共七十五名。

国民党先烈家属 20 名。

尚余 11 名，另外招收备取生三十至五十名。鉴于当时许多省份还在各派军阀掌握中，国民党第一次全国代表大会期间“密托”会后回籍之代表“介绍革命青年来校应试”。③

突出党军性质

2 月 20 日中央执行委员会第七次会议通过了蒋介石拟定的招生简章。其中除做一般技术层面的规定（校址、学员年龄、学习期限、考试科目、方法、地点）外，为保障该校的党军所做的规定值得注意。

“本校宗旨”中，拟对“军队有彻底的改良进步，故拟使全国热心有志堪经造就之青年，得有研求军事学术之机会，并教以三民主义，俾养成良好有主义之军人，以为党军之下级干部”。为保证党军的性质，所有党员“考取后，加入本党，始许进校”。党员经考试合格毕业后，得授陆军步兵少尉，并享受相当待遇，“但应为本党服务”。④

---

① 《鲍罗庭关于华南形势的报告（1923 年 12 月 10 日）》，《联共、共产国际与中国》，台北东大图书公司 1997 年版，第 306 页。

② 《与日人某君的谈话（1924 年 2 月）》，《孙中山全集》第 9 卷，中华书局 1986 年版，第 534 页。

③ 《民国十五年以前之蒋介石先生》第 7 编，第 3 页。

④ 《中国国民党周刊》第 10 期，1924 年 3 月 2 日出版。

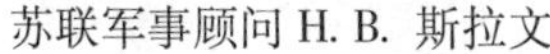
苏联军事顾问 H. B. 斯拉文

苏联驻华武官 B. K. 普特纳

5 月 3 日，孙中山以陆海军大元帅身份，对蒋介石作出两项任命：陆军军官学校校长、粤军总部参谋长。5 月 9 日，孙中山又以中国国民党总理身份，派遣廖仲恺为陆军军官学校里的中国国民党代表，次日至 12 日，蒋介石任命了校本部各部正副主任、总教官与教官人选，① 此期间他对基层干部多次训话，无不强调这是国民党建设的新开端，号召干部们率领学员“实实在在做卧薪尝胆、破釜沉舟的事业，或者对党对国有万一之报效”，要求学员牢记“这个学校是军官学校，而且是本党办的，我们对党既要严守纪律，对校更要严守军纪”。② 总之，力求以革命主义即三民主义灌输学员和部属，校风和党风为之一变。

5 月 5 日新生开始陆续进校。半年后一批批毕业学员将不断充实国民革命的队伍。这是一个意义深远的开端。

开学典礼

两年前的 6 月 16 日，是孙中山落难观音山的日子，为报这一箭之仇，也

---

① 《民国十五年以前之蒋介石先生》第 7 编，第 59 页。

② 《民国十五年以前之蒋介石先生》第 7 编，第 55—56 页。

为标示中国国民党从此有所依恃，他把中国国民党陆军军官学校的开学典礼安排在这一天。孙中山主持，国民党中央执行委员会委员及军校各部负责人均隆重与会。鲍罗庭和一些苏联顾问也来参加。

孙中山在开学典礼上发表了长篇演说，从建军思想、军校制度、革命军的素质、学习方法、吸取苏俄军队建设经验等各个方面阐述了军校的宗旨和规范，鼓励学员树立革命的志气，他对军校的希望是："从今天起，把革命事业重新来创造，要用这个学校内的学生做根本，成立革命军。诸位学生将来就是革命军的骨干，有了这种好骨干，成了革命军，我们的革命事业，便可以成功。如果没有好革命军，中国的革命，永远还是要失败。所以今天在这个地方开这个军官学校，独一无二的希望，就是创造革命军，来挽救中国"，"实行三民主义五权宪法……达到革命的目的"。①

这天唱响的黄埔军校校歌成了后来鼓舞士气的旋律"以血洒花，以校作家，卧薪尝胆，努力建设中华"。国民革命歌"打倒列强，打倒列强，除军阀，除军阀，国民革命成功，国民革命成功"则一直传唱，直到北伐行军，直至后来。孙中山的训词由胡汉民宣读："三民主义，吾党所宗，以建民国，以进大同，咨尔多士，为民先锋，夙夜匪懈，主义是从，矢勤矢勇，必信必忠，一心一德，贯彻始终"。后来它被谱曲，成了中国国民党的党歌。

第三节　黄埔军校透视出的共产国际因素

毋庸置疑，孙中山和国民党要把三民主义的思想牢牢地深深地贯穿于黄埔军校的一切工作和政治生活中。苏联和共产国际对国民党党军建设发挥的作用不容置疑。它不仅表现在人力和物力援助上，还表现在以党军为中心安排军校的体制、课程等。这是黄埔军校与旧式讲武堂的根本区别所在。

苏俄援助的经费和武器。军校究竟从莫斯科得到了多少经费，至今无从确切计算，因为援款是从不同渠道划拨的。

1922 年年底，越飞及其助手马林提出了一个重要建议：全力支持国民党，

① 《孙中山全集》第 10 卷，中华书局 1986 年版，第 290—300 页。

而不援助中国任何一派谋取私利的军阀。[①] 1923 年 1 月 4 日，俄共（布）中央委员会采纳了这个决议，决定"从共产国际的后备基金中"拨出一笔款给国民党。[②] 在军校筹备期间鲍罗庭估计，如果按照苏联红军建制每个营由三个连组成，则办校经费是每月 15，000—20，000 美元。[③] 这笔钱后来纳入军校经费中。

1924 年 3 月下旬俄共（布）中央委员会决定应加拉罕建议，给国民党拨出五十万（500,000）卢布，一万（10,000）支步枪和一定数量的炮。[④] 后来外交人民委员部又提出给国民党增加援助。

黄埔军校开学后，到 9 月 11 日，俄共（布）中央委员会决定"从苏联中央执行委员会拨出一万（按：币种不详），从外交人民委员部预算中拨出一万五千，共计二万五千（25,000）。但整笔款项均以外交人民委员部的名义提供"。[⑤] 苏俄援助的第一批军火于 1924 年 10 月 8 日由沃罗夫斯基号交通船运抵广州，其中有八千（8，000）支带刺刀的俄式长枪，每枪配有五百（500）发子弹，手枪十支和其他的武器。一批苏联顾问[⑥]也同船前来。[⑦] 孙中山写了欢迎词，感谢俄国援助，歌颂中苏友谊。[⑧] 从 1924 年到 1925 年 9 月苏联一直为军校建校和教学工作拨款。[⑨]

军校工作逐步走上正规并迅速开展，经费需求也越来越高。苏联援款相继到来并有所增加。

1924 年 11 月 15 日前，军校已经使用了苏联援助的二十七万五千（275,000）广东元。

11 月 15 日至 30 日用去五万（50,000）元。其中，国民党军队及其"友军"共用了十一万二千七百四十四（112,744）广东元，合九万零一百九十五

---

① 越飞、马林：《关于我们在殖民地和半殖民地尤其是在中国的工作（提纲）》，李玉贞主编：《马林与第一次国共合作》，光明日报出版社 1989 年版，第 99—101 页。

② 《俄共（布）中央委员会政治局会议记录节录第 42 号》，《联共、共产国际与中国》，台北东大图书公司 1997 年版，第 147 页。当时没有确定援助款的数额。

③ 《鲍罗庭关于华南形势的报告（1923 年 12 月 10 日）》，《联共、共产国际与中国》，台北东大图书公司 1997 年版，第 306 页。

④ 《俄共（布）中央委员会政治局会议记录第 80 号》（1924 年 3 月 20 日），《联共、共产国际与中国》，台北，东大图书公司 1997 年版，第 391 页。

⑤ 《俄共（布）中央委员会政治局会议记录第 22 号（1924 年 9 月 11 日）》，《联共、共产国际与中国》，台北东大图书公司 1997 年版，第 437 页。

⑥ 详见 A. И. 契列潘诺夫：《一个驻华军事顾问的笔记》，莫斯科，1964 年版，第 142 页。

⑦ 当时的教授部主任王柏龄在《黄埔季刊》第 1 卷第 3 期记载了运送至广州的武器和情形。

⑧ 详见上海《民国日报》1924 年 10 月 16 日。

⑨ P. A. 米罗维茨卡娅：《20—30 年代苏联在国民党战略中的地位》（Мировицкая *Советский Союз в стратегии Гомидана 20—30годы*），莫斯科，1990 年版，第 56 页。

(90, 195) 港币（二者比价为 1. 25:1）。

这中间 11 月份苏联又为黄埔军校追加三十万零五千（305, 000）广东元。[①]

另外，鲍罗庭还为蒋介石申请了预算外的十万（100, 000）广东元拨款。

到是年 12 月，在苏联援助的总款额十二万七千二百四十四（127, 244）广东元中，有十万（100, 000）元给了国民党党军。蒋介石的黄埔一军在 1924 年 11 月 13 日至 12 月 12 日一个月内得到五万广州元的援助。[②]

1925 年 1 月苏联决定再拨同样数额的援款。[③]

军校的迅速发展提出了更大的经费需求，应国民党要求，1925 年 5 月 5 日苏联政府决定"1. 必须在广州建立新的可靠的军队，责成伏龙芝同志为此派遣一个二百人以内的教官团赴广州；2. 责成伏龙芝和索科利尼科夫同志最后确定补充款项（约五十万卢布）以拨为建军所需资金；3. 为此拨出二万（20, 000）支步枪和 100 挺带配套子弹的机枪，一定数量的迫击炮和手榴弹……人员和装备的运送……可使用'沃罗夫斯基号'交通船"。[④]

此后的苏联援助开始两路分流，既给军校，国民革命军，稍后也给冯玉祥的国民军。到 1925 年 10 月给华南和华北的援助共达二千四百八十九万一千一百三十七（24, 891, 137）卢布。其中主要是给黄埔军校的。[⑤]

第二次东征前，广州政府又向苏联政府提出增加援助的要求：

1925 年 9 月 23 日苏联政府决定再提供一百四十万（1, 400, 000）卢布。[⑥]

25 日为黄埔军校和国民党党军建设（1925 年上半年的费用）追加总额为一百三十七万四千八百九十六卢布二十八戈比（1, 374, 896 卢布 28 戈比）的援款。[⑦]

军校开学初期，能够用于训练和实战的武器奇缺。苏联提供了一部分武

---

① РГАСПИ，全宗 627，目录 1，案卷 7，第 124—126 页。引自 А. Г. 俄罗斯科学院远东研究所高级研究员 А. Г. 尤尔科维奇 Юркевич《广州的苏联军事顾问和国民党的建军（1924—1926 年初）》手稿，译文发表于广州近代史博物馆、黄埔军校旧址纪念馆编：《国民革命与黄埔军校》，吉林，2004 年版，第 414—430 页。

② РГАСПИ，全宗 514，目录 1，案卷 987，第 47 页。

③ РГАСПИ，全宗 627，目录 1，案卷 7，第 127—130 页。关于莫斯科援助的具体数额，目前说法不一，还可参见张玉法：《中国现代史》下册，台北，1977 年版，第 388—389 页；阎沁恒：《从美国军事秘档看黄埔军校的创立》，广州近代史博物馆、黄埔军校旧址纪念馆编：《国民革命与黄埔军校》，吉林，2004 年版，第 407—413 页。

④ 《俄共（布）中央委员会政治局会议记录第 62 号节录（1925 年 5 月 7 日）》，《联共、共产国际与中国》，台北，东大图书公司 1997 年版，第 501 页；P. A. 米罗维茨卡娅：《20—30 年代苏联在国民党战略中的地位》，第 54 页。

⑤ 《联共、共产国际与中国》，台北，东大图书公司 1997 年版，第 61 页。

⑥ 《联共、共产国际与中国》，台北，东大图书公司 1997 年版，第 177 号文件。这里包括给冯玉祥国民军的一部分款项。

⑦ 《联共、共产国际与中国》，台北，东大图书公司 1997 年版，第 179 号文件。

器。计为：一些山炮；四门日式驮载山炮（1914 年产，76 毫米。276 发炮弹，但其中 4 门山炮需要修理且缺少炮弹；1910 年的德制炮 1 门，没有瞄准器。22 发炮弹。野外移动不便，难以应用。2 门 Арисака 式大炮，1898 年制（76 毫米，炮体太重，不适合野外作业）。炮弹 3000 发。[①] 在这方面值得注意的是，沃罗夫斯基号交通船或曰军邮船运来的不仅仅是武器和顾问，该船上还设有一个车间。苏联顾问就是在这里进行指导，把这三千（3，000）发炮弹中的一千（1,000）多发予以改造，缩短了其弹药筒，从而不仅节约了费用，还解决了前线的急需。

苏联顾问。1923 年 3 月 8 日俄共（布）中央委员会决定应孙中山之请向国民党派遣政治和军事顾问。[②] 挑选顾问的工作立即开始，由苏联驻华武官阿纳托利·伊里奇·格克尔负责。第一批顾问计五人：除前述符·波利亚克，阿·契列潘诺夫外，还有雅科夫·格尔曼（Я. Герман），和巴维尔·斯莫连采夫（Павел Смоленцев. ）。[③] 他们于 1923 年 6 月 21 日到达北京，其中波利亚克在 9 月就到达广州，这是最早出现在孙中山身边的顾问，1923 年 10 月 6 日国民党首席政治顾问鲍罗庭也来到了充满革命气氛的广州。

陆续前来的顾问中有各军兵种的专家，如：

航空专家 Д. 乌格尔（Угер，列密 Леми），

侦察专家（女）М. 萨赫诺夫斯卡娅（Сахновская），

楚芭列娃（女）（Чубарева），

海军战士 П. И. 斯密尔诺夫（Смирнов），

沙尔菲耶夫（Шарфеев），

艾蒂金（Айтнкин，化名勃拉依洛夫斯基 Брайловский），

步兵顾问 Н. А. 舍瓦尔金（Шевалкин 化名普里贝列夫 Прибылев），

炮兵专家别斯恰斯诺夫（Тимофей А. Бестчастнов），

军事工程师、工程兵顾问 Е. А. 雅科夫列夫（Е. А. Яковлев），

Г. И. 基列夫（Г. И. Гилев），

格米拉（Гмира），

И. Я 杰涅克（И. Я Зенек，化名 П. 杰勃洛夫斯基 П. Зебровский），

机枪专家 Я. 帕洛（Я. Палло），

И. 齐利别尔特（И. Зильберт），

---

① И. А. 卡尔图诺娃：《加伦在中国（1924—1927）》，莫斯科，2003 年版，第 161—162 页。

② 《俄共（布）中央委员会会议记录节录第 53 号（1923 年 3 月 8 日）》，《联共、共产国际与中国》，台北东大图书公司 1997 年版，台北东大图书公司 1997 年版，第 182 页。

③ А. И. 契列潘诺夫：《一个驻华军事顾问的笔记》，莫斯科，1964 年版，第 21 页。

科楚别耶夫（Кочубеев），

Ф. Г. 马采利克（Ф. Г. Мацейлик），

В. П. 罗加乔夫（В. П. Рогачёв），[①] В. А 斯杰潘诺夫等[②]约 20 人。由于苏联同北京政府维持着外交关系，广州的顾问们表面上是以个人身份——预备役的军人，受南方政府雇用的志愿者——前来。[③]

苏联顾问 В. П. 罗加乔夫

苏联顾问 Е. А. 雅科夫列夫

① А. С. 佩列维尔塔洛：《在华苏联志愿者（1923—1927）》（Перевертайло *Советские добровольцы в Китае*（1923—1927），第 7 页。苏联顾问的名单还没有系统统计，均散见于一些回忆录之中，除前述外还有：维什尼亚科娃 - 阿基莫娃：《中国大革命见闻（1925—1927）》（王福曾译、李玉贞校）；А. 达林：《中国回忆录》（侯均初、潘荣等译，李玉贞校）；张国忱：《苏联阴谋文证汇编》第 94—107 页。这些书中均有部分顾问名单，但他们多半不是在军校，而是在国民革命军中。《革命文献》第 15、16 辑也有记录或统计。

② А. И. 契列潘诺夫：《一个驻华军事顾问的笔记》，莫斯科，1964 年版，第 107、111、142 页。

③ А. И. 契列潘诺夫：《一个驻华军事顾问的笔记》，莫斯科，1964 年版，第 341—342 页。

苏联顾问 Г. А. 阿勃拉姆松

苏联顾问 И. Я. 泽涅克

加伦将军夫人 Г. 科尔丘金娜，翻译

军事侦察员 М. Ф. 萨赫诺夫斯卡娅

苏联顾问阿基莫夫夫妇

苏联顾问 M. И. 柯尚宁

苏联顾问 B. 戈列夫

苏联顾问科 A. Я. 克利莫夫

苏联顾问 M. Ф. 库马宁

首任广州政府军事顾问的是巴甫洛夫（Павел Андреевич Павлов，化名高和罗夫），[①] 波利亚克则为黄埔军校的第一任首席顾问。1924 年 10 月他回国后由契列潘诺夫继任，后者也参与国民革命军的建设和北伐。1924 年下半年布留赫尔（Б. К. Блюхер，化名加伦）[②] 到达广州。

这三人都是苏俄国内战争期间战功赫赫的著名将领。

苏联军事总顾问高和罗夫

孙中山率领苏联顾问和黄埔军校学员参加高和罗夫的追悼会

高和罗夫（Говоров）就是帕维尔·安德列耶维奇·巴甫洛夫（Павел

① 详见李玉贞：《孙中山与共产国际》，台北“中央”研究院近代史研究所 1996 年版，第 397—399、400—402 页。

② 加伦 1938 年在苏联大肃反中遭错杀，后恢复名誉。关于他的著作有 А. И. Картунова：《加伦在中国》的两个版本；М. И. 柯尚宁：《在加伦将军的司令部里》（Казанин *В штабе Блюхера*）；《加伦》，载《杰出的苏联共产党人——中国革命的参加者》，第 41—65 页。

Андреевич Павлов，1893—1924）的化名，他曾参加第一次世界大战，十月革命后率领所部向革命军投诚，1918 年参加了保卫十月革命成果打击白卫军的战斗。他的部队英勇善战，纪律严明，有“列宁的士官生”之美誉。1922 年赴莫斯科参加高等军校训练班，任射击学校校长和政委。1923 年 2 月为表彰他在打击马赫诺白卫军和平定安东诺夫叛乱以及对中亚巴斯马克等战斗中的功绩，布哈拉苏维埃选举他为布哈拉共和国中央执行委员会委员，来中国前他已经升任苏联红军第 13 军军长。①

加伦在第一次世界大战期间于 1914 年 8 月应征入伍，曾获两枚十字勋章。1917—1918 年参加乌拉尔地区苏维埃政权的建立，苏俄国内战争期间屡立战功。1921—1922 年间担任远东军总司令，1922 年出任彼得格勒驻军第一集团军司令。1924 年到中国，因在中国国民革命军北伐中战功卓著，1927 年得授红旗勋章，1935 年晋升为元帅，是苏俄当时仅有的五位元帅之一。中国国民革命军北伐期间，加伦与总司令蒋介石关系融洽并颇得后者信任。到 1938 年蒋介石还希望他前来中国帮助抗日战争，可惜那时他已经在苏联大肃反中遭到厄运。②

契列潘诺夫（1895 年生）参加过第一次世界大战，苏俄内战时期在西北方面军和西方面军参加作战，后到总参谋部军事学院即伏龙芝军事学院深造，以该校高材生的身份于 1923 年奉派来华。1938 年再次来华帮助中国抗日。

黄埔军校开学后至 1924 年底，苏联顾问人数达到二十五人。③ 顾问办公处设在广州东山。

学习苏联红军，设立党代表

对于党代表制度，蒋介石在苏联期间已经有了体会，黄埔军校内完全采用了这个制度，它是保证国民党党军“为主义而战”的重要因素，“为灌输国民革命之精神，提高战斗力，巩固纪律，发展三民主义之教育起见，于国民革命军中设置党代表”。党代表指中国国民党的代表，他对于“军队中的政治

① 1924 年在珠江落水身亡。见贝科夫：《军团长巴甫洛夫》（*Комкор П. А. Павлов*），莫斯科，1965 年版，第 5、8、13—16、64—67 页。

② 孙科在《八十述略》（秦孝仪主编，中国国民党中央委员会党史委员会编辑，《孙哲生先生文集》，台北 1990 年版第 1 册，第 33 页）中记载道，斯大林妄加于加伦之罪是“好色，致堕敌方奸计，竟受敌方赠与日女，泄露机密，败坏纪律……业已枪决”。斯大林另外一次谈话中关于加伦的“罪状”说法是：这个人“很有天才。后来因为他与日本人暗中勾结，出卖情报，我们已经把他‘整肃’了。”孙科：《呈蒋总裁报告史达林委员长在庆祝中苏商约成功招待席上之谈话内容电》（1939 年 6 月 24 日，莫斯科），《孙哲生先生文集》，台北 1990 年版第 4 册《函电公牍谈话别录》，第 76—77 页。这一切均为不实之词。后来加伦获平反。

③ P. A. 米罗维蒋卡娅：《苏联在国民党战略中的地位》，莫斯科，1990 年版，第 54 页。

行为……党员负完全责任”。对于军队政治文化工作，部队生活，宣传及种种活动，[①] 党代表负“有监督校内行政，指导党务进行，并主持训练事宜之责”。[②] 军校第一任党代表是廖仲恺。

同时，该校设立了中国国民党特别党部，开学后不到一个月，1924 年 7 月 6 日选举产生第一届执监委。蒋介石、严凤仪、金佛庄、陈复、李之龙五人当选。[③] 至 12 月 24 日召开宣传委员会第一次执行委员会会议，决定聘请政治顾问六名，除了熊雄、萧楚女、张秋人，孙炳文，廖划平外，还有苏俄专家 B. П. 罗加乔夫。[④]

黄埔军校办校的指导思想中，特别值得强调的，是它有明确的“为主义而战”的宗旨，它“军事与政治并重，人格与技能训练共进，国民革命军的基础自此树立”。[⑤]

这个学校不是一般的军校，蒋介石称之为“党立陆军军官学校”，[⑥] 有人索性叫它“孙中山亲自创立的一个党校”，[⑦] 很自然，服从党义是军校的根本原则，是作为“黄埔精神”的重要内容。

军校的学制和课程设置

军校学制为六个月。学员们主要是学习实战技术，接受各种军事训练。军校的重要特色，是它开设了一些理论课程：中国国民党史，三民主义，帝国主义侵略中国史，中国近代史，帝国主义，社会进化史，社会学科概论，社会问题，社会主义，政治学，经济学，经济思想史，各国宪法比较，军队政治工作，党的组织问题，中国政治经济状况，世界政治经济状况，政治经济地理等计 18 门。[⑧]

从这些课程的设置可以看出一个不稳定因素：三民主义与共产国际的不兼容性。但是在黄埔军校创办初期，教学活动就是在这种矛盾的状况中进行。出现冲突是可想而知的事情。

无论如何，在中国这是一个重要开端，是最早系统地向国民党军事干部传授包括苏俄理论在内的各种知识的地方。在一些课程中，教官宣讲的基本

---

① 《国民革命军党代表条例》，《黄埔军校史料》，广东人民出版社 1982 年版，第 139—142 页。

② 《服务规则》，《黄埔军校史料》，广东人民出版社 1982 年版，第 130—131 页。

③ 《服务规则》，《黄埔军校史料》，广东人民出版社 1982 年版，第 108 页。

④ 《服务规则》，《黄埔军校史料》，广东人民出版社 1982 年版，第 110 页。

⑤ 《民国十五年以前之蒋介石先生》第 6 册，第 54 页。

⑥ 陈以沛、邹志红、赵丽萍合编：《黄埔军校史料》（续篇），广东人民出版社 1998 年版，第 338 页。

⑦ 体诚：《什么是黄埔精神?》《黄埔军校史料》（续编），广东人民出版社 1998 年版，第 403 页。

⑧ 《政治教育各科内容提要》，《黄埔军校史料》，广东人民出版社 1982 年版，第 192—198 页。

是当时苏联的观点，如“帝国主义”课讲的是列宁关于帝国主义是资本主义的最高发展阶段的观点，意在让学员们明了并接受列宁的理论：帝国主义已经处于垂死腐朽的时期。

“经济思想史”则归结到“要站在无产阶级的观点上”，以革命手段消灭社会上的各个阶级。

就像在共产国际讲坛上一样，第二国际“妥协派”的理论在课堂上也受到批判。“社会主义”讲的是从欧文、傅立叶的空想社会主义到列宁主义的“科学社会主义”理论；“中国近代史”等课程中也有不少理论与孙中山的三民主义相左。政治总顾问鲍罗庭则亲自执教鞭任政治讲师。[①]

于是人们就看到一个十分有趣的现象：黄埔军校内时时处处发出意识形态上截然不同的两个声音，学员们在课堂上听到的既有全套的共产国际革命理论，又有与之并不兼容的三民主义，而这又是《黄埔潮》、《黄埔日刊》的主旋律，中共党员们也经常撰文宣传。细心人能够在字里行间体味出作者们在各唱各的调，讲到三民主义时，有人赞扬按照苏俄革命模式没收地主土地的政策，并主张必须“丝毫不妥协的将这种理论传达到士兵方面去”，[②] 十分明确地宣传苏式阶级斗争的理论。[③] 不过办校之初，这一切并没有作为主要矛盾凸显，大家还能表面上互相包容，即便有黄埔军人联合会和1925年5月孙文主义学会两组织的出现，在初期，冲突不过仅仅在酝酿中，暗潮已经开始形成。

军校的军事教育课程分学科与术科两种。由教授部教官开设的课程有步兵操典、射击教范、野外勤务等军事基本知识。进一步的教程有战术学、兵器学、筑城学、地形学等。军事理论课程则有交通学、算制学、战术作业、实地测图等。

术科由教练部教官主讲，给学生以制式教练、战斗教练、野外演习、夜间演习、实弹射击等军事技术方面的知识。从第二期开始，实行分科教学，分设步科、炮科、工科、辎重科及宪兵科等五个科种。后又增设政治科、骑兵科、交通科、无线电科等。

学员在校期间已经直接参加了实战，如平定商团事件、东征等。

黄埔军校既建立于国共合作时期，那么国共两党学员在这里接受训练，参与工作也成了顺理成章的事。后来，国民党、共产党两党的党政军干部有

---

① 《政治教育各科内容提要》，《黄埔军校史料》，广东人民出版社1982年版，第509页。

② 恽代英：《军队中政治工作的方法》、萧楚女：《政治是阶级社会的标志》等文基本按照苏俄观点宣传阶级斗争的理论。《黄埔军校史料》，广东人民出版社1982年版，第228页。

③ 《黄埔军校史料》，广东人民出版社1982年版，第237—238页。

许多出自这里，国民党方面的如邓文仪、贺耀组、黄维、陈诚，共产党方面的如徐向前、林彪、罗瑞卿、刘志丹、陈赓、周恩来、聂荣臻、恽代英、萧楚女、叶剑英等。这个小小的黄埔岛记载了国共两党前几代名将共同走过的岁月。

军校创办初期，共产党员和社会主义青年团员所占比例并不高，如第一期的学员里，结业生六百四十五人中，中共党员计四十一人，占 6.5%，第二、三期毕业生四百四十九人中，中共党员占 4.45%，第三期毕业生一千二百三十三人中，中共党员占 0.973%。[①] 国共学员无论其政治信仰如何，为国民革命努力学习和工作却是共同志向。

黄埔军校举办前五期共毕业七千三百九十九人，走出校门后这一批“为主义而战”的军政干部，在中国近代史和军事史上发挥了极其重要的作用。

世界革命

基于共产国际第二次代表大会形成的关于世界无产阶级革命要同殖民地半殖民地的资产阶级民族民主运动相结合的基本理论，莫斯科是以无产阶级革命司令部的地位同中国革命运动建立联系的。

黄埔军校从创办伊始就把世界革命概念引入学校教育，其“政治经济地理”课程中明确“随时随地把学生对于国民革命与世界革命的情绪和观念联系起来”。[②] 虽然共产国际和国民党领导人对“世界革命”的理解各有不同，孙中山早在 1921 年就对共产国际代表马林说：中国和俄国携手可以解放亚洲，[③] 但他并不想建立类似第三国际式的组织。[④]

蒋介石 1923 年访问苏联时，曾向共产国际表达国民党进行世界革命的抱负，说该党革命事业“是进行世界革命的组成部分”。他阐述的世界革命概念是：“世界革命的基地在俄国”。目前在“俄国西线，还有一些受资本主义控制的国家，如德国和波兰。德国革命尚未成功，俄国的西线就不会安全……所以由俄国同志帮助德国革命取得成功是非常必要的”。至于中国，蒋介石认为这是一个仍处于资本主义和帝国主义势力影响下的国家”，如果中国革命不能成功，资本主义和帝国主义列强一得势，那他们就可能进犯俄国的远东即

---

① 刘凤翰：《黄埔早期组织及人事分析》，载《黄埔建校 60 周年论文集》上册，引自李云汉：《中国国民党史述》，台北，中国国民党中央委员会党史委员会 1994 年版，第 496—497 页。

② 《黄埔军校史料》，广东人民出版社 1982 年版，第 198 页。

③ 马林：《向共产国际执行委员会的报告》（1922 年 7 月 11 日），李玉贞：《马林传》，中央编译出版社 2002 年版，第 343—358 页。

④ 参见李玉贞：《浅析孙中山关于中德俄联盟与民族国际的设想》，中国革命博物馆编：《党史研究资料》1997 年第 10—11 期连载。

西伯利亚”。基于以上的状况，国民党认为应当“由俄国、德国（当然是在德国革命成功之后）和中国（中国革命成功之后）共建三大国联盟，以抗衡世界资本主义势力。依靠德国人民的科学知识，中国革命的成功，以及俄国同志的革命精神与俄国的农产品，我们就可能轻而易举地取得世界革命胜利，我们就可能推翻全世界的资本主义制度”。[①]

后来孙中山又提出了“民族国际”的世界革命架构，明确中国要当这一被压迫民族国际组织的“盟主”，透彻地表述国民党在国际政治中有所作为的愿望。《黄埔旬刊》发刊词中把“关于国际的革命新闻”和“关于对帝国主义之攻击和批评”置于该刊六项重要使命之首。面向世界革命的观念充分体现在黄埔军校的教学和学员生活实践中，形成了该校的一大亮点。[②]

根据中国国民党第一次代表大会宣言中所阐述的对外政策，国民党青年部把开展反帝运动列入日常工作。1924 年 9 月 7 日，广东各界在 1901 年辛丑和约签字的日子，举行了国耻纪念大会，说明此次活动的目的在于“昭雪国耻”。[③] 这次会上提出了建立反帝国主义大联盟的动议，经 12 个团体筹备初具规模。邹鲁以青年部长的身份向国民党中央执行委员会提出建立广东反对帝国主义大联盟的方案，并在该会第 53 次会上形成决议：“通告各党部转各同志，在该大联盟内，依据提案积极活动”。提案内容计 13 项，均为捍卫中国利益废除不平等条约而设，如实行收回旅顺、大连；收回威海卫、广州湾，各省区所有租借地；收回关税；批驳一切侵略历史的罪恶；惩治勾结帝国主义之汉奸；防御北京公使团侵略的阴谋；联络欧洲被压迫民族，联络各地反帝国主义大联盟等。[④] 这些都是一个独立国家应该做的事，也应当视为国民党外交政策的基本思想。

从中不难看出，这些内容已经都包括在孙中山民族主义的范畴之中，并没有什么世界无产阶级革命的意味，与共产国际宣传的世界无产阶级革命——建立世界苏维埃并不相同。

在黄埔军校内，以不同观点宣传世界革命的文章频繁出现于该校的出版物上。为培养学员们放眼世界的抱负，军校安排了许许多多活动。如 1926 年 3 月 1 日军校正式易名为中央军事政治学校，归中国国民党中央军事委员会领导。军校校章上铸造着“青天白日满地红”、“镰刀斧头和步枪”的标志，

---

① 《有国民党代表团参加的共产国际执行委员会会议速记记录（1923 年 11 月 26 日）》，《联共、共产国际与中国》，台北，东大图书公司 1997 年版，第 271、272 页。

② 《黄埔军校史料》（续篇），广东人民出版社 1998 年版，第 360 页。

③ 《国民党周刊》第 83 期，1924 年 9 月 14 日出版。

④ 中国国民党中央委员会党史委员会存《中央执行委员会第 53 次会议记录（1924 年 9 月 8 日）》。

“镰刀斧头”彰显“以俄为师”的色彩，传达的是军校以世界革命为奋斗目标。“充分表现出本校已接受国际代表的指导，踏进了革命的大路。这种在行动上拥护农工政策及与人民合作的精神，实在黄埔学校历史上很重要的一章”。1927年国际工人代表团来访时，学员们热烈欢呼“西方无产阶级与东方无产阶级联合起来！”“中国革命成功万岁！”“世界革命成功万岁！”① 表面上的确出现了热烈的世界革命气氛。

明确的联俄方针

黄埔军校既把苏俄红军建设奉为楷模，孙中山的“联俄”方针便成了“黄埔精神”的重要内涵，在那个时期，看起来，它与军校的远大目标密切相联，可宣传的口径却是“兼收并蓄”，把并不相容的两种观点放在一起：

> “在今日人类的面前，只有两条大路可以引导着人们走向自由平等的大同世界里去，一条是马克思为各帝国主义内被压迫阶级而开辟的路，再一条就是全世界人类大多数——十二万万五千万被压迫民族所必走的大路——孙文主义。人们应当研究孙文主义的基本精神”。②

国民党要的是“孙文主义”，但当时军校告诉学员们联俄的理由是，苏俄“不仅是世界无产阶级的大本营，而且是世界被压迫民族的好朋友。因此，苏俄不但是成为反帝国主义的急先锋，而且成为被压迫民族的总参谋部，各帝国主义者亦认定苏俄是他们的死对头”。③ 从中能够明显体会出苏联理论的意味。

黄埔军校建立初期，不管校长蒋介石心灵深处对苏联有什么想法，表面上他的言行对于联俄方针的推行起了重要作用。他多次向军校广大学员介绍，孙中山在世时如何告诫他信赖国民党政治顾问鲍罗庭：“鲍罗庭同志之主张，即余之主张，凡政治问题均需容纳其意见”。蒋向学员们反复说明，“苏俄同志对于本党，以亲爱之精神，同志之资格，遇事互相讨论，求得真理”。④

客观情况也证明了那个时期联俄方针势在必行，苏联军事援助一批批陆续到来，苏联顾问们就在身边，他们认真负责的态度受到人们的尊敬，黄埔军校内洋溢着中苏友好的气氛。它确曾是黄埔军校早期生活中的一个重要的、在当时的中国绝无仅有的内容。

至于军校领导人是否真的乐见这样的亲苏局面，那又另当别论了。从事态发展看，上述情况仅仅是表象。校内不同思想的对立已经出现并在悄悄地

---

① 杨其纲：《本校之概况》，《黄埔军校史料》，广东人民出版社1982年版，第88页。
② 《〈潮潮周刊〉出版宣言》，《黄埔军校史料》（续篇），广东人民出版社1998年版，第362页。
③ 李永光：《拥护三大政策》，《黄埔军校史料》（续编），广东人民出版社1998年版，第406页。
④ 蒋中正：《忠告本党同志》，《黄埔军校史料》（续编），广东人民出版社1998年版，第399页。

发酵，不过初期被热烈的亲俄局面掩盖着罢了。

建立工农军队

根据孙中山关于“扶助农工”的思想，黄埔军校也明确了这支党军担负的宣传和保卫国民革命的任务：它应当“使革命运动扩展到田间与工厂去，唤起一般劳苦工农，使他们参加国民革命。然后才能使党有群众，党的基础才能逐渐巩固起来，才能保障革命的胜利”。[①]

在借鉴苏俄经验时，黄埔本校和各地分校都十分明确孙文主义的办学方针，广泛宣传党军非依靠工农不可以取胜的根本道理：“苏俄革命的成功固然由于农工的奋斗。但是作战的先锋，农工的屏障，革命成功后国家的卫士都是赤军。中国革命要靠全国民众的团结”。[②]

实践证明，“农民，工人，兵士是国民革命的主力军”，这支军队在军校中由于政治部等部门给予的良好政治教育，明白“中国如何受帝国主义的及其工具——中国军阀的压迫，农工群众的痛苦，及解除这压迫和痛苦的途径”。[③] 黄埔军人参加了广州政府为减轻农民负担而开展的工作，如即时“取消杂捐附加税及厘金”等活动，遵守“禁止军队霸占征收机关，实行移军郊外”，“禁烟禁赌”，“禁止军队干涉民政”等规定，[④] 从而得到广大人民的拥护。为后来东征和北伐期间良好军民关系的建立打下了基础。

黄埔军校随着国民革命运动的发展而发展，黄埔军校设立了许多分校，如1925年第一次东征陈炯明潮汕笃定后，在潮洲设立了分校，后来又有武汉分校（1926年4月）、长沙分校（1926年11月）、南昌分校等。1927年北伐结束后，军校本部迁移至南京。但由于国共关系的变化，军校国共合作的性质已经消失。

第四节　三民主义与共产国际理论开始在军校内正式对垒

黄埔军校建立之前，一些国民党高层人士对苏联帮助国民党改组表示怀

---

① 李永光：《拥护三大政策》，《黄埔军校史料》（续编），广东人民出版社1998年版，页407。

② 《〈潮潮周刊〉出版宣言》，《黄埔军校史料》（续编），广东人民出版社1998年版，第364页。

③ 秋人：《广州的青年革命军》，《黄埔军校史料》（续编），广东人民出版社1998年版，第384页。

④ 中央陆军军官学校：《拥护革命政府》，《黄埔军校史料》（续编），广东人民出版社1998年版，第376页。

疑，认为陈独秀和鲍罗庭在“利用”国民党，其某些做法有悖国民党党义，从而表示强烈的反弹。这种指责是否空穴来风呢？事实证明不完全如此。

苏联确实想用苏共模式改造国民党。加拉罕的一席话或可生动表述其真实意图：“国民党正在变成一个有生命力的、积极的、真正有组织的国民革命政党，这是我们在任何一个别的国家都没有遇到过的。不管是印度、土耳其还是波斯，都没有这样一个政党，像现在（我强调的是现在）国民党这样举足轻重；像国民党这样，受我们的影响如此之深；像国民党这样，尊敬和崇拜我们的权威；像国民党这样，如此顺从地接受我们的指示和共产国际的决议”。①

这一番话是在国民党第一次全国代表大会之后说的，由此可以看出，莫斯科的使者们一直是企图“影响”国民党，想把这个党“紧紧抓住”，想让这个党继续“顺从”共产国际的指示和决议。

国民党“顺从”吗？历史事实表明，加拉罕过于乐观和自信了，对于国民党人的“觉悟”程度估计过高了。这不仅是他，而且是所有苏联顾问和共产国际代表们的“先天缺陷”——自视其理论放之四海而皆准，所以才想使国民党“顺从”。但是，对他们“自信心”的反驳一个一个地接踵而至，黄埔军校内孙文主义学会和青年军人联合会的对立就是一例，军校内的一些不那么“顺从”的人开始鲜明地表露自己的立场：拒绝共产国际的理论尤其是阶级斗争理论以及由此而引发的不同政策和策略。

前面提到，国民党内早就有人称共产党人奉第三国际命令加入国民党乃系阴谋，军校开学典礼前的半个月，1924 年 6 月 1 日，广州市党部黄季陆、孙科等就有提案交孙中山，称对某些共产党人应予制裁。②

军校开学典礼后的两天，即 6 月 18 日，国民党中央监察委员会邓泽如、张继、谢持便向孙中山提交弹劾书。他们见到了《中国社会主义青年团第二次大会决议案及宣言》和《团刊》第八号（1924 年 6 月 15 日）专号上登载的一些内部规定：关于共产党人和青年团员加入国民党后，仍然保存自己独立的组织；党和青年团要团结一致；应接受相应各级执行委员会指挥，赞助

---

① 《加拉罕致契切林的信》（1924 年 2 月 9 日），《联共、共产国际与中国》，台北，东大图书公司 1997 年版，第 337 页。其中所指“决议”，即国民党第一次代表大会关于三民主义的解释采纳了莫斯科在 1923 年 11 月 28 日作出的《共产国际执行委员会主席团关于中国民族解放运动和国民党问题的决议》（见《共产国际有关中国革命的文献资料》，中国社会科学出版社 1981 年版，第 1 辑第 81—84 页）；《加拉罕致契切林的信》（1924 年 2 月 9 日），《联共、共产国际与中国》，台北，东大图书公司 1997 年版，第 337 页。

② 《民国十五年以前之蒋介石先生》第 7 编，第 1 页。

中国共产党的主张；从国民党左派中吸收有觉悟的分子加入共产党；促使国民党接近苏俄，时时警醒国民党，勿为贪而狡的列强所愚等。①

原来事出有因。令他们愤怒的那一期《团刊》，刊登的基本内容可以追溯到1922年8月共产国际执行委员会给其派驻中国南方代表的指令，那还是马林在莫斯科期间的事，也是中共召开杭州会议的指导文件，它构筑了中共同国民党关系的重要原则：中国共产党应在国民党内

> “训练能保持独立思想的党员，未来由他们组成中国共产党的核心”；
>
> “共产党人应该支持国民党，特别是国民党代表无产阶级分子和手工业工人的那一翼”；
>
> “为完成这些任务，共产党人应该在国民党工会内把拥护共产党的人组织成一些小组。靠这些小组形成一支大军，去宣传反对帝国主义斗争的思想”。②

随着国共关系的发展，1923年1月共产国际执行委员会又指示，共产党人的跨党“不能以取消中国共产党独特的政治面貌为代价，党必须保持自己原有的组织和严格集中的领导机构”，“中国共产党应当对国民党施加影响，以期将它和苏维埃俄国的力量联合起来，共同进行反对欧洲、美国和日本帝国主义的斗争”。③

邓泽如、张继、谢持据此认为：共产党员和青年团员加入国民党便是“纯系共产党在国民党内的一种党团作用”，这样做，便是“失去其为国民党党员之实质与精神，完全是不忠实，其行为尤不光明”。他们建议：“为国民党之生存发展起见，绝对不宜党中有党”。

关于共产党员跨党，他们的理解是，孙中山之所以同意，乃“系为联络世界革命”。邓、张、谢等肯定当初李大钊在国民党一大时向孙中山和大会作出的说明，但他们认为《团刊》上的文章却表明“共产党之议决，社会主义青年团之议决，皆属秘密”。故此对孙中山说：这是共产党和青年团“欺蒙先生，以售其狡计，阴狠极矣！”

对于中共坚持拥护苏联，谢等认为北京政府是一个伪政府，中共欲以“对于时局的主张，而强迫国民党办理”，中共“只知有第三国际，何尝计

---

① 事实上这样的思想早在五个月前已经出现于1923年1月12日《共产国际执行委员会关于中国共产党与国民党的关系问题决议案》里。《共产国际有关中国革命的文献资料》第1辑，中国社会科学出版社1981年版，第76—77页。

② 李玉贞主编：《马林与第一次国共合作》，光明日报出版社1989年版，第80页。

③《共产国际有关中国革命的文献资料》第1辑，中国社会科学出版社1981年版，第76页。

及"国民党。

至于中共按照共产国际理论称国民革命为"资产阶级革命"，他们也不满意，更不能容忍中共对国民党的批评。可是共产国际代表们一直坚持马林的"革命机会主义"——时时批评国民党，因为对于中国共产党来说，这是保持自己政治独立性和共产党的政治面目不可或缺的日常工作。

中国共产党为发展组织和开展工人运动等作出的安排，如开办工人补习学校及在各地吸收党员等事，均被谢等三人认为"本党进行，取公开。而彼党进行系秘密，此种行动，已摧破合作之界限"。

凡此种种，他们认为"合作"中出现了极其不利于国民党的迹象，要求孙中山和国民党中央执行委员会"从速严重处分，以维根本"。①

凭心而论，在共产国际和中共党内，此时尽管存在一些更"左"的如前述抛弃国民党而由共产党独立做国民革命运动的论调，但它们还没有占上风。1924 年 5 月，中共中央扩大执行委员会的决议便是一例。它明确中共联合孙中山的立场，"共产党自然在孙中山及现时愿意实行已通过之'宣言'里的政纲的一派方面。照现在的状况看来，国民党的左派是孙中山及其一派和我们的同志"。它同样明确了宣传和帮助国民党的意图，要"为帮助国民党取得中部及北部人民的同情"，"使国民党特别注意军队里的宣传"，"必须使国民党注意去调查研究国民党势力与北部及中部的帝国主义报纸上所谓'土匪'的势力相结合及宣传的可能问题"等。② 自然，中共遵从共产国际的指示，在工作中始终牢记"巩固国民党左翼和减杀右翼势力"。③

可以看出，两种思想无时无处不在较量。

共产国际还是一相情愿。想发展国民党，之所以产生引起国民党人反感的现象，悲剧在于共产国际领导人并不了解国民党人的真实想法：他们不可能接受阶级斗争和无产阶级革命的理论，而中共却在努力据这种理论制定本党政策并实施之，如对于工农运动的政策和中国革命性质的界定：资产阶级革命等，谢持等国民党人只可能接受国民革命和三民主义、五权宪法。他们对共产党领导权、无产阶级专政等感到格格不入。

黄埔军校兼具的政治作用

军事总顾问加伦将军对军校在中国政治生活中的影响曾经有过这样生动的记述：

---

① 《中共党史参考资料》第 3 册，第 321—327 页。

② 中央档案馆编：《中共中央文件选集》（一），中共中央党校出版社 1989 年版，第 233 页。

③ 中央档案馆编：《中共中央文件选集》（一），中共中央党校出版社 1989 年版，第 232 页。

“中国国内的政治事件无一不在军校内反映出来。到（1924 年）10 月，军校的政治影响已经远播岛外，成为广州政治生活的重要因素。

“广州任何一个大的政治事件，任何一次巡行，任何一个群众集会，都有黄埔学员的参与。

“很少有黄埔学员不积极参加的群众集会、工人或学校的会议。军校的政治活动能力不断提高扩大，并且同共产党人工作于其中的工会联系起来，军校成了广州群众性社会政治运动的领导者。军校政治部除了在学员中的工作外，还在其他军队的军校、讲武堂开展广泛的政治工作，提高他们对社会政治事件的关注。在黄埔军校的影响下，其他军阀军队中的旧式讲武堂也开始关心政治问题，学员们也要求在校内建立国民党支部，把政治讲演纳入教学大纲。一些由顽固的武人开设的军校内，反对军阀主义的宣传甚至开始蓬勃发展”。①

“广州建立了一个青年军人联合会，其发起者是黄埔军校和铁甲车队。联合会出版自己的双周刊物，② 印行十多万张各类传单，很快就成为华南革命运动一支强劲的力量。青年军人联合会大张旗鼓地开展政治鼓动，其影响波及广州各类军校及邻近地区的部队”。③

在这种形势下，谢持等对共产国际和共产党人的不满越来越强烈，他们同共产国际和中共的思想分野越来越深。共产党这方面自然不会停止自己的活动如争取青年，争取工农，宣传共产主义等。况且国内外共产主义宣传并非没有感召力，一些青年人向往革命和社会变革，对于自己并非十分了解的苏联，寄予很高的期望并掺和着美好的追求。广东新学生社便是一例。

从“广东新学生社”④ 看社会思想状况对军校的影响

中共三大期间 1923 年 6 月 17 日，“广东新学生社”成立，阮啸仙（1897—1935）兼任社长，负责人还有刘尔崧、周其鉴、张善铭、邹师贞等。其纲领明确提出“对内打倒封建制度，对外打倒资本帝国主义”，目标是“建立真正的民主国家”。该社办有机关刊物为《新学生》。1924 年 12 月该社选举产生新的领导人，由赖玉润、杨石魂、卢季循、沈学修、郑尘、阮啸仙、张善铭七人组成执行委员会。它根据青年人的特点，组织安排了许多生动活泼的活动：举办体育会、游艺会和旅行队。尽管宣传共产主义是主要内容，

---

① A. И. 卡尔图诺娃：《加伦在中国（1924—1927）》，莫斯科，2003 年版，第 87—88 页。

② 《中国军人》1925 年 2 月 20 日创刊。

③ И. A. 卡尔图诺娃：《加伦在中国（1924—1927）》，莫斯科，2003 年版，第 87—88 页。

④ 关于该组织的情况详见：广东省档案馆、广东省青运史研究室办公室合编的广东档案史料丛书之《新学生社史料》，广东人民出版社 1983 年版。

但因其活动范围广泛，从宣传国民革命的角度看，它毕竟也发挥了相当作用。该社成员和一些活动分子阮啸仙、刘尔崧、张善铭、郭瘦真、沈厚堃、郭寿华、周文雍、杨匏安等积极参加了国民党改组工作，被选为各区党部、区分部负责人。翌年1月国民党“一大”后，团广州地委书记张善铭被选进国民党中央党部任青年干事。在邹鲁手下工作。

值得注意的是，新学生社这个组织仅仅是社会主义青年团的外围，既非青年团也非共产党，它成立时鲍罗庭还没有到中国。这纯粹是一个左翼社团。表现的是一些青年人对于共产主义革命目标的追求。阮啸仙本人就是一个生动的例证。他是广东新学生社最初的负责人，真心实意地参加了国民党并做国民革命运动。[①] 后来广东新学生社更名为新学生社，并在各地建立了分支机构。无论在组织范围还是工作内容方面都发生了变化，勿庸讳言，它与中共的关系越来越密切。从共产党的角度说，它拓宽了活动领域，从国民党的角度说，它就是帮助中共“多方引诱青年”[②] 了。

广东的政治生活开始活跃，特别是商团事件之后。就连被称为国民党“右派”的时任黄埔军校教授部主任的王柏龄也承认：黄埔军校“一泻千里的进步，因足使人惊叹；而党部本身，受着这种刺激，也朝气蓬勃”。[③]

作为青年部的部长，邹鲁把这一切都看在眼里，他希望从孙中山处得到指示，便就国共两党关系做了汇报。孙中山告诉他：“容共只是允许共产党员以个人资格加入本党，实行本党主义，断不能让他们在党内做不合于本党主义的活动。所以你办党和办教育，应该坚决保持本党的立场，如若共产党有法外的活动，当加以严防”。邹鲁心中有数了，将孙的话视为从孙中山处得到的“上方宝剑”，认定共产党人的活动已经是“法外”了，便秘密组织了一个团体与社会上的新学生社对抗，遂“秘密叫各校员生组织党团来对付它”。邹鲁聚集起来与共产党对抗的人多在广东大学，[④] 除他本人外还有“教职员和各单位学生的代表混合组织一执行委员会……有黄兆栋、梁明致、莫耀焜、

---

① 与成立初期相比，该组织后来的情况发生了很大变化。阮本人的经历具有典型性。他并不像某些共产国际驻华代表那样左，而是怀着善良的愿望参加国民党和该党改组工作，1924年他任中共广东区委委员，从事农民运动。1925年1月担任第三届广州农民运动讲习所主任，并为历届农讲所教员，讲授广东农民运动。1926年被任命为国民党中央农民运动委员会委员。1927年中国共产党第五次全国代表大会上，被选为中央委员。1928年参加中共六大。1935年牺牲。

② 邹鲁：《回顾录》，南京独立出版社1947年版，第159页。

③ 王柏龄：《孙文主义学会的成立》，《黄埔军校史料》，广东人民出版社1982年版，第336页。

④ 该校原校长是邹鲁，后鲍罗庭认为邹有反共情绪，遂将其调离，派到北京任宣传代表，1926年8月戴季陶任校长。陈伯中：《戴季陶校长与国立中山大学》，朱汇森主编：《戴传贤与现代中国》，台北“国史馆”1989年版，第111—117页。

刘克等一批骨干。此外另有女员生的组织，其中坚分子为刘衡静、钟婉如、陈逸云等。钟婉如复主持女权运动会，以抵抗共产党。学生私人方面更有民权社、民社等，与新学生社对抗”。①

青年军人联合会

上述社会上的情况在黄埔军校内表现为两种思想的冲撞。青年军人联合会出现于这种气氛之中。该组织是以中共和倾向中共的青年军人为主要成分的组织。

1925 年 1 月 25 日，原先组织松散的一些代表会议改组为联合会。草定临时简章，到会代表推举蒋先云、贺震寒②、曾扩清、何畏能四人组成筹备会。2 月 1 日在广东大学召开成立大会。已经加入的有陆军军官学校、粤军讲武学校、桂军军官学校、滇军干部学校、铁甲车队、福安军舰、舞风兵舰、飞鹰兵舰、军用飞机学校，还包括一些已经毕业的学员。联合会成立大会有约 600 余人参加。省政府、中央党部、许多工会、农民运动讲习所等都有代表参加。会后举行的游行人数竟达 5，000 多人”。市民观者，“途为之塞”。③

从《中国青年军人联合会成立宣言》中我们看到的，仅仅是一般的反帝反军阀的思想。④ 并无“赤化”色彩。重要的是该联合会的活动。它经常安排青年军人学习马克思主义著作。许多已经参加国民党的青年军人，同中共党员接触后，也前来参加这样的学习小组，并逐渐靠拢共产党。同时，军校内的中共党团也意识到，无政府主义在青年军人中影响很深，许多青年人参加了巴枯宁、克鲁泡特金著作的学习小组，其成员最多时竟达五十人。为争取他们，中共开展了大量工作去争取这些青年，气氛一度相当紧张，校方甚至考虑过是否要把三十名坚决拥护无政府主义的学员从军校除名的问题。⑤ 足见共产党影响之程度。⑥

另一方面，青年军人联合会在军校政治部指导下开展了对工农群众的宣传工作。中共刊物《向导》周报在军校内公开散发，其影响力不可低估。黄埔军校开学三四个月，各方面一日千里的进步，校内朝气蓬勃的局面，“学生运动啦，工人运动啦，妇女运动啦，农民运动啦，海员运动啦，都一时风起

① 邹鲁：《回顾录》，南京，独立出版社 1947 年版，第 159 页。

② 可能是贺衷寒。

③ 《中国青年军人联合会组织缘起》，《黄埔军校史料》，广东人民出版社 1982 年版，第 330、331—334 页。

④ 《中国青年军人联合会组织缘起》，《黄埔军校史料》，广东人民出版社 1982 年版，第 330—331 页。

⑤ А. И. 卡尔图诺娃：《加伦在中国（1924—1927）》，莫斯科，2003 年版，第 153 页。

⑥ 参见王逸常：《周恩来与中国青年军人联合会》，《黄埔军校史料》，广东人民出版社 1982 年版，第 343—345 页。

云涌，不可一世。尤以学生运动，以中山大学为大本营，更为热烈。与此同时，共产运动，也深入了各个阶层”。中共做了许多工作，竟使一些“向来反对共产主义的，现在都是马克思的信徒了”。汪精卫也介绍一些人来加入，就连教授部的王柏龄本人“也奇怪起来，深深地研究一下《资本论》”。面对这种情况，某些国民党人士开始担忧，他们见在一般学员中某些“认识不清，意志不定的人，多加入他们的组织，在我们各组织中发生其党团作用，弄得鱼目混珠，简直似乎为他做嫁。有心人，悬然忧之。如任此以往，不必一二年，共产党就可以偷天换日的，替代国民党了”。[①]

到第二次东征，良好的军民关系证明了宣传和组织群众的重要性。黄埔军校的“国民党领导班子很快看出，他们在广东接连不断取得的胜利和党日愈增长的影响力，乃源于国民党得到各阶层人民群众特别是工农群众的支持”。同时他们也意识到，“国民政府同群众联系的日渐紧密，并非是国民党自身所为，而是共产党所为”，于是他们“开始寻找向群众渗透的途径，不让共产党从中插手并摆脱之”。[②] 不过，这仅仅是暗地的较量。很快，军校内就出现了与该联合会公开对立的组织——孙文主义学会。

关于孙文主义学会

早在孙中山逝世前，1925 年春季，许多地方酝酿着的那场反对共产国际的“孙文主义运动”，是“一种思想与路线的斗争，也是一种组织与行动的对抗。”它的活动范围遍及广东、福建、上海、江苏、浙江、安徽、湖南、湖北、四川、北京等省市，甚至海外。其成员中有“国民党最高级领导干部，理论家、老党员、教授、学生”[③] 等。

戴季陶理论对于该学会的思想影响不言而喻。曾在 1923 年随蒋介石访问苏联的邵元冲也表示了其反对共产国际理论的立场，紧随戴季陶发表文章，“希望”社会以戴季陶的理论“作为指路牌”。[④] 冷欣也是那个时期的活跃分子。孙文主义学会酝酿期间共产国际称之为左派的汪精卫同样在支持者的行列里。

一些国民党人士见到“国内青年学者，对于外来的主义和演说，动辄成立研究会、学会等，大事鼓吹，如马克斯主义则有马克斯主义研究会，杜威

---

① 王柏龄：《孙文主义学会的成立》，《黄埔军校史料》，广东人民出版社 1982 年版，第 337 页。

② A. И. 卡尔图诺娃：《加伦在中国（1924—1927）》，莫斯科，2003 年版，第 156 页。

③ 李云汉：《介绍孙文主义学会及其有关文件》，“中央”研究院《近代史研究所集刊》第 4 集，下册，台北，1974 年版，第 497—498 页。

④ 李云汉：《介绍孙文主义学会及其有关文件》，“中央”研究院《近代史研究所集刊》第 4 集，下册，台北，1974 年版，第 500 页。

学说则有杜威学会，此外如罗素、泰戈尔、托尔斯泰、克鲁泡特金、巴枯宁等等，均有各种学会或研究会等组织，以为之宣传，”而唯独国民党的“中山主义，提倡了二十余年，到现在还没有人来组织学会，从事研究宣传，”他们认为真正知道中山主义者“廖若晨星”，乃至在实际工作中外界对于国民党“动辄以共产化、赤化等等，市虎杯蛇，益滋疑虑，”因此“中山主义的信徒，更不得不急于组织中山主义的学会。”至于国民党工作不能顺利开展的主要原因，他们归咎于“人民只知俄国的共产主义或马克斯主义，而不知中山主义。因为中山主义中之民生主义可以包括共产主义，便认为中山主义即是共产主义，人民一听到共产主义，即认为就是俄国的共产主义。”① 类似性质的组织起初有叫中山主义研究社的，甘乃光便是广州孙文主义研究社的发起人。该社还办了一个刊物《孙文主义丛刊》，1925 年 4 月 15 日廖仲恺为其写了序言。② 还有叫孙文主义研究社的，最后统一为孙文主义学会。

再有些敏感者如谢持，早在得悉广州方面国共关系情况后，便从上海到了广州，名为参加军校开学典礼，实则“拉拢军校教职员中的右翼分子，如王柏龄、贺衷寒、潘佑强、冷欣等”。谢持“断定青年军人联合会这个组织不是一般青年军人的联合，而是作为共产党组织的据点，从而决定采取以组织对付组织的行动”。③

国民党内这一新动向很快便在黄埔军校内有了反应，王柏龄等以“研究孙文主义为目的，来组织一个学会。既不反对共产党，而又是研究我们孙文主义”。这样便同研究马克思列宁主义的人“划上一条鸿沟，尔为尔，我为我……我们有了这基础，才说得上合乎环境以求自存，并不妨碍到党的策略”。贺衷寒、潘佑强遂去找廖仲恺，后者不仅予以批准而且愿为其后盾：“我正焦虑了许久，想不出一个好办法来，居然被你们想着了。好！好！就这样子进行吧，我为你们的后盾（疑心廖先生卖党者请注意！）”。④

贺衷寒、潘佑强等十分高兴，便开始“按手续成立，征求会员，武的呢，以黄埔军校为目的，文的呢，以中山大学为目的，尤其对广州的工人，远而至于上海、北平［京］的青年”都是征求对象。王柏龄坦承，他本人就是

---

① 李云汉：《介绍孙文主义学会及其有关文件》，“中央”研究院《近代史研究所集刊》第 4 集，下册，台北，1974 年版，第 506 页。

② 全文见李云汉：《介绍孙文主义学会及其有关文件》，“中央”研究院《近代史研究所集刊》第 4 集，下册，台北，1974 年版，第 510 页。

③ 曾扩情：《黄埔同学会始末》节录，《黄埔军校史料》，广东人民出版社 1982 年版，第 349 页。

④ 王柏龄：《黄埔军校开创之回忆》（续），《传记文学》第 17 卷，第 94 页。

“躲在学校里，做他们的后台”。[1] 其宗旨十分清楚：“我们既为中国国民党员，当然要明了国民党的主义……中山主义并不是马克思主义，而且它有许多地方是批评马克思主义的，本党同志对于马克思主义研究的很多，但致力于中山主义研究的则很不多见，所以非组织中山主义学会，不足以唤起同志切实的研究”。

陈诚积极参加该组织的成立。[2]

加伦将军的态度与对策

对于孙文主义学会这个组织的性质，一般认为它是右派国民党人炮制的。但当时在军校的苏联顾问特别是加伦将军注意到，“一部分中派分子组织了孙文主义学会，试图把参加马克思主义小组受共产党人影响的大部分学员争取过来”。他认为“中派分子这种独立的，没有共产党人参加的活动从一开始便使他们同国民党右派结合到一起”。[3] 不过加伦也看到，军校内学员们思想上的分歧越来越明显，越来越表面化，根本就没有调和的余地。

加伦对于这个学会的发起者“攻击中共党员的做法”进行了抵制。学会发起者把章程提交给国民党广州区委。待文件刚刚译为俄语后，加伦就同国民党中央执行委员会委员廖仲恺谈话，指出，“这是不能允许的”，最后形成的章程完全删除了草稿中的第九、十两条。

第九条是：“我们认为，我党发生挫折的原因是许多加入我党的人只想在一定时期谋一个工作，并不明白中山主义为何物。他们经常欺骗我党。让这些人加入我党，就是自缢。既然我党为一个严密的组织，那么思想不同的人就不能算是我真正党员。为排除这种障碍，特组织本会”。

第十条是：“我们见到近来本［国民］党同志往往站在第三者的地位，来批评本党或攻击本党，甚而将非本党主义大为宣传，殊属有违纪律，我们认为这是危及中山主义和自己的不忠实的道德的”。[4]

对于第八条，修改后语气也变缓和了。但是在区的会议上讨论这个章程的时候，孙文主义学会的反共本质就暴露得越发明显了。[5] 不过。加伦同时意识到不妥的是：中共在黄埔军校内外“千方百计鼓吹阶级斗争”，[6] 他认为这

① 王柏龄：《黄埔军校开创之回忆》（续），《传记文学》第17卷，第94页。
② 蒋介石：《苏俄在中国》，《先总统蒋中正思想言论总集》，台北中国国民党中央委员会党史委员会编，台北，1984年版，第40页。
③ A. И. 卡尔图诺娃：《加伦在中国（1924—1927）》，莫斯科，2003年版，第156页。
④ 加伦的记载见《加伦在中国》，莫斯科，2003年版，第158—159页。
⑤ 《加伦在中国》，莫斯科，2003年版，第157页。
⑥ 《加伦在中国》，莫斯科，2003年版，第66页。

是值得思考的现象。

1925 年 11 月 10 日该会发表《孙文主义学会阐明宗旨之宣言》，于其中了驳斥了一些人对国民党人的“毁谤”，拟以“有组织、有系统、有纪律之团结力，高举青天白日之鲜明旗帜……不辞劳怨，以努力从事于孙文主义”。①

1925 年 11 月 29 日孙文主义学会在广州开成立大会，发表《孙文主义学会成立宣言》，明确了“孙文主义学会之组织，实孙文主义信徒团结之集体”，表示要继承“先总理所主张开国民会议及废除不平等条约之目的，得以实现孙文主义之国家得以成功。”至于国民党的联俄，《宣言》称：“苏俄今日援助中国孙文主义之革命，与革命孙文主义之中国，”而国民党“今日之联俄，实为事实上之要求，”《宣言》重申国民党的对外政策，“孙文主义学会必本其孙文主义之反国际帝国主义之精神，与世界被压迫各民族之反帝国主义运动相结合，而期早日消灭世界一切帝国主义之侵略。”《宣言》旗帜鲜明宣示孙文主义学会的宗旨：“信仰孙文主义，研究孙文主义，宣传孙文主义，实行孙文主义。”并“深望中国国民党使孙文主义发扬光大而日益推行。”值得注意的是，《宣言》透露出些许剑拔弩张的气势，称“如遇障碍主义或弁髦主义之事实与问题，学会同志当即本其竭诚拥护与牺牲之精神，而为维护主义之牺牲者。”②

同日，广州学生联合会也集会表示响应，发表了《告全国民众书》。③

上海国民党部是一个重要据点，马超俊、黄季陆等表现活跃，对广州做出积极响应，上海孙文主义学会在同一天开成立大会，孙科、杨杏佛到会祝贺并发表演说。④

随着 1925 年 11 月第二次东征，革命军所到的潮汕也有冷欣建立的孙文主义学会。反苏反共势力日趋活跃，各地孙文主义研究形成了一股运动。

中共派遣蒋先云秘密加入孙文主义学会，进行争取国民党学员的工作。一些国民党学员知道后表示不满。黄埔军校之所以能成为孙文主义学会最早的酝酿地，乃源出于这里青年学子思想的活跃，特别是青年军人联合会和孙文主义学会的活动，受此影响，国共关系也紧张起来。1926 年 2 月 2 日黄埔

---

① 李云汉：《介绍孙文主义学会及其有关文件》，“中央”研究院《近代史研究所集刊》第 4 辑，下册，台北，1974 年版，第 512 页。

② 《孙文主义学会成立宣言》，李云汉：《介绍孙文主义学会及其有关文件》，“中央”研究院《近代史研究所集刊》第 4 集，下册，台北，1974 年版，第 513—514 页。

③ 李云汉：《介绍孙文主义学会及其有关文件》，“中央”研究院《近代史研究所集刊》第 4 集，下册，台北，1974 年版，第 512 页。

④ 他们的演说词见李云汉：《介绍孙文主义学会及其有关文件》，“中央”研究院《近代史研究所集刊》第 4 集，下册，台北，1974 年版，第 520—521 页。

军校校长蒋介石召集两会负责干部会议，决定两会得互相加入，两会均应受校长领导，校内团以上干部不得入会，遇有不谅解时，应当请示校长。① 1926年2月28日，孙文主义学会举行全体会议。由汪精卫主持并讲话。会上据2月2日干部会议精神通过相应决议。并明确两会在本军开会时，得有党代表参加。会员言论仅仅代表个人等。②

值得注意的是，这个时期恰恰也逢部分国民党人酝酿和组织力量并举行西山会议的时期。共产国际的驻华代表们面临着相当严峻的形势。国民党与共产国际的关系笼罩在乌云中。形势堪忧。果然，仅仅过了20天，便发生了“三二〇”事件。

黄埔军校校长蒋介石当时正在筹划北伐，稳住黄埔军校，准备顺利出师当为至要。1926年4月7日他命令取消该校所有小组织，三天后中国青年军人联合会解散，4月20日孙文主义学会也宣布解散。校园内暂时平静下来。不过两个组织反映出的问题却没有解决，对立情绪也没有消失。

第五节　烽烟初起黄埔校园

1925年孙中山逝世后，中国国民党的重要理论家戴季陶开始抛出许多理论著作，他在《孝》的文章里号召人们尽“对于民族对于社会的孝”，③ 意在提醒国民党人努力维护理性认识，“藉以防制异党分子的曲解与利用”。④ 1925年7、8月他的《国民革命与中国国民党》及“反共”巨著《孙文主义之哲学的基础》出版，向苏俄关于通过暴力革命建立无产阶级专政的信条发起了正式挑战。他重申孙中山关于共产主义不适合中国的观点后说“共产是要共有，不是要共无，是要共富，不是要共贫”，说孙中山是“从人类生存的出发点，去纠正”那些“以阶级斗争为历史中心，以阶级斗争为绝对的手段

① 李云汉：《介绍孙文主义学会及其有关文件》，“中央”研究院《近代史研究所集刊》第4集，下册，台北，1974年版，第503页。

② 李云汉：《介绍孙文主义学会及其有关文件》，“中央”研究院《近代史研究所集刊》第4集，下册，台北，1974年版，第516—517页。

③ 中华民国各界纪念国父百年诞辰筹备委员会学术论著编纂委员会主编《戴传贤选集》，台北，1965年版，第470—480页。

④ 李云汉：《孙文主义学会与早期反共运动》，《中国国民党党史论文选集》第4册，第297页。

之社会革命思想”的信条。他理解中的孙文主义是，各阶级的人要抛弃“他的阶级性恢复他的国民性，抛弃他的兽性恢复他的人性”。① 戴季陶甚至称中共参加国民党实行的是“寄生”政策，② 认定中共和苏俄的理论在于“用揠苗助长的拙策，阻止中国民族生机”。③

军校中意识形态的对立被激化，本来就有人认为“第三国际的共产主义者”在中国实行的是“齐天大圣对牛魔王的策略”，④ 有了戴季陶的书，他们受到“极大鼓舞”。以王柏龄为首的孙文主义学会，拿到戴书如获至宝。有人认为就是这本书“武装了他们的思想”。⑤

“从广州到上海，从上海到北京，到武汉，反共的视线开始集中，反共的势力开始形成，各地孙文主义学会的组织因而建立，全国性的反共浪潮也随之激荡起来”。邵元冲“为戴氏理论做鼓桴之应”，许崇智甚至把该书“印发粤军全体官兵阅读”。蒋介石则对黄埔军校学员“殷殷训释‘三民主义以民生意义，应始终立于本党革命之地位’”。西山会议派更加彻底，它就戴季陶的著作《孙文主义之哲学的基础》作出了一个决议，认为它与国民党的“党义无违反”。这就明明白白打出反苏旗帜而且赋予该书国民党半官方的色彩。⑥ 局势迫使人们开始思考一个极其严肃的问题：三民主义、共产主义——哪个更有吸引力。

加伦警觉起来了。原来在孙文主义学会成立初期，他认为虽然那是由国民党右派分子王柏龄发起的，但是主持该会的是国民党的“中派领导人”，他们还没有直接从事群众工作的经验⑦，他们不过是在寻找向群众渗透的途径，不想让中共插手。加伦和中共都认为还有争取该学会左转的可能性。便派遣了中共党员前去参加。不过加伦对于学会的出现和活动像“镜子一样反映出当时国民党内的状况”的看法，应当说比较客观。1925 年年初成立的以追随共产党的青年为主体的青年军人联合会与孙文主义学会的对立越来越明显，矛盾越来越尖锐。然而无论是青年军人联合会还是孙文主义学会都不可能改

---

① 戴季陶：《孙文主义之哲学的基础》，朱汇森编：《戴传贤与现代中国》，台北，1989 年版，第 205、208、211、213 页。

② 戴季陶：《国民革命与中国国民党（1925 年 7 月）》，《国民革命与中国国民党》，朱汇森编：《戴传贤与现代中国》，台北，1989 年版，第 239 页。

③ 戴季陶：《国民革命与中国国民党（1925 年 7 月）》，《国民革命与中国国民党》，朱汇森编：《戴传贤与现代中国》，台北，1989 年版，第 239 页。

④ 《国民革命与中国国民党》，朱汇森编：《戴传贤与现代中国》，台北，1989 年版，第 239、241 页。

⑤ 李云汉：《孙文主义学会与早期反共运动》，《中国国民党党史论文选集》第 4 册，台北，近代中国出版社 1994 年版，第 295 页。

⑥ 谢幼田：《联俄容共与西山会议》（上下册，香港，2001 年版）一书详细分析了这个问题。

⑦ A. И. 卡尔图诺娃：《加伦在中国（1924—1927）》，莫斯科，2003 年版，第 159 页。

变自己的政治立场，黄埔军校内围绕中国革命道路、围绕中共跨党等问题的斗争一天也没有停止，从而为后来的国民党对共产国际和中共关系的破裂深深地埋下了伏线。

简言之，以蒋介石为校长的黄埔军校在创办初期对共产国际和莫斯科采取了相当实用主义的立场：接受援助，拒绝其革命道路。

外援背后的严厉声音

就莫斯科方面说，对国民党建军的这种援助是附加了政治条件的，甚至带有某种干预色彩，前述未得成功的孙吴联合政府，其目的：一是与北京政府对抗；二是在条件成熟时推翻这届政府，建立一个亲俄的政府，以与苏俄外交相配合。①

1924 年冯玉祥北京政变后，苏俄又设立了一个由加拉罕负责的北京中心，直接援助冯玉祥的国民军，② 意在彻底排除张作霖，以维护苏俄在中东铁路的利益。苏俄毫不隐讳其派遣特工人员“瓦解分化”张作霖军队的计划以及其进一步的目的：对于整个北京政府，则要求它对整个反帝运动“持善意的中立，如果这样做不能奏效，就分裂这届政府并使其瘫痪”。再不行，“就驱散现政府”，另组吸收国民党参加依靠冯玉祥军队和国民党军队的新政府。③ 援助国民党的话外音是相当严厉的。

这些因素构成了苏联对黄埔军校和国民党提供援助的背景。然而不争的事实是，不管中国形势多么复杂，在那个特殊的时代，特别是在黄埔军校创办当中，这种援助毕竟起了相当作用。

军校为巩固广东革命根据地和北伐战争输送了一批又一批的优秀干部。学员从 1924 年起就陆续参加了平定商团军、第一次东征等战斗，初步显示了这所新型军校的能量。国共两党共同努力，特别是共产党人做的政治工作，使这所学校在培养干部的同时，也开始塑造新型的人。如学员们不得酗酒，要互相关爱，营区要保持整洁等。北伐期间人民对黄埔军箪食壶浆，充分说明了这一点。蒋介石说军队“能得人民爱助”乃是因为“革命军不是别人的军队，就是工农学群众的军队”。④

---

① 李玉贞主编：《马林与第一次国共合作》，光明日报出版社 1989 年版，第 101—103、152、154—155、164—165 页。

② 《联共、共产国际与中国》台北东大图书公司 1997 年版，第 146、152、153、156、158、160、163、166、171、172、173、177、180、188、192、195 号文件；毛以亨：《俄蒙回忆录》（香港，1954 年版），一些当年在华的苏联顾问也写有大量回忆录，如普里马科夫的：《冯玉祥与国民军》北京，1982 年版。

③ 《联共、共产国际与中国》，台北，东大图书公司 1997 年版，第 523—524 页。

④ 《黄埔军校史料》（续篇），广东人民出版社 1998 年版，第 437 页。

不管苏联对国民党的援助附带什么条件，援助毕竟是事实。一些苏联顾问怀抱着在中国实现他们心目中的共产主义这样崇高的想法来到中国，他们有的牺牲在中国土地上，有的始终关怀和热爱中国。有的表现了卓越的军事政治才能。这也是事实。

在国共仅仅持续三四年的合作时期，国民革命力量迅速壮大，1925 年中共成立了中央委员会领导下的军事部，两党都开始建立自己的军队。国共两党无论在政治还是在军事上，得到的是双赢结果。

第九章
应对共产国际的传统策略

共产国际希望国民党走“唯一正确”的俄国道路，按照它的模式解决社会问题尤其是工人运动和农民运动问题，并在这个过程中加强该党的组织建设。但是国民党内许多人的抵触情绪一直以不同形式表现出来，或为反弹，或向孙中山告状，或有关各方半明半暗地较量。再加上鲍罗庭对国民党领导层的估计又往往与事实相左，可他总以为是这些国民党人“糊涂”，便想“教育”他们，“争取”他们。为此他需要在国民党内寻找能够贯彻共产国际意图的人。按共产国. 际的传统做法，他在国民党内划分左中右派，他的策略十分明确：依靠和壮大左派，形成左派的运动，争取中间派，剔除右派。他称这样的做法为“楔子策略”。他的工作是否顺利，在哪里形成梗阻，便是本章内容。

第一节　共产国际的传统策略——关于左中右派的划分

左、中、右三派的划分是国际社会主义运动中传统的做法。众所周知，第三国际（共产国际）是在第二国际分裂后出现的。早在共产国际第一次代表大会上，该国际就以对待第一次世界大战和殖民地问题的态度为标准，把世界范围内的社会主义活动家划分为革命派、反革命派或者说左派、中派和右派。列宁认为在第二国际内存在社会沙文主义派、中派和共产主义这三个流派。共产国际对于中派的策略是：通过无情揭露和批判中派的头目，把其中的“革命分子分离出来”，从组织上同中派决裂已经是历史的必然。这是列宁创建第三国际的理论根据。也是共产国际后来一直沿用的策略。

不言而喻，共产国际的领导人特别是其发起党俄共（布）的活动家们，整体上说，都应当是左派。

随着世界政治局势的演变，这个标准又增加了新内容，特别是关于对待苏俄革命理论的态度：支持抑或反对。其中心点依然在是否同意通过阶级斗争建立无产阶级专政的苏维埃。但是对待各派的策略一直没有改变：右派是革命派的敌人，在被打倒之列。中派在被分化之列，可以争取其中的一部分，吸收来壮大左派。左派不言而喻是革命的领导者和依靠对象。

但是政治形势的发展特别是（1918 年）11 月德国的形势[①]和匈牙利苏

① 1918 年 10 月德国基尔港水兵把战舰熄火，拒绝开赴前线，引爆全国反战情绪，一些地方出现了工兵代表苏维埃。德皇威廉二世退位，第一次大战结束，但是苏维埃也遭到镇压。

维埃共和国（1919年）的失败，迫使左派革命家中的一些人开始思考某些信条：无产阶级革命速胜的可能性；西方无产阶级革命运动与东方殖民地半殖民地革命的关系，东方国家内部无产阶级运动与资产阶级民族运动的关系。这就决定了共产国际在其第二次代表大会上作出的重要转折。

然而无产阶级革命速胜论的乌托邦理论却使这些左派太过乐观，所以他们念念不忘无产阶级尽快掌权。于是在共产国际东方部里就中国问题便出现了明显的两种观点：以马林为首的一些工作人员主张中共同国民党合作，在这个过程中发展和壮大中共，最后取国民党而代之。共产国际执行委员会1923年1月、5月给中共的指示[①]基调也是如此。

共产国际东方部负责人萨法罗夫和远东处的吴廷康是共产国际执行委员会的左派，他们反对中共在“国民党鼻子底下”活动，而主张由中共打出共产主义的旗帜，保持共产党人应有的政治面貌，独立开展活动，尽快取代国民党。

这样，国际共产主义运动中的左派彼此以“同志”相称的“自己人”就先“兄弟阋墙”，共产国际执行委员会的群体里出现了左右之分。不过，毕竟这还是自己人，即使有些右也不是反革命，仅仅是自己人之间的歧见。

在国际社会主义运动的大背景上衡量，共产国际执行委员会驻华工作人员，似乎理所当然都是“革命派”和“左派”，他们都主张由无产阶级政党中共取代国民党而成为中国国民革命运动的领导者，区别仅仅在于何时取代，是逐步做去抑或越早越好。与其说是左或右，莫如说是激进或缓进。

共产国际执行委员会在其涉华工作人员中划分左中右派的做法经过张国焘之口传达到了中共党内。[②] 那是1923年春夏间，2月京汉铁路工人罢工遭到镇压后，张国焘代表中共到莫斯科向共产国际汇报情况工作时，得知了马林的同僚萨法罗夫等左派的看法。

1923年5月29日张回到广州，向马林介绍了这个情况。划分左中右的标准是如何对待国民党：是立即打出共产主义的旗帜，由共产党领导中国的国民革命运动，还是在国民革命的旗帜下开展工作。按照他们的划分，马林是右派，原因是他“热恋国民党”。拉狄克和萨法罗夫是左派，布哈林是中派。马林绝对不接受这样的做法。他甚至建议共产国际执行委员会的左派们亲临中国，体验这里的形势，“如果我们想防止我们的人脱离政治生活，那么我们

---

① 全文见：《共产国际有关中国革命的文献资料》第1辑，中国社会科学出版社1981年版，第76—77、77—80页。

② 马林：《致共产国际执行委员会东方部拉狄克和萨法罗夫的信（1923年5月30日）》，李玉贞主编：《马林与第一次国共合作》，光明日报出版社1989年版，第180页。

在国民党内工作时，就必须充分利用现有的一切可能性”。马林在奋力抗争，[①]因为他明白，在共产国际实践中，当一个右派，尽管是在自己人中间，也是不光彩的。

第二节　国民党人与鲍罗庭的“左派运动”

上述情况是共产国际自己人之间的事，是他们内部的事。身为国民党组织教练员、国民党政治委员会顾问的鲍罗庭，却把这个策略和思想带到了国民党内。

莫斯科在引领国民党和中国国民运动“左转”。划分左中右派既是共产国际的一贯策略，鲍罗庭到中国接触国民党工作后不久，也就以这个策略为指导开展工作。

不过鲍罗庭在这方面的工作并不顺利。其悲剧在于，无论他本人还是其他共产国际代表都自认来自先进的、完成了无产阶级革命的国度，是偷天火给人间的普罗米修斯。所以他的祖国据以成功的理论和所做的一切，都应当成为全世界革命运动的“圣经”。这样他便制定了在中国划分左中右派的标准：是否赞成按苏俄模式没收地主土地，是否赞成“与俄国结成统一战线”，[②]以及是否赞成共产党人跨党。[③]这些涉及国民党的基本指导思想，恰恰是国民党领导层中许多人不容易接受的，于是鲍罗庭开始碰到一个接一个相当硬的钉子。

固然，不可否认，他的本意是“把国民党变成一个代表国民运动的真正革命的政党”。在筹备国民党一大的日子里，他要求中共“对右派要有所警惕，要同他们斗争……但又不可因噎废食，不能像那个泼污水把孩子也泼走”的接生婆。[④]他解释说，同右派斗争的“真谛，就在于我们通过此举，把那些

① 《马林致共产国际东方部拉狄克和萨法罗夫的信（1923年5月30日）》，李玉贞主编：《马林与第一次国共合作》，光明日报出版社1989年版，第180—181页。

② 《鲍罗庭笔记和报告记录摘要》，《联共、共产国际与中国》，台北，东大图书公司1997年版，第361页。

③ 《鲍罗庭笔记和报告记录摘要》，《联共、共产国际与中国》，台北，东大图书公司1997年版，第362页。

④ 《鲍罗庭笔记和报告记录摘要》，《联共、共产国际与中国》，台北，东大图书公司1997年版，第360页。

企图使党坠入深渊的国民党右派清除出去，从而推动国民党走上革命斗争的道路”。

那么左派又如何呢？鲍罗庭说“之所以要同右派斗争，就是要你们加强‘左’派，并在加强‘左’派的同时，巩固这个国民革命政党，使它……能够把国民运动领导起来并顺利达到目标”。[①]

然而，鲍罗庭手里并没有握着很多国民党“左派”。况且“谁是左派？”的问题还没有明确界定，直至1927年国共分裂的最后时刻，共产国际执行委员会及其派驻中国的代表们也没有就国民党内领导的左中右派属性达成一致看法。

这种情绪影响了中共，乃至包括陈独秀在内的中共领导人竟认定，真正的依靠力量只有中共，他们才是国民党左派。[②] 这种认识决定了维持良好国共关系的难度。于是国共关系被推到前台，成了国民党同莫斯科关系中不可回避的重要因素。

本来国民党内就有一些人怕大权旁落或被“赤化”而对中共党员跨党不满。国民党知道共产国际把中共视为“自己人”，他们更加担心共产国际会援助中共而放弃国民党，就像苏俄同北京政府在1924年5月签订了《中俄解决悬案大纲》而“舍弃”南方一样。事实证明，他们的担心并不多余，鲍罗庭确实有过国民党不听指挥，就“拒绝提供援助”的想法。[③] 所以一些国民党人不时会作出一些排斥中共党员的事。或设法独揽同共产国际的联系，以确保国民党的领导地位。

孙中山洞悉这一切，他并不同意鲍罗庭关于左中右派的划分，他对国民党内是非的评判标准始终是其三民主义和对他本人的态度。在一定的时间内他的立场举足轻重。发生在1924年夏季的许多纠纷和联络委员会的建立便是一例。

那么孙中山本人的政治立场和表现应该如何予以界定呢？在鲍罗庭眼中，这一直处于“未定”状态。鲍描述孙中山的一番话颇耐人寻味。他说孙中山“犹如一个水珠，可以折射出国民党内部，从共产党人到新加坡商人，形形色色的成分和鱼龙混杂的情况。孙中山——共产党人，孙中山——国民党左派，

---

① 《鲍罗庭笔记和报告记录摘要》，《联共、共产国际与中国》，台北，东大图书公司1997年版，第360页。

② 《陈独秀致魏金斯基信（1924年7月13日）》，《联共、共产国际与中国》，台北，东大图书公司1997年版，第415页。

③ 《加拉罕致鲍罗庭的信（1924年7月12日）》，《联共、共产国际与中国》，台北，东大图书公司1997年版，第413页。

孙中山——国民党中派，孙中山——国民党右派。有时，他的话极其革命，比我们共产党还革命。有时他把革命词藻忘得一干二净，沦为小资产阶级市侩。忽而他雷霆大发，气势汹汹地反对帝国主义，忽而他又对美国公使说，美国应当干预中国事务，却不惜背叛本国的真正利益。更值得一提的是，如果有个人进了某帝国主义国家的内阁，此人开过玩笑说同意他的三民主义，那他就会把帝国主义让他吃的苦头全都抛到九霄云外，竟写信给此大臣，[①] 侈谈后者肩负的在中国的伟大使命，并开始把自己的未竟之志，寄托在此人的荒诞使命上了。忽而他打电报给俄国说这次代表大会（指国民党第一次全国代表大会）的召开是受列宁学说的影响，忽而，他又对麦克唐纳极尽阿谀奉承[②]之能事”。[③]

鲍罗庭的观察和对孙中山行动的研究可谓透彻。以他在共产国际理论的框架来品评孙中山的外交，也只能作出这样的结论。但是他并没有读懂真正的孙中山和国民党，所以他也没有办法确定到底孙中山是个什么“派”。

孙中山有四个动作颇引人注意：（1）他暗示孙科等向中共表示不满；（2）他支持联络委员会的设立，力图协调国共纠纷并解决与共产国际的联系；（3）他向国民党人再三解释三民主义与共产主义没有区别，告诫那些“兴风作浪”的人不要制造麻烦；（4）特别是他又作出了维护国共关系的积极姿态，严厉表示要把冯自由开除出国民党。

这一切旨在表明他的立场：国民党没有什么左右派之分。他本人不赞成这样做。

由于在国民党一大宣言起草和大会过程中发生的一些情况，鲍罗庭认为，通过具体运动来培养左派以加强对右派斗争的时刻已经来临了。

可左派在哪里？在共产国际执行委员会眼中左派的队伍不时变幻，1923

---

① 见孙中山致犬养毅的信，《孙中山全集》第8卷，中华书局1986年版，第401—406页。信中孙认为犬养毅入阁“可助吾人未竟之志，以解决东亚百年问题，闻之狂喜”。孙希望日本对华政策不要以列强马首是瞻，“而另树一帜，以慰亚洲各民族喁喁之望”。他认为日本应该“毅然决然以助支那之革命成功”，同时“日本当首先承认露国政府，宜立即行之，切勿与列强一致”。孙说这两点“实为日本发扬国威、左右世界之鸿图”。

② 指1924年1月28日孙中山在麦氏担任英国首相之际，以国民党全国代表大会和华侨代表大会名义拍发的贺电，内称，国民党的政治主张与英国工党基本相同，“希望此后英国之对华政策，不复援助军阀与反动派，而能予中国之民治主义与解放运动以自由发展一切机会”。《孙中山全集》第8卷，中华书局1986年版，第163页。

③《鲍罗庭笔记和报告记录摘要》，《联共、共产国际与中国》，台北，东大图书公司1997年版，第352—353页。

年蒋介石访问苏联时，莫斯科认为他是左派。[①] 中共领导人陈独秀、共产国际驻华代表吴廷康，认为只有跨党的中共党员是国民党内的左派，国民党内没有左派，孙中山与别的几个领导人是中派，不是左派（甚至戴季陶也不过是个左派理论家而已）。

于是就出现了一个逻辑：既然“国民党内只有右派分子”，那么“现在支持国民党就只能是支持国民党右派”。帮助国民党就等于一句空话，就是如陈独秀所说等于“帮助敌人和为自己培植反动派”。[②]

这是陈独秀的观点，他给出的划分左中右的标准和这三派的阵营已经十分清楚：国民党右派“掌握党的全部机关，他们的对内政策中有反对工人的倾向，而对外政策则有反俄倾向”。中共应当有什么样的政策对待国民党呢？陈独秀据自己的分析向共产国际执行委员会的左派吴廷康表示：“我们期待共产国际制定新的政策。按照我们的意见，不应再以过去的方式支持国民党，我们应当区别对待。这就是说，我们不应当无条件、无限制地支持国民党，而只应支持‘左’派控制的某些活动”。[③] 陈独秀显然不能自圆其说。“支持‘左’派控制的某些活动”，可是左派是何人，他们在哪里？

共产国际驻华代表们说不清楚。鲍罗庭本人也说不清楚。国民党中央政治委员会内的成员，在鲍罗庭眼中勉强可以算做国民党内的左派。但是鲍罗庭的看法难以被事实肯定。在这个时期，总体上说，他的想法和陈独秀、吴廷康的看法相同。[④] 但是他们的看法也一样的模糊，按照形式逻辑，既然国民党内没有左派，那么，鲍罗庭、吴廷康和一些中共人士就提出要同国民党分裂。值得注意的是此事发生在国共合作刚刚正式形成的四个月之后的 1924 年 5 月。[⑤] 显然分裂也是行不通的。

“左派运动”的矛头指向不言而喻是右派，那么这个时期的右派又是哪些人呢？他们是邓泽如、冯自由、刘成禹、蔡元培等。他们的罪名是“反对共

---

① 《杜霍夫斯基关于国民党代表团的报告（1923 年 9 月 10 日）》，《联共、共产国际与中国》，台北东大图书公司 1997 年版，第 237 页。

② 《陈独秀致魏金斯基的信（1924 年 7 月 13 日）》，《联共、共产国际与中国》，台北东大图书公司 1997 年版，第 416 页。

③ 《陈独秀致魏金斯基的信（1924 年 7 月 13 日）》，《联共、共产国际与中国》，台北东大图书公司 1997 年版，第 416—417 页。

④ 《中共党史参考资料》第 3 册，第 328 页。

⑤ 见陈独秀 1924 年 7 月 13 日给吴廷康（魏金斯基）的信和 10 月 10 日致共产国际远东部的信。《联共、共产国际与中国》，台北东大图书公司 1997 年版，第 119、129 号文件。或许正是这个原因导致后来鲍罗庭受到各方面的指责。

产党员跨党”。[①] 其中最突出的事件就是前述 1923 年 11 月邓泽如等向孙中山告“御状”。此事被孙中山平息下去。

具有戏剧性的是，孙中山平息了第一次邓泽如等人对中共和苏俄不友好的行为之后，又有一批这样的右派人士出现，为首者竟是孙的公子孙科。再晚些时候又有北京方面的石瑛，汉口的刘成禹、覃振和詹大悲，谢持、茅祖权、叶楚伧和张继，广东的邓泽如、冯自由、蔡元培、孙科、方瑞麟、吴铁城、熊克武和马超俊。鲍罗庭认为方瑞麟反对苏联与北京政府签订的《中俄解决悬案大纲协定》，所以他是右派。[②]

如此看来，右派阵营是清楚的。

国民党人开始公开与鲍罗庭交锋

上述各派人等不可能不表露其情绪，既暴露也就不可能不被察觉。最最敏感的当然是孙中山。

孙中山采取的两个大的政治性举措，是意味深长的，也是值得予以特别注意的。一是他特意安排在国民党第一次全国代表大会前后开始讲解三民主义，系统介绍他的学说，直至 1924 年 8 月份。二是他在国民党此次大会后不久的一次谈话。那是在 2 月份。

在这次谈话中，他针对当时敏感的几个问题，向舆论界表明了自己的立场如下：

首先是说明中国与苏俄的接近，并非赤化，因“俄国与中国，今为对等之国家。彼对于不平等条约，有共同之目的，诚为中国之友邦，其援助中国也，乃当然之事”。至于中国是否会被赤化，孙的答案是否定的，因这样做，“必受中国国内之资本家、智识阶级及军人社会之反对”。

其次，他就国共关系和国民党内的思想状况作出分析。如果与上年 11 月邓泽如等告状的事件相比，孙的此次谈话一方面带有明显的庇护右派的性质，另一方面对待共产党人也相当严厉。对共产党人在“为其独特之活动”，他不仅表示非议，而且表态称对待共产党的做法“不能必言其提携”。

孙中山显然是在回应共产国际关于左中右派的划分。请看：

——对于被认做右派的冯自由、张继等人，孙中山知道他们“反对与共产派接近”，也知道冯认为“共产派为破坏民国之毒瓦斯弹”，但他丝毫没有批评冯自由的意思，相反，他表态肯定冯是“热诚勇敢之人”，是国民党员

---

① 《关于国民党中央执行委员会第 40 次会议的报告（1924 年 7 月 3 日）》，《联共、共产国际与中国》，台北，东大图书公司 1997 年版，第 398 页。

② 这是鲍罗庭同谢持、张继谈话时说的。《中共党史参考资料》第 3 册，第 328 页。

“之先辈中，次于张继之德望家，亦一器局雄伟之政治家”。

——至于徐谦和共产党人谭平山，孙中山知道他们“最近任共产派之领袖”，但绝没有取共产国际的做法，冠以“左派”头衔，只肯定他们是“多年为国民党尽力，辅助我活动之功劳者也”。对于谭、徐等人，孙中山不无保护之意，说“彼等之所以为共产派，并非俄国之走狗”。孙知道他们主张苏俄式的激烈的阶级斗争道路，但也肯定他们“并非脱退国民党，不过为国民党之急先锋，而促国民之自觉，否认妥协政治”。

——讲到国民党内是否有派别之分时，孙中山很不情愿地表示，这样做“亦不得已之举”，他把国民党内的“急进派与稳健派”视为情绪的不同，而非根本的对立。

——具体到某些人的属性，孙中山不使用左中右的划分法，依然坚持自己的主张：张继、冯自由、谢英伯为稳健派；徐谦、谭平山等为急进派；他，孙中山本人和汪精卫、胡汉民则为综合派。这样看来，鲍罗庭说不清孙中山是什么派也还有情可原。

对于以上各派人士，孙中山认为他们“各人心中毫无私见”，都有一个共同目标“依然奉行大国民党主义”，而且这些人未来“定可支配大局无疑也”。

尤其有分量的，是孙中山的严厉表态：“若共产党而有纷乱我党之阴谋，则只有断然绝其提携”了。①

对于后来发生的情况，孙中山的对策依然是顾全国共关系的大局，不想激化矛盾。得知某些情况后，他已经不像1923年那样当面向马林表示对中共的不满，转而采取迂回手法，示意广州市党部的执行委员孙科、黄季陆“发难”。② 二人依照此意图在1924年6月1日向孙中山送交提案，要求制裁共产党。③ 他们虽然把矛头指向中共党员谭平山“把持”和“操纵”的国民党广州市党部，事实上是把矛头指向中共背后的鲍罗庭。6月18日国民党中央监察委员张继、谢持、邓泽如提出弹劾共产党案。从此在国民党人与鲍罗庭之间开始了一个不平和的夏天。他们几次交锋。

到1924年6月，邓泽如、张继、谢持发现1923年《中国社会主义青年团第二次大会决议案及宣言》和《团刊》专号后向孙中山告状的事已如前述。

紧接着发生的，是6月25日国民党中监委与鲍罗庭面对面的正式交锋。谢持、张继以中央监察委员的资格同鲍罗庭谈话。这已经不再是被动的“反

---

① 孙中山：《与日人某君之谈话（1924年2月）》，《孙中山全集》第9卷，中华书局1986年版，第536页。

② 邹鲁：《中国国民党史稿》第1册，《组党》，中华书局1960年版，第368页。

③ 毛思诚：《民国十五年以前之蒋介石先生》第7册，第1页。

弹”而是主动“发难”了。

弹劾中提出的问题很多，但张、谢声明他们的用意并非在反对共产党和青年团跨党，而是就中共在国民党内的活动及其对国民党发展的影响，提出了以下亟待解决的问题。

1. 共产党和青年团系以个人身份加入国民党，那就不应有党团，否则违背跨党实质与精神。中共跨党“使许多小团体在一范围内相倾轧相竞争”，对于一个党来说，这是“致死之道”。

2. 况且中共在国民党内还有党团，尤其是其活动属于秘密，如前述《团刊》第七号所载内容，说明“共产党持永久之计划，将国民党做一对相。日日以如何对付国民党为切要目的。国民党不能不认共产党团为本党本体上之大问题”。

3. 张、谢二人认为中共本无什么力量，“不过第三国际之差遣。第三国际为苏俄所创。俄国对中国革命政策，将由中国共产党人加入中国国民党以操纵左右也。俄国认中国共产党为俄国之子。中国国民党或可为俄国之友，尚不可知”。

4. 张、谢称共产党人对国民党的批评，本意“欲令国民党复活者，实足以使国民党死亡耳”，目前已经引起后者相当强烈的反感，他们认为共产党和青年团的文章和行为太过失当。

鲍罗庭也毫不掩饰自己对国民党的不满，指责该党在重大问题如金法郎案、德国债务问题，吴佩孚杀害工人等重大事件上没有作出一个政党应有的反应。所以“国民党已死。国民党已不成党。只能说有国民党员，不能说有国民党”。在他看来，国民党中央执行委员会不仅“实际上不能做党之中心”，甚至还“有许多右派分子夹杂其中”，共产党人才“不得不组织党团”。

关于党内的左中右派，鲍罗庭认为“党中分派，是不可免”。关于国民党内谁是左派，鲍丝毫不含糊地承认，只有跨党的中共党员是左派。“如方瑞麟等对中俄协定之宣言，可认为右派”。从中我们可以看到一个十分清晰的脉络：对苏俄态度是划分左中右派一个铁定的因素。

关于中共跨党问题，这天的谈话既是两相交锋，鲍罗庭也相当严厉地表明自己的立场：任何党派都存在这种现象。之所以让中共加入国民党乃“希望右派左派相争，发生一中央派，作党之中心”。他依然阐述自己的良好愿望云：“今日两者本互相利用，国民党利用共产党，共产党利用国民党，惟两相利用之结果，国民党更多得利益”。

张、谢二人依然不依不饶。他们不仅指责《团刊》和日常中共对国民党批评“违反”党义，而且中共违背加入国民党就应服从三民主义的承诺，二人甚至愤怒地表示了与共产党厘清关系的愿望，说莫如让新生的共产党离开国民党，“一往无前”，而让“腐败的”国民党团结起来加以改良，国共分道扬镳。

但是谢持、张继的根本态度是：“素来赞成共产党加入国民党，共同从事革命。此次问题发生，仍主张友谊解决”。鲍罗庭也认为“假令将共产党分出去，共产党或更改党名，而主义仍与国民党同，徒分离革命实力也。前途必不利”。

他们的交锋没有达成任何共识，不欢而散，定“改日再继续讨论”。[①]

再下一次交锋，冲突就升级到国民党中央执行委员会里了。1924 年 7 月 3 日举行第 40 次会议。与会者中[②]只有谭平山、林祖涵两人为中共党员。会议的中心议题是讨论张继、谢持两人前几天对鲍罗庭的弹劾。张继坚决反对鲍罗庭在国民党内划分左中右派的做法，说国民党内没有什么左派右派之分，仅仅“在国共两党之间有反对派”。他认为既然鲍罗庭说过国民党已经死亡之类的话，那他就不适合担任国民党的顾问。张继指责共产国际想“谋取东方革命的操纵和控制权”，说鲍罗庭“居心不善”等等。至于跨党的中共党员，张继认为中共加入国民党后“净是给我们找麻烦”。关于中共在国民党内设立党团等事依然受到张继的指责。不言而喻，谭平山不仅替鲍罗庭排解，而且反复说明中共对国民党的真诚帮助。[③]

这天的会议结果发人深省。汪精卫、邵元冲根据会议安排起草了一个文件。这就是 7 月 7 日发表的《中国国民党关于党务宣言》。它说明此时的国民党领导层还不乏理智者，对于跨党中共党员的活动，文件的提法相当谨慎：没有批评中共，而把一些指责中共“有分道而驰”的言论及行动定性为“误会”。当然语气之间也不无严厉之处：“对于规范党员，不问其平日属何派别，惟以言论行动，能否一依本党之主义及党纲为断。如有违背者，本党必予以严重之制裁，以肃清纪律”。这不仅暗含对党内左中右派划分的否定，又明显着力于消除国共间的隔阂。

这次交锋表面上看是双方打了一个平手。但是鲍罗庭并没有放弃其在国民党内划分左中右派的做法。

---

① 详见《中共党史参考资料》第 3 册，第 327—329 页。

② 会议由彭素民主持，国民党中央执行委员会常委谭平山是主角。与会者有：胡汉民、邹鲁、汪精卫、张继、林祖涵、邵元冲、杨友棠、林森、柏文蔚、廖仲恺。这个记录中没有孙中山出席。《中国国民党周刊》第 30 期，1924 年 7 月 30 出刊。但是在《关于国民党中央执行委员会第 40 次会议的报告》（《联共、共产国际与中国》台北，东大图书公司 1997 年版，第 399 页）说有孙中山出席。

③ 会议详情见《联共、共产国际与中国》，台北，东大图书公司 1997 年版，第 400—402 页。

1924年7月11日国民党设立中央政治委员会。出席这天会议的有：孙中山、胡汉民、汪兆铭、廖仲恺、伍朝枢和鲍罗庭。照惯例，政治委员会的人员是孙中山指派的：除上述人外，还有谭平山、邵元冲。伍朝枢为秘书，鲍罗庭为顾问。主席是孙中山。鲍罗庭认为委员会内的国民党人可以勉强称为左派。[①] 但是该委员会成立伊始就遇到人选上的麻烦：[②] 真正唯一的左派谭平山不想任此职。

委员会成立后立即着手处理政治经济等重大问题，[③] 就其成立本身而言，这些举动已经意味着国民党开始实施其对内对外政策。鲍罗庭感到此时政治委员会的言行还算说得过去，关于中俄协定的宣言[④]毕竟"向左走了一步"。[⑤] 同时，他认为时机已到，该动手迫使国民党"左转"了，他仍然希望在国民党内组织左派运动。于是鲍罗庭想出了一个他认为更加具体而可行的策略，这就是他的"楔子策略"。

第三节　国民党人迎战鲍罗庭的"楔子"策略

当时鲍罗庭主张由自己人即跨党的中共党员尽快办一个报纸，通过它阐述中共对中国内政外交的主张，以它为中心集结国民党内一切左派力量。在对国民党的分析上，他毕竟比陈独秀、吴廷康"柔和"一些，因他有时候还承认国民党内除了中共也还有左派可以争取。不过在他眼里，左派的队伍始终是不清楚的，而且是变幻的。1924年的7月他对中共的要求是，先不能太

---

① 《鲍罗庭致瞿秋白的信（1924年7月18日）》，《联共、共产国际与中国》，台北东大图书公司1997年版，第418页。

② 谭平山在中央执行委员会第40次会议前后已经公开或半公开地与张继冲突，并受到一些国民党人的指责，他不想担任政治委员会成员的职务，曾提出辞呈，但孙中山未予批准。这也是这一次会议上的内容。

③ 如涉及经济和财政方面，决定派遣胡汉民、廖仲恺、伍朝枢审查广东省银行的纸币计划；在军事方面决定设立由许崇智、杨希闵、蒋介石等九人组成的军事委员会，并聘请苏联军事专家高和罗夫为顾问；农业方面，派遣了古应芬、甘乃光、彭湃为农务调查委员，鲍罗庭为顾问；在外交方面决定撰写并发表了《关于排外宣言之大旨》等。国民党中央执行委员会藏：《政治会议第一次会议记录（1924年7月11日）》。

④ 指发表于《中国国民党周刊》第32期的《中国国民党对于中俄协定宣言》。

⑤ 《鲍罗庭致瞿秋白的信（1924年7月18日）》，《联共、共产国际与中国》，台北，东大图书公司1997年版，第419页。

多考虑退出国民党的可能性，而要多做“楔入左右两派的工作”。他批评中共特别是广州的共产党人“没有在国民党内提出任何建议，自然也就没有机会实际考验‘左’派”。他要求共产党人“不应当惧怕国民党内发生冲突和争论，而应旗帜鲜明，就所有涉及地方性的、全国性的与国际性的问题提出建议和议决案”。只有这样，才有利将来“在国民党内更加兢兢业业履行自己的责任，更有利于在左右派之间打进楔子”。不过他也意识到，在这方面确实“碰到了种种极大的困难”。①

公平地说，这个时候的左派运动也好，楔子策略也好，都旨在支持国民党掌权。在这一点上，鲍罗庭与某些共产国际人员和中共人士略有不同，某些国民党人既已经提出“分共”问题，一些共产党人也感到还是分开好，有的地方组织出现了同样的问题。广东区委就有这样的主张。鲍罗庭在广东区委的大会上分析广东形势后，事实上制止了后者提出的要准备同国民党分裂的主张，在当前形势下为脱离国民党作准备的主张使党“走上了一条实际错误的道路”，因为“国民党在实际活动中，尚未完全背离国民党第一次全国代表大会通过的宣言，暂时还有可能利用合法方法在广大群众中开展工作，以深入开展国民革命运动和加强工农派的力量”。

但是整体上说，鲍罗庭的楔子策略甚至从其提出之日起，就遇到了种种抵制和麻烦，未能顺利推行。这在一定程度上是个“悲剧”，根本问题在于他遵从共产国际的教条，把那个划分左中右派的原则当作灵丹妙药搬到中国来。实际上因他们不可能深入了解中国国情，更不可能了解，与他们朝夕相处的人因各有其不同文化背景和经历，这些人不可能对这位无产阶级革命家言听计从。

廖仲恺和孙中山就是一例。廖是公认的左派，鲍罗庭、吴廷康等对他崇信有加。本想通过他对国民党人施加影响。前述《广东田土业佃保障章程》颁布前后廖仲恺的态度，本来应该让鲍罗庭清醒了，本来应该让他掂量廖仲恺是否真的是他想象中的自己人了，但是鲍氏依然希望依靠他心目中的左派廖仲恺，在国民党同共产国际关系开始紧张化的时候，他再次希望得到廖仲恺“应有”的帮助。

1924年8月廖仲恺、孙中山和鲍罗庭讨论土地政策这一国民党民生主义的根本问题时，廖仲恺再一次没有配合鲍罗庭。他举了广宁农村发生的骚乱，说农民协会组织已经就绪，但是那里发生了几次军事冲突后，农民被豪绅争

---

① 《鲍罗庭致瞿秋白的信（1924年7月18日）》，《联共、共产国际与中国》，台北，东大图书公司1997年版，第419—420页。

取过去了，担任区长的是一位国民党员，他也站在豪绅一边，最后政府派遣了一个师的军队去镇压地主的动乱。他强调“政府再也没有能力往广宁派军队了。如果其他地区再出现这样的骚乱，政府的存在就将受到威胁”。

参加此次讨论的苏联顾问弗朗科认为“廖仲恺用这个例子作为有力的论据，来说明何以反对在农村进行阶级斗争”。

不仅如此，廖仲恺也像胡汉民等在上海讨论国民党“一大”文件时那样，强调中国农村存在的宗法关系，认为这是中国农业经济的一大特点，对其应引起足够的注意。廖仲恺说，在中国农村，“地主、豪绅和农民都沾亲带故，姓同一个姓。由于农村结构的宗法性质远强于封建性，所以其阶级矛盾相当和缓，地主与农民的矛盾更像是叔侄间的矛盾，而不像敌我那样，不共戴天”。他以此说明，按照鲍罗庭的主张去组织阶级斗争，一味强调农村阶级斗争，就等于煽动叔侄间的斗争，这是难以做到的，这也是他“反对在农村进行阶级斗争”的原因之一。[①]

凭廖仲恺这样的主张，他难道能够成为共产国际心目中左派的代表人物吗？如果廖仲恺为左，那么与之相对的右是谁呢？鲍罗庭要在左右派之间打进一个楔子，究竟应当往哪里打呢？

与廖仲恺对立的，显然不是“综合派”的孙中山。虽然鲍罗庭说不清孙中山的政治派别属性，这对孙中山并没有影响，孙的主张是一贯的。孙的表现也可以视为对鲍罗庭主张的反弹。这年夏天，孙以革命的国民党领袖的身份“第一次”到广东农民联欢会上讲话。他阐述其民生主义的主张称，第一步要农民“先组织团体”，不像共产国际理论宣传得那样，要推翻现政府，没收地主土地，在农村掀起土地革命，而是号召农民与政府合作，在政府帮助下设法联络为一个大的团体。第二步“才可以争利益”。他甚至警告农民“如果先不联络团体便要去争利益，就像俗话说：‘未学行，先学走’一定是有祸害的，以后田主、商人等更要压制你们。所以今天这个联欢会，关系你们的身家性命，关系你们的祸福。你们做得成功，就要受很大的福；做不成功，就要受很大的祸。这是你们农民不可不谨慎的”。[②] 总之，他强调的，是农民的自我组织和政府的作用，而不是“乱说”。“谨慎”一词他用了不止一次。这是1924年7月的事。

到8月，他对农民运动讲习所的训词，不仅重申自己的主张，而且要求

① 《孙中山、廖仲恺、鲍罗庭就中国农民问题的谈话（1924年8月10日）》，《联共、共产国际与中国》，台北东大图书公司1997年版，第423—424页。

② 孙中山：《在广东农民联欢会的演说（1924年7月28日）》，《孙中山全集》第10卷，中华书局1986年版，第466页。

未来的干部们“大家此时去宣传，一定要谨慎，只能够说农民的痛苦，教他们联络的方法”。在指导农民组织起来时，他要求大家一定明确农民问题的原则：“让农民可以得到利益，地主不受损失，这种方法可以和平解决”——再次强调“和平”与兼顾双方利益。同时，他指出，与政府合作的应当是“全体农民”,[①] 而不是像共产国际那样只有贫农。我们从他的训词中听不出丝毫“打土豪分田地”的意思。

又过了几天，8 月 10 日，孙中山在讲解三民主义的民生主义时，阐述了“我们国民党的办法”：“就是政府照地价收税和照地价收买”。地价“应该由地主自己去定”。这样做的结果是：“地主还是很可以安心的”。在共产国际讲坛上岂能允许地主“安心”这样的话出现？

显然，又要解决土地农民问题又要让地主“安心”之类的观点，明显就应得到一个“阶级投降”或至少是“阶级调和”的帽子。然而，孙中山认定了这才是“国民党的办法”。任鲍罗庭感到多么不中听，在这个繁忙的夏天，孙中山、廖仲恺丝毫没有改变自己的立场。

对于国民党内的左派中国共产党人的行动，孙中山不无非议。在党内一系列的矛盾和冲突相继发生后，他说：“讲到解决社会问题的办法，除了欧美各国所主张的和平方法和马克思的激烈办法以外，也没有别的新发明”。他看到：“一讲到社会问题，多数的青年便赞成共产党，要拿马克思列宁主义在中国来实行”，他说这是一些“极时髦的人”，暗示自己并不想赶时髦。

孙中山把自己划为“综合派”也不无道理，在这个问题上，他相当宽容和客观，对于社会问题之解决，他首先肯定这一些“极时髦的人”“用心是很好的。他们的主张是要从根本上解决，以为政治、社会问题要正本清源，非从根本上解决不可。所以他们便极力组织共产党，在中国来活动”。

可他，孙中山本人又何尝不想解决“社会问题”，他与共产国际的区别仅仅在于通过什么样的道路去“从根本上解决”问题。所以他旗帜鲜明地说：“我们今日师马克思之意则可，用马克思之法则不可”。[②] 这个“马克思之法”清楚地传达出“道路”的含义，按照这样的标准，孙中山把自己归入“综合派”似乎又有些自我高抬之嫌。

又过了 10 天，在同鲍罗庭等讨论土地农民问题的会上，他不容反驳地重申自己的观点，弦外之音好像是在清楚地回应共产国际的观点：“在农会处于

① 孙中山：《在广州农民讲习所第一届毕业典礼的演说（1924 年 8 月 21 日）》，《孙中山全集》第 10 卷，中华书局 1986 年版，第 556 页。

② 孙中山：《三民主义·民生主义（1924 年 8 月 10 日）》第二讲，《孙中山全集》第 9 卷，中华书局 1986 年版，第 388、390 页。

刚刚组织的时期，不应该进行任何公开的反对地主的宣传鼓动”。即使说到自己故乡广东，孙中山照旧主张：这个富有的地区，“是一个适合于开始建立农会的地区”。在共产国际人员步步紧逼之下，问他“何时能在香山县实行没收地主土地的土地改革”时，他依然故我，强调“要有组织上的充分准备工作”。①

当时关于阶级斗争的思想确实在国民党引起不少的争论，被称为右派的一些国民党人面对广东正在发生的情况，面临鲍罗庭会上会下的宣传，并没有赞同共产国际关于立即掀起阶级斗争风暴的做法，反而进一步坚定其立场“说国民党的主义恰恰在于妥协和‘劳资调和’”。②

按照鲍罗庭在左右派之间打“楔子”的做法，孙中山本人既有左又有右，这个自称“综合派”的人得到两个“楔子”才能“一分为二”地成为左派和右派。自然言出荒唐。

共产国际代表们的不同声音

“楔子”不知道往哪儿打，固然使莫斯科的使者们束手无策，但尤其重要的是这些代表之间也没有一致的看法，因此对于究竟如何做才能让国民党“左转”，也没有统一的意见。

如上述，鲍罗庭在1923年年底曾经想让孙中山颁布类似《土地法令》的文件，但当时的情况是：加拉罕予以制止，左派廖仲恺不配合，孙中山反对。后来鲍罗庭的做法受到国民党人的指责，被孙中山否定，及至有联络委员会建立。但是还有另外一种更加激进的声音唱响在莫斯科。这就是左派吴廷康。他的观点没有拿到国民党中央去，因为他不是政治委员会的成员，而更多地参加中共会议和活动。吴廷康观点的性质却与“左派运动”相同，也是在这个范畴之内。试看：

谁是国民党左派？吴廷康认为孙中山及其幕僚即国民党中央的人是“左”派。但他们是很软弱的左派。他在分析这些“软弱”的“左”派时说，他们受国民党内外那些大商业资本家和封建势力的左右，这些人要同帝国主义妥协，出卖中国人民的利益。而孙中山等左派们不敢断然发动“底层”的人民，③ 带领他们向这些势力做斗争：对城市贫民没有做工作，在工人同企业主

---

① 《孙中山、廖仲恺、鲍罗庭就中国农民问题的谈话（1924年8月30日）》，《联共、共产国际与中国》，台北东大图书公司1997年版，第424页。这里孙中山说需要“半年时间”不无搪塞之意。

② 《关于中国国民党中央执行委员会第二次全体会议讨论国共关系问题的报告》（不早于1924年8月30日），《联共、共产国际与中国》，台北，东大图书公司1997年版，第425页。

③ 吴廷康：《华南形势与孙中山政府》，《共产国际》（*Коммунистический Интернационал*），1926年第7期，第189页。

发生冲突时，警察保护的是企业主的利益。① 有产阶级们，右派们（吴廷康指的是那些反对中俄协定的人）② 希望党的政策越右越好。孙中山等人虽为左派，却远远不懂得组织工人和农民开展对有产阶级的斗争。他们既害怕失去工人，也不想开展大规模的工人运动，没有“勇气和决心组织他们”，只想通过国民党工人部主持工会工作。

在吴廷康口中，孙中山等左派们不了解中国民族解放运动的任务是什么。由于孙把肃清陈炯明当做头等任务，所以只关心军事，甚至“以牺牲工农利益为代价”来取得资产阶级的财政支持。③

吴廷康把国民党的领导层都归入左派，似乎还显得比鲍罗庭“大度”，但是他的观点——国民党应当制定更加激进的政策—却与鲍罗庭基本相同。特别是吴廷康强调跨党的中共党员应当发动农民、工人进行阶级斗争，在这个基础上铲除陈炯明的势力。无疑，这不是孙中山和国民党的主张。在 1924 年夏秋，由于国民党内的状况，共产国际执行委员会没有就国民党的政策作出什么强硬指示。随着形势的演进和变化，来自共产国际的左的声音越来越强。

第四节　联络委员会——鲍罗庭再受挫

鲍罗庭受挫的第二个例子，是中央执行委员会政治委员会之下设立的联络委员会。④ 此事源于国民党中央监察委员会张继、谢持等发现了《团刊》上的文章向中央执行委员会第 40 次会议提交报告后，呈请孙中山裁夺一事。⑤

事实上，孙中山早就清楚并设法改变中共“包揽”对苏外交的状况。在中国国民党第一次代表大会文件的起草和国民党对外关系等问题的处理过程中，胡汉民认为鲍罗庭的做法在许多方面违背孙中山的意图，代表大会后便发表其《中国国民党批评之批评》的文章。⑥

---

① 《共产国际》1926 年第 7 期，第 198 页。

② 《共产国际》1926 年第 7 期，第 196 页。

③ 《共产国际》1926 年第 7 期，第 198 页。

④ 吴相湘先生认为该部的设立就是“为执行先生［指胡汉民］二月所提议组织民族国际之事”。吴相湘：《中国现代史丛刊》第 3 辑，第 3 册，第 204 页。

⑤ 《中央执行委员会第 40 次会议录（1924 年 7 月 3 日）》，《中国中国国民党周刊》第 30 期。

⑥ 《革命文献》第 9 辑，第 49—64 页。

这是国民党领导人中第一个公开在报刊上表露对一些重大问题看法的人。不久[①]他就和廖仲恺一起向孙先生进言："我们中国民族实在太大，所以中国的民族革命一定要得到国际的联络和帮忙，我们中国民族自己对于民族革命当然负责甚重，而对于一般的弱小民族也要扶植起来"。[②] 孙中山不仅同意胡、廖二人的建议，并且接着把鲍罗庭请来，向其说明"拟组织一个主持国际活动，流通国际消息的机关"，胡明确告诉鲍罗庭，国民党"第一步……就要组织国际局"[③] 并要求鲍把国际方面的材料"随时供给"国民党中央执行委员会，他索性邀请鲍罗庭也参与组织这个国际局。[④]

1924 年 7 月 7 日，中央执行委员会举行的第 41 次会议通过了汪精卫和邵元冲起草的《中国国民党关于党务之宣言》。这个文件形成的前因便是张继、谢持的弹劾案。不过《宣言》的语气比他们面对面的谈话柔和得多，仅仅表述了"解免党内外之误会及隔阂"的意图。字里行间透露的是相当严厉的"规范党员"活动的必要性："否认其平日属何派别，惟以其言论行动，能否一依本党之主义政纲及党章为断。如其违背者，本党必予以严重之制裁，以整肃纪律"。会议决定"呈请总理在短期内召集中央执行委员会全体委员会议"。[⑤]

《关于政治及外交问题由总理或大元帅办理》的决议草案，便是在上述情况下，于 7 月 14 日由中央执行委员会的第 43 次会议通过的。[⑥]

7 月 18 日，鲍罗庭派出瞿秋白为代表参加政治委员会，取代已经由孙中山批准辞职的谭平山。[⑦]

8 月 13 日，政治委员会决定"设立联络部，以解决纠纷。设联络部方法：由本会举代表一人，第三国际代表一人，中国共产党代表一人，商议后，报

---

① 查吴相湘：《胡汉民先生年谱初稿》，《中国现代史丛刊》第 3 册，第 200—201 页说是在这个时间，未写具体日期，第 204 页说是在"二月"。胡汉民本人在其 1930 年于南京亚细亚学会的讲演中也没有说具体时间，据他介绍此事始末的情况："不久我即离开广州"推测，他同孙的谈话可能是在 1924 年 2 月，因他于 3 月 1 日被孙和中央执行委员会指定为上海《民国日报》编辑部成员，他所说"离开广州"可能就是到上海赴任。

② 胡汉民：《民族国际与第三国际》，《胡汉民全集》第 3 卷，第 1395 页。就在这时他们提出了建立民族国际的想法。

③ 此处所谓"国际局"和下面所指"联络部"是在酝酿建立此机构时使用的名称。

④ 吴相湘：《胡汉民先生年谱初稿》，《中国现代史丛刊》第 3 册第 204 页记载说，1924 年 6 月 13 日国民党中央执行委员会正式设立了联络部，孙中山命胡汉民担任该部部长。

⑤ 台北，中国国民党中央委员会党史委员会藏：中国国民党中央执行委员会第 41 次会议记录。

⑥ 台北，中国国民党中央委员会党史委员会藏：中国国民党中央执行委员会第 43 次会议记录。

⑦《鲍罗庭致瞿秋白的信（1924 年 7 月 18 日）》，《联共、共产国际与中国》，台北，东大图书公司 1997 年版，第 418 页。

告本会呈准总理，然后派出代表赴全体会议陈述”。[①] 国民党要把同共产国际的交往掌握在自己手中，这已经是明显的事实。

中央执行委员会8月15日早晨在广州开会时，瞿秋白出席了会议。从8月19日开始用三天的时间讨论了监察委员张继和谢持及其他同类性质的弹劾共产党的提案。张继仔细阐述了其弹劾书的主旨，提出了一个相当尖锐的问题：第三国际共产党及其道路是否适宜于中国社会情形，至于对俄关系，他认为：“以俄为挚友则可，以俄为宗旨则不可”。这基本概括了此前后中国国民党与共产国际关系一直磨擦不断的实质——国民党拒绝走苏俄道路。

瞿秋白针对张继、王法勤的发言作了答辩称：“实际问题上则所谓党团作用（一致行动）之嫌疑，实为惹起此次纠纷之端。实则既准跨党，便不能无党团之嫌疑。国民党外既然有一个共产党存在，则国民党内便不能使共产派无一致之行动。况所谓之派，思想言论必有相类之处，既有党外之党，则其一致行动更无可疑，何待团刊之发现乎？”[②] 瞿秋白的答辩不无道理，但在会上明显处于守势和少数。

同日的政治委员会举行第六次会议，经讨论后通过了两个草案：一为《国民党内之共产派问题》，旨在以国民党的纪律约束跨党的中共党员；二为《中国国民党与世界革命运动之联络问题》，旨在由国民党直接与共产国际联络。内容计：在中国国民党中央执行委员会政治委员会内设国际联络委员会，由总理任命该会委员。联络委员会的职权范围是：联络世界平民革命运动；与世界各国被压迫民族革命运动联络；与第三国际联络。后者的方法是：协商中国国民革命与世界无产阶级革命运动的联络方法；协商中国共产党之活动与中国国民党有关系者之联络方法。[③]

8月21日，胡汉民主持中央执行委员会的会议。监察委员张继出席，其他中央执行委员有：覃振、丁惟芬、于树德、王法勤、恩克巴图、谭平山、邹鲁、柏文蔚。候补中执委员白云梯、傅汝霖、张苇村、瞿秋白、沈定一、韩麟符、于方舟。这次会议集中讨论国共两党纠纷、跨党的共产党人活动和促进国民党党务发展的问题。

会上汪精卫宣读监察委员李石曾的信云：“两党既已合作如前，万不宜分裂于后”，主席胡汉民认为《团刊》上的文件“用语不当处固多，而内容确无其他恶意，不能即认为是一个有阴谋的党团。现在唯一的解决办法，比较

---

① 台北，中国国民党中央委员会党史委员会藏：政治会议第5次会议记录（1924年8月13日）。

② 李云汉：《中国国民党史述》第2编，台北中华学术奖助委员会1996年版，第534页。

③ 李云汉：《中国国民党史述》第2编，台北中华学术奖助委员会1996年版，第535—536页。

地照政治委员会草案甚为适当”。瞿秋白表示，应当“以纪律为准，而不宜问共产派与否”。[①] 是日会议通过了《国民党内之共产派问题》和《国民党与世界革命运动之联络问题》两个文件。

鲍罗庭并非不敏感，他觉察到国民党右派和中派动机是一致的，他们不能让中共“垄断中国革命”领导权。他明知这是企图“切断共产派同共产国际的联系”，以便“一劳永逸地澄清共产国际和中国共产党对国民党的态度”，但他认为组建这个机构的动议主要还是出自中派，[②] 所以没有反对。

在最后形成的《中央执行委员会全体会议对于全体党员之训令》中，明确了在中央政治委员会内设立联络委员会的主旨，其中之一，就是设法“了知中国共产党之活动与本党之关系，如是，则党内之共产派所被党团作用之嫌疑可因此而消灭，党员之对于共产派亦无所用其猜忌”。[③] 事实上，这个机构还负有更加广泛的使命：与世界各国平民革命和各被压迫民族革命运动联络，与第三国际联络。对后者的方法也有规定：协商中国国民革命与世界无产阶级革命运动的联络方法；协商中共活动中与国民党有关系的联络方法。[④]

但是共产国际后来没有承认该委员会的涉外功能，其驻华代表称“它不直接同共产国际发生关系，不进行国际性（在太平洋范围内）的协作”。它只有调整“国共冲突或误解”的功能。[⑤] 这不是国民党的本意，它也就无法保证国民党同共产国际的直接联系。值得注意的是，这一切发生在孙中山在世时。

第五节　鲍罗庭受到来自左右两个方面的指责

国民党决定成立联络委员会一事使鲍罗庭和瞿秋白受到严厉非难。

陈独秀得知此事后，认为鲍罗庭没有考虑中共中央所发电报，没有同中

① 李云汉：《中国国民党史述》第 2 编，台北中华学术奖助委员会 1996 年版，第 537 页。

② 《关于中国国民党中央执行委员会第二次全体会议讨论国共关系问题情况的报告（不晚于 1924 年 8 月 30 日）》，《联共、共产国际与中国》，台北，东大图书公司 1997 年版，第 426、428 页。

③ 《中国国民党周刊》第 40 期，1924 年 9 月 28 日出刊。

④ 李云汉：《从容共到清党》，台北中华学术奖助委员会 1996 年版，第 327—328 页。

⑤ 《魏金斯基致鲍罗庭的信（1925 年 2 月 15 日）》，《联共、共产国际与中国》，台北，东大图书公司 1997 年版，第 473 页。

共中央商量，没有识破“孙中山和其他一些人的阴谋”，竟中了他们的“圈套”。这样的决定对中共“是一个很大的打击”。中共断不能承认这样的决定。[①] 参加政治委员会第五次会议的瞿秋白也因“没有反击右派试图控制中国共产党的做法”而受到同样的批评。[②]

这样，鲍罗庭便受到来自左的指责。中共认为这样一个“蓄谋已久”的“专事干预中国共产党事务的机关”的设立，为今后国民党“调查共产党的活动”开了恶劣的先例。鲍罗庭和瞿秋白“没有把关于镇压右派措施的草案提出来，以防微杜渐……没有以反右的战斗姿态出现”，结果中国共产党反倒成了被告。[③]

根源何在呢？还是中国人更加清楚自己的国情。陈独秀等中共党的领导人对国民党的分析远比鲍罗庭清醒而确切。陈独秀说，这是因为“共产国际代表对国民党的成分没有清楚认识，也没有意识到，除了共产党人之外国民党内没有‘左’派这一事实”。在中共中央看来，“被称为‘左’派的那一部分国民党人实际上不仅不是‘左’派，连中派也未必算得上，因为他们与右派完全一致，而且总是与右派妥协来压制‘左’派”。中共中央认为鲍罗庭犯了许多错误，首先是在军事政策方面帮助国民党，从而增强了右派的反共势力。即使国民党的中派也满脑子旧思想，“很难让他们走上革命道路”。所以在这种情况下支持国民党的军事行动，只能加强国民党内的反动分子而“削弱对国民革命的宣传”。[④]

这样一来，鲍罗庭就处于“猪八戒照镜子”的境地，就连他自己是什么派似乎也界限模糊了。他的处境很像1923年中共第三次代表大会前后的马林。国民党右派说他支持中共，共产党则说他过于亲近和支持国民党，遇事很少同中共商量，陈独秀甚至请共产国际警告鲍罗庭。这位共产国际代表无奈，只好改变了原来的拨款计划，不再向国民党各省党部提供财政援助，而是把这部分钱交给中共，通过后者提供给受其控制的某些国民党的省党部。[⑤]

---

① 《陈独秀致魏金斯基的信（1924年9月7日）》，《联共、共产国际与中国》，台北，东大图书公司1997年版，第434—435页。

② 《中国共产党中央执行委员会就瞿秋白同志关于广东省政策路线的报告所做的决议（不晚于1924年10月8日）》，《联共、共产国际与中国》，台北，东大图书公司1997年版，第438—440页。

③ 《中国共产党中央执行委员会就瞿秋白同志关于广东省政策路线的报告所做的决议（不晚于1924年10月8日）》，《联共、共产国际与中国》，台北，东大图书公司1997年版，第438页。

④ 《中国共产党中央执行委员会就瞿秋白同志关于广东省政策路线的报告所做的决议（不晚于1924年10月8日）》，《联共、共产国际与中国》，台北，东大图书公司1997年版，第439—440页。

⑤ 《陈独秀致共产国际远东部的信（1924年10月10日）》，《联共、共产国际与中国》，台北，东大图书公司1997年版，第443页。

鲍罗庭的楔子策略对国民党无可奈何，几乎没有收到任何效果。不过，这个策略并没有就此销声匿迹。更精彩的过招还在后面。

第六节　孙中山掌握国共关系大局

张继、谢持弹劾鲍罗庭案虽然以前述几个决议为结束，右派们的气焰似乎有“得逞”之势，但国民党内并不平静。与此同时，广州的局势也因孙中山下令“扣留纸老虎枪械”一事而同样动荡不安。为了稳定大局，孙中山亲自出面处理几个原则问题：国共磨擦，对莫斯科关系，对冯自由的处理，共产国际理论与三民主义的关系。

1924年8月30日国民党中央举行全会。孙中山出席并致闭幕词。会上的气氛比较紧张，他希望知道与会的国民党领导们是否有把握“不会再发生与共产党的磨擦和争论”。监察委员张继的回答是：“走着瞧！”

孙中山批评那些“闹磨擦”的人和“那些反对共产派的人根本不懂得我们的主义。我们进行革命已经三十余年。革命失败的主要原因就是同志们不了解党的主义”。他再次肯定俄国革命的经验和鲍罗庭的能力，称他们“革命党，人人有自觉性，受过训练，懂得为主义而战。况且俄国革命的方法是我们最好的榜样。因此我请鲍罗庭同志做我们的顾问”。至于三民主义和共产主义，孙中山“详细说明三民主义与共产主义没有任何区别，只是达到民生主义的道路不同而已”。

对于在国共间“闹磨擦”表现突出的冯自由，孙中山说他尽管有二十年党龄，“就是因为自己没有当选为中央执行委员会委员，便掀起了反对共产派的运动”。孙知道冯“在同志们中间有一定的威信”，所以国民党内才有人“无意识地跟着他‘叫嚷’”。因此，孙中山宣布以党主席的名义开除冯自由的党籍。[①] 张继持不同意见，称“党内不理解民生主义者，大有人在”，他本人也是其中之一，请孙中山也予以开除。但是孙中山没有这样做，因为张仅仅是“不明白”。[②]

---

① 这仅仅是一个表态，被开除是以后的事。

② 《孙中山在最后一次中央全会上的讲话（1924年8月30日）》，《联共、共产国际与中国》，台北，东大图书公司1997年版，第431—433页。

为了不致由于国民党与共产国际的关系激化而影响他梦寐以求的共产国际援助，孙中山才作出了这样的不智之举。冯自由的确不满于孙中山的“联俄”、“容共”政策，他或上书或面陈，都是为了国民党，并非因为没有当中执委。这实在是一大冤案。

冯自由从1895年13岁加入孙中山的兴中会，坚持不懈地效力于革命事业，还在日本时期就站在孙中山一边，宣传革命，与康有为的保皇党论战。冯父是旅日富商，冯自由不仅从经济上支持孙中山，而且在日本、东南亚、北美发展会员，并为革命募捐。后来投身革命，参与和策划了多次起义，辛亥革命后出任临时大总统孙中山的机要秘书。时年仅三十岁。从中国国民党的角度来说，孙中山的这种想法具有令“亲者痛仇者快”的作用。

无论结果如何，会上的情况，特别是张、冯等人的表现，已经揭示出国民党内的不和了。况且即使开除一两个人，从本质上说，也无助于保证国民党与共产国际关系的平和发展。孙中山仅仅勉强控制着局面。他的强硬只能说明在应对鲍罗庭的所谓楔子策略这件事上，国民党领导层的反弹是相当有力的。

第十章
孙中山高调北上和最后表态

1924 年广州迎来一个真正意义上的多事之秋。8 月 9 日因蒋介石奉孙中山之命令扣压了一艘悬挂挪威国旗的哈佛号轮船，广州商团军极为不满，列强为保护本国及其侨民在华利益把军舰开入白鹅潭。一个月多后孙中山离开广州，前往韶关，筹划再次北伐。

从这个时候起，广州的事态便引起了莫斯科的高度关注，“不许干涉中国!”“不许干涉苏联!”与反帝的呼声响彻苏联各地。

过去史学界一般是将其作为商团制造的叛乱和广州政府平叛予以介绍的。瞿秋白将其称为“孙中山辛亥革命后之第二功绩”。[①] 共产国际和中共史学在相当长的时期里坚持着这个看法。[②] 据新的史料和研究成果，对这个问题有必要予以深入讨论和修正。

1924 年 10 月北京发生政变，冯玉祥掌握中央政府大权，孙中山遂应冯邀于 11 月北上。

1925 年 3 月 12 日孙中山逝世，无论他的致苏俄遗书，还是有加拉罕、鲍罗庭等参加的他的送葬仪式，都发出强烈的“亲俄”音符。孙中山临终告诫国民党要“联合世界上以平等待我之民族共同奋斗”。本章拟讨论：孙中山本人对共产国际究竟持什么态度，共产国际又给他什么地位，这时的国民党处于一种什么状况。

第一节　关于商团军

1924 年 8 月 4 日，孙中山得到情报，知哈佛号驶抵广州水域，遂命蒋介石乘船前往查看。10 日哈佛号进入白鹅潭。蒋介石再奉孙中山命将其扣押，由永丰、江固两舰监押停泊于黄埔军校门外。“哈佛号”上装载的是广州商团军为自卫而向国外订购的武器。

商团从 8 月 12 日起便开始要求政府归还武器，并组织商人罢市，广州局势动荡。

---

① 双林［瞿秋白］：《孙中山辛亥革命后之第二功绩——镇压买办阶级商团之反革命》，《向导》周报第 107 期，第 895—897 页。

② 笔者在《孙中山与共产国际》（台北，学生书局，1997 年版）一书中也持这种观点，实际是值得进一步研究的。

关于广州商团及其武器

广州商团团长是陈廉伯，此人出身于丝业世家，是著名粤商陈启源之子。后为汇丰银行买办。商团早在1912年已经成军并进行操练，是一个相当特殊的具有一定武装的商业团体。① 陈廉伯与广东政界、军界关系密切。由于其具有的经济实力和自卫手段，在辛亥革命后复杂多变的政治生活中，任何一届主宰广州政局的人都要买他的账。近年有学者作深入探讨，认为商团有组建政府以图自卫和发展的想法。②

广州商团从1911年起就拥有武器。因清末广东社会动荡，"凡殷实商户多有储枪自卫者"。③ 有说法云"中国枪械以广东为最多"，许多商业团体具有"各种自卫枪械，与现役军队并土匪等共有400万"。广州商团甚至为其他地方的民团购买武器。④ 哈佛号轮上的许多枪械就是广州商团为省城以外的其他商团购买的。⑤ 1924年5月各商团、民团曾经向丹麦商行订购步枪四千八百余支，配子弹二百余万粒，四千多大小枪支，合计三百余箱，并且向大本营领取到入口护照。⑥

英国与商团

陈廉伯在1919年就任商团团长时便说：商团"若得人扶掖，虽高远之境，不难渐达"。⑦

而"扶掖"者能是谁呢？据澳大利亚科学院院士华裔学者黄宇和教授查阅英国档案的情况得知，一是福勃士（Donald Forbes）。二是中国海关总税务司安格联爵士。

且不论这两个人在商团事件中起了什么作用，他们对孙中山没有好感这是肯定的。但是"没有一份文件显示出在伦敦的英国政府曾丝毫表示过要扶

---

① 详见邱捷：《广州商团与商团事变——从商人角度的再探讨》，载《历史研究》2002年第2期，第53—66页。

② 敖光旭：《"商人政府"之梦——广东商团与"大商团主义"的历史考察》，中国社会科学院近代史研究所：《近代史研究》2003年第4期，第177—248页。

③ 广州《民生日报》，1912年5月18日，引自邱捷：《广州商团与商团事变——从商人角度的再探讨》，《历史研究》2002年第2期，第59页。

④ 香港《华字日报》1924年9月18日，引自邱捷《广州商团与商团事变——从商人角度的再探讨》，《历史研究》2002年第2期，第59页。

⑤ 敖光旭：《"商人政府"之梦》，《近代史研究》2003年第4期，第239页。

⑥ 原件载于《香港电讯报》*The Hong Kong Telegraph*，中文又作：《士蔑西报》1924年8月19日。引自陈定炎、高宗鲁：《一宗现代史实大翻案——陈炯明与孙中山、蒋介石的恩怨真相》，香港，Berliud Investment Ltd出版社1997年版，第379页。

⑦ 敖光旭：《"商人政府"之梦——广东商团与"大商团主义"的历史考察》，《近代史研究》2003年第4期，第197页。

掖广州商团来推翻孙中山的政府"。倒是有确凿材料说明，"有个别的英国人曾对孙中山表示过强烈的不满"，其中有位叫福勃士的人乃是一个"最关键的人物"，在其中扮演了重要的角色。

福勃士，是陈廉伯的老板——香港汇丰银行的代表。福勃士"很坦率地表示广州商人憎恨孙中山，认为孙中山毁了他们的生计。其中百分之八十的商人要把他赶跑。孙中山的部队都是来自云南、河南和湖南的雇佣军，全不受孙中山的控制，在广州城外的驻军，把驻地作为自己的地盘，任意榨取民脂民膏"。①

据汇丰银行统计，在1923年一年内，客军敲诈加上苛捐杂税，单单在广州一地就达1亿元。"其中只有三千万是用在本地的，其余的七千万均被客军、尤其是滇军汇回老家去。广州银根短缺，汇丰的存款被提取一空"。②

另外一位不喜欢孙中山的英国人士，是中国海关总税务司安格联爵士。他向一位英国外交界高官写信描写了孙中山的处境，称他自以为有很大影响力，实际上一些野心家们"只不过是利用他的声誉行一已之私，而把广州变成一片焦土。声言支持他的军队，其实对他毫无忠诚可言。他们有奶便是娘，一天孙中山能从广州市民中榨取到足够的金钱来供养他们，一天他们就会支持他。但终有一天他再无法填其欲壑时，对他就会被弃如敝屣"。安格联暗示说孙中山的活跃分子"对于英国来说又是很大的隐忧"。从中释放出的是"言下之意……他自己愿意为了铲除孙中山而尽一份绵薄之力"。③

香港钟宝贤博士更征引汇丰银行档案说明，帮助陈廉伯的还大有人在，如香港汇丰银行总经理史提芬和他的继任者巴罗。④ 然而，无论明处还是暗中活动的这些人，确实有推翻孙中山政府的想法。但是英国政府并没有支持他们这样做，也没有煽动陈廉伯组织商人政府以代替孙中山的政府。⑤

就孙中山来说，他固然感到自己受到严重威胁，但是他"错怪了英国政府"。⑥ 激怒孙中山的8月29日那个通牒，也是英国驻广州总领事翟比南

---

① H. Fox to Sir Ronald MacLeay, 23 December 1924, enclosed in Sir Ronald MacLeay to Victor Wellesley, 7 January, 1924, FO371/10230, pp. 186—94 [Reg. No. F530/3/10, 19 February 1924]: at pp. 190—4, paragraph 5. 引自黄宇和:《中山先生与英国》台北，学生书局2005年版，第504页。

② 翟比南致麻克类（Bertram Giles to Sir Ronald MacLeay, Dispatch 140, Very Confidential）引自黄宇和:《中山先生与英国》，台北，学生书局2005年版，第506页。

③ 黄宇和:《中山先生与英国》，台北，学生书局2005年版，第507页。

④ 黄宇和:《中山先生与英国》，台北，学生书局2005年版，第516—517页。

⑤ 黄宇和:《中山先生与英国》，台北，学生书局2005年版，第508页。

⑥ 黄宇和:《中山先生与英国》，台北，学生书局2005年版，第520页。

（Bertram Giles）自作主张发的，英国外交部和英国政府都是事后才知道。[①] 一些学者利用第一手档案史料[②]全面回答了这些问题。“哈佛号”轮上的武器是商团采购的，英国政府并没有直接帮助陈廉伯购买军火以推翻孙中山政府。[③]

第二节　广州形势和孙中山的应对

广州的形势

广州本是珠江三角洲的中心，由于战乱，民不聊生，政府又不得不加重税收，商人们感到自己无人来保护，对政府积怨日深。“哈佛号”轮就是在这种情况下抵达广州的。它载有大量军火，孙中山认为这是商团用来对付政府乃至推翻政府的，才采取了上述扣押的决策。商团表示抗议，鼓动罢市。广州形势雪上加霜。广州的经济状况使商人们的经营难以为继。[④]

商团罢市的目的仅仅在于“促政府还械，其心思之婉曲，步骤之安详，手段之文明实属无可庇议。若在欧美民力发达之国，对此强暴政府，早已崛起革命军，明目张胆，推翻执政，岂复取此迂回忍讳手段?”[⑤] 这是支撑商团行动者的观点。

但是孙中山一直认为陈廉伯与吴佩孚勾结，受英国指使要推翻政府。

8 月 28 日孙中山给驻广州领事团发电报，称次日要武力对付西关商团的大本营。8 月 29 日清晨，翟比南向孙中山发出书面抗议。与此同时，英国驻香港海军司令也表示，“若孙中山炮轰西关，英国皇家海军所有军舰即一齐行动”。[⑥]

9 月 1 日孙中山发表《为商团事件对外宣言》，驳斥所谓广州政府“要对

---

① 黄宇和:《中山先生与英国》，台北，学生书局 2005 年版，第 521 页。

② 张俊义:《英国政府与 1924 年广州商团叛乱》，《中国社会科学院近代史研究所青年学术论坛》，1999 年卷，第 48—63 页；黄宇和:《中山先生与英国》，台北，学生书局 2005 年版，第 509—538 页。

③ 陈定炎、高宗鲁：《一宗现代史实大翻案》，香港 Berlind Investment Ltd. 出版社 1997 年版，第 381—383 页。

④ 敖光旭:《“商人政府”之梦——广东商团与“大商团主义”的历史考察》，《近代史研究》2003 年第 4 期，第 208 页。

⑤ 香港《华字日报》1924 年 8 月 26 日，引自陈定炎、高宗鲁:《一宗现代史实大翻案》，香港，Berliud Investment Ltd 1997 年版，第 379 页。

⑥ 经过情形见黄宇和:《中山先生与英国》，台北，学生书局 2005 年版，第 521 页。

一个无防御城市开火的野蛮行动”的说法，抗议英国的威胁，认其“语气无异于宣战”。《宣言》文词激烈，不仅重述英国历史上对印度、埃及、爱尔兰等地的侵略，而且指出眼下“英国的大炮对准着”的是国民政府，旨在摧毁中国“抗击反革命的唯一中心”。①

同日，孙中山致电英国首相麦克唐纳，指责英国“政府一贯在外交和财政上支持中国的反革命”和“干涉中国内政”。他据此断定，“这份最后通牒的真义是要倾覆我政府”。②

孙中山的话听起来相当强硬，实际上广州的情况，陈炯明的逼近，已经使他穷于应付，可以说，与1922年6月相比，孙中山的处境更加恶劣，他第二次被逼到绝境。这次除了有陈炯明的威胁，还加上商团。原来自8月10日蒋介石扣押“哈佛号”轮后，广州商人已经扬言以罢市作为抵制。商团两次派出请愿团要求孙中山归还武器。14日孙中山不得不亲自对商团代表说明扣械的原因，并且指出，“君等之领袖，颇具野心，阻挠与政府合作”，他请商民“安静等候，不必庸人自扰，鼓噪暴动；更不可受人煽动，为人欺骗”。孙中山答应最迟两个星期待查明真相便将武器发还。③ 又过了五天，政府便把商人集资购买的武器发还，由廖仲恺省长具体处理。孙中山再次致函广州商团说明对涉案人员要分别处理。他依然表示，希望商民与政府合作，“本大元帅必倚商团为手足，视诸君为心腹，此不独商团之幸，亦广东之福也”。④ 孙中山的话不无真诚，因广州情况已经使他进退维谷，再加上他认为陈廉伯在“图谋不轨”，已经派遣代表“往洛阳勾结吴佩孚，乃用商团名义”共谋反对政府，自然令政府警惕有加。孙中山又不得不派遣林直勉、连声海等为政府代表到商团与之商洽解决并整顿其内部。⑤

但是商团一直不能平静下来。23日提出强硬要求，诸如悉数归还武器，取消对陈廉伯的通缉，准许商团成立联防总部等。⑥ 孙中山未予回答。25日商团鼓动罢市。广州形势更趋紧张。而为这一切火上浇油的是8月28日晚间发生的事。广州总商会、商联会、九善堂等七代表前来大本营请愿。孙中山并未答应。这天晚上，商团九分队中队长邹竞巡逻时被逮捕，吴铁城审讯后

---

① 《孙中山全集》第11卷，中华书局1986年版，第1—2页。

② 《孙中山全集》第11卷，中华书局1986年版，第3页。

③ 《国父全集》第3集，第442—447页，引自台湾各界纪念国父百年诞辰筹备委员会编：《国父年谱》下册，台北，1965年版，第1051页。

④ 黄彦编：《孙文选集》下册，广东人民出版社2006年版，第520—521页。

⑤ 黄彦编：《孙文选集》下册，广东人民出版社2006年版，第521页。

⑥ 《民国十五年以前之蒋介石先生》第7编，第53—54页。

当即将其枪决。矛盾激化。

本来孙中山为稳定广州局面，有意把被扣押的“哈佛号”轮上的武器发还商团。特别是有8月29日经范石生、廖行超调解商团罢市后订定的妥协条件：陈廉伯通电谢罪，省政府撤销对陈廉伯、陈恭受等商团首领的通缉，商团报效政府五十万，政府发还所扣枪械并撤出新驻市区的军队。[①] 8月28日孙中山向领事团发出通知，说翌日要用武力对付西关。29日清晨，翟比南向孙中山发出了措辞强硬的电报。[②]

同日，中国国民党发表强硬宣言，一方面劝告商民勿为陈廉伯等利用，要与政府合力于主义之进行，同时，说明政府无意实行共产，因国民党自有其指导思想，“主义所在”，请商民不要误会。[③] 然而商人看重的是自身利益，他们感觉已经面临被共产的威胁，“主义”这时已经没有任何说服力，根本无补于挽救广州动荡的形势。

上述言行反映的是国民党和孙中山如何应对商团事件。从中看出政府处境的艰难，以及政府的无奈。

虽然孙中山在9月1日向麦克唐纳拍发了措辞强硬的抗议，事实上他依然担心广州不守。9月3日，中央政治委员会上议决把大本营迁移至韶关。5日孙中山在大本营召开军事会议，决定北伐摆脱困境。

孙中山9月10日在《告广东民众书》中的一段话确切描述了广州情况和他的处境：“广东与革命关系最深，其革命负担亦最重”，他列举了民国以来战乱给百姓造成的灾难后说：这一切“苦我广东父老昆弟至矣。军事既殷，军需自繁，罗掘多方，锋不能给，于是病民之诸捐杂税，繁然并起，其结果人民生活受其牵制，物价日腾，生事日艰。夫革命为全国人民之责任，而广东人民负担为独多，此已足致广东人民之不平矣”。孙中山自然看到广东人民的不满是有理由的。再加上“骄兵悍将，不修军纪，为暴于民，贪官污吏，托名筹饷，因缘为利。驯致人民之生命、自由、财产无所保障，交通为之断绝，尘世为之凋敝。此尤足令广东人民叹息痛恨”。

孙中山不得不面对的是：“革命政府所由徨傍夙夜，莫知所措者也”。同时，他也坦承，形势使广东人民“身受痛苦，对于革命渐形失望，而在商民为尤然”。[④]

---

① 《民国十五年以前之蒋介石先生》第7编，第55—56页。

② 关于这封电报的情况见黄宇和：《中山先生与英国》，台北，学生书局2005年版，第521—522页。

③ 《国父全集》第4集，第127—129页。引自台湾各界纪念国父百年诞辰筹备委员会编：《国父年谱》下册，台北，1965年版，第1057页。

④ 孙中山：《告广东民众书（1924年9月10日）》，《孙中山全集》第11卷，中华书局1986年版，第35页。

迫于形势，他宣布了“革命政府的决心：在最短时间内悉调各军实行北伐；以广东付之广东人民，实行自治，以作为广东省自治之先导。广州市政厅克日改组，市长付之民选。废除现行苛捐杂税，由新官吏制定。[①] 这是不得已之举。孙中山本人已经很难继续驻足广州。继陈炯明事件后，孙中山再次败走麦城，他只好饮下这杯苦酒，于9月12日率领大本营移师韶关。留下胡汉民留守广州，代行大元帅职务，兼广东省长。后来孙中山自己说，他“来韶之始，便有宁弃广州为破釜沉舟之北伐”。[②]

第三节　无奈中的北伐鲍罗庭等各方态度

此时的他“离开广州以图存；离开广州最光彩的借口是北伐”。[③] 孙中山本人后来也说，放弃广州专事北伐是“破釜沉舟”之举。他要另辟蹊径。

新近发现的几封信真切记述了此时孙中山的心境。

首先是，北伐究竟能有什么结果，孙中山心中无数，主要是经费支绌。离开广州前他给加拉罕写的一封信很值得关注，也就是说，孙中山不无以“反帝”姿态争取和催促俄国援助的意思。孙中山在信中说：“现在已经是在中国与世界帝国主义公开斗争的时候了。在这场斗争中，我愿得到贵国这个伟大国家的友谊与支援，俾可帮助中国摆脱帝国主义的强力控制，恢复我国在政治和经济上的独立”。[④] 这封信也不无“催促”的意图，因为苏联1923年允诺的援助此时还没有到达广州。

孙中山9月13日到韶关后身体不适，操劳和焦急使他的身体受到损伤，但是他坚持。

其次是，孙中山认为摆脱广州困境的办法，只有立即出师北伐。

对于孙中山的决策，共产党人谭平山只好服从，他于9月22日率领广东工团军和农团军到韶关，并且在大本营设立了他本人主持的政治训练部。[⑤] 但

---

① 孙中山：《告广东民众书（1924年9月10日）》，《孙中山全集》第11卷，中华书局1986年版，第36页。

② 孙中山：《复蒋中正函》（1924年10月9日），《孙中山全集》第11卷，中华书局1986年版，第146页。

③ 黄宇和：《中山先生与英国》，台北，学生书局2005年版，第576页。

④ 《孙中山全集》第11卷，中华书局1986年版，第46页。

⑤ 林一广：《总理史绩稿》，引自台湾各界纪念国父百年诞辰筹备委员会编：《国父年谱》下册，第1067页。

孙中山的决策却遭到许多方面的反对。从中共和鲍罗庭方面说，基本意见是不要放弃广州，想让孙中山利用这个机会和据点加强反帝斗争。

坚持这样做的，首推鲍罗庭。孙中山到韶关后，鲍罗庭几次催促他回广州。对第一次催促，孙中山通过宋庆龄告诉鲍罗庭，他“不能在9月28日回到广州，因为10月1日将为出师北伐组织群众游行，孙博士要出席并向与会者发表讲话”。①

对鲍罗庭第二次催促回广州，孙还是拒绝，他让宋庆龄写信给鲍罗庭说“要拖延一段时间，看事态进一步如何发展”。孙的真实想法是“现在最好首先在这里开始做百姓的工作。此地工作要容易些，因百姓对我们友好，我们在这里工作的优良结果也会影响广州。至于广州，由于近来的鼓噪，那里的人恨我们。或许要等他们的敌意平息下去，我们的处境才会容易些”。孙中山知道，广州人“在某种程度上会怀疑我们软弱或者害怕他们”。②

接着是中共，它自然是与鲍罗庭一致，对孙中山的北伐，也持反对立场。蔡和森认为孙中山“对付商团的正当政策，只有坚持没收全部扣留的军械，否认范［石生］、廖［行超］二军阀与商团私定的六条件，进一步完全解除买办阶级（商团军）的武装，实际抵抗英帝国主义的干涉……而开始努力推翻帝国主义的新时期”。

在蔡和森笔下，孙中山的北伐，实际“又是右派包围中山先生的成功”，因这些人害怕反对英帝国主义而“失去自己的巢穴”，孙中山的“‘北伐’实属投降英国帝国主义及其走狗（陈炯明、陈廉伯）的下策”。③ 在反帝这层意义上，就连英国的外交官们也有体会，他们清楚地看到，“此间的布尔什维克分子作猛烈的反英宣传”。④

再次，即使在国民党内部也有不同的声音。蒋介石希望孙中山回到广州。但是这些日子里，广州的情况更加恶化，范石生、廖行超不仅拒绝提供北伐的50万费用，而且与广东省商会暗中联络，并且于10月9日放风说将第二次罢市。北伐费用显然已经不可能再依靠范、廖两人了。

尽管如此，在这个关头，孙中山与鲍罗庭依然保持着更加密切的联系，同时，在策略上的分歧特别在是否立即北伐的问题上也更加清楚了。

10月10日中华民国国庆节，黄埔军校举行纪念会。蒋介石发表讲话，向学

---

① 《宋庆龄致鲍罗庭的信（1924年9月）》，РГАСПИ，全宗514，目录1，案卷1111，第10页。

② 《宋庆龄致鲍罗庭的信（1924年9月）》，РГАСПИ，全宗514，目录1，案卷1111，第19页。

③ 蔡和森：《北伐呢？抵抗英帝国主义及反革命呢？》，原载《向导》周报第83期，引自《中共党史参考资料》第3册，第114页。

④ 麻克类致克唐纳的电报，引自黄宇和：《中山先生与英国》，台北，学生书局2005年版，第578页。

员们介绍了国民党的历史，这同时也是一个战斗动员：“今天正当我们阅兵的时候，遇着这种狂风暴雨，正所谓在风雨飘摇之中。这也正好像我们中国国民党在广州市的光景一样。我们在这危急存亡的时候，大家更加奋发才行”。[①]

孙中山得知商团情况后，认为“万难再事姑息。生死关头，惟有当机立断”，他希望省长胡汉民、滇军总司令杨希闵等“心决胆定，勿为物议所摇，则革命前途幸甚”。[②]

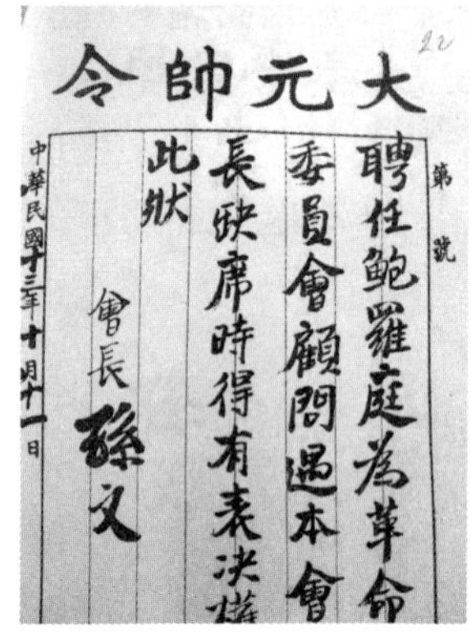
大元帥令

第　號

聘任鮑羅庭為革命委員會顧問遇本會長缺席時得有表决權此狀

會長 孫文

中華民國十三年十月十一日

孙中山发给鲍罗庭的聘书
РГАСПИ 收藏

情况越来越紧急的时候，孙中山与鲍罗庭、蒋介石商量采取措施。10 月 10 日以孙中山为会长的革命委员会成立，次日便向鲍罗庭发出了《大元帅令》，“聘任鲍罗庭为革命委员会顾问，遇本会长缺席时，得有表决权”[③]。进入该委员会的有：许崇智、廖仲恺、蒋中正、陈友仁、谭平山，汪精卫也在其中，胡汉民没有进入。[④]

经过艰难交涉，10 月 10 日商团军领到了政府发还的第一批武器。但是事态并没有平息。商团与政府一个多月来围绕被扣武器发生的冲突灼热了双方对立的情绪，早在广州第一公园盛大集会将要结束时，周恩来就号召与会者“冲出公园去向反革命派做示威运动”。[⑤] 游行队伍行至西濠口时，因商团军卸车，道路封闭，双方大打出手。游行队伍中有六名工人被打死。[⑥]

在这个紧急关头，鲍罗庭“以革命的名义”使用“助燃剂”，把六人夸大为数十人。蒋介石立即于当日急电孙中山：

---

① 《民国十五年以前之蒋介石先生》第 7 编，第 13 页。

② 孙中山：《致胡汉民等电（1924 年 10 月 10 日）》，《孙中山全集》第 11 卷，中华书局 1986 年版，第 167 页。

③ РГАСПИ，全宗 514，目录 1111，案卷 22，第 22 页。另据《孙中山全集》第 11 卷，中华书局 1986 年版，第 172 页所载可知：在广东孙中山故居也有原件。即此件可能一式两份。鲍罗庭把自己那一份交到了共产国际。

④ 这是鲍罗庭的意思。蒋介石认为鲍罗庭“成见太深”，胡、汪都应进入。（《民国十五年以前之蒋介石先生》第 7 编，第 6—7 页）最后孙中山取折中立场，保留了汪精卫，胡没有进入，是为了留有余地（孙中山：《致胡汉民电（1924 年 10 月 11 日）》，《孙中山全集》第 11 卷，中华书局 1986 年版，第 175 页）。

⑤ 敖光旭引周恩来：《民族解放协会代表周恩来演说词》，原载《双十特刊》（广州，1924。引自黄宇和：《中山先生与英国》，台北，学生书局 2005 年版，第 598 页）。

⑥ 广东省档案馆藏，粤海关档案，全宗号 94，目录号 1，案卷号 1585，秘书科类“各项事务传闻录”1924 年 10 月 111 日条。引自黄宇和：《中山先生与英国》，台北，学生书局 2005 年版，第 598 页。

> 韶州孙大元帅钧鉴：密。顷据许总司令电话，言工团军及学徒游街时，被商团击伤数人，现已了事云。而据鲍尔廷君来电话，言工团军及学生被商团击毙数十人，现在没有工团军潜伏各处，不敢出来者。嘱中正代问总理如何处理！中正之意，非责成许总司令及李登同严办不可。如何？灰戌。①

10 月 11 日廖仲恺到韶关向孙中山报告了前一日广州国庆节游行时的情况。②

蒋介石电请孙中山回广州“平难”，暂时搁置北伐的计划。③ 显然鲍罗庭也持同见。孙中山甚至有意让蒋介石与鲍罗庭商量可否将 10 月 8 日“沃罗夫斯基号”交通船运抵黄埔的武器转到韶关，或者按他孙中山的计划编制新军，④ 并请新到的加伦将军帮助编制一个模范营。⑤

孙中山不仅坚持自己的意见，而且告诉鲍罗庭说：许崇智是可以依靠的人，因“许将军同意我的新计划，我会改变原来把军队调往韶关的计划。廖先生会把我的新计划告诉您。我想，这是应付当前危机最好的办法”。⑥

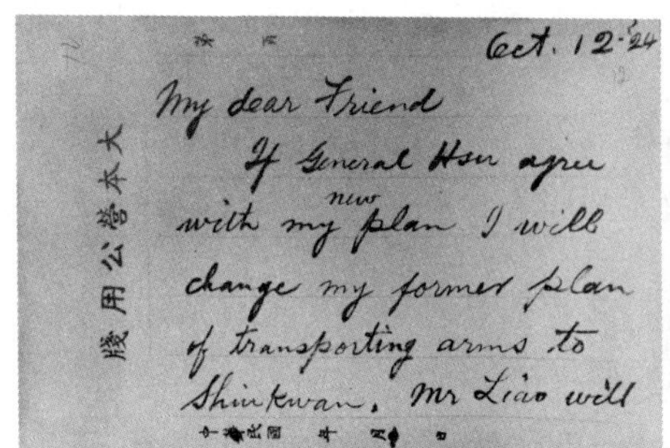

大本營公用牋

Oct. 12-24

My dear Friend

If General Hsu agree with my new plan I will change my former plan of transporting arms to Shiukwan. Mr Liao will

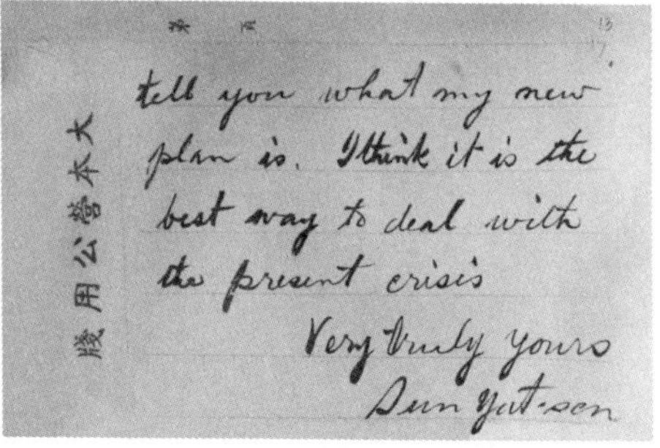

大本營公用牋

tell you what my new plan is. I think it is the best way to deal with the present crisis

Very truly yours

Sun Yat-sen

孙中山致鲍罗庭的信　РГАСПИ 收藏

① 中国第二历史档案馆编：《中华民国史档案资料汇编》第 4 辑（二），第 789 页。

② 《民国十五年以前之蒋介石先生》第 7 编，第 15 页。

③ 《民国十五年以前之蒋介石先生》第 7 编，第 16 页。

④ 《革命军步兵编制》，《民国十五年以前之蒋介石先生》第 7 编，第 5—6 页。

⑤ 《民国十五年以前之蒋介石先生》第 7 编，第 1、3 页。

⑥ 《宋庆龄致鲍罗庭的信（1924 年 10 月 13 日）》，РГАСПИ，全宗 514，目录 1111，案卷 22，第 16—17 页。这个“新计划”的内容迄未得知，但其基本内容依然是讨论：坚守黄埔岛还是放弃之，将军队全部调往韶关。孙中山坚持放弃黄埔，运武器到韶关，加强孙的卫队。蒋介石认为不能放弃广州，因这是国民党的根据地。《民国十五年以前之蒋介石先生》第 7 编，第 20—22 页。

如何理解紧急关头孙中山说出的“以俄为师”

10月10日孙中山关于成立革命委员会的信已经清楚说明了当时的形势。过去，苏联史学往往以在某个问题上是否拥护或赞颂苏联观点为标准，衡量某人在多大程度上接受“先进”的理论，抑或通过某种方式开始表现出“进步”或“革命”的意愿与行动。对“革命委员会”性质的界定及孙所说的“以俄为师”的理解便是一例。苏联史学过分夸大“以俄为师”的含义，似乎孙说了这几个字就标志他思想“提高”了。

在商团罢市，广州政府面临严重威胁甚至民怨接近沸腾的时候，孙中山10月9日决心组建革命委员会，“以对付种种非常之事。汉民、精卫不加入，未尝不可。盖今日革命，非学俄国不可”。

孙中山这里说的“革命”指的就是对付商团军。接着说了汪精卫和胡汉民不加入此委员会“未尝不可”的原因：二人在对待俄国革命问题上有自己的看法，他们“长于调和现状，不长于彻底解决”。这里的“调和”一词很重要，据胡汉民后来的表现可知他的本意在于不赞成俄国革命激烈的办法，而主张调和各方面的关系。[①] 即使在广州当时的情况下，胡也是这个态度。但是孙中山丝毫没有指责他们的意思，仅仅说明两人的态度和他们在这个时刻能够发挥的作用，“现在之不生不死局面”有他们二人还“易于维持”。况且自从孙中山离开广州后，胡汉民代行大元帅职务处理大本营事务。广州的事情也需要有人主持。

通观信函全文，孙中山是在阐述应付时局的两种办法：一是由汪、胡二人把当时的局面“维持调护之”；二是“若至维持不住，一旦至于崩溃，当出快刀斩乱麻，成败有所不计。今之革命委员会，则为筹备以出此种手段”。孙中山认为在广州的形势下，这两种办法“当分途做事，不宜拖泥带水以敷衍也”。“分途”传达的是孙中山的两手准备而已。

的确，孙中山是说了“我党今后之革命，非以俄为师，断无成就”[②] 的话，但是这里的“以俄为师”仅仅指斯时斯地用武力手段消灭商团，“断无成就”指的也仅仅是维持当时广州的局面和他自己的地位，而不是朝着共产国际理论“前进”或有什么根本立场的改变，更谈不上是改变他一向坚持的用三民主义、五权宪法建国的理论原则。

还有两个背景需要注意；一是孙中山写此信的前一天，“沃罗夫斯基号”

---

① 详见本书第12章“胡汉民使苏”部分。

② 孙中山：《致蒋中正函（1924年10月9日）》，《孙中山全集》第11卷，中华书局1986年版，第145页。

交通船运来了一部分武器，孙中山专门写了《欢迎俄舰祝词》。[①] 上引 9 日的信可以理解为他对莫斯科示好的一个机会；二是“以俄为师”是他濒临绝境，针对某一个紧急问题而提出的某一种特殊的解决方法，并没有事例表明他有意把这种特殊方法作为其今后的长远政策来解决中国复杂的内政外交问题。显然用“以俄为师”这句非常之语来以偏概全，试图证明他的某种思想变化或赋予共产国际意义上的政治色彩，并无助于我们全面地了解孙中山的长远政策。[②] 甚至有论者称此后孙中山再也没有说过“以俄为师”的话。[③]

第四节　共产国际并非偶然的反帝浪潮

共产国际把这个事件视为鼓动反帝斗争的极好时机，也是对资产阶级斗争的极好时机。商团武器被扣案一发生，共产国际执行委员会的领导人吴廷康、拉狄克等就纷纷撰写文章分析中国形势，认为英国麦克唐纳和美国柯立芝政府已经“结成统一战线来庇护反动的直系军阀集团”；[④] 说帝国主义之间尽管也有矛盾和利益冲突，但它们会利用中国的形势特别是利用孙中山、陈炯明的矛盾渔利，以期“重新划分势力范围”，它们都要“以牺牲中国劳动群众的利益为前提，也要部分地伤害苏联的利益，因为我们同中国毗邻”。[⑤] 这就是“不许干涉中国！”“不许干涉苏联！”口号提出的背景，它反映当时共产国际加紧宣传反帝斗争的真实意图。

1924 年秋的这场风波固然有其发生的近因和远因，但是就浪潮迭起来看，不排除中国“内因”被“外用”而形成推波助澜的态势。

在苏联，共产国际祭起了反对帝国主义干涉中国内政的战旗。曾经两次

---

① 孙中山：《致蒋中正函（1924 年 10 月 9 日）》，《孙中山全集》第 11 卷，中华书局 1986 年版，第 141 页。

② 孙中山：《致蒋中正函（1924 年 10 月 9 日）》，《孙中山全集》第 11 卷，中华书局 1986 年版，第 614 页。

③ 黄宇和：《中山先生与英国》，台北，学生书局 2005 年版，第 609—611 页。

④ 吴廷康：《中国内战与工人阶级》（Г. Войтинский，*Гражданская война в Китае и рабочий класс*），《真理报》1924 年 9 月 3 日。

⑤ 吴廷康：《中国受到干涉》（Г. Войтинский，*Интервенция в Китае*），载《布尔什维克》杂志（*Большевик*）1924 年第 12—13 期合刊，第 54 页。

会见过孙中山的共产国际代表吴廷康①发表了《华南局势紧张化》、《华南局势》等文章；② 外交人员契切林发表《世界对抗的新阶段》，指责英国对孙中山政府的错误做法，③ 号召世界人民支持孙中山对商团采取的行动。共产国际认为当时的中国是远东唯一飘扬着反帝斗争旗帜的地方。

9 月 11 日俄共（布）中央委员会政治局专门讨论中国问题，就声援国民党反对帝国主义干涉做出具体安排：由外交人民委员发表谈话，以外交人民委员部的名义落实向国民党提供的二万五千卢布的援助。④ “不许干涉中国！”协会就是由俄共（布）倡议组织的，后遍及苏联各地。值得注意的是此后两天，孙中山就离开广州前往韶关了。

全俄工会中央理事会负责组织各地的活动。广州危机四伏时，苏联发出了强烈的反对帝国主义的声音。几个月前来苏俄参加共产国际第五次代表大会的中国代表李大钊也在群众集会上发言，⑤ 远远地向孙中山表示有力的支持。

之所以说此次反英浪潮并非偶然，还有一个因素过去鲜有介绍。那就是共产国际为贯彻其“打倒世界帝国主义”、“消灭世界资本主义”思想及为推行世界革命而采取的群众运动的策略。

共产国际第二次代表大会通过的《共产党与议会主义》决议中，为各国共产党规定了开展社会活动的形式：广泛的群众运动，因为“群众斗争是进行方兴未艾的起义的一整套手段，从形式上说，事态会不断激化，从逻辑上说，会引起反对资本主义国家的起义”。⑥

在革命后的苏俄，群众游行和大规模的活动相当普遍，共产国际号召其各国支部每逢重要的革命节日，如“五一国际劳动节”、俄国十月革命节、卢森堡被害日、马克思生日、共产国际成立日等，都举行广泛的纪念活动，以显示人民群众的革命热情、对共产国际的支持，以及对帝国主义和资本主义的仇恨。每次游行的口号是由共产国际执行委员会的宣传鼓动部门统一制定的，“共产国际万岁！”、“苏联共产党万岁！”、“打倒帝国主义！”、“世界革命万岁！”是每一次游行必不可少的口号。围绕某一主题“开展广泛的群众运

① 他于 1924 年《中俄解决悬案大纲协定》发表后，在广州再次访问孙中山。见吴廷康：《我与孙中山的会见》（Г. В. Войтинский，*Мои встречи С Сунь Ятсеном*），《真理报》1925 年 3 月 15 日。

② 《共产国际》杂志俄文版，1924 年第 7 期，第 202 页；《真理报》1924 年 9 月 6 日。

③ 他使用化名 М. Шаронов 发表此文，《真理报》1924 年 9 月 5 日。

④ 原文未标示币别，此次会议记录见《联共、共产国际与中国》，台北，东大图书公司 1997 年版，第 436—437 页。

⑤ 详见《孙中山与共产国际》，台北，学生书局，1997 年版，第 405—412 页。

⑥ 《共产国际第二次世界代表大会》，莫斯科，党务出版社 1934 年版，第 509 页。

动”已经成为国际共产主义运动中的一种文化现象。

共产国际通过其驻华代表和中国共产党把这种模式也介绍到中国了。中国国民党第一次全国代表大会期间已经组织过这样的游行。在广州和大革命时期的武汉这类轰轰烈烈的场景司空见惯。

另外，本着输出苏俄式革命的的宗旨，共产国际一成立，就向其派驻中国的代表们明确指示了在远东工作的方针：“我们在远东的总政策立足于让日本、美国和中国发生冲突，即利用各种手段激化他们的矛盾”。[①] 这段话的基本意思是激化中国同帝国主义的矛盾。1924 年的秋天，共产国际要激化的不是日本、美国同中国的矛盾，而是同商团及其背后的英帝国主义的矛盾。后来共产国际索性将孙中山与之斗争的商团，定性为“完全是反革命的法西斯蒂式的武装买办阶级”。[②]

这个策略也为中共接受。如对于国民党头面人物在商团问题上一度出现的温和的声音，陈独秀就表示了反对，“中派首领胡汉民向商团作出了让步，交出了警察局的大权”，“市政交给了与商团有联系的李福林，以赶走孙科（孙中山之子，前广州市长）和吴铁城（广州警察局长）”。陈独秀认为这是国民党内的中派想同商民建立联系：“即想制造更加反动的局势”。[③] 蔡和森认为“帝国主义及其走狗（陈炯明、陈廉伯、右派诸叛徒及滇军等都包括在内）全是反革命”，对付他们的正当政策是“只有坚持没收全部扣留的军械，否认范、廖二军阀与商团私订的六条件，进一步完全解除买办阶级（商团军）的武装，实际抵抗英国帝国主义的干涉”。而且他认为这才是一个“推翻帝国主义之新时期”的开始。[④]

综观当时的形势，可以归结共产国际和中共的基本看法：商团乃反革命组织。由此产生的“革命策略”便是镇压“反革命”。无论是上述席卷苏联各地的活动，还是共产国际通过其各国支部组织的声援中国的运动，都旨在支持革命派孙中山，加强反帝的音符。李大钊多次亲历这样的场面，他通过中国国民党的机关报上海《民国日报》从苏联向国内传达“此种运动在莫斯科及其他大城均是一样的热烈，‘从中国收回手去’[⑤] 的呼声，全俄皆是。到

---

① 《威廉斯基－西比利亚科夫关于 1919 年 9 月至 1920 年 8 月在国外东方民族中的工作向共产国际执行委员会的报告（1920 年 9 月 1 日）》，《联共、共产国际与中国》，台北，东大图书公司 1997 年版，第 17 页。

② 季诺维埃夫：《孙逸仙之死》，《向导》周报第 110 期，第 1007 页。

③ 《陈独秀致共产国际远东部的信（1924 年 10 月 10 日）》，第 444 页。

④ 蔡和森：《北伐呢？抵抗英国帝国主义及反革命呢?》，《中共党史参考资料》第 3 册，第 114 页。

⑤ 俄文是 Руки прочь от Китая，即：不许干涉中国。

处组织此等团体，天天都有集会，报告中国的事，同声一致地赞助孙逸仙的革命政府，反对国际帝国主义干涉中国”。①

第五节　鲍罗庭、黄埔军“以革命的名义”对付商团

此时黄埔军校校长蒋介石也用反帝的口号激励学员。他对军校学员揭露了英国迫使广州政府就范的企图，指出英国是“中国的乱源”；同时也揭露它的手法：利用广州政府“挟制北京政府”，无论办什么交涉，你北京政府如不服从，“我就承认南方政府”。②

加伦将军与蒋介石、中共持同样观点，认为应当利用这个时机掀起强大的反帝运动。他肯定了黄埔军校“首先表态反对‘纸老虎’”的做法，并说该校在商团“叛乱的日子里作出了敦促商团军缴械的决议，是该校在广州政治舞台上一个光鲜的首次亮相。在孙中山“政府动摇并作出把武器归还‘纸老虎’决策的日子里，黄埔军校通过决议，要求政府果断行事，并声明，如果政府下令把黄埔军校监管的武器归还商团军，那么黄埔学员不会从命，宁死也不把军校监管的一枪一弹交商团军。学员们自发地使军校进入战备状态。在平叛的日子里，工人纠察队和农民运动讲习所的学员一马当先出击商团军，是军校掩护他们退到黄埔岛上的，在这里受到热烈欢迎。同商团军冲突期间，黄埔军校还把被迫撤离广州的政府委员们安置在校内。军校尽管人数不多，却成了政府军的核心，把所有革命分子团结在自己周围”。③

广州的中苏友好音符，则因一些事件而越来越响亮。8 月苏联著名的军事家瓦西里·康斯坦丁诺维奇·布留赫尔（加伦）到来。他接替 1924 年 7 月首

① 李大钊：《苏俄民众对中国革命的同情》，中国李大钊研究会编：《李大钊全集》第 4 卷，人民出版社 2004 年版，第 19—20 页。

② 《民国十五年以前之蒋介石先生》第 7 编，第 68 页。

③ 卡尔图诺娃：《加伦在中国（1924—1927）》，莫斯科，2003 年版，第 88 页。

任广州政府军事顾问的高和罗夫[①]担任了广州政府总军事顾问。他以良好的品质、优秀军事家的才干和气质颇得人们的爱戴，亲切的“加伦将军”表示了人们对他的态度。蒋介石一直同他保持良好关系。

10月6日苏联驻广州使馆举行升旗仪式，许多国民党人参加，这一看似平常的事件却是意味深长的。对于即将北上并提出明确反对帝国主义口号的孙中山似乎是一种后援力。

10月7日，苏联“沃罗夫斯基号”交通船送来了苏联提供的第一批军援。[②]

10月8日，孙中山在欢迎俄舰祝词中盛赞“以推翻强暴帝国主义，解除弱小民族压迫为使命”的苏联，和“夙持三民主义，亦为中国革命、世界革命而奋斗”的孙中山的友谊，希望此举“定使两国邦交更加亲睦”。[③]

这批武器的到来确实如雪中送炭。[④] 孙中山当日便命蒋介石征求鲍罗庭的意见以合理使用之。[⑤] 次日他又告蒋氏表示要依靠加伦将军利用这批武器编练一支“负革命之任务”并听从他孙本人指挥的劲旅。[⑥]

10月11日，鲍罗庭据孙中山大元帅令成为革命委员会顾问，开始直接参与对商团的镇压。

10月12日，听过廖仲恺汇报后，孙中山函告胡汉民：革命委员会已经成立，胡氏不在其中乃“留有余地”。[⑦] 这倒不是因为胡汉民“不革命”，而仅仅是由于孙中山要“快刀斩乱麻”解决广州商团问题。

10月15日，按照苏联红军模式建立的黄埔军校和苏联运来的武器发挥了威力。蒋介石高度评价这次军事行动：“黄埔师生以无隔宿之粮、无尺寸之地、训练初成的孤军，终于敉平了商团之变，制止了帝国主义的觊觎野心，

---

① 高和罗夫是巴甫洛夫 Павел Андреевич Павлов（1893—1924）的化名。他生于一个沙皇高级将领家庭，18岁时因参加革命活动被捕入狱，获释后参加了以《真理报》为核心的革命工作。第一次世界大战中应征入伍，在沙皇军队开展秘密革命工作。十月革命后，1919年加入俄共（布）。在苏俄内战中活动于克里木一带，奋战弗兰格尔白卫军。他率领的军队英勇善战，纪律严明，素有“列宁士官生”之美誉。1923年赴莫斯科参加高等军校训练班，同时兼任射击学校校长兼政委。1923年获得二级红旗勋章。是年布哈拉苏维埃给予他很高的荣誉——选为中央执行委员会委员。为表彰他在打击白卫军中的战功，布哈拉共和国授予他一把镌刻精美装饰华丽的荣誉军刀。Д. В. 贝科夫：《军团长巴甫洛夫》（Быков，*Комкор Павлов*），莫斯科，1965年版。

② РГАСПИ，全宗627，目录1，案卷7，第113页。

③ 上海《民国日报》（1924年10月19日）。

④ А. И. 契列潘诺夫：《一个驻华军事顾问的笔记》，莫斯科，1964年版，第148—149页。

⑤ 《民国十五年以前之蒋介石先生》第8册，第3页。

⑥ 《民国十五年以前之蒋介石先生》第8册，第4页。

⑦ 《孙中山全集》第11卷，中华书局1986年版，第175页。

成为北伐之师胜兵先胜的关键之战”。[①]

10 月 15 日上午 11 时，政府军与商团军开始互相射击，大火烧至 17 日方熄。“清剿”商团军的“战果”不同部门统计数字有差异，列表如下：

	美国领事统计	香港电讯报	广州政府统计
焚毁房屋	1100	3000	580
被抢住宅	600	——	1881
总共损失	30000 万港币	50000 万港币	190 万港币
士兵死伤	数百人	政府军死 100 人 商团军死 200—300 人	政府军死伤 100 人 商团军死伤较少
平民死伤	远超过士兵	1700—1800 人	仅伤数人[②]

孙中山和鲍罗庭、汪精卫等人 11 月 6 日在广州纪念十月革命七周年的大型活动中发表热情的演说，盛赞苏联和共产国际的支持。一个月前的广州事态深深为国民党铭记。[③] 在正统的国民党史学中，这一段公案是以广州政府军的凯旋告终的。

然而，商团事件毕竟还留给人们一些思考，为什么当时对于广州事态，存在另外一个强劲的反对声音。商团方面自不待言。舆论上还有对孙中山的指责。北京的《顺天时报》说：

> “孙文既驻广州，无论何时，应有保护市民生命财产之觉悟，若使无此觉悟，徒为战争，牺牲良民，不问手段如何，专以维持权势为事，是不啻恶王虐主之所为，伤德之事，莫此为甚”。[④]

与共产国际煽动阶级斗争的意图相比，从社会安定和发展的意义上看，特别是从市民社会的角度看，商团的生存空间和经营环境一直不算宽松，在中国动荡的政局中，商民为求发展而采取的自卫手段无可厚非。即使商团试图建立商人政府以保护自己的利益，也是可以理解，况且商团自 1912 年以来并未曾受到“镇压”，因它对于广州的发展起着促进作用。但到 1924 年，商团置办武器的努力落空了。

上海的《时事新报》认为孙中山对于商团的镇压根本不是“革

① 《蒋介石秘录》第 2 卷，第 329 页。

② 陈定炎、高宗鲁：《一宗现代史实大翻案》，香港，Beiliud Investment Ltd. 1997 年版，第 386 页。

③ 详见上海《民国日报》1925 年 1 月 14 日。

④ 《顺天时报》1924 年 9 月 22 日。

命”行动。

“真正的革命，并不是一部分人士实现其主义的运动，而实为大多数人民自动的推翻恶政治，实现其幸福生活之运动。要能够变成功革命，至少必须有大多数的人民予以同情，取得大多数人民的代表地位。

孙文以革命党自居垂三十年，且以唯一革命党自居三十年。却是对于革命的真义，毫不知道。他三十年来努力的目标，曰以党治国，而不知党之所以有意义，在于代表人民以治国。否则以一部分党人治国，与以一部分特殊阶级，与一个独夫治国，有什么分别？孙文不知道这个道理，所以根本已失却革命的意义了”。

该报并不否认孙中山在辛亥革命中的作用，但是就商团一事表示了强烈的反对态度：

“到了今日，以全力压迫商团，试问他是代表什么？反抗什么？他简直是明白宣布，自侪于军阀，以压迫民众的真正革命运动了”。[①]

这一切都是值得更深入研究的。

第六节　孙中山北上与他设想中的国际关系格局

1924 年 9 月第二次直奉战争开始。以镇威将军自称的张作霖在锦县设立大本营。直军则起而“讨逆”，由吴佩孚任总司令，冯玉祥、王怀庆、彭寿莘为军长。趁直军失利出京之际，冯玉祥于 10 月 19 日自热河前线班师回北京，并得到胡景翼和孙岳的协助，迫曹锟下野，张作霖回到北京。冯、段、张均邀请孙中山北上共商国是。后在天津会议上冯玉祥推举段祺瑞为执政。是谓北京政变或曰首都革命。

国民党是否参预或促成了这场革命，现存在各种版本，[②] 按孙中山的说法，事变前的五六个月他就知道一些国民党人在北京“进行”，并且“成绩很好，军界表同情的很多”。他本人对于“以前的情况不明了”，但是据发生事

---

① 原上海《时事新报》社论。香港《华字日报》1924 年 10 月 22 日予以转载。引自陈定炎、高宗鲁：《一宗现代史实大翻案》，香港，Berlind Investment Ltd 1997 年版，第 389 页。

② 详见李云汉：《中国国民党史述》第二编，台北，中国学术著作奖助委员会 1966 年版，第 556—565 页。

变的情形，他“可以决定是我们同志的筹划”。鉴于“他们在北京奋斗，费了许多大力，才有这次的变化”，而且他认为“可信北京首都之地，的确是有军队来欢迎革命主义的”。另外他从此次事变中看到，北京也未必像他过去理解的那样，是“空气龌龊，官僚卑下，武人野蛮”的地方。这里同样可以成为“革命的策源地，造成一个革命的基础”。①

孙中山感到既然冯能够“驱逐元恶，为革命进行扫除障碍”，所以“贯彻十余年来未能实现之主义”也有了保障。这已经是“中央革命的头一步；头一步通了，再走第二步、第三步，中央革命一定是可以大功告成的”。他估计，待他到了北京，“极快只要半年便可以达到实行三民主义，五权宪法的主张，极慢也不过是要两年的工夫便可以成功”。②

共产国际的使者们早在 1922 年就有让孙中山参预中央政府事务的想法，此刻他们认定，中国的政治形势“为孙中山提供了第一次机会，使他的政治作用可望超出广东一省”，③ 鲍罗庭、加拉罕同样认为国民党应当利用这一能使“国民党走上广阔的国民革命舞台和成为一个重要政党的极好时机”。④

孙中山决定北上，于 11 月 10 日在广州发表了北上宣言，向世人宣告此行的目的或曰国民党的内外政策是：召开国民会议解决国内问题，对外废除不平等条约，反对帝国主义加在中国人民身上的枷锁，从而奏响了反帝的旋律。⑤ 不过他的言行表明，他的反帝是想另辟蹊径。

11 月 13 日孙中山离开广州，经香港到上海。耐人寻味的是孙中山北上途中安排了日本之行。鲍罗庭、加拉罕曾经极力劝阻，不使他的“亲日”倾向⑥趁机表露和发展，莫斯科甚至有意安排孙中山到苏俄访问。孙中山没有接受；蒋介石也认为“此时访俄，将使共党乘机散播谣诼，来混淆一般国民的耳目，要使我们本党国民革命的前途发生重大的障碍”。孙中山访问苏俄的计

---

① 孙中山：《在黄埔军官学校的告别演说（1924 年 11 月 3 日）》，《孙中山全集》第 11 卷，中华书局 1986 年版，第 264—265 页。另外他《在广州各界欢送会的演说（1924 年 11 月 12 日）》（《孙中山全集》第 11 卷，中华书局 1986 年版，第 307—308 页）也提到同样的情况。

② 孙中山：《在黄埔军官学校的告别演说（1924 年 11 月 3 日）》，《孙中山全集》第 11 卷，中华书局 1986 年版，第 308 页。

③ 《魏金斯基致季诺维也夫的电报（1924 年 11 月底，上海）》，《联共、共产国际与中国》，台北，东大图书公司 1997 年版，第 454 页。

④ 《鲍罗庭关于国民党情况的书面报告（1925 年 1 月 24 日，北京）》，《联共、共产国际与中国》，台北，东大图书公司 1997 年版，第 463 页。

⑤ 孙中山：《北上宣言（1924 年 11 月 10 日）》，《孙中山全集》第 11 卷，中华书局 1986 年版，第 294—298 页。

⑥ 鲍罗庭和加拉罕知道孙中山有过中日苏联盟的想法，他们没有阻止他赴日。《鲍罗庭关于国民党情况的局面报告》，《联共、共产国际与中国》，台北，东大图书公司 1997 年版，第 464—465 页。

划遂作罢，[①] 他还是按照自己的意图到了日本。关于他何以绕道日本至北京，史界存在种种观点，其中之一是，孙中山在革命生涯中形成的日本情结起了主要作用，他希望与日本朝野友人会晤和取得日本支持。[②]

关于“大亚洲主义”

这是1924年11月28日孙中山在日本神户讲演时明确提出的，基本构想是：东方乃世界文明的的发祥地，中国和日本是东方的两个大国，而日本在明治维新后国力渐强，特别是1904—1905年的日俄战争中日本打败俄国，给东方的亚洲人以希望。所以大亚洲主义有了思想基础。“从日本战胜俄国之日起，亚洲全部民族便想打破欧洲，便发生独立的运动”。孙中山在比较了东西方文化后说，东方文化的特点是王道，而不同于西方专以武力征战和压迫弱小民族为特点的“霸道”。他主张以东方的文化为基础，借鉴西方的物质文明，以此作为大亚洲主义的基础。但学习和借鉴绝对不是“学欧洲来消灭别的国家，压迫别的民族的，我们是学来自卫的”。他反复强调讲道德，说“仁义道德就是我们大亚洲主义的基础”。[③]

同时他也从其“民族主义”理论的角度，尖锐批评日本，指出“所有中国同外国订立的一切不平等条约，都是要改良，不只是日本所立的二十一条的要求”。他甚至质问：“假若美国对于日本也有二十一条的要求，你们日本是不是情愿承受呢？当然是不情愿的”。他要日本“拿出恕道心和公平的主张出来”，按照中国古语所说“己所不欲勿施于人”的思想来处理对中国的关系。[④]

台湾历史学家李云汉先生认为“孙中山的大亚洲主义，是对日本人的一项忠告和启发。希望日本人以东方王道文化角度，联合并扶植亚洲被压迫的民族，抵抗西方的侵略，共同造成一个有助于人类文化发展的新亚洲，大亚洲。但日本人并没有深切体察孙中山先生的心意，甚至曲解孙先生‘大亚洲主义’为后来日本军阀所主张的所谓‘东亚共荣圈’作注脚。这自然不是孙先生当时所能预料到的”。[⑤]

戴季陶深谙孙中山的意图，认为孙中山在神户的两大演讲“绝不是应该

---

① 蒋介石：《苏俄在中国》，《先总统蒋公思想言论总集》，台北，中国国民党中央委员会党史委员会1984年版，第40页。

② 李吉奎：《孙中山与日本》，广东人民出版社1996年版。

③ 孙中山：《对神户商业会议所等团体的演说（1924年11月28日）》，《孙中山全集》第11卷，中华书局1986年版，第403、407页。

④ 孙中山：《与门司新闻记者的谈话（1924年12月1日）》，《孙中山全集》第11卷，中华书局1986年版，第436页。

⑤ 李云汉：《中国国民党史述》第二编，台北，中国学术著作奖助委员会1966年版，第579页。

轻轻看过的”，因为孙中山“平生事业之殿”，是要把“东方文化的精神高调起来”。[①] 尽管孙中山希望日本从今以后对于世界文化的前途，究竟是做西方国家霸道的鹰犬，或是做东方王道的干城，有待日本国民去详审慎择，[②] 但他一直对日本怀抱不低的期望，他的好友犬养毅进入日本内阁时，孙中山还是希望从此日本政府能够来援助他。就孙中山的地位和中国局势看，这里有多少可行的成分，是值得怀疑的。[③]

另外，鉴于孙中山与共产国际的关系毕竟比两三年前变化了许多，密切了许多，他也希望中、日、俄能互相提携，“尚望日本速归于亚细亚主义，而尤以承认俄国为其第一步”。[④] 他把中、日、俄联盟的构想作为大亚洲主义的核心来反对欧美列强，反对帝国主义。他期望“将日本帝国主义从帝国主义阵营分割出来，这是一相情愿的”。[⑤]

至于孙中山设想中的俄国，他的基本思想中有一条：苏俄是已经宣布放弃对华不平等条约的国家——在民族主义的意义上，“照革命的关系，实在是一家”。然而“说到国家制度，中国有中国的制度，俄国有俄国的制度；因为中国同俄国的国情彼此向来不相同，所以制度也不能相同”。[⑥] 这里同样有一些值得怀疑的成分：孙中山是否真的以为苏俄放弃了“对华不平等条约”呢？否！他对刘成禺说过的一段话耐人寻味：

> “在我成立广州政府以后，英、美、日三国一有机会就给我制造困难，特别是英国！幸好，今天俄国给我们派人来了，还要用一切重要物资支援我们，这并不是说俄国对我们特别友好，它是想通过国民党贯彻它在中国的政策。我们从外交考虑愿意同俄国结成联盟，借以威胁英、美、日。如果英、美、日改善同我们的外交关系，我们为什么只同俄国结盟呢？”[⑦]

孙中山把他对俄关系的立场表述得淋漓尽致，实用主义成分十分清楚。

---

① 戴季陶：《孙文主义的哲学之基础》，朱汇森编：《戴季陶与现代中国》，台北，“国史馆”1989年版，第211页。

② 孙中山：《对神户商业会议所等团体的演说（1924年11月28日）》，《孙中山全集》第11卷，中华书局1986年版，第405页。

③ 李吉奎：《孙中山与日本》，广东人民出版社1996年版，第612页。

④ 孙中山：《对日本采访员的谈话（1924年12月5日）》，《孙中山全集》第11卷，中华书局1986年版，第466页。

⑤ 李吉奎：《孙中山与日本》，广东人民出版社1996年版，第613页。

⑥ 孙中山：《与长崎新闻记者的谈话（1924年11月23日）》，《孙中山全集》第11卷，中华书局1986年版，第365页。

⑦ 《先总理旧德录》，“国史馆”馆刊创刊号，引自李吉奎：《孙中山与日本》，广东人民出版社1996年版，第533页。

“中德俄联盟”与民族国际

中德俄联盟是孙中山最初设计的国际关系格局之一，而民族国际则是他关于国际关系的收官之作。

“中德俄联盟”贯穿的是孙中山在国际上对于帝国主义恃强凌弱的反抗，是为弱小国家“打抱不平”的思想，他的初衷是中德联手“摆脱凡尔赛体系的桎梏”。而在中国建立强大的军队，则是最基本的要素。为此就要中德合作在中国开发矿业，开垦土地，发展经济，乃至军事工业。为此事奔走的是朱和中、邓家彦。他们与德方交涉的还有向德国订购武器的内容。①

孙中山处于在野状态，他本想以向德国提供开采权来换取大量的资金，德国有关方面认为“大部分可供开采的地方都在他的势力范围之外”，而且“孙中山彻底破产，根本没钱”。即使德国能够开采，也会引起其他国家的干涉，例如“英国人为了香港的需要，也不会袖手旁观”。② 总之，这个想法从一开始就因孙中山的地位而命定落空，但是邓家彦、朱和中还是为此颇费了些周折。

朱和中（1880—1940），生于湖北建始。曾入湖北武备学堂，1904 年赴德国柏林兵工大学学习，武昌起义后曾与德国“礼和洋行”、“捷成洋行”接触，说服其勿向清廷交付其所订军火，而交革命军。1912 年归国，任南京临时政府参谋部第二局局长。1917 年孙中山南下护法，组军政府于广州，朱任机要秘书；同年由孙中山介绍加入中华革命党。③ 1917 年俄国二月革命后，孙中山预感“来日狂澜正难料也”，遂函朱嘱其注意俄国动态。④

邓家彦（1883—1966），早年就读于桂林培风书院，1900 赴澳门，1902 至日本。参加同盟会。1908 年到美国留学。1911 年武昌起义后返国。1921 年任中国国民党广州特设办事处宣传部长。朱和中回国后，邓家彦于 1922 年 6 月到德国。“一面与鲁尔区实业家 Stinnes、德国参谋长 Von Seck 等人联络，一面秘密进行党务”。⑤ 但此事并未因陈炯明在《香港电讯报》披露那几封

---

① 郭恒钰：《孙中山与德国（1922—1924）》，《国史馆复刊》1997 年第 23 期，第 83—110 页。

② 郭恒钰：《孙中山与德国（1922—1924）》，《国史馆复刊》1997 年第 23 期，第 102 页。

③ 朱和中：《欧洲同盟会纪实》，载《辛亥革命回忆录》第 6 集，文史资料出版社 1963 年版，第 5—9 页。

④ 孙中山：《批朱和中函（1917 年 3 月 27 日）》，《孙中山全集》第 4 卷，中华书局 1985 年版，第 22 页。朱 1926 年随胡汉民访问苏联，参加共产国际执行委员会第七次扩大全会；1928 年任立法院立法委员；晚年任立法院自治法委员会委员、中国国民党中央党史史料编纂委员会名誉编纂。1940 年卒于重庆。

⑤ 郭廷以、王聿均、刘凤翰、谢文孙：《邓家彦先生访问记录》，台北，“中央”研究院近代史研究所 1980 年版。

信[1]而终结。

1922 年 9 月孙中山同格克尔会谈时详细阐述其西北计划，依然表示要借助俄国经验，利用德国技术开发中国西北。1923 年蒋介石访问苏联时，在共产国际执行委员会的会上有过详尽的阐述：

“国民党设想，由俄国、德国（当然是德国革命成功之后）和中国（中国革命成功之后）共建三大国同盟，以抗衡世界资本主义势力，依靠德国人民的科学知识，中国革命的成功，以及俄国同志的革命精神与俄国的农产品，我们就可能轻而易举地取得世界革命胜利，我们就可能推翻全世界的资本主义制度”。从地缘政治上看，“在俄国西部，还有一些受资本主义控制的国家，如德国和波兰，德国革命尚未成功，俄国的西线就不会安全……由俄国同志帮助德国革命成功是非常必要的”。中国是苏俄的东邻，国民党“期望共产国际应该特别关注远东，尤其是中国革命”。[2]

三民主义中的“民族主义”是这个思想的基础，德国的被选中是因为它在第一次世界大战后放弃对中国的不平等条约。1923 年德国革命失败后，共产国际丧失了对蒋介石所述想法的兴趣。[3]

国民党设计的另外一个外交框架“民族国际”在 1924 年年初现其雏形。孙中山把中苏分别置于两个不同的世界组织之中。这就是他 1924 年在三民主义讲演中提到的“亚洲世界主义”。其思想基础依然是民族主义，他认为“中国四万万人是亚洲世界主义的基础”。苏俄的“一万万五千万人是欧洲世界主义的基础”。[4] 但是在 1924 年夏季之前，孙中山并没有以此而公开表示与莫斯科“分道扬镳”，相反，他尽可能说服国民党人维持同中共和莫斯科的关系，他用心良苦，力图平息国民党内一部分人对共产国际的怀疑乃至反感，在讲解三民主义时他向国民党反复说明“民生主义与共产主义之间没有任何区别”。[5]

一些国民党领导人从孙中山反对压迫别国、反对恃强凌弱这个角度，还曾经使用过“民族国际”的述语理解和诠释孙中山的大亚洲主义。胡汉民和

---

① 信的译文见《向导》周报 1922 年第 4 期，第 25 页。

② 《有国民党代表团参加的共产国际执行委员会会议速记记录（1923 年 11 月 26 日）》，《联共、共产国际与中国》，台北，东大图书公司 1997 年版，第 271—272 页。

③ 还可见日本学者田岛信雄的《孙中山与德国——兼论中德苏联盟的构想》（载《南京大学学报（哲学人文科学社会科学版）》，2009 年 3 期第 75—91 页）和捷克学者法斯的《1921—1924 年间孙中山与德国关系》（载捷克科学院亚研究季刊 Archive Orientalni 1968，第 36 卷第 135—148 页）。

④ 孙中山：《三民主义 · 民权主义》（1924 年 2 月 17 日），《孙中山全集》第 9 卷，中华书局 1986 年版，第 231 页。

⑤ 孙中山：《在广州国民党讲习所开学典礼的演说（1924 年 6 月 29 日）》，《孙中山全集》第 10 卷，中华书局 1986 年版，第 349—352 页。

孙科都有过这方面的言论。

孙中山设想这个组织应当是亚洲被压迫民族的联合体，是一个不分阶级而以国家民族为单位的全民性的联合体。他满有信心地说，中国的四万万人，印度的三万万五千万，加上日本、缅甸、越南、马来亚等国人民总数就有九万万，一共占世界人口的四分之三，这些国家的人民绝对不甘心受四万万欧洲人的压迫。这些国家的人民要自强，"要造成我们的大亚洲主义"。[①]

戴季陶、孙科等拥护孙中山的设想，认为这是孙中山"民族主义"的体现，这是一个"团结起帝国主义国际联盟压迫下的十二万万五千万人和［印度的］三万万五千万的压迫者斗争的总会"，是要与"帝国主义的国际联盟对抗"的组织，是"为被压迫民族打抱不平"，"来抵抗欧洲强盛民族"[②]的组织。

至于这个新国际组织的盟主，孙中山认为应当是中国。他希望造成一个"万国衣冠拜冕旒"的局面。

中国应当成为世界的一个极

造成三分天下的世界格局，把中国作为世界政治格局中的一个极，是孙中山的意图。他清楚地看到共产国际和苏俄这一极已经足够强大，是一支不可忽视的力量。另外一支相当有影响的力量便是第二国际及其各个支部。

孙中山在欧洲居留不短的时间，去过位于布鲁塞尔的第二国际总部，了解那里的政治和经济状况，尽管第二国际已经分裂，可它的思想影响特别是在欧洲，可谓根深蒂固，绝对不亚于共产国际。亚洲则不同，孙中山认为亚洲的广大地区和它的十多亿人口因地域、经济、文化等多种因素而独成一统，但苏式共产主义不仅不能使这个地区得到发展，反而会使其"偏离"正确道路，他不会"与建设思想不能容洽"，"组成分子又不能一致的第三国际作根本妥协"。[③] 若与第二国际联合，亚洲的经济发展和文化背景又难以同该国际的主要成员国的西欧国家合拍。所以亚洲国家应该单独组织，成为世界上的第三支力量。在他的设想中，这支力量应与共产国际平起平坐，构建一个三分天下的国际关系格局。"以人口经济力和地位说，都应该是中国做这一个的国际的中心。并且必须要组织一个常设机关，除了对于压迫者的抗争而外，规画［划］这许多国家中的国民经济、文化交通、国际法律、移民等重要问

① 孙中山关于三民主义的演讲第4讲，《孙中山全集》第9卷，中华书局1986年版，第231页。

② 孙中山：《对神户商业会议所等团体的演说（1924年11月28日）》，《孙中山全集》第11卷，中华书局1986年版，第409、407页。

③ 《戴季陶君对于时局的谈话》，上海《民国日报》1925年7月31日。

题，谋这许多文化经济完全落后的国民的进步和发展”。[①] 这是孙中山就对外政策问题的表态。

孙中山本想在北京“与各方领袖输诚相见后，若关于召集国民会议与废除不平等条约两大问题，得各方之谅解与民众之声援，则自身专赴各国，为广大之宣传，唤起各国民众之觉醒”，为组织民族国际做一些具体的工作，沿着与苏俄不同的革命道路即国民党的道路，把“文化经济落后的各民族”团结起来，因为这些民族“欲谋政治的、经济的、文化的解放，除一致团结共图救济外，别无他策”。[②]

从现代国际关系的角度分析，他力图使中国在国际社会拥有自己的地位，他主张多极世界的想法，不乏积极的意义。但是不能忽视的是，造成“万国衣冠拜冕旒”的局面，却包含着大小国之间不平等的因素，重现小国向大国进贡的局面却是不可取的。然而不管这个设想是否周全或合理，都仅仅停留在设想的层面，不过是一张未能兑现的蓝图。孙中山逝世后，国民党也仅仅短时间宣传过这个主张，并没有再去实施。今天重提，仅仅可用以映衬孙中山的外交取向和他对共产国际的关系。

第七节　直接和间接的表态

这里指的是孙中山同可能的合作者张作霖的重要“磨合”，以及他们达成的默契。

直奉战争硝烟甫散，社会舆论即把孙中山的北上炒热。

孙中山为广泛宣传自己的政治主张，于 11 月 19 日在上海住所举行记者招待会。沪上新闻界人士三十余名应邀前来。其中有《商报》陈布雷、《申报》康通，《新闻报》严谔声，《大陆报》许建屏，《时报》戈公振等。孙中山向报人说明“这次来解决中国问题……第一点就是要打破军阀，第二点是要打破援助军阀的帝国主义，打破这两个东西，中国才可以和平统一，才可以长治久安……这两个祸根……和我们人民的福利是永远不能并立的”。

---

① 《戴季陶君对于时局的谈话》，上海《民国日报》1925 年 7 月 31 日。

② 孙科：《民族国际之意义》，1924 年 9 月 2 日接受上海《民国日报》记者访问时的谈话。广州《民国日报》1924 年 9 月 15 日。

废除不平等条约，是与反对帝国主义密切相关的一个问题，也是这次谈话的焦点。他揭露了列强侵略和不平等条约带给中国人民的灾难，斥责帝国主义援助中国反革命势力，把“一万五千万元大借款给与袁政府，助其扑灭革命党势力”的恶劣做法，猛烈抨击帝国主义把持中国海关、侵犯中国领土和主权并“皆以中国之主人自居”的状况。从而说明此次北上，一定要与全国人民共同努力把这一条条枷锁打破。

谈到帝国主义对中国的侵略和废除不平等条约时，作为反衬，他颂扬了苏联外交，称赞这个国家自动放弃了与中国签订的一切不平等条约，“交回俄国从前在中国所得的特别权利，放弃主人的地位，不认我们是奴隶，认我们是朋友”。“迄今确实归还主权者只有苏联一国”。① 不过这仅仅是孙中山的笼统说法，中东铁路真正归还中国一直拖延到1950年。

待到了日本，他反复谈及的依然是“解决国内的民生问题”和“打破列强侵略……废除一切不平等条约”，而且每次都赞颂俄国“主张公道”，“不但是对于国内，帮助自己；并且对于世界，帮助各弱小民族”。他鞭笞美国和日本对中国和世界的不公平的外交，“美国同日本……一个走东，一个走西……因瓜分不成，便主张共管……这种共管的实在意义，和瓜分并吞，没有一点分别”。②

孙中山知道，国内外对于他同苏联的关系颇有微辞，但是他心中有数，在这方面，中国得到苏联的援助，因为“中国革命的目的和俄国相同……所以中国同俄国不只是亲善，照革命的关系，实在是一家”，而且“因为革命之奋斗，日加亲善”。③

孙中山一次又一次的讲话，他对帝国主义外交政策的抨击和对苏联外交政策的颂扬，在当时的确十分引人注目。他不再隐匿同苏联的关系，甚至要求日本尽快承认苏联。

面对这一切，张作霖却着实担心，最令他不安的是，这位即将成为其合作者的孙中山是否要把中国赤化。况且当时舆论界和政界对孙中山抵津的反应也自然加重了张作霖的担心。

1924年12月4日孙中山从日本到达天津。当局立即逮捕了一个国民党员名杨凤楼者。更令舆论不满的是，12月5日英国租界当局竟然派巡捕搜查了

① 详见上海《民国日报》1924年11月20—22日、12月10日。

② 孙中山：《在长崎对中国留日学生代表的演说》，《孙中山全集》第11卷，中华书局1986年版，第369－370页。

③ 孙中山：《与长崎新闻记者的谈话（1924年11月23日）》，《孙中山全集》第11卷，中华书局1986年版，第365页。

国民党直隶省党部，传讯国民党中央执行委员会委员刘吉祥，直隶省党部委员于方舟，搜获省党部、天津市党部敬告市民书及欢迎传单等千余张。其理由很简单，无非是法租界所说，国民党“散发反帝国主义传单，语多不利外人”。工部局捕头反客为主，发号施令，说什么中国人在外国租界内散发传单是“发表反对主人的言论”。但是国民党通过媒体广泛报道杨凤楼的正义言词：“租借地系中国土地，外人岂能认中国人为客人!”①

天津民众欢迎孙中山的热浪立即波及北京。东交民巷里的外国使节们十分警觉。这天上午11时，英、美、日、法、意等国公使在外交团领袖荷兰公使欧登科的馆舍召开会议，谋划应付中国时局的对策。就连孙中山要在天津赴国民饭店之事，也是由东交民巷遥控天津领事团，经官厅七次交涉方有结果，还附加了一个极为无理的条件：不许孙中山发表任何演说。②

此外，一些帝国主义国家的报纸还有意曲解孙中山的思想和他的对苏关系。他们散布什么国民党“赤化”，孙中山要实行布尔什维克政策，法国的《巴黎晨报》竟将一年前的《孙文越飞联合声明》置于不顾，反预料孙中山将在“南华宣布苏维埃共和国”。③ 孙中山为此等“林肯华盛顿之国”如此粗暴地践踏别国人民的权利，而感到气愤。

孙中山坚持联俄，这一点不仅受到帝国主义的反对，而且受到国内一班当政者和军界要人的反对。孙抵达北京前后，段祺瑞正同北京外交团谈判，以尊重不平等条约为交换条件来赢得列强对其执政府的承认。国民党领袖孙中山在短时间内被迫两次表态。

首先是12月4日，孙中山、张作霖在天津附近的曹家花园会谈，④ 接着孙中山在1924年12月9日给张作霖写了一封信，向后者“交底”：

> 从1922年冬⑤我在上海同俄国代表越飞会见后，我们发表了会谈纪要，⑥ 谈话的内容中外报刊都有披露，想您也是看过的了。从谈话中明确中国需要进行国民革命，以驱除外国帝国主义侵略者。
>
> 共产主义不适合于中国。
>
> 我和越飞的看法完全不同。
>
> 从那以后同俄国的联系越来越密切，俄国放弃了沙皇时期对中

① 上海《民国日报》1924年12月11日。
② 上海《民国日报》1924年12月14日。
③ 上海《民国日报》1924年12月24日。
④ 林一广：《总理史绩稿》，引自《国父年谱》下册，第1101页。
⑤ 原文如此。应为1923年初。
⑥ 即1923年1月27日发表于《大陆报》The China Press上的《孙文越飞联合声明》。

国的帝国主义政策和它同中国签订的不平等条约，从而表明他是中国的好朋友。

同俄国接近的做法是必要的，文还想以此迫使世人注意中国的未来。您信中提到的中东铁路和蒙古问题，我认为是□□□。[①] 我想他们要解决是容易的，待文到北京就把您的意见告诉加拉罕。总之，同俄国接近是一码事，共产主义则是另外一码事。[②]

张作霖次日便复信孙中山：

您说同俄国接近是一码事，而共产主义则是另外一码事——非常清楚，不过，谈论共产主义之风依然很盛，我明白，这不是您的意思，但是已经众口一词，闹得沸沸扬扬，还发表了一些欠考虑的决定，故此，我请先生设法纠正之。东北与俄国接壤，早就有意与俄建立睦邻关系。但是中东铁路和内蒙古（原文如此）问题的情况却不能证明彼一方的诚意。望先生到北京见到加拉罕先生时，务向其证实这一点并说明理由。[③]

为了更加“放心”起见，“过了几天，张作霖又在天津约会汪精卫”，表达了同样的意思。[④] 张作霖甚至好言相劝，请汪精卫说服孙中山不要以废除不平等条约为号召而得罪列强，因为“北京各国公使都不赞成孙先生的，大概是因为先生联俄呀。你可否请孙先生抛弃他联俄的主张”。这位可能立即成为孙中山执政伙伴的将军此时大包大揽地说，若孙中山放弃联俄，“在我张作霖身上包管叫各国公使都和孙先生要好的”。汪精卫向张解释孙中山的对外政策：“孙先生为什么联俄？因为俄国以平等待我。如果各国都以平等待我国，孙先生便都可以和他们要好的”。[⑤]

对于张作霖请孙中山“抛弃他联俄的主张”这句话，窃以为，不必给张加以“反苏”的政治色彩，更不必以之为重要反衬，诠释孙中山坚持“联俄”，以及在对俄关系上他与张作霖如何不同。这时的孙中山使人想起1924年，在商团事件闹得不可开交时，说过的“今日非学俄国不可”那句话。此时外交团的态度使他无比气愤。他对张作霖已经把话说透，是在同张磨合，在切磋对外政策。以平常心理解这句话或许有助于剖析当时两人的真实心态。况且中东铁路、中俄东北边境的状况和蒙古问题，张与苏俄之间的紧张关系，

① 原文不可辨认。

② РГАСПИ，全宗514，目录1，案卷144，第171页。

③ РГАСПИ，全宗514，目录1，案卷144，第171页。

④ РГАСПИ，全宗514，目录1，案卷144，第169页。

⑤ 汪精卫在中国国民党第二次代表大会上的政治报告，《政治周报》第5期，第14页。

也都很现实地摆在面前。

接着便是因孙中山提出废除不平等条约，而面临的中国自己人的挑战。原来在孙中山奔波于北上途中时，段祺瑞宣布执政，外交团一方面直接或间接阻挠孙中山提出的废除不平等条约的口号和为他的北上旅途制造麻烦，另一方面迫使段祺瑞执政府作出与孙中山相反的决策：承认已有的不平等条约。段祺瑞已经答应。12 月 9 日公使团照会段政府，承认他的合法地位，并且要求他不仅尊重“所有与各国订立之条约”，而且要“当然履行”。说句公道话，在这场外交斗争中，苏联驻中国大使加拉罕确实给了孙中山以有力的支持，他站在孙和中国人民一边，斥责帝国主义“不履行华府公约，反阻止中国废除不平等条约运动，种世界扰乱之源”。①

12 月 18 日叶恭超、许世英二人受段祺瑞派遣到天津拜访孙中山。将上述信息向孙传达。叶、许二人得到的是孙中山的训斥和大发雷霆。② 他激烈反对段祺瑞“外崇国信”。

以上场景可解读为孙中山为坚持其民族主义作出的多层面的表态：同张作霖合作的默契，联俄是一回事，实行共产主义是另外一回事；痛斥“外崇国信”则表明，他对凡是不以平等待我之民族或违背此种思想者，均予以反对。

鲍罗庭“监管”着孙中山与张作霖的通信，他从中看得很明白，孙中山绝对不赞成布尔什维主义。不过他也知道，苏俄和共产国际的“粮草”对于孙中山和他的政党是不可须臾离开的，况且从孙的“民族主义”的角度看，他不会因张作霖的信而牺牲同莫斯科的关系。③

第八节　孙中山生前并没有想反对共产国际

1925 年 1 月孙中山抱病到北京，一向对孙中山的联俄、容共政策不满意的冯自由等组成“拥护国民党同盟会”，向孙中山提出了七项要求，明显地要

---

① 上海《民国日报》1924 年 12 月 12 日。

② 林一广：《总理史绩稿》，引自《国父年谱》下册，第 1102—1103 页。

③ 鲍罗庭完全了解孙中山与张作霖的信件往返，信件上有鲍罗庭的注记，是他把他们的信件译成俄文交到共产国际的 РГАСПИ，全宗 514，目录 1，案卷 144，第 171 页；又见《鲍罗庭关于国民党情况的书面报告（1925 年 1 月 24 日，北京）》，《联共、共产国际与中国》，台北，东大图书公司 1997 年版，第 467 页。

“分共”。他们要求孙中山免除中央执行委员会内共产党员的职务，停止向一切与共产党有关的党内印刷所、学校、杂志等发放津贴；有关一切现阶段的政治问题，请指定非共产党的三人负责处理经办；撤换派往各省的共产党籍宣传员；尽早在北京举行国民党第二次代表大会，不许共产党人参加；各地提出的弹劾共产党的提案，应当由纯粹国民党员组织裁判委员会予以裁决，剔除共产党的代表；今后国民党的一切事务不许外国人干涉。①

这些要求把矛头直接指向跨党的中共党员和鲍罗庭。可将其视为1925年年底西山会议的序曲。但是孙中山一则病重，二则刚刚到北京，需要处理的事情太多，所以没有想也没有采纳冯自由等人的意见。

第九节 共产国际支持国民党抵制善后会议

孙中山的北上，本是以各派政治力量团结起来尽快召开国民会议为号召的。为保证会议成功，他提出首先召开预备会议的意见，并陈述了代表的产生等事项。孙中山宣布的国民党的最小纲领是由这个预备会议“裁决各种主义与方法……以约束国民会议的选举及其行动”。而最大纲领就是三民主义，“希国家采纳承认并实施”。② 为了用国民党的主义组织和动员人民投入国民会议运动，孙中山派出了一些党员去做宣传工作。

共产国际也认为冯玉祥北京政变后，在国内群龙无首的形势下，“能够挺身而出的只有一个党，即国民党。只有这个党能或多或少对中国亟待解决的问题作出明确的回答。只有国民党真正知道应该做什么”。当然，共产国际也看出，一些国民党人不屑与善后会议的提出者“同流合污”。③

然而，段祺瑞并不同意孙中山的建议，他提出了召开善后会议的主张。段希望得到公使团的承认。起初，为了尽可能达成一个各方面都能接受的方案，孙中山曾经打算作出一定的让步，便于1925年1月17日发表了有名

① 萱沼洋著，马国梁译：《蒋总统反共奋斗史》，第12页，引自李云汉：《中国国民党史述》第二编，中国国民党中央委员会党史委员会1994年版，第596页。

② 《关于国民党最小纲领之宣言（1924年12月22日）》，《孙中山全集》第11卷，中华书局1986年版，第514页。

③ 《鲍罗庭的书面报告（1925年2月14日）》，《联共、共产国际与中国》，台北，东大图书公司1997年版，第471页。

的"涤"（17 日电报代码）电表明自己的立场，对善后会议的条例作出若干修改，如：若能够容纳现代实业团体、商会、农会、工会、各省学联、反对曹锟、吴佩孚的各军以及各党政的代表，孙中山可派代表参加此善后会议。

同时，共产国际也支持国民党的北上宣言，"敦促召集国民会议，通过宣传建立由各阶级、各阶层参加的国民会议促成会的网络"。吴廷康还设法使刚刚举行的全国铁路工人代表大会（1925 年 2 月 7—10 日）通过了支持国民会议、反对善后会议的决议，[①] 并责成中共也采取措施积极行动起来，而最好的办法便是"把全国的舆论吸引过来"，用国民会议促成会"实际抗衡善后会议"。[②]

但是段祺瑞认为善后会议与国民会议不可兼容，拒绝了孙的建议。1925 年 1 月 30 日中国国民党决定其党员全体概不参加善后会议。待到善后会议在北京开幕时，国民党公开表态云："临时执政府所召集之善后会议，其组织方法，并非以人民团体为基础"。而且孙中山提出的上述两条件未被采纳，国民党"中央执行委员会仰体本党总理意旨，议决对于善后会议不能赞同"。[③]

第十节 孙中山除去心头之患

孙中山北上前对蒋介石说了一番意味深长的话："鲍尔汀［鲍罗庭］同志的主张，就是我的主张；凡是政治上的事，总要容纳他的主张。你听他的主张，要像听我的主张一个样子才好"。蒋介石根据自己的亲身感受也描述过孙中山与鲍罗庭的关系，说孙中山的主张常与鲍罗庭"同志的主张，完全相同。就是以我所见所闻的，总理与鲍同志的主张是或小的地方有些不同，而大的主张，是如出一个人的意思一样的。苏俄同志看见中国有这样的思想伟大主义坚定的革命领袖，将来革命一定可以成功，所以他不辞远道，不惜牺牲一

① 《鲍罗庭的书面报告（1925 年 2 月 14 日）》，《联共、共产国际与中国》台北，东大图书公司 1997 年版，第 471 页。

② 《魏金斯基致中共中央委员会和鲍罗庭的信（1925 年 2 月 15 日）》，《联共、共产国际与中国》，台北，东大图书公司 1997 年版，第 475 页。

③ "汪兆铭东电"，原件存台北中国国民党党史会。

切，不怕艰难辛苦，来同我们真正联合在一起，共生死，同患难，这也可算是我们总理的诚心感召所致”。①

但是鲍罗庭也离开了广州，孙中山北上后，作为黄埔军校校长的蒋介石肩负着重任。商团平定后，陈炯明的势力依然强大，广州受到严重威胁。

加伦与东征

当时就首先北伐还是东征问题存在激烈争论，孙中山主张先北伐并且做了布置和兵力调动。不过，孙中山和部分国民党领导人并非那么容易就会放弃北伐的打算。为顺利实施东征，加伦还要向孙中山进一步陈述这个计划对全局的影响。他决心与孙中山一道争取这一战役的胜利。他说：“经验证明，只有在后方（广东）完全巩固下来并在各邻省具备北伐的有利形势时，才能使北伐成功。所以在国民党还没有解决牢固掌握广东和消灭陈炯明部的问题之前，应该把北伐问题搁下。况且现在也没有力量。这就是为什么当博士再提及北伐时，必须迫使他放弃这个念头并劝说他多对广州方面谈调转枪口进攻汕头的必要性。我把这个课题当做我在这里的基本任务，我要力争务必出兵，不能晚于 1 月份的后半月……无论如何我一定坚持把关于东线的问题提到军事委员会的日程上来”。②

加伦和许崇智以及其他军官一起赴前线，查看军事设施，分析敌我情况，提出了一个具体方案。其要旨是先讨陈后北伐。东征计划得到孙中山的批准。

据他的建议，1924 年 12 月 24 日成立了军事委员会，设委员九人：汪精卫、许崇智、廖仲恺、胡汉民、谭延闿、蒋介石、朱培德、加伦、伍朝枢。委员会成立之日就讨论了东征讨陈问题。两天后讨论东线防御与进攻计划，12 月 30 日全部计划获得通过。③ 此后，加伦又奔走于将领们之间，劝说他们捐弃前嫌，“以军事胜利来保证孙中山政治使命的完成”。④

经过一个月的准备，东征于 2 月 1 日开始。战役中双方伤亡都很大。一番鏖战后，3 月 13 日棉湖一战告捷，教导团第一团千余士兵抵御并击溃了万余精悍之敌。从此为孙中山除了心腹之患。遗憾的是他没有听到这个消息。

---

① 《蒋介石先生讲演集》，北京，1926 年版，第 37—38 页。

② 详见 A. И. 卡尔图诺娃：《瓦西里·布留赫尔》（Картунова，*Василий Блюхер*），载《杰出的苏联共产党人——中国革命的参加者》，莫斯科，1970 年版，第 47 页。这本书载有加拉罕、鲍罗庭、马季亚尔、吴廷康和加伦等在中国工作过的苏联顾问，他们均在 1937—1938 年苏联肃反期间遭到迫害，书的出版带有平反性质。

③ 详见 A. И. 卡尔图诺娃：《加伦在中国（1924—1927）》，莫斯科，2003 年版，第 109—125 页。

④ A. И. 卡尔图诺娃：《瓦西里·布留赫尔》，莫斯科，2003 年版，第 34—35 页。

第十一节　孙中山逝世前后联俄音符空前响亮

孙中山拖着重病之躯，在1924年的最后一天到了北京，住进协和医院。鲍罗庭几乎日夜守护在他的病榻旁。

莫斯科得知孙中山不久人世的消息，也做了周密安排，首先是保持国民党的“领导核心”由共产国际认为可靠的人组成。在新形势下，这样做的重要性不言而喻。原政治委员中只有汪精卫一人到了北京。孙中山便加派了于右任、吴敬恒、李煜瀛、陈友仁、李大钊为政治委员。加拉罕告诉斯大林，他本人插手了这五人名单的制定，为的是“将其作为日后中国国民党的领导核心”。在加拉罕看来，有孙中山的签名或认可的东西，在中国是十分重要的。他当时的感觉是，近来孙中山身边的人对我们对苏联“分外友好”，这说明“我们有希望一如既往地左右国民党”。①

1924年5月31日《中俄解决悬案大纲》签定，中苏两国正式复交，加拉罕作出谦让姿态，不当使团领袖，② 给人以平和印象。

另一方面，加拉罕还想趁机拉近苏联同国民党的关系，这中间不无间接地向北京政府施加压力，以及向外交团眩耀其对华外交成功的意味。加拉罕见孙中山不久人世，便在2月1日建议斯大林：苏联要“高调示威性地”作出反应，举行悼念孙中山的活动。他问斯大林可否让工厂停工几分钟，举行一系列悼念会，向孙的家人发电报等。③

孙中山在弥留之际于3月11日签署了家事、政治遗嘱等重要文件，其中有一个致苏联的遗书。

---

① 《加拉罕致契切林的信（1925年2月1日）》（Письмо Л. М Карахана Г. В. Чичеину（1925 1 Февраля）卡尔图诺娃编选：《斯大林、契切林与苏联驻华全权代表加拉罕的通信（1923—1926）》（*Переписка И. В. Сталина и Г. В. Чичерина с полпредом СССР в Китае Л. М. Караханом*），莫斯科，2008年版，第427页。

② 此前所有外国派驻中国的外交官，最高职衔不过“公使”，东交民巷外交团的成规是由外交生涯资历最深者任使团领袖，加拉罕来中国任大使之前，荷兰驻华公使欧登科是外交团领袖，他从1894年来华，从领事馆汉务参赞一直升为公使（1919—1930）。1924年中苏复交后，加拉罕因身为“大使”，自然应该担任这个角色，但是苏联做出外交上的谦逊姿态，同时也为缓和与其他国家外交人员的关系，便请欧登科继任使团领袖。

③ 卡尔图诺娃编选：《斯大林、契切林与苏联驻华全权代表加拉罕的通信（1923—1926）》，莫斯科，2008年版，第427页。

关于这后一个文件汪精卫向中国国民党第二次代表大会介绍说，早在16天前就有一个“经高级负责同志详慎讨论后决定之中文遗嘱”。[①] 不过最后采用的是陈友仁与鲍罗庭一道起草的英文稿。3月11日，孙中山在遗嘱上签字。在场的除鲍罗庭外还有宋子文，汪精卫，何香凝，孙科，戴恩赛（戴季陶），邹鲁，孔祥熙。[②]

孙中山致苏维埃社会主义共和国联盟中央执行委员会书

（1925年3月11日）

中国北京

亲爱的同志们，

我身患重症，或将不治。此时我念及你们，念及我党及我国的前途。

你们领导着自由的共和国联盟，这是名垂千古的列宁留予世界诸被压迫民族真正的遗产。在帝国主义重轭下历尽苦难的人民，凭着这份遗产，定能争得自由，摆脱世世代代国际间那种建立在奴役人民、战争讨伐和非正义基础上的制度。

我就要离国民党而去了。原希望这个党，在谋求中国和一切被压迫国家摆脱帝国主义统治的具有历史意义的工作中，同你们携手合作，但命运迫使我放下未竟的工作，将其交与恪守国民党的主义和教义的人，由他们去组织真正拥护我的人。

故此，我嘱咐国民党继续国民革命运动，俾中国摆脱帝国主义加于中国的半殖民地状态，而获得自由。

为达此目的，我已嘱国民党与你们长期保持联系。相信贵国政府将把业已开始的对我党的援助继续下去。

当此诀别之际，亲爱的同志们，我想表达我殷切的希望：曙光就在前面，苏联将以朋友和同盟者的身份欢迎一个强大独立的中国，两大盟友将携手并肩，走上为世界被压迫民族的解放而进行的伟大斗争胜利进军的道路。谨致

兄弟般的问候！

孙逸仙

1925年3月11日签署

当面见证者：

---

① 何香凝说遗嘱立于1月24日，《我的回忆》，见《辛亥革命回忆录》（一），北京文史资料出版社1981年版，第48页；还可见上海《民国日报》（1925年3月16日），上有遗嘱立于“上月念四（24）日”的报道。

② РГАСПИ，全宗514，目录1，案卷125，第18—19页。

宋子文

汪精卫

何香凝

孙科

戴恩赛

邹鲁

孔庸之

次日，他溘然长逝了。3 月 14 日《真理报》登载了孙中山致苏联遗书的俄译文和他的肖像。

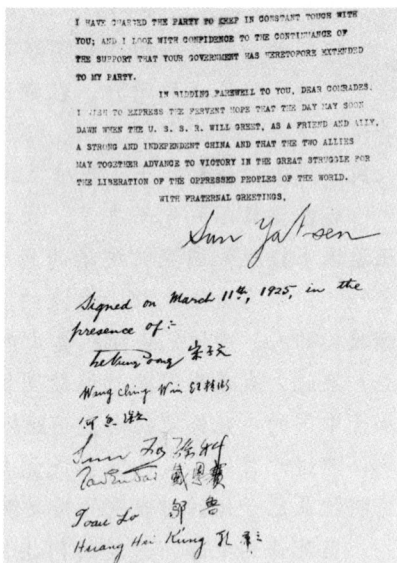

PEKING, CHINA.

TO THE CENTRAL EXECUTIVE COMMITTEE OF THE UNION OF SOVIET SOCIALIST REPUBLICS :

MY DEAR COMRADES,

AS I LIE HERE, WITH A MALADY THAT IS BEYOND MEN'S SKILL, MY THOUGHTS TURN TO YOU AND TO THE FUTURE OF MY PARTY AND MY COUNTRY.

YOU ARE THE HEAD OF A UNION OF FREE REPUBLICS WHICH IS THE REAL HERITAGE THAT THE IMMORTAL LENIN HAS LEFT TO THE WORLD OF THE OPPRESSED PEOPLES. THROUGH THIS HERITAGE, THE VICTIMS OF IMPERIALISM ARE DESTINED TO SECURE THEIR FREEDOM AND DELIVERANCE FROM AN INTERNATIONAL SYSTEM WHOSE FOUNDATIONS LIE IN ANCIENT SLAVERIES AND WARS AND INJUSTICES.

I AM LEAVING BEHIND ME A PARTY WHICH I HAD HOPED WOULD BE ASSOCIATED WITH YOU IN THE HISTORIC WORK OF COMPLETELY LIBERATING CHINA AND OTHER EXPLOITED COUNTRIES FROM THIS IMPERIALIST SYSTEM. FATE DECREES THAT I MUST LEAVE THE TASK UNFINISHED AND PASS IT ON TO THOSE WHO, BY REMAINING TRUE TO THE PRINCIPLES AND TEACHINGS OF THE PARTY, WILL CONSTITUTE MY REAL FOLLOWERS.

I HAVE THEREFORE ENJOINED THE KUOMINTANG TO CARRY ON THE WORK OF THE NATIONAL REVOLUTIONARY MOVEMENT IN ORDER THAT CHINA MAY BE FREED FROM THE SEMI-COLONIAL STATUS WHICH IMPERIALISM HAS IMPOSED ON HER. TO THIS END I HAVE CHARGED THE PARTY TO KEEP IN CONSTANT TOUCH WITH YOU; AND I LOOK WITH CONFIDENCE TO THE CONTINUANCE OF THE SUPPORT THAT YOUR GOVERNMENT HAS HERETOFORE EXTENDED TO MY PARTY.

IN BIDDING FAREWELL TO YOU, DEAR COMRADES, I WISH TO EXPRESS THE FERVENT HOPE THAT THE DAY MAY SOON DAWN WHEN THE U. S. S. R. WILL GREET, AS A FRIEND AND ALLY, A STRONG AND INDEPENDENT CHINA AND THAT THE TWO ALLIES MAY TOGETHER ADVANCE TO VICTORY IN THE GREAT STRUGGLE FOR THE LIBERATION OF THE OPPRESSED PEOPLES OF THE WORLD.

WITH FRATERNAL GREETINGS,

Sun Yat-sen

Signed on March 11th, 1925, in the presence of:

宋子文

Wang Ching Wei 汪精卫

何香凝

Sun Fo 孙科

戴恩赛

Tsou Lo 邹鲁

Hsiang Hsi Kung 孔庸之

孙中山致苏联遗书　РГАСПИ 收藏

对这个文件，因政治气候的变幻而在不同时期有不同的解读。值得注意的是，苏联《真理报》上没有把它与前几个遗嘱放在同一版上。[①] 有学者认为这种情况的出现有各种各样的原因，也许最初仅仅是国民党上层的几个人知道，也许它“带有极浓的左派色彩，或者说极强的亲苏色彩”，甚至在这个文件的“制作程式上带有某种玩弄权术的色彩”。[②]

---

① 李云汉认为这个并没有为国民党中央接受，见其《中国国民党史述》第二编，台北中国国民党中央委员会党史委员会 1994 年版，第 590 页。

② ［日］石川桢浩：《关于孙中山致苏联的遗书》，香港珠海书院亚洲研究中心编：《亚洲研究》第 55 期，2007 年 6 月 28 日出刊，第 48—74 页。引文见第 73 页。

Российская Коммунистическая Партия

ПРАВДА

Орг. Центральн. Ком. и Московск. Ком. Р. К. П.

№ 69 (2091). Суббота, 14 марта 1925 г.

Умер Сун-Ят-Сен.

1924 年 3 月 14 日苏联《真理报》关于孙中山逝世的报道

噩耗传出，举世震惊。北京东交民巷里最早降半旗志哀的是苏联大使馆，它是第一个以最高规格表示悼念的使馆。其他各国到第二乃至第三天才降下半旗。

如果说此前无论鲍罗庭还是其他苏联顾问都是神秘地出没，那么孙中山逝世后，国民党同苏俄的亲善行为已经高调表露了。3 月 12 日，孙中山停止呼吸后不久，苏联驻中国大使加拉罕就由中国国民党中央执行委员会的委员陪同前来瞻仰遗容。这一天，中国国民党中央执行委员会致电共产国际执行委员会主席季诺维也夫和俄共总书记斯大林：

“孙中山今晨逝世，弥留之际神志清醒。中国民族解放运动失去了自己的领袖，他为建立一个解放民众免受帝国主义剥削的政党而奋斗终生。在这场斗争中他把全世界被剥削的工人当做革命运动的积极朋友。

“孙中山故去了，他遗下的解放中国的伟大工作尚待完成，国民党将把它完全承担起来。艰难险阻当可预料，因为我们处于各种反革命势力的包围之中，它们与帝国主义者狼狈为奸，榨取被压迫人民的膏汁。

“领袖遗留下的是三民主义和革命方法，遗训字字句句都号召我们拯救被压迫的人类，激励我们披荆斩棘去夺取胜利。我们相信，在这一伟大的事业中，您们作为列宁忠实的学生将与我们——孙中山的后继者携起手来。孙中山临终时表示愿意用防腐剂保留遗体并安葬于南京——革命后他在那里就任中华民国临时大总统的地方”。①

3 月 13 日俄共（布）举行会议，决定以党中央委员会、苏联中央执行委员会致函国民党，并以共产国际的名义向全中国人民发出特别呼吁书。责成吴廷康关注群众集会等事。②

斯大林和季诺维也夫分别给国民党中央执行委员会发了唁电。

斯大林的电报称“孙中山的事业将活在中国工人和农民的心里……国民

---

① 《真理报》1925 年 3 月 14 日。上海《民国日报》1925 年 3 月 16 日也揭载孙中山的意图“吾死之后，可葬于南京紫金山麓，因南京为临时政府成立之地，所以不可忘辛亥革命也。遗体可用科学方法永远保存”。

② 详见《联共、共产国际与中国》，台北，东大图书公司 1997 年版，第 475—476 页。

党一定会在争取摆脱帝国主义桎梏的伟大斗争中高高举起孙中山的旗帜”。[①]季诺维也夫的电报是以共产国际执行委员会的名义拍发的。[②]

苏联驻中国外交机构在悼念活动中高倡中苏友好。苏联驻中国大使馆表现出了引人注目的积极性。14日，国共两党代表、各社会团体、学界等派代表参加苏联大使馆举行的追悼会。鲍罗庭向与会者介绍了孙中山临终强调中苏友好的动人场景。[③]

远在万里之外的莫斯科，一些专家正在为孙中山赶制水晶玻璃棺。

3月19日北京举行孙中山移灵大典。是日，应将遗体由协和医院移往中央公园社稷坛。中外人士鹄立道旁及楼房上面，恭送孙中山的灵榇。上午11时，国民党要员们自挽灵柩，由张继、汪精卫、于右任、陈友仁、李大钊、邹鲁、李烈钧、林祖涵等24人分3组轮流抬柩。在京国民党全体人员执绋送殡。英、美、日、法使馆随员与旅华人士约五千人也走在浩浩荡荡的十二余万人的队伍里。其中以“俄国日本人最多”。

送殡的行列里最吸引人的当属加拉罕和苏联大使馆的队伍了。加拉罕亲自执绋，“送孙先生移灵。同行俄人一队，均手持赤旗，最为外人注目”。鲍罗庭手执右绋，跟在右绋执头者的黄昌谷之后。隆重的葬礼开始了，先是鸣放礼炮，孙中山的灵榇在33次炮声中安放在社稷坛大殿正中。鲍罗庭、加拉罕代表苏联人民送别了他们的朋友。[④]

在沪上，中国国民党上海执行部应苏联驻沪使馆邀请派代表参加了3月14日的追悼会。苏联驻沪总领事高度评价孙中山，说他“在中国历史上如日月经天，正如列宁之赤日，曾以其赤光照耀自由之苏联与共产主义者”。国民党中央委员叶楚伧致答时，特别强调：“1917年前，吾人实未遇一国家能以平等待我者。有之则唯今日之苏联。今日承苏俄领事及与会诸君举行此追悼会，并悬列宁与孙中山先生之遗像于一堂，吾人当遵守遗嘱，益敦友谊”。[⑤]

在中国全民哀悼革命领袖的时刻，苏联各界人民也发来了唁电，其中有

---

① 《斯大林全集》第7卷，人民出版社1954年版，第45页。《向导》周报第107期，第900页。

② 《向导》周报第107期，第900页。

③ 笔者迄今未能见到鲍氏讲话全文，据俄罗斯学者贾丕才《苏中关系》（Капица *Советско-китайские отношения* 1917—1957一书（莫斯科，1957年版，第144页）一书知该讲话存苏联对外政策档案馆（*Архив внешней политики СССР* 缩写АВП）中，全宗100А，第3包，案卷号16，第138—141页。

④ 详见上海《民国日报》1925年3月16、21、23、17、19日。

⑤ 上海《民国日报》1925年3月17日。

苏联副外交人民委员 M. M. 李维诺夫（Литвинов）① 代表苏联政府致宋庆龄和中国外交总长沈瑞麟的电报，1924 年成立后已经发展到一百多万会员的“不许干涉中国协会”发来了致国民党中央委员会和孙夫人的电报。②

同时，苏联各地也普遍举行哀悼活动。③ 国民党对苏关系自然已不再是什么秘密。

第十二节　共产国际为孙中山“盖棺论定”

共产国际赋予孙中山什么地位呢？1925 年 3 月 21 日，孙中山逝世九天后，共产国际执行委员会举行其第五次全会。主席季诺维也夫提议为苏联布尔什维克党的优秀活动家纳里曼诺夫（К. Н. Нариманов）④ 和孙中山默哀。他在发言中把这两个无论意识形态还是历史作用都根本不同的人做了比较：纳里曼诺夫和孙中山都是“在工人运动谈不上有大发展的东方环境”里产生的革命者，但是纳里曼诺夫已经“上升到列宁主义”的高度，所以他是“伟大的共产主义者”，而孙中山则不然。他：

“不是共产主义者，没有上升到马克思主义世界观的高度”。⑤

就这样，孙中山被定格在次于苏式共产主义革命家的“牌位”上，因为他不接受共产国际的战略和策略思想，不赞成关于阶级斗争和无产阶级专政的理论。“会当凌绝顶，一览众山小”——共产国际的这种心态无不贯穿于季诺维也夫、拉狄克和共产国际执行委员会的负责人写的文章中：孙中山固然伟大，可他的历史地位“低于”马克思主义者。

---

① 李维诺夫（1876—1951 年），苏联外交家、国务活动家，曾侨居英国达十年之久，1918 年四月回俄后从事外交工作，任外交人民委员，1946 年退休。

② 详见《真理报》1925 年 3 月 14—21 日。

③ 各地悼念活动情况详见李玉贞：《孙中山与共产国际》，台北，“中央”研究院近代史研究所，1996 年版，第 520—525 页。

④ 全名纳里曼 · 克尔巴莱 · 纳札佛戈雷 Нариманов Кербалай Наджарголы（1870 年 4 月—1925 年 3 月，第比利斯人。出生于小商人家庭，1908 年新俄罗斯大学医学系毕业。当过教师，医生。从事文学创作，写有《酒宴》等长篇小说。1918 年任巴库城市经济人民委员，后为阿塞拜疆苏维埃共和国人民委员，俄共（布）中央高加索局委员。1925 年 3 月因飞机失事牺牲。

⑤ 《共产国际执行委员会扩大全会（1925 年 3 月 21—4 月 6 日）》*Расширенный Пленум ИККИ*（21 *Марта*—6 *Апреля* 1925），莫斯科、彼得格勒，1925 年版，第 5—6 页。

季诺维也夫在这次会上的讲话一如既往地强调：苏俄十月革命是唯一正确的道路，从而否定了其他社会主义流派和其他社会革命的道路。他把孙中山和纳里曼诺夫这两个在不同的道路上前进的革命者分了“高低”。不过他毕竟还是承认，孙中山的历史作用是“直接帮助被压迫人民与无产阶级革命密切结合的杰出的人民领袖”,[①] 孙中山是“从和平主义和民族主义逐渐上升到在共产国际旗帜下进行的与世界无产阶级运动相结合的民族革命运动名符其实的领袖地位”，是“世界无产阶级的同盟者”。所以“孙中山将以20世纪前25年东方人民解放运动最伟大的领袖人物而载入史册”。[②] 也就是说，因为孙中山接近并“与世界无产阶级运动相结合”，而且是在共产国际旗帜下领导中国的“民族革命运动”，他才得以“逐渐上升”的，不过终究他还在无产阶级革命的主流派之外。孙中山自然不可能再“上升”了，他只能是“自由资产阶级和农民资产阶级性质的国民党的领袖”。[③]

然而即使这样，孙中山的二等“牌位”后来也蒙上了阴影，随着20世纪20年代中后期斯大林与托洛茨基反对派斗争的日趋尖锐化，特别是他们在对待中国第一次国共合作政策上的分歧公开化、激烈化，列宁和共产国际对孙中山评价中仅有的“正面”因素便日趋淡出，对包括孙中山、蒋介石在内的国民党领袖的评价也开始改变，三民主义甚至在共产国际受到严厉批判，这是后话。

共产国际对国民党的政策

还在孙中山逝世前二十多天，加拉罕就致电斯大林，称对待国民党“不仅要给予道义上而且要给予政治上和物质上的支持”。[④]

关于道义上的支持，这是公开的，上述各类唁电便是一例。

关于物质上，加拉罕称：过去我们说过的（显然指1923年5月1日电报中所述的）二百万已经用罄，实际上“一年半来我们已经用去一千一百万卢布”。加拉罕盘点了对国民党的援助后对斯大林说，“我们的成绩是巨大的，我们建立了国民党军事干部的骨干［黄埔军校］力量，它已经成为正在组建中的那个师的核心。这个设有政治部的纯粹国民党的师，经过村庄时会进行

---

① 《共产国际执行委员会扩大全会（1925年3月21—4月6日）》，莫斯科、彼得格勒，1925年版，第6页。

② Г. 季诺维也夫：《纪念孙中山》（Зиновьев *Память Сунь Ятсену*），《真理报》1925年3月14日。

③ 《共产国际执行委员会扩大全会（1925年3月21日—4月6日）》，第54页。至于国民党的性质，这是一个十分复杂而值得研究的问题，此处无法展开。可参见王奇生：《党员、党权与党争》，上海辞书出版社2009年版。

④ 《加拉罕致斯大林的信（1925年2月15日）》，卡尔图诺娃编选：《斯大林、契切林与苏联驻华全权代表加拉罕的通信（1923—1926）》，莫斯科，2008年版，第429页。

宣传鼓动，不抢掠农民，所经之地受到当地百姓的支持”。就战事而言，“这个师远优于中国任何一个师。我们派往那里的三十五名军工人员没有白干”。为了下一步工作的开展，加拉罕请斯大林增加对国民党的援助“不仅给钱，还要给武器”，如日本步枪，因为武器目前“具有决定性意义”。另外现有一些俄国军队不能用的“已经生锈的子弹和炮弹”，他请斯大林同伏龙芝商量，可否在上乌丁斯克建立一个中转站，以便需要时可以通过符拉迪沃斯托克（海参崴）或库伦尽快运达中国。

孙中山逝世后，共产国际对待国民党的政策基本没有改变。加拉罕过高估计了国民党左派的势力，过低估计了国民党右派的能量，他认为“甚至需要立即砍掉右派”了。鲍罗庭认为孙中山逝世后国民党领导人有些不知所措，便“天天在那里为国民党中央委员们洗脑”。①

但是鉴于北方冯玉祥在政坛上的崛起，特别是鉴于苏联在中东铁路的利益时时受到张作霖的威胁，共产国际不仅很快明确了支持冯玉祥的政策，而且开始了争取冯玉祥及其国民军第二、三军的工作。加拉罕对斯大林说：“如果我们再为胡景翼和冯玉祥好好地办两所军校，那我们在华中和华北就将有两个不可抗拒的铁拳，它们能把张作霖置于死地，不管日本对张的帮助有多么大”。目前冯、胡都十分需要武器，我们不仅要给他们派遣军事人才，而且要尽快给他们武器。“虽然他们不能立即付款”，这一点“我丝毫不怀疑”。然而加拉罕在“认真估量”当时冯、胡和国民党的情况和中国政局后，认为他们“不久定能战胜张作霖”。②

① 《加拉罕致斯大林的信（1925年3月21日）》，卡尔图诺娃编选：《斯大林、契切林与苏联驻华全权代表加拉罕的通信（1923—1926）》，莫斯科，2008年版，第477页。

② 《加拉罕致斯大林的信（1925年3月21日）》，卡尔图诺娃编选：《斯大林、契切林与苏联驻华全权代表加拉罕的通信（1923—1926）》，莫斯科，2008年版，第477页。

第十一章
国民党右派挑战共产国际理论

1925 年孙中山逝世后，国民党内形势发生了很大变化。

国民党的一届三中全会于 1925 年 5 月 18—25 日举行。大会决议说明国民党要继续第一次全国代表大会的方针政策。但从这时候起，国民党面临着相当崎岖的路。

从 3 月到 8 月这短短的五个月内发生的事件说明国民党与共产国际的较量加剧，二者各有“胜负”。“右派”为骨干的中华民国同志俱乐部的出现，左派廖仲恺的被刺身亡，戴季陶连续发表了几篇反苏反共“巨著”，挑战共产国际的理论。到 11 月，西山会议派则直接挑战共产国际和所谓国民党左派。

在共产国际方面，斯大林本人在中国问题上不无迷茫，没有固定态度。形势让人扑朔迷离，例如，何以国民党积极支持上海的五卅运动，擅长鼓动无产阶级与资产阶级斗争的共产国际却在这个时刻要努力把苏俄从事件中“择”出，以摆脱干系等。总体上说国民党与共产国际的分歧已经形成公开论战的态势。

第一节　中国国民党一届三中全会与党内的潜流

孙中山在世时，国民党的决策基本由他一人掌控，尽管矛盾不断，“所谓猛虎在山，当然还镇压得下来”。[①] 这是有目共睹的，党毕竟表面上维持着团结的局面，令党外感到“无懈可击”。孙中山逝世后，盼望国民党分裂的情绪开始显现，清末民初著名的政治活动家、外交家，1913 年中华民国首任内阁总理的唐绍仪，[②] 本来对于孙中山的联俄容共就颇有微辞，不满国民党在苏俄控制下的左倾而“欲巧取国民党”的，4 月 12 日，“唐绍仪、章炳麟发出公函数百份，劝邀国民党右派及中央派党员赴沪召集大会，商量改组问题”，唐绍仪想吸收这两派，“自为党魁。如干部派能同意，则仍用民党名义，否则另立党名”，目的在“使国民党能排斥共产党”。唐绍仪排除共产党之意已经十分明显，中共机关刊物有人撰文，认为这样一个由“前清大臣资格的”唐绍

① 和森：《冯自由反革命运动的剖析》，《向导》周报第 110 期，第 1018 页。

② 又名绍怡，1862—1938，广东中山县人，清政府总理总办、山东大学（时称山东大学堂）第一任校长，参加南北议和谈判，经孙中山介绍加入了同盟会。有留学美国经历的他，与袁世凯的独裁意图不能相容，被迫弃职离京。1917 年参加广州护法军政府，任财政总长，后为七总裁之一。

仪组建的“党”肯定是“买办阶级兼封建余孽的狐群狗党”。[①]

孙中山逝世后不久，国民党内的不和迹象就明显起来，这就是国民党同志俱乐部的出现。1925 年 1 月孙中山患上不治之症，病情明朗。冯自由等开始在中央公园频频集会，商讨排斥共产党的具体事宜。“决定函邀旧同志，先组类似同盟会之小团体，以昔之精神，辟将来之新径”。2 月初，章太炎领衔，马君武、田桐、管鹏、居正、焦子静、谢良牧、冯自由、茅祖权、刘成禺联名致函同盟会以来的国民党要人，称应在“民党涣散”之际，将同盟会旧人“重行组合”，待团体有了规模，便可“竟往日未伸之志，而为将来匡济之谋”。[②]

信发出后得到一些呼应者，3 月 8 日，他们在北京大学第三院召开会议，成立“中华民国国民党同志俱乐部”，通过简章计七章二十三条。发表宣言。3 月 31 日，向全国发通电，提出要预防国民党向共产主义转变，明显地要改变国民党的联俄容共政策。4 月 19 日，国民党同志俱乐部举行理事会议，选举马君武、冯自由、彭养光、凌毅、刘揆一、丁象谦等七人为常务理事。[③]

值得注意的是，国民党内也有不同的声音。有人说“先生在世我虽曾主张与共产派分家，但是如今先生刚去世，我可不忍这样主张了。回想先生生前的主意，有时与我们的主张不相同，因亦偶然有他错我们对了的时候，但大半是他对我们错”。关于共产党人的跨党，此人称这是“新兄弟来合伙”，过去他本人和一些人“不愿意这样做”，“或许是他对我们错了，亦未可定，现在决定和新兄弟分家，我可很是怀疑”。[④] 这可能就是当年向孙中山弹劾鲍罗庭、并表示反对孙开除冯自由国民党籍的国民党元老张继。

鲍罗庭早在孙中山逝世不久就认为国民党出现了分裂的苗头，甚至认为在一定意义上“分裂已经是既成事实”，但是阵线还不分明，他认为自己还能把握住国民党，并提出了不少措施。[⑤]

有留苏背景经过共产国际理论洗礼的赵世炎[⑥]以“罗敬”笔名在《向导》周报撰文，把冯自由等人定性为“反革命恶棍”，把他们的“章程”

---

① 和森：《冯自由反革命运动的剖析》，《向导》周报第 110 期，第 1019 页。

② 北京《晨报》1925 年 2 月 6 日。

③ 茅家琦、徐梁伯、马振犊、严安林等：《中国国民党史》（上），鹭江出版社 2009 年版，第 227 页。

④ 罗敬［赵世炎］：《革命与反革命》，《向导》周报第 110 期，第 1009 页，这里没有点明是谁讲这番话，上引茅家琦等：《中国国民党史》鹭江出版社 2009 年版，上册第 227 页认定此系张继。

⑤《鲍罗庭的书面报告——“孙中山逝世与国民党”（1925 年 4 月 6 日）》，《联共、共产国际与中国》，台北，东大图书公司 1997 年版，第 491、492 页。

⑥ 他于 1923 年从法国到苏联，在莫斯科东方劳动者共产主义大学学习。

定性为："第一是反对国民党中央执行委员会；反对广东政府；反对共产派"，目的在于"破坏国民党"，向直系和奉系军阀"卖党求荣"。[①] 同时也不无保护国民党的意图，称这些人有的在党改组后并没有进行党员登记，如彭养光、焦易堂，刘揆一，早在民国元年就声明脱离国民党投降袁世凯，冯自由已经被孙中山开除出国民党，陈炯明、章太炎、唐继尧等"老叛贼与老官僚更与国民党风马牛不相及"。[②] 赵世炎本意是想把这些人同国民党"分割"开来，实际于事无补。国民党内的不同声音已经给人以该党似乎有"分裂"迹象了。

国民党一届三中全会就是在这样复杂的背景下举行的。

一届三中全会在听取了汪精卫的报告后，正式作出了《接受总理遗嘱宣言》，和《关于接受遗嘱的训令》的决议。于其中除要求全体党员"自今而后，同德同心，尽吾人之全力，牺牲一切自由及权利，努力为民族平等，国家独立而奋斗，以继总理未竟之志"外，并把孙中山遗嘱全文载入。全会明确宣布：

> "以后本党一切政治的主张，不得与总理所著建国方略、建国大纲、三民主义、第一次全国代表大会之宣言及9月13日宣言、11月13日宣言之主旨相违背；凡违背上述主旨之方案，无论何级党部，概不得决议"。[③]

24日发表的中国国民党《接受总理遗嘱宣言》，申明了国民党的对内对外政策和奋斗目标，表明国民党要继承孙中山"未竟之志"，"努力为民族平等，国家独立而奋斗"。在对外政策方面宣布"凡能尊重我民族之平等与国家之独立者，为中华民国亲善之友；反之，则为我国之敌"。[④]

关于对苏俄，全会明确了"现在世界上以平等待我之民族，唯苏联始可当此称"，所以国民党对于"革命先进之苏联，乐于携手"。[⑤]"离却世界革命的民众之互相提携，绝不能完成吾人历史的革命事业"。[⑥] 这就是全会就孙中

---

① 罗敬：《革命与反革命》，《向导》周报第110期，第1009页。

② 罗敬：《革命与反革命》，《向导》周报第110期，第1009页。

③ 荣孟源主编，孙彩霞编辑：《中国国民党历次全国代表大会及中央全会资料》上册，光明日报出版社1985年版，第85页。

④ 荣孟源主编，孙彩霞编辑：《中国国民党历次全国代表大会及中央全会资料》上册，光明日报出版社1985年版，第80页。

⑤ 荣孟源主编，孙彩霞编辑：《中国国民党历次全国代表大会及中央全会资料》上册，光明日报出版社1985年版，第83页。

⑥ 荣孟源主编，孙彩霞编辑：《中国国民党历次全国代表大会及中央全会资料》上册，光明日报出版社1985年版，第91页。

山的《致苏联遗书》作出的回应了。

至于国民党的政治生活模式，此次全会有一个影响深远的决定便是："本党各级党部、党团之一切会议，在开会时须先由主席恭诵总理遗嘱，会众应起立肃听"。① 这一规定成了此后中国国民党一切会议的第一项。

与此相关连的是"容共"的原则。全会明确中共跨党只要"接受本党之主义与政纲"，"遵守总理遗教"，则其"责任与义务完全与一般党员无殊"。②

对于国民党同志俱乐部，全会坚决要求"曾被冯自由等假冒列名'同志俱乐部'之同志，应即速予声明否认，受欺蒙而被列名者，更应迅速声明脱离；否则本党纪律所在，自当加以制裁也"。③

另外，全会通过对党务、军队、军校的训令，以及对时局的宣言。

潜流涌动

从大会各项决议看，国民党"一大"的基本方针没有变。但是国民党同志俱乐部既然已经出现，他们能否服从决议也还是后话，这是潜流之一。另外一个便是某些人为争夺党魁而跃跃欲试。首先是汪精卫，其次是蒋介石。这里先看汪精卫的情况。

汪不仅主持了这次全会，而且自认这是其沿国民党内仕途上升的开始。汪精卫依恃的是些什么资本呢？他早在《民报》创刊之时，就支持孙中山，孙文写发刊词，汪精卫写《民族的国民》。在孙中山同梁启超关于革命与改良的论战中，他支持孙中山，驳斥梁启超的"开明专制论"，仅仅在一期上就发表了他的四篇文章。④ 孙中山早在1908年就予以肯定，称此文一出，"言中外之情势原原本本，使中国人士恍然大悟，惧外之见为之一除"。⑤

在孙中山弥留之际，汪精卫随侍左右。鲍罗庭看到，汪精卫想当国民党

---

① 荣孟源主编，孙彩霞编辑：《中国国民党历次全国代表大会及中央全会资料》上册，光明日报出版社1985年版，第91页。

② 荣孟源主编，孙彩霞编辑：《中国国民党历次全国代表大会及中央全会资料》上册，光明日报出版社1985年版，第87—91页。

③ 荣孟源主编，孙彩霞编辑：《中国国民党历次全国代表大会及中央全会资料》上册，光明日报出版社1985年版，第92页。

④ 汪精卫：《驳〈新民丛报〉最近之非革命论》、《驳革命可以召瓜分说》，《再驳〈新民丛报〉之政治革命论》以及《驳革命可以生内乱说》，《辛亥革命前十年间时论选集》第2卷，上册，生活·读书·新知三联书店1977年版，第395—417，455—482、521—534页。

⑤ 孙中山：《论惧革命召瓜分者乃不时务者也（1908年9月12日）》，《孙中山全集》第1卷，中华书局1984年版，第380页。

的领袖。① 直到“三二〇”事件发生后，直到1927年，无论在鲍罗庭还是在斯大林眼睛里，汪精卫一直被共产国际罗织的左派光环笼罩着。

第二节 国民党对共产国际“刚柔兼济”

所谓“刚柔兼济”指的是国民党在一段时间内不得不把某些根本分歧暂时隐忍下来，这可谓柔，然而又不时相当强硬地表明自己的立场，此则谓刚。

1925年的一届三中全会就是一例。孙中山病重期间曾经于1月26日令将广州中央执行委员会内的政治委员会移至北京，但许多委员如廖仲恺等依然未能到京。

国民党内的矛盾和国共关系已经在全会上正式提出。冯自由、马素、江伟藩被定为“公然敢于叛党者”，对于国共关系，尽管事实上已经出现了各种冲突，但全会依然认为“更有极忠实于本党之同志，因理论事实未尽明了之故，亦不免发现［生］左倾、右倾之状况”。②

乍看起来，左似乎多半是针对中共，但其背后的“隐忧”却不言自明。全会“柔和”的决议中隐藏着相当严厉的意图：“一切”中共党员的行动都要受到“管理”，语气中透出“刚”。不过左和右也还限于“理论事实未尽明了之故”的层面上，并没有什么“措施”。

这时候国民党还不能“明言”，因苏俄的援助和中共的参与，国民革命运动开始蓬勃发展，国民党呈现生气勃勃的景象。到1925年黄埔军校培养出的军官已经达到五千名，他们成了国民革命军的骨干。加伦到中国后为东征讨陈炯明开展了卓有成效的工作：细致而全面地了解有关将领们的情况，视察

---

① 到1939年汪精卫已经投向日本帝国主义时，鲍罗庭改口了，他说“汪精卫想当领袖”，孙中山在世时……这办不到，因为孙中山从来不相信他，也从来没有委以要位或重任。孙中山无论何时何地，在正式讲话和谈话中，在回忆往事时，从来也没有说过汪精卫会被指定为其接班人”。显然鲍罗庭不知道孙中山1908年说过的话。鲍罗庭说，“在他同孙的个人谈话中，后者说起汪精卫时，一向表示不信任也不喜欢，管他叫没有骨气的人（在俄语中就是没有脊梁骨）。”孙中山举出的例子便是前述革命委员会成立汪精卫可以不加入的一事。《某人同鲍罗庭同志的谈话》（1939年8月1日）Беседа с тов. Бородиным（1 Августа 1939），РГАСПИ，全宗514，目录1，案卷1043，第35—36、38—39页。

② 荣孟源主编、孙彩霞编辑：《中国国民党历次全国代表大会圾中央全会资料》（上），光明日报出版社1985年版，第88页。

战地工事，制订了周密的进攻计划。他表现出的高超军事技艺，得到军官们普遍的赞许。[①] 第一、二次东征取得的胜利对于广东革命根据地的巩固发生了重要作用。

在组织方面，国民党的地方基层组织得有中共帮助而迅速扩大，开始在全国发出自己的声音，如1925年在北京举行的国民会议促成会，中共就开展了广泛的活动，宣传孙中山提出的废除不平等条约和尽快举行国民会议的主张，国民党虽然没有参加段祺瑞的善后会议，该党的政治主张却已经开始产生感召力。

主要由中国共产党人领导的工会派出代表参加了国民会议促成会，“做了会议中的主干……虽然此次会议的决议并未发生效力……国民会议运动事实上归于停顿，但工人阶级从此登上了政治舞台”。[②] 这是邓中夏据共产国际理论得出的肤浅总结，究竟工人的参与在运动中起了什么作用，也还待考察。不过在此前后中共在上海小沙渡等地开展的工作，如开办工人俱乐部并于其中建立了党组织等却取得了一定成绩。1925年5月1日中共主持召开第二次全国劳动大会，成立了中华全国总工会。林伟民、刘少奇、邓中夏等担任了领导职务，开始崭露头角。

就在这个月底，中国国民党上海执行部因上海日资内外棉株式会社枪杀共产党员身份的顾正红而发动学生和工人罢工、罢课、罢市。5月30日运动爆发，是谓“五卅运动”。中国共产党的中央委员会设于上海，不言而喻对罢工的支援相当有力。它标志着中国工人运动的高涨，上海、青岛等地的运动得到国内外工人的支持。

国民党从废除不平等条约的高度对“五卅运动”给予支持。中国国民党中央执行委员会积极领导和支持从5月中旬开始的反帝运动，[③] 上海执行部于6月1日、4日两次发表宣言，要求英、日当局赔偿、惩罚、抚恤、道歉，以及废除一切不平等条约，并号召在这些要求得到满意回答前，实行对日经济绝交。[④] 6月7日，代行大元帅职权的胡汉民更加严厉地宣布，上海租界当局的暴行“实为人道之蟊贼，及对中国国家暨国际之非常损失与侮辱”，他此时已经提出了要从“收回租界着手”根本解决问题了。[⑤] 特别值得注意的是，

---

① 卡尔图诺娃：《加伦在中国》，莫斯科，2003年版，第4、10号文件。

② 邓中夏：《中国职工运动简史（1919—1926）》，人民出版社1953年版，第129页。

③ 中华民国史事纪要编辑委员会：《中国民国史实纪要》（中华民国十四年1—6月），第556—600页。

④ 罗家伦主编：《革命文献》第18辑，第3279—3281页。

⑤ 《陆海军大元帅大本营公报》，中国社会科学出版社1981年版，第23页。

他强烈指责军阀与帝国主义互相勾结的现象："段祺瑞以尊重不平等条约交换执政，尤足使帝国主义者仰骄长傲无所顾忌。张作霖此次战胜以后，依赖帝国主义之信念益强，亦为造成此次暴行之原因"。①

到6月底，广州为沪案发起游行时，又发生了英、法、葡残杀和平百姓的沙基惨案，中国国民党发表了废除不平等条约宣言。时兼任广东省省长的胡汉民照会各国驻广州领事，抗议帝国主义国家的野蛮行径，并明确提出废除不平等条约的要求。由上述情况可以看到，国民党是在实施其"民族主义"，它的声音强大起来，对待运动的积极态度令人耳目一新。

共产国际、红色工会国际、中国共产党则是从阶级斗争的角度来看待这场运动。前二者在世界范围内组织了大规模的声援和募捐。通过"不许干涉中国!"协会开展了许多活动。仅仅俄共（布）就先后拨出了十万卢布。② 这场运动大大鼓舞了工人的斗志。③ 吴廷康也在《向导》周报撰文，驳斥英美报刊把广州政府参预革命运动污蔑为"暴徒扰乱"。④ 从表象看，国民党人对共产国际和中共似乎真没有什么可"指责"之处，或许这便是该党一度对共产国际取柔和态度的原因。

第三节　这一时期共产国际的方针和政策

然而，对上述情况却产生了不尽相同的估计。中共陈独秀认为"自国民党改组以后，排除共产派的运动，不曾一日停止过"。⑤ 主要原因是国共两党对于阶级斗争问题的分歧不可避免地时时出现，双方都力图实施自己的政治主张。

而共产国际驻华代表鲍罗庭和吴廷康却各有主张。鲍罗庭根据其一贯的划分左中右派的理论及其"楔子策略"，认为国民党内还有一些同共产党人暂时站在一起的中派，鉴于这些人"完全赞成"共产党人反对右派的斗争，他

---

① 《陆海军大元帅大本营公报》，中国社会科学出版社1981年版，第24页。

② 《联共、共产国际与中国》，台北，东大图书公司1997年版，第518、522页。

③ 《联共、共产国际与中国》，台北，东大图书公司1997年版，第132页。

④ 他使用"魏琴"的笔名，撰写的文章题为《关税会议与司法调查》，《向导》周报第127期，第1160—1162页。

⑤ 独秀：《给戴季陶的一封信》，《向导》周报第129期，第1186页。

们受到外国帝国主义的经济压迫，所以有一定的反帝性，“还可救药”，他便把他们暂时归入左派行列。①

鲍罗庭的对策—“暂时不理睬右派”

他知道，孙中山病危时，冯自由等人就于3月8日成立了中国国民党同志俱乐部，矛头所向是鲍罗庭和苏联。冯自由已经是被开除出国民党的人了，但耐人寻味的是大部分国民党人对冯并没有明显反感，鲍罗庭认为这无疑是一些右派，因此国民党的“分裂已经是既成事实了”。不过他认为左派在国民党内还是居多数，这对中共和苏联“有利”，理由是：第一次东征为在“广东省四千万农民中广泛开展工作”和建立密切联系提供了可能性，黄埔军是由“我们［苏联顾问］领导的”，针对“到北京开国民会议促成会的一百五十三名代表中有一百人是左派”这个事实，鲍罗庭“大胆地说：整个国民革命运动的实际工作都在左派的掌握之中”，所以他“深信右派毫无组织能力”。由此产生他的对策：暂时不理睬右派。

他的对策还有其他内容：由中共控制各地的国民党组织；在北方组建培养左派干部的学校，以军事援助为依恃，把胡景翼、孙岳、冯玉祥等人争取到左派队伍中来；大力开展工农运动；宣布联治主义者为反革命。②

吴廷康则不同，他批评鲍罗庭，说他陷于“自相矛盾”的状态：一方面说右派活动猖獗，力图打着国民党的旗帜分裂国民党，另一方面又说右派毫无组织能力，③ 左派势力毕竟强大。吴氏对于中国形势的分析应当算是更加冷静。他明确指出国民党内的右派已经开始活动，早在1924年商团事件之际，国民党右派们就以维护国民党团结为借口，试图排挤中共，反对苏联，以阻止国民党被赤化。这些右派的目的是将国民党一大宣言和纲领化为乌有，同国民党左派分道扬镳，而后者已经做好准备在即将举行的国民党一届三中全会上面对这一挑战。④ 鉴于1925年3月举行的共产国际执行委员会第五次扩大全会并没有就中国问题作出新的决议，吴廷康也认定共产国际在对华策略上不需要作出改变。⑤

---

① 《鲍罗庭的书面报告“孙中山逝世与国民党”（1925年4月6日）》，《联共、共产国际与中国》台北，东大图书公司1997年版，第490页。鲍氏报告中没有具体说出这些国民党左派的名字。

② 《联共、共产国际与中国》，台北，东大图书公司1997年版，第492—493页。

③ 《魏金斯基致加拉罕的信（1925年4月22日）》，《联共、共产国际与中国》，台北，东大图书公司1997年版，第498页。

④ 吴廷康：《中国革命运动的趋势与国民党》（Г. Войтинский *Тенденция революционного движения в Китае и Гоминдан*，《共产国际》杂志1925年第3期，第155、157页。

⑤ 《魏金斯基致加拉罕的信（1925年4月22日）》，《联共、共产国际与中国》，台北，东大图书公司1997年版，第496页。

吴廷康参加了中共第四次代表大会（1925 年 1 月 11—21 日），国民党的左、右派在会上有了明确的界定。

吴廷康认为，左派的成分是工人、农民及知识阶级的急进分子；右派的成分是军人官僚政客资本家，他们在广东已和大商人买办阶级及地主阶级合作，压迫农民工人，他们不但反对我们及国民党左派，并且反对立在我们和他们中间的国民党中派。

代表大会认为国民党“中派，是些小资产阶级知识阶级中革命分子，他们在数量上虽不甚重要，却站在国民党领袖地位，他们总是立在我们和左（右）派之间，操纵取利”。① 有的地方把冯自由等右派称为反革命派。说他们的纲领是“第一，反对国民党中央执行委员会；第二是反对广东政府；第三是反对共产派”。②

至于对待这些派别的政策，中共四大在其决议中明确指出，鉴于“国民党的分子包含有资产阶级知识阶级及工人农民阶级，在群众中他们有造成阶级调和观念之危险，因此，我们在国民党中工作，对于各种运动，须努力保持阶级争斗的成分”。对待国民党右派，“我们在国民党内各级党部，并且要在国民党外各社会团体宣传：反对帝国主义，反对军阀政治，反对帝国主义工具之买办阶级，拥护工人、农民、一切劳苦群众之利益，指摘国民党中及民族运动中的右派和帝国主义妥协和反动的军阀妥协和买办地主阶级妥协及压迫农工一切劳动平民的每个反革命事实”，在这个过程中“暴露国民党中派游移态度”。③

无非依然是依靠和扩大国民党左派，争取中间派，打击和揭露右派。中共政策明显地传递着共产国际传统的观点和做法。

对于整个国民党组织及其地方组织。代表大会议决：“完全在我们同志指导之下的国民党各级党部应该努力宣传党员群众，使他们都有明确的左倾观念，才算是整个的左派结合。单靠感情的联络，或只党部领袖是左派分子，那是不够的”。④

代表大会按照共产国际关于阶级斗争的观点分析中国工人运动：“工人运动是中国国民党运动中的基本，在事实上中国工人运动自‘二七’以来，虽

---

① 中央档案馆编：《中共中央文件选集》（一），中共中央党校出版社 1982 年版，第 33 页。

② 罗敬：《革命与反革命》，《向导》周报第 110 期，第 1009 页。蔡和森认为右派的活动内容是：反共产反苏俄；开除共产派；反对罢工，破坏工人阶级的组织；是各派老国民党员大团结。和森：《冯自由反革命运动的剖析》，《向导》周报第 110 期，第 1018 页。

③ 中央档案馆编：《中共中央文件选集》（一），中共中央党校出版社 1982 年版，第 33 页。

④ 中央档案馆编：《中共中央文件选集》（一），中共中央党校出版社 1982 年版，第 340 页。

在最重压迫之下但仍旧是继续高涨而做国民运动发展的中心。工人运动的发展与国民运动的发展是成为正比例的：阶级斗争足以促进国民运动，而国民运动亦足以增厉阶级斗争”。[①]

这一切针对的是国民党右派的活动。例如冯自由将其活动的中心设在“买办阶级的中心”香港，他们始终是要投合资本帝国主义，升官发财，以扩大自己阶级的特权；革命不革命，不过是达到这种目的之手段。中共认为国民党的“新政纲不仅违反他们这种目的，而且根本打破他们这种目的”，所以他们不可能不反革命。[②] 中共当时的态度已经相当明确而强硬，《向导》周报公开提出“国民党淘汰分子之必要”了。[③] 那么共产党人应该取什么策略对付这些应该被“淘汰的”的分子呢？

斯大林和共产国际没有定见。

这是十分值得注意的一个特点。在共产国际对华政策上能一锤定音的斯大林认为“共产党已经溶化在国民党内了，共产党已经没有独立的组织，完全受到国民党的‘虐待’”，不过这是不可避免的。这是他在共产国际执行委员会第五次扩大全会后对吴廷康说的。

可是，过了两个月，到5月9日他认为殖民地国家内“共产主义者的任务就是：和资产阶级中的革命分子，而首先是和农民结合起来，反对帝国主义同‘本国的’资产阶级中的妥协分子结成的联盟，以便在无产阶级领导下为摆脱帝国主义的桎梏进行真正的革命斗争”。[④]

到5月18日，他在东方大学的讲演又进一步提出了新的观点：主张中国成立一个工农政府。也就是要抛开其他阶级，单独由工农组织政府。

然而到了五卅运动爆发，斯大林又指示其驻华代表一方面继续推进运动“不要怕激化危机”，同时“下大力气煽起反张作霖的活动，全力分化瓦解他的军队并使其革命化”，另一方面又怕列强知道苏联插手中国事务，所以命令苏联政府和俄共（布）党的领导人在讲话中“切勿宣扬共产国际、苏联和俄共在中国革命运动中所起的作用”。[⑤]

如果说陈独秀在中共第四次代表大会上仅仅是主张“根本改组国民党”

---

① 中国共产党第四次全国代表大会《对于中央执行委员会报告之议决案》，中央档案馆编：《中共中央文件选集》（一），中共中央党校出版社1982年版，第327页。

② 和森：《冯自由反革命运动的剖析》，《向导》周报第110期，第1018页。

③ 和森：《冯自由反革命运动的剖析》，《向导》周报第110期，第1016页。

④ 斯大林：《在俄共（布）第14次代表会议的工作总结（1925年5月9日向俄共（布）莫斯科组织积极分子所做的报告）》，《斯大林选集》上卷，人民出版社1979年版，第334页。

⑤ 《联共、共产国际与中国》，台北，东大图书公司1997年版，第524页。

和建立"新国民党",[①] 那么毕竟他们还没有完全抛开国民党。吴廷康也仅仅认为共产国际对于即将发生的同国民党右派的分裂要"有所准备"[②] 而已。斯大林的主张就显得更加"彻底"、更加激进。因为到这个时期为止,共产国际执行委员会一直认为国民党是几个阶级的联盟。成立工农政府意味着马上就要把国民党分裂开来,只保留其为数不多的工农分子,而排除其他阶级的代表。这个提法为共产国际在中国政策的进一步左倾开了先河。

后来出现的情况,特别是中国发生的五卅运动使莫斯科更加重了这种左倾情绪。中共一些人认为中山主义的社会基础"离不了半封建半资产阶级的对象"。[③] 而此时,鉴于飞速发展的形势,已经到了中国共产党积极组织工人参加反帝运动的时刻了,所以中共不久便提出了请"大家赶快加入中国共产党,增加他的力量"的公开号召,"就此可以保证我们对于帝国主义的胜利"。因为中国共产党是指导全世界工人阶级斗争的"各国革命的工人联合——共产国际"的支部。[④] 中共已经公开打出自己的旗帜,打出了工人阶级一个阶级的旗帜了。

第四节　戴季陶直接挑战共产国际

然而就在左倾声音开始强大的时候,国民党也有了自己的动作,该党内的真实状况证明它与共产国际的关系中许多令人忧虑的因素已经浮出水面。

首先,在国民革命运动出现蓬勃生机的时候,国民党的理论家戴季陶揭起了反苏反共的理论大旗,如前述,孙中山逝世刚刚三天,戴便于 3 月 15 日发表名为《孝》的文章,号召人们除了做种种纪念举动以尽孝道外,更重要的是应尽"对于民族对于社会的孝",[⑤] 显然在提醒国民党人努力维护孙中山

---

① B. И. 格鲁宁:《国民革命前夕和国民革命期间的中国共产党》,第 1 卷,第 178 页,转引自《联共、共产国际与中国》,台北,东大图书公司 1997 年版,第 440 页。

② 《魏金斯基致中国共产党中央委员会和鲍罗庭的信(1925 年 2 月 15 日)》,《联共、共产国际与中国》,台北,东大图书公司 1997 年版,第 473 页。

③ 和森:《冯自由反革命运动的剖析》,《向导》周报第 110 期,第 1016 页。

④ 中国共产党中央委员会、中国共产主义青年团中央委员会:《全国被压迫阶级在中国共产党旗帜底下联合起来呵!》,《向导》周报第 126 期,第 1151—1152 页。

⑤ "中华民国"各界纪念国父百年诞辰筹备委员会学术论著编纂委员会主编:《戴传贤选集》,台北,1965 年版,第 470—480 页。

的思想传统，“藉以防制异党分子的曲解与利用”。[1]

1925年5月17日，中国国民党一届三中全会开幕，过了两天，戴季陶就发表了《民生哲学系统表》，所谓“系统表”是指它包含了《孙文主义之哲学的基础》和《国民革命与中国国民党》两部“巨著”的“系统”，以阐述孙中山的哲学思想及其政治主张。

上文已经述及，孙中山选择了中国国民党第一次代表大会的筹备和会议进行期间这个时机，来讲解三民主义。一年多后，戴季陶选择三中全会作为契机发表他的观点，这本身也同样具有极其重要的象征意义，可以看出戴氏反共派的用心良苦。有人称他是“国民党人中有系统地建立反共理论的第一人”。[2]

戴氏重申孙中山对三民主义的定义：“三民主义就是救国主义”。“因为三民主义系促进中国之国际地位平等、政治地位平等、经济地位平等，使中国永久适存于世界，所以说三民主义是救国主义”。[3] 他用以下九点归纳了孙中山理论：

1. 孙中山思想完全渊源于中国正统思想的中庸之道，他是孔子以后中国道德文化上继往开来的大圣。

2. 他的知识包括近代一切科学，解决一切问题必须用科学方法。

3. 三民主义原理全部包含于民生主义之内。

4. 孙中山毕生致力于实现三民主义。

5. 三民主义的原始目的在于恢复民族的自信力。

6. 实现三民主义的方法是全民共同努力，完成国民革命，以国家资本主义为建设民国之基础。

7. 三民主义的终极目的，在克服资本主义引起的社会病，建设共产社会，完成真正民有、民治、民享的大同世界。

8. 民生主义和共产主义，目的相同，而哲学基础和实行的方法，完全不同。孙中山的名言是：“共产主义是民生主义的理想，民生主义是共产主义的实行”。马克思是“社会病理学家，不是社会生理学家”。

9. 孙中山的全人格以仁爱为基本，离却仁爱，提倡阶级斗争，绝无革命

---

① 李云汉：《孙文主义学会与早期反共运动》，载李云汉主编：《中国国民党党史论文选集》第4册，台北，近代中国出版社1994年版，第297页。

② 李云汉：《从容共到清党》，台北，中国学术奖助委员会，1966年版，第401页。

③ 朱汇森主编：《戴传贤与现代中国》，台北，“国史馆”1989年版，第199页。

可言。孙中山的观点就是："民生是历史的中心，仁爱是民生的基础"。①

由此可以看出，这位国民党的重要理论家用"仁爱"对抗阶级斗争，已经向共产国际奉为圣经的理论，以及其关于通过暴力革命建立无产阶级专政的革命道路发起了正式挑战。

戴季陶激烈批判工农运动，称那一方面是某些人"受帝国主义的教唆和欺骗……而另方面也是共产主义者超过实际需要，不合实际的过量宣传的恶影响"。他重申孙中山关于共产主义不适合中国情形的观点后说"共产是要共有，不是要共无，是要共富，不是要共贫"。

戴季陶更多着笔于三民主义与共产国际在革命道路和方法上的区别。他不同意"共产主义以无产阶级之直接革命行动为实行方法"，反对"用阶级专政，打破阶级"，而主张"以国民革命的形式……以国民的权力达到实行的目的，所以主张革命专政，以各阶级的革命势力……以国家的权力，建设社会的经济组织，而渐进地消灭阶级"。

他认为自己继承的是孙中山对阶级斗争的观点，孙中山是"从人类生存的出发点，去纠正"那些"以阶级斗争为历史中心，以阶级斗争为绝对的手段之社会革命思想"的。戴季陶认为"之所以不认阶级斗争为革命唯一的手段……并不只是在国民革命时代，为维持联合战线而糊涂过去，我们是认为在阶级斗争之外，更有统一革命的原则"。他的结论是：因各国国情不同，所以治理这一病态的方法也不同。

讲到国民党的任务，他说"我们是要促进国民全体的觉悟，不是促进一个阶级的觉悟"。他再三强调"仁爱"，说在这一点上，孙中山与马克思、列宁的"革命论者完全不同"。

至于国民党进行的国民革命，戴季陶强调，孙中山要进行的是全民革命，而不是为无产阶级一个阶级进行革命。他言简意赅地综合道：孙中山"先生所主张的国民革命，在事实上，是联合各阶级的革命"。戴直接与"打倒地主"、"打倒资本家"的口号唱对台戏："一方面是要治者阶级的人觉悟了，为被治者阶级的利益来革命，要资本阶级的人觉悟了，为劳动阶级的利益来革命，要地主阶级的人觉悟了，为农民阶级的利益来革命，所谓'成物智也'"。他说，孙中山主张的是各阶级的人要抛弃"他的阶级性恢复他的国民性，抛弃他的兽性恢复他的人性"。

---

① 《国父思想论文集》第1册，第102—103页，引自"中华民国"史实纪要编纂委员会：《中华民国史事纪要》（1925年1—6月卷），台北，1975年版，第540页。李云汉：《从容共到清党》台北，中国学术奖助委员会，1996年版，第401—405页）详细分析了戴氏理论。

至于俄国经验与中国革命的关系，他也有类似孙中山的论述："像我们中国今天这样，甚么新的产业组织都没有，我们去共什么？这样的产，共了起来，于国民经济有什么好处？而且技能和材料，幼稚至于如此，缺乏到如此，拿什么做共产的条件？"这使人想起1923年孙中山越飞的联合声明中的第一条。

对于俄国何以有从战时共产主义向新经济政策的转变，他的论述也基本与孙中山相同：俄国人"要到了条件不具备的理论行不通的时候，才会懂得回到基本工作的新经济政策去"，他肯定孙中山的道路："以具备主要的生产条件，为实行民生主义的出发点"。

戴季陶直接把中共和共产国际的政策当做对立面，特别强调国共合作以来，国民党奉行的政策是对的，他说"阶级的对立，是社会的病态，并不是社会的常态……中国的社会，就全国来说，既不是很清楚的两阶级对立，就不能完全取两阶级对立的革命方式……所以我们要促起国民全体的的觉悟，不是促起一个阶级的觉悟"。①

从这个意义上讲到国共两党的政策时，戴季陶在另外一篇文章《国民革命与中国国民党》中批评跨党的中共党员"不把中国国民党的组织和团结作为自己的责任，只尽量在中国国民党当中扩张CP或CY的组织，并且使非CP和非CY的党员，失却训练工作的余地……一定会使实际的工作上，只有反动和盲动两种势力，磨擦鼓荡……这种做法，只可以说是为了满足自己的空想而舍却国民的需要。尽管满口反对无政府主义的空想病，而行为不把实际的国民需要做前提，实在结果，和无政府主义的空想是一样的"。② 他已经把矛头指向国际共产主义运动的根本理论："科学社会主义"了。

戴季陶认为跨党的中共党员心里想的是共产革命，口里说的是半共产革命，"共产的条件，既不会因空想而具备，国民革命又因此生出许多障碍。到得困难发生的时候，只用一句'排反革命'的空话来掩饰真实的主义问题"，所以他"苦心孤诣"地劝告中共相信三民主义，不要表里不一，更不要不"尊重"国民党。

在这篇文章里他不指名地把共产国际代表马林那种时时批判国民党的主张以保持共产党人政治上独立性的做法，把《向导》周报上批评孙中山等的文章通通视为不"尊重团体"的表现。甚至直言不讳地批评中共，说它实行的是"寄生"在国民党内的政策。

---

① 朱汇森主编：《戴传贤与现代中国》，台北，"国史馆"1989年版，第211页。

② 戴季陶：《国民革命与中国国民党（1925年7月）》，朱汇森主编：《戴传贤与现代中国》，台北，"国史馆"1989年版，第237页。

至于列宁关于帝国主义是资本主义最高阶段的论述等重要著作，戴季陶也在其文章中以“三民主义的帝国主义观”而一一予以批驳。[①]

共产国际和中共的反应

不言而喻，戴季陶这一动作像是一颗炸弹，回击是必然的。因为他批评马克思的学说和苏俄的政策，甚至在系统地罗列列宁主义的观点后大论其“害”，说这样“我们就可以晓得，空想病之害，不但是中国人受到很深，外国人亦一样是不免的。大家知道现代的马克思的共产主义，叫做科学的社会主义，但是如果不研究实际的事实，而仅奉理论去求实现，这便是与‘空想的社会主义’，犯了同一样的幼稚病”。[②] 恩格斯晚年针对自己24岁（1845年）写的《英国工人阶级的历史状况》说过：“那时作者还年轻，……这本著作就带有作者青年时代的烙印，反映着他青年时代的优点和缺点”。他明确指出：“四十年前，英国面临着一场按一切迹象看来只有用暴力才能解决的问题”，但是后来经济的发展改变了社会状况和工人阶级的处境，对待社会改造的政策也必须据新的形势做相应的改变。但是恩格斯说，青年时期优点和缺点“都不使他感到有什么羞愧”。[③]

现在回到中国情况。在20世纪20年代的中期，当许多革命者满腔热情寻求革命道路的时候，要求他们像恩格斯一样清醒显然是不可能的。

当时，最先回应戴季陶挑战的是陈独秀。戴氏文章出现后，他们“面谈”过，[④] 两人就争论的焦点——对阶级斗争的看法——未能取得任何一致意见。陈独秀便在中共中央机关刊物《向导》周报发表一长文，全面批判戴季陶。

陈文的醒目处在于，他把戴文置于当时冯自由等“排除共产派”运动的背景上，以此为切入点，指出，“这个运动的最初期代表人物，要算谢惠生[谢持]先生和冯自由先生，其次便是马素和邓家彦两位先生，最近便轮到你季陶先生了”。不过，就“排除共产派”而言，戴文并不是什么“新发明”。陈文的重点在分析国共两党对于阶级斗争问题的看法，批驳戴季陶对中共的攻击，特别着笔包括他在内的国民党右派把共产党跨党的初衷歪曲为“只借中国国民党的躯壳，发展自己的组织”。

---

① 戴季陶：《国民革命与中国国民党（1925年7月）》，朱汇森主编：《戴传贤与现代中国》，台北，“国史馆”1989年版，第240—246页。

② 戴季陶：《孙文主义之哲学的基础》，朱汇森主编：《戴传贤与现代中国》，台北，“国史馆”1989年版，第205、208、211、213页。

③ 恩格斯：《英国工人阶级的历史状况》（1892年英国版译文），《马克思恩格斯全集》第22卷，人民出版社1965年版，第311、317页。

④ 陈独秀：《给戴季陶的一封信（1925年8月30日）》（续），载《向导》周报第129、130期，第1186页。

陈独秀的文章还有一个看点是，把当年康有为、梁启超反对同盟会的革命学说时“大呼革命共和足以召瓜分亡国”的吓人的话拿来，与现在的戴季陶相比，说戴反对阶级斗争的那些话（诸如：“使国民吃不必要的苦，负无所得的牺牲”，“把青年的思想化成僵石”，“不能不替中国悲伤”）也是在吓人，这与二十多年前的康有为、梁启超无异。陈独秀的箭也射向邵元冲，批评了他反对中共跨党的观点。[①]

共产国际从国共关系的角度出发，认戴季陶的文章是“某些人把广州最近的事态说成是中国共产党力图破坏民族统一战线”，便指示中共中央“对此应特别予以批驳”。[②] 然而如何“批驳”却是一个难题，因为早在本年 1 月中共的第四次代表大会上，中共决议中已经认为国民党各级党部“完全在我们同志指导之下”了。[③]

戴氏理论的影响

国民党已经不再暗中表示对共产国际理论的反弹或向孙中山告“御状”，而是明火执仗了。有人认为“戴季陶的理论，鼓励了青年反共党员的勇气，也武装了他们的思想”。[④] 黄埔军校内的孙文主义学会得到戴的书如获至宝。广州、上海、北京、武汉等地，反共的视线开始集中，反共的势力开始形成，各地孙文主义学会的组织因而建立，全国性的反共浪潮也随之激荡起来”。邵元冲“为戴氏理论做鼓桴之应”，许崇智甚至把该书“印发粤军全体官兵阅读”。蒋介石则对黄埔军校学员“殷殷训释‘三民主义以民生意义，应始终立于本党革命之地位’”。[⑤]

这样一种态势和情绪加重了中国共产党人组织的青年军人联合会的艰难处境，但青年军人联合会在迅速发展，它又加剧了国民党内对共产党隐含不满者的担心，试看：军队中三个师的党代表共产党占了两个，九个团的党代表，共产党占了七个。[⑥] 军队内争夺领导权的斗争已经明朗化，这正是共产国际的要求。它在一个指示中明言，中国共产党应“以国民党的名义设置政治

---

① 陈独秀：《给戴季陶的一封信（1925 年 8 月 30 日）》（续），载《向导》周报第 130 期，第 1196—1197 页。

② 《共产国际执行委员会给中国共产党中央委员会的指示草案（1925 年 9 月 28 日，莫斯科）》，联共、共产国际与中国》，台北，东大图书公司 1997 年版，第 578 页。

③ 中央档案馆编：《中共中央文件选集》（一），中共中央党校出版社 1982 年版，第 340 页。

④ 李云汉：《孙文主义学会与早期反共运动》，国防部史政局编：《黄埔军校六十周年论文集》（上），台北，1984 年版，第 83—84 页。

⑤ 裴京汉：《黄埔军校内部的对立与蒋介石的思想倾向》，www. hoplite. cn，第 301 页。

⑥ 周恩来：《关于 1924 年至 1926 年党对国民党的关系（1943 年春）》，《周恩来选集》（上），人民出版社 1980 年版，第 118 页。

工作，同时要谨慎而又坚决地把实际领导权牢牢掌握”在自己手中。① 国民党人未必知道这个具体指示，但是中共要夺取国民革命运动领导权的思想是明确的。中共自己也承认，国民党人因共产国际支持中共而产生的不满情绪时时在增长中。不过，直至这时，国共关系还在维持着，不仅共产国际，在国民党方面，无论戴季陶还是邵元冲也还没有明确提出“分共”。

第五节　国民政府成立

国民党“一大”期间，孙中山就拟定了《国民政府建国大纲》并交临时中央执行委员会向代表大会提出，1 月 20 日大会通过了《组织国民政府之必要案》，规定“国民党当以此最小限度纲领为原则，组织国民政府。② 1924 年 2 月 13 日中央执行委员会通过了由国民党中央执行委员会常务委员谭平山提出的《国民政府组织案》。因广州形势一直动荡，此事未能实施，由大本营大元帅代行政府职能，胡汉民代行大元帅。1925 年孙中山病危期间，中央执行委员会政治委员会部分在京成员“讨论政府的体制，决议采取合议制”。会后由汪精卫电代行大元帅胡汉民“帅座若不讳，广州政府改合议制。合西南各省为之，以消纳灰色同志”。③ 胡汉民表示同意。

对陈炯明的战役即第二次东征于 6 月 14 日结束。广东形势平静下来。6 月 15 日国民党中央执行委员会决定“中执委为最高机关，改组大元帅府为国民政府，建国军及党军，改称国民革命军。

政府酝酿成立期间，鲍罗庭在上海同中共中央一起商讨过政府性质和成员问题。这届政府的性质是：向革命性更强的政府过渡的形式。④ 至于如何理解其“过渡性”和“革命性更强”，鲍罗庭没有解释，这或许可以从政府主

① 《共产国际执行委员会东方部关于中国共产党军事工作的指示草案（1925 年 8 月）》也是这样说的。《联共、共产国际与中国》，台北，东大图书公司 1997 年版，第 544 页。

② 荣孟原主编，孙彩霞编辑：《中国国民党历次代表大会及中央全会资料》（上），光明日报出版社 1985 年版，第 34 页。

③ 荣孟原主编，孙彩霞编辑：中国国民党中央执行委员会藏汪电报原件。引自李云汉《中国国民党史述》第二编，中国国民党中央委员会党史委员会 1994 年版，第 630 页。

④ 《维里杰致魏金斯基的信（1925 年 5 月 13 日）》，《联共、共产国际与中国》，中国国民党中央委员会党史委员会 1994 年版，第 502 页。

席人选的变化上看出，胡汉民没有顺理成章地担任主席。[①]

为组建政府事，鲍罗庭起了不小任用。他从上海回到广州后，担任国民党中央政治委员会的顾问，参加其所有会议。在“使用干部”一事上，他“依靠左派”的方针十分明显，如负责起草各机关组织方案和人选的就是廖仲恺，他与伍朝枢共事。[②]

一些国民党人士如邹鲁，对鲍罗庭“操纵”政府组建一事表示不满，指责他把组建政府的事提到该委员会来，是想赖以“操纵中央的党、政、军”。这样一来，“国民政府组织法及国民政府的人选，均由政治委员会先决定”，然后不过形式上“再呈常务执行委员会补行通过手续”。而在选举投票和唱票过程中，身为政治委员会秘书的伍朝枢发现了问题，因为汪精卫本人是候选人，按照常规，他得到全票也不过 10 票，但是伍朝枢为人儒雅，没有把事情说破，仅仅以朗读投票结果的形式，把“发出选票十一张，收回选票十一张”重复了一次，加上了一句人人都能理解的话“发出选票十一张，收回选票十一张，选举汪精卫的十一票”。[③] 汪精卫自己投了自己一票。

7 月 1 日国民政府正式成立，汪精卫任主席，胡汉民、谭延闿，许崇智、林森为常务委员。胡汉民任外交部长，许崇智任军事部长，廖仲恺任财政部长。3 日成立军事委员会，蒋介石等八人为委员。鲍罗庭认为这些成员里没有“顽固的右派”，或许应当满意。但是好景不长。一系列严重事件相继发生。

第六节　国民党左右派开始摊牌

廖仲恺遇刺

1925 年 4 月 14 日中国国民党中央执行委员会任命廖仲恺为黄埔军校党代表，在右派眼中，这个任命乃由他的亲苏亲共倾向导致。

如果说戴季陶是“苦心孤诣希望”中共把“三民主义认为唯一”正确的

① 难怪汪精卫侄子回忆说：“汪精卫所以能获得党政领导地位，全系共产分子及苏俄政治顾问鲍罗庭在幕后策划，而由廖仲恺一手办理，并有过半数中委所支持，且事先未同胡汉民联系。而胡亦未与闻”。李云汉：《中国国民党史述》第二编，中国国民党中央委员会党史委员会 1994 年版，第 638 页。

② 中国国民党中央委员会党史委员会档案：《政治委员会第十七次会议（1925 年 6 月 22 日）》。

③ 邹鲁：《回顾录》第 1 册，南京，独立出版社 1947 年版，第 167—168 页。

革命理论并实行之，不要“用揠苗助长的拙策，阻止中国民族生机”，那么这也还仅仅是嘴上功夫。事实上，戴季陶等不过是在按捺自己的反共情绪，国民党内还有另外一些更加激烈的人，不能坐视“第三国际的共产主义者”在中国实行这种“齐天大圣对牛魔王的策略”。[①]

廖仲恺在广州“政府禁烟赌……反抗帝国主义……积极革命”[②] 本来不是坏事，他们忌恨的主要是中共及其背后的共产国际。对于党代表廖仲恺，自然因他“亲共”而十分不满。他上任仅仅四个多月，便在8月20日遇刺身亡，当了国民党反苏反共分子的牺牲品。凶手就是被称做国民党右派的那些人。[③]

什么是左右派呢？如上述，据共产国际的理论界定，其基本标准就是他们对待帝国主义、工农运动、民主政治和军阀，对苏联和中共以及对反动势力的态度。

左派是：反对一切帝国主义到底，为革命而赞助工农运动，为民主政治而反对军阀，联络苏俄与共产党，肃清一切反动势力的人。

右派是：反对一切帝国主义且因工农奋进而与帝国主义妥协，主张劳资妥协，为保育政治即为所谓仁政和贤人政治而反对军阀，联络苏俄但排斥共产党者，保存反动势力抵抗左派者；凡勾结帝国主义，摧残工农运动，勾结军阀，反对苏俄与共产党，以及反动势力本身都在反动派之列。[④]

这样，在新成立的国民政府领导人中就出现了明显的左右派的分野：汪精卫是左派。戴季陶、邹鲁、邵元冲是右派。

如果说1923年初，在国共合作的酝酿过程中，共产国际执行委员会就把自己人，即执行委员会的工作人员和中共领导划分了左中右派，[⑤] 那么鲍罗庭的楔子策略则以共产国际的传统做法，带领中共来对付国民党：“努力反对右派的口号及策略……反对右派而与左派结合密切的联盟，竭力赞助左派和右

---

① 戴季陶：《国民革命与中国国民党（1925年7月）》，朱汇森主编：《戴传贤与现代中国》，台北，1989年版，第241页。

② 《戴季陶致刘庐隐先生书（1925年8月22日）》，朱汇森主编：《戴传贤与现代中国》，台北，1989年版，第248页。

③ 关于廖仲恺被刺的原因和凶手的身份至今是一个谜。见杨天石：《寻求历史的谜底》，首都师范大学出版社1993年版，第431—453页。

④ 《中国共产党与中国国民党关系议决案（1925年11月）》，《中共中央文件选集》第1册，中共中央党校出版社1982年版，第418页。

⑤ 马林：《致共产国际执行委员会东方部拉狄克和萨法罗夫的信（1923年5月30日）》，第180—181页；马林：《致布哈林的信（1923年5月31日）》，李玉贞主编：《马林与第一次国共合作》，光明日报社1989年版，第194—196页。

派斗争”。[1] 这意味着进一步分裂国民党。但是，鲍罗庭的这一招数似乎也并不太灵验。对右派似乎没有起到太大的震慑。

西山会议派的出现说明了国民党的分裂。国民党的头面人物中有不少右派，已是公开的事实。鲍罗庭敏感地看到，孙中山逝世前后，右派们力图聚集起来。但他并未估计到这些人的能量，倒有比他更加敏感或更加左倾的吴廷康看到，鲍罗庭对右派的估计“至少是乐观的”。

广州工农运动的发展，中共的积极参预和领导，特别是“五卅”运动的发生，表明中国共产党的工作取得了明显成绩，国共两党在工农运动上作出了成绩，政策上的分歧也因而日益尖锐化。胡汉民所持的态度尤其是对待中共的态度则使他的左派桂冠摇摇欲坠。有一种说法称广州国民党“中央党部是左倾的大本营，广州市党部便叫做反共的大本营”。[2]

例如，在1925年黄季陆看到，沙面罢工、沙基惨案有许多人遭到杀害，便建议胡离开广州“到外地另竖起反共的大旗，或可使共党分子有所顾忌，减缓对本党的进攻，俟革命发展到相当的阶段，再行予以制裁”。胡汉民没有同意马上离广州，他说“我不能走！现在中国的中心有两个：政治的中心在北京，而革命的中心广州。倘若我此时离开广州，本党的基础，更形动摇，更予共党以猖獗的机会”。[3]

另外汪精卫的“在痛悼廖先生之时，谓革命的反帝国主义的向左去，不革命的不反帝国主义的向右去”[4] 那句名言，及他又自称左派等情况，引起了一些国民党人的不满，他们将其视做汪精卫在帮助共产党破坏国民党，今为左派者明日或为右派，甲左派明日可能被乙消灭，乙可能被另一个丙左派消灭，长此以往，被“剥蕉似的一重一重剥去，差不多同归于尽”，[5] 国民党就不能不自消灭了。

对所谓国民党的左右派划分，一些老国民党员早就流露出不满，有一件小事是意味深长的。1924年苏联驻华大使加拉罕为联络感情在北京苏联驻华使馆举行宴会，席间加拉罕向许多朋友介绍张继，说：“张先生是国民党右派的领袖”，接着还说了不少恭维的话，也许加拉罕并没有什么恶意，但是张继

---

① 《中国共产党与中国国民党关系议决案（1925年11月）》《中共中央文件选集》（一），中共中央党校出版社1982年版，第417页。

② 黄季陆：《胡先生与西山会议》，《传记文学》第28卷第6期，第19页。

③ 黄季陆：《胡先生与西山会议》，《传记文学》第28卷第6期，第19页。

④ 蒋介石：《为西山会议告同志（1926年12月25日）》，《中共党史参考资料》第3册，第491页。

⑤ 荣孟源主编，孙彩霞编辑：《中国国民党历次全国代表大会暨中央全会资料》（上），光明日报出版社1985年版，第351页。

却在此原则问题上一步不让，当即驳斥："刚才加拉罕大使说我是国民党右派的领袖，我不能承认，因为国民党是革命政党，国民党里根本没有右派"。[①]由此可见一班国民党人的情绪。

一个廖仲恺被害并不能改变国民党内的状况，更不可能改变其与共产国际关系的紧张态势。于是一些国民党元老，一些被划为右派的人便为"谋挽救党国"想出了一个"救党"的主意：继一届三中全会之后，他们举行了一届四中全会。这就是1925年11月23日国民党中央执行委员会在北京的林森、邹鲁、张继、谢持、居正等到北京西山碧云寺孙中山灵前召开的会议。会期10天。此会被称为"伪一届四中全会"，由吴稚晖署名通电召集。会议参加者从此成了妇孺皆知的具有贬义色彩的"西山会议派"。[②]

国民党第一次代表大会共选举出24名中央执行委员，其中李大钊、林祖涵、于树德、谭平山为共产党人，他们没有参加会议，余下的18名委员中胡汉民在苏联访问，没有与会，李烈钧没有到会，但是发来电报表示赞成。没有列席会议的只有汪精卫、谭延闿、柏文蔚、王法勤、于右任、恩克巴图、丁惟芬七人。监察委员中与会的有谢持、张继二人。[③]

会议发表了《对时局宣言》，通过的重要议案有《取消共产党在本党党籍案》；《顾问鲍罗庭解雇案》；《开除汪兆铭党籍案》；《决定此后本党对于俄国之态度案》；《开除中央执行委员会之共产派李大钊等案》；《取消政治委员会案》；《移中央执行委员会于上海案》等。

《取消共产党在本党党籍案》阐述的"请共产党退出国民党"的原因是，国民党"不容党中有党"，国共两党"之旗垒划然分明，各为其党之主义努力奋斗"。

《取消政治委员会案》称，政治委员会原本系第一次代表大会选举产生的"中央执行委员会所附设的一种政治上之建议机关"，与会者认为它后来"受鲍罗庭控制，而使之凌驾于中央执行委员会之上，近来政治委员会非紧急事件辄用中央名义发表，甚至关于党部之事亦擅自决议，中央执行委员会几如

---

① 许君武：《国民党里没有右派》，中华民国史事纪要编辑委员会编：《张溥泉先生百年诞辰纪念集》，台北，1981年版，第93页。

② 邹鲁认为"西山会议闹的万恶"，是因为中共和汪精卫。见其《回顾录》，南京独立出版社1947年版，第188页。

③ 张继生病，未到会，但同意会议精神。他函告邹鲁"君等之主张，即余之主张也。诸事请两兄代为签名可也"。黄季陆：《一个热情纯真的革命先进》，中华民国史事纪要编辑委员会编：《张溥泉先生百年诞辰纪念集》，台北，1981年版，第4页。

其收发机关”。[①]

《决定此后本党对于俄国之态度案》，强调要联合的是“以平等待我之民族”。“如有以不平等待我者，无论其为任何国家，任何民族，皆当反对”。[②]至于苏俄“对我，真否平等待遇”，邹鲁认为“至彼所谓助吾党者，计不过万余支枪耳。然盘据吾党最高之党权、政权、军权，所得代价，实太过巨……俄人之助我至少，所攫至大……然中东路之不平等，甚于俄皇时；租界领事裁判权等虽已舍去，然以日本对朝鲜方法而攫我蒙古；大小轻重之间，不可同日而语。徒以貌为平等之故，遂使素以爱国自号之吾党，亦噤若寒蝉”。[③]

陈独秀针对这个议案表态称，西山会议派“暂为顾全中山先生遗嘱计，尚未公然反对苏俄”，[④] 他指出，在《取消共产党在本党党籍宣言》中关于“扫除任何属性的帝国主义之压迫”[⑤] 一语，所谓“任何属性”，不用说是把“赤色帝国主义”也包含在内。[⑥] 情况已经清楚，国民党对于任何国家，任何民族“如有以不平等待我者”，皆当反对。共产国际和苏俄并不例外。

《顾问鲍罗庭解雇案》则把矛头通过鲍罗庭直接指向共产国际，内称，孙中山逝世后作为“客卿”的鲍罗庭“驾驭中央执行委员会，遂使本党之组织为之崩乱”，所以“不能容许非本党党徒之客卿鲍罗庭在本党之一切职务”。

会议通过《开除汪精卫党籍案》，定开除其国民党籍六个月，以促这位左派“自新”。《开除汪精卫党籍案之判决书》中列举了他的九大罪状，无非是1. 亲苏：与鲍罗庭“朋比为奸”，听从鲍罗庭的建议，“予鲍罗庭以本党中央之权，并操纵国民政府”，“挟鲍罗庭之指使以自重”，“听鲍罗庭之嗾使，放逐中央执行委员胡同志汉民，迫走中央监察委员谢同志持”；2. 亲共，把国民党人分为左中右，与共产党一道宣传共产主义，破坏国民党的党军，禁止戴季陶阐述三民主义的著作等。[⑦]

另外，过去因反共被开除者如冯自由等人，凡经查明原案“被开除后无

---

① 荣孟源主编、孙彩霞编辑：《中国国民党历次代表大会及中央代表会资料》（上），光明日报出版社 1985 年版，第 361 页。

② 荣孟源主编、孙彩霞编辑：《中国国民党历次代表大会及中央代表会资料》（上），光明日报出版社 1985 年版，第 363 页。

③ 邹鲁：《回顾录》，南京独立出版社 1947 年版，第 186 页。

④ 陈独秀：《国民党新右派之反动倾向》，《向导》周报第 139 期，第 1266 页。

⑤ 荣孟源主编，孙彩霞编辑：《中国国民党历次全国代表大会及中央全会资料》（上），光明日报社 1985 年版，第 356 页。

⑥ 陈独秀：《国民党新右派之反动倾向》，《向导》周报第 139 期，第 1266 页。

⑦ 荣孟源主编，孙彩霞编辑：《中国国民党历次全国代表大会及中央全会资料》（上），光明日报社 1985 年版，第 359 页。

违反本党主义之行为，则宜恢复其党籍”。[①]

在国民党第一次代表大会选出的国民党籍中央执行委员中，已经有一半参加了此次会议，[②] 足证国民党对共产国际关系的冷漠和严峻。

如果说邓泽如等人早就对跨党的中共党员在国民党内设党团不满，那么中共不过是以党团名义在开展自己的活动，而西山会议派的出现确实使国民党真的“党中有党”了。看似“分裂”的现象最早不是出现于国共之间，而是出现于国民党之内。对汪精卫罪状的列举，说明鲍罗庭的“楔子策略”种下了祸根。

西山会议派就戴季陶的著作《孙文主义之哲学的基础》作出了一个决议，认为它与国民党的“党义无违反”，这是意味深长的，等于明明白白打出了一面反对共产国际理论的旗帜，而且赋予这本书以国民党半官方的色彩。[③]

汪精卫当了国民政府主席，其中有许多因素，自然不排除鲍罗庭的支持。但是他的“左派”头衔给他招来的是被开除党籍六个月。汪精卫在国民政府的任职也被否定。[④] 可以看出，汪精卫任主席的这届政府能否顺利行政，他的“左倾”能否坚持长久或是否具有鲍罗庭心目中的感召力，已经成了问题。

这是国民党右派首次公开高调祭起自己反共产国际和反国民党左派的“战旗”，它有理论，有口号，有组织，敌友分明。虽然他们仅仅是国民党内的右派，但是西山会议派对共产国际的态度已经十分明朗。早在孙中山逝世前后，鲍罗庭就感觉到右派们正力图聚集起来。然而他并未估计到这些人的能量，不妨认为他高估了左派，低估了右派的能量，甚至可以说他并不了解真正的国民党。

国民党被分裂为左右派了吗？

共产国际此时是否还在推行其楔子策略呢？回答是肯定的。原因还是在于共产国际对中国形势的错误估计。它认为不久前的五卅运动表明中共已经有了坚实的基础——中国的工业无产阶级特别是上海的工人阶级，“年青的中国共产党已经成了社会运动的真正领导者”，但是中共“作为起领导作用的国

---

① 荣孟源主编，孙彩霞编辑：《中国国民党历次全国代表大会及中央全会资料》（上），光明日报社1985 年版，第 361—362 页。

② 其中的中共党员李大钊、谭平山、林祖涵和于树德自然除外，国民党一届中执委与会的是：林森、邹鲁、石瑛、谢持、石青阳、吴敬恒、张继、戴季陶、叶楚伧，如果再加上支持他们但没有到会的居正，那就超过一半。

③ 谢持之孙（美籍）谢幼田：《联俄容共与西山会议》，香港集成图书有限公司 2001 年版，详细分析了这个问题。

④ 荣孟源主编、孙彩霞编辑：《中国国民党历次全国代表大会及中央全会资料》（上），光明日报出版社 1985 年版，第 359 页。

民党左翼，在组织上还没有独立起来”，所以中共在组织上不断完善的同时，应该“最大限度地利用资产阶级各阶层力量的争斗”，去争取小资产阶级。共产国际认为这些人是能够追随中共的，所以对于这些人不能表现出左倾。①

甚至苏俄驻上海领事也来配合共产国际的策略，对国民党人说项，称“共产党不要政权，只要三分之一的党权，你们不要再主张清党了”。此招也不无“效果”。有人到广东“悔罪式的或登告白或写书信‘脱离西山会议’”。②

中国共产党遵循的也是争取和支持国民党左派的方针，这时的“左派”指的是汪精卫和蒋介石，这二人是“左派领袖”，“他们在国民政府所做的工作，至少我们也应该说功多于过”。针对西山会议对汪精卫的处罚，中共认为那是“右派对于他们的攻击，竟无所不用其极，不惜罗织许多罪名”，西山会议派不许汪任国民政府职，是“有意动摇国民政府”，“邹鲁等在西山开会，表面上虽然是反对共产派，实际上另有破坏国民政府的阴谋”。③

有趣的是，西山会议已经就戴季陶的反共巨著作出结论，然而中共依然有意再“争取”他，仅仅为了他，陈独秀再施“分化计”，谓戴氏没有出席西山会议，是因为“发见了”西山会议“这种反革命的阴谋”才不去开会的，明显地把戴季陶与“反革命”区分开来。但是未见戴季陶“买账”。中共把西山会议参加者定性为“新右派”，标准还如前：反苏、反共、反对阶级斗争。④

楔子策略是否应验了呢？回答是否定的。西山会议派次年在中国国民党第二次代表大会受到程度不同的处罚，且不论第二次代表大会就此事采取了什么措施，作出什么决议，仅凭西山会议的决议看，他们并非国民党内的“反对派”，在基本问题上，左右派的政见基本相同，试观几个月后“三二〇”事件的发生及处理（见第十三章），5 月 15 日“整理党务案”的出现，再后不到一年发生的中国国民党决定分共、清党，及其提出的理由，人们看不到国民党在原则问题上与西山会议派有什么实质区别。

西山会议派的想法未得实施，仅仅因他们“举牌”的时间过早，程序上

---

① Э. 克维林：《即将举行的共产国际执行委员会扩大全会上的东方革命运动问题》（Квиринг, *Вопросы революционного движения на Востоке на предстоящем расширенном пленуме ИККИ*）Коммунистический Интернационал，1925 年第 12 期，第 28、29、31 页。

② 荣孟源主编、孙彩霞编辑：《中国国民党历次全国代表大会及中央全会资料》（上），光明日报出版社 1985 年版，第 344 页。

③ 陈独秀：《国民党新右派之反动倾向》，《向导》周报第 139 期，第 1267 页。

④ 陈独秀：《国民党新右派之反动倾向》，《向导》周报第 139 期，第 1268 页。

也匆忙，在1925年年底想抛开党内所谓“左派”和“中派”去“另立中央”还不具备条件。在那个“枪杆子里面出政权”的年代，一班文人难有什么作为。

有学者称，西山会议派仅仅在上海《民国日报》“做过分共反共的宣传，实际只发表过屈指可数的几篇文字。国民党内只有戴季陶一人公开著书立说，试图与中共在意识形态上对垒。但戴所发表的文字，其理论的攻击力实在有限，而且刚一出笼，就遭到中共的文字围剿，戴几乎没有回击便偃旗息鼓。中共赠予‘戴季陶主义’的帽子，实在是有些抬举他了”。[①] 固然从话语权和宣传攻势方面看，这时的国民党比中共逊色，但是毕竟西山会议在国民党对共产国际关系中是一个非同小可的具有象征意义的事件。

1925年11月27日中国国民党中央执行委员会致电各级党部，宣布西山会议为非法。后来邹鲁的外交代表团代表职务和广东大学校长职务也被撤销。国民党第二次代表大会对西山会议的处罚，反映的是国民党内的斗争，并非什么“革命”与“反革命”之争，也没有意识形态上的“反党”者。即使1924年冯自由的遭遇，也说不上孙中山对之“痛骂”。[②] 如邹鲁所说，西山会议甚至旨在“谋挽救党国”。[③] 唯其如此，才会有1927年7月的所谓“宁汉合流”。当时吴敬恒针对西山会议派1926年1月的处境，说了一句意味深长的话，国民党同志“终有一日抱头相哭的时候”。[④]

---

① 王奇生：《党员、掌权与党争》，上海书店出版社2009年版，第68页。

② 周恩来在《关于1924年至1926年党对国民党的关系（1943年春）》（《周恩来选集》（上），人民出版社1980年版，第113页）中使用这个词。

③ 邹鲁：《西山会议》，《中共党史参考资料》第3册，第482页。

④ 邹鲁：《西山会议》，《中共党史参考资料》第3册，第485页。

第十二章
国民党要求加入共产国际

继1924年10月从符拉迪沃斯托克（海参崴）运抵广州的武器之后，1925年7月10日即国民政府成立后不久，又有一批武器运抵黄埔。政治委员会议决请鲍罗庭转达莫斯科对国民党“物质的援助盛意”。[①] 身在广州的苏联军事专家加伦等直接参加北伐战役的设计和实施。[②] 在国民党同共产国际关系日趋紧张之际，这一切似应起到润滑作用。然而，国民党右派似乎并不以为然，并不知道“感恩”。

胡汉民访问莫斯科的情况，则说明该党对共产国际采取了相当实用的策略，一方面接受援助，另一方面极力维护三民主义，并设法使共产国际承认这个理论和国民党成为中国的“正统”，为即将举行的中国国民党第二次代表大会作准备。以达到既“遏制”所谓赤化，又排除或阻止中共同共产国际联系的目的。

第一节　胡汉民失宠于鲍罗庭

共产国际执行委员会定于1926年1月举行第七次扩大全会。毋庸讳言，鲍罗庭在派遣中国代表赴莫斯科参加扩大全会一事上，起了重要的或曰决定性的作用。胡汉民是以国民党代表的身份到莫斯科的。不过他的出使却从一开始就带有一些神秘成分。有人说他是因其堂弟胡毅生涉嫌廖仲恺被刺案，有的说他因同鲍罗庭关系不睦而被“放逐”。[③] 蒋介石说这是汪精卫受鲍罗庭和中共煽惑并受中共压力“藉廖案嫌疑关系，强迫胡汉民以出使俄国名义，离粤出国”。[④]

胡汉民与鲍罗庭的共事始自1923年底国民党第一次代表大会筹备期间。二

---

① 中国国民党中央委员会党史委员会档案，政治委员会（1925年7月10日）第33次会议记录。

② 如加伦（在国民党中央政治委员会的记录中他的名字是嘉伦）参加过关于政治委员会关于沙面事件发生后对待英国问题的讨论（6月24日第19、20次会议），他和罗加旦夫（又为罗加觉夫，俄文姓为Рогачёв，后一般用罗加乔夫）参加过制定国民政府军事委员会组织法，同北方联络等重要问题的讨论和决策（详见中国国民党政治委员会与军事委员会联席会议，1925年7月4日）。

③ 详见黄季陆：《胡先生与西山会议》，《传记文学》第28卷第6期，第18—20页；茅家琦、徐梁伯、马振犊、严安林等：《中国国民党史》（上册），鹭江出版社2002年版，第235—237页；中国第二历史档案馆：《蒋介石年谱初稿》，档案出版社1992年版，1925年8月20—25日条，第408—409页。

④ 蒋介石：《苏俄在中国》，台北，“中央”文物供应社1957年版，第292页。

人对于1923年年底在上海讨论代表大会文件时，围绕国民党土地政策问题争论的情景，特别经过十多个小时都没有达成共识的僵持局面，应当还记忆犹新。不过胡汉民没有像张继或邹鲁那样“剑拔弩张”，他毕竟还在“左派”行列。

然而他的表现使富有阶级斗争经验的鲍罗庭意识到，老成持重的胡汉民远比张继等难对付。试看，胡汉民等向孙中山建议“组织一个主持国际活动流通国际消息的机关”时，就使出了一个相当高强的招数。胡的目的本来是设法控制中共同共产国际关系，但胡要求鲍把国际方面的材料“随时供给”国民党中央执行委员会，他还进一步索性邀请鲍罗庭也参与组织这个国际局。[①]

另外，广州工农运动的迅速发展，特别是上海“五卅运动”，表明了中国共产党领导工人运动的能力和方法。胡汉民所持的态度尤其是对待中共的态度则使他的左派桂冠摇摇欲坠。

鲍罗庭与胡汉民歧见日益公开，是后者失宠和赴苏的因素之一。国民党一大后胡汉民发表的那篇《中国国民党批评之批评》的文章，已经不再是过去邓泽如等人在私下里向孙中山表达不满或小范围内的争论了。不过，胡汉民当时还非常谨慎小心，他在这则长文中谈及国共关系，语气柔和，没有像张继等人那样弹劾共产党人，而是肯定瞿秋白等对国民党的批评“多半是重视国民党”的。[②] 胡的目的却在不点名地反驳鲍罗庭关于国民党内存在左中右派的论点。

黄埔军校内孙文主义学会的出现，商团事件中胡汉民的态度等，都使鲍罗庭感到，对广东事态不可掉以轻心。鲍罗庭本来就不喜欢胡汉民，他在1924年下半年就采取了“循序渐进”的办法：首先试图把自己对胡汉民的看法加于孙中山，通过孙把胡从重要部门排除出去。第二，与加伦一道在军事上尽可能减轻胡的作用，这可用讨伐刘震寰、杨希闵为例。第三，趁成立国民政府的机会用汪制胡。

先看第一点。鲍罗庭因胡汉民把警察大权和市政权力交到孙科和吴铁城手里，便认为胡汉民在“对敌斗争”中态度不坚决，陈独秀也同意。他们便想排斥孙、吴，说他们“想利用这些商团军来建立中派与商民的联系即造成更加反动的气氛”。陈独秀认为胡最多也不过是个中派。[③] 孙中山对鲍罗庭来穗后国民党内的情况看得一清二楚。鉴于商团军的活动，广州局势险象环生，

---

① 胡汉民：《民族国际与第三国际》，《胡汉民先生文集》第4册，台北，1978年版，第1395页。

② 指瞿秋白在《新青年》第2期发表的《自民治主义至社会主义》一文，见《革命文献》第9辑，第52页。

③ 《陈独秀致共产国际远东部的信（1924年10月10日，上海）》，《联共、共产国际与中国》，台北，东大图书公司1997年版，第443页。

为平定商团军，保持广州的稳定，孙中山 10 月 9 日函蒋介石尽速建立军事委员会。鲍罗庭得知后便立即去找蒋介石，建议把胡汉民和汪精卫二人排除在外。蒋不完全同意，向孙及时报告。[①] 但孙中山认为由他们“维持调护”局面还是合适的。我们不能根据这一点说孙中山接受了鲍罗庭对胡汉民的弹劾，因为最后胡还是应孙中山之请参加了该委员会的工作。后来，在关于国民党内的左右派阵营和国共关系的争论问题都已经基本明朗化的时候，身居要位的胡汉民没有站在鲍罗庭一边向右派“反击”，所以他的地位越是重要，鲍罗庭把他排除出权力圈的决心就越大。

第二，在广州政府的军事行动部署方面，胡汉民处于被动地位。当时威胁广州的刘震寰、杨希闵驻扎在该市及郊区。将其肃清已是当务之急。然而如中共领导人之一的罗亦农所说在这个关头“国民党中派有妥协的倾向”。1925 年 5 月 26 日、27 日汪精卫、胡汉民与杨在颐养园开秘密会议，汪精卫提出改组大本营和起草反对军阀唐继尧的宣言，以求与刘、杨达成和平协议。这就直接涉及胡汉民，他“怕反动军阀纯然肃清后”，廖行超、许崇智等若提出改组大本营，他本人就“难被推为政府的领袖，因而有想留一部分反动军阀的力量保存自己现有地位的嫌疑”。[②] 然而慑于革命民众和形势的要求，1925 年 5 月胡汉民还是主张并且下令讨伐刘震寰、杨希闵。在这件事情上他又遇到鲍罗庭和加伦的反对，因为他们不愿意过早激化同刘、杨二人的矛盾，所以严格禁止在 6 月 2 日前兴师讨刘。[③] 他们的基本想法是把广州的局势牢牢控制在手，把广州作为革命根据地，先将其建设好再谋求向全中国发展。[④] 讨伐杨、刘取得了胜利，胡汉民少了一条“罪状”，却种下了与鲍罗庭的不和，构成了胡汉民日益失宠于鲍罗庭的原因。

第三点是鲍罗庭直接用汪制胡。众所周知，胡汉民凭资历和威望似乎应该居于国民政府主席之位，但他却被擅长官场樽俎的另外一个“左派”汪精卫取代。汪外借鲍罗庭之助，靠权术的高明特别是在关键时刻演出了“自己投自己一票”的闹剧而当了国民政府主席，出现了胡汉民居于汪精卫之下任

---

① 毛思诚：《民国十五年以前之蒋介石先生》第 8 册，第 6—7 页。

② 亦农：《形势严重下之广州政府》，《向导》周报第 118 期，第 1093—1094 页。

③ 吴相湘：《胡汉民先生年谱稿》，《中国现代史丛刊》第 3 册，台北，文星书店 1962 年版，第 204 页。

④ 这也是后来共产国际及其派往中国的一些代表一度反对国民革命军北伐的原因。见斯大林签署的《俄共（布）中央委员会政治局会议记录第 39 号（1926 年 4 月 15 日）》，*ВКП（б）Коминтерн и Китая*，第 2 卷，上册，莫斯科，1996 年版，第 38、45 号文件。胡汉民本人关于平定杨刘的态度见《革命与反革命最显著的一幕（1929 年 4 月 12 日讲于国民党中央党部）》，吴相湘编：《中国现代史丛刊》第 3 册，台北，文星书店 1962 年版，第 396 页。

外交部长的态势。①

使胡在广州无立足之地的导火索则是廖案的发生。虽然如汪精卫所言，胡对此只应当负道义上的责任，鲍罗庭还是认为胡的堂弟胡毅生被疑涉案，胡汉民本人态度暧昧，对此有间接关系，② 可是胡汉民毕竟已经不可能再顺利履行其外交部长职务了，鲍顾问不愿意容留像胡汉民这样不听招呼的人，所以很坦爽地描写过当时的情况："收拾完许［崇智］，就该收拾胡汉民了，胡能适应每一个朝代，谁在台上就依靠谁"。鲍罗庭认为鉴于广东省内外的危险局势，"为巩固我们在广东的地位就要撤除胡汉民的职务"。鲍满意地向莫斯科报告广东形势说："许崇智走了，廖鸿楷被解除了武装，胡汉民被逐至符拉迪沃斯托克（海参崴）后，我们广东的政权好像就统一了"。③

以上就是胡汉民赴苏的大背景。

第二节　胡汉民出访及其使命

1925 年 7 月 20 日，政治委员会第 37 次会议"议决于两星期内预备议案并推定胡汉民、汪兆铭、廖仲恺、谭平山、鲍罗庭为预备议案委员"。④

"预备议案"指的是拟定国民党第二次全国代表大会各"议案"这项重要工作。简言之，胡汉民需要与共产国际执行委员会商谈的首先是国民党的党章党纲，第二是涉及"中国国民革命时代所应取之策略"。在这个意义上，

---

① 关于胡汉民与汪精卫的矛盾见蒋永敬：《胡汪蒋分合关系之演变》，载《近代中国历史人物论文集》，台北，"中央"研究院近代史研究所 1994 年版，第 1—28 页。

② 据现有史料，廖仲恺的被刺，并非胡汉民所为，陈公博：《苦笑录》（北京现代史料编刊社 1981 年版，第 25 页）记载：对于廖仲恺的案子"胡展堂只负政治上的责任，不负法律上的责任"。周聿峨、陈红民合著的《胡汉民评传》，广东人民出版社 1989 年版，第 170—171 页也持这种观点；另外，鲍罗庭向莫斯科报告说："一次有人说要向香港方面集资 200 万美元用以反对政府，胡反对，但是有人问要否除掉廖仲恺，胡沉默"。*ВКП（б）Коминтерн и Китай*，第 2 卷，上册，第 100 页。

③ 廖案发生后担任特别委员会委员兼国民政府委员的粤军首领许崇智也不得不辞职离广州到上海，见《鲍罗庭在联共（布）中央委员会政治局考察团会议上的报告（1926 年 2 月 15、17 日，北京）》，这是苏共中央政治局向华南派遣的布勃诺夫考察团在北京举行的会议。主持会议者：伊万诺夫斯基（布勃诺夫），与会者为库比亚克、列普谢、隆格瓦、加拉罕、索洛维约夫、叶戈罗夫，*ВКП（б）Коминтерн и Китай* 第 2 卷，上册，莫斯科，1996 年版，第 99、101 页。

④ 国民党党史会存政治委员会会议记录。

他的出使很像当年蒋介石率领孙逸仙博士考察团到苏联：他们都要为即将召开的国民党代表大会的重大问题商之于共产国际。

汪精卫以中央执行委员会的名义给俄共（布）中央委员会写了介绍信。内称自从孙中山逝世后国民党领导就有意派员赴俄，各领导均不得脱身，“兹者胡汉民同志以政务繁冗，身体不适，有转地疗养之必要，本党托其来俄一行，既有益于疗养，又得趁此机会与诸先生会晤”，信中介绍了胡的身份：“现为本党中央执行委员会及政治会议委员，又兼政府委员及外交部长等要职”；至于胡的使命，信中说胡将与莫斯科诸位先生商榷者，乃“为关于政治经济之一切重要问题；关于党的组织、宣传各种问题，及中国国民革命时代所应取之策略等等”；关于胡汉民的职权范围，信中明确：“本党已授权与汉民同志，俾得与诸先生详细接洽，报告于本党斟酌执行”。[①]

1925 年 10 月 2 日，胡汉民携女儿胡木兰，与朱和中、李文范、副官杜成志[②]一起乘俄国轮船赴苏联。他慨叹自己的处境道：“稚子牵衣上远航，送行无赖是秋光”，他以“楚囚”屈原自比，愤愤于“酡人叔子太荒唐”。[③]

10 月 18 日，[④] 胡汉民一行到达莫斯科火车站，受到了优厚礼遇。是日，外交人民委员部东方司长麦利尼科夫前来迎迓，进入车厢，陪胡一起下车。仪仗队列于站台上，就地举行了欢迎会。共产国际执行委员会委员片山潜、农民国际代表、列宁共产主义青年团代表相继发言，胡被称为“兄弟的广州政府的代表”。胡汉民也发言答谢，并且表示要学习俄国革命经验和考察各方面情况。晚上一行人受加拉罕接见。[⑤]

虽然共产国际执行委员会东方部的政治秘书前曾认为胡的莫斯科之行是

---

① 函稿原件，原稿由政治会议送中央常务委员会转请鲍罗庭译为俄文。引自吴相湘：《胡汉民先生年谱稿》，载《中国现代史丛刊》第 3 册，台北，文星书店 1962 年版，第 218 页。

② 李文范（1884—1953），广东南海人，早年留学日本法政大学，1905 年加入同盟会，回国后参加广州新军起义，1920 年赴法留学，1924 年被孙中山任命为广东政务厅长，次年任广州政府秘书长兼国民党中央政治委员会秘书主任，是年 10 月随胡汉民访问苏联，1927 年后任广东省政府委员、民政厅长、立法委员、内政部长等职。1949 年去台湾。杜成志（杜松）情况待查。吴相湘：《胡汉民先生年谱稿》，载《中国现代史丛刊》第 3 册，第 218 页说杜是胡的副官。墨人：《诗人革命家——胡汉民传》（台北近代中国出版社 1978 年版，第 246 页）用的是“杜松”一名。据《真理报》1925 年 10 月 20 日记载，与胡同行的有“两名黄埔军校学员”。但未注明姓氏。设杜松为其中之一，则该报所指另一名学员的名字尚待查实。

③ 录自墨人：《诗人革命家》，台北，近代中国出版社 1978 年版，第 247 页。

④ 经查苏联《真理报》（1925 年 10 月 20 日），胡一行到达莫斯科的时间为 10 月 18 日，而非如朱和中所记的 10 月 28 日。见朱文：《与胡汉民先生游俄八月之回忆》，载陈肇琪编：《胡汉民先生过越汇纪》，1928 年 12 月印度支那中法大学三民编辑社印。吴相湘；《胡汉民先生年谱稿》，吴相湘编：《中国现代史丛刊》第 3 册，台北，文星书店 1962 年版，第 378 页。

⑤ 《真理报》1925 年 10 月 20 日。

一件莫明其妙的事，待胡到后，当局也还是以很高的规格接待了他。不言而喻，原感到十分失落的他，离开中国时的沮丧情绪已经一扫而光了。这恐怕是他本人始料未及的。

胡汉民对东道主的盛情欢迎自然不可能有异议，但后者的安排却令他失望，① 他几次致函苏方，抱怨说他不能充分利用在苏逗留的时间了解俄国革命的经验。②

第三节　国民党的卫士——胡汉民

胡汉民在莫斯科期间，中国国内发生了两个大的事件，一为西山会议派在北京召开国民党一届四中全会，国民党右派正式揭起反共和分共的旗帜。二是在南方，黄埔军校内孙文主义学会的反共行为。如果以这时中国国内情况为背景，胡的“政治属性”就显得更加重要。耐人寻味的是，就像两年多以前到此的蒋介石一样，胡汉民居然也被归入左派行列，连斯大林也这样认为，胡是“站在国民党左派立场上的”。③ 否则，这些重要人物如斯大林者，是不会同一个右派打交道的。胡汉民与共产国际进行了长达几个月的交涉，就是以这样的身份。

共产国际心目中胡汉民是否真正左派，还不好说，但他对于国民党的忠

① 胡汉民的女儿胡木兰也觉得苏联方面安排的日程“大都避重就轻，无关紧要，如观赏歌剧、访问产科医院等，类皆无谓之交际，而令人疲累已极”。见：胡木兰：《有关先父生平的几点补充》，《传记文学》第28卷第6期，第8页。

② 共产国际执行委员会东方部副部长《拉斯科利尼科夫致加米涅娃的信（1925年12月11日）》，后者当时是全苏对外文化协会会长，《联共、共产国际与中国》，台北，东大图书公司1997年版，第629页。

③ 当年共产国际据蒋介石在中国国民党内的地位和莫斯科的表现把他划为左派，见拙文：《关于蒋介石苏联之行的若干问题》，《党史研究资料》，1996年第6、7期连载。对于胡汉民的评价见：《斯列帕克致吴廷康的信（1923年11月25日）》，《联共、共产国际与中国》，台北，东大图书公司1997年版，第288页；《鲍罗庭与瞿秋白的谈话（1923年12月14日）》，《联共、共产国际与中国》，台北，东大图书公司1997年版，第344页；《鲍罗庭致吴廷康的信（1924年1月4日）》中称张继、谢持、汪精卫、胡汉民、叶楚伧、邵元冲、张秋白等人组成的上海国民党执行部是一个很有活力的组织，《联共、共产国际与中国》，台北，东大图书公司1997年版，第358页；胡汉民：《民族国际与第三国际》，吴相湘：《中国现代史丛刊》第3册，台北，文星书店1962年版，第1398页。

诚却是实情。

胡汉民

胡汉民致力于维护国民党在国民革命运动中的领导权和三民主义。为达到预期的目的，他可谓煞费心机，搜索枯肠，使用了种种手法。

1. 力图把国民党打扮为"无产阶级"性质的政党，以证明中国共产党没有必要存在。胡汉民首先从理论上"确保"国民党的领导地位。为此他有意抹杀国共两党的界限：他在共产国际执行委员会会议上发表的这类讲话和他写的文章,[①] 均旨在证明国共两党没有区别，他说广州的工人运动是国民党领导的，上海无产阶级则在中国共产党领导下，因那里国民党的力量相对小一些,[②] 他把国民党的阶级基础说成是"植基于工农阶级而为全民的利益"。"全民"这个词在共产国际讲坛上是很不受欢迎的。然而我们能够看出，尽管共产国际领导人很难接受他的观点，他们认为农民有贫农、中农、富农之分，只有前者才是无产阶级联合的对象，中农是争取的对象，富农则是革命对象。不过，此时双方没有就这个问题展开什么讨论。

同时，胡汉民利用一切机会"积极地"宣传甚至"捍卫"国民党的三民主义，他几次驳斥"中国国民党是代表小资产阶级的"这样一种说法。甚至有一次在共产国际执行委员会讲演时，看见壁上挂了一个俄文的标语，上面写着："由孙文主义到列宁主义"，便指出这个标语的错处，并且主张应该易为"由列宁主义到孙文主义"，结果是东道主"悄悄地把那条标语取下了"。[③]

① 他的文章和演讲曾经汇集为《胡汉民先生在俄讲演录》。本文引用的是《真理报》上发表的俄文文本。

② 《胡汉民与拉斐斯的第二次谈话（1925 年 12 月 7 日）》，《联共、共产国际与中国》台北，东大图书公司 1997 年版，第 638 页。朱和中书将拉斐斯名译为"拉非士"，朱并记载说这些谈话都是在胡汉民一行的驻地进行的，袁庆云（俄文名为 Яновский 杨诺夫斯基）陪同兼翻译，朱未曾标注谈话次数和日期，只说是"星期四晚"台北，中国国民党中央委员会党史委员会 1978 年版，引自蒋永敬：《胡汉民先生年谱》台北，中国国民党中央委员会党史委员会 1978 年版，第 360 页。《联共、共产国际与中国》一书编者据档案查出胡汉民同拉氏三次谈话的日期分别为 11 月 12 日、12 月 7、12 日，见该书第 646 页。

③ 《三民主义的解释（1927 年 8 月 17 日对金陵大学学生演讲词）》，袁清平、李剑萍编：《胡汉民先生名著集》上册，军事新闻出版社 1936 年版，第 286—287 页。

至于孙中山“节制资本”的主张的含义，胡汉民说，不能凭这一点就断言国民党代表小资产阶级，因为“节制资本不过是民生主义开始的一种方法，难道现在俄国实行新经济政策，也是代表小资产阶级吗”？①

胡的手腕高强，且不难看出其另有一番潜台词：既然国民党“植基于工农阶级而为全民的利益”，那么中国共产党还有什么存在价值？不过胡汉民非常巧妙地表述了自己的意思，话到嘴边留半句：“国共关系的现状并不能令人满意。现在跨党共产党人的策略对国民党中央委员会讳莫如深。应该让国民党中央委员会知道中国共产党中央委员会的策略。我向鲍罗庭说过这层意思，他也同意我的看法”。为了说明中国国民革命运动的领导非国民党莫属，胡汉民在会上多次强调说国民党要以三民主义为指导思想，“党的主要的任务，就是以国民党的旗帜为中心把革命力量全都团结起来”。②

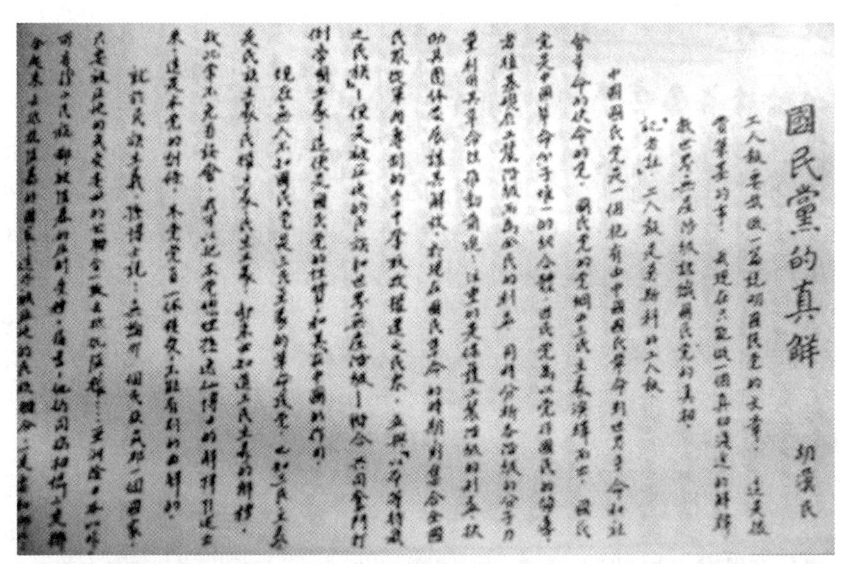

國民黨的真解

胡漢民

刊登在莫斯科《前进报》上的胡汉民的文章《国民党的真解》

在胡汉民看来，国民党的党纲中要强调的第二点，是国民党维护“全民利益”，众所周知，“全民”这个词是共产国际讲坛上十分忌讳而且敏感的用语，不分阶级差异的“全民民主”、“全民政治”从共产国际第一次代表大会

① 《三民主义的解释（1927 年 8 月 17 日对金陵大学学生演讲词）》，袁清平、李剑萍编《胡汉民先生名著集》上册，军事新闻出版社 1936 年版，第 286—287 页。

② 《胡汉民同拉斐斯的第一次谈话（1925 年 11 月 12 日）》，《联共、共产国际与中国》，台北，东大图书公司 1997 年版，第 636 页。

起就是批判对象，列宁在共产国际第一次代表大会上所做题为《论资产阶级民主和无产阶级专政》的报告，矛头所向就是上述改良主义和修正主义的观点。按照共产国际理论，无产阶级革命只能保护无产阶级和贫苦农民的利益，而不是全民的利益。有产者的利益和财产是要被没收的，苏俄就是这样做的。

有趣的是，胡汉民也拿起了这个武器。如戴维·帕莱特所说：胡汉民"给国民党浓妆艳抹，披上共产主义的外衣"，[①] 这并不意味着他喜欢什么无产阶级政党或者赞成无产阶级专政的理论，而仅仅是凭着一个政治家的敏感，他要说明国民党的理论并不低于别的什么主义。所以待到需要动用"真刀真枪"时，胡汉民紧紧抓住三民主义，毫不含糊，利用各种机会和场合阐述三民主义并且著长文《中国国民党的真解》，向舆论摆出"正统"的三民主义，以免使国民党的根本主义受到"曲"解，而且显然要同第二国际那些已经"倒败"的人划清界限，特别是他采用了孙中山过去画一个大圈把共产主义包含在三民主义之内的做法，在文章和讲话中反复强调："孙博士说，民生主义就是社会主义，又名共产主义，共产主义是民生的理想，民生主义是共产主义的实行，所以两种主义没有什么分别"。胡汉民更加巧妙地把孙中山推崇的美国林肯的"民有、民治、民享"同苏式共产主义相比拟，甚至说这样做下去，"人民对于国家不止是共产，什么事都可以共的"。但胡汉民把奋斗目标定为"真达到三民主义目的"。[②] 经过一番讨论，М. Г. 拉斐斯（Рафес）[③] 也只好承认，国民党的纲领载入的还应是"国家资本主义"（государственный капитализм）即"民生主义"（социализм）。[④]

为了抵制拉斐斯要把代表什么阶级之类的文字写入国民党党纲，胡汉民在力拒之外，还要了一点小手腕。他不仅听不得俄人把孙逸仙主义放在低于马克思主义的地位，见有"孙逸仙主义到马克思主义"的标语，认其"荒谬绝伦"，"反复辩论云'只能说由马克思主义到孙逸仙主义，不能说由孙逸仙主义到马克思主义'。俄人感之，立即撤销此口号"。但是共产国际执行委员会东方部依然为"争取"国民党人，让其"明白"应当代表什么阶级的利益

---

① 戴维·帕莱特：《胡汉民在第一次统一战线中的作用（1922—1927）》David Parret：*The role of Hu Hanmin in the first united front*，1922—1927，*ChinaQuartely*，1982，March。

② 胡汉民：《国民党的真解》，1925 年 10 月为《莫斯科工人报》而作，《胡汉民先生名著集》上册，上海民智书局 1930 年版，第 55、57 页。

③ М. Г. Рафес（化名 Макс 马克斯）（1883—1943），1920 年起为共产国际执行委员会宣传鼓动部工作人员，1926 年起担任位于上海的共产国际执行委员会远东局书记，后任塔斯社外国情报处处长，被非法镇压，后恢复名誉。

④ 《拉斐斯同胡汉民的第二次会谈（1925 年 12 月 7 日）》，《联共、共产国际与中国》，台北，东大图书公司 1997 年版，第 645 页。

而努力，并找来了在共产国际执行委员会担任翻译的袁庆云（俄文化名：杨诺夫斯基 Яновский）与拉斐斯一起修改国民党党纲。胡汉民认为这是孙中山定的基调，不能修改。但不得不与共产国际"虚与委蛇"，便先让袁庆云将国民党党纲译为俄文，又请苏方将俄共党纲译为中文。"兵来将挡"，讨论许多次，一番折冲之后，苏方"已如黔驴，技尽于此也"。①

虽然胡身在国外，没有参加国民党的第二次全国代表大会，但是他被"缺席"选为中央执行委员会委员，这与他发自内心地忠于三民主义和维护三民主义不无关系。

2. 胡汉民围绕中国共产党在国民革命运动中的地位同拉斐斯正面交锋。胡没有明言，且不无躲闪，拉斐斯却听出了胡的根本意图。鉴于这是一个涉及国共两党关系的重要问题，他反复向胡说明：

"国民党的使命，是为建立统一独立的中国和革命民主政权而奋斗，由这个政权去满足亿万农民和工业无产阶级的最低社会要求。革命知识分子、农民和城市小资产阶级应该是国民党的社会基础，在制定党纲时，必须予以考虑。中国共产党是一个有阶级性的政党，其使命是团结无产阶级，由这个阶级去完成其历史使命即建立共产主义社会。中共最终的政治任务是建立无产阶级专政，建立苏维埃政权。中国共产党当然力争把广大的农民阶层团结在自己的周围。为中国国民革命运动的胜利而奋斗是党近期的政治任务。在这一点上，中国共产党和国民党的任务近似，这就是共同战斗和互相联合的基础。但是中国共产党是无产阶级一个阶级的政党。这个党的社会基础比之于国民党的社会基础要狭窄些，可中共的终极目标却比国民党的终极目标远大得多"。②

胡汉民不愧为谈判高手，他根本不理会拉斐斯所论国共两党目标的远近、高低与异同，却使用了一个"顾左右而言他"的手法，说国民党的终极目标不仅仅是民权主义，而是与共产主义近似的民生主义（социализм，socialism"社会主义"），进而索性开门见山地说他认为国民党"是接近共产国际的"。③这又使人想起 1922 年在远东人民代表大会上张秋白与季诺维也夫的那场争论。当时张秋白也是顺水推舟，说国民党的民生主义与苏俄的社会主义性质

---

① 朱和中：《与胡汉民先生游俄八个月之回想》，吴相湘编：《中国现代史丛刊》第 3 册，台北，文星书店 1962 年版，第 382—383 页。

② 《胡汉民同拉斐斯的第三次谈话（1925 年 12 月 12 日）》，《联共、共产国际与中国》，台北，东大图书公司 1997 年版，第 679—680 页。

③ 《胡汉民同拉斐斯的第三次谈话（1925 年 12 月 12 日）》，《联共、共产国际与中国》，台北，东大图书公司 1997 年版，第 680 页。

相同。

话说到这里，拉斐斯不相让了，他一针见血地点破胡的要害："我们还是有很多模糊的东西……如果照您的说法来确定中国共产党的任务，并否定它独立的社会基础，那么这个党的存在对中国革命来说就有害无益，而将其解散就成为上策了"。

局面开始僵持，胡汉民反驳道："如果您从我的话中得出这样的结论，那我们就很难谈下去了。我认为中国共产党还要继续存在下去，完全不该解散"。

接着胡摊出了底牌："国民党这方面，则应当力争加入共产国际"。① 胡使用的是双刃剑，既迎合共产国际理论，尽量与谈判对手找到更多的"共同语言"，又达到至少在共产国际这个大组织里面与中国共产党平起平坐！

3. 胡采取以攻为守、貌似左倾的策略，声称要把那些不能"正确理解三民主义"的人开除出国民党，以维护国民党的"纯洁性"。这主要发生在讨论策略问题和对待中国社会各种政治势力态度的过程中。

但是胡本人在共产国际的会上并没有表现左。倒是来了一个反左。他指责国民党内的右倾现象，说有一些人不能正确理解三民主义，他们不是革命队伍中的人，是三民主义的叛徒，对这些人要取严厉立场，要把他们从国民党"开除出党"。② 这是一层；第二层是涉及小资产阶级的，胡汉民也为他们做了鉴定，说小资产阶级"不理解"国民党关于世界革命的理论。那么对这些人采取什么办法呢？胡汉民开的处方是：国民党应该制定一个"革命的党纲"，其立意和文字应该"清楚、确切"，以保证国民党"把全国所有的革命分子吸收"进来，并从理论上保证三民主义的实施，而不致把国民党"变为一个机会主义政党"。

尤其令人啼笑皆非的是，居于世界无产阶级革命总司令部的左派——共产国际执行委员会的拉斐斯——居然都觉察到胡汉民过于左倾而提出了不同看法，建议国民党把小资产阶级、民主人士、知识分子和部分农民阶层团结在国民党周围，而不要实行过左的政策，以免"吓跑小资产阶级"。③ 胡汉民的表现很难用什么左右来界定，倒是他为维护国民党的团结而用心良苦，他

① 《胡汉民同拉斐斯的第三次谈话（1925 年 12 月 12 日）》，《联共、共产国际与中国》，台北，东大图书公司 1997 年版，第 680 页。

② 《拉斐斯、胡汉民的第一次会谈（1925 年 12 月 12 日）》，《联共、共产国际与中国》，台北，东大图书公司 1997 年版，第 673 页。

③ 《联共、共产国际与中国》，台北，东大图书公司 1997 年版，第 676、677、683、684 页。

希望用党纲约束右倾分子，使党员成为“特别坚定的革命派”，[①] 希望国共已有的磨擦不致影响国民革命的进行。

第四节　胡汉民不辱使命

以上仅仅是胡汉民同共产国际领导人接触时的表现。但就国民党党纲问题看，胡汉民同拉斐斯等人的讨论对纲领的制定还是起了相当的作用。鉴于胡汉民的使命中有一条是，在考察苏俄情况和研究其经验后“制定国民党纲领草案”，胡汉民从一开始就明确提出了拟向共产国际请教的三个问题：一，如何看待三民主义；二，如何实施三民主义；三，中国革命的理论基础。[②] 要害在于用什么思想统一国民党的步伐，因为党内看法“各执一端”，不可能“有统一的策略”。这就需要在党纲中明确规定。国民党至今没有党纲。“离开党纲，党行动不了”。

胡汉民与拉斐斯在国民党理论基础这一点上达成了共识，分歧产生于策略问题上。二人在界定国民党左、右派的标准上也没有区别，但策略不同。胡转达党内意见云，国民党左派主张把那些右派开除出党，因他们不是在“孙中山旗帜下共同战斗的盟友，而是叛徒”。拉斐斯予以修正，建议国民党采取正确的策略：利用不太反动的力量或者潜在的反革命力量，来反对明目张胆的反革命和现在仍然反对中国革命而又支持帝国主义在华势力的人。他不仅批评胡的左倾，而且建议对右派要“慎之又慎”。[③]

至于对待中国其他阶级的策略，胡汉民和拉斐斯一致认为将写入纲领的是：国民党应当联合小资产阶级、民主阶层、知识分子阶层和某些农民阶层。

就对待中国工人阶级的态度问题，拉斐斯向胡反复说明“工人阶级是唯一彻底革命的阶级，国民党要在斗争中与无产阶级及其政党结成紧密的同盟，以达到民族解放的目标”，并且建议“国民党党纲要说明，凡反对中国无产阶

---

① 这是胡汉民在介绍国民党状况时使用的词。见《拉斐斯同胡汉民的谈话记录（1925 年 11 月 12 日）》，《联共、共产国际与中国》，台北，东大图书公司 1997 年版，第 635 页。

② 《胡汉民访问莫斯科的工作计划》，《联共、共产国际与中国》，台北，东大图书公司 1997 年版，第 630—634 页。

③ 《拉斐斯、胡汉民的第一次会谈（1925 年 11 月 12 日）》，《联共、共产国际与中国》，台北，东大图书公司 1997 年版，第 635、636 页。

级者，他本身就已经走上反革命道路了……党纲要宣布与中国无产阶级联合的主张”，这样“不会吓跑小资产阶级，而只会划清国民党与资产阶级富有阶层之间的界限”。拉斐斯笃信其理论，对胡可谓苦口婆心。

至于国民党的对外政策，拉斐斯的建议主要有两点：

一是，作出历史的分析，要把帝国主义“是怎样一贯阻挠和妨碍中国人民发展的”问题说清楚，“有了这个分析，国民党是反对帝国主义的政党也就一目了然了”。①

二是，把中国人民革命运动同世界反对帝国主义的斗争相联系的观点写入党纲。明确“凡是进行反帝斗争的人，都是中国人民的同盟者和朋友”。但是他又相当策略地对胡汉民说，为了给国民党更多的空间，为了团结小资产阶级，为了使之不因国民党同共产国际的联系而产生恐惧或脱离国民党，“党纲中不能提及共产国际”，以及它“和红色工会国际的任何观点”，否则，“国民党要么就拥护共产国际，要么相反，同共产国际有歧见”。仅仅在“国民党的代表大会和代表会议中可以每次都提及这二者在“反帝斗争中的丰功伟绩”。

显然是1923年《孙文越飞联合声明》关于共产主义和苏维埃制度的观点继续受到拉斐斯等人的关注，他这时也同样策略地对胡汉民说，“党纲不应提及苏维埃制度的优越性的问题”。党纲中可以提到苏联，但“只须说，苏联是唯一对中国没有帝国主义野心的国家”，“是唯一自愿放弃在华种种特权并宣布国内外各民族一律平等的国家。中国人民的政策应致力于建立中苏同盟”。

关于国民党拟采取何种政治体制这个问题，拉斐斯没有把苏俄的做法强加于国民党，胡汉民也心平气和地表述道，专制制度、议会制度，苏维埃制度都不适合于中国，“我们要提人民专政，人民民主”。他进一步解释说，可以像目前广州政府这样，从工农兵小手工业者和学生中选出代表，由他们来掌握最高权力。“这种政权组织形式有点像苏维埃，但是这个政权所包含的阶层要比苏联的苏维埃广泛些”。

二人还讨论过国民党的经济政策。胡汉民说，国民党不会没收私人资本和小工厂，“中国没有大工厂，但是铁路、银行和其他关系国家经济发展的重大项目，应由国家掌握。在对待外国企业上，国家资本主义有重大作用，因

---

① 《拉斐斯、胡汉民的第三次会谈（1925年11月12日）》，《联共、共产国际与中国》，台北，东大图书公司1997年版，第642、643页。

为我们可以靠这个手段把现有在华外国企业和银行夺过来”。[①]

在民族问题上，胡汉民同拉氏的观点意见“几乎是一致的”——与国民党第一次代表大会相同。

至此，胡汉民同拉斐斯就国民党党纲的基本观点就没有再产生大的争论。谈话气氛也还算正常。蒋介石访问苏联时，共产国际执行委员会就国民党的三民主义等重大问题专门做了决议，由蒋介石带回中国，共产国际执行委员会主席团也及时把文件给了鲍罗庭。此次则不同，胡汉民同拉斐斯最后达成一致时，国民党中央执行委员会全会已经开幕（12 月 11—12 日举行），他便立即向国内正在举行的全会发了电报，建议解决以下两个问题：“1. 具体确定如何扶助和保护工人阶级，2. 建议全会明确提出我们的对外政策”。[②]

从后来举行的国民党第二次全国代表大会的情况和通过的文件看，胡、拉二人会谈涉及的问题基本被采纳了。

第五节　国民党正式提出加入共产国际的要求

胡汉民的使命中有一个是：“国民党要开展国际宣传和建立国际联络”。

胡汉民同拉斐斯谈话时曾经直言不讳地说：“必须把国民党最终融入共产党。也许在现时情况下还办不到，但这只是时间问题”。[③] 这话语出惊人，他使用的是以退为进的手法，意图十分清楚的：中共党员跨党，对国民党员的一切了如指掌，而国民党却根本不能参加共产党的活动。后来他描述国民党右派对共产党人的态度，说这些人不反对中国共产党的存在，但“反对中共

---

① 《拉斐斯、胡汉民的第三次会谈（1925 年 12 月 12 日）》，《联共、共产国际与中国》，台北，东大图书公司 1997 年版，第 643 页。

② 《拉斐斯、胡汉民的第三次会谈（1925 年 12 月 12 日）》，《联共、共产国际与中国》，台北，东大图书公司 1997 年版，第 645 页。

③ 《拉斐斯、胡汉民的第二次会谈（1925 年 12 月 7 日）》，《联共、共产国际与中国》，台北，东大图书公司 1997 年版，第 638 页。

加入国民党”，或者是他们赞成联俄但是反共。[1] 其目的无非是借此进一步表明国民党的诉求：一个三民主义的政党——国民党——更加接近共产国际，所以要力争实现这个目标。

胡汉民此话是在1925年12月7日对拉斐斯说的。此后，莫斯科一直没有正式回答，1926年1月共产国际执行委员会第六次扩大全会之前，苏俄外交人民委员契切林致函斯大林时，也还没有明确提出胡的要求，仅仅希望斯大林安排与胡的会晤。

胡汉民巧用小计

在莫斯科期间，胡得知了俄共（布）中央委员会斯大林与季诺维也夫、托洛茨基反对派的斗争，所以采取了“鹬蚌相争，渔人得利”的计策。据胡汉民自己称，这两派间在中国问题上有争论，胡不满意这两派人用中国问题当焦点进行角逐，认为“拿别一民族革命的事情来作自己权利之争，这就是最不革命”，所以他利用了季诺维也夫与斯大林间的矛盾，以期“把中国问题公开放在第三国际里面，而不要斯大林暗中偷偷摸摸地搅”。胡汉民觉得国民党公开加入了共产国际后，就能知道它“里面的一切情形……一切事情都要国民党自己负责，这完全是为国民党自己打算”，使国民党“有自己的地位，可以不受共产党的操纵与愚弄”。[2]

胡汉民的判断是正确的。在中国革命政策和策略问题上，以斯大林为首的苏共多数派和以托洛茨基为首的反对派确实存在着分歧。正是在这个背景下，胡汉民提出的要求一度闪现过希望的曙光。

1926年2月8日胡汉民会见了共产国际执行委员会主席季诺维也夫。胡汉民依然非常“聪明”地按照共产国际关于无产阶级必须掌握领导权的观点与季氏谈话。后者向胡强调，中国国民革命运动当前的主要任务是：各派革命力量团结在革命统一战线之中；中国必须同苏联友好；中国革命必须“欧化”，国民党过去没有做这些，它今后要加强与英法等国劳动群众的国际联系，否则便得不到世界无产阶级支持，中国革命就不能成功；国民党要进一步加强同日本无产阶级的联系，要看清，在国际范围内真正支持中国革命的

---

① 《拉斐斯和胡汉民就中东铁路冲突的谈话》（1926年1月26日），*ВКП（б）Коминтерн и Китай*,，第2卷，上册，第31页。先是外交人民委员部部务委员 И. С. 阿拉洛夫致致函斯大林（1925年12月10日），说“广州革命政府的代表，国民党政治委员会的委员胡汉民现正值身莫斯科。胡汉民想了解联共（布）的工作，故此，请安排接见胡汉民并就他感兴趣的问题同他谈一次话”。《联共、共产国际与中国》，台北，东大图书公司1997年版，第637页。后来，契切林又就此事致函斯大林（1926年1月26日），*ВКП（б）Коминтерн и Китай*，第2卷，上册，第28页。

② 胡汉民：《民族国际与第三国际》，吴相湘编：《中国现代史丛刊》第3册，台北，文星书店1962年版，第1397、1401页。

只有共产国际，第二国际不想与中国国民革命运动联合，中国工人阶级应该明辨敌友。①

这一席话正中胡汉民下怀，他“高度评价”季氏观点并且就每一点做了说明。更使胡汉民喜出望外的是，季诺维也夫主动提出了国民党加入共产国际一事：

> “我认为，国民党不仅应该了解中国情况，而且要了解全世界的局势，不仅要了解当前情况，还要了解过去的情况。所以国民党应该同全世界最革命的团体联合起来并且看清本党的力量所在。故此我想，我必须提出一个重要问题同您，胡汉民同志讨论，这就是国民党同第三国际结合的问题，这种结合不仅仅只是名义上的，还应该是实质上的”。

胡汉民对这个建议“发自内心地同意”，甚至不惜违心地说“国民党应当……像第三国际一样关心共产主义”。此时的胡也像1923年的蒋介石一样大谈“中国革命是世界革命的一部分”。最后，胡汉民还应季诺维也夫之邀，同意在即将开幕的共产国际执行委员会第六次扩大全会上发言。② 既然有了支持者，胡汉民便正式致函共产国际的决策机关，提出国民党加入共产国际的要求。

胡汉民就国民党加入共产国际事致共产国际执行委员会函（提纲）

（1926年2月13日，莫斯科）

> 中国革命为摆脱资本与帝国主义统治而斗争，是世界革命的一部分。中国国民党经过1924年1月改组后把本党政策植基于联合世界无产阶级和被压迫民族共同奋斗之上。国民党致力于完成30年来中国国民革命运动的使命，从国民革命过渡到社会主义革命。
>
> 当前苏俄是世界上反对帝国主义斗争的先锋。帝国主义列强对于中国人民同苏俄人民的联合感到深深的恐惧，故不惜一切手段阻挠之。但是帝国主义国家里的无产阶级却不能长久容忍帝国主义的压迫，资本与帝国主义的末日已经到了。国民党要想完成自己的革命事业，就要把本党的革命运动同世界各国的革命运动联合起来。受压迫的中国人民同其他国家的无产阶级有着共同的利益和共同的敌人——资本主义与帝国主义，所以要同他们联合起来。共产国际关于世界无产阶级同被压迫民族联合起来的口号是这场反帝斗争唯

---

① 《胡汉民同季诺维也夫的谈话记录（1926年2月8日）》，*ВКП（б），Коминтерн и Китай*，第2卷，上册第38—39页。

② 《胡汉民同季诺维也夫的谈话记录（1926年2月8日）》，*ВКП（б）Коминтерн и Китай*，第2卷，上册，第40页。

一正确的口号。

鉴于世界革命阵线的集中化会壮大革命运动的力量，如果共产国际把各国运动领导起来，这场革命运动定会所向无敌；鉴于反对资本与帝国主义的斗争应该步调一致，国民党认为本党应该加入共产国际。

我作为中国国民党的代表并受党的委托函请共产国际接受国民党为成员。①

胡汉民应对共产国际的不同声音

在此前后，胡汉民同斯大林谈过话。因国民党加入共产国际是一个重要问题，它的决定必须有共产国际执行委员会内的重要人物拍板，季诺维也夫固然主动把这个问题提了出来，可是在这次共产国际执行委员会的扩大全会上，由于俄共（布）中央委员会内部的斗争，季诺维也夫不再担任共产国际执行委员会主席，他已经无权，于是胡汉民得以同更高一层的领导人斯大林正式讨论这件事。

斯大林很巧妙地表示异议说：“你这一个主张是站在国民党左派立场上提出来的，国民党的右派是否同意你这一个主张呢？如果不同意，那你这个主张根本没有得到国民党本身的同意。况且全世界的帝国主义者都注意中国问题，你们把中国问题公开放在第三国际里面，恐怕弄巧成拙，事情反而弄不好了”。

胡汉民则很不客气地做了反驳：“我以为你们如果承认国民党是同志，就应该正正式式联络，断断不可用暗昧的手段。因为用暗昧的手段就不是同志，这种暗昧的手段无异是暗中去弄他。我们国民党仍旧是国民党，如果要联合，那我们只有直接参加第三国际”。

一阵唇枪舌剑竟延续长达六个小时。之后，斯大林采取了迂回的办法：“……凡事不能过于求速……且留他做一个缓冲；今回你所提的案子，我想请你保留半年！”胡同意了。②

胡汉民公开表态

2月17日，即共产国际执行委员会第七次扩大全会开幕之日，联共（布）中央委员会参加此次全会的代表团请胡与该团一起讨论这个问题，季诺维也夫向会议报告了胡汉民的要求，会议决定：向联共（布）中央委员会政

---

① *ВКП（б）Коминтерн и Китай*，第2卷，上册，第80—81页。

② 胡汉民：《民族国际与第三国际》吴相湘编：《中国现代史丛刊》第3册，台北，文星书店1962年版，第1397—1398页。此次谈话的日期，估计当在共产国际执行委员会第六次全会期间，但不晚于2月25日。

治局“提出（根据共产国际章程第17条[①]吸收国民党以同情党的资格加入共产国际的问题”。[②] 此次会议决定让中国国共两党代表向大会致贺词。2月17日胡汉民登上了国际共产主义运动讲坛。

他的发言明显传达出此前他同季诺维也夫谈话的内容。胡向大会的祝贺词要点有三即：中国革命是世界革命的一部分；第三国际在中国的影响迅速扩大，第二国际得不到人们的信任；中国工农已经投身到国民革命运动中来。有可能令共产国际执行委员会领导人不高兴的，最多就是胡汉民关于三民主义与马列主义基本内容相同的那段话。但是这并没有影响他博得与会者暴风雨般的掌声。[③]

会议将近结束时，季诺维也夫在主席台上向胡汉民透露，关于国民党加入共产国际一事的解决需要时日，请耐心等候。[④]

2月18日联共（布）中央委员会政治局开会，与会者有政治局委员和候补委员、中央委员会委员和候补委员、中央监察委员会主席团委员计32人，季诺维也夫和吴廷康二人向与会者报告了事先同国民党代表谈判的情况，会议决议“认为，鉴于广州政府的国际地位和中国国民革命运动发展的前景，务必说服国民党代表不要提出国民党加入共产国际的问题”。[⑤]

2月24日胡汉民致函斯大林，对苏方“同志等特别优待，感荷无似，尤其是与同志等接洽，得受种种指导、扶助，此不特为个人之荣，本党之幸，抑四万万被压迫民族受其赐矣”。他在信中再次提到“为与第三国际联络可派出代表交换意见”一事。[⑥]

是日，斯大林立即复函胡汉民，称“2月25日晚间开过会后”，他会立

---

① 共产国际第二次世界代表大会通过的《共产国际章程》第10条规定：“对于那些非共产国际成员，但对该国际表示同情并愿意与之接近的团体和政党，共产国际执行委员会有权接收其为列席代表”，《共产国际第二次世界代表大会》，莫斯科，党务出版社1934年版，第538页。

② 《参加共产国际执行委员会第六次扩大全会的俄共（布）代表团会议记录第1号（1926年2月17日）》，俄共代表团成员是：季诺维也夫、斯大林、布哈林、曼奴伊尔斯基和皮亚特尼茨基，*ВКП（б）Коминтерн и Китай*，第2卷，上册，第128—129页。

③ 胡的发言见《共产国际有关中国革命的文献资料》第1辑，中国社会科学出版社1981年版，第115—116页。

④ 胡汉民：《民族国际与共产国际》，吴相湘编：《中国现代史丛刊》第3册，台北，文星书店1962年版，第1400页。

⑤ 《联共（布）中央委员会政治局会议记录第11号节录（1926年2月18日）》，*ВКП（б）*，*Коминтерн и Китай*，第2卷，上册，第130页。

⑥ РГАСПИ，全宗558，目录11，案卷822，第59—60页。感谢俄罗斯科学院远东研究所高级研究员А. И. Картунова博士提供此信并允许将胡汉民与斯大林的通信（中文一件，俄文3件）发表于《百年潮》2003年第1期，第63页。

即把情况告诉胡，他并且“相信中央委员会的回答将是肯定的”。①

然而，是晚共产国际执行委员会主席团开会的情况说明，胡汉民得到的回答与斯大林的口径并不一致。这可从2月25日共产国际执行委员会主席团致国民党中央执行委员会的正式致信函中看出。

该信一方面肯定了国民党和广州政府在中国国民革命运动中的作用和地位，另一方面也肯定国民党第二次全国代表大会对右派的打击，希望国共两党加强团结，共图中国革命的胜利。共产国际把国民党视为“反对世界帝国主义斗争中的直接盟友。从这个意义上说，国民党以同情党的名义正式加入共产国际当不会有任何异议”。信中并没有斩钉截铁地拒绝国民党的要求，而是相当缓和地说：

> “国民党越来越明显地成为中国解放运动的领导党，广州政府是由国民党正式组建的。近期国际帝国主义会向中国解放运动施加越来越大的压力。整个帝国主义世界把国民党视为不共戴天的仇敌。倘国民党正式加入共产国际，就会刺激帝国主义世界去动员反革命势力反对广州政府和中国的民族解放运动，这就会牵制中国人民为独立而进行的斗争。倘国民党正式加入共产国际，中国的反革命派和集团就会趁机煽起民族主义情绪，以谋破坏民族统一战线。而在这个过程中，国民党则会被说成丧失民族性”。

共产国际认为，在现时中国民族解放运动如此困难的境遇中，“应当避免这些麻烦”。它希望国民党认真讨论，如果依然坚持本党要求，还可以派代表团参加共产国际第六次代表大会，以解决这个“重要问题”。②

此信基本反映了斯大林的观点，但有一点小小的修正，即共产国际并没有如斯大林所说对胡汉民的要求给予“肯定”的回答。

事态的发展使这个问题得到了自行解决，国民党既没有以同情党的名义加入共产国际，更没有可能再派代表团参加1928年的共产国际第六次代表大会。胡汉民没有达到预期的目的，他于是年3月回国。

---

① 《百年潮》2003年第1期，第63页。

② 《共产国际执行委员会致中国国民党中央执行委员会的信（1926年2月25日）》，*ВКП（б），Коминтерн и Китай*，第2卷，上册，第131—132页。

第六节 左派光环笼罩下的胡汉民

前引《共产国际执行委员会主席团致国民党中央执行委员会的信》，从内容上看，与该组织向共产国际一些支部发出的文件没有区别，不过语气更加缓和，没有一般的"指令性"文件通常出现的居高临下的语气，而是十分谦和。主席团甚至答应把这个问题列入共产国际第六次代表大会的议程，这至少说明共产国际对国民党的重视。文件告诉国民党，在它领导下的方兴未艾的中国革命运动"永远会得到共产国际和参加该国际的革命组织的有力支持"，① 从中读出的是这个国际组织同国民党的友好关系。

在左派的光环下，胡汉民还同斯大林会谈过，这已如前述。为国民党的一些事情，他还同斯大林直接通信。如"为改造广东大学统一革命思想"，"为设置高等军事教育养成革命高等军事人才"等重大问题，胡汉民致函斯大林，并表示若得到"具体之方案"定会"依此着手进行"，这一切的目的旨在"俾中国革命促进有成，同时得为世界革命尽相当之责任"。② 也就是说，上述活动和交往都是在"自己人"之间进行的，斯大林对胡的回答也一样没有"见外"的情绪："关于广州大学和建立高级军事院校问题，我党中央委员会认为原则上可接受您的建议，并答应给予大力支持。不过，鉴于在莫斯科这里缺乏资料，又不了解广州授课的具体条件，难以编制改造这所学校和组建高级军校的计划，我们认为必须在广州制订计划。再者，我们也不知道应当建立什么样的学校为好：是纯粹共产主义性质的抑或是有共同教学大纲的综合学校，还是仅仅开设社会科学课程的学校。我们也不清楚，广州方面需要一座什么类型的军校。所以我们认为最好由我们驻中国的军事专家和科学家与您，胡汉民同志（如果需要，也请国民党中央执行委员会的其他同志）一道，在中国就近制订出军校和大学的相应计划，并把据此而产生的需求寄给我们。不在广州制订计划，我们在这里就会犯错误。这几天我们就会给 Л. М. 加拉罕同志发出指示，他会同您见面并介绍您同我们的专家晤谈"。③

---

① *ВКП（б）Коминтерн и Китай*，第 2 卷，上册，第 132 页。

② 《百年潮》2003 年第 1 期第 64 页。

③ 《百年潮》2003 年第 1 期第 64 页。

此事的进展得到联共（布）中央委员会政治局的关照，3 月 11 日联共（布）中央委员会政治局决议："责成加拉罕同志接见胡汉民并会同我国军事和科技专家一起讨论广州大学的改组和在广州建立高等军事学校的问题，拟出相应计划并做汇报，说明是否有必要为此再由莫斯科派遣教官，以及需要哪些教官"。① 不久这项工作就应当启动，但是"三二〇"事件发生后情况有了改变。

既然斯大林如此重视"国民党左派"胡汉民这位"国民党的领袖人物"的要求，胡在莫斯科名噪一时也就顺理成章了。

胡汉民不仅受到优厚礼遇，在一些场合，他与共产国际执行委员会的领导人，中山大学校长拉狄克、共产国际执行委员会委员，东方问题专家、著名的印度革命家罗易，共产国际驻华代表吴廷康平起平坐，出席会议，发表演讲，② 俨然国际共产主义讲坛上的明星级活动家。

他的言行也让"红都"莫斯科的革命家们无可挑剔或指责，如他在十月革命八周年的纪念会上曾经赞扬"苏俄十月革命是二十世纪第二件大事，是无产阶级解放的第一声，是宣布资本帝国主义死刑的第一法庭，是世界被压迫民族第一福音，是实现马克斯主义革命成功的第一幕，是人类真正历史开始的第一篇"。③ 胡对十月革命的赞扬远远超过了国民党的其他领导人。

国民党和胡的言行在莫斯科广为人知，这得益于一个客观因素——《前进报》的出刊。④ 它追综胡的活动予以报道并刊登他的文章，其详细程度甚至高于《真理报》。

---

① 《联共（布）中央委员会政治局会议第 14（特字第 10）号记录（1926 年 3 月 11 日）》，*ВКП（б），Коминтерн и Китай*，第 2 卷，上册，第 136 页。

② 《前进报》1926 年 2 月 12 日出刊第 9 期第 2 版。"二七"三周年纪念会东方劳动者共产主义大学和中山大学联合举行"二七"三周年纪念会。会上发言的还有红色工会国际的负责人。

③ 胡汉民：《苏俄十月革命八周年纪念》。《真理报》1925 年 11 月 7 日。再如 1925 年 11 月 10 日、11 日报道了胡的活动；19 日有胡的文章：《中国与十月革命》署名：国民党中央委员会代表；11 月 22 日、1926 年 2 月 18 日等也有关于他的消息。

④ 该报系周刊，其发行缘起于中国国内五卅运动的发生，"旅俄华人有感于成立'旅俄华人反帝国主义同盟'的临时组织不能满足华侨一般需要，因而发起'旅俄华人后援会'的组织"，后因客观条件，该组织尚未完全建立，其机关刊物就在 1925 年 12 月 14 日出版了。该刊每期 4 页，后增加为 6 页，其经费由苏联"不许干涉中国协会"支持，前后共出二十余期。有人认为"由该报内容看来，仿佛第三国际的中文机关报与传声筒"。详见余敏玲为《前进报》重印写的《出版缀语》，台北，"中央"研究院近代史研究所《史料丛刊》(29)，1996 年版。

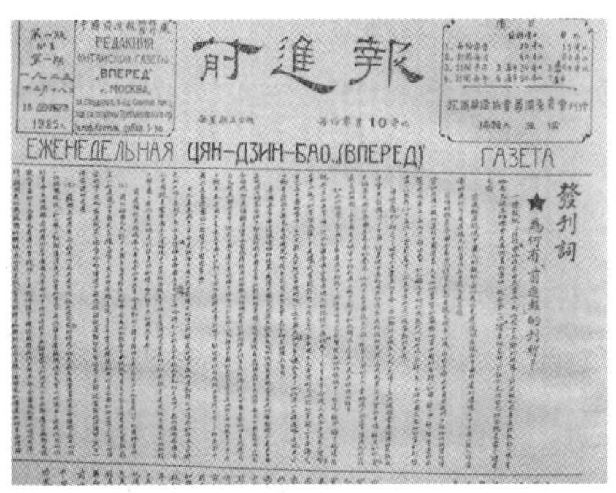
前進報

ЕЖЕНЕДЕЛЬНАЯ ЦЯН-ДЗИН-БАО (ВПЕРЕД) ГАЗЕТА

發刊詞

《前进报》发刊词

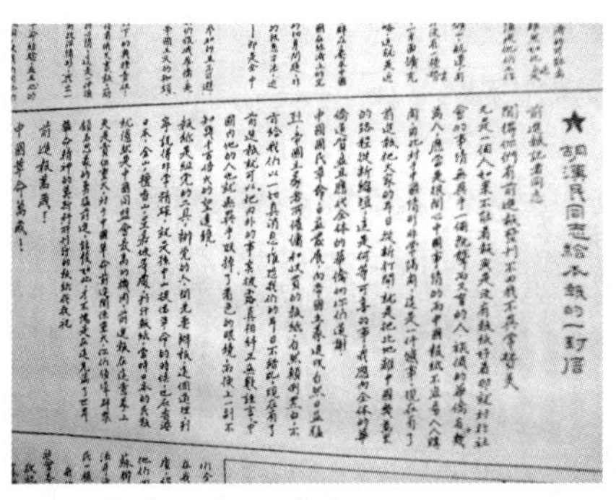
胡漢民同志給本報的一封信

胡汉民为《前进报》创刊写的贺信

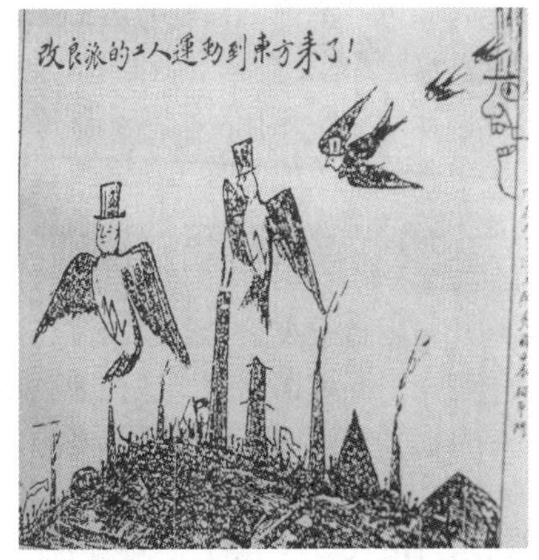

《前进报》宣传阶级斗争，让东方工人警惕西方工人运动中的改良主义正在东来

《前进报》传达共产国际对中国革命阶段的传统看法，把中国国民革命比喻为俄国 1905 年革命

如孙中山逝世一周年之际，《前进报》出了纪念专号，上有两篇长文，一篇出自胡汉民之手，另一篇系共产国际执行委员会的名人拉狄克所做。① 足见胡受重视的程度。②

3 月 10 日《前进报》约同“不许干涉中国协会”和东方劳动者共产主义大学、中山大学为胡汉民举行欢送会。越飞主持。胡汉民热情洋溢地答谢，其访苏感想颇有革命气息。③ 12 日上述几个部门共同召集孙中山逝世周年纪

① 拉狄克文系写于 1925 年 3 月孙中山逝世后，发表于《真理报》1925 年 3 月 14 日。《前进报》译为中文予以刊登。

② 《前进报》第 14 期，第 2 版。

③ 《前进报》第 15 期，第 4 版。

念大会，到会人数达三千余名。仍由越飞主持。共产国际执行委员会拉狄克，著名作家 A. A. 托尔斯泰，共产国际执行委员会委员、日本革命者片山潜都到会并发表演说。胡汉民是会上的一个亮点。①

胡汉民参加了十月革命纪念活动，他的言行“久为俄国人民群众所悦服。甚至偶然一出，虽马车夫，亦认识胡汉民，且指为东方明星，于国民党之历史，革命之意义，如日月经天，不可掩闭”。胡汉民参加“不许干涉中国协会”活动时竟有一个标语称“中国国民党要知尔党内尚有一革命之分子”。②固然这使胡汉民不无得意，他几乎是在一片欢呼声中结束其访苏之行的。但是共产国际又错看了这个“国民党左派”。

人们常常说，历史不会单纯重复，可是人们也常常说，某事与历史上某事件“何其相似乃尔”。两种说法各有道理。1925 年底到 1926 年初胡汉民的苏联之行，与两年前的蒋介石访苏有不少雷同之处。二人在莫斯科表现的最大相同点在于，一，都是在被称为世界无产阶级革命圣地的莫斯科大谈世界革命，尽管他们的理解与共产国际南辕北辙。二，两人都在共产国际执行委员会的会议上坚持以孙中山的三民主义为出发点来制定国民党的纲领性文件，蒋介石在国民党第一次代表大会前出席了共产国际执行委员会的会议并且同与会者讨论了三民主义的具体内容，胡汉民则在中国国民党第二次代表大会前，于同样规格的会议上讨论了如何按照他自己理解中的三民主义处理国共关系。

不同之处仅仅在于，蒋介石谈到国共关系时语气缓和（自然与当时国共关系的状况有关），遇到不如意时情绪沮丧，想到疗养院去住些日子。胡汉民虽有过被冷落的感觉，但他针锋相对地向共产国际执行委员会的领导人明确表露对跨党中共党员的不满和取中共而代之的想法，甚至咄咄逼人地提出国民党加入共产国际的要求。

从访问“成绩”看，蒋、胡二人也大不相同。蒋介石带回了共产国际执行委员会《关于中国民族解放运动和国民党问题的决议》并落实了苏方对孙中山的军事援助，回国后当了黄埔军校的校长。这是他政治生涯中的一个重要转折点，他开始通过这所军校为自己铸造日后掌握全国政权的工具。乃至鲍罗庭等苏联顾问即使觉察到蒋正把黄埔军校变成他的“蒋家军”、“私家军”，蒋的权力已经大于党的权力，并且感觉到应该“除掉”他，但未做到，

---

① 《莫斯科纪念孙中山逝世周年的盛况》，《前进报》第 15 期，第 4 版。

② 朱和中：《随胡汉民先生游俄八个月之回想》，吴相湘编：《中国现代史丛刊》第 3 册，台北，文星书店 1962 年版，第 282 页。

而是眼看着蒋介石一步步地取得全国政权。胡汉民则不同，就他提出的国民党加入共产国际一事看，他是失败者，败在了共产国际手下。再加上他回国途中因国内发生“三二〇”事件而在符拉迪沃斯托克（海参崴）受阻，他同鲍罗庭日益恶化的关系等种种因素使他没有在政坛上立即升迁，他从苏联之行得到的几乎是负面效应。这坚定了他反苏反共的信念。

1926 年归国后他向广州国民党中央委员会报告说：苏俄“对于中国革命的机密，对付中国国民党的策略，是始终不给我们晓得的。总理在世时，我曾在政治会议上揭底，共产党如果表示诚意，虽其他机密不愿给国民党知道，但关于对付国民党的政略，一切起初的内容，如何可以教国民党干部不知道呢?”至于共产国际对国民党的政策，胡汉民认为，共产国际“只视我为工具，不能相见以诚”。胡汉民认为自己已经“考察出苏俄的真象了”，其所谓“无产阶级专政，其实是共产党专政；名为共产党专政，其实是干部派史达林个人专政。第三国际做假招牌，更不必说”。令他特别反感的是，共产国际“公然以中国革命问题为内部党争的工具，争相利用为个人的势力”。显然，胡汉民对于在莫斯科就国民党究竟代表什么人这个问题同共产国际的争论记忆犹新，他认为所谓“代表”什么阶级的利益这个提法是是虚伪的，针对斯大林与反对派的斗争，他发表自己的看法称：“他们还要说中国国民党不免有小资产阶级的意识，不能代表无产阶级；不知他们这种为个人‘夺取政权’的意识，配得上代表何种阶级”。①

从日后二人的表现看，他们的访问都受到各自世界观的制约，共产国际的革命理论与他们格格不入，“世界无产阶级革命”等辞藻连同他们的左派桂冠并没有因在莫斯科受到过近似国宾的礼遇而日益牢固，出使归国征尘未落二人就成了反苏反共的急先锋，一个在 1927 年向昔日的战友——中国共产党人挥起屠刀，这是蒋介石；另一个则成为反苏反共的理论权威，这是胡汉民。

---

① 吴相湘：《胡汉民先生年谱稿》，台北，文星书店 1962 年版，第 376—377 页。

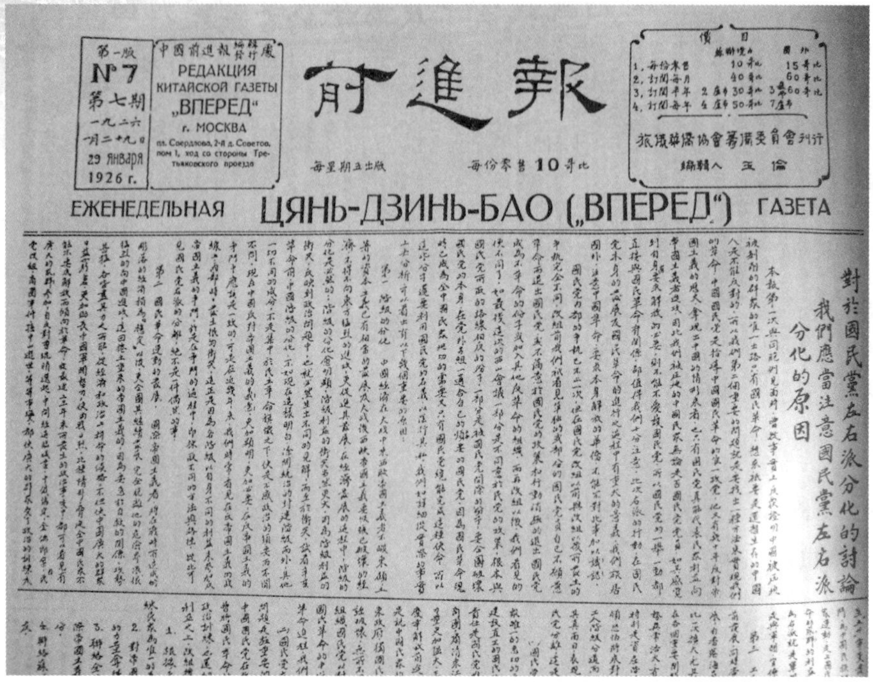

第一版
№7
第七期
一九二六
一月二十九日
29 ЯНВАРЯ
1926 г.

中國前進報編輯發行處
РЕДАКЦИЯ
КИТАЙСКОЙ ГАЗЕТЫ
„ВПЕРЕД"
г. МОСКВА
пл. Свердлова, 2-й д. Советов, пом 1, ход со стороны Третьяковского проезда

前進報

每星期五出版　每份零售 10 哥比

價目

	蘇聯境內	國外
1. 每份零售	10 哥比	15 哥比
2. 訂閱每月	40 哥比	60 哥比
3. 訂閱半年 2 盧布	30 哥比	3 盧布 60 哥比
4. 訂閱每年 4 盧布	50 哥比	7 盧布

旅俄華僑協會籌備委員會刊行
編輯人 王倫

ЕЖЕНЕДЕЛЬНАЯ ЦЯНЬ-ДЗИНЬ-БАО („ВПЕРЕД") ГАЗЕТА

對於國民黨左右派分化的討論
我們應當注意國民黨左右派分化的原因

胡汉民文章《对于国民党左右派分化的讨论——我们应当注意国民党左右派分化的原因》最早发表在《前进报》上

《前进报》传达共产国际对国民党左右派的传统看法和分析

第十三章
国民党韬光养晦

1926年1月1日至19日中国国民党举行第二次全国代表大会。对于中共出席此次大会的代表和进入领导机构的人数之多，国民党人十分不满，认为是鲍罗庭"分化策略"致使"国民党人敌友难辨。[①] 作为一个政党，国民党从此开始了其历史上少有的韬晦时期。这既表现于国民党"二大"会议本身及其文件，后来的"三二〇"事件，又可见于此前胡汉民的使苏和参加共产国际执行委员会的扩大全会。

胡汉民归国途中发生"三二〇"事件，历史也为国民党的另一个使者邵力子安排了几乎相同的命运，在邵回国途中发生了导致国民党同共产国际分裂的"四一二"事件。但是无论1926年的事件，还是一年多之后的事件，都没有立即引起国民党同共产国际关系的彻底分裂，而国民党的表现更像是在为了既定目标而韬光养晦。

第一节　国民党第二次全国代表大会反映的共产国际因素

共产国际对待国民党的方针一如既往："帮助国民党左派巩固组织，扩大影响，并从思想上和组织上打击右派，迎接即将召开的国民党代表大会"。[②] 在打击右派的意义上，左派汪精卫的地位上升，他的出任国民政府主席，而且以国民党最高领袖之一的身份主持了代表大会，便被当做对右派的"当头一棒"。从中可以看出共产国际分化国民党让左派掌权的初步"成绩"。

同时，由于1925年6月的第二次东征，广东肃清了杨希闵、刘震寰的势力，使广州政府的压力大大减轻。而五卅运动和省港大罢工的发生，使广州革命气氛十分浓厚。1925年7月3日成立的省港罢工委员会主持和领导了此次持续一年八个月之久的大罢工，时为海员工会主席的苏兆征担任委员长，他是这次斗争中成长起来的中共优秀的工会工作干部。罢工所需经费由国民党中央执行委员会工人部和国民政府负责。罢工是在反帝口号下进行的，中间曾有许多次与帝国主义的交涉，罢工使香港经济受到重大损失。但是在罢工期间，陆续从香港回到广州的工人，却做了一件重要的事情：修筑由广州

---

① 李云汉：《中国国民党史述》第二编，台北，中国国民党中央委员会党史委员会1994年版，第683页。

② 《魏金斯基报告摘要（1925年11月11日）》，《联共、共产国际与中国》，台北，东大图书公司1997年版，第621页。

到达黄埔的军工路，至今仍名为工人路。在二次东征时，罢工回国的爱国工人，也担任着革命的运输工作，为‘革命武力与国民相结合’投下一块坚实的基石，奠下了二次东征胜利的基础”。①

针对这样的形势，共产国际从世界无产阶级革命的角度对中国事态寄予了过高的希望。认为中国革命的新阶段已经开始，甚至认为中国已经像俄国的 1905 年，风起云涌的资产阶级革命高潮就要出现了，还在胡汉民访问苏联期间，那里就洋溢着这样的气氛。因此共产国际更加坚持让国民党加快“左转”的方针。

中共也据以制定了自己的方针。

第一，中国共产党广东区委员会就国民党第二次全国代表大会发表宣言，指出了一些国民党右派对于工农运动的错误态度，强调继续坚持国民党一大制定的国共联合做国民运动方针的必要性，指出“只有帝国主义者及其工具因怕惧革命势力联合而想破坏之。不论何人反对此种联合，自觉的与不自觉的将成为帝国主义的工具”。文件再次申明跨党党员的“责任是发展国民党的组织，使建筑在左倾的政策上面。左倾政策即最革命的政策，即最合乎革命运动要求的政策”。② 广东区委对当时形势的估计是：五卅运动虽然挫败，但北方民众却在“重新崛起”，国民党的这次大会应当使该党“在左派领导之下发展一个群众的政党，能使广东的革命基础扩大到全国”。③ 于是无论在指导思想上还是策略上都对国民党左派提出了相当高的期待。

共产国际也同样沉浸在这种情绪中，它决定了各方面基本的原则是先不提出退出国民党的口号。共产国际驻华代表吴廷康对斯大林所说工农政府的理解是“在国内政治生活的各个领域加强共产党的工作，目前还不提出共产党退出国民党的口号，只提出开除个别国民党员而不提分裂国民党的问题”。这种立场一直持续着，到 1926 年 1 月国民党第二次代表大会举行时，中共广东省委公开发表宣言称现在时机还未到。④ 实际上，早在 1925 年围绕关税会

① 《吴铁城回忆录》，第 145—146 页。引自李云汉：《中国国民党史述》第二编，台北，中国国民党中央委员会党史委员会 1994 年版，第 617 页。

② 《中国共产党广东区委员会对中国国民党第二次全国代表大会宣言（1926 年 1 月 1 日）》，《中共党史参考资料》第 3 册，第 449 页。

③ 《中共党史参考资料》第 3 册，第 450 页。

④ 《中共党史参考资料》第 3 册，第 449 页。

议事[①]而成立的“筹备会”期间，广州、北京、国共两党就合同动作，发起游行，主张组织“国民行政委员会”，到段祺瑞宅院前示威，要求其下台。敏感的邹鲁未必知道斯大林关于成立工农政府的讲话，也还是据中共表现察觉到，共产党要借这个机会“即刻在北京成立工农政府”。[②]

由于共产国际要求中共“打出国民党左派的旗帜，站在运动的前列”，[③]无非说明，在这样的时刻，还需要国民党的旗帜。至于共产党人的作用，他们只不过应当站在“前列”而已，并没有提出取代或抛弃国民党的口号。

同时，为加强对包括中国在内的整个远东和太平洋地区的工作，共产国际执行委员会邀请红色工会国际和青年共产国际代表参加，组成了设在中国的共产国际远东局。[④] 该局驻地选为上海。

此时中共制定的总政策“我们急须助左反右，各地急须发起三民主义学会，此项学会不但是左派的宣传机关，同时就是左派的组织。在左右派并存的地方，我们即据三民主义学会[⑤]和右派的孙文主义学会对抗……即须不犹豫地开除在言论上在行动上表现右倾的分子”。[⑥]

第二，尽管共产国际有上述期望，但是一些在华的共产国际人士看到，中共急于掌握领导权，导致共产国际同国民党关系恶化的因素已经明显表露出来。早在两年多前，中共跨党开始，马林就主张中共在保持共产党人独立性的同时，不断通过批评国民党的内政外交政策，来亮明共产党的旗帜。受左倾情绪的影响，无论共产国际代表还是中共领导，都时时处处强调中共在国民革命运动中的领导地位，于是出现了中共在国民党内的党团“发号施令”

---

① 五卅反帝爱国运动中上海外国租界当局的暴行激起全社会痛恨，人们纷纷要求收回租界，取消治外法权，取消会审公廨，并进而废除一切不平等条约。国民党中央执行委员于6月28日发表宣言指出，惟有取消不平等条约是反抗帝国主义一切行动的中心，号召人们督责北京临时执政迅速宣布此事。北京政府多次向公使团交涉，要求召开华盛顿会议早已确定了的关税会议和法权会议。1925年10月26日，关税特别会议在北京开幕。九国公约各签字国及丹麦、西班牙、瑞典、挪威共十三国的代表与会。中国派出外交总长沈瑞麟及颜惠庆、王正廷等与会。11月19日，关税会议通过了关于中国关税问题的决议案。各国声明“承认中国享受关税自主之权利，允许解除各该国与中国间现行各项条约中所包含之关税束缚，并允许中国固定税率条例于1929年1月1日发生效力”。详见王建朗：《中国废除不平等条约的历程》，江西人民出版社2000年版。

② 罗敬：《北京反段运动与国民党右派破坏阴谋》，《向导》周报第140期，第1276页。但邹鲁未必知道斯大林早在是年5月就有过这样的指示，不过是根据自己所见情况推测罢了。

③ 罗敬：《北京反段运动与国民党右派破坏阴谋》，《向导》周报第140期，第1276页。

④ 《共产国际执行委员会东方部向共产国际执行委员会主席团报告的节录（1925年5月16日）》，《联共、共产国际与中国》，台北，东大图书公司1997年版，第510页。

⑤ 由于中国政局的迅速变化，这类组织并没有普遍建立。

⑥ 中共中央：《中央通知第66号（1925年12月2日）》，中央档案馆编：《中共中央文件选集》（一），中共中央党校出版社1982年版，第451页。

和“硬求派党员占据”尽可能多的军政领导职位的情况。1925年秋，一些共产国际驻华代表已经看到国共关系“目前是（部分地已经是）非正常的，后果堪忧，极其危险”。到了应当“尽快重新研究国共关系的性质问题”的时候了。①

“忧”在何处？“极其危险”又表现在何处？“忧”在：共产党要千方百计地取代国民党，通过它提出一些口号，让共产党人占据了领导岗位，“连胡汉民这样的左派都受到排挤”。莫斯科担心，一旦“国民党分裂，中国的民族解放运动将受到严重影响”，所以“务必防止国民党分裂”。大会应当在“全党团结起来的口号下进行：反对团结者就是敌人和中国人民的叛徒，是背叛三民主义。建议提出这样一个统一纲领：中国一切民主力量，工人，农民，知识分子，手工业者，中、小资产阶级，如果可能，也包含部分民族资产阶级，围绕反奉张的斗争团结起来，开成一个全国代表大会”，建立一个包括直系在内的依靠一切民族解放运动力量的“临时政府”。如果办不到，那也要造成一个在中国掌权者“非国民党莫属的局面”。② 因此，共产国际把即将举行的国民党代表大会当成一个确立国民党左派和跨党的共产党人联合掌权的重要机会。

共产国际因素在大会上的反映可从以下几个方面看出。

首先是大会代表。1925年11月13日汪精卫指定邓泽如、林森、谭平山、毛泽东、林祖涵五人为第二次代表大会资格审查委员。③ 当时林森不在广州，邓泽如被称为国民党右派，不可能想象他会与共产党人和睦地商洽工作。于是掌握代表资格审查与遴选的便仅有三名共产党人：谭平山、毛泽东、林祖涵。作为政治顾问的鲍罗庭与他们配合。

究竟有多少中共党员参加大会，他们又占了多大比例。各家说法不一，④ 但可以肯定的是至少占代表的三分之一，与会代表二百五十六席中，中共党员约占九十名。省级以上中共干部基本都在大会代表之中。⑤ 当时，一些被称为国民党左派的人还能与中共配合，如汪精卫；向大会作党务报告的是跨党

---

① 《瓦西里耶夫致季诺维耶夫的信（1925年9月21日）》，《联共、共产国际与中国》，台北，东大图书公司1997年版，第563页。

② 《契切林致加拉罕的信（1926年1月1日）》，《斯大林、契切林与苏联驻华全权代表加拉罕的通信》，莫斯科，2008年版，第586页。

③ 国民党中央执行委员会第119次会议记录。

④ 张国焘：《我的回忆》第2册第84页说中共代表占到总代表人数的25%，杨幼炯：《中国政党史》（商务印书馆1969年版）第166页说中共代表占五分之三。

⑤ 李云汉：《中国国民党史述》第二编，台北，中国国民党中央委员会党史委员会1994年版，第685页，台北，东大图书公司1997年版。

的谭平山，经由主席团提出的十六位委员中有十人为中共党员。[①]

第二，关于大会文件。胡汉民访问苏联时，同拉斐斯讨论国民党的纲领时，多次提到国民党的外交政策，胡也及时向已经开幕的国民党中央执行委员会发了电报“建议全会明确提出我们的对外政策”，[②] 在这个问题上，联俄是其主要内容之一。

至于国民党的对外政策，拉斐斯的建议主要有两点，一是，作出历史的分析，要把帝国主义“是怎样一贯阻挠和妨碍中国人民发展的”问题说清楚，有了这个分析，国民党的反帝性质“也就一目了然了”。[③] 二是，把中国人民革命运动同世界反对帝国主义的斗争相联系的观点写入党纲。明确“凡是进行反帝斗争的人，都是中国人民的同盟者和朋友”。[④]

如果说国民党第一次代表大会前后孙中山开始讲解三民主义，并且对马克思主义做了系统的批评，如果说当时鲍罗庭参加了大会的筹备特别是大会文件的起草，那么在孙中山的掌握下，对苏关系呈现的是“内热外冷”的状态，并没有大事张杨，所以大会文件看不出太多亲俄的语句，甚至没有直接阐述与苏俄联合的语句。

第二次代表大会情况则有很大的区别。汪精卫的政治报告中讲到对苏关系时，其亲苏的程度远远超过了两年前的孙中山。他追述了国民党同苏俄联络的经过，孙中山同列宁的友谊。大会期间的媒体报道也形成强劲声势。

国民党第二次代表大会在《世界之现状》的宣言中，首次明确载入了联合苏俄的方针：“所谓以平等待我之民族，有已能以其自力打倒帝国主义，自致于平等，同时以平等待我者，如苏俄是也”。大会认可苏俄在世界政治事务中的作用，称苏俄是“世界上一切民族在自求解放的奋斗中”的“先进者”。《宣言》申明国民党要与“以不平等待人之帝国主义作殊死斗争……对于苏俄，以诚意与之合作……共同奋斗，而对于一切被压迫之民族亦共同奋斗”。[⑤]

该文件中提到苏俄处竟有六七次之多。张国焘认为这部分文字的形成与

---

① 李云汉：《中国国民党史述》第二编，台北，中国国民党中央委员会党史委员会 1994 年版，第 686—687 页。

② 李云汉：《中国国民党史述》第二编，台北，中国国民党中央委员会党史委员会 1994 年版，第 674 页。

③ 李云汉：《中国国民党史述》第二编，台北，中国国民党中央委员会党史委员会 1994 年版，第 642 页。

④ 李云汉：《中国国民党史述》第二编，台北，中国国民党中央委员会党史委员会 1994 年版，第 643 页。

⑤ 荣孟源主编、孙彩霞编辑：《中国国民党历次代表大会及中央全会资料》上册，光明日报出版社 1989 年版，第 99、105—106 页。

共产国际有关。他回忆说："大会举行的前夕，莫斯科来了一个很长的电报；鲍罗庭将它翻译出来，乃是一篇反对帝国主义的大理论。正当我和鲍罗庭阅读这篇电文时，汪精卫来了。鲍罗庭不加解释，将电文交给他；他也没有等读完全文，就说内容很好，可作大会宣言的资料。后来，这篇文章果然成为这次大会宣言的第一段"。[①] 因迄今为止还没有见到张国焘说的这封"很长的电报"，但胡汉民同拉斐斯的谈话记载着大致相同的内容。

张的回忆有相当大的可信度。谨将胡汉民与拉斐斯讨论情况与国民党《第二次全国代表大会宣言》中关于世界之现状和国民党的对外政策做简单对照如下。

第二次全国代表大会宣言	胡汉民拉斐斯讨论情况
孰使中国不自由，不平等？曰"不平等条约之束缚"。孰使此不平等条约之束缚加于中国？曰"帝国主义"。故打倒帝国主义，实为国民革命之第一工作。	拉斐斯认为，这一部分要从外国帝国主义开始侵略中国说起……向群众说明，中国的发展一向遭到外国帝国主义的猖狂抵制……国民党是反对帝国主义的政党（胡汉民同意）。
中国之国民革命，对于革命先进之苏俄，固共同奋斗。于此同时，彼此以平等相待，以期民族解放成功之后，同进于大同。	关于苏联，党纲可以提……苏联是唯一对中国没有帝国主义野心的国家，因为苏联……是唯一自愿放弃在华各种特权并宣国内外各民族一律平等的国家……应致力于中苏同盟。[②]

由吴玉章等人提出并经大会通过的《对外政策进行案》，明确了国民党不仅要继承孙中山"总理为本党定下的联俄的政策"，而且"应该进一步，由本党与苏联政府做更密切的联合，切实进行本党的主义"。[③]

国民党"二大"宣言中关于"中国之现状"和"本党努力之经过"这两

① 张国焘：《我的回忆》（二），现代史料编刊社1980年版，第82页。

② 《拉斐斯、胡汉民的第三次会晤（1925年11月12日）》，《联共、共产国际与中国》，台北，东大图书公司1997年版，第642—643页。

③ 荣孟源主编、孙彩霞编辑：《中国国民党历次代表大会及中央全会资料》上册，光明日报出版社1989年版，第149—150页。

个部分，基本是国民党对本党理论方针的阐述。据以上情况可以看出，共产国际因素在国民党第一、二次代表大会宣言中都有体现。

另外，越南、朝鲜、印度等国代表在大会上发言，[①] 也加强了大会上世界革命的音符。

第三，显然是从策略上考虑，拉斐斯在莫斯科同胡汉民会谈时，曾请后者向国民党中央转达，大会文件如“党纲中不能提及共产国际”，以及它“和红色工会国际的任何观点”，否则“国民党要么就拥护共产国际，要么相反，同共产国际有歧见”。仅仅在“国民党的代表大会和代表会议中可以每次都提及这二者在“反帝斗争中的丰功伟绩”。[②]

果然，共产国际一词没有出现在国民党“二大”的文件中，但是鲍罗庭曾在大会开幕式上发言，后又应邀携夫人出席了盛大宴会，却是大会期间的亮点。待到大会授予鲍罗庭以银鼎并发表《致苏俄电》的时刻，华南一隅国民党对俄友好的气氛达到了一个空前的、足令北京政府和一切反苏势力瞠目的新高度。[③]

第四，胡汉民同拉斐斯谈话后向国民党中执委传达的另外一个内容是“具体确定如何扶助和保护工人阶级”。[④] 在国民党一大宣言中提到农民、工人阶级及其组织时也仅仅限于“辅助其经济组织，使日趋于发达，以期增进国民革命之实力”。[⑤] 这二者相差并不远。

拉斐斯曾希望国民党“党纲要宣布与中国无产阶级联合的主张”，因为“工人阶级是唯一彻底革命的阶级”。可是国民党“二大”并没有完全接受，载入宣言的并没有关于“唯一”的提法，仅仅是无产阶级“在民族革命运动中能以渐立于前线，而为民族革命运动之指导者”的地位。[⑥] 看起来，关于无产阶级作用的调门并不高。在当时，国民党的文件能够把无产阶级立于“‘指导者’的地位”这样的词语载入也相当“不易”了。

---

① 荣孟源主编、孙彩霞编辑：《中国国民党历次代表大会及中央全会资料》上册，光明日报出版社1989年版，第208页。

② 《拉斐斯、胡汉民的第三次会误（1925年11月12日）》，《联共、共产国际与中国》，台北，东大图书公司1997年版，第643页。

③ 荣孟源主编、孙彩霞编辑：《中国国民党历次代表大会及中央全会资料》上册，光明日报出版社1989年版，第183—187、195页。

④ 《联共、共产国际与中国》，第674页。

⑤ 荣孟源主编、孙彩霞编辑：《中国国民党历次代表大会及中央全会资料》上册，光明日报出版社1985年版，第18页。

⑥ 荣孟源主编、孙彩霞编辑：《中国国民党历次代表大会及中央全会资料》上册，光明日报出版社1985年版，第105页。

拉斐斯主张“国民党党纲要说明，凡反对中国无产阶级者，他本身就已经走上反革命道路了……”这样“不会吓跑小资产阶级，而只会划清国民党与资产阶级富有阶层之间的界限”。可以看出他把俄共党纲内容加于国民党的意图十分清楚。但是经过上章所述的一番折冲和胡的手腕，这一条被挡在了国民党“二大”文件之外。

第五，关于国民党拟采取的政治体制问题，1923 年《孙文越飞联合声明》关于共产主义和苏维埃制度的观点继续受到尊重，鉴于前一阶段在这个问题上发生了争论甚至磨擦，显然拉斐斯也知道胡汉民的态度，便明确表示，国民党的纲领里不要提及苏联苏维埃制度的优越性，不再把苏俄的做法加于国民党，胡汉民也心平气和地表述道，“专制制度、议会制度、苏维埃制度都不适合于中国”，我们要提“人民专政，人民民主”。他进一步解释说，可以像目前广州政府这样，从工、农、兵、小手工业者和学生中选出代表，由他们来掌握最高权力。“这种政权组织形式有点像苏维埃，但是这个政权所包含的阶层要比苏联的苏维埃广泛些”。[①] 在这个基础上，国民党的经济政策也就清楚了：它不可能采取一些激进的没收政策。与第一次代表大会相比，这方面没有明显改变。

第六，关于大会领导机构的选举。“二大”领导成员候选人名单的产生过程中，鲍罗庭更多地是听取汪精卫的意见，最早的名单是由汪拟定的。[②]

对于这个问题，中共中央同共产国际代表也做过专门研究，制定了明白的对策。中共中央和共产国际的代表“了解到国民党和共产党之间的关系中存在危险，为了排除这种危险，他们准备向新右派（戴季陶）作出让步”。“这就是在最近国民党中央举行改选时，只应有两名共产党员进入国民党中央。同时与右派领袖进行了谈判”，中共把本党成员在国民党领导岗位中占的比例定为“今后在国民党的所有职位中，共产党人只占三分之一”，这与上年苏联驻沪领事馆向西山会议派说的完全一致。但是“我们在广东的同志和国民党左派，特别是后者，不同意按照同右派领袖们的谈判把国民党中央的共产党员数目减少”。结果“在新选出的三十六名国民党中央委员中有七名共产党员，右派中只有戴季陶、孙科和伍朝枢当选”。[③]

这七名共产党员是：谭平山、林伯渠、李大钊、于树德、吴玉章、杨匏

---

① 《拉斐斯、胡汉民的第三次会误（1925 年 11 月 12 日）》，《联共、共产国际与中国》，台北，东大图书公司 1997 年版，第 645 页。

② 张国焘：《我的回忆》（二），现代史料编刊社 1980 年版，第 84—86 页。

③ 中共中央：《关于中国共产党对待国民党的策略的报告》，引自中央文献研究室逄先知主编：《毛泽东年谱（1893—1949）》上卷，中央文献出版社 1994 年版，第 153 页。

20 世纪 20 年代苏联驻沪领事馆

安、恽代英。中共党员高语罕是十二名中央监察委员之一。秘书处计秘书三人：谭平山、林伯渠、甘乃光，其中谭、林为中共党员，书记长也是中共党员。中共党员在国民党中央的领导机关里占了大多数。

第七，大会就党纪问题通过了《弹劾西山会议决议案》。本来已经紧张的国共关系，因西山会议派的出现和大会对其处理而成为一个很大的难题。

许多国民党头面人物敏感地意识到国民党的处境，如蒋介石，他虽然没参加西山会议，但是希望大会在涉及党纪问题的处理上要“以总理之心为心，以总理之志为志。切不可使总理在天之灵，稍有不安”。① 他不顾一些人的反对，继续说：“我们如果一定要排斥老同志，想自已去垄断、把持中国国民党，我们中国国民革命功败垂成，就是二全大会所种的因子”。②

但是，此时的政治气氛使大会无意和无法对参与西山会议的国民党元老取缓和立场，因为许多跨党的中共党员已经被“点名批判”。如国民党第一次全国代表大会选举的候补中央委员毛泽东受到了西山会议派的批评，说他本受“委派在沪任事，十八个月中请假十四个月，赴湖南各地为发展共产党之运动，而汪精卫反任为宣传部长”。③ 可汪精卫本人的佯装左派和“亲俄”姿态早已经被西山会议派识破，“汪精卫竟顺从共产党人谭平山之指挥，倡言

① 毛思诚：《民国十五年以前之蒋介石先生》第 3 卷，第 823 页。

② 蒋介石：《中国国民党第 4 次全国代表大会报告词原稿》，引自李云汉：《中国国民党史述》第二编，台北，中国国民党中央委员会党史委员会 1994 年版，第 693 页。

③ 《开除汪精卫党籍案之判决书》，荣孟源主编、孙彩霞编辑：《中国国民党历次代表大会及中央全会资料》上册，光明日报出版社 1985 年版，第 360 页。

‘要革命者向左去’，且师满清‘宁赠朋友’之口吻，公然倡言‘宁以国民党赠共产党’”。[①]

1月中共中央创刊《政治周报》，每期发行达4万份之多。发行面之大和影响之广可以想象。第二次大会期间的1月10日，毛泽东在这个刊物上发表《国民党右派分离的原因及其对于革命前途的影响》的文章，指出当年参加辛亥革命的人“大多数都因为畏惧现在的革命把革命事业放弃了，或者跑向反革命队伍里同着现在的国民党作对。因此，老右派新右派依着革命的发展和国民党的进步，如笋脱壳，纷纷分裂”。[②] 对于正在举行的国民党代表大会，毛泽东在报道一些人对西山会议派的批评时所加的按语，描述也相当生动：“全国农工商学民众团体，则全在左派领导之下，以此一月之内，反右空气，弥漫域内。现在第二次全国代表大会，业已开会，对于右派，当有严厉之处置”。[③] 在对待国民党左派的态度和估计上，毛泽东与共产国际没有什么区别。对这些左派的期望也是相同的。

经过一番争论，大会把西山会议派定为国民党成立以来“违背党纪之重大事实”。这里使用的“违背党纪”一词，为后来国民党各派的“重归于好”埋下深深的伏线。

因“情节既有主从之分，则处分自不能不有重轻之别”，西山会议派被区别对待。有过弹劾鲍罗庭“前科”，此次又是西山会议为首者的邹鲁、谢持被开除党籍；居正、邵元冲、张继等十二人，受到警告。对于戴季陶，他虽没有参加西山会议派的会议，但也有错误：他未得中央执行委员会许可而以个人名义发表《国民革命与中国国民党》，从而“惹起党内纠纷”，且其书被“反动分子利用”，乃至“造成不良影响”。大会因此对其“予以恳切之训令，促其猛省，不可再误”。另外西山会议派诸人凡违犯党纪者，都受到处分。[④]

国民党面对和接受的就是一个这样的局面：许多被称为国民党左派而且有亲苏倾向的人如胡汉民、汪精卫、甘乃光，跨党的中共党员林祖涵、谭平山、杨匏安进入了中央执行委员会常委，而在其下设的一个处八个部的十九人中，中共党员占了十四名。代表大会期间的主席团和后来中共在各部委赢得的重要职位，固然说明中共的积极活动有了成效，另一方面某些国民党人

---

① 《开除汪精卫党籍案之判决书》，荣孟源主编、孙彩霞编辑：《中国国民党历次代表大会及中央全会资料》上册，光明日报出版社1985年版，第360页。

② 中央文献研究室逄先知主编：《毛泽东年谱》上卷，中央文献出版社1994年版，第151页。

③ 中央文献研究室逄先知主编：《毛泽东年谱》上卷，中央文献出版社1994年版，第152页。

④ 荣孟源主编、孙彩霞编辑：《中国国民党历次代表大会和中央全会资料》上册，光明日报出版社1985年版，第151—153页。

为这种状况确实感到不安。反共的情绪也因之悄悄加重。

上述情况说明，这次大会是共产国际心目中的左派占了上风。这些决议的聪明之处在于只字未提反苏反共，有关各方心照不宣。这是国民党第一次向“自己人”开刀。不过，国民党同共产国际的关系并没有因此而拉近。共产党人在领导层中占多数的状况及其影响还在吉凶难卜之中。

第二节　“三二〇”事件——蒋介石欲言又止

作为政治人物，无论蒋介石、汪精卫，还是别的什么人，都怀抱领袖欲，这是不言而喻的。国民党“二大”的情况已经成为定局。表面上看，中共取得了很大胜利。但是也有一些迹象表明，蒋介石沿着寻求最高领袖的方向做着努力。1月1日，“新年的群众大会上，蒋介石穿着引人注目的斗篷大衣，在主席台上接受欢呼；军事领袖的姿态表现得淋漓尽致，使汪精卫等为之失色。他在黄埔所举行的招待全体代表的茶话会上，也显示出他自成一格的气派。他在大会所发表的军事报告，指出国民革命军已近十万人”,[①] 对军事发展的前途表现出踌躇满志的气势。

一些国民党要员特别是被称为右派的人对大会选举结果心怀不满。迄今为止的说法是，蒋介石便是在这种背景下发动了“三二〇”事件。

事件的起因和经过相当复杂。各方记载不一。关键在于中山舰的调动经过。该舰奉何人命令调遣，目的是什么，去向是哪里，蒋介石是否有命令调动中山舰，欧阳钟是否有“矫”蒋介石之令的行为。苏联顾问与事件是否有直接关系。海军代理局长李之龙起的什么作用等。[②] 蒋介石于3月20日凌晨3时，拦截中山舰，把广州东山苏联顾问的警卫缴械，逮捕了80多人，查封了省港罢工委员会的房子，宣布戒严。[③] 这就是“中山舰事变”或曰“三二〇”事件。

20日下午5时，季山嘉（Куйбышев）派鄂利金（Ольгин）即下文所述拉兹贡（Разгон）去见蒋介石，后者表示歉意。A. C. 布勃诺夫（化名伊万诺

---

① 张国焘：《我的回忆》（二），现代史料编刊社1980年版，第83页。

② 杨天石在《中山舰事件之谜》中做了详细考察。《寻求历史的谜底》，首都师范大学出版社1993年版，第436—439页。

③ 蒋介石的记载见：《苏俄在中国》，台北，“中央”文物供应社1957年版，第292—293页。

夫斯基，Ивановский）[①] 闻讯后立即赶到蒋介石处打听情况，没有结果，二人约好21日见面，但是蒋介石没有如约前来。

22日上午索洛维约夫见蒋介石，问及关于苏联顾问事：是“对人问题，抑对俄问题?”蒋回答：“对人”。索氏听后说：“只得此语，心已大安。当令季山嘉、[②] 罗茄觉［加乔］夫（Рогачёв）[③] 等，离粤回国”。[④] 同时决定撤离的还有一政治工作副主任鄂利金。

是日国民党中央政治委员会开会，讨论应付事变后的局势。汪精卫、谭延闿、蒋介石、朱培德、宋子文、陈公博、甘乃光、林祖涵九人与会，索洛维约夫、李济深、张太雷、卜世畸列席。汪精卫主持，会议作出决议三项：

“（一）本党与苏俄同志继续合作，并增进亲爱关系；意见不同之苏俄同志暂行离去，另聘其他顾问。

（二）汪主席患病，应予暂时休假。

（三）李之龙受特种嫌疑，应即查办”。[⑤]

当时布勃诺夫调查团之所以同意作出这样的让步，乃是以退为进，认为“这样做是一个策略上的步骤，为的是赢得时间备除掉这个将军（指蒋介石）。”

但在那个时候，无论莫斯科还是在中国的加拉罕，都认为蒋介石还应该留在国民政府内。[⑥]

24日，总顾问斯杰潘诺夫正式会见蒋介石。后者得知鲍罗庭不知道何时回到广州，[⑦] 便决定同布勃诺夫谈话。同日，布勃诺夫为统一苏联驻广州军事顾问团工作人员的思想，提出了“一个深刻的、阶级立场鲜明的、马克思列宁主义的解决办法”。[⑧] 他的报告长达六个小时，其基本思想还是利用国民党左派来发展和增强国民党，在努力向国民党渗透的同时，发展中国共产党。

---

① A. C. 布勃诺夫，化名伊万诺夫斯基（1884—1938）（中国史料又作伊万洛夫斯基），1919—1920、1922—1924为联共（布）中央委员会委员，1925年起为中央委员会书记，1922—1924任联共（布）中央宣传鼓动部长，1924—1929工农红军政治部主任，苏联革命军事委员会主席。大肃反中受到镇压，后恢复名誉。

② 当时担任华南顾问组组长。

③ 当时担任华南顾问组副组长，

④ 引自李云汉：《中国国民党史述》第二编，台北，中国国民党中央委员会党史委员会1994年版，第729页。

⑤《中国国民党第二届中央执行委员会政治委员会会议录》。

⑥《索洛维约夫致加拉罕的信》（1926年3月24日），*ВКП（б）Коминтерн и Китай*，第2卷，上册，第153页。

⑦ 当时鲍罗庭正在从符拉迪沃斯托克（海参崴）回广州的路上。

⑧ A. И. 契列潘诺夫：《一个驻华军事顾问的笔记》，莫斯科，1964年版，第391页。

但是在工作方法上，他要求中共不要锋芒毕露，不要越俎代庖。也就是在这一天，他和其他几个顾问一起离开了广州。

25 日，蒋介石向军事委员会提出呈文，说明事件经过后称："惟此事起于仓卒，其处置非常，事前未及报告，专擅之罪诚不敢辞，但深夜之际，稍纵即逝，临机处决实非得已，应自请从严处分，以示惩戒而肃纪律"。①

中国共产党的基本立场与莫斯科相同。自然也不免有激进者，就像当年有人想抛开国民党打出共产党的旗帜一样，此时也有主张采取强硬态度对付蒋介石的，例如设于上海的共产国际执行委员会远东局的会上就有人这样主张。但是中共机关刊物《向导》周报表达的是中共当时的官方立场："凡是中国人，都有拥护广州现在国民政府之义务，此次广州事变客观上实有使国民政府倾覆之可能；因此，事变主动者，无论出于共派倒蒋之阴谋或出于右派倒共之阴谋，都应该受到国民及国民政府最重的惩治，任何人任何党派都不应加以偏袒"。李之龙受到"共产党以留党查看的处分"。②

是谁策划了这次事件？至今是一个难以破解的谜。③ 但能够脱除干系的只有中共个别党员除外。当时冯玉祥的国民军在北方被奉系张作霖、直系李景林、张宗昌等联合势力击败，其原因是"在反奉方面，国民军与广州国民政府至少在军事方面未能联合作战，国民军内部，1、2、3 军又未能切实合作，甚至于长江方面反吴的军事势力也未能联合一致"。陈独秀公开表达这样的意思，当时蒋介石虽然知道李之龙是中共党员，也没有认为李乃受中共的指使擅自起锚。蒋的怀疑落在莫斯科头上，后来他的《苏俄在中国》一书肯定了这样的看法。

还有一种观点认为这是蒋介石的冒险和试探，显示出蒋的诡诈，他明明是要挤走汪精卫，却假惺惺地去看望他，见他"怒气未消"，④ 直到汪精卫"称病出走，蒋介石才感觉到冒险成功，胜负已决"。蒋介石在日记中写道：

---

① 致中：《广州事变之研究》，《向导》周报第 148 期，第 1379 页。

② 致中：《广州事变之研究》，《向导》周报第 148 期，第 1381 页。

③ 详见杨天石的《寻求历史的谜底》首都师范大学出版社 1993 年版，第 431—474 页；《蒋介石秘档和蒋介石真相》，社会科学文献出版社 2002 年版，第 107—152 页；杨天右：《找寻真正的蒋介石》，山西出版集团，山西人民出版社 2008 年版，第 127—152 页。李云汉：《从容共到清党》，台北中华学术奖助委员会，1966 年版，第 489—494 页；蒋中正：《苏俄在中国》第 293—293 页；蒋永敬：《三月二十日事件之研究》，台北，"中央"研究院近代史研究所编：《中华民国初期历史研讨会论文集》，第 169—184 页；蒋中正：《为处置中山舰事件自请处分呈》，国民党中央党史史料编委会编《革命文献》第 9 辑，第 86 页。余敏玲：《蒋介石政策与联俄政策之再思》，《中央研究院近代史所研究集刊》第 34 期；杨奎松：《走向三二〇之路》，《历史研究》2002 年第 6 期。

④ 中国第二历史档案馆：《蒋介石年谱初稿》，档案出版社 1992 年版，第 548 页。

“今日决心甚坚，故能贯彻一半主张”。①

蒋介石当时的政治属性，直接涉及事件的处理。按照共产国际驻华代表们的划分，此时的蒋介石是中派，既然是中派，那就不是“反革命”，还是革命阵营中的自己人，所以共产国际、中共的态度和决策是向中派退让，目的还是为了维护革命队伍的团结。甚至一直到5月15日《整理党务案》出现之后，蒋介石也还是中派。②

这时划分蒋为中派的“标准”是什么呢？上述索洛维约夫在事变发生后立即从蒋介石处得到了一个言简意赅的回答，事变乃“对人”，非“对俄”③。这不仅使共产国际放心，而且“符合”了后者划分左中右派的标准之一：拥护还是反对苏联。

在送别苏联顾问的宴会上，蒋介石让邓演达传达的是：“国民党、国民政府与苏俄本属最好同志，今日诸位归国，某等敬代表国民党、国民政府及汪蒋两位先生，今后本党本政府之联俄亲俄政策，非特未有丝毫变更，当视前益加亲善及进步”。④

国民党此时也表示：“依据第一次代表大会宣言之策略奋斗，尤尊重第二次代表大会议决案，对共产党加入本党分子，丝毫不存歧视，对离间破坏者决严厉对待”。⑤

那么这时的右派是谁呢？在这个问题上共产国际和中共方面存在种种看法和说法。

布勃诺夫对《向导》周报的记者公开说：“此时蒋氏似已了解共产派确未有谋危政府及蒋氏个人之计划，风波已经平静，惟孙文主义学会一派挑拨离间的举动仍未停止，随时都会有事故发生，这真是中国革命之不幸”。⑥ 可以说，孙文主义学会分子们是右派。

陈独秀认为戴季陶为首的一班人是“新右派”，他们以为左派联俄联共政策和本国资产阶级的利益冲突，而要加以修正，这是他们和左派不同的地方。不过，对于联俄联共政策只要求加以修正，并不主张根本上反俄反共。所以陈说：“现在的所谓新右派，还非常模糊幼稚，还未能离开反革命派而独立自

---

① 中国第二历史档案馆：《蒋介石年谱初稿》，档案出版社1992年版，第547页。

② 《共产国际执行委员会远东局代表团就广州党政关系所做调查结果的报告（1926年9月12日）》，*ВКП（б）Коминтерн и Кита*，第2卷，上册，第365、368页。

③ 中国第二历史档案馆：《蒋介石年谱初稿》，档案出版社1992年版，第548页。

④ 致中：《广州事变之研究》，《向导》周报第148期，第1379页。

⑤ 致中：《广州事变之研究》，《向导》周报第148期，第1381页。

⑥ 致中：《广州事变之研究》，《向导》周报第148期，第1381页。

成一派”。[①] ——可以说是偏右。

与陈独秀的上述看法不完全相同的是，经过一番调查之后，共产国际执行委员会远东局认为戴季陶是中派，把他归入以蒋介石为首的中派之列，说蒋介石是军事上的领袖，而戴季陶则是“精神领袖”。[②] 戴季陶这个人最不易识别。

尽管中共陈独秀和共产国际代表们在对于某些人物的看法上有上述不太原则的区别，但无论哪一方都认定革命阵营会变化，而且中派迟早会发生分化，其中的一部分将同左派分裂而倒向资产阶级一边，倒向反革命一边。

这里出现了一个十分值得注意的问题，就是先前共产国际划分左中右派的标准里原有是否“反苏”、“反共”、“反对工农运动”这三项内容，在“三二〇”事件中和事件善后的时期，是否“反苏”就一度几乎成了全部内容。鲍罗庭的“首要着眼点，是要弥补苏俄和蒋介石关系所曾造成的缺陷”。[③]

蒋介石或戴季陶是否“反共”，在这个时期的文献里很少提及。因为共产国际在这个时期从事件原因到具体政策的执行，注意力放在对中共的批评，放在为中共“纠偏”。

第三节 关于事件起因和善后问题

事件经过和处理情况已经清楚，但导致事件发生的因素却潜藏很深，国共关系的状况和广州形势的复杂性使事件起因的破解难上加难。大致的看法有以下几种：

布勃诺夫调查团的看法是：有三种矛盾引发了事件。

1. 集中的国家政权和中国军阀还没有消除的旧习气；

2. 国民革命队伍中的城市小资产阶级和工人阶级之间的矛盾，工人阶级支持国民政府，而小资产阶级虽然也同无产阶级一道参加革命，但是经常发生动摇，希望走另外的道路即维护买办资产阶级利益的道路；

---

① 独秀：《国民党右派之过去现在及将来》，致中：《广州事变之研究》，《向导》周报第 148 期，第 1378 页。

② 《共产国际执行委员会远东局代表团就广州党政关系所做调查结果的报告（1926 年 9 月 12 日）》，*ВКП（б），Коминтерн и Китай*，第 2 卷，上册，第 368 页。

③ 张国焘：《我的回忆》（二），现代史料编刊社 1980 年版，第 114 页。

3. 国民党左右派之间的矛盾。右派的代表是孙文主义学会，代表的是大资产阶级的利益，走的是同香港买办妥协的道路，右派国民党就是香港的政治买办。①

鲍罗庭的看法是：

1. 蒋介石担任黄埔军校校长并成为新式军队的领袖后，对黄埔军校内许多共产党人担任着要职，对共产党人在广州开展工农运动等情况不满，想摆脱党和政治委员的控制，把黄埔军当成其私家军；

2. 共产党人在军队中的势力越来越大，想逮捕蒋介石并将其送往符拉迪沃斯托克，针对这个"阴谋"，他就先下手为强，粉碎了这个"阴谋"，逮捕了共产党人李之龙，包围了苏联顾问住的广州东山。还存在过一个说法，认为汪精卫是密谋逮捕蒋介石的人之一；

3. 资产阶级势力先是通过戴季陶理论，后又通过孙文主义学会，再后则通过蒋介石的"三二〇"事件向工农进攻；

4. 资产阶级思想家、中派分子戴季陶和蒋介石不满于国民党第二次全国代表大会上国民党左派（汪精卫和共产党人）形成的联合势力，而要打破之；

5. 按照中国逻辑：一山不养二虎，这是蒋介石、汪精卫两个强人之间纯粹的权力之争。②

位于上海的共产国际执行委员会远东局，基本同意前述观点，认为事件之所以发生，就是反动势力在发难。③

有关各方看法有相同之处也有不同之处。因苏联顾问们的角度不同，所持观点自然各异，本书不拟一一梳理。

但是有一个近因是不能忽视的。这就是汪精卫的光环刺激了蒋介石。西山会议后国民党中央执行委员会发表声明严驳北京党员——西山会议派的违法会议并否认其各项决议。④ 中共也积极配合，不仅发出第六十七、六十八号通告，发动各地国民党部通电痛驳西山会议派，⑤ 而且以《政治周报》为中心掀起了强势的"反攻"，各地党部，大至上海、广州、北京，小至宁波、番禺，纷纷表态反对西山会议派，对其"动摇广州政府"的企图和"司马懿之

---

① 《布勃诺夫在广州苏联顾问团全体会议上的报告（1926 年 3 月 24 日）》，*ВКП（б），Коминтерн и Китай*，第 2 卷，上册，第 140 页。

② 鲍罗庭：《关于当前中国政治经济形势的报告（1927 年 10 月 23 日）》，*ВКП（б）Коминтерн и Китай*，第 2 卷，下册，第 910、911 页。

③ *ВКП（б），Коминтерн и Китай*，第 2 卷，上册，第 94 号文件。

④ 荣孟源主编、孙彩霞编辑：《中国国民党历次代表大会及中央全会资料》，光明日报出版社 1989 年版，第 394—396 页。

⑤ 中央档案馆编：《中共中央文件选集》（一），中共中央党校出版社 1982 年版，第 452—454 页。

心”形成声讨之势。《政治周报》至少有四期都是这个内容。[①]《向导》周报自然也不例外。诸多电文中汪精卫的“感电”[②]受到普遍支持的拥护，风光一时。虽然蒋介石也表态反对，但是从其后来的表现来看，他真正不满的一是汪精卫之声名鹊起，汪的光环不容否认地构成了对蒋介石的刺激，二是蒋不想再掩饰自己对中共和共产国际的不满。试看事件发生前一个多月的时间里发生的情况：

对国民党第二次全国代表大会的选举结果，蒋介石不满意，耿耿于怀，自不待言。主要的是他感到同苏联顾问罗加乔夫、季山嘉相处很不融洽，“心辄不乐”，他自认“我以诚往，彼以诈来，非可共事之同志也”，[③]后者对他“疑忌”和“侮弄”，[④]致使他心情十分恶劣，“闷坐愁城，不如意事连续而至，公私两败，内外夹攻，欲愤而自杀”。[⑤]他一方面“主张改组参谋团，撤换苏俄人员任政务官者”；另一方面在 2 月中旬想到苏俄一行“观察苏俄情形，以资借镜”，并多次同汪精卫商量此事。但季山嘉并未赞同蒋的打算。[⑥]蒋介石真正的意图在于“脱人羁绊，免受束缚”，[⑦]“一切实权非可落他人之手，虽与第三国际联络，亦应设一限度”。[⑧]他感到鲍罗庭“不止是欺负我一个人，完全是欺负我们中国国民党，欺负我们中国人，我那里可以轻易放过”。[⑨]

当时广州，特别是黄埔军校内出现的反蒋传单对蒋也有刺激。他在 3 月 10 日对这些传单性质作出界定：“疑我、谤我、忌我、诬我、排我、害我者，渐次显明”，他认为“精神受打劫（击）”，于是“尽益坚强”。[⑩]过了三天，库比亚克来黄埔，后与季山嘉等对蒋“极陈北伐之不利”，蒋介石十分恼火，

---

① 《中共党史参考资料》第 3 册，第 410—433 页。

② 韵目“感”日即 27 日汪精卫发表的通电，内容是定于 12 月 11 在广州开第 4 次中央执行委员会全体会议和 1926 年 1 月 1 日开国民党第二次全国代表大会。

③ 中国第二历史档案馆：《蒋介石年谱初稿》，档案出版社 1992 年版，第 528 页。

④ 中国第二历史档案馆：《蒋介石年谱初稿》，档案出版社 1992 年版，第 537 页。

⑤ 中国第二历史档案馆：《蒋介石年谱初稿》，档案出版社 1992 年版，第 538 页。

⑥ 中国第二历史档案馆：《蒋介石年谱初稿》，档案出版社 1992 年版，第 538、542 页。

⑦ 中国第二历史档案馆：《蒋介石年谱初稿》，档案出版社 1992 年版，第 543 页。

⑧ 中国第二历史档案馆：《蒋介石年谱初稿》，档案出版社 1992 年版，第 542 页。

⑨ 《蒋总统事略稿本》，台北，“国史馆”2003 年版。引自陈三井：《蒋介石与苏俄军事顾问》，台北商务出版社 2004 年版，第 458 页。

⑩ 《蒋总统事略稿本》，台北，“国史馆”2003 年版，第 309—316 页；陈三井：《蒋介石与苏俄军事顾问》，台北商务出版社 2004 年版，第 543 页。

"力辟其谬妄"。[①] 3 月 18 日当天，他还在军校谈北伐之必要。不言而喻，他并没有得到中共和共产国际方面的支持，于是"尽益坚强"，要采取行动了。

共产国际的"退却"

经过各方面交涉，事件以共产国际和中共"退让"为结局而平息下来。为什么会这样？是什么因素让共产国际在蒋介石面前"冷静"下来，取低调甚至"退却"？

共产国际执行委员会特别是其驻华代表们在事件发生后一度惊惶失措。根据已经公开的材料，这可从以下三个方面予以分析。

首先看其前因。早在 1925 年 9 月，共产国际执行委员会东方部就觉察到中共有"左"倾迹象，便致函中共，要求其"谨慎地做领导国民党的工作"，中共"党团无论在任何情况下都不可发号施令"，也不应硬求其党员"占据所有军政领导岗位"。正确的做法应当是"尽量广泛吸纳国民党员（不包括加入共产党的），首先是左派参加中国民族解放斗争的领导工作"。[②]

由于廖案的发生，共产国际感到一些反共势力"已经箭在弦上，那里已经在铤而走险，过河拆桥，要把联系共产党先锋队同民主派群众之间的桥梁全部烧毁，从而使中国共产党受到孤立"。甚至整个广州都因此出现了"左倾，日趋孤立"。[③] 共产国际要求吴廷康到广州去考察，并且批评他"把自己的力量和影响估计过高，而对帝国主义和国民党以外的力量和作用估计不足"，甚至责问他"您是否太左了"。[④]

然而，国民党"二大"的结果说明，无论共产国际的驻华代表还是中共都没有"遵照"莫斯科的"指示"行事。中共把本党许多党员占据国民党领导岗位视为自己的胜利。

国民党领导层此时处于一种特殊的境遇：一些老国民党员要么没有与会，要么因西山会议受到警告或受到其他处分。但是从内心反对共产国际者在国民党内大有人在。蒋介石便是其中之一。在这个意义上，大多数国民党领导人，尤其是西山会议派，在黄埔军校有影响力的孙文主义学会等都是有同感的。共产国际视蒋介石、戴季陶为中派乃"高估"了他们，无论上述的哪一

---

① 《蒋总统事略稿本》，台北，"国史馆" 2003 年版，第 309—316 页；陈三井：《蒋介石与苏俄军事顾问》，台北商务出版社 2004 年版，第 545 页。

② 《共产国际执行委员会给中国共产党中央委员会的指示草案》（1925 年 9 月 28 日），《联共、共产国际与中国》，台北，东大图书公司 1997 年版，第 578 页。

③ 《瓦西里耶夫致季诺维也夫的信（1925 年 9 月 21 日）》，《联共、共产国际与中国》，台北，东大图书公司 1997 年版，第 587—588 页。

④ 共产国际执行委员会《拉斯科利尼科夫致魏金斯基的信（1925 年 12 月 4 日）》，《联共、共产国际与中国》，台北，东大图书公司 1997 年版，第 626 页。

方，在共产国际和中共问题上，根本态度都没有区别。共产国际据此作出的对策无助于他们处理同国民党的关系和应付时局。

第二是布勃诺夫调查团据亲眼目睹的情况，和他对中共和跨党党员的工作作出的对策。

中国的政治形势急速变幻：五卅运动，持续中的省港大罢工，中共在国民党第二次代表大会上的胜利，北方军阀联合进攻冯玉祥的国民军，以及中东铁路出现“反苏运动”，这一切使莫斯科不知所措。1926 年 1 月 4 日托洛茨基致函苏共中央，云中国事态的发展影响深远，“再次提出派遣一个有权威的政治调查团的问题，由其就地立即作出决策采取必要措施”。[①] 联共（布）中央委员会基本采纳了他的建议，于 1 月 14 日议决“立即派出由布勃诺夫率领的，由库比亚克和列普谢组成的调查团赴中国，加拉罕亦纳为该团成员”。该团的使命是：1. 查清中国形势并报告政治局；2. 就地会同加拉罕同志采取一切必要措施，无需政治局批准；3. 整顿赴华工作人员的工作；4. 检查赴华工作人员的选配是否得当，以及顾问工作情况。[②]

苏联顾问 A. N. 叶戈罗夫 1925—26 年间苏联驻华武官，“三二〇”事件期间在中国

1926 年 2 月调查团到达北京，听取了当时在此地的鲍罗庭的报告，[③] 同国民党的所有军长谈过话，到张家口苏联顾问团驻地考察。

在北京他们从鲍罗庭口中听到的是“广州似乎有了统一稳固的政权。领导这个政权的，是一向最为忠诚、工作最为勤恳的汪精卫，是明确表态拥护左派国民党的蒋介石，此人甚至……比国民党里的极左派还要左”。[④]

表面上看，他对蒋介石的观察也许并无不妥之处。例如，就在此前两个多月，早在上年西山会议发生后的 12 月底，蒋介石针对后者对鲍罗庭的批评

---

① 《联共（布）中央政治局会议第 1（特字第 1）号记录节录（1926 年 1 月 7 日）》，*ВКП（б），Коминтерн и Китай*，第 2 卷，上册，第 18 页。

② *ВКП（б），Коминтерн и Китай*，第 2 卷，上册，第 24 页。

③ 报告全文见 *ВКП（б），Коминтерн и Китай*，第 2 卷，上册，第 85—127 页。

④ *ВКП（б），Коминтерн и Китай*，第 2 卷，上册，第 101 页。

说，鲍罗庭担任政治顾问“为总理所特请，总理曾诏中正‘鲍罗庭同志之主张即余之主张，凡政治问题均须容纳其意见’。总理逝世后，苏俄同志对于本党，以亲爱之精神，同志之资格，遇事互相讨论，求得真理，绝无所谓‘包揽’、‘专断’之事实”。蒋介石表面与西山会议派针锋相对，他为汪精卫辩护，认为西山会议派指责汪“对于共产党挑拨离间排除本党同志之言动一一实行，自无一而非诬矣”。①

事实上，他们并没有没有读懂那个真正的蒋介石。来自莫斯科的使者，当时就是根据这种看法构筑了“三二〇”事件前后对待这二人的态度，他们沿用的还是共产国际关于划分国民党领导人为左中右派的策略，事实证明他们据这种肤浅的认识制定的策略后来遭到了重创。

在北京，调查团的认识如上。可恰恰就在这时候，广州发生了“三二〇”事件。他们到达穗城时，那里已经风平浪静。调查团考察当地情况后作出了清醒的结论，认为，虽然蒋介石已经把个人权力凌驾于党军党权之上，把黄埔军变成了他的蒋氏“私家军”，② 但是苏联顾问的工作失误却是这一事件发生的部分原因。

蒋介石的咄咄逼人并非没有效力，他似乎达到了使苏联顾问行动“收敛”的目的。具体表现是：

调查团一反萨法罗夫、吴廷康激烈左倾人物的观点，承认这一事件的深层起因是：“中国革命运动的主要危险是左的危险”。它认为中共和工人阶级固然应当竭尽全力保证国民革命胜利并为其持续发展创造条件，但是无论如何也不能“现在就承担起直接领导国民革命的任务”。因为“任何过火行为都会吓跑大资产阶级和引起小资产阶级的动摇，诱使中国军阀主义沉渣泛起……加剧和激化国民党左右派间的矛盾，刺激以‘反赤’为口号的反共浪潮，给广州政府造成危机”。

调查团检讨了苏联顾问的失误：1. 没有预见到国民革命政府内部可能发生的冲突及其影响军队的可能性。2. 过高估计了国民革命政府的稳定与一致程度，同样高估了国民革命军内上层分子的稳定与团结。3. 不善于未雨绸缪并及时纠正军事工作中的过火行为，致使其到“三二〇”事件时来了一个总爆发。4. 对军事管理机关（总参谋部，后勤部和政治部）的集中统一步子太大，操之过急，不能不在上层军官中引起一股对抗的暗流，因这些人在相当

---

① 蒋介石：《为西山会议告同志（1925 年 12 月 25 日）》，《中共党史参考资料》第 3 册，第 491 页。

② 《鲍罗庭致加拉罕的信（1926 年 5 月 30 日）》，*ВКП（б）Коминтерн и Китай*，第 2 卷，上册，第 231—240 页。

程度上残留着军阀制度特有的陋习。5. 一些部门对国民革命军将领们的工作控制过严，干预过多（党代表有权签发部队的每一道命令，党代表有权在军事机关实施否决权，俄国顾问往往锋芒毕露，有时甚至越俎代庖，直接发号施令）。6. 军队中就帝国主义、农民和共产主义等问题开展宣传鼓动工作的方针时有偏差。

调查团认为这种种过火行为从根本上歪曲了正确的军事工作路线，刺激了某些将领和军官中的反苏和反共情绪。今后为消除这些错误，首先要做的，就是苏联顾问应力戒大包大揽。再者，党代表要为国民党将领们“松绑”，不能卡得过严，在宣传鼓动方面也要分外谨慎。应争取由政治委员会和军事委员会采取措施，对军事指挥制度作出一整套修正。调查团认为作出某些修正的依据应是：“军队已经巩固，军队的政治工作已经走上正规，军官在政治上业已成熟……在全心全意地捍卫国民革命的利益”。①

有了这样的分析，事件的“结局”——季山嘉等三人被撤走也就“顺理成章”了。

共产国际“退却”引出的思考

将调查团列举的上述情况，与西山会议派要取消共产党员的国民党党籍的理由相比，便会发现许多惊人的相似之处。不同之处是西山会议派矛头表面上是针对鲍罗庭，实际上是针对共产国际和中共。试对比，调查团说：

> “5. 一些部门对国民革命军将领们的工作控制过严，干预过多……俄国顾问往往锋芒毕露”。

西山会议派说：

> “共产党盘踞本党所统治的国民政府，指挥雇用的政治委员会顾问俄人鲍罗庭操纵一切，现在国民政府中参谋团主任、航空局局长、交通总监、航队总监、外交部顾问、兵工厂顾问以及各军训练，全是俄人，军政大权已完全在俄人掌握之中”。②

调查团说：

> “6. 军队中就帝国主义、农民和共产主义等问题开展宣传鼓动工作的方针时有偏差”。

西山会议派也认为：

> “共产派加入本党，是利用本党做他们的工作——宣传共产主义

---

① 《布勃诺夫调查团的总结和实际建议（1926 年 5 月 17 日）》，*ВКП（б），Коминтерн и Китай*，第 2 卷，上册，第 223—224 页。

② 《为取消共产派在本党的党籍告同志书》，荣孟源主编、孙彩霞编辑：《中国国民党历次代表大会及中央全会资料》上册，光明日报出版社 1989 年版，第 383 页。

和运动阶级斗争”。①

那么，作为“三二〇”事件发难者的蒋介石是否反对上述观点呢？根本没有。尽管他激烈地批评西山会议派，已如上述，但是听到西山会议派对鲍罗庭的处理和对共产国际的批评，他真正的的态度是窃喜，不过在表面上说些不同的话而已。此事件后，蒋介石在莫斯科心目中的“左派”封号也开始受到质疑，他进入了“中派”的行列。

左派汪精卫的表现也是很有意思的。事变发生后，汪精卫称病不出。但同时他做了一番斡旋，使季山嘉获释，表露的是“亲苏”情绪，因此他依然保留着自己的左派头衔。

至于右派们，说老实话，此时他们正“偷着乐”。实际上在对待共产党跨党这个问题上，无论国民党的哪一派——左中右派——都是一样的。如胡汉民在莫斯科所说，国民党“反对中共，但不反苏”。西山会议派也说，如果苏联果真以平等待我，那么国民党还是可以与之联合。不过不能回避的是，这个说法的确切含义中相当大的成分在“不反对”苏联援助。

布勃诺夫调查团缘何“让步”？调查团认为苏俄顾问们“过高估计了国民革命政府的稳定与一致程度，同样高估了国民革命军内上层分子的稳定与团结”。这是正确的。调查团把这次事变定性为一次“小规模的准叛乱”也不无道理。事态虽暂告平息，其背后却酝酿着大文章。原来布勃诺夫一行的本意是为“赢得时间”“做好准备除掉”蒋介石，也正是这一点迫使他们取低调，作出“让步”。② 因为：

第一，蒋介石的黄埔一军力量最大，对他的反共企图不能听之任之，但目前除掉他的时机还不成熟；

第二，苏联顾问之间矛盾重重。季山嘉对鲍罗庭的“越权”不满，甚至对后者的一些做法不知情。

季山嘉生于 1893 年，参加过苏俄的国内战争，1918 年加入俄共，1920 年 1 月已经是苏俄红军南方面军的步兵第九师的师长。因在顿巴斯地区和格鲁吉亚地区的战功而获得过革命荣誉红旗和三枚红旗勋章，1923—1925 任苏联高级步校校长兼政治委员。1925 年到中国，担任驻华南苏联顾问团的团长。

鲍罗庭是国民党政治委员会的顾问，但是季山嘉对他的评价很不高：“鲍罗庭根本不懂军事，本来就不懂得内战是怎么一回事，不懂得苏维埃建设和

① 荣孟源主编、孙彩霞编辑：《中国国民党历次代表大会及中央全会资料》上册，光明日报出版社 1989 年版，第 382 页。

② *ВКП（б），Коминтерн и Китай* 第 2 卷，第 30、31、34 号文件。

我党丰厚的经验，他好像是从月球上下来的。这是显而易见的，因为他没有参加过革命，入党时间也不长，在俄国待的时间更是不多”，季山嘉感到与鲍罗庭“难以共事，找不到共同”语言。①

季山嘉看到，鲍罗庭没有在军队中进行应有的政治工作，凭借他同将领们的个人关系“拉拉扯扯，经常开空头支票，玩弄手腕”，这些对军队政治工作十分不利。他甚至把自己凌驾于军事专家季山嘉之上，本末倒置地将其当成自己的“军事顾问”，自认“有权力”把季山嘉呼来唤去“商讨”军事问题。这令季山嘉十分不满。特别值得指出的是，对后来的“三二〇”事件而言，季山嘉对鲍罗庭的作为心中无底，不知道他在军队中究竟做了些什么，因为鲍氏经常据自己的需要未经顾问团长许可就把某个将领叫来并向其布置任务。② 鉴于以上情况，二人关系已经很难处理。

令季山嘉更加棘手的是如何同汪精卫相处。鲍罗庭一度完全信任汪精卫，季氏则发现，汪并非如此可信。但是还在“三二〇”事件之前，为了表明苏联顾问们铁板一块，季山嘉并不想把自己同鲍罗庭之间的矛盾暴露在汪精卫面前，便暗中同他较量，先是夺回了军队政治工作的权力，后是逐渐不让鲍罗庭擅自向军队发号施令，要他事先征得军事顾问团的同意。③

第三，季山嘉等人的反蒋情绪早就有所流露。在顾问们的会议上，一些苏方人士“像季山嘉、拉兹贡等军事顾问讲到政治问题时索性就说：我们给什么人出力?! 我们培植什么人的势力？我们给蒋介石干活！我们正在把他造成一个新的张作霖，我们正在把一个日后定会反我们的新的独裁者套在我们自己的脖子上！那么，你们说，趁他羽翼未丰，咱们现在就把他收拾了不好吗?!”④ 不言而喻，季山嘉等担心自己的言行外露，特别是担心，如果由于自己的激烈情绪引出了这样大的麻烦，与其回莫斯科无法交代，莫如先平息事件，待日后再说。鲍罗庭的“首要着眼点，是要弥补苏俄与蒋介石关系所曾造成的缺陷；至于国共关系和汪精卫的去留似都成为次要的了。他将‘三二〇’事件的责任，推在中共中央身上，以挽救他和莫斯科摇摇欲坠的威

---

① 《季山嘉同志 1926 年 12 月 16 日信摘录》（Из письма тов. Кисанька от 16 Дек. 1926）РГАСПИ，全宗 627，目录 1，案卷 12，第 45—46 页。

② 《季山嘉同志 1926 年 12 月 16 日信摘录》（Из письма тов. Кисанька от 16 Дек. 1926）РГАСПИ，全宗 627，目录 1，案卷 12，第 45 页。

③ 《季山嘉同志 1926 年 12 月 16 日信摘录》（Из письма тов. Кисанька от 16 Дек. 1926），РГАСПИ，全宗 627，目录 1，案卷 12，第 45 页。

④ 《与鲍罗庭同志的谈话（1939 年 8 月 1 日）》，（Беседа с тов. Бородиным 1 Авг. 1939），РГАСПИ，全宗 514，目录 1，案卷 1043，第 41 页。档案上没有标明与鲍罗庭谈话的人。

信”。①

第四，1925年国际上反苏浪潮势头凶猛，还在五卅运动时期，苏联就采取十分小心谨慎的策略，以免英美日等国指责他们在中国行赤化政策。

第五，苏联怕本来就很不平静的中东铁路上再起冲突，届时莫斯科在中国会处于南北“受敌”的境况。

第六，则是苏联的国际环境。1926年1月22日护路军司令张焕相因俄方局长伊万诺夫（А. Н. Иванов）密令员工罢工而将其逮捕，中方抢夺中东铁路的机动车辆运兵南下，强行开车。加拉罕几次向张作霖提出抗议，要求立即释放伊万诺夫，以免引起国际纠纷，特别是同日本的冲突。1月25日伊万诺夫获释，后张焕相也被解职。冲突算是和平解决。但是伊万诺夫的做法受到中国和国际舆论的谴责。苏联害怕激化同日本的矛盾，也不想在这样的时刻因中国国民革运动的发展进一步“刺激”日本，苏联外交人民委员契切林同其驻日本和中国代表磋商，托洛茨基建议，就像苏俄当年对待布列斯特和约那样，中国“暂时隐忍，让日本近期先控制南满”，苏联需要争取一个“喘息”机会，这样“苏联的国家利益就与中国革命的利益一致起来了”。②

第七，共产国际此时要充分考虑苏联对华外交的需要。中东铁路上中苏关系虽然暂时风平浪静，但作为张作霖势力范围的中东铁路问题并未解决。

华北的局势也出现转折。本来苏俄对冯玉祥寄以厚望，想通过冯来彻底排除张作霖。为此派遣了特工人员进入张作霖的部队，以瓦解分化之；对于北京政府，苏俄要求它对整个反帝运动“持善意的中立”，否则“就分裂这届政府并使其瘫痪，让帝国主义无法打着中国政府的旗号进行反对革命的勾当”。再不行“就驱散现政府，另组吸收国民党参加的依靠冯玉祥军队和国民党军队的新政府”。③

与此同时，援助冯玉祥的工作也在紧张进行中。由1925年联共（布）中央委员会设立的中国委员会④具体操作。4月17日该委员会第一次会议就讨论了向冯提供援助、同冯合作以及苏俄在张家口和北京设立两个中心，由加拉罕负责北京中心的决议。⑤ 为帮助冯玉祥的国民军培养干部，而向他派遣了

---

① 张国焘：《我的回忆》（二），现代史料编刊社1980年版，第114页。

② 《契切林致苏联驻日本全权代表科普的信（1926年3月23日）》，А. И. 卡尔图诺娃：《斯大林、契切林与苏联驻华全权代表加拉罕通信集》，莫斯科，2008年版，第619页。

③ 这个决定由俄共（布）中央委员会于1925年6月25日作出。《联共、共产国际与中国》，台北，东大图书公司1997年版，台北，东大图书公司1997年版，第524页。

④ 联共（布）中央于1925年3月决定设立这个委员会，成员有：伏龙芝、契切林、莫洛托夫和彼得罗夫（由吴廷康代替）。

⑤ 《联共、共产国际与中国》，台北，东大图书公司1997年版，第494号文件。

许多专家和顾问，① 一批批武器弹药陆续运来。② 但冯敌不过张作霖、张宗昌、吴佩孚等的联合打击，而于3月放弃北京。后来冯本人到了苏联。

这一切都给联共（布）和共产国际对华政策以极其严重的打击。况且东北、华北的形势变数很大。1925年11月因反对张作霖勾结日本祸害人民，奉军第八军军长郭松龄倒戈，但是日本出兵南满，帮助张作霖杀害了郭松龄及其夫人，甚至乔装为中国人滥杀无辜，后来又派遣船队掩护奉军进攻大沽口，帝国主义国家竟借机向中国提出最后通牒，人民义愤填膺，奋起维护中国主权，却遭到段祺瑞执政府镇压，遂酿成1926年北京的“三一八”惨案。

莫斯科认为这是帝国主义列强组成的统一战线来反对中国革命力量，对苏联来说也是不祥之兆。这时的苏联不得不在外交上取守势，而暂时“收敛”其进攻策略。

一是不得不冷静地承认，苏俄员工在中东铁路上表现出大国沙文主义思想，甚至使用了帝国主义的办法来对付员工。苏联外交人员承认，他们一方面宣传要对中国人民友好，声称“要团结被压迫人民，一方面又使用沙皇暴君的手法”③ 对待中国人民。这不能不激进中国的反感。最后这场风波以中东铁路督办伊万诺夫被撤职告终。④

另外，整个国际环境对苏联不利，英苏关系恶化，苏联与外国在华利益发生冲突。早在是年春，加拉罕就直言不讳地向斯大林陈明：“同日本接近，做起来也容易也困难。说容易，是因为日本方面也有意接近。说难，则是我国同日本在中国有利益冲突”。“日本至少需要……从我们的巴库得到石油供其海军使用。要摆脱英美，他们也需要一些原料，这迫使它同我们接近，我们可以打这张王牌。”但是它害怕我们的“宣传”，“对于我们支持国民党，

---

① 中国委员会的14次会议的情况见《联共、共产国际与中国》，台北，东大图书公司1997年版，第146、152、153、158、163、166、171、172、173、177、180、192、195号文件，该委员会下设的委员会、俄共（布）中央政治局的会议记录，见第156、160、188号等文件。回忆录类有：孔节茨：《中国日记》Кончиц Н. И.，*Китайские дневники*（1925—1937），莫斯科，1969年版；科斯塔列夫：《我的中国日记》（Н. Костарев，*Мои китайские дневники*，列宁格勒，1935年版；《苏联志愿者的回忆—在中国土地上》（*На китайской земле Воспоминания советских добровольцев* 1925—1945），莫斯科，1977年版；普里马科夫：《一个志愿者关于中国第一次国内战争时期的回忆》（Примаков В. М.，*Записки волонтёра о гражданской войне в Китае*）。

② 毛以亨：《俄蒙回忆录》，香港，亚洲出版社1954年版，第170页。

③ 《契切林致加拉罕的信（1925年3月16日）》，《斯大林、契切林与苏联驻华全权代表加拉罕的通信》，莫斯科，2008年版，第610、611页。

④ 《联共（布）会议第10号记录节录（1926年2月10日）》，*ВКП（б）Коминтерн и Китай*，第2卷，上册，第60页。

他们十分害怕，因为这会削弱张作霖的”势力。[①]

上海五卅运动矛头是指向英国的，莫斯科担心国际上出现反苏联盟，就指示其驻华人员在宣传上不要把苏联牵涉到运动中来；建议俄共（布）中央委员会和其他负责的同志，在其讲话和文章中切勿“宣扬共产国际、苏联和俄共在中国革命运动中的作用”。[②]“不鼓吹东方对西欧和美国资本主义的威胁”。俄共（布）指示其媒体特别是塔斯社“不过分攻击日本”，因“需要使日本帝国主义在国际上的反苏浪潮中‘取中立立场’，对日本的行为‘以容忍为佳’，而且有可能、有必要维持日中和日苏间的睦邻关系”。[③]在中东铁路风波解决过程中，甚至有人提出过同日本合作反张作霖的想法。[④]季诺维也夫同胡汉民谈话时也流露了明显的担心，怕日本会趁机进攻苏联。[⑤]

第四节　国民党与共产国际分裂的总演习

中山舰事件前国民党特别是蒋介石，在对待中共方面采取的是韬晦术。事件后，国民党内的反共情绪并未因共产国际的退让而缓解，相反却因事件的平息而越来越强硬。蒋介石把共产国际依靠的左派汪精卫排除了，让其“异地养疴”，苏联顾问们“收敛”了一些，但是国民党“二大”后中共占居的席位却使蒋介石“不安”，他感到“党权”不能“旁落”，便在4月3日对广东大学学生发表长篇演说，并向中央执行委员会提出了一个建议书，请整军肃党，准备北伐。

建议书由五部分组成，[⑥]第三部分“本党内部之整理”，言词严厉而强

---

① 《加拉罕致斯大林的信（1925年3月21日）》，《斯大林、契切林与苏联驻华全权代表加拉罕的通信》，莫斯科，2008年版，第477—478页。

② 由斯大林签发的俄共（布）中央委员会政治局会议记录（1925年6月25日），《联共、共产国际与中国》，第524页。

③ 俄共（布）：《给报刊和塔斯社的指示（1925年12月3日）》，《联共（布）、共产国际与中国》，台北，东大图书公司1997年版，第623页。

④ 苏共中央对这个问题持相当慎重的态度。见 *ВКП（б）Коминтерн и Китай*，第2卷，上册，第26页。

⑤ *ВКП（б）Коминтерн и Китай*，第2卷，上册，第29—33页。

⑥ 这5个部分是：本党应付策略、党内部之整理、军队之意见、本党以后进行之方针、北伐之准备。中国第二历史档案馆：《蒋介石年谱初稿》，档案出版社1992年版，第579—581页。

硬，针对跨党共产党人的要求已经相当明确："不许对于总理之人格，加以诬蔑；对于总理之历史，有意抹杀；对于三民主义，尤不准其有批评与怀疑之态度及行动。本党之内，不许组织其他小团体"[①]。当年马林主张的"革命机会主义"策略和所谓通过坚持不懈地批评国民党以保持共产党人独立性的策略，《向导》周报为体现这一原则而发表的大量批评国民党和孙中山的文章，已经被蒋介石等悄然记账，在他的这一建议中通通被列为"不许"的范围。国共关系和共产国际同国民党的关系已经受到强烈冷空气的袭击了。

而建议书中的提法：取消设在国民党内的共产党团，甚至共产党对本党的训令及政策也要通知国民党最高领导，设立联席会议等，无疑把中共牢牢捆绑起来。至于规定共产党在中央执行委员会内的人数比例，极其苛刻地限制了中共权限，而担任某些部门的中共党员的党龄至少五年以上的要求等，则近乎不合理，因中共成立也还不到 5 年，跨党的年限更短，从 1922 年算起也仅仅 3 年。

共产国际无对策

当时的共产国际主要领导人依然对中国形势特别是国民党领导人怀抱着过分乐观的情绪和期望。鲍罗庭当时还在北方。此事几天后，联共（布）中央于 1926 年 4 月 9 日制定的对策是：

鉴于"国共分裂问题乃是具有头等重要意义的大事，认为分裂是绝对不允许的。认为必须奉行共产党留在国民党内的方针"，"必须设法把国民党右派开除出党"，而仅仅"向国民党左派做内部组织上的让步，以求从人员上作出重新安排"，也就是说，到这个时候共产国际还是想要"从组织上基本维持现在的关系"。[②]

鲍罗庭在 1926 年 4 月 29 日回到广州，遵循 4 月 9 日联共（布）的决议，与蒋介石进行了多次谈话，同时，他也与中共领导人多次商讨。如上述，他此时着重关注的是弥补蒋介石同苏联关系中的缺陷，尽管不满意蒋介石如此苛刻地对待中共，他还是设法与之接触，一次两人谈话竟长达 4 小时之久[③]而毫无结果，另外他也听到中共的反对声音。[④] 最后鲍罗庭不得不全部答应蒋介石的要求。中共作为共产国际的一个支部只能按共产国际执行委员会的指示行事。

---

① 中国第二历史档案馆：《蒋介石年谱初稿》，档案出版社 1992 年版，第 579 页。

② 《联共（布）中央委员会政治局会议第 22（特字第 16）号记录节录（1926 年 2 月 10 日）》，*ВКП (б) Коминтерн и Китай*，第 2 卷，上册，第 359 页。

③ 毛思诚：《民国十五年以前之蒋介石先生》第 3 卷，第 909 页。

④ 张国焘：《我的回忆》（二），现代史料编刊社 1980 年版，第 119—121 页。

之所以说共产国际无对策，是指一些涉华工作人员由于对中国形势的分析不同，而各有主张。鲍罗庭认为应当继续利用国民党内各派系间的矛盾，做分化、樽俎的工夫，在军队内也使用同样的策略。而古比雪夫[①]则认为“三二〇”事件后广州进入了一个新时期，1926 年 5 月 6 日他向鲍罗庭的上司加拉罕告御状：“局势要求采取新的工作方法一必须放弃分化、游击式的做法，转而有计划地开展工作，全部军队服从集中的军事机关，目的任务要明确，组织划一，纪律严明”。可是“鲍罗庭呢，他现在还想利用私人关系同某些将领周旋，许下一些空头支票，要弄手腕，总是他那一套‘慢慢地’来”。[②]

加拉罕指责契切林庇护古比雪夫路线，说固然政治工作军事工作应该协调一致，但是不能在广州制造“两个政权”，否则我们将吞下比“三二〇”事件“更苦的果子”。[③] 他甚至索性向契切林提出，如果要集中领导，那么“就把鲍罗庭召回”，让“加伦当我们的代表”。[④]

然而形势急转直下，古比雪夫告状后过了九天，蒋介石真的为共产国际准备了一颗比“三二〇”事件“更苦的果子”，那就是 5 月 15 日国民党中央举行的二届二中全会。这壁厢古比雪夫、鲍罗庭还在争论，那壁厢蒋介石开始发威，共产国际持不同见解的各派无人幸免。无论古比雪夫的“计划”、“统一工作”还是鲍罗庭的“‘慢慢地’来”做，都已经无济于事。国民党已经在为分共清党做总演习了。

国民党中央的二届二中全会通过了《整理党务宣言》、《联席会议组织大纲案》、《选举中央执行委员会主席案》、《国民党与共产党协定事项》、《党员重新登记案》等一系列决议，它们就是蒋介石 4 月初广东大学学员讲话和建议书的“落实”。

《整理党务第一决议案》中规定要“纠正两党党员妨碍两党合作之行动及言论”和“保障中国国民党党纲、党章之统一权威”。表面说的是“两党”中的某些现象，事实上是在整中共。此决议要“确定中国共产党加入国民党之地位与其意义”。而《联席会议组织大纲案》可以视为此一意图的体现，对中共来说，这个大纲形同“不平等条约”，因为参与联席会议的有八名代表，

① B. B. 古比雪夫（1888—1935）1921—1922 为俄共中央候补委员，后为中央委员。1926 年来华时为联共（布）中央监察委员会主席。1930 年起苏联国防委员会主席。

② 《加拉罕致契切林的信（1926 年 5 月 6 日）》，卡尔图诺娃编：《斯大林、契切林与苏联驻华全权代表加拉罕的通信》，莫斯科，2008 年版，第 628 页。

③ 《加拉罕致契切林的信（1926 年 5 月 6 日）》，卡尔图诺娃编：《斯大林、契切林与苏联驻华全权代表加拉罕的通信》，莫斯科，2008 年版，第 632 页。

④ 《加拉罕致契切林的信（1926 年 5 月 6 日）》，卡尔图诺娃编：《斯大林、契切林与苏联驻华全权代表加拉罕的通信》，莫斯科，2008 年版，第 633 页。

中共只能派三名即以先天命定的弱势进入该会。此“联席会议聘第三国际代表为顾问”。

《整理党务第二决议案》中有一条规定：“凡他党党员之加入本党者，不得充任本党中央机关之部长”，[①] 这样一来共产党人在国民党“二大”期间得到的许多职位便被强行剥夺：蒋介石代替谭平山担任组织部长，甘乃光取代林伯渠（祖涵）当了农民部长，叶楚伧代替陈伯吹当了中央秘书处书记。鲍罗庭继续担任联席会议的顾问。至此，国民党中央委员会内已经没有共产党人。就实质而言，这是西山会议派的反苏反共行动的继续和成果。

于是出现了一种奇特的“麻秆打狼两头害怕”的局面，苏俄怕刺激国际反苏势力，国民党怕共产国际中止援助。鲍罗庭口袋里给国民党准备的“草料”在一定意义上起了牵制作用，蒋介石还没有大张旗鼓地反共。

在国民党方面，从 1925 年五卅运动的酝酿开始，它就受到英国等国家对广州实行的经济封锁。国民政府通过加拉罕要求苏联给予援助。加拉罕在 4 月致函苏联外交人民委员部说：“应当立即给广州运送煤油、汽油和煤。广州已经同华北隔绝。外国船只和香港正在封锁广州。物资储备日渐减少。如果不给予帮助，后果不堪设想。现在只有我们能够提供援助。我们务必立即行动”。[②] 从 1925 年 5 月到 1926 年 3 月广州的石油全靠苏联供给。[③]

在国共关系方面，且不说右派们，即使那些“诚实的”国民党人即被称为国民党左派的那部分人也因“确实害怕国民党终将被共产党吃掉”而觉得“三二〇”事件才“符合他们的意愿”，[④] 可是面对经济上的困境，面对涉及广州政局稳定的石油问题，无论国民党左右派还是其领导层都不得不十分收敛。在蒋介石紧锣密鼓地准备北伐，苏联那边则在“赢得时间”备来日“除掉”他，就这样达成了一种十分脆弱的均衡或曰喘息时期。国民党试图坚持“整理党务”，排除中共于党权之外，同时要靠莫斯科卢布援助取得全国政权，如蒋在 4 月初所说，三个月内开始北伐。

附录：鲍罗庭记述中的“三二〇”事件真相

“三二〇”事件真相不仅影响研究者对事件的分析和界定，也是决定当时

① 荣孟源主编、孙彩霞编辑：《中国国民党历次代表大会和中央全会资料》上册，光明日报出版社 1989 年版，第 234 页。

② N. K. 科勃利亚科夫等编：《苏联对外政策文件集》第 8 卷，莫斯科，1963 年版，第 436 页。

③ 米罗维茨卡娅：《苏联在国民党战略中的地位》（Мировицкая Р. А. *Советский Союз в стратегии Гоминдана*），莫斯科，1990 年版，第 208 页。

④ 《鲍罗庭致加拉罕的信摘录（1926 年 5 月 30 日）》，*ВКП（б），Коминтерн и Китай*，第 2 卷，上册，第 231 页。

对策的依据，事件发生前后，无论共产国际执行委员会内部还是其驻华代表间，都存在程度不同的分歧（如鲍罗庭和季山嘉），加上苏共党内斯大林同反对派的斗争正趋激烈之时，围绕如何看待蒋介石对共产党的态度，中共应取何种对策，是否应该立即退出国民党等问题，都存在激烈争论，而当时复杂的政治气候又使有关人士要么难以客观冷静要么前后不一，所以全面研究有关史料，或许可以帮助研究者再行认识当时的情况。

事件过后，斯大林同反对派围绕中国问题激烈斗争的时候，鲍罗庭在1927年10月23日介绍情况时，并没有披露我们下文所述他就事件本身同蒋介石的谈话，他仅仅说：事件涉及的“问题是，共产党人是否应当在国民党内发号施令。共产党人加入国民党的时候是有明确目的的，那就是利用一切机会在群众运动中求得自身发展。既然这个可能性存在，共产党人能够就自己在国民党的职位数量作出让步”。① 特别值得注意的是，1927年的10月正是蒋介石被当成人民公敌受到共产国际口诛笔伐的时刻，鲍罗庭竟然没有义愤填膺地斥责他。

又过了12年，曾经担任广州政府总政治顾问的鲍罗庭冷静而详细地谈了对此事件的看法。对于理解和分析那个被布勃诺夫调查团称为“准政变”的“三二〇”事件，鲍罗庭的谈话提供了新的视角。但是有一个事实却值得注意，那就是此时汪精卫已经与日本侵略军合作了。不难看出，鲍罗庭更加偏向蒋介石。但为慎重起见，笔者将这个文件的重要部分译录于下：

一、事件的背景和起因。鲍罗庭说：公认的国民党左派汪精卫见蒋介石在军中威望和势力越来越大，开始担心自己会被蒋排斥，并被夺去其在广州政府的要职，

> “便使出了其惯用的两面派手法和离间计，他从不明言自己的想法，不在任何场合说反蒋的话，因为那个时候蒋介石也没有授人以任何把柄。蒋介石总把忠于孙中山的三民主义挂在口上，他在前线也是战果辉煌”。②

二、1926年3月5日离开广州前他与蒋介石的会面。

> “我们谈了关于华北的许多事情和那里出现的局势，然后我向他报告说我要到莫斯科去汇报，很快就回来。他表示同意，说是很有必要

---

① 鲍罗庭：《关于当前中国政治经济形势的报告（1927年10月23日）》（作于老布尔什维克协会全体会议上）*Коминтерн и Китай*，第2卷，下册，第911页。

② 《与鲍罗庭同志的谈话（1939年8月1日）》，РГАСПИ，全宗514，目录1，案卷1043，第40页。

走一趟，并请我尽快回来。分手的时候，我向他提出一个要求并以此向他表示特别的信任：请派遣他的私人卫兵供我差遣，护送我在中国的行程，以避免麻烦和暗杀。他对此特别高兴，立即从他的卫队里叫来四个带毛瑟枪的人，安排他们做平民打扮并一路护送我。我们二人告别了。我在蒋介石私人卫队的四名毛瑟枪手陪同下上了船。他们一路上与我寸步不离，直至北京。在北京我下榻于苏联驻华全权代表（当时是加拉罕。——作者）的官邸，他们就和我在一起，守护着大门并陪我出行。这样蒋介石就能知道我的行动”。

三、事件发生后，鲍罗庭在北京经受的情况：

“我在北京待了几天，我到的那一天刚好遇到了伊万诺夫斯基［布勃诺夫］调查团，他们一行要到广州，所以我们甚至没有来得及谈什么。我已经准备动身经蒙古到莫斯科去了，可就在这个早晨有人来报告说，从广州来的一个人想马上见我。我请他进来。原来是邵力子。他是国民党中央执行委员会委员，我很了解他。他那一身绸缎衣衫和他的见面方式让我不胜惊奇。他向我下跪几次，代表蒋介石求我立即回广州，并告诉我说那里发生了大事，需要我的干预”。①

四、鲍罗庭在北京期间也接到索洛维约夫的几个电报，催促他回广州：②

“我告诉他［邵力子］，我就去广州，但是我必需绕道蒙古和符拉迪沃斯托克，因为冯玉祥和张作霖正在打仗，天津已经被包围，我到了那里会被认出，被抓起来。经蒙古和符拉迪沃斯托克［海参崴］很费时间，但是我们走得确实很快。五天后便到了乌兰巴托，又过了六天就到了符拉迪沃斯托克［海参崴］。坐的是夜车。当夜我们就上了船直奔广州”。

五、4月29日鲍罗庭到达广州。他介绍说：

在广州受到非同小可的礼遇，我对这样的欢迎仪式感到十分意外。蒋介石令海军列队，鸣放多响礼炮。蒋介石本人到中山舰上迎

---

① 《与鲍罗庭同志的谈话（1939年8月1日）》，РГАСПИ，全宗514，目录1，案卷1043，第40页。

② 《索洛维约夫致加拉罕的信（1926年3月24日）》，*ВКП（б）Коминтерн и Китай*，第2卷，上册，第154页。

接我们……我们一起到了黄埔，他在这里设宴为我洗尘。

同他谈话中我得知了“三二〇”事件的全部经过。

3月20日凌晨，中山舰忽然起锚，没有总司令的任何命令就朝黄埔开去。舰长，参与阴谋的共产党人李［之龙］要找个借口把蒋介石叫到舰上，逮捕之。逮捕蒋介石后阴谋分子们拟在谭延闿庇护下建立一个新政府。但是谭本人并不知底里。参加谈话的只有几个极左派的国民党人和“左派”共产党人……

我是从蒋介石向我提供的李的口供中知道这些情况的。但是蒋介石比阴谋分子们早了一步，捷足先登了，他拦截了中山舰，逮捕了李舰长及其在舰上秘密设立的共产党支部的同谋。另外，蒋介石包围了省港罢工委员会的房子，把卫兵，把我们［苏联］的军人和顾问等悉数缴械，还逮捕了黄埔军校的一些共产党籍学员和一些涉嫌参与阴谋的顾问。

蒋介石说，他仅仅是采取了一些预防措施，真相一查清，知仅有很少几个人参与阴谋，他立即启封了罢工委员会的房子，把武器还给军事顾问们的守卫，释放了没有参与阴谋的共产党人。他还对我说，希望我帮助他尽快平息冲突，与共产党人重归于好，继续合作，消除这令人厌恶的事件，而且他相信，共产党绝对没有参与此事。我告诉他，共产党不仅没有参与此种冒险阴谋，而且坚决斥责挑衅者和阴谋分子。我向他表示，我会想尽一切办法化解冲突，查清情况。

六、蒋介石是否另有企图呢？众所周知的顾问团的观点是，蒋介石要建立自己的独裁统治，鲍罗庭知道，苏联顾问中的大部分人都认为：“汪精卫的出走，乃是因为他不同意蒋介石的‘新路线’，并把‘三二〇’事件视为蒋介石要建立其反共的独裁政权……‘三二〇’事件的做法目的在反对左派和共产党人”。

1926年鲍罗庭同蒋介石就这个题目谈过几次话。蒋介石摆手表示否认并郑重说，

“这是无稽之谈，他本人过去和将来都不是右派，他也没有打算同共产党人分裂”。①

---

①《与鲍罗庭同志的谈话（1939年8月1日）》РГАСПИ，全宗514，目录1，案卷1043，第47—48页。

七、鲍罗庭提供了与史学界对事件处理结果不同的看法：他认为在这件事情上，共产国际并非一味退让，也有以攻为守之处。当蒋介石问起如何消除这些无稽之谈时，鲍罗庭趁势表达他一贯的主张，提出进一步严厉对付国民党右派的建议，便立即回答：

> “为此应该防止右派的活动，特别是要逮捕西山会议派，不许他们再扩大其势力”。

八、谈话的结果是：

> “西山会议派分子被捕，中山舰新舰长吴铁城因向蒋介石提供了一个详细的应予‘逮捕’的共产党员名单，而被蒋介石下令解职并予逮捕。吴铁城被撤警察局长职，‘三二〇’事件后回到广州的胡汉民曾向蒋介石进言迫害共产党人，也被控，而匆匆逃离广州。孙科见蒋介石不支持也到上海去了”。

鲍罗庭据此得出的结论是：这些情况清楚地证明“三二〇事件并不是针对左派和共产党人的”。①

九、至于汪精卫究竟在那个事件中的扮演了什么角色。我们已经知道的而且被学界认定的是：国民党左派汪精卫称病，后出国。然而这背后有什么?

关于汪精卫的为人，我们将在本书最后一章予以盘点。此处仅就影响事件结局的情况做一个介绍。

如上述，事件发生时鲍罗庭不在广州，事件结束后他才回来。那么当时在广州的苏联顾问和调查团对汪精卫是什么看法呢？鲍罗庭提供的情况是：

> “汪精卫的代言人继续散布谣言”，说汪精卫是因为“不同意蒋介石旨在反对左派和共产党人的新路线”。
>
> “代言人提出的口号是‘请汪复位’，换句话说就是‘打倒蒋介石’。当然。如果当时我们把‘三二〇’事件看做阴谋引出的结果，那么汪精卫在多大程度上涉嫌这个阴谋的问题应当首先引起我们的注意。我几次同蒋介石谈过这个问题。
>
> 对于我提出的所有涉及汪精卫出走一事的问题，蒋介石斩钉截铁地拒绝回答，他只是说，时机未到，他不能挑明此事。
>
> 现在完全清楚，蒋介石有一切证据②说明汪精卫参与了‘三二

---

① 《与鲍罗庭同志的谈话（1939年8月1日）》РГАСПИ，全宗514，目录1，案卷1043，第49页。

② 1956—57年蒋介石写《苏俄在中国》时没有提供这方面的证据。

〇’事件，后者的出走恰恰就是因为这件事。[1]

挑衅者使用的恰恰就是上述手法。指责蒋介石并在群众中造成一种汪真诚拥护国共合作，而且是一个反对蒋介石独裁的民主‘卫士’”。

十、鲍罗庭据亲身经历作出了自己的结论：

“1. 应该说，汪精卫那些代言人得逞了，他们真的把这种说法传播到群众中去，让人信以为真。大部分中共党员甚至中共的领导成员也这样看待‘三二〇’事件，这一事实便证明了上一说法的效应”。[2]

鲍罗庭按照自己的逻辑解释说，上述观点本应是顺理成章的，但是后来发生了一些情况，如《整理党务案》的出笼，显然使这种观点难以成立了。

为证明自己的看法，鲍罗庭列举了蒋介石的言行，例如蒋出席第三次全国劳动大会和第二次农民代表大会，并且做了发言，说明蒋介石并不反对工农运动。这一切反映的“才是他的基本方针路线”。

鲍罗庭介绍当时的情况：

“在许多中共党员和我们的工作人员中，广州的事态却被说成是‘反动势力的进攻’，而中国共产党纠正那些导致‘三二〇’事件冲突的正确决定却被说成是‘右倾机会主义’”。

鲍罗庭直接针对布勃诺夫调查团的结论和处理方法说：

“我不知道从广州发来的那些报告是以一种什么基调描述事态的。

我想，这些报告也是把事态说成‘反动势力的进攻’。分析伊万诺夫斯基调查团的那份报告也会是很有意思的。我想，调查团回到莫斯科后是做了一个关于广州情况和‘三二〇’事件的报告。很有可能，在对于‘三二〇’事件的不正确的阐述中，在造成关于广州情况的虚假看法中，就是这个调查团起了相当的作用”。[3]

---

① 据鲍罗庭记载，李之龙说“汪精卫似乎参预了这个阴谋”。鲍罗庭：《关于当前中国政治经济形势的报告（1927年10月23日）》（作于老布尔什维克协会全体会议上），*ВКП（б），Коминтерн и Китай*，第2卷，下册，第911页。

② 《与鲍罗庭同志的谈话（1939年9月1日）》РГАСПИ，全宗514，目录1，案卷1043，第50页。

③ 《与鲍罗庭同志的谈话（1939年9月1日）》РГАСПИ，全宗514，目录1，案卷1043，第51页。

第十四章
国民党首批军政干部的产生

在20世纪20年代的军阀混战中，国民党要想统一中国，固然离不开“枪杆子里面出政权”的逻辑，然而就一个政党的建设而言，只有枪炮毕竟还是不够的，需要各方面的干部。改组后的国民党在组织上不断完善，自己也办了类似国民党党校的广东大学，但其首批干部的养成无疑得益于共产国际给予的帮助。1925 年以孙中山姓氏命名的中国劳动者大学 Университет трудящихся Китая имени Сунь Ятсена（简称 УТК），以及后来在莫斯科、列宁格勒等地陆续开办的各种类型的学校如列宁学院等，不仅为国民党造就了最早的一批干部，而且又通过他们把苏联政治特别是党军的理论带回中国，体现在国民党的建设中，对其掌握全国政权发挥了重要作用。

位于莫斯科受难广场 Страстная Плошадь（今普希金广场 Пушкинская Плошаль）特维尔花园街的东方劳动者共产主义大学。楼房最上部写的是：Пролетарии всех стран，угнетенные народы всего мира，соединяйтесь！（全世界无产者，被压迫人民团结起来！）

第一节　国民党派遣学员走向世界

十月革命后，苏俄内战接近结束时，俄共（布）中央委员会便在 1921 年 2 月 10 日决定开设东方劳动者共产主义大学 Коммунистический Университет Трудящихся Востока（简称 КУТВ），校址在莫斯科 Тверской Бульвар 3 号。起初以捷尔任斯基的姓氏命名，1923 年以斯大林的姓氏命名。

十月革命后的新政权不能任用“资产阶级知识分子”，要造就苏俄本国和无产阶级世界革命需要的全新干部。为达到这个目的，新开办的大学不是一般意义上以教授文化知识为宗旨的高等院校，它事实上是一所党校。在开始阶段，其宗旨是为苏俄东部地区培养民族干部。不过随着形势的发展，很快就扩展了培养目标，同时生源也扩大到东方殖民地半殖民地国家。

新型大学的设立和招生。1920 年春吴廷康夫人库兹尼佐娃（М. Ф. Кузнецова）会同杨明斋①开办了上海外国语学社，② 上海社会主义青年团的书记俞秀松主持日常工作。这里的学员是一些对苏俄感兴趣并有意赴俄一行的青年人。经过约八个月的学习，有十四人到苏俄，这是进入东方劳动者共产主义大学的首批中国人，他们是：肖劲光、杨尚昆、罗觉［亦农］、刘少奇、任弼时、彭述之、廖化平、胡士廉、卜士畸、任岳、任作民等。③ 此后中国学员陆续进入东方大学，1921 年 8 月 1 日有二十六名中国学员，年底已经约三十五人，1924 年初五十一人，1925 年 4 月则高达一百一十二名。④ 这些学员都是中国社会主义青年团员，后来转为中共党员，在俄国他们加入俄共（布），再后成立了一个中共旅莫支部。这个时期的学员都是秘密前往苏俄的，没有国民党人士及其子女。

---

① 本名好德，明斋为字，（1882—1938）山东平度马戈庄人，1901 年辗转到符拉迪沃斯托克（海参崴）谋生，1908 年后在西伯利亚半工半读，参加布尔什维克党，受该党秘密派遣至沙皇外交机关当职员。十月革命后，动员华工参加对白卫军的作战。1920 年 3 月，吴廷康受俄共（布）远东党组织派遣来华，杨作为其翻译和助手到中国工作，陪同吴廷康会见李大钊、陈独秀等。在中国期间参加了宣传苏俄十月革命的秘密活动和上海马克思主义研究会、共产党上海发起组。由俄共党员转为中共党员。他参与决定将《新青年》杂志改为发起组织的机关刊物，并创办《共产党》月刊。后入莫斯科东方劳动者共产主义大学学习。1927 年奉命经上海秘密回国，到京津地区工作。1930 年赴苏联治病，1931 年流放到托姆斯克当勤杂工。1934 年 8 月行政流放期满后到莫斯科，1938 年 2 月，以被捏造的罪名遭逮捕，杀害。1989 年戈尔巴乔夫为其平反。参见：盛岳：《莫斯科中山大学与中国革命》。奚博铨、丁则勤翻译，成庆华校对，现代史料编刊社 1980 年版，第 59 页；达林：《中国回忆录》（莫斯科 1981 年版，第 43 页）有吴廷康在中国会见李大钊等人的情况。杨明斋详情见：http：//www. shtong. gov. cn/node2/node4429/node4432/node70711/node70715/node70723/userobject1ai53955. html； http：//www. bjdj. gov. cn/bjds/ShowArticle. asp？ ArticleID = 11831；http：//sd. infobase. gov. cn/bin/mse. exe？ seachword = &K = a&A = 84&rec = 227&run = 13。

② 棲梧老人：《共产党第一次代表大会前后的回忆》，《“一大”前后》（二），人民出版社 1980 年版，第 303—304 页。叶累等：《外国语学社》，《党史资料丛刊》，1980 年第 1 期：陈绍康：《上海外国语学社的创建及其影响》，《上海党史》1990 年第 8 期；陈绍康等：《略论外国语学社几个特点与人才的作用》，《上海革命史资料与研究》第二辑，上海古籍出版社 2002 年版；张玉菡：《浅谈建党时期党在上海的革命干部学校》，《上海革命史资料与研究》第三辑，上海古籍出版社 2003 年版；沈海波：《外国语学社学生赴俄时间考》，《上海党史研究》1992 年第 9 期。

③ 《肖劲光回忆旅俄支部前后的一些情况》，《“一大”前后》（三），人民出版社 1980 年版，第 112—113 页。

④ 江亢虎：《新俄国游记》，第 35 页；РГАСПИ，全宗 532，目录 1，案卷 393，第 22—29、61—64 页。

1924 年国共合作形成后，国民党也开始派遣青年人到东方大学学习。苏联方面为推进中国国民党同其友军冯玉祥的合作，于 1925 年初在洛阳和张家口建了两所军校；与此同时，还决定从东方大学内抽调一部分学员，对其进行军事训练，然后派回中国到北方和南方工作。① 但是人数太少，不能满足需求。

孙中山刚刚逝世，俄共（布）就于 3 月 13 日开始考虑一个重大的问题：是扩大东方劳动者共产主义大学还是新建一所以孙中山名字命名的中国劳动者共产主义大学。3 月 19 日政治局委托勃罗伊多（Г. И. Бройдо）和吴廷康先行研究并向政治局提出方案。②

同时，中共也看到孙中山逝世后国民党内部发生变化的必然趋势，为把握国民党在各地的工作，便致函苏俄，请把东方大学内某些在读或已经毕业的中共党籍学员派遣回国。1925 年 3 月陈独秀就向共产国际执行委员会提出过这样的要求。③

按照勃罗伊多和吴廷康的估算，中山大学的规模应容纳 500 学员才能满足中国需要，④ 起初考虑把校址设在西伯利亚某地。鉴于这是由苏联教育人民委员部组建的国立性质的大学，俄共（布）中央委员会政治局决定将该校设在首都莫斯科。校长拟由著名的苏联马克思主义理论家拉狄克（К. Б. Радек）担任。⑤ 8 月 27 日该校筹备委员会正式成立，由拉狄克、布哈林等十七人组成。9 月 17 日批准了该大学的总预算五百五十万卢布。⑥ 中国国民党也有一些捐款，数额不大。校址设于莫斯科沃尔洪卡大街 14—16 号（Волхонькад. 14—16）。

值得注意的是，这所大学的名称不与“共产主义”挂钩，最后确定的校名取消了原有的“共产主义”（коммунистический）一词，所以该校与 KYTB 最大的不同就在这里，它只是叫做孙中山中国劳动者大学，是以孙中山的名

① 《联共（布）中央委员会政治局会议记录第 52 号（1925 年 3 月 13 日）》，《联共、共产国际与中国》，台北，东大图书公司 1997 年版，第 476 页。

② 《联共（布）中央委员会政治局会议记录第 53 号（1925 年 3 月 19 日）》，《联共、共产国际与中国》，台北，东大图书公司 1997 年版，第 483 页。

③ 《陈独秀给共产国际执行委员会的第 2 号报告（1925 年 3 月 20 日）》，《联共、共产国际与中国》，台北，东大图书公司 1997 年版，第 485 页。

④ 《魏金斯基致加拉罕的信（1925 年 4 月 22 日）》，《联共、共产国际与中国》，台北，东大图书公司 1997 年版，第 499 页。

⑤ 《俄共（布）中央政治局第 75 号会议记录节录（1925 年 8 月 13 日）》，为避免国际上的麻烦，苏联决定不公开地将这所学校冠以“国立大学”的称呼。《联共、共产国际与中国》，台北，东大图书公司 1997 年版，第 536 页。

⑥ 《俄共（布）中央政治局第 77、79 号会议记录节录（1925 年 8 月 27、9 月 17 日）》，《联共、共产国际与中国》，台北，东大图书公司 1997 年版，第 557、559 页。

字命名的，后来人们又简称“孙大”，中山大学或莫斯科中山大学。毋庸置疑的是，学校在共产国际和苏联共产党领导下，其办学方针是“为中国培养社会政治干部”。这一点对外特别对西欧是保密的。1925 年 10 月苏联向这所学校秘密派遣了苏共党员。学校一切正式文件的发放，都经过仔细检查和党组织的批准，对外严格保密。①

中山大学的地位

1926 年 4 月，正在莫斯科参加共产国际执行委员会扩大全会的中国国民党代表胡汉民致电广州：“中山大学校长拉狄克提议，该校应置于苏共中央执行委员会和国民党中央执行委员会的领导之下”。② 中国国民党政治委员会会议同意“拉狄克的提议，即莫斯科中山大学应置于苏共中央和国民党中执会共同管理之下”。5 月 15 日，国民党中央政治委员会第 139 次会议决定正式通知拉狄克：“接受胡汉民向本委员会报告的关于莫斯科中山大学拉狄克的提议。所提中山大学应置于苏俄共产党和国民党执行委员会管理之下的建议已经被采纳”。③ 由此时开始到 1927 年 7 月，中山大学由联共（布）与中国国民党联合领导。邵力子是国民党驻该校的代表。

1928 年 9 月该校名称加上了“共产主义”一词，但还是以“孙中山”命名，全称是孙中山中国共产主义劳动大学（Коммунистический Университет Трудящихся Китая имени Сунь Ятсена 简称 КУТК）1938 年停办。

国民党开始派遣留学生

1925 年 10 月 7 日，广州政府派遣谭延闿、古应芬、汪精卫组成了中央招生委员会，这是鲍罗庭的建议，他本人担任顾问。同时，上海、北京、天津等地也开始了招生工作。鉴于中国国共合作的局面，莫斯科要求国共两党派出数额相等的人员赴苏学习。④

第一批国民党籍学员计一百五十名。他们是分批前往的，第一批二十二人，其中有蒋经国，谷正纲、王觉源等。最迟的约大半年后才成行。⑤

---

① РГАСПИ，全宗 530，目录 2，案卷 1，第 15 页。

② 现存台北国民党档案馆历史文件汇编，引自盛岳：《莫斯科中山大学与中国革命》，现代史料编刊社 1980 年版，第 53 页。

③ 盛岳：《莫斯科中山大学与中国革命》，现代史料编刊社 1980 年版，第 53 页。

④ РГАСПИ，全宗 514，目录 1，案卷 1036，第 1 页。引自 А. В. 潘佐夫：《中苏关系秘史》（Панцов *Тайная история советско-китайских отношений*），莫斯科，2001 年版，第 234 页。

⑤ 白瑜：《有关留俄中山大学》，郭廷以、张鹏园访问，马天网、陈三井记录：《白瑜先生访问记录》，台北，“中央”研究院近代史研究所 1987 年版，第 153—155 页。

УНИВЕРСИТЕТ ТРУДЯЩИХСЯ КИТАЯ
имени СУН-ЯТ-СЕНА.

АНКЕТА для СТУДЕНТОВ.

Год поступления 1925 г. *№ студ. билета* 28.

Какой организацией командирован

ВОПРОСЫ:	ОТВЕТЫ:
1. Фамилия.	ЕЛИЗАРОВ.
2. Имя.	
3. Пол.	М.
4. Год, месяц и число рождения.	1909 Марта 30.
5. Национальность.	
6. Какими языками и в какой степени владеет, (родной язык подчеркнуть).	а) говорит: Англ. пл. б) читает: " " в) пишет) " "
7. Место рождения.	Провинция Чже- цзян.
8. Социальное положение.	Инт.
9. Социальное происхождение, (указать социальное положение родителей, их прежнее сословие и звание).	Военный / Маршал/ в Кантонской армии.
10. Профессия, (основную профес. подчеркнуть).	-
11. Чем занимался студент перед поступлением в у-т, где работал и в качестве кого. Отметить основную работу.	Учащийся.
12. Семейное положение. Перечислить членов семьи, находящихся на иждевении.	Холост.

蒋经国在中山大学学员俄文登记表　РГАСПИ 收藏

孙中山中国劳动者大学
学员登记表

1. 姓	叶利札罗夫
2. 名	
3. 性别	男
4. 出生年月日	1909 年 3 月 30 日
5. 民族	
6. 掌握哪种外语　程度如何	英语
	口语　英语 阅读　英语 书写　英语
7. 籍贯	浙江省
8. 社会地位	知识分子
9. 出身（说明父母社会地位，职业，头衔，社会阶层）	军人/广州军队/元帅
10. 职业	
11. 学生	入校前从事何种工作
12. 婚姻状况，家庭成员和供养关系	未婚

选派手续很简单，报名者只消到设于原广东省议会大楼的国民党中央办公厅填写一张卡片，不用出示文凭或其他任何证书，年龄不限，文化程度各异，最小的十四五岁，年长的近五十岁，形成所谓“三代同堂”，“长幼同课”的有趣局面。①

考试的题目也很简单，笔试是每人以“什么叫国民革命”为题先做一篇文章，然后经过口试，最后发榜。②

中共方面，毛泽东参加了上海地区招生工作。10 月选定学员，计 24 名中共党员：他们是：赵云容 Луцкия、孔祥鲁 Свидерский、袁东莞 Родинова、李光亚 Столбов、洪一鹤 Рудин、孙宗桓 Травит、郑蜀子 Рыбакова、郭瑞 Раевский、宋逢春 Прейс、游宇 Санин、杨芦划 Ратный、顾学义 Толстой、黄振东（?）、刘晋生 Простакова、乔宴会（?）、李国士 Сабуров、王培五

① 盛岳：《莫斯科中山大学与中国革命》，现代史料编刊社 1980 年版，第 24 页。

② 王觉源：《留俄回忆录》，台北，三民书局 1969 年版，第 14 页。

Правдин、宋廉 Сергей、梅电华 Сахновский、雷之干 Саницына、蒲秋潮 Румянцева、唐玉焜 Сук、刘起来 Соколов、李竹声 Славин、朱汉杰 Раскольников。

另外“广东政府所派”中共党员还有十八名：沈宗源 Теплов、周乾初 Соболев、李霭云 Титова、郑淑鸾 Смирнова、杨尚昆 Салтыков、陈荣 Редлик、谢启良 Сологуб、谢绮梦 Самарина、莫愁 Стужим、刘希吾 Смидович、郭莹珊 Рейский、胡炳琼 Робизон、卢云峰 Северцева、左叔亚 Садовский、张元富 Роде、黄俊 Рейгольд、李碧潇 Смородина、廖竹君 Садикова。[①]

六十七名共青团员中有十二名中共党员兼社会主义青年团员，中共指定朱务善、俞秀松、篁亦湘、陈其（又作“启”）可等十二人为中山大学学生中的领导。国共学员约计二百零七人。[②] 1926 年 12 月 20 日前在国内录取选送的国共两党学员计达二百八十人。[③] 1926—1927 年初从西欧德、法、比等国至中山大学的计有两批学员，计一百一十八名。[④] 其中绝大部分是在那里勤工俭学的中共党员和青年团员，如朱德、向警予、刘伯坚。从法国转来的学员中，工人占绝大多数，例如有一批二十一人中，十二人是工人。[⑤] 其他批次基本也是这个情况。邓小平等都是那个时候转来的。

原在东方劳动者共产主义大学学习的一百名学员也转到这里学习。

为了便于保密，每个学员都要使用俄文化名，如冯弗能，化名 Нежданова 涅日丹诺娃，蒋经国 Елизаров 叶利札罗夫。

为“保证中国革命军队有政治上可靠的指挥人员”，苏联还在列宁格勒国际军事学校开设了中国部，拟在两三年内培养出一批军事专家。学员是从物理系、数学系的学生中挑选，来自法国、德国的中国学生里也有被选作该校学员的。此外，从这年起还办了一些为期 2—3 个月的短训班。[⑥]

---

① 《陈独秀致中国共产党莫斯科区委的信》（1925 年 10 月 28 日），《联共、共产国际与中国》，台北，东大图书公司 1997 年版，第 614 页。乔宴会的名字上有“？”，对应的俄文化名名单中没有他的化名，基本可以断定他没有去。РГАСПИ，全宗 530，目录 2，案卷 3，第 73 页。

② РГАСПИ，全宗 530，目，1，案卷 42，第 72—64 页。潘佐夫据 РГАСПИ 档案全宗 532，目，1，案卷 393，第 22—29、61—64 页统计得出的数字是 118 人，见《中苏关系秘史》，莫斯科，2001 年版，第 234 页。

③ РГАСПИ，全宗 530，目录 1，案卷 42，第 65—59 页。

④ РГАСПИ，全宗 530，目，1，案卷 14，第 1—2、27—30 页。

⑤ РГАСПИ，全宗 530，目，1，案卷 14，第 26 页。

⑥ 《拉斯科尼科夫致伏龙芝的信（1925 年 8 月 22、24 日）》，《联共、共产国际与中国》，台北，东大图书公司 1997 年版，第 552、553 页；还可参见盛岳：《莫斯科中山大学与中国革命》，现代史料编刊社 1980 年版，第 72 页。

第二节　孙中山中国劳动者大学章程

中山大学章程由“总则”，“学校领导机构”，“学校管理委员会”，“行政组织处”组成。其总则规定：

1. 孙中山中国劳动者大学是以对中国的社会工作者进行社会政治教育为宗旨的高等学校。

2. 为实施此宗旨孙中山中国劳动者大学组织分部，训练班，教学辅助机关，教学和科学研究工作，学生实习课，并建立校内教职员和学生的组织。

3. 孙中山中国劳动者大学拥有完全法人资格，可独立支配孙中山中国劳动者大学促进会据该会预算批准的拨款。该校拥有自己的印刷厂。

由七人组成孙中山中国劳动者大学促进会（它同时就是学校管理委员会），由其对学校实施全面领导。

学校管理委员会为决策机关，由其指定校长，学校苏维埃成员，指导教学育人工作，听取汇报，批准预算。校长由管理委员会指定，他对学校各项工作负责并领导学校（政治、教学、总务）等的全部工作。校长下设校长委员会（Совет Университета，后又称学校苏维埃），由校方各部门领导和师生代表组成。

管理委员会下设教务处，由其负责学员的教学、政治教育工作。该处领导为主任，他通过学术委员会，训练班主任，各课目组长，课目组和教学大纲、教学法小组开展工作。[①]

为“保证中国革命军队有政治上可靠的指挥人员”，苏联还在列宁格勒国际军事学校开设了中国部，拟在两三年内培养出一批军事专家。学员是从物理系、数学系的学生中挑选，来自法国、德国的中国学生中也有被选作该校学员的。此外，从这年起还办了一些为期2—3个月的短训班。[②]

---

① 该校初创时基本按照这个模式开展各项工作，在1927年形成了一个完善的《章程》。РГАСПИ，全宗530，目录1，案卷8，第1—5页。

② 《拉斯科尼科夫致伏龙芝的信（1925年8月22、24日）》，《联共、共产国际与中国》，台北，东大图书公司1997年版，第552、553页。

位于莫斯科沃尔洪卡大街（Волхонка）16 号的孙中山中国劳动者大学

第三节　校内组织

“学校公社”

这类组织，有些像我们高等院校内的学生会，不过我们的学生会并没有教师参加。中山大学内“学校公社”的组织和职能要宽得多，它吸收学生和教职员为成员，目的在使学生群众“积极地与有系统地参加”校务和学校建设，“养成学生同志的精神”，“使本校学生物质生活条件能有组织的改造”。经大会选举产生的由五人组成的公社管理部为“指导机关”，学校书记和党代表为当然成员，一切活动须经其同意方可进行。公社内设立几个苏维埃和委员会，公社管理部成员为当然代表。

体育卫生苏维埃，其工作目标是保障学生健康和体育活动的开展，“监督诊病室工作是否正确”，对“患病与体弱同志给以相当的扶助”。由主席、主任医生、本校书记、卫生部代表和运动部代表组成。

经济委员会，除部员外还有本校经济部主任和食堂主任。其责任是：

1. 编制在本校范围内之食物基金计划；

2. 编制每周食物基金表以及早餐、午餐和晚餐菜单；

3. 监察厨房、食堂以及贮藏室的行动；

4. 监察本社社员对于本校一切用具之正当使用；

5. 遇必要时得设立公共宿舍；

6. 注意对于本社社员一切服务器之适宜与按时供给。

教育苏维埃，由五人组成，除部员外还有管理图书馆、俱乐部、教育、参观与戏剧工作的教育苏维埃委员四人。其责任是组织社员观看电影和戏剧，就近或远途参观；管理图书馆的委员，组织社员参与学校图书馆添置书籍，襄助图书馆做专项图书陈列，用特别基金购置快报或分发给社员，并注意配备公共宿舍的或定期的刊物。

俱乐部委员进入该俱乐部的委员会，指导其一切工作，"并须注意组织种种俱乐部发刊墙报等"。

教育工作委员的责任是"参加各种讨论课程计划与大纲的教务会议；监督改良教授方法，将学生对于功课计划与方法之意见报告教务处；参加关于教育方法的各种会议；此外并得通告各班分科书记与班长"。

管理部设有书记处（Секретариат），负责审订管理部一切决议和工作，并担任互助委员会主席。"审查社员困难情形"，对于申请者本人或家庭需要"物质帮助"者，审查其申请书。该互助会基金，多由各社员收入款项扣出若干、学校拨交款项与其他入款合组而成"。互助会无偿地发给各社员补助费。互助会设主席 1 人，由公社管理部指定。

基金：管理互助会基金，卫生体育苏维埃基金和教育苏维埃基金，经讨论后每人按比例交纳。①

学生们一般都会参加一个或几个委员会。国共学员混合编班并担任有关工作。如第一批学员十一个班中，第一班班长张锦勋，张闻天担任列宁主义课代表，黄平（Воровский）为中国问题课代表，邵志刚（化名 Мирский，邵力子之子）是俄文课代表。邓文仪、伍修权、蒋经国分别担任第七、八、十一班的俄文课代表。②

1925—1926 年到校的国共两党学员关系还算和睦，他们能够参加彼此组织的工作，在国内国共两党关系不太紧张的时候，国民党学员参加工作的人数和比例一般大于共产党（含青年团）员。如：

---

① РГАСПИ，全宗 530，目录 1，案卷 4，第 6 页。

② РГАСПИ，全宗 530，目录 2，案卷 42，第 42 页。

共产党团员与国民党员参加工作比例表

机关＼人数＼比例	党员	纯团员	民党员	备考
民党委员会	4／28.6%	1／7.1%	9／63.3%	
民党监察会	3／37.2%		5／62.8%	
民党小组组长	8／20%	12／30%	20／50%	
公社管理委员会	5／50%	1／10%	4／40%	
同志审判会	2／33.3%		4／66.8%	
调查委员会	2／50%		2／50%	
经济卫生苏维埃	3／23%	3／23%	7／54%	
教育苏维埃	1／20%	3／60%	1／20%	
参观委员会	1／25%	2／50%	1／25%	
图书馆委员会	2／28.4%	2／28.4%	3／43.2%	
一年级班务委员会	3／50%	1／10%	2／40%	
二年级班务委员会	2／33.3%	2／33.3%	2／33.3%	
储金互助会	2／40%	1／20%	2／40%	
机关＼人数＼比例	党员	纯团员	民党员	备考
中国通信社	4／40%	4／40%	2／20%	
学校翻译员	31／48.4%	22／34.3%	11／17.3%①	

在类似大学学生社团的组织里，国民党学员和共产党学员也同时担任各种工作。

机关＼人数＼比例	党员	纯团员	民党员	备考
俱乐部管理委员会	4／57.2%		3／42.8%	
墙报委员会	6／60%	2／20%	2／20%	
装饰组	7／41%	7／41%	3／18%	
照相组	2／18.1%	2／18.1%	7／63.8%	
无线电组	4／22.3%	2／11.3%	12／66.6%	

① РГАСПИ，全宗530，目录2，案卷42，第81—83页。

续表

机关＼人数＼比例	党员	纯团员	民党员	备考
列宁组①（I）	24 ／ 50%	8 ／ 16.9%	16 ／ 33.3%	
列宁组（II）	25 ／ 38.4%	13 ／ 20%	27 ／ 41.6%	
中山组②	2 ／ 16.6%	2 ／ 16.6%	8 ／ 66.6%	
唱歌组	2 ／ 39%	2 ／ 11%	9 ／ 50%③	

从上表可以看出，无论是在课堂教学还是苏维埃和其他社团中，国民党学员在相当时期内并没有受到歧视，他们在校内享有与共产党学员平等的权利，在一些小组（如在“同志审判会”、“监察会”、“无线电组”、“照相组”、“中山组”、“唱歌组”）中国民党学员的比例甚至还高一些。到1926年，一百三十二名国民党学员中有一百二十名参加了工作，其中：

参加一项工作的……………30 人
参加两项工作的……………41 人
参加三项工作的……………27 人
参加四项工作的……………15 人
参加五项工作的…………… 3 人
参加六项工作的…………… 3 人陈造新，萧之豪，黄永伟
参加八项工作的…………… 1 人黄干棠，
只有十二人没有参加工作。

除了由校方规定的上述社团性质的小组，国民党学员还建有自己的组织。他们有一个九人的执行委员会（бюро）：陈春圃、赵云龙、王少文、唐健飞（化名 Преображенский）、杨可大、刘詠尧、黄菊、蔡炳彤、郑仁波，常委是：陈春圃，赵云龙和王少文。分工如下：

陈春圃任主席，赵云龙掌管文书财务，王少文掌管财政及庶务。唐健飞、杨可大分别为组织部正副部长，刘詠尧为宣传部长。

监察委员会主席是白瑜，邓文仪任书记，杨振藻负责监察组织部，吴淡人、陈树安负责监察宣传部。由此可见，这些组织并不具有明显的或完全的

① 指的是学习和研究列宁主义的组织。
② 指学习和研究孙中山三民主义的组织。
③ РГАСПИ，全宗530，目录2，案卷42，第84—85页。

党派性质，国民党学员可以自由地通过这样的组织参与校内活动。一些学员参加“同志审判会”，“调查委员会”，“红色救济会”和“中国通讯社”，并在其中担任一定的领导工作。[①] 这些情况表明，在校内日常教学和活动中，从共产国际方面来看，在一定时期内，并没有排斥国民党学员的意图，仅仅是希望他们接受共产国际理论。

第四节　学制、教师和课程

中山大学初开时，学制为两年。

主要课程是社会科学领域的：俄语，社会发展史，中国革命运动史，中国阶级斗争史，[②] 政治经济学，历史，当代世界观问题，俄国革命理论与实践，民族与殖民地问题，中国社会发展问题，语言课。[③]

不同时期的课目名称和设置略有不同。[④] 鉴于一些学员文化水平较低，大学内设有预科，课程也比较简单，仅仅开设：俄语，历史，地理，数学和常识课。[⑤] 但是没有“三民主义”这一课，这使国民党学员有些失望。不过有人想，索性学一学俄国如何建设美好的共产主义社会也罢。[⑥]

对于学员来说，开始阶段最大的困难是语言不通，学员入校后首先要强化俄语语言的学习。开学后不久，联共（布）中央委员会政治局就决定专门开办一个 50 人的翻译班，除了对他们进行语言培训外，还要求他们学习一定的军事和政治课程。[⑦] 为便于教学，据学员情况进行了分班，第一、二班为英文班，第三、四班为法、德文班，余为中文班。但学校还是用俄语授课，课堂讨论等需要通过翻译。语言能力的差异决定了学员接受知识的多寡，在相

---

① 《国民党及其所属各机关》，РГАСПИ，全宗 530，目录 2，案卷 42，第 41 页。

② РГАСПИ，全宗 530，目录 1，案卷 55，第 1 页。

③ РГАСПИ，全宗 530，目录 1，案卷 18，第 2 页。

④ 课程大致有：历史唯物主义、工人运动史、东西方革命运动史、党的建设、联共（布）党史和一些自然科学课程。РГАСПИ，全宗 530，目录 1，案卷 16。另见盛岳：《莫斯科中山大学和中国革命》，现代史料编刊社 1980 年版，第 61 页。

⑤ 盛岳：《莫斯科中山大学与中国革命》，现代史料编刊社 1980 年版，第 75 页。

⑥ 屠义方：《冰雪松风录》，《六十年来中国留俄学生之风霜绰厉》，台北，中华文化基金会、中华图书出版社 1988 年版，第 189 页。

⑦ *ВКП（б），Комиртерн и Китай*，第 2 卷，上册，第 50 页。

当长的时间里影响了他们的学习。

至于翻译，只有被认为是政治上可靠的分子才能进入翻译班。

鉴于这所新型大学的党校性质，学员们受语言的制约，不可能直接听取课堂教授的内容，而把许多时间花在学习语言上，对于课堂上的内容，不得不由翻译把教师的讲解翻译成中文，大家再行讨论，切磋。先后从事此工作的有瞿秋白、李宗武、陈绍禹等。由于学员人数每年增加，仅仅靠上述几个人已经不敷使用，于是只好差强人意，挑选经过初步俄语训练成绩较好的学员担任翻译，如国民党学员邓毅生（Полевой）王志文（Спиридонов）。[①] 他们仅仅经过不到一年的俄语学习，只能粗通这个复杂的语种，至于他们对政治经济学、社会发展史等深奥学科理解的程度，他们究竟能把教师授课的内容向学员传达多少，因学校采取边授课边讨论的方式，学员们又能把自己的想法表达几何，便只好听天由命了。

教师，由一些到过中国并多少了解中国国情的人，先后在这里执教。如吴廷康、С. А. 达林、约尔克（Е. С. Иолк 研究中国问题）、马季亚尔（Л. И. Мадьяр，研究土地问题，一度担任该校中国经济教研室主任），曾经参加1923—24年间中苏复交谈判并担任翻译即有外交官背景的А. А. 伊万诺夫（А. 伊凤阁）等，1925—26学年中山大学的教师数量达到六十二人。[②] 此外，共产国际执行委员会的领导人布哈林、片山潜、洛佐夫斯基、皮克、塔尔海默、托洛茨基，苏联的党政领导人和一些著名的社会活动家，如列宁夫人克鲁普斯卡娅等都到这里讲课。国共分裂后张国焘、向忠发也曾在孙中山劳动者共产主义大学讲课。

科学研究工作

为了争夺这片教育阵地，1926年苏共党内与托洛茨基反对派斗争激化之后，斯大林也到这里讲演，1927年5月13日他《和中山大学学生的谈话》[③] 就是在这里发表的。足见该校地位之显要。

尽管旧俄的中国研究有相当雄厚的基础，[④] 但是在苏维埃时期，如何用共产国际观点解释中国历史，却是一个相当艰巨的课题。在这方面，研究工作

---

① РГАСПИ，全宗530，目录2，案卷23，第47—48页。

② РГАСПИ，全宗530，目录1，案，卷16，页码不辨。

③ 《斯大林全集》，第9卷，人民出版社1979年版，第217—241页。

④ 俄国对中国最早的研究者出现于东正教传教士中间，从19世纪初期开始就出现了像俾丘林（Иакинф Бичурин），瓦西里耶夫（В. П. Васильев），阿列克谢耶夫（В. В. Алексеев）等著名汉学家。详见П. Е. 斯卡奇科夫的《俄国汉学史纲要》（Скачков *Очерки истории русского китаеведения*），莫斯科，1977年版。

却刚刚起步，而国共学员陆续涌入中山大学，需要一大批讲授中国问题的教师和科研人员，于是中山大学就援苏联教育人民委员部1925年的规定，开始培养科研人员和教师。教育人民委员部在莫斯科和列宁格勒的优秀院所内设立了社会经济和政治课的站点，由其组成了全俄社会学科学研究联合会。① 中山大学决定按照这样的模式设立研究生班，重点攻读中国社会经济。学制为二至三年。② 被录取的学员可享受奖学金。

作为共产国际创办的外国学校之一，中山大学的科学研究工作是与东方劳动者共产主义大学相联系的，有时是互相协调互相促进的。

中山大学成立后不久就建立了一个中国研究室，其使命是：编纂术语詞典，新编两部中国历史，包括出版梁启超的著作，编写时事资料评述等。③

在这里工作的有几个著名的汉学家，如鄂山荫、伊凤阁等。另外还有十多个中山大学毕业生被选送到这里，如博古（秦邦宪），杨尚昆等。把他们安排到这里一是为加强研究室的力量，二是为培养为共产国际工作的干部。④

据1926年2月联共（布）中央委员会鼓动宣传部的决议，中山大学校方开始筹建一个专门的科研机构——中国科学研究所（Научно-иследовательский Институт по Китаю）。⑤ 但是，它没有正式启动。1927年秋大部分国民党学员已经离开学校时，这个机构才筹备完毕，1928年始投入工作。⑥

好在当时社会上有前述中文《前进报》的出版，它从1925年底至1926年共出20期，在其存续时间里为中山大学学员了解中国情况，特别是国民革命运动的进程，开辟了一块重要园地。

教学的课外保证

中文参考资料严重缺乏是中山大学遇到的一个很大的困难。有近一半的学员，特别是中共推荐来的学员，因多系贫苦的工农或他们的子弟，在国内几乎没有机会读书，文化水平很低，仅凭在校六个月每周不到四十学时的俄语课，连掌握语言本身也难以做到，根本谈不上看懂原文的艰深的理论作品。为使学员掌握课堂讲授的内容，校方专门设立了一个印刷厂，安排了中文图书的出版和印刷工作。

---

① 《1926—1927学年中国劳动者共产主义大学（中山大学）主讲教师和科研人员培训条件》，РГАСПИ，全宗530，目录1，案卷16，第64页。

② РГАСПИ，全宗530，目录1，案卷16，第65页。

③ Г. Е. 叶菲莫夫：《孙中山中国劳动者共产主义大学史录》（Ефимов*Из истории КУТКа*），第175页。引自潘佐夫：《中苏关系秘史》，莫斯科，2001年版，第246页。

④ 盛岳：《莫斯科中山大学与中国革命》，现代史料编刊社1980年版，第64页。

⑤ РГАСПИ，全宗530，目录1，案卷9，页码不辨。

⑥ 这所研究机构相当重要，它对中共史学的形成影响深远，是一个十分重要的科研题目。

首当其冲的是要给学员一本中文教科书。校方组织人力参加这些材料的编写、翻译和印刷出版。这些出版物除了满足当时的教学需要外，从历史的角度看，也还是一笔难得的积累。如果再加上现在已经公开的卷帙浩繁的中山大学档案，[①] 那么中山大学的一切出版物，不管其观点能否为学者们接受，却也都称得上难得的史料和不可多得的财富，它们为国共两党历史的研究做了极其重要的积累。[②]

第二，是出版马列主义和俄共党史著作的中文版，如：恩格斯的《社会主义从空想到科学的发展》，列宁的《两个策略》、《论俄国 1905 年革命》、《国家与革命》，斯大林的《论列宁主义基础》等。[③] 这些书籍把联共（布）的理论观点灌输给学员。中国国民党的性质和三民主义的历史定位，也在这些出版物中反映出来，它们一直延续了很长时间。

上述教材向学员灌输的观点是：中国国民党是一个资产阶级政党，苏联帮助中国先完成资产阶级民主革命，这是中国革命的第一步或曰初级阶段，在这个阶段国民党需要同共产党合作。待这个阶段的革命任务完成后，则由中国共产党单独领导，完成更高一个阶段的革命即社会主义革命。

《向导》周报和后来的《前锋》是他们能够经常阅读的中文图书。在这些刊物里，中共的政策和活动，以及中国国内政情，都是按照联共（布）的观点予以诠释的，旨在以此为据教育学员和统一他们对中国国情的认识。

这一切成为中山大学学员最早的马列主义知识积累，不管他们后来形成了什么样的世界观。这些基础知识都是十分重要的。而对于中共党员，则构成了他们马克思列宁主义世界观的基础，它们对于中国共产党的史学也产生了极其深远的影响，许多观点沿袭至今。在此后相当长的时间里反映在中共的治党和执政中。

第三，鄂山荫（И. М. Ошанин）[④] 和一批中国学员把一些社会政治与经

---

① 收藏在 РГАСПИ 的共产国际档案里。其中中共驻共产国际代表团的资料已经于 1957 年归还中国。

② 这些出版物基本完整地保留下来，现分别收藏于 РГАСПИ、圣彼得堡国家图书馆、俄罗斯科学院远东研究所等地。

③ 《中山大学已经出版和正在翻译中的文献资料》（1927 年分共前），РГАСПИ，全宗 530，目录 1，案卷 16，第 378、383 页。

④ 鄂山荫（И. М. Ошанин（1900 年 4 月 22 日—1982 年 9 月 5 日））生于俄国雅罗斯拉夫利市的一个律师家庭，1924 年毕业于莫斯科东方学院。1924—1926 年在苏联驻华商务处工作，1931—1942 年任教于莫斯科东方学院，抗战时期在重庆苏联全权代表处任翻译。后到苏联军事外语学院任教至 1957 年。1956 年起任苏联科学院东方研究所东方辞书室主任，再后兼任外交工作。由他主持编纂的《华俄大辞典》收录了六万五千（65, 000）汉字和成语。是一部极其重要的高水平的工具书。获得多项政府最高奖赏。感谢俄罗斯科学院远东研究所 Ирина Сотникова 和 Наталья Леонидовна 教授帮助查找此人生平资料。

济方面的述语规范化，1927 年在此基础上编成的《华俄词典》大大帮助了学员们的俄语学习，对于后来的苏维埃汉学也起了重要作用。

除了中山大学外，中国国民党的一些学员还到伏龙芝军校，列宁格勒的托尔马乔夫军校，炮兵学校等处学习。1927 年有二十九名国民党学员在各类军校就读。[①] 到 1927 年国共分裂时，在中山大学就读过的学员已经达到六百人，仅 1926—1927 学年苏联就用去了 1313694 卢布 9 戈比（一百三十一万三千六百九十四卢布 9 戈比）。[②] 其中还包括学员们按月领取的一定数量的零用钱，当时苏联经济实力还不算强大，这是相当大的一笔支出。

第五节　托洛茨基派对中山大学学员的影响

中山大学校园并没有高大的围墙，它与苏联社会融成一片，这是具有象征意义的，无论国民党还是共产党学员，都生活在苏联浓厚的政治生活氛围中。而中山大学的政治性质则迫使每一个人时时处处对身边的一切“表态”：或激烈或冷静或无动于衷或积极参与或反对或赞成。每一个人的喜怒哀乐无不牵系于中国国内的和苏联的政治。

有两个现象值得特别予以指出，一是托洛茨基本人及其理论对学员的影响，二是尽管校内政治环境并不宽松，但是国民党学员已经表现出对共产国际理论“不买账”的情绪和立场。邓文仪[③]认为当时中山大学内已经在进行着“反共秘密斗争”，表现为苏共斯大林与反对派的斗争，中共内部党团员及江浙同乡会对中共总支部的斗争，国共斗争，国民党秘密党团为反对“曲解

---

① B. 乌索夫：《20 世纪 20 年代苏联对华侦察》（Виктор Усов *Советская Разведка в Китае*（*20 годы XX века*），莫斯科，2002 年版，第 69 页。

② 《大学管理委员会会议记录（1927 年 11 月 10 日》，РГАСПИ，全宗 530，目录 1，案卷 16，第 102 页。

③ 邓文仪，字雪冰（1906—1998），湖南醴陵人。1925 年 10 月黄埔军校一期毕业后赴莫斯科中山大学学习，1927 年 3 月随共产国际代表罗易回国，本负有进行 1927 年“四月革命”的使命，但后来离开共产国际代表团（邓文仪：《留学俄国的回忆》，《六十年来中国留俄学生之风霜绰厉》，台北，中华文化基金会、中华图书出版社 1988 年版，第 244 页）。1935 年任中国驻苏联大使馆首席武官，西安事变期间受蒋介石指派与中共联络国共联手抗日。1949 年到台湾，1950 年任国民党台湾省党部主任委员，两年后任“行政院内政部”政务次长，1990 年来大陆会见徐向前、中山大学同窗邓小平，1991 年再次前来会见江泽民。1998 年病故。

三民主义理论，攻讦国民党领袖，暗中从事反共的斗争”。[①]

历史经验证明，校长作为一校之领头人，向来对学校的一切产生强烈的影响。就像蔡元培之于北京大学。中山大学这所特殊的学校也一样，它的教学活动和校园生活紧紧围绕联共（布）的政治斗争。1925 年 11 月国共两党学员进入中山大学之时，正是联共（布）内部斯大林派与托洛茨基派斗争日趋激烈之际。

俄共(布)著名的反对派领袖 Л. Д. 托洛茨基

这场斗争酝酿已久，1920 年匈牙利共和国的失败，1923 年秋德国与保加利亚革命的失败，使共产国际对世界无产阶级革命速胜的期望受到严重打击，向着世界资本主义发起的进攻和建立世界苏维埃的尝试严重受挫。目标和策略的调整已成为当务之急。共产国际不得不“放慢”世界革命的步伐。斯大林提出了“一国建设社会主义”的理论，即先争取苏俄国内状况的基本好转，下一步才是世界无产阶级革命。托洛茨基则从左的方面，强调首先要取得世界无产阶级革命的全盘胜利，否则苏联的革命成果难以巩固下来。

在中山大学里，人们认为托洛茨基“比斯大林还远为著名”。[②] 由于反对派和斯大林派在政策上的分歧（如对于新经济政策，对国家实行对外贸易垄断，优先发展重工业，民族问题等的看法），涉及全苏社会和政治生活的所有角落，因此时时处处把每个人都卷了进来。

这里的学员对政治特别关心，自然就对托洛茨基的经历产生了浓厚兴趣。

---

① 邓文仪：《留学俄国的回忆》，《六十年来中国留俄学生之风霜绰厉》，台北，中华文化基金会、中华图书出版社 1988 年版，第 239 页。

② 盛岳：《莫斯科中山大学和中国革命》，现代史料编刊社 1980 年版，第 42 页。

大家都知道托洛茨基是列宁亲密的战友，是苏俄红军的缔造者和统帅。况且托洛茨基能言善辩，讲话很有鼓惑力和感染力，深受青年学子们的欢迎。

事实也是这样，列宁认为托洛茨基在党中央内“不仅出类拔萃。他本人甚至是目前中央委员会内最杰出的一位，不过他太刚愎自用，太热中于具体事务”。[①] 早在19世纪列宁流亡伦敦时，他们就保持着良好的私人关系。列宁逝世后，其夫人克鲁普斯卡娅致函托洛茨基，告诉他“从您到伦敦来看我们那时候起，您同弗拉基米尔建立的友情，一直延续到他的最后一刻”。[②]

但是1924年共产国际的第五次代表大会显露了一些苗头，斯大林的多数派开始抨击俄共内部以托洛茨基为代表的所谓“小资产阶级倾向”，使俄共内部多数派与反对派的斗争公开化，并被推广到世界范围。斯大林通过这次大会，让全世界共产国际的支部確认“俄共第八次代表大会关于党内小资产阶级倾向讨论的总结”这一重要的文件。它对于斯大林派十分有利，表明他对于托洛茨基本人的信和随之而来的46人联名信[③]的批判立场，告诉共产国际各支部，反对派的派别活动不仅违背俄共代表大会决议的精神，即使在国际共产主义舞台上也是非法的。[④]

然而值得注意的是，反对派与斯大林派并没有什么根本区别，反对派不过是把当时笼罩在国际共产主义运动上空的世界无产阶级革命速胜论，把人们对理想的共产主义世界的追求发展到极致并将其作为立即行动的纲领而已。当时苏联的经济状况还比较艰难：工业没有达到战前水平，经济增长缓慢，工资水平极低，有时不能按期发放，许多工人愤而拒绝工作。工业无法吸纳劳动力，失业者达到一百多万，农业凋敝，日用品生产不能满足社会需求。[⑤]总之，前来苏俄的中国学员看到的绝对不是“莺歌燕舞”的理想世界。如果说瞿秋白在20年代初访问苏俄后写下的是《饿乡纪程》，那么许多前往彼都者也多是乘兴而去，败兴而归，那么国民党学员们的感受也基本雷同。

---

① 《列宁遗嘱》，载尤·菲尔什京斯基编《托洛茨基档案——苏联的共产主义反对派（1923—1927）（*Завещание Ленина*，Ю. Фельштинский *Архив Троцкого Коммунистическая оппозиция в СССР* (1923—1927)），第1卷，莫斯科 *Терра* 出版社1990年版，第73页。

② 《克鲁普斯卡娅致托洛茨基的信》，尤·菲尔什京斯基编：《托洛茨基档案——苏联的共产主义反对派，莫斯科 *Терра* 出版社1990年版，第89页。

③ 指托洛茨基及其同道联合署名的反对斯大林方针政策的长信，《致俄共（布）中央委员会政治局的信》，《苏联的左派反对派》第1卷，Benson，Vermont，1988年版，第83—88页。

④ 俄共代表大会文件是作为共产国际第五次代表大会《关于俄国问题的决议》的附件再次发表的。见《共产国际第五次世界代表大会（1924年6月17—7月8日）》下册，莫斯科，1925年版，第158页。

⑤ 联共（布）中央特设委员会编：《苏联共产党（布）历史简明教程》，人民出版社1955年版，第351页。

托洛茨基的主张恰恰是为了“迅速”改变这种状况，尽可能快地把世界无产阶级革命推向胜利，所以他的话不言而喻听起来会比斯大林关于一国建设社会主义的理论更加诱人。时代使然。

青年学生血气方刚，在那个年龄段，他们更愿意接受托洛茨基派响亮而充满激情的口号，俄共（布）第八次代表大会看到并承认这种现象，但认为这是“暂时”的，决定加强对这部分人的“说服”教育工作。为加强在高等学校中对托洛茨基反对派的斗争，俄共（布）要采取一系列措施把本党党史教科书的出版提到应有的高度，并要把俄共（布）党史课作为所有党校、高校和训练班的必修课，[①] 力图把人们的思想引导至斯大林派的观点上，并用其把社会思想统一起来。

就这样，苏联开启了利用执政党地位把本党思想作为全苏联甚至全世界共产主义运动教科书的先例。这样一来，血气方刚的青年人大部分的同情都在托洛茨基和拉狄克一边。[②] 著名的王文元（王凡西）记述说，托洛茨基及其主张，当时在学校里很有影响。[③]

卡尔·拉狄克（Карл Радек），是中山大学的第一任校长，也是反对派首领之一。这位生于波兰的人，是一个热情家，受过良好的教育，从青年时期就投身革命活动。1917 年俄国二月革命中他已经和列宁、季诺维也夫等共事。十月革命后参加过对德国的布列斯特—里托夫斯克谈判。与托洛茨基一样，他同列宁保持着良好的私人关系。这位不修边幅的“学者、哲学家和中国问题专家”有十分独特的风格，他的事迹“迅速在中国学生中传遍，他成了大家的偶像”，所以每逢他讲授《中国革命运动史》，总是堂堂爆满，座无虚席。[④] 确实如一位学员所说：中山大学“教员中有大量的托洛茨基派教授，这就为中山大学传播托洛茨基主义提供了肥沃的土壤。[⑤] 无论联共（布）还是共产国际执行委员会都十分清楚，这所学校内的“指导权，从开始便在反对

---

① 参见《共产国际第五次世界代表大会（1924 年 6 月 17—7 月 8 日）》下册，莫斯科，1925 年版，第 163 页。

② 刘舫西：《留俄琐忆》，《六十年来中国留俄学生之风霜绰厉》，台北，中华文化基金会、中华图书出版社 1988 年版，第 301 页；该书韦永成、白瑜回忆录也多有提及。还可见肖赞育《赴俄留学及归国后经历纪略》，台北，中华文化基金会、中华图书出版社 1988 年版，第 330 页。

③ “中国学生托派分子多”，刘舫西：《留俄琐忆》，《六十年来中国留俄学生之风霜绰厉》，台北，中华文化基金会、中华图书出版社 1988 年版，第 361—365 页。王凡西的：《双山回忆录》现代史料编刊社 1980 年版，第 54—86 页记述说，1927—1928 年中国留学生中的托洛茨基同情者并未因斯大林的镇压而停止活动。

④ 盛岳：《莫斯科中山大学和中国革命》，现代史料编刊社 1980 年版，第 44 页。

⑤ 盛岳：《莫斯科中山大学和中国革命》，现代史料编刊社 1980 年版，第 42 页。

派手中（拉狄克等人）”。[①]

中国共产党党内斗争紧张的时候，也是苏联共产党内各派斗争最激烈的时候，中国学生自然不可能置身其外。[②]

然而，当崇高的目标为人们绘制出美好的未来图景，当年青人的热情被似乎很快到来的理想社会激荡，他们是不可能冷静思考的。此时若有人对他们说什么要稳健之类的话，自然就被当成“落后”和“保守”而不受欢迎。蒋经国曾经回忆托洛茨基对他说的话：进行无产阶级革命就好比上楼梯，不能一步一个台阶，而要一步跳跃两个或者更多的台阶。

这就容易理解，为什么国共学员中有相当数量的托洛茨基拥护者，乃至后来，需要像联共（布）一样，在中山大学开展一个大规模的运动来整肃之。

第六节　“三二〇”事件在中山大学的反映

除了一般性的观点分歧外，国共学员之间的关系表面上维持着平静。在重大问题上，通过中共的教育，中共党员和共青团员一般都能接受共产国际观点。因为他们是共产国际的“自己人”。可是“三二〇”事件的发生，使校园变得不宁静了，它最早引发国民党学员对共产国际的非议。

以邓希贤为例（邓小平，化名为 Дозоров 多佐罗夫）。“三二〇”事件发生后，中共旅莫支部多次组织学习和讨论，内容涉及议会制度和此次事变本身。邓希贤在中共党小组发言很有代表性。他说，中央集权是第一，“遇上级有命令绝对执行”，第二“民主成分不是绝对不变乃是可以随环境变而更扩大或缩小民主的成分，例如在俄国革命前与现在中国之情形皆是不能实行加重民主的成分”。对于党员参加工作，他的认识是：“凡加入党后，绝对没有个人的意志，假是［使］一个学员不做工作，则党失了部分之力量。列宁曾经说过，共产党员是像一架机器，这种比喻最正确”。[③] 苏联史学对于党员与政党的关系就是这样表述的，同时也成为广大党员的行为准则。

① 雅罗斯拉夫斯基：《关于所谓“江浙同乡会”或“互助会”的事件报告大纲》，РГАСПИ，全宗495，目录154，案卷343，第26页。

② 雅罗斯拉夫斯基：《关于所谓“江浙同乡会”或“互助会”的事件报告大纲》，РГАСПИ，全宗495，目录154，案卷343，第26页。

③ РГАСПИ，全宗503，目录2，案卷15，第42—43页。

还有，对于“三二〇”事件后的国共关系和中山大学内国共党员的关系，邓希贤从共产国际对议会制度的立场予以分析说，社会民主派赞成一般民主，其“主要政策是为议会多数席位且他们不主张以革命手段可以达到社会主义”。“用议会政策达到根本解决工人生活是不可能的。现在国民党中自广东事变后民校分子对我们多有排击［挤］，而他们的目的就是要占多的地位。这与议会政策相同”。[①]

20 世纪 20 年代中期在莫斯科学到的理论，经过许多年后，无论在中国还是在世界共产主义理论中都有反映，其意义之重大，影响之深远可想而知。

当时，一些共产党学员认为，“三二〇”事件的根本原因是“革命势力发展，当时档案中使用“民党”即义为“国民党”，“民校”即国民党学员所在的中山大学。民党之小资产阶级得着政权即不愿意再革命的。孙文主义学会，系戴季陶主义的。国民党委员及领袖政策不为无产阶级的，利用工人的，共产党就反对，才有了三二〇”事变。[②]

而国民党学员则持一种比较自由主义的态度，他们对共产国际理论及其对华政策的不满，经常有所流露。他们如何看待严重的“三二〇”事件呢？皮以书[③]不同意上述看法，她就被亲校方的人指责为“破坏两党关系”。[④]

这样议论不在少数。有老练些的人如谷正鼎（化名 Люксемберг），[⑤] 会上会下“不开口”，然而“时常注意”共产党学员的言行。

萧赞育[⑥]（化名 Писарев）则认为蒋介石的这样做乃“出于不得已”，可他萧本人对蒋介石“抱莫大希望”。

夏云沛刚刚听说事变时，认为是“第三国际造谣”，而感到相当气愤，情

① РГАСПИ，全宗 503，目录 2，案卷 15，第 44—45 页。

② РГАСПИ，全宗 530，目录 2，案卷 22，第 30 页。

③ 皮以书（1904 年—1974 年），女，四川省南川人。毕业于重庆女子师范学校，1924 年加入中国国民党，1925 年由国民党派遣至中山大学。曾任国民政府立法院立法委员、国民党中央委员。1974 年卒于台湾。

④ РГАСПИ，全宗 530，目录 2，案卷 122，第 30、43 页。

⑤ 谷正鼎（1903—1974），1921 年与弟谷正纲赴日本，后到德国就读于柏林大学政治经济系，1924 年加入中国国民党，任国民党驻德支部执行委员会委员、常务委员、监察委员兼主席。1925 年人莫斯科中山大学。1927 年 8 月回到中国，后历任国民政府行政院参事、立法院立法委员、国民党中央组织部长等职，1974 卒于台湾。

⑥ 萧赞育（1905—1999），字化之，湖南邵阳茅塘道童村人。黄埔军校第一期毕业后赴苏联莫斯科中山大学，1927 年 8 月回国。1929 年赴日本留学，1931 年回国。曾任国民党中央军校毕业生调查科主任、蒋介石侍从室秘书、国民党中央党政军联席会议秘书长、中央军校政治部主任、中央组织部副部长、《和平日报》总社长、中央干事等职。1949 年去台湾，任“中华文化基金会”董事长。1963 年当选国民党第九届中央委员，1969 年起任第十至十三届“中央评议委员”。

绪激烈，待了解一些情况后“则不大说话，对蒋似有时加以辩护”。

何瑞琪“认为中国革命之分化不过［可］免的，不过以为蒋变之太早”。

杨振西最大胆，他针对“各地工人已组织起来”，针对规模宏大的省港罢工，索性指责“工潮太过分了，迫得蒋不得不如此”。还有一些国民党学员陷入痛苦的思索：中国到底走什么路？国共关系会如何发展？但是在那样的气候中，他们只能简单地表态拥蒋或反蒋，[①] 当时并没有自由讨论的条件和气氛。

第七节　中山大学校园里的紧张气氛

中山大学内出现了一种鲜明的对比：绝大部分国民党学员都出身于非无产阶级或非贫下中农家庭，他们要么是国民党显宦的要么是高级军官的后代。而由中国共产党输送的学员中，纯正的贫下中农或工人或其子弟占的比例越来越多。在当时的中国，他们难以有机会进学校，所以文化水平普遍偏低。对于艰深的革命理论，他们知之甚少，悲苦的家庭境遇使他们更能接受“无产阶级革命”速胜的观点，像苏俄已经完成的那样，像共产国际宣传的那样，剥夺有产者的财产，通过“打土豪分田地”式的革命道路，立即改变穷苦人的社会地位，使他们产生了强烈的革命冲动，而在苏俄这块无产阶级革命气氛浓厚的地方，一切都以革命的名义实行着。

国民党选送的学员，情况则不相同。他们尽管也有革命的追求，也有改造社会的强烈愿望，但是他们或从家庭或从书报等途径了解到一些苏俄革命后的情况。

列宁早在1922年就对共产国际各支部说过，十月革命后苏俄的一系列激烈政策使其在对资本主义的“经济进攻中前进得太远了”，政府“遭到了苏维埃俄国内部巨大的、我认为是最大的政治危机……不仅引起相当大的一部分农民的不满，而且引起工人的不满。当时广大的农民群众在情绪上不是自觉地而是本能地反对我们的”。[②] 如果说俄共（布）转而采取新经济政策时，党内有两种截然不同的意见，有主张“拧紧镙丝”的，有主张采

---

① *РГАСПИ*，全宗530，目录2，案卷23，第56页。

② 列宁：《俄国革命五周年和世界革命的前途》，《列宁选集》第4卷，人民出版社1972年版，第661页。

取缓和政策的。党的领导认为“这两种人都是敌视马克思主义，敌视列宁主义的”。[①] 为了纯洁党的队伍，俄共（布）在 1921 年进行了清党，17 万党员即占全党四分之一的成员被清除出党。[②] 这种种情况不可能不引发人们的思考。那些对苏俄怀着敬仰并充满理想的国民党学员，自然也会开始自己的思考和判断。但是有一些客观因素不利于他们这样做。

俄共为“争取青年”，采取的是急风暴雨式的工作方法。中山大学还没有创办前，从 1924 年共产国际第五次代表大会起，批判反对派的文章就有组织地出现在苏联报刊上，声势越来越大。另外，中共旅莫支部受那个年代莫斯科特有的极“左”思潮影响，制定并推行了一整套关于训练工作的规定，[③] 有人将其称为《训练工作指导纲要》。[④] 它要求学员、党员“互相监督”，于是“打小报告”便成了司空见惯的现象，连着装发式也被要求一致，胡汉民的女儿胡木兰梳着中国式长发辫出入校园，遂被斥责为“太没有革命气息”。[⑤] 学员们的日记不管什么内容也谈不上以“言”治罪，但是往往会成为苏联秘密警察的“罪证”，因此被捕者不在少数。校方认为这一切都是在以革命的名义塑造无产阶级新人。

第八节　跌宕三阶段

中山大学内的政治气氛并没有真正缓解下来，这里是中国国内政局和苏共党内两派斗争状况的晴雨表。国内争夺国民革命运动领导权的问题自然而

---

① 联共（布）中央特设委员会编：《苏联共产党（布）历史简明教程》，人民出版社 1955 年版，第 343 页。

② 联共（布）中央特设委员会编：《苏联共产党（布）历史简明教程》，人民出版社 1955 年版，第 343 页。

③ 这个文件全名是《旅莫中国共产党支部和中国社会主义青年团关于训练工作具体的方针》，张国忱编译：《苏联阴谋文证汇编》，天津 1928 年版，第 49—53 页。

④ 盛岳《莫斯科中山大学与中国革命》一书中（现代史料编刊社 1980 年版，第 122—124 页）有该文件的部分译文。韦慕廷也将这个文件的英译文发表，见韦慕廷、郝莲英：《共产主义、民族主义和苏联顾问在中国的文献资料（1918—1927）》（Wilbur C. Martin and Julie Lien-ying How. *Documents on Communism*, *Nationalism and Soviet advisers in China* 1918—1927），哈佛，伦敦 1989 年版，第 135—137 页。

⑤ 胡木兰：《留俄回忆》，《六十年来中国留俄学生之风霜绰厉》，台北，中华文化基金会，中华图书出版社 1988 年版第 135 页。

然地在中山大学校里产生回音。于是出现了十分复杂的局面。像整个苏联社会特别是其党政机关内的情况一样，“相信党、服从党”（在中山大学里就是相信、服从共产国际和苏共），成了人们行动准则，从而构成了对学员政治工作的重要内容。中山大学的政治生活像国民党同共产国际的关系一样，也经过了几个阶段。

第一阶段是从 1925 到 1926 年中山舰事件前这一“短暂的，使人眼花缭乱的蜜月”，第二阶段是此后到 1927 年 4 月，第三阶段是 1927 年 4 月到 1927 年底，国民党学员陆续回国。①

在第一阶段中，许多国民党学员特别是第一批次中有相当多的人被划为“左派”。这是因为他们对莫斯科的一切都感到新奇，特别是在中国国民革命统一战线内部国共两党关系还相对平静的时候。共产国际对中国革命的期望值也与日俱增。在这个时期有不少国民党学员被划为左派：

林侠 Зарудный、叶玮卿 Понозов、罗英 Вадич、沈苑明 Кауров、伍中文 Солнцева、高炫 Бирсов、于单 Белеский、郑奇 Ковалевский、张引岚 Карсун、刘驾欧 Ленский、龙少光 Костин、汪少纶 Бурин、徐浩 Тайров、邓毅生 Полевой、张学廉 Петровский、冯正谊 Бодубный、张发冥 Кольцов、伍家佑 Медведев、李一凡 Сопромов、邓鸣球 Борин、张佑忠 Барвинский、蒋锡宠 Денисов、杨子福 Коларов、赵铣 Герман、何汉文 Айвазовский、雷一鸣 Блок、刘继民 Назаров、刑兆麟 Гродский、蓝烂 Бобков、周光亚 Друзянкин、徐瑞华 Позин、章伯英 Пшецын、雷通鼎 Белорядов、郑国深 Баратов、尹时中 Ягодин、郑介民 Дзержинский、韦秀英 Вазарова、郭慕泉 Селезнива、董正兴 Каляев、赖普赓 Бен、黄乾桥 Римский、陈志陆 Будённый、韦荣生 Галкин、王志文 Спиридонов、翟荣基 Дубровский、陈意遐 Гаршин、梁少强 Ковров、周学鎏 Копынов、陈声孚 Глинка、蔡炳桐 Анухтина、章章 Бахршина、周砥 Батюшкова、邓文骥 Нардов、刘荫远 Мамаев、谷家儒 Кинoросов、傺瑞祥 Колесников。②

之所以出现这种情况，是因为他们刚刚到苏俄，对那里的情况不甚了了，“立即被没头没脑地卷入苏联党内斗争的漩涡中去”。③

第二阶段是种种矛盾和冲突表现最为复杂、公开而全面的时期。共产国际把中共莫斯科区委置于领导国民党学员的地位，于是在中山大学的校园内

① 盛岳：《莫斯科中山大学与中国革命》，现代史料编刊社 1980 年版，第 116 页。
② РГАСПИ，全宗 530，目录 2，案卷 23，第 48 页。
③ 王凡西：《双山回忆录》，现代史料编刊社 1980 年版，第 54 页。

“谁领导谁”、“谁主宰谁”的问题似乎也就解决了。许多国民党学员对此不以为然，流露出对立情绪。在这种情况下，一些在国内引起争议的问题便成了斗争的焦点。国民党学员在国内是否参加过孙文主义学会，是否赞成省港大罢工，都成了衡量“革命”与“反革命”的标准。

如：云南来的杨振西“不管闲事，重感情”，但学习努力，被认为“来俄为升官发财，封建思想，不思进步”。他认为省港罢工工人有一些是“是流氓，真正的工人在香港做工”，不跟着闹事。不言而喻，他被归入“不进步”的行列。①

再如，尽管还是在国共合作时期，孙中山及其三民主义表面上受到人们的尊重，但是在中山大学校园这个左倾气氛严重的环境里，各种课程告诉学员们的是：三民主义并非“革命的道路”。如果有人拥护孙中山的“平均地权”，而不赞成像苏俄那样激烈地没收地主的土地，不赞成急风暴雨式的土地革命，他便成了“政治不可靠”的分子，成了“政治上不开展”的人。

推而广之，国民党学员的一行一动，他们经常接触的是些什么人，是否要求加入青年团（当时称“少共”），是否靠拢组织，是否经常向组织汇报等，便成了是否有“进步”表现的标准。经常接触右派的人自然就被归入右倾行列，“近墨者黑”。某人经常同国内的亲属联系，因他们不是无产阶级，这便成了思想不够“进步”的标志。

实际情况是，国民党学员的亲属多半是国民党党政领导人或者出身于中小资产阶级家庭，并非无产阶级，于是学员本人也就以“原罪”身份命定地被置于受监视的群体。他们暗中被分成了左中右派。然而民党学员却自认是“有坚定信仰，受过良好教育的人”。② 问题恰恰出现在这里，他们在中国受到的并不是苏式无产阶级教育，而他们信奉的三民主义在共产国际理论中不时受到批判，被认为不是最先进的革命理论。国民党学员感到自己似乎“四面楚歌”。这样一来，他们反倒更加“团结”。有人认为，胡汉民虽然为《前进报》撰文大谈马列主义，用意却可归结到只有三民主义能够救中国。他在苏联期间的言行对学员们产生了相当影响。③

随着苏联斯大林派与反对派的斗争日益激化，“靠拢党”、“对党忠实”④的观念不仅仅在苏联社会生活中越来越强烈，校方对学员的控制也因之越来

① 《民党同志调查表（1926年）》，РГАСПИ，全宗530，目录1，案卷23，第59页。

② 盛岳：《莫斯科中山大学与中国革命》，现代史料编刊社1980年版，第110页。

③ 毛以亨：《俄蒙回忆录》，香港，亚洲出版社1954年版，第170页。

④ 这份“学员情况调查表”内容是学员是否忠实于党，见РГАСПИ，全宗530，目录1，案卷23，第86—88页。

越紧，中山大学校园里阶级斗争气氛渐浓，其目的无非是把学员中对联共（布）政策和路线的认识“统一”到斯大林派的观点上。一些人为了表示自己对苏共的忠诚，便开始“勤勤恳恳”地工作，“调查”身边的人。例如校方在1926年下发了一份文件，要求中共就苏联对华政策调查学员的反映，摸清：

“有哪一部分国民党群众认苏联为赤色帝国主义？又有哪一部分承认此政策[①]为兄弟的帮助？哪一部分民党群众骂孙大（即中山大学）联共支部和学校当局为压迫者和专权者？这样说话的有哪些人？他们不满的地方何在？”[②]

到实际执行时，一些学员为了“表忠心”，便把调查范围扩大到共青团员和中共党员。这些无异于告密的做法和材料使人人无所适从。当时身为少共团员的伍修权“开会时捣乱，对党不满意但是不发表意见，私人谈话时常嘲笑负责同志”也被当成汇报的内容，因这不符合“一个团员的行动”。[③] 到1927年国共分裂后，这种人人自危的局面更加严重，康泽与蒋介石的亲信王柏龄有联系，萧赞育同蒋介石关系密切，唐健飞与邵力子、郭春涛（右派的三民主义同志会首领）有联系，路汝伟（化名 Чичерин）与南京政府财政部长丁惟芬有联系，李慧芳（Селькунина）仅仅因为是汪精卫的侄女，[④] 就全都被记上一笔账并划归为“异己”。[⑤] 事实上群众斗群众的情况这时已经发生了，它起的绝对不是增强凝聚力团结队伍的作用，无助于营造良好的学习和生活环境。不难理解，这种做法不可能不激起广大被“调查”者对共产国际乃至对苏联社会制度的不满。

事情的另一方面也颇值得注意，一些人在这里尝到了时时被监视、被汇报、被“区别对待”的苦头，体会到这一招的厉害，同时也从这里学会了镇压异己的手段，后来将其用于对付政敌，后来成为复兴社头目的康泽便是一例。虽然绝大多数国民党学员从中山大学的学习生活中深刻体会到国民党的意识形态同苏式共产主义的不兼容性，他们也没有被改造为共产主义者，后来作出了根本不同于中国共产党人的政治选择，但是他们却学到了“监视”、“镇压异己”的技术。

第三，也就是最后一个阶段，始自1927年4月12日，延续到是年8月，

---

① 共产国际和苏联的政策。

② 《统计学员及群众的政治表现》，РГАСПИ，全宗530，目录1，案卷23，第69页。

③ 《学员情况调查表》，РГАСПИ，全宗530，目录1，案卷23，第88页。

④ 原文如此。见《学员情况调查表》，РГАСПИ，全宗530，目录1，案卷23，第52—53页。

⑤ 原文如此。见《学员情况调查表》，РГАСПИ，全宗530，目录1，案卷23，第52—53页。

这是国民党学员在中山大学的最后时日。种种复杂的原因使中国国共两党关系破裂，第一次国共合作告终。国民党同共产国际之间早已存在的分歧全面爆发，演化为公开或半公开的斗争。在中国国内，国民党开始清党。远在莫斯科的中山大学内，政治气氛同样突然紧张起来。校园顿时人心惶惶，气氛极其混乱。国民党学员直接面临着政治选择。一些人迫于形势的压力，只好附合苏共的做法，也开始批判蒋介石。①

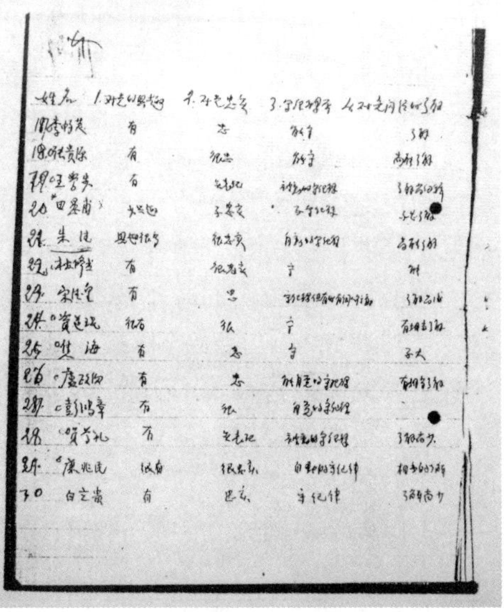

朱德的政治表现鉴定
РГАСПИ 收藏

共产国际为了对国民党学员进行教育，而开始了两项工作。

首先是做一些“旗帜性”人物的工作。在苏联声讨蒋介石的怒涛中，后者的儿子蒋经国一夜间成了名人。他对《青年列宁主义者》发表谈话，说他早就看到“蒋介石并不真心”革命。现在父亲血洗上海滩，说明他“已经变成资产阶级领袖”。蒋经国宣布“蒋介石曾经是我的父亲和革命同志。现在他投入敌人阵营，他是我的敌人”。儿子大义灭亲喊出了“打倒蒋介石！”的口号。②

邵力子的儿子邵志刚也发表谈话，指责“反革命的父亲”，声明父亲不仅是他的“敌人，而且是全世界劳动人民的敌人”，他同样也喊出了声讨老子“打倒邵力子！”的口号。③ 可悲的是，他的父亲不久前还以国民党代表的身份参加过共产国际执行委员会的第七次扩大全会，此时还在回中国的路上，他身上还揣着斯大林、伏罗希洛夫等人送给蒋介石留念的照片。④

红色都城声讨反革命派蒋介石的声浪四起。蒋经国和邵志刚的行动博得共产国际的支持，《真理报》报道蒋经国的革命行为，说这证明他“回到了”

---

① 《真理报》1927 年 4 月 11 日。

② 《蒋介石的儿子谈父亲》（*Chang-Kai-Shi's son on his father*），РГАСПИ，全宗 514，目录 1，案卷 312，第 13—15 页。

③ 志刚：《父亲——是反革命的父亲》（Чжи Кан：Отец-контр-революционный отец！）РГАСПИ，全宗 514，目录 1，案卷 312，第 13—15 页。这是邵志刚与父亲决裂的表态。

④ 见下章关于邵力子的情况。

革命行列，像他一样年青热情但政治上单纯而幼稚的同学们重新“接纳”了他，他甚至站在革命者的行列里参加了反对蒋介石的大游行。①

其次是“大盘点”。这里又有两项工作，一是通过各种会议和活动，组织学员学习和认识蒋介石的本质，把他们的言行记录下来，这是半公开的；二是据国民党学员对此次事变的态度把他们分为左中右派。这是秘密的。这几乎就是某些国民党学员在共产国际留下的最后记录。八十多年后再来回顾，对于这所特殊学校内的政治思想工作我们或许会有所了解。其中颇引人注目的，是其划分左中右派的标准。它对于青年人追求正义、向往和坚持真理、分辨是非究竟能起什么作用？对于培养他们的独立思考能力能起什么作用？这是一个很大的课题。但是有一点可以肯定，按照这样的路线培养不出具有创新能力的革命者。

中山大学对国民党学员左中右派的划分。

右派

班次	中俄姓名	关　　系	备　　考
Ⅰ1	高传珠 Шварц	丁惟芬（南京政府财政部长）	
Ⅱ2	陈道守	蒋介石，又加入过孙文主义学会	
3	皮以书	谷正鼎的女人	
4	孟咸直	与孙大二年级的右派关系很多	
5	胡明勋	与孙大二年级的右派有关系并窃过联共秘密小册子	
Ⅲ6	唐健飞	与邵力子、郭春涛（右派三民主义同志会）有关系	
Ⅳ7	张秀兰	罗芳炯（蒋介石派）的爱人	
8	杨振藻		
9	吴淡人	蒋介石，邵力子	
Ⅴ10	刘子班	丁惟芬（南京政府财政部长）	
11	赵愚	不知	中山大学小组织分子
Ⅵ12	李秉中	王伯林，② 蒋介石等	

① 《真理报》1927 年 4 月 17 日。

② 查国民党重要领导人中无此人，可能是被称为国民党右派的王柏龄。

续表

班次	中俄姓名	关　　系	备　　考
13	谷正鼎	邵力子，邓文仪（现在广东反动派的政治部主任）	
14	萧赞育	蒋介石	
Ⅶ15	高云裳	不知	与孙文右派很有关系
Ⅷ16	夏云沛	丁惟芬	
17	张镇	邵力子，谷正纲（现在中国作工的，非常反动）	
18	赵永宽	孙文主义学会	
19	聂畸	谷正纲，王中裕，王天士（丁惟芬派）	
20	聂爱贤		
21	骆德荣	蒋介石	
22	杨振西	谷正纲（蒋介石派）	
Ⅸ23	余楚帆	谷正纲（蒋介石派）	
24	余鹳	不知	
Ⅹ25	康泽	王伯林①（蒋介石派）	
26	廖化机	不知	他反对共产很力
27	路汝伟	丁惟芬（南京政府财政部长）	
28	刘詠尧	邓文仪（现在广东反动派的政治部主任	
4②29	冯声南	不知	与孙文右派很有关系
5③30	侯鸿业	郭春涛（右派三民主义同志会首领）	
2④31	贾鸿猷	郭春涛	

① 查国民党重要领导人中无此人，可能是被称为国民党右派的王柏龄。

② 此序号为原文所有。

③ 此序号为原文所有。

④ 此序号为原文所有。

左派

班次	姓名	关　　系	备　　考
Ⅴ	张慈安	不知	已要求入党
Ⅷ	郑仁波	不知	已要求入党
	李惠芳	汪精卫的侄女	
	叶景芬	不知	已要求入党
	李文绾	不知	已要求入党
	梁福文	不知	已要求入党

中派

班次	姓名	关　　系	备　　考
Ⅱ	段可情	不知	反对蒋，展示左倾态度不明，很似投机
Ⅲ	黄鼎新	不知	
	高士华	不知	
Ⅵ	冯洁芬	Нет［无］	无表现，能力薄弱
Ⅷ	何瑞祺	郭春涛	右倾
	甄兆权	不知	反对蒋介石
Ⅹ	岑庭早	不知	反对蒋介石
Ⅸ	韦碧辉	不知	反对蒋
	周詠南	不知	右倾

糊涂

班次	姓名	关　　系	备　　考
Ⅰ	胡彬	不知	主张无政府主义
Ⅳ	李德隆	他的叔父是李维翰（中共中央委员）①	

冯玉祥15岁的女儿冯弗能也是政治上“糊涂”，行为上“孩子气”。蒋经国则属于“懂”马列主义者之列。冯玉祥的儿子冯洪国成了为共产主义奋斗的共青团员。

---

① РГАСПИ，全宗530，目录2，案卷23，第52—52页。

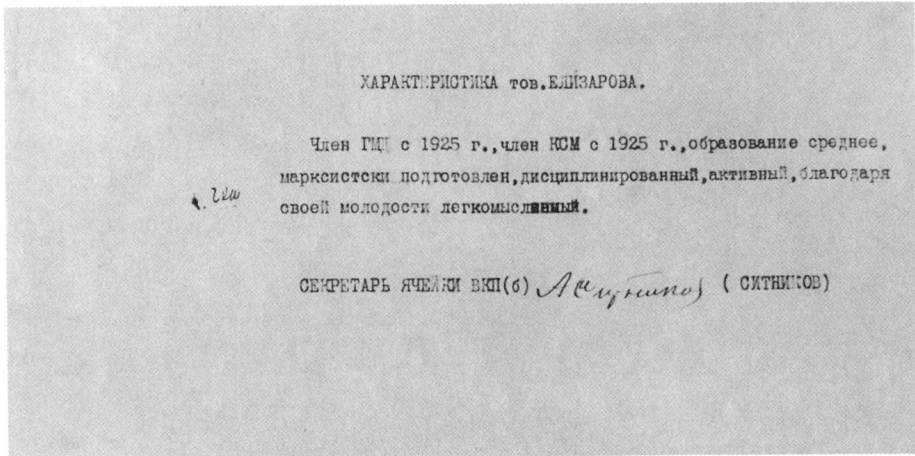

ХАРАКТЕРИСТИКА тов.ЕЛИЗАРОВА.

Член ГМД с 1925 г.,член КСМ с 1925 г.,образование среднее, марксистски подготовлен,дисциплинированный,активный,благодаря своей молодости легкомысленный.

СЕКРЕТАРЬ ЯЧЕЙКИ ВКП(б) (СИТНИКОВ)

由联共（布）中山大学支部书记西特尼科签署的蒋经国的鉴定

“1925 年加入国民党，同年加入共产主义青年团，中等文化水平，懂马克思主义，遵守纪律，表现积极，因年青而显冒失轻浮”　РГАСПИ 收藏

Младшая дочь Фэн Юй-
сяна за станком в СССР.
«Огонек», 1927 г.

冯玉祥的小女儿冯弗能

1927 年苏联《星火》杂志刊登

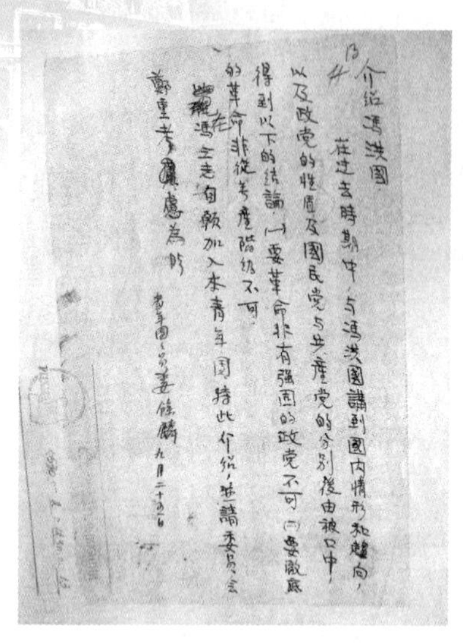

介紹馮洪國

在過去時期中，与馮洪國講到國內情形和趨向，以及政党的性質及國民党与共產党的分別，後由彼口中得到以下的結論：(一)要革命非有强固的政党不可，(二)要徹底的革命非從無產階級不可。在蘇馮君志願加入本青年團，特此介紹，並請委員会鄭重考慮為盼

介紹人 姜徐麟 九月二十日

姜徐麟介绍冯玉祥之子冯洪国入团 РГАСПИ 收藏

上面的数据远不完全，此处也不可能把所有国民党学员的表现和共产国际以及校方给他们的鉴定一一列出。仅仅这个表格已经说明问题：为什么国民党学员中越到后期，右派占的比例就越大，① 乃至那些顽固反对苏式政治的自称“忠贞的”国民党学员总感觉受到控制，“只能利用机会暗中结合交换意见，妥谋对策。他们有时藉假期旅行到列宁山的风景区秘密集会……常常在风雨交加的深夜，伫立在风里、雪里……直到把问题商量出一个结论，才能离去”。② 然而纸包不火，这样的状况不可能持续太久。

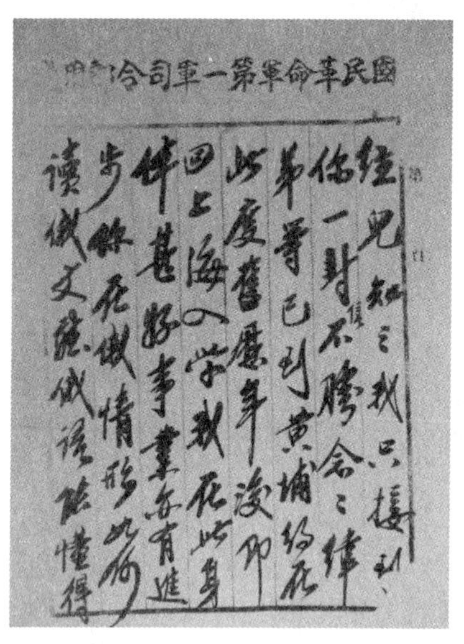

國民革命軍第一軍司令部用箋

經兒知之：我只接到你一封信，不勝念念。緯弟哥已到黃埔，約在此度舊歷年後即回上海之學。我在此身體甚好，事業亦有進步。你在俄情形如何？讀俄文能俄語能懂得

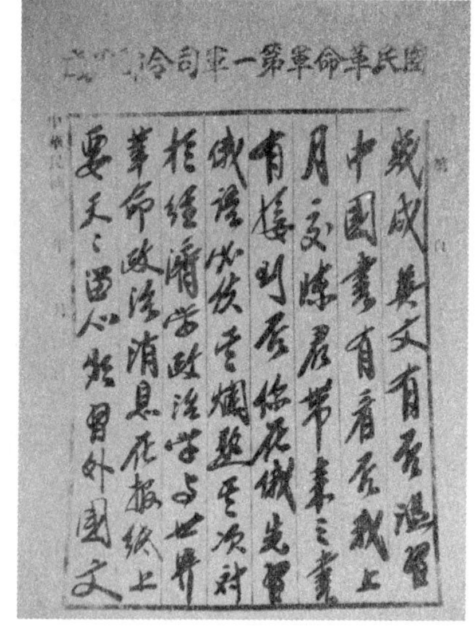

國民革命軍第一軍司令部用箋

我成其父有益，望留中國書有看否？我上月交陳君帶來之書，有接到否？你在俄先習俄語，然後專心於經濟與政治學與世界革命政治消息，在報紙上要天天留心，然習外國文

① 关于中山大学情况还可见：《陈碧兰回忆录》，香港，十月书屋 1994 年版。

② 《君子行健一访问张民权先生》（姚晓天记），《六十年来中国留俄学生之风霜绰历》，台北，中华文化基金会、中华图书出版社 1988 年版，第 425 页。

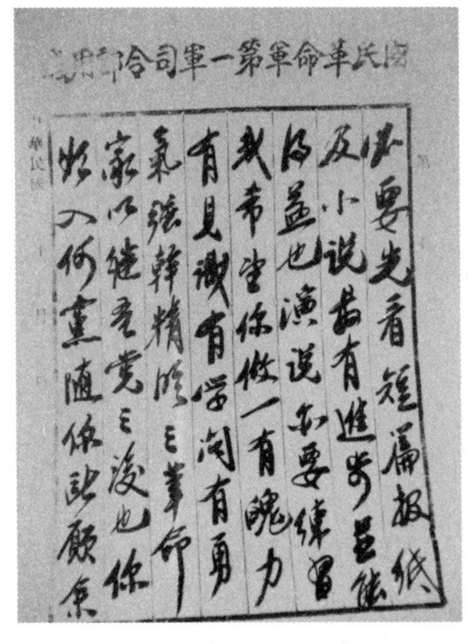

國民革命軍第一軍司令部用箋

必要先看短篇報紙
及小說書有進步者能
得益也演說亦要練習
我希望你做一有魄力
有見識有學問有勇
氣強幹精修修革命
家以繼吾黨吾黨後也你
欲入何業隨你自願來

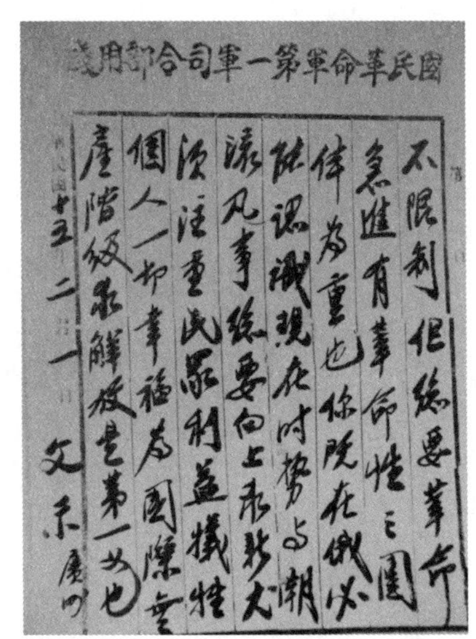

國民革命軍第一軍司令部用箋

不限制但總要革命
急進有革命性之團
體為重也你既在俄以
能認識現在時勢與潮
流凡事總要向上求大
須注重民眾利益犧牲
個人一切幸福為國際無
產階級求解放是第一者也

蒋介石致蒋经国的信（1926 年 2 月 1 日） РГАСПИ 收藏

第九节 一桩发人深省影响深远的奇案

发生在中山大学的“江浙同乡会”是一桩似奇非奇的案件。说它奇，是因为有人空穴来风捏造出来的，而且引出一场轩然大波；说它不奇，是因为在中山大学乃至整个共产国际的左倾气氛中，在斯大林同托洛茨基反对派斗争的高潮中，“反苏”、“反共产国际”的迹象使莫斯科风声鹤唳、草木皆兵。阶级斗争的弦绷得很紧。

“江浙同乡会”这段公案的过程和处理结果，已经有一些学者根据俄罗斯国家社会政治历史档案馆的史料作出了详尽阐述。①

这里仅补充一点儿事实。早在 1927 年 1 月有人向中山大学联共（布）支部局检举，称国民党学员中存在秘密的“反动”小团体，经常集会，与共产党学员对立，更有甚者，不知是谁偷了 Дозоров（邓小平）的一本关于如何加强军队政治工作的中文小册子。中共学员周达明（Чугунов）主张揭露这些

① 如：李永昌《关于“‘江浙同乡会’事件”的几个问题》，载《中共党史研究》2004 年第 5 期；杨奎松《“江浙同乡会”事件始末》，《近代史研究》1994 年第 3—4 期；陶涵 Jay Taylor 著，林添贵译：《蒋经国传》，台北，《时报》出版公司 2000 年版，第 28—51 页。

人的反动活动，特别点名谷正鼎和萧赞育，称要把他们的行为向国民党学员公开并给予警告处分。联共（布）中山大学支部局则决议对这些人的活动进行侦察，取得第一手材料。在这个过程中要争取国民党学员中的左派。同时，中共党员要加强对国民党学员的监督，及时报告他们的动向，对于顽固分子则开除其国民党籍。①

就是在这样的背景下，国民党学员开始受到更加密切的监视。有趣的是，当初主张密切监视国民党学员的周达明，过了几个月自己反倒被写“进”了一个黑名单。这就是到1927年夏秋的江浙同乡会。

这年夏季，第一批学员已经毕业。此前他们出外野营，归来后便被分配至不同的院校，多数赴军事院校学习，有的离开莫斯科到列宁格勒，如蒋经国等人。一个叫王甦 Лядов 的人向共产国际东方部和中共代表团报告了一个重要情况，称一些军校的中国学员中存在一个“反革命组织”，他们绝大部分是江浙同乡，故有“江浙同乡会”的组织。这些人被指控以储金互助会的名义经常聚会，吃吃喝喝。他们“接受蒋介石的津贴”，“与第三党②勾结”，进行反党活动。这个由年青人开开玩笑戏称为“组织”的“江浙同乡会”，竟然被指控一个为“反革命组织”，称其主谋是俞秀松（Нариманов）、周达明和蒋经国。由蒋经国任中央总书记。主要成员有朱务善（Осипов）、朱德计、黄中美（Малышев）、刘仁寿（Хабаров）、陈其可、周策（Жуков）、朱茂榛

---

① 中山大学联共（布）支部局会议记录第11号（1927年1月25日）Протокол № 11 заседания Бюро-ячейки ВКП（6）при УТК имени Сунь Ятсена от 25 января 1927），РГАСПИ，全宗530，目录2，案卷26，第24—25页。

② 华南土地革命产生的社会效应，使1927年4月蒋介石建立个人独裁政权的倾向越来越暴露，国民党内的有识之士或被称为国民党左派的人士如宋庆龄同邓演达、陈友仁、徐谦、陈其瑗等交换意见，“相约集合同志，为继承孙中山的遗志而奋斗到底”。同时，邓演达和谭平山秘密就组党问题多次商谈，都主张建立一个新的组织，并“向知识分子同志中做反对中央，另组织第三党”以继续领导国民革命之宣传。共产国际代表罗易和鲍罗廷都有意以邓演达为中心组党。1927年6月底邓演达到苏联，三个月后宋庆龄、陈友仁等也前去。他们在苏联商讨和研究的主要问题是如何达到孙中山“耕者有其田”的目的，是通过苏俄革命道路，还是和平改良。起初，他们的主张得到苏方支持，1927年11月1日在莫斯科发表《对中国民众及世界革命民众宣言》又称《莫斯科宣言》。但在此前共产国际特别是斯大林已经改变主意，不想再支持国民党，而急于由中共领导立即完成苏维埃革命。宋庆龄等人的建立中华革命党的行动受到苏联安全部门的严密监视。他们在国外与国内谭平山等的联系全部都在格伯乌的掌控之中。1928年2月中共驻共产国际代表向忠发致函共产国际执行委员会，把第三党定性为“反苏”、“反共”性质，是机会主义倾向。共产国际执行委员会第九次全会和后来中共在莫斯科举行的第六次代表大会也按这个基调对付第三党，在中国国内则由中共派人专门跟踪他们的活动。宋庆龄到德国后继续与邓演达等为该党建立做准备。1930年该党在上海建立，但邓演达被蒋介石杀害。中华革命党几经更名，参加了抗日战争，1947年章伯钧等决定更名为农工民主党，与中国共产党合作，存续至今。参见：李玉贞：《宋庆龄与第三党》，上海市孙中山宋庆龄文物管理委员会编，上海书店2011年版，第81—102页。

（Круглов）、郭景惇（Чуцкаев）、胡世杰（Тимирязев）、董亦湘（Орлинский）等。中共驻共产国际代表团的向忠发、苏兆征把一些人的小报告信以为真，并向共产国际报告。①

这样蒋经国便成了“江浙同乡会”的“中央总书记”

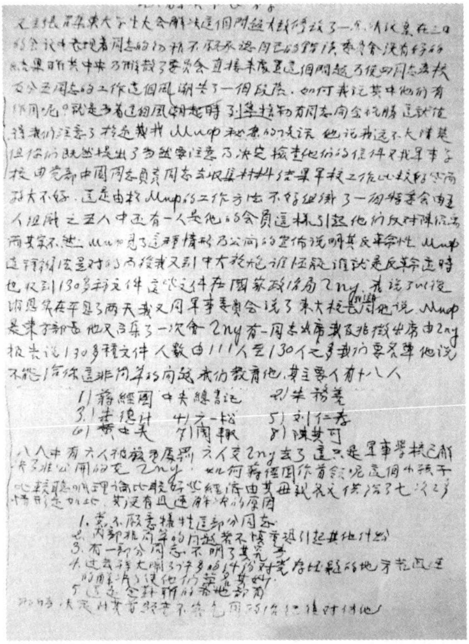

关于“江浙同乡会”秘密报告中的
一页。　РГАСПИ 收藏

事件被“揭露”后，以极左面目出现的米夫和在他影响下的向忠发、苏兆征，特别是王明，在 1928 年 3 月 24 日一起开会决定把 34 名“涉案”的中共党员、共青团员等分三种情况严厉处理：一、周策（Жуков），刘仁静（Хабаров），朱茂榛（Круглов）和蒋经国（Елизаров）开除党或团籍，并交国家政治保安局 ОГПУ 听候相应处置。请国家政治保安局同中国（共）代表团协商对他们的处置”。二、郭景惇、胡世杰等 8 人被开除军政学院等院校的学籍、党籍和团籍，并遣送回国；三、因政治不可靠而被开除团籍的是冯玉祥军队派遣来的 21 名人员，他们当时就读于炮兵、步兵、射击和军事技术等学校。开除学籍后一律回国。②

---

① РГАСПИ，全宗 495，目录 154，案卷 340，第 12 页。

② РГАСПИ，全宗 495，目录 154，案卷 338，第 314 页。

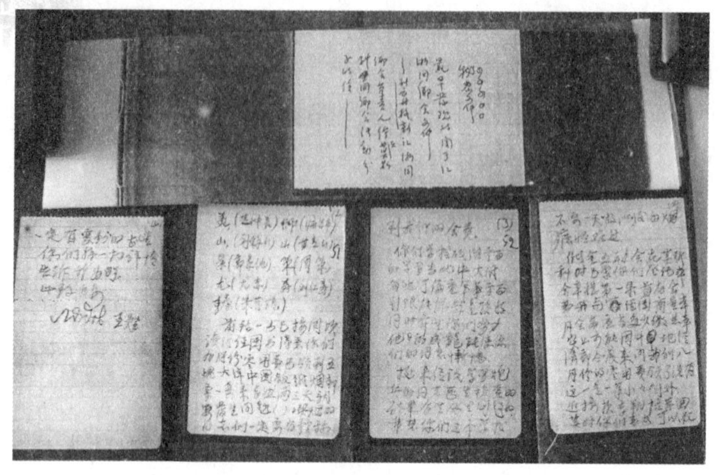

关于“江浙同乡会”最早的小报告写于笔记本的八分之一小纸上　РГАСПИ 收藏

三个月后即到 6 月他们依然认为对此要案“越迅速、越坚决地”处理越好。[①] 过了一个月（7 月 14 日）王明给“江浙同乡会”的定性使人想起四十余年后的中国“文化大革命”：诸如“阶级敌人”，“反党”，“投降”到反革命方面，参预组织的共产党员则是“留在党内”从事破坏党的勾当的人。[②] 一时间阴霾浓重，似乎“洪洞县里没有好人”了。

按照这样的逻辑，采取“严厉的”措施就属唯一选择了。但是事情发生了耐人寻味的转折——联共（布）中央监察委员会和共产国际执行委员会并没有予以批准。后来这些人得到平反。

事件平息后过了八十多年，今天我们再走近那些泛黄的“故纸堆”，会有些什么新的思考呢？笔者以为我们应当仔仔细细地像考古工作者一样“自将磨洗认前朝”。虽然这个“反党”事件的最后处理是在 1928 年秋，超过了本书的范围，但是事件的酝酿发生却在中山大学里，可谓冰冻三尺非一日之寒。它是这所红色学校某些过左制度积淀而最后酿成的闹剧。

首先，应当予以肯定的是，这个案件的缘起，乃因中山大学里的不良政治风气所致，那个充满左倾色彩的《纲要》要求学员们互相监督，“靠拢组织”，有的学员为了自己的生存，不得不在一定程度上使自己的心理扭曲，也去打小报告，向组织表忠心。公正地说，应充分估计学员们的年龄，而不能

① 《中共驻共产国际代表团写给共产国际执行委员会的信（1928 年 6 月 7 日）》，РГАСПИ，全宗 495，目录 154，案卷 340，第 1 页。

② РГАСПИ，全宗 495，目录 154，案卷 343，第 99—100 页。

过多地责备那些试图靠拢组织的人：他们大都在二十岁上下，有的只有十四五岁，还没有成年，正值人生中可塑性最强的生长期。争当“左派”，得到组织“信任”几乎成了每个学员的愿望，只有极少数国民党学员不怕被当成“右派”而有时“大放厥词”。加上他们对国际共产主义运动中所谓两条路线斗争的认识比较肤浅，对苏共内部日益复杂和尖锐的斯大林派与托洛茨基反对派的斗争并不十分了解，即使对课堂上教授的东西，他们也难说能充分理解，往往只能不加分析地做出一些自以为“忠于”党组织的事情。他们既预料不到自己行为的后果，更不曾料到自己的行为对国共两党、对历史会造成什么影响。

第二，尽管当时整个中山大学都笼罩在世界无产阶级革命速胜的气氛中，但是在“江浙同乡会”案件的处理中，无论中国学员（共产党学员和国民党学员）还是共产国际和联共（布）方面都不乏头脑比较清醒的人，联共（布）中央监察委员会兼苏联工农监察院人民委员部的雅罗斯拉夫斯基（Ем. Ярославский）便是其中之一。而敢于说实话坚持真理的董亦湘、俞秀松、周达文、郭景惇、胡世杰、刘仁寿、朱茂榛、周策等，在这件事情上的表现是令人敬佩的。他们对于无根据指控的反驳是对那些不合理的规定和不良风气的直接挑战，请看：

他们如何考虑一个最最简单的问题：共产党员是否可以生活的好一点：“共产党不应该只在生活的安乐上作他的行动标准，但是如果在党纪律范围以内有改良生活可能时，当然是可以的”。

他们对人际关系的看法也无可指责：“我们以为共产党员只要在党的纪律以内，只要感情不影响他的行动与言论，党员感情的和合是可以的，而且是不能避免的现象”。

他们激烈批评某些“野心家”出于对阶级敌人的过度防范而“以捕风捉影的方法离间同志关系”的做法，指责他们“把事实涂抹替上恶意以欺骗党……来破坏同志相互的关系”。

他们进而义正严词地向中共代表团和共产国际东方部提出要求“一方面以革命的法律惩罚那班政治上的野心家——有政治组织的集团人物——他方面露暴出那些借端造谣以欺骗党与同志的党奸”。[1]

此案之离奇引起雅罗斯拉夫斯基的注意，他向校长米夫等人提出了二十个问题。要求他们简要回答。诸如：你们据何种情报侦破此案；证据是否确凿；周达文等提出“抗诉”你们是否同他们谈过话；你们是否有过硬证据说明他们同谭平山、蒋介石有联系；由于一些学生受到参与反革命组织的指控，

---

① РГАСПИ，全宗495，目录154，案卷343，第46—48页。

中山大学内学生之间的不信任已经发展到什么程度；你们是否认为你们的处理符合布尔什维克原则等等。

米夫对上述问题逐一作出回答。此案的处理情况已经清楚，这个反革命组织很快得到了平反。被开除的学员又恢复了学籍。但是事件的影响却是极负面的。米夫不仅承认自己据不实情报作出的某些决定和处理是错误的，而且就中山大学内的气氛作了一番意味深长的描述：

“中山大学内同志间的关系受到破坏，彼此间的不信任已经发展得相当严重。互相盯梢，互相中伤，捕风捉影散布谣言，有人要求枪毙储金互助会［即江浙同乡会］的成员等。这一切绝对不利于正常的学习和思想教育工作”。①

涉案人员得到昭雪，这固然值得庆幸，但是对于中山大学和其他院校内的中国学员来说，那种“罪己诏”，那种“精神虐待式的”② 所谓批评、自我批评也被带回中国一直延续了半个世纪，直到“文化大革命”结束。中共历史上和中华人民共和国成立后的历次政治运动“揪出”的“反革命”中居然有总书记，有国家主席。到“文化大革命”时，则“牛棚”遍地，“百年魔怪舞翩跹”。无论中共还是国民党内的政治冤假错案及其处理似乎并非“史无前例”。在这方面，共产国际的那一套制度是难逃其咎的。

第十节　留俄学生的大结局

1927 年 7 月 26 日国民党中央执行委员会政治会议作出不再派遣学员赴苏学习的决定。同月，斯大林签署决定，把 1927 年毕业的学员划成三批，分别处理：“1. 不接受政治改造并发表反革命观点者，遣送回中国到原来的部队（23 人）；”2. 在基辅工农红军总司令 C. C. 加米涅夫“高级综合军校毕业并接受政治改造的学员可升入”“射击”训练班③深造，“专门为他们设立一个 7 人的小班；3. 把 5 名十分可靠的人用来为我们工作”，④ 其他在读尚未毕业的国民党学员也陆续离开苏联，如联共（布）9 月 15 日决定让五名“右派国民

---

① 这是 1928 年 8 月 3 日米夫的回答。全宗 495，目录 154，案卷 343，第 2—6 页。

② 王凡西：《双山回忆录》，现代史料编刊社 1980 年版，第 68 页。

③ 1918 年在莫斯科索尔涅奇诺哥尔斯克（Солнечногорск）建立的高级指挥训练班。

④ 《联共（布）中央委员会政治局会议记录第 121（特字第 99）号（1927 年 8 月 25 日）》*ВКП（б）Коминтерн и Китай*，第 3 卷上册，莫斯科，1999 年版，第 76 页。

党学员”回国。[①] 冯弗能、冯洪国（化名 Сабинов）、蒋经国被视为“无论从党政角度还是学业角度都绝对不宜继续留校的”。然而考虑到“政治形势，把这三个人扣为人质留在苏联”还是特别“有用”的。[②] 直至 1928 年 5 月 25 日冯氏子女才得以回国，[③] 但蒋经国一直留了下来。此前蒋介石曾经有信，嘱蒋经国在毕业后留苏联继续学习。[④] 后来他历尽了生活的磨炼。1928 年国民党学员通通被视为“大量异己分子”而被清洗出各类学校，陆续回国。第一期一百二十个人中没有全体回国，此事由中国委员会具体办理。[⑤] 有些留在苏俄的人后来有种种不幸的遭遇。有的国民党学员进了列宁格勒的托尔马乔夫军事政治学院，如第一批中就有国民党学员韦永成、高维翰，共产党学员刘鸣先、朱务善、韩沅波、卢贻松、傅钟、李俊哲八人。[⑥]

第十一节　国民党毕竟是得利者

然而从干部的培养方面看，国民党毕竟是得利者。从 1925 年起先后在苏联各类学校学习的国民党学员已经达到六百人，仅 1926—1927 年学年苏联就用去了一百三十一万三千六百九十四（1, 313, 694）卢布九戈比。[⑦] 到 1928 年国民党学员归国前，在苏联各校有中国国共两党派遣的学员计一千五百余名。[⑧] 这样大规模的正式以政党的名义派遣留学生，不仅在中国国民党的历史

① 《联共（布）中央委员会政治局会议第 124（特字第 102）号记录节录（1927 年 9 月 15 日）》*ВКП（б）Коминтерн и Китай*，第 3 卷上册，莫斯科，1999 年版，第 113 页。

② РГАСПИ，全宗 530，目录 1，案卷 34，第 6 页。

③ РГАСПИ，全宗 530，目录 1，案卷 56，第 107 页。

④ РГАСПИ，全宗 530，目录 4，案卷 49，原中文未标页码。笔者在共产国际档案中见到此信原件，不知道蒋经国本人看过否，抑或是看过后交到中山大学，抑或是校方从共产国际那里知道蒋介石的意图便将其子留在苏联。

⑤ 《联共（布）中央委员会政治局会议记录节录（1928 年 3 月 22 日）》，*ВКП（б）Коминтерн и Китай*，第 3 卷上册，莫斯科，1999 年版，第 351—352 页。

⑥ 高维翰：《苏俄军事政治学院杂录》，《六十年来中国留俄学生之风霜绰厉》，中华文化基金会、中华图书出版社 1988 年版，第 164 页。

⑦ 《大学管理委员会会议记录（1927 年 11 月 10 日）》，*ВКП（б）*，*Коминтерн и Китай*，第 3 卷上册，莫斯科，1999 年版，第 102 页。

⑧ 由联共中央政治局代表及中共代表团联席会议通过的《告苏联境内孙大及其他各校之中国学生、苏联少共、中国少共的正式和候补的学员和团员书》，РГАСПИ，全宗 495，目录 154，案卷 343，第 39 页。

上，就是在中国历史上也是独一无二、空前绝后的。[①]

他们在苏联的生活和受到的待遇，远远优于当地百姓。有人身体不佳，还有机会到俄国南部去疗养，校方发予的虽然不算高的津贴，毕竟还是为他们提供了一定的经济基础，能去大剧院看芭蕾舞或听歌剧。这在当时的苏联也是相当不易的。

除了中山大学外，中国国民党的一些学员还被安排到一些军校去，如伏龙芝军校、射击学校、步兵学校，炮兵学校等。1927 年有二十九名国民党学员在各类军校就读。[②] 在政治和军事方面，他们构成了国民党第一代军政干部的“强力集团”。

这些学员当时恰值风华正茂，许多人是从黄埔军校中被选拔到“红色麦加”去的，他们的学业也是在苏联完成的。1927 年后学员们相继归国，有的参加了正在进行的北伐，直接在战场上发挥作用，有的为国民政府的军政训练作出重要贡献。至于人数，因为有些国民党学员未能回国，在苏联遭遇厄运，故无法统计。仅据 1949 年后到台湾的八十五人的社会地位便可知，其中立法委员占五分之一；国大代表加上监察委员，也占五分之一，其余大多从事军、政、党务工作。[③] 例如谷正鼎，1927 年 8 月回国后担任国民党军政训练部主任，国民党中央宣传部秘书，1946 年当选制宪国民大会代表，1948 年进入政府，担任立法委员。

谷正纲，在俄国时期曾为中山大学的“反共先锋”，[④] 后为是蒋介石的“得力”干部，京沪杭警备总司令部政务委员会委员，他“五十年如一日，声嘶力竭，对世界反共联盟，已经起领导作用”。[⑤] 终生反共，1966 年当选为世界反共联盟理事会主席，后任终生名誉主席。1993 年去世。

皮以书，回国后从事妇女运动，1948 年进入政府，担任立法委员，在国民党内也有相当高的地位，是第八十届中央委员。

郑介民，1927 年回国后在中央陆军大学将官班任职，在蒋介石身边任侍

---

① 白瑜：《有关留俄中山大学》，《六十年来中国留俄学生之风霜绰厉》，台北，中华文化基金会、中华图书出版社 1988 年版，第 60 页。

② B. 乌索夫：《20 世纪 20 年代苏联在华情报机关》（Виктор Усов *Советская Разведка в Китае*（20 *годы XX века*），莫斯科，2002 年版，第 69 页。

③ 温曼英：《谁留学过苏俄》，《六十年来中国留俄学生之风霜绰厉》下编，台北，中华文化基金会、中华图书出版社 1988 年版，第 18 页。

④ 白瑜：《有关留俄中山大学》，《六十年来中国留俄学生之风霜绰厉》，台北，中华文化基金会、中华图书出版社 1988 年版，第 70 页。

⑤ 白瑜：《有关留俄中山大学》，《六十年来中国留俄学生之风霜绰厉》，台北，中华文化基金会、中华图书出版社 1988 年版，第 70 页。

从，做情报工作。

康泽，1927 年 10 月归国，担任中央党务学校训育员，后为复兴社头目。进入国民党第六届中央执行委员会，1947 年进入政府担任立法委员。

邓文仪、卜道明等则在国民党对苏外交方面立下汗马功劳。

施岳，也是一个十分典型的例子。施岳，字遇安，湖北黄冈人，1925 年加入国民党，北京特别市党部青年部干事，在燕京大学肄业，到武汉担任汉口特别市党部青年部干事，北伐期间从事敌后民众组织宣传及敌军破坏工作，以呼应北伐军。1926 年赴俄中山大学。毕业后往苏联远东地区华人聚集地工作。1931 年回国。1960 年为台北与美国合组的研究单位——中苏研究中心（Sino-Soviet Research Center）工作人员，出版了大量有关苏俄、共产国际的著作，1968 年起开始出版《国际共产研究丛书》，共出六辑。他把自己在苏联学到的知识用来反苏，而且成了国民党在这个领域的一名得力干将。①

此外还有在政府部门任职的交通部长贺衷寒。王叔铭在苏联学到的军事知识也派上用场，他当了空军总司令，30 年代参与国民政府对苏外交；徐晴岚，官至国民党中央党部副秘书长；高维翰担任国民党中央政策委员会副秘书长的要职。

共产国际把五百万（5, 000, 000）卢布用于中山大学。② 它一度为培养中国新型的革命干部作出了巨大的努力。而国民党则得益于这些安排，至少他们见识了教学活动的组织，学习了当时世界上比较先进的军事技术，接触了苏联社会。不管他们在意识形态方面对共产国际主张的革命道路有多么大的抵触，也不管他们究竟学到了多少，但他们有机会接触世界上独成一派的最完整的苏式共产主义理论。不管他们日后选择了什么样的政治道路，这段留学生活都使他们见识了世界上一个无产阶级政治理论学派的最高峰。

至于这些国民党党员的水平，我们很难估计。中共对本党学员的评估是，到 1927 年底，“二百五十名归国留学生中只有极少的一部分人”能够胜任工作。整体上看，“他们的学习脱离实际，他们的理论水平相当低”。这个事实说明，中山大学在为中国共产党培养干部一事中没有达到起码的要求。“已经译为中文的那些书，多数都是中国工人同志看不懂的”。“教员的素质差，教

---

① 施岳：《在革命行列六十年忆往》，《六十年来中国留俄学生之风霜绰厉》，台北，中华文化基金会、中华图书出版社 1988 年版，第 137—155 页。

② 《中共驻共产国际执行委员会代表团致共产国际执行委员会的信（1929 年 3 月）》，*ВКП（б）, Коминтерн И Китай*，第 3 卷，上册，莫斯科，1999 年版，第 548 页。

材和教员都不讲中文”，蕴涵着学员脱离实际的危险等。[①]

这是中共学员的情况。三百余名国民党学员情况则有不同，与文化水平低一些的工人相比，课堂上讲授的内容，他们学懂的会多一些，但他们没有接收共产国际的基本理论。初期，中国“政府与国民党则是一本至诚，以为一反前非，真能以平等待我共同奋斗”。这些学员到俄之初，“年轻、肤浅，怀有深恶北洋军阀、上海流氓帮会、洋奴买办、内陆军阀、土匪，互相为用，横行霸道，心情自然惨痛”。[②] 他们怀着一腔热血到俄国寻找救国良方，但是失望了，宿在火车站里的流浪汉、沿街乞讨的儿童，物资的匮乏，十月革命后许多人或被害或被驱逐或被扫地出门，种种社会阴暗面迫使他们对苏式革命道路或沉思或再思或另寻出路或最后坚决拒绝。国民党学员中后来基本都站到了反共产国际的立场这个事实，提出了一个十分值得思考的问题：共产国际在这所充满无产阶级世界革命理想的大学里怎么会教育出这样的人？历史留给人们的思考是：这场博弈谁赢了？

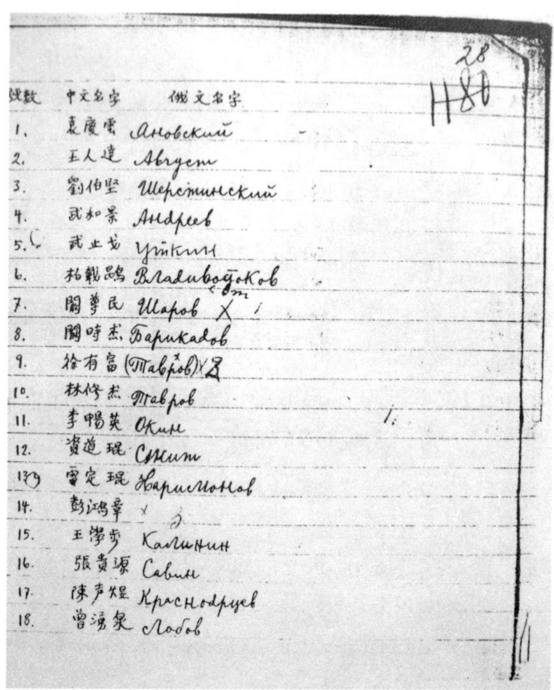

28
H80

號數	中文名字	俄文名字
1.	袁慶雲	Ановский
2.	王人達	Август
3.	劉伯堅	Шерстинский
4.	武和景	Андреев
5.	武止戈	Уткин
6.	柏戴鷗	Владиводоков
7.	闞夢民	Шаров
8.	關時杰	Барикадов
9.	徐有富	(Тавров)
10.	林修杰	Тавров
11.	李暢英	Окин
12.	資道琨	Смит
13.	雷定琨	Нарисмонов
14.	彭鴻章	
15.	王學步	Калинин
16.	張貴源	Савин
17.	陳声煜	Краснодрцев
18.	曾湧泉	Лобов

莫斯科中山大学部分国共学员化名

---

① 《中共驻共产国际执行委员会代表团致共产国际执行委员会的信（1929 年 3 月）》，*ВКП*（*б*），*Коминтерн И Китай*，第 3 卷，上册，莫斯科，1999 年版，第 549、548 页。

② 白瑜：《有关留俄中山大学》，《六十年来中国留俄学生之风霜缔厉》，台北，中华文化基金会、中华图书出版社 1988 年版，第 69 页。

第十五章
向掌握全国政权迈步

国民党同共产国际的关系在不断的矛盾和冲突中演进，作为一个政党，国民党也在磕磕碰碰中向掌握全国政权方向前进，蒋介石的地位不断上升。但是共产国际一直就没有看透他，不知道这个正在崛起的人是什么政治属性，在国民党的左中右三派中究竟是哪一派？因此，许多问题也显得扑朔迷离。据前述，在1923年访问苏联期间他被当成左派，在广州国民政府成立前后汪精卫成了左派，“三二〇”事件前后蒋逐渐被剥离左派行列，但也还不是右派，到北伐开始后的两个多月里蒋介石最多也仅仅移到中派。[①] 可见即使在那些习惯于先划分左中右，再推行“楔子策略”的共产国际驻华代表们的心目中，这个标准也相当游移。实际情况是不管国民党的哪一派，左也好，右也好，在整体上都坚定不移地要掌握全国政权，而北伐则是蒋介石当中国的波拿巴·拿破仑[②]的重要历史际遇。客观上是中国国民党为统一中国而迈出的决定性的一步。

第一节　围绕北伐问题国民党同共产国际的暗中较量

在国民革命军北伐这个问题上，传统的苏联史学、中共史学和国民党史学基本是一致的，即把南北方军事实力派划分为“革命”与“反革命”。“以往史学界对北伐的研究，基本上是以南方北伐军为中心，较少关注北方客体及北洋军阀一方。‘北伐’这一提法，本身即意味着立论者是站在国民革命军一方。”[③] 近大陆有学者认为“这场战争从国民革命军一方而言，是北伐，而从北洋军阀一方而言，则是‘南征’”。[④]

① 《共产国际执行委员会远东局致联共（布）驻共产国际执行委员会代表团的信（1926年9月22日，上海）》，*ВКП（б），Коминтерн и Китай*，第2卷，上册，第439页；《蒋介石日记类抄·军务》，未刊稿，中国第二历史档案馆藏，引自李新总编，杨天石主编：《中华民国史》第二编，第五卷，中华书局1996年版，第17页；《中国国民党第二次全国代表大会日刊》，同上书，第17页；《布勃诺夫考察团的一般性结论和实际建议（1926年5月16日）》，*ВКП（б）КоминтерниКитай*，第2卷，上册，第208、213页，没有把蒋介石列入国民党右派。

② 苏联学者沃隆佐夫曾以《中国的波拿巴——蒋介石的命运》（В. Воронцов *Чан Кайши Судьба китайского Бонапарта*）为题写了一本专著，莫斯科，1989年版，南京凤凰传媒集团2007年版。

③ 张海鹏主编：《中国近代通史》第7卷，王奇生：《国共合作与国民革命》，凤凰传媒集团2007年版，第248页。

④ 张海鹏主编：《中国近代通史》第7卷，王奇生：《国共合作与国民革命》，凤凰传媒集团2007年版，第248页。

早在1925年东征结束后，广东、广西形势平定，12月28日蒋介石就“预定明年8月克复武汉”。[①] 到中国国民党第二次全国代表大会他做军事报告时，则明确宣布“我们的政府确实已经有了力量来向外发展了”。[②] “三二〇”事件的发生，1926年5月国民党二届二中全会的召开和《整理党务案》的出笼，说明国民党的舵已经明显“右转”了，特别重要的是出现了军权高于党权的做法。

共产国际和中共的反映

对于《整理党务案》这个决议，广州的中共党员十分反感，有人认为“鲍罗庭被绑架了，张国焘、谭平山做了投降代表”，还有人认为已经到了“主动提出改变国共合作方式”的时候了，应当“由党内合作改为党外合作”了，应当提出“退出国民党”的口号了等等。

陈独秀的文章《论国民政府之北伐》集中反映了当时中共的观点。他认为中国民族革命之全部意义应该包括：各阶级革命的民众起来推翻帝国主义与军阀以自求解放：全民族的经济解放，尤其是解除一般农工平民迫切的困苦。北伐只是讨伐北洋军阀的一种军事行动，还说不上是和帝国主义直接的武装冲突”。所以，这样的北伐“不能代表中国民族革命之全部意义”。另外，广州政府的北伐只能加重农民和全体人民的负担，“向农工平民搜刮”，况且还有“香港帝国主义者封锁于外，陈林、魏邦平旧部，勾结土匪土豪官僚买办，扰乱于内”，国民政府能否支持下去，当然是一个严重的问题。并不是我们神经过敏，这样危险的局势，实已迫在目前。[③]

中共中央的基本主张是维护“国民的联合阵线”的，因这是“中国民族解放运动中最紧要的职任”，但同时要开展阶级斗争，要训练工人，领导工人参加反帝反军阀的联合战线，若“因恐怕联合战线的分裂，易于忽视工人阶级的利益”，或因“阶级斗争口号要求过高，易于妨碍各阶级的联合战线”[④]，这一切都是错误的。中共认为应当提出改善工农经济和政治状况的要求。

后来中共观点的改变，与共产国际有直接关系。[⑤]

---

① 《蒋介石日记类抄·军务》未刊稿，中国第二历史档案馆藏。引自李新总编，杨天石主编：《中华民国史》第2编，第5卷，第17页。

② 《中国国民党第二次全国代表大会日刊》，引自李新总编，杨天石主编：《中华民国史》第2编，第5卷，第17页。

③ 《向导》周报第161期。引自《中共党史参考资料》第4册，第13—14页。

④ 中共中央三届三次扩大会议《职工运动议决案》，1926年7月通过，《中共中央文件选集》（一），中共中央党校出版社1982年版，第415页。

⑤ 远东局在中国共产党对待北伐态度的骤然变化起了重要作用，见ВКП（б），*Коминтерн и Китай*，第2卷，上册，第64、74、75、80号文件。

共产国际方面一直希望把广州办成一个苏式革命基地。在这里开展工农运动，进行社会改革。另一方面见蒋介石权力日益膨胀，他们的担心也与日俱增。

季山嘉起初反对北伐，建议海运一些部队北上，并派蒋介石北上，协助冯玉祥练兵，以达到迫蒋离粤，蒋若不同意，则以部属兵变方式行之。蒋介石看出季山嘉用意，在使军中"失去重心，减少吾党之势力"。蒋介石没有同意，他认为自己乃受孙中山"总理付托革命之重任，不能以一顾问之喜怒而定去留，亦不能以一顾问之态度，而顿知友之态度"。[①] 季山嘉敌不过蒋介石，不得不离开其岗位。

鲍罗庭起初认为北伐对共产党人不利，他说："我们没有被驱逐出广东，那就显示我们仍有胜利的机会。只此一点，就可证明我们的处理方针并不算是完全错误的"。他不赞成退出国民党的主张，并肯定地说："国共是要分家的，不过分得愈迟愈好；北伐打到北京的时候，可能便要实行分家；现在应继续容忍合作"。[②]

鲍罗庭和中共一样，念念不忘阶级斗争。他主张在北伐宣言中明确提出土地革命口号，如土地清丈、减租等，但蒋介石不同意。对于北伐的前景他也不十分明确。试看他的四种假设：一、国民政府迁都武汉，与国民军及其他势力组成联合政府；二、一直打到北京，定都北京；三、到武汉后经营云、贵、川；四、到武汉后只经营内部。[③]

也就是说，无论鲍罗庭还是共产国际，当时对形势并非没有清醒的认识，设想的前景不明朗。布勃诺夫使团感到，由于苏联试图通过一个与共产主义相距十万八千里的国民党在中国实施共产主义战略，而引发了非同小可的麻烦，便提醒说，左倾是中国革命运动的主要危险，所以中国工人阶级和中国共产党无论如何也不应该在民族资产阶级革命过程中立即就承担起直接领导国民革命的任务。这方面的任何过火行为都会吓跑大资产阶级和引起小资产阶级的动摇，加剧和激化国民党左右派间的矛盾，刺激以"反赤"为口号的反共浪潮，给广州政府造成危机并最终可能招致深化和加剧国民革命分裂的风险。

但是鲍罗庭和共产国际奉行的和坚持的还是依靠广州的"左派国民党政府"深化广东革命变革的方针，也就是按他们预想的早已的习惯的开展土地革命的方针，让广州政府"集中全力从内部巩固政权特别是军队的方针"。[④]

---

① 李云汉：《中国国民党史述》第2编，台北，中国国民党中央委员会党史委员会，1994年版，第720页。

② 张国焘：《我的回忆》（二），现代史料编刊社1980年版，第123—124页。

③ 《中局致北方区信（1926年8月11日）》，中央统战部、中央档案馆编：《中共中央第一次国内革命战争时期统一战线文件选编》，档案出版社1990年版，第254页。

④ 《联共（布）中央委员会政治局会议第20（特字第14）号记录节录（1926年4月15日）》，*ВКП(б), Коминтерн и Китай*，第2卷，上册，第174页。

莫斯科明确了依靠对象——左派国民党人汪精卫，积极实施迎汪复位，以取代蒋的路线。为此，就要分化国民党。1926 年 5 月 6 日，联共（布）中央委员会政治局态度有些小的改变，但依然不赞成出师北伐，仅仅同意“派一支小讨伐军，保卫三湘以为广东的屏障”。[①] 5 月 20 日，联共（布）中央委员会政治局会议责成共产国际执行委员会“派人、给钱、全力加强对中国共产党的援助，并建议中共同时在国民党内加强工作，贯彻孤立国民党右派的路线”。政治局还决定“责成”在穗苏联顾问“务必保证贯彻执行政治局”多次申明的“对当前出师北伐或准备北伐，持坚决批判的态度”。[②] 莫斯科依然是想“赢得时间”，准备“日后除掉”蒋介石。

身在中国的鲍罗庭担心一旦北伐，蒋介石就要把广东“改革的政策停下来，不想立即改善工农生活状况，不惜让老百姓生活状况恶化，这样的北伐脱离群众运动”。原来像 1923 年 11 月一样，他想的还是在广东开展以土地革命为中心的阶级斗争。但他对蒋介石隐瞒了自己的态度，不让他看出“所有俄国顾问都站在汪精卫一边”，便委婉表明，尽管他认为“筹备中的北伐不是稳操胜券的举措”，不过他“会全力支持”蒋北伐。[③]

蒋介石暗度陈仓

事实上，汪精卫起初也不赞成北伐，但经过季山嘉的一番工作，汪改变了立场。[④]

蒋介石那方面同样想赢得时间。而且广东的形势里还出现了一些有利因素。作为政治家的蒋介石敏锐地嗅到共产国际在“三二〇”事件后作出的让步，并且决定利用之。

首先是国民党在 1925 年 7 国民政府成立后即据 7 月 26 日蒋介石的建议开始整编军队，统一为国民革命军。各军情况是：蒋介石的黄埔党军为第一军，谭延闿湘军为第二军，朱培德滇军为第三军，许崇智粤军为第四军，后分为四、五两军，分别由李济深、李福林统率。1925 年 9 月的第二次东征后，陈炯明彻底失败逃亡香港，总指挥蒋介石率领军队平定了东江。10 月 15 日，拿下惠州次日抵汕头。11 月，南路总指挥朱培德向邓本股部发起进攻，于 1926 年

---

① 《联共（布）中央委员会政治局会议第 23（特字 17）号记录节录（1926 年 5 月 6 日）》，*ВКП（б），Коминтерн и Китай*，第 2 卷，上册，第 205 页。

② 《联共（布）中央委员会政治局会议第 27（特字第 21）号记录节录（1926 年 5 月 20 日）》*ВКП（б），Коминтерн и Китай*，第 2 卷，上册，第 228 页。

③ 《鲍罗庭会见共产国际执行委员会远东局考察团时的讲话（1926 年 8 月 9 日）》*ВКП（б），Коминтерн и Китай*，第 2 卷，上册，第 308 页。

④ 蒋中正：《复汪精卫书（1926 年 4 月 9 日）》，引自李云汉：《中国国民党史述》第 2 编，台北，中国国民党中央委员会党史委员会，1994 年版，第 719 页。

2 月将其缴械。至此广东全省即统一于国民政府之下。广西也相继统一。1926 年 2 月，国民政府成立两广统一委员会，广西李宗仁通电拥护，其桂军编为第七军。6 月，唐生智的湘军也归顺国民政府，被编为第八军。这样两广的军事、政治、财政就都由国民政府领导支配。此时还有陆续到来的“俄国援助一些军火，数量不多，但颇重要”。①

1926 年 5 月 22 日国民党二届二中全会最后一天通过宣言，表明接受海内外要求即行北伐的意志。31 日“国民革命军总司令部”设立，几天后蒋介石担任了国民革命军总司令。6 月 1 日国民党中央通过决议由蒋介石任组织部长。这样他又抓到了人事大权。6 月 3 日他当了国民党中央执行委员会常务委员会主席，是月底获得国民政府委员头衔。7 月 1 日国民政府下北伐动员令。7 月 9 日广州隆重举行开北伐誓师大会，五万多人参加，蒋介石就任国民革命军总司令职。

这是国民党朝着掌握全国政权迈出的重要步骤，也是蒋介石本人政治生涯中的一个重要时期。事态的发展迫使莫斯科顺从现实，转而支持北伐。另一方面，蒋介石本人就北伐问题与共产国际的接触中得到的是负面印象，这对他此后同共产国际的关系已经产生了影响，不过眼下主要是顺利出师。他在暗度陈仓。

北伐分左右两路齐头并进。唐生智在湖南开启北伐大门。由第七、八两军组成的左路军和第四军任主力的西路，这两支力量于 6 月打响了对湖南叶开鑫的战役。7 月中旬北伐军进入长沙。7 月 25 日湖南省政府成立。与此同时，中共也做了许多工作，主要是发动工农支持北伐。北伐初期有一个多达六百二十人的宣传队奉派向战地平民百姓和北伐士兵进行宣传，发放的出版物多达一万二千份，向群众灌输革命。② 毛泽东就是在这个时期亲自参加并考察了湖南的农民运动。他写道：“政治宣传的普及乡村，全是共产党和农民协会的功绩。很简单的一些标语、图画和讲演，使得农民如同每个都进过一下子政治学校一样，收效非常之广而速”。③ 不久蒋介石本人于 7 月 27 日踏上征途。

---

① 张玉法：《中华民国史稿》，台北，联经出版社 1998 年版，第 172 页。

② 张海鹏主编：《中国近代通史》第七卷，王奇生：《国共合作与国民革命》，凤凰传媒集团 2007 年版，第 287 页。

③ 毛泽东：《湖南农民运动考察报告》，《毛泽东选集》第 1 卷，人民出版社 1991 年版，第 35 页。

第二节　冯玉祥加入壮大北伐力量

冯玉祥加入北伐，使北伐军情出现明显的变化。

先看参加北伐前的冯玉祥。[①] 冯玉祥，字焕章，祖籍安徽巢县，1882 年生于直隶青县兴集镇一个下级军官家庭，父亲是淮军军人。冯玉祥只读过一年多私塾，因家境贫寒辍学。1894 年离家，随路过的军队到大沽口，从此开始军旅生涯。参加倒袁。1918 年孙中山率领部分议员南下护法，段祺瑞曾命冯玉祥进攻孙，但冯率领其第十六混成旅到湖北武穴后即按兵不动，后一直主张议和，并向孙中山表示愿意与之携手。况且冯对孙不无仰慕之情，他向其官兵发送孙中山关于三民主义的论著。1921 年 10 月北京政府任命冯为陆军检阅使。1922 年第一次直奉战争后，张作霖败退，曹锟、吴佩孚主政，冯玉祥受到排斥。[②]

行军路上的冯玉祥[③]

---

① 关于冯氏生平，可见简又文：《冯玉祥传》，台北，传记文学出版社 1982；蒋铁生：《冯玉祥年谱》，齐鲁出版社 2003 年版；梁星亮、惠郭俭：《冯玉祥传》；孟醒仁、曹书升：《冯玉祥传》，安徽人民出版社 1998 年版。

② 陈民：《冯玉祥传略》，载丘权政编：《回忆冯玉祥将军》，北岳文艺出版社 1990 年版，第 571—586 页。

③ 取自乌索夫：《苏联在华情报机关》，2002 年莫斯科版。

冯同苏联的联络开始是间接的。早在1922年间，孙中山酝酿其西北计划时，曾经通过马伯援探听冯的意图："是否打算进军蒙古，得到苏联武器和援助，然后兴兵打吴佩孚"。①

1923年9月加拉罕到中国后不久，就与时任西北边防督办的冯玉祥建立了联系。9月5日曹锟贿选当了总统，南方孙中山和中国社会舆论发出一片谴责。孙中山派遣"马伯援代表北上密嘱冯及时倒直"，② 冯在等待时机。1924年直奉战争爆发，冯玉祥联络胡景翼、孙岳在10月24日发动北京政变，其军队从直系分化出来，成立了国民军第一、二、三军，冯为第一军军长，胡、岳分别为第二、三军军长。莫斯科认为这说明"新兴的民族军事力量脱颖而出"。③ 于是加拉罕、鲍罗庭和国民党领导人在北京几度同冯玉祥会谈。④ 共产国际设计的一个新的政权模式——孙冯联合政府浮出水面。孙中山的北上曾经被看做实施这一设想的重要步骤。由于冯玉祥"倒戈"了，他与北洋军阀没有了干系，不过他也没有了任何供给，特别重要的是他不同于曹锟、吴佩孚，他没有帝国主义背景。

还在孙中山病危期间，1925年2月14日，国民党中央执行委员会讨论过同冯玉祥接近和援助胡景翼的问题。孙中山逝世后建立"孙冯政府"已经不可能了，但是莫斯科争取冯玉祥的工作依然在进行之中。这项工作极其秘密而隐蔽。

冯玉祥的国民军非国民党的嫡系部队，冯本人受"君子群而不党"⑤ 观念的支配，起初并不想加入国民党。但俄共（布）中央委员会政治局和共产国际认冯及其国民军是国民党的友军，决定给予军事援助，便向胡景翼统率的国民二军派遣了顾问，在洛阳和张家口为冯开办了军校。⑥ 苏联设在北方的由加拉罕负责的工作中心从1924年春就同冯建立了联系，经常奔走于他们中间的是一名叫鲍维尔的人。冯仔细研究过苏联军队，但没有什么结果。后普

---

① 《加拉罕致鲍罗庭的信（1923年12月27日）》，《联共、共产国际与中国》，台北，东大图书公司1997年版，第315页。

② 鹿钟麟遗稿：《1926年访问苏联前后》，载丘权政编：《回忆冯玉祥将军》，北岳文艺出版社1990年版，第511页。

③ 《魏金斯基致季诺维也夫的电报（1924年11月底，上海）》，《联共、共产国际与中国》，台北，东大图书公司1997年版，第454页。

④ 《联共、共产国际与中国》，台北，东大图书公司1997年版，第130、134、136号文件。

⑤ 简又文：《冯玉祥传》，台北，传记文学出版社1982年版，第244页。

⑥ 《联共、共产国际与中国》第1卷，台北，东大图书公司1997年版，和前引张国忱的《苏联阴谋文证汇编》（天津，1928年版）公布的文件比较详尽地反映了这方面的情况：苏联援助的数量、方式等。

里马科夫（В. М. Примаков）成为冯的总军事顾问。[①] 他们工作的模式同在华南一样，一名顾问奉派去做政治鼓动和开展农民运动，派遣军事专家组建铁甲车，促使冯玉祥、胡景翼接近，帮助他们同内蒙古人民革命党建立联系等。[②] 中共中央派遣了三十五人到冯玉祥部工作，七十人到河南军校。[③] 冯玉祥派遣秘书毛以亨到北京找李大钊、徐谦，二人随毛到张家口会见冯玉祥具体商谈。[④]

共产国际决定用冯制张

为了尽可能多地了解冯的真实情况，鲍罗庭与格克尔于1925年4月21日往访冯玉祥，经过两天的工作，磋商结果是“冯氏以可以得到军火之故，愿为本团[⑤]服务，并允对于国民党担任种种义务（如准国民党之政治工作人员加入军队之内反对帝国主义等项”。[⑥] 4月28日加拉罕、鲍罗庭、格克尔等决定把冯军建成“中国北方国民解放运动之柱石，应造成冯战斗力，使之强固”。[⑦] 冯玉祥同意接受共产党人和国民党到其部队开展工作。

冯玉祥部总顾问
В. М. 普里马科夫

董必武、孙科、汪精卫、于右任、孔祥熙、钮永键、李烈钧、邵力子、吴稚晖等人也相继在1926年来到张家口。一时间冯的帷帐人来人往十分热闹。冯玉祥接受李大钊等人的建议，决定开展对官兵的政治工作，在国民军设立了干部学校。[⑧]

① 冯玉祥的苏联顾问维·马·普里马科夫在其回忆录：《一个志愿兵的札记（1925—1926）》一书详细记述了他在冯部的工作和苏联援助冯玉祥的情况。《加拉罕在联共（布）中央委员会政治局一个委员会上的发言（1926年2月11日，北京）》，*ВКП*（*б*），*Коминтерн и Китай*，第2卷，上册，第65页。

② 《鲍罗庭给加拉罕的书面报告（1925年2月14日）》，《联共、共产国际与中国》，第479—481页。我在翻译此书时把月份“2月”误译为“3月”。

③ 《维里杰致魏金斯基的信（1925年5月13日）》，《联共、共产国际与中国》，第504页。

④ 《察哈尔纪事特辑》第60页，引自蒋铁生：《冯玉祥年谱》，齐鲁出版社2003年版，第69页。

⑤ 指苏联顾问团。

⑥ 张国忱编：《苏联阴谋文证汇编——国民军事项类》，天津，1928年版，第24页。

⑦ 张国忱编：《苏联阴谋文证汇编——国民军事项类》，天津，1928年版，第25页。

⑧ 《察哈尔纪事特辑》第61—62页，引自蒋铁生：《冯玉祥年谱》，齐鲁出版社2003年版，第70页。

值得注意的是这并不意味着莫斯科真正把冯玉祥当成自己人，他们仅仅将其“视为暂时较与吾等有利之一军阀而已”。另一方面，对冯部的控制也相当严厉，意在让冯仰赖苏联的供给，务使冯部“遵行我国指导人员所发布之命令”，造成冯军“无我国之协助其指挥能力即大感缺乏”的局面。[①] 这正反两手用意深远。

然而，对冯玉祥莫斯科心中依然无数，“不知其日后能否始终一致利于我［苏联］方”。莫斯科决定以冯制张：“造成冯玉祥与奉张之冲突”，绝对不能让张得胜，“盖奉张之胜利即守旧派之胜利亦即帝国主义（尤以日本为最）之胜利，深足为苏联之危害，即不将奉张破坏亦宜将其削弱之”。[②]

莫斯科对待冯玉祥的底牌，如同对待蒋介石的底牌一样，无论如何要先“造成冯军之战斗力”，至于日后，待苏联“足以达到”制服张作霖的“目的后再破坏此‘欺诈之人’”的冯玉祥不迟。[③]

中东铁路沿线张作霖势力的存在一直使苏联如芒刺在背，苏联亟欲将这个“帝国主义者的主要工具”除掉而后快，决定从根本上做“分化瓦解”张的军队和“促其革命化”的工作，为此则要争取北京政府保持“善意的中立。如果这样做不能奏效，就分裂这届政府并使其瘫痪”。如果还“不能奏效”，“就驱散［北京］现政府”，由“吸收国民党参加依靠冯玉祥军队和国民党军队的新政府”[④] 取而代之。这样孙冯政府就自然被“国民党—冯玉祥政府”所取代。

为此，斯大林采取了一石两鸟的做法。一是要求冯玉祥明确“表态支持上海工会”，[⑤] 二是，保证冯张冲突中冯玉祥胜利，“盖奉张之胜利……深足为苏联之危害”。[⑥] 1925 年五卅运动后，张作霖向罹难工人捐了两万元（未标明币种）用做抚恤，斯大林认为不能让张氏的“骗人勾当”占了风头，便要求驻华大使加拉罕“围绕冯玉祥制造一种受到普遍同情的氛围。劝冯玉祥捐两万元或更多一些钱给上海工人”，这样既可“提高”冯玉祥的威望并抵消张的捐赠可能产生的正面影响，并且有利于塑造冯玉祥的“革命形象”。斯大林认为，无论中共还是国民党，都应该时时牢记，目前对待张作霖“不能取中

---

① 张国忱编：《苏联阴谋文证汇编——国民军事项类》，天津，1928 年版，第 23 页。

② 张国忱编：《苏联阴谋文证汇编——国民军事项类》，天津，1928 年版，第 24 页。

③ 张国忱编：《苏联阴谋文证汇编——国民军事项类》，天津，1928 年版，第 25 页。

④ 《俄共（布）中央委员会政治局第 68 号会议记录节录（1925 年 6 月 25 日）》，《联共、共产国际与中国》，台北，东大图书公司 1997 年版，第 524 页。

⑤ 《俄共（布）中央委员会政治局会议记录节录第 80 号（1925 年 9 月 24 日）》，《联共、共产国际与中国》，台北，东大图书公司 1997 年版，第 566 页。

⑥ 张国忱编：《苏联阴谋文证汇编·国民军事项类》，天津，1928 年版，第 24 页。

立态度”，一定要大张旗鼓地趁机掀起强劲的反张作霖的运动。[①]

不过莫斯科的涉华工作人员对于冯各有自己的看法和打算：加拉罕满怀希望让冯军之战斗力持久。鲍罗庭则更加习惯于使用分而治之的办法，就像他对国民党实行的“楔子策略”一样。他建议除加强冯部实力外，还应采取更加灵活的方式“于冯军中作成一种可使破裂之分子，藉为保障，免其将来反对我国”。[②]

契切林提出一定要防微杜渐、未雨绸缪，“为防止冯日后背叛我们，最好的办法是对他的士兵施加影响，但正是在这一方面我们做得还远远不够”。[③]

中共的策略近似鲍罗庭的策略。它把冯玉祥视为“从旧军阀分化出来的左派”，肯定他表现出的“反帝国主义反对反动军阀之倾向”，赞赏他“能相当接近民众，给与人民以相当的自由”等做法，从而把“帮助国民军”确定为中共北方区委政治军事工作的唯一任务。[④] 中共北方区委负责人李大钊在鲍罗庭访问冯玉祥后十多天即到张家口同冯秘密协商在西北军开展政治工作一事。[⑤] 中共派遣了十三名党员到冯的部队中工作。这样冯就受到上述三方一致的支持。而冯玉祥则十分灵活地应对各方情况。

冯玉祥相当迅速地从苏联得到了援助，没有经历1923年下半年孙中山催促苏俄兑现援助的过程。1925年3月13日，就在孙中山逝世后的第二天，俄共（布）中央委员会决定一年内向冯玉祥提供一百万（1,000,000）卢布的援助和武器并且责成伏龙芝“在最短时间内解决与此相关的技术问题”。与此同时，直接拨出一批“外国制武器弹药”由北方中心的加拉罕支配，向冯玉祥有偿提供。[⑥]

冯部装备情况：

到1925年5月初，苏联军事顾问团（又称“指导团”）到张家口加入国民

---

① 《斯大林致加拉罕的信（1925年6月中旬前）》，《斯大林、契切林与苏联驻华全权代表加拉罕的通信》，莫斯科，2008年版，第540页。

② 张国忱编：《苏联阴谋文证汇编·国民军事项类》，天津，1928年版，第27页。

③ 《契切林致加拉罕的信（1926年1月1日）》，《斯大林、契切林与苏联驻华全权代表加拉罕的通信》，莫斯科，2008年版，第588页。

④ 《北方区政治军事工作问题》，《中共中央文件选集》（二），中共中央党校出版社1983年版，第34页。

⑤ 蒋铁生：《冯玉祥年谱》，济南齐鲁书社2003年版，第69页。

⑥ 《俄共（布）中央委员会政治局会议记录第52（特字第39）号（1925年3月13日）》，《联共、共产国际与中国》，台北，东大图书公司1997年版，第477—478页。

一军的“计共军事人员二十九人，军事政治人员二人，医生一人，翻译四人”。①

至1926年1月13日，实交国民军军用物资总数为四百八十七万二百八十一卢布五十九戈比（4,872,281卢布59戈比），超过应付的四百五十万一千九百九十九卢布十五戈比（4,501,999卢布15戈比）。② 这个数字已经多于1923年5月莫斯科答应给予孙中山二百万卢布的二倍。

“1926年3月底拨给国民一军价值六百万卢布之军火，计：快枪二万六千（26,000）支，机关枪九十架，子弹约二千一百（2,100）万粒，大炮二十四尊，炮弹约二万二千（22,000）粒，掷弹机十架附炸弹一千（1,000）枚，手榴弹一万（10,000）枚，指挥刀一千（1,000）柄，刺刀五百（500）柄，飞机三架带有炸弹及机关枪之设备”。③

约半年后，至6月1日，实交国民军军用物资总数为六百一十九万九千三百二十五卢布七十八戈比（6,199,325卢布78戈比）。④

冯部兵力：1925年12月初，冯部计有步兵六个师，即1、2、3、5、6、11师，骑兵两个师。另外还有两个卫队旅和北京驻防军。⑤

冯本人的国民一军步枪二十五万支，机枪一百四十挺，火炮四十二门，子弹和炮弹数量与步枪、机枪和火炮数量相适应，军刀五千把，飞机六架，三万件防瓦斯面具，十件投火器，四百部电话，三千匹马，手榴弹一万（10,000）枚。⑥ 苏联还曾打算在蒙古境内组建一支国际部队以便支援冯玉祥。因运输武器装备路途遥远、费用高昂及其他原因，国民军实际得到的军火数量小于原拟提供的总量。

此期间还开办了各种军事学校，如炮兵学校、步兵学校、骑兵学校、机枪学校、工程学校、间谍学校等。

具有重要意义的苏联之行

华南的国民党和华北的国民军同时得到莫斯科提供的援助。1925年冯玉祥部一度占领京津，但不敌张作霖、吴佩孚的进攻而放弃京津。1926年3月20日冯玉祥由山西平地泉出发赴苏联，茅以升陪同，随行的还有冯玉祥的儿子冯洪国、女儿冯弗能、冯弗伐。

---

① 张国忱编：《苏联阴谋文证汇编·国民军事项类》，天津，1928年版，第31页。
② 张国忱编：《苏联阴谋文证汇编·国民军事项类》，天津，1928年版，第93—94页。
③ 张国忱编：《苏联阴谋文证汇编·国民军事项类》，天津，1928年版，第31页。
④ 张国忱编：《苏联阴谋文证汇编·国民军事项类》，天津，1928年版，第96页。
⑤ 张国忱编：《苏联阴谋文证汇编·国民军事类》，天津，1928年版，第8页。
⑥ 普里马科夫：《一个志愿者的回忆·中国第一次国内战争时期》，列宁格勒，1927年版，第10页。

行至库伦时，国民党要员顾孟馀、于右任和鲍罗庭一起同冯玉祥进行了长时间的谈话。

鲍罗庭的一席话对冯震动很大："公拥有中国至强的军队，素抱救国救民的宗旨，但究竟有何具体的计划和政见，以实行救国救民的宗旨？如有，而又用于国民党所主张的，我们将必离开国民党而共来助你。如其没有，则请你立刻加入国民党，接受其主义与政策，联合一致，共谋国是"。[①] 徐谦[②]也反复向冯说明国民党的宗旨，让冯摒弃那种"君子群而不党"的观念。冯玉祥被说服，便由徐谦介绍在此地加入国民党。[③]

经过这些工作，冯玉祥也像蒋介石一样，开始在他自己的军队里实行政委制，加强对士兵的教育，号召士兵为三民主义而战。

莫斯科争取冯的工作一直在进行中。冯玉祥在上乌丁斯克体验到的都是苏式革命热情。他亲历这里的人民庆祝五一劳动节的盛况。就像当年的蒋介石、胡汉民等一样，他也被苏式无产阶级革命的热情感染。[④]

冯玉祥关心外蒙古问题。当然，苏联这种热情接待背后也还有别样的打算：希望冯玉祥表态，承认或不反对外蒙古自治，保证不从卡尔甘（张家口）兴兵攻打外蒙古。[⑤]

在库伦，鲍罗庭据苏联官方意图作出的安排，冯玉祥会见了外蒙古代表团。冯明显地体会到苏联用他制约张作霖的意图，他甚至提出过一个建议，一旦外蒙古与张作霖交战，他，冯玉祥便与外蒙古组成联军对付张作霖。外蒙古代表团没有表态。冯玉祥又与鲍罗庭会谈此事，称请苏联组建军队，但打出他的军队旗号，去扰乱张作霖的后方。此事没有结果。

冯玉祥与代表团谈话时详细询问了苏军在外蒙古的情况，诸如苏军是否已经撤出外蒙古，苏军驻扎外蒙古期间的费用由谁负担，"你们为苏军的帮助

---

① 简又文：《冯玉祥传》，台北，传记文学出版社1982年版，第244页。

② 徐谦（1871—1939），字季龙，安徽歙县人，1904年应试及第成为进士，后入翰林院习法律。1907年毕业后从事法律工作，对中国法律建设作出重要贡献，1919年以观察员资格参加巴黎和会，1917年任孙中山广州军政府秘书长。主编天津《益世报》。1921年，任孙中山政府最高法院院长。1923年应冯玉祥之聘进京，任中俄庚款委员会主席。1926年随冯玉祥访问苏联，回国后，任国民党中央执委兼司法部长。1927年后寓居香港，做律师。抗战爆发时，回到内地，任国防委员会委员。1939年病逝香港。

③ 冯玉祥：《我的生活》，岳麓出版社1999年版，第420页说他是在中国加入国民党，但第446页说他本人和国民军加入国民党是在莫斯科，这与简又文上书说冯到莫斯科第二天便宣誓加入国民党有些相同。简又文：《冯玉祥传》，台北，传记文学出版社1982年版，第244—245页。

④ 冯玉祥：《我的生活》，岳麓出版社1999年版，第422—426页。

⑤ 《加拉罕致契切林的信（1925年5月7日）》，卡尔图诺娃：《斯大林、契切林与苏联驻华全权代表加拉罕的通信》，莫斯科，2008年版，第501—502页。

付出了什么代价？”他得到的回答是外蒙古没有付出任何代价。对这样“突然而不甚明白的回答”，他印象深刻。苏方密切关注这一切，他们从中看出，尽管这位冯玉祥将军已经开始“左转”，但他对苏联依然存有怀疑：“怎么会有这样的事，外国军队到了别国土地上，驻了好几年，什么也没得到，对任何人也没有实施抢劫，帮助那里的人建立了一个牢固的政府，最后就那么撤走了”。[①] 至于冯是否真的已经开始“左转”，以后的事态将会说明。

5月9日冯一行到达莫斯科。苏方有关人员前来迎接。联共（布）对于冯的来访取低调，很少报道他的活动，《前进报》登载过他和徐谦赠予该报的带有签名的照片。[②] 苏方则仅仅安排了政治局委员、中国委员会委员温什利赫特接待，后者应斯大林指示告诉冯玉祥，苏联“现在只能向他提供最低限度的援助”。政治局建议冯玉祥“回军队主事”并且同张作霖接触，把这一时期当做一个“喘息时期”，[③] 以养精蓄锐。

冯玉祥在莫斯科火车站

刊登在莫斯科《前进报》上的冯玉祥照片

刊登在莫斯科《前进报》上的徐谦照片

---

① 《加拉罕致契切林的信（1925年5月7日）》，卡尔图诺娃：《斯大林、契切林与苏联驻华全权代表加拉罕的通信》，莫斯科，2008年版，第501—502页。

② 该报第20期，1926年5月28日出版。

③ 《联共（布）中央委员会政治局会议第27（特字第21）号记录节录（1926年5月20日）》，*ВКП (б) Коминтерн и Китай*，第2卷，上册，第227—228页。

冯玉祥在莫斯科的收获，仅仅是据1925年预算计划“尚未交货的武器弹药，以及拨出总值为四百三十四万三千六百一十七卢布五十戈比（4343617.50）的部分储备物资”。而作为冯玉祥方面的保证，则是“采取一切措施保证军队的改组以提高作战能力，削减军队数量，培养坚定而有政治素养的军队骨干，以保证进一步壮大军队。再一个就是政治局批准桑古尔斯基（М. В. Сангурский，化名乌斯曼诺夫 Усманов）[①] 为冯玉祥的军事政治教导员。[②] 可见与1924年至1925年间相比，苏方对冯的态度已经发生变化，乃至同行者都明显地感到，苏联的用心是，不管冯政治立场如何“只应造成冯军之战斗力便足以达到目的”。

苏方对于冯玉祥的期望值也仅仅在这里。来莫斯科路上的热情欢迎不过是出于礼貌。1926年3月他的两个子女即将到达莫斯科进中山大学学习时，外交人民委员部鉴于冯玉祥已经“积累”了大量财富，曾考虑过是否由他本人出钱供给孩子们的学费。[③]

努力学习苏联革命理论，是冯玉祥访问苏联期间的一大亮点。他受到优厚的政治待遇，乌斯曼诺夫专门向他讲解马克思主义。[④] 另一方面他自己也利用一些机会向学生们讲解学到的东西。他同列宁格勒学生（1926年7月21日、24日）的两次谈话，讲的都是共产国际的某些革命原理：外国资本主义如何侵略和压制中国民族工业的发展，马克思关于剩余价值的论述。涉及中国社会上的两极分化，贫富差距时，他用十分浅显的例子，向学员们说明劳动人民的悲惨处境。特别耐人寻味的是，他还开始考虑中国亟待消除某些不良的社会现象，如歧视妇女、男尊女卑、一夫多妻制等。

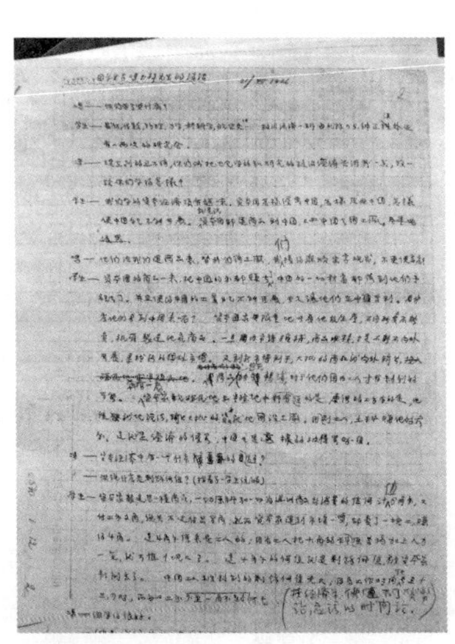

冯玉祥同列宁格勒中国留学生的谈话　РГАСПИ 收藏

从冯玉祥关于“党军”的谈话可以看出，

① М. В. 桑古尔斯基（1894—1937），张家口苏联顾问团成员，1937年苏联肃反时遭错杀，后恢复名誉。

② 《联共（布）中央委员会政治局会议第32（特字第24）号记录节录（1926年6月7日）》，*ВКП(б) Коминтерн и Китай*，第2卷，上册，第242页。

③ 《契切林致加拉罕的信（1926年3月18日）》，卡尔图诺娃：《斯大林、契切林与苏联驻华全权代表加拉罕的通信》，莫斯科，2008年版，第614页。

④ 冯玉祥：《我的生活》，岳麓出版社1999年版，第428—429页。

他心悦诚服地接受关于建设党军和依靠党军武装夺取政权的思想，从技术层面上理解党军的思想，说不上什么“革命”与否。他向学生们反复强调：“军人不干政”是错误观念，我们要建立的就是党军。他对学生说，你们要革命，就要入党，入国民党、共产党都行。①

此时，国内形势对国民革命不利，中国国民党中央执行委员会委员于右任奉中共北方区委按排，到苏联劝说冯玉祥回国。②

三个月的苏联之行至少使冯玉祥受了一番马列主义的打磨，对他的政治生涯产生过一定影响。他的专著《我的生活》真实地记录了这段经历。

苏联之行的确使冯玉祥眼界大开。至少他看到了纪律严明、装备远较他的部队精良的红军。在一定意义上也可以说，与他在国内的军阀圈子里的环境相比，苏联对于社会主义的崇高目标——改善穷苦人命运——的宣传，对他有所启发。

五原誓师

冯玉祥在苏联得知国民军已经撤出南口，胡景翼的国民二军也遭到失败。与此同时在南方，北伐中的国民革命军与吴佩孚部激战于湖南、湖北。此时冯玉祥若能把晋察撤退的国民军利用起来，重整旗鼓，在华北与国民革命军遥相呼应，对吴佩孚形成南北夹击之势，北伐必定更加顺利。中国共产党也派了刘伯坚等人到他的军队中去做工作。于右任就是在这种情况下亲赴苏俄劝冯玉祥归国的。

8月17日，冯一行动身。就在他归国途中，国民党中央和国民政府于8月23日正式任命冯为国民政府委员、军事委员会委员、中国国民党驻国民军的党代表等要职。

9月16日，冯玉祥在五原发表宣言，严厉批判军阀制度和外国帝国主义对中国的剥削压迫，表明了实现孙中山三民主义的决心，对外则主张与被压迫民族的朋友——苏联携手的愿望。③

9月17日，举行誓师授旗仪式。于右任代表中国国民党中央常务委员会向冯玉祥授国民党旗。从此，国民军成为国民革命军在北方的一支强大的力量。国民党政治委员会北京分会的李石曾和中共北方区委李大钊等与冯玉祥、加拉罕一起研究和制订了具有重要意义的行动计划：放弃原反攻张家口，经南口攻打北京的计划，转而入甘出陕，绕道北伐，同由广州北上的国民革命

① 《列宁格勒中国学生与冯玉祥的谈话（1926年7月21、24日）》，РГАСПИ，全宗530，目录1，案卷12，第1—7页。

② 许有成、徐晓彬：《于右任传》，复旦大学出版社1997年版，第149页。

③ 冯玉祥：《我的生活》，岳麓出版社1999年版，第455—460页。

军会师中原。此后，冯玉祥采纳了李大钊派人前来传达的指示，确定了“固甘援陕，联晋图豫”的八字方针，准备在取得陕西后，经潼关沿陇海路南下河南，与北伐军一气，夹击奉军。国民军立即行动，先是在西安打了一场漂亮仗，冯玉祥于 1927 年 1 月到达西安。① 冯玉祥的行动无疑壮大了国民革命军的力量。后来冯玉祥准备出潼关时，情况发生变化。

第四节　设想中的政权　各方智斗

对于北伐胜利后应当建立一个什么样的政权，不同的方面有不同的设计和期望。

蒋介石要建立的是由他一个人掌握的政权，不想让任何人特别是国民党左派汪精卫染指，尽可能不让汪分享党权或政权。②

共产国际则有完全不同的设计。鲍罗庭原希望北伐胜利，“等待并且指望蒋介石安排的北伐带给他政治上不可避免的灭亡”。③ 届时便由左派国民党掌权并与共产党人一起组成政府。大致安排是：取消国民党主席这一职位，政府主席是汪精卫，国民党中央政治委员会主席则由大家轮流担任，国民政府军事委员会主席是中派蒋介石，委员有唐生智和冯玉祥。④

当时的具体做法可归纳为，一是用唐生智制约蒋介石即所谓“用唐制蒋”，二是设立联席会议，第三便是请汪精卫复出。

共产国际之所以想用唐制蒋，是因为“红色军阀”唐生智在北伐开始后率军占领了湖南，继又挥师湖北，一段时期内蒋介石的战功还稍逊于他。唐很聪明，善于审时度势，有意靠中共帮助开展工农运动，以“壮大自己的势力”。⑤ 中共也明确在北伐军占领的地方，如湖南“应迅速扩大民众运动，要求人民的自由权利，我们党当发表一湖南人民的总要求，组织各界人民团体

① 周玉和：《蒋介石与冯玉祥》，团结出版社 2009 年版，第 12—14 页。

② A. И. 卡尔图诺娃：《加伦在中国（1924—1927）》，莫斯科，2003 年版，第 489 页。

③ 《鲍罗庭会见共产国际执行委员会远东局考察团时的讲话（1926 年 8 月 9 日广州）》*ВКП*（*б*），*Коминтерн и Китай*，第 2 卷，上册，第 309 页。

④ 《吴廷康致联共（布）驻共产国际执行委员会代表团的信（1926 年 11 月 26 日）》，*ВКП*（*б*），*Коминтерн и Китай*，第 2 卷，上册，第 538 页。

⑤ 杨天石：《蒋氏密档与蒋介石真相》，社会科学文献出版社 2002 年版，第 27 页。

的联席会议或委员会，对于省政府提出政治要求及主张，事实上要做到代议机关，执行革命的工作，指导湖南各阶级民众依此去斗争”。[①]

共产国际心目中的唐生智及其军队是“革命的”，共产国际代表，著名左派吴廷康认为到这时候已经“很难期望蒋介石‘左转’了，此人索性会右转。蒋介石已经在广大百姓中和国民党内威信扫地。这不仅因为他提出了军阀式的北伐，而且因为他处心积虑不仅要抓军权，还要把全部大权独揽。各界人民都认为他是一个败北者”。[②]

共产国际还赋予唐生智以反蒋势力带头人的角色。因为在当时的情况下最理想的自然是“中派和左派和解，即与汪精卫和解”。可是“三二〇”事件成了这一设想的障碍，因汪精卫被强行解职。“而中国的政治派系，中派也好，左派也好，都与欧洲的政治派系大相径庭，他们不懂得互相妥协，在这方面有实力的人就显得突出，保定系的军队在湘军加入广州北伐军后，力量大为增强，在这种情况下，“唐生智便脱颖而出，成为反蒋的带头人”。[③] 说到实力，也许远东局的某些人如福金（Н. А. Фокин），[④] 对唐生智个人拥有大企业和大笔外汇也不无兴趣。[⑤]

10 月 10 日国民革命军攻克华中要冲武昌，重创孙传芳部。蒋介石也肯定了唐生智的战功，甚至有意让其组织湖北省政府。显然唐是暗中较量的各方都能接受的人物。中共甚至觉得唐生智的革命性强过蒋介石。[⑥]

应当指出的是，这仅仅是一种权宜之计，莫斯科的使者们对唐生智是个什么样的人物无不心知肚明。加伦亲临前线，知道北伐军面对的孙传芳部的强大，无论从装备还是作战的角度都优于国民革命军，但后者勇敢顽强，靠

---

① 《中央通告第 1 号（1926 年 7 月 31 日）》，《中共中央文件选集》（二），中共中央党校出版社 1983 年版，第 208 页。

② 《吴廷康与顾孟馀的谈话记录（1926 年 8 月 18 日）》，*ВКП（б）Коминтерн и Китай*，第 2 卷，上册，第 333—334 页。

③ 《远东局考察团关于广州政治和党际关系的调查报告（1926 年 9 月 12 日）》，*ВКП（б）*，*Коминтерн и Китай*，第 2 卷，上册，第 394 页。

④ 福金（1899—?），化名年青人（Молодой），谢伊格尔（Сейгель），青年共产国际执行委员会工作人员，该国际驻华代表（1926—1927），共产国际执行委员会远东局成员。后为红色工会国际东方部长，遭到非法镇压，死后平反昭雪。

⑤ 《福金致佚名者的信节录（1926 年 9 月 25 日）》*ВКП（б）*，*Коминтерн и Китай*，第 2 卷，上册，第 360 页。

⑥ 《加伦致吴廷康和张国焘的信（1926 年 11 月 23 日）》，卡尔图诺娃：《加伦在中国（1924—1927），莫斯科，2003 年版，第 496 页。

打夜战，拼刺刀取得胜利。[1] 就是这个强大的敌人孙传芳却想拉拢唐生智，向他发出了两封信。唐生智本人也有强烈的权力欲，并不满足于湖南一个省。蒋介石为争取唐才答应后者管湖北，也就是说向“唐的贪心屈服了”。蒋认为，“这将有利于保证唐与国民政府合作，并使其不可能与孙联手，因唐沽名钓誉之心全都得到了满足”。加伦将军只好同意蒋介石的想法，并向莫斯科报告了这一动向。[2]

不过，唐“是个滑头，是一个务实的武夫政治家……他看得明白什么时候需要寻求同盟者，他到处去找，从左派到日本人”。这一点加伦看在眼里记在心里，他说我们也并“不是草包”。然而“现在我们最需要唐生智。我们要把他当做一支对抗蒋介石的势力。我们要用唐制蒋。为此，无论在军事委员会，在国民革命军还是国民政府内，唐都应当有其位置，不过要想扮演这个角色，他必须拥有足够的实力。不能让他从一支与蒋抗衡的势力变成对抗国民政府的势力”。[3]

唐生智则在策动保定系联合运动，企图把保定军官学校出身的将领聚拢起来，反对黄埔系及蒋介石。“保派对蒋介石的态度引起人们对蒋作为总司令的蔑视。第二、三、六军虽然已经达成相对统一，它们对总司令的态度也是不能令人满意的。七、八两军和第四军的第十师即其主力，是保派中的执牛耳者。唐生智是这一派的军事领袖。总司令的基本力量——第一、二两师在从广东向湖南进发时，因不良军风而在政治上失信于百姓，同时也表明，‘三二〇’事件瓦解了军队战斗力”。[4]

第七军军长李宗仁，湖北的贺耀组与唐关系密切。粤军的一些下级军官有意靠拢唐，第四军第十师的陈铭枢师长也在被争取之列。唐生智甚至有日本为其提供的情报。[5] 鲍罗庭通过国民革命军总政治部的苏俄顾问杰罗尼争取该部主任邓演达，以及其他军中身为共产党员的领导参预此事。李宗仁、黄绍竑、郭沫若等都是他的联络对象。第六军军长程潜则愿意与唐取-致行动“剥夺蒋总司令的指挥权。然由于唐生智的权力欲太大，一意取蒋总司令而代

---

① 1926年10月5日加伦致鲍罗庭等人以及莫斯科和中共中央的信中详细介绍了这个情况。*ВКП（б），Коминтерн и Китай*，第2卷，上册，第471页。

② 卡尔图诺娃编：《加伦在中国（1924—1927）》，莫斯科，2003版，第473—474页。

③ 《加伦致张国焘的信（1926年11月22日）》，*ВКП（б）Коминтерн и Китай*，第2卷，上册，第519页。

④ 《加伦致吴廷康和张国焘的信（1926年11月23日）》，*ВКП（б）Коминтерн и Китай*，第2卷，上册，第496页。

⑤ 《加伦致温什利赫特的电报（1926年11月20日）》，*ВКП（б）Коминтерн и Китай*，第2卷，上册，第478—479页。

之，为其他保定系将领所不满，因而无法形成一个有形而坚固的集团”。[①]

这样，鲍罗庭原来的设想就很难实现了：“三二〇”事件前的局面不易恢复，觊觎大权者可谓群雄逐鹿，最后鹿死谁手，难以看出。况且蒋介石能否按共产国际的设想一直处于“中派”，此时还不易预见。

共产国际执行委员会远东局和中共对唐生智尽管使用过权宜之计，同时也均有相当程度的怀疑，[②] 再加上唐的表现，共产国际这个设想很快就成了泡影。

围绕联席会议

因蒋介石坚持北伐，在一些问题特别是迎汪一事上的主张与共产国际不同，共产国际代表们如吴廷康等断定“将介石左转”已经没有希望了，便继续推选其利用左派与中共合作的策略，以期达到迎汪倒蒋为目的。早在 1926 年 8 月中旬同顾孟馀谈话时，他就向其流露了这个意图。吴廷康当时对这个联席会议的考虑是：会议应该讨论并找出国共合作的最佳形式；今后的计划；明確对广州现政府的态度，消除国共间的误会，特别是因陈独秀那篇关于北伐的文章引出的误会。当时吴廷康预计，第一轮会议需要一个星期左右，每年要举行四次。[③]

后来，谭平山在莫斯科参加共产国际执行委员会第七次扩大全会时，与东方书记处的领导人讨论过这个问题。谭平山介绍说，中共在国民党第二次代表大会前就向该党提出过遇有必要就召开联席会议的建议，遵照此精神，曾与国民党“左派领袖讨论过这件事”。[④]

值得注意的是，到这个时候，谭平山等中共领导人，在对待蒋介石问题上还是相当克制的。共产国际执行委员会东方书记处同意中共的看法，依然把蒋介石视为国民党“中派的领袖”。但是这看法中也有其矛盾性。在东方书记处的眼中，在谭平山的报告里，蒋介石同时又是“广州政府内的独裁者”。[⑤] 简言之，蒋不再是左派。所以中共、共产国际和共产国际驻华代表们达成了共识，把矛头直接指向蒋介石，也就是说，还没有等到国民党中央召

---

① 李云汉：《从容共到清党》，台北，中华学术奖助委员会 1966 年版，第 577 页。

② 《共产国际执行委员会远东局成员与中共中央执行委员会联席会议记录（1926 年 11 月 10 日）》，*ВКП（б）Коминтерн и Китай*，第 2 卷，上册，第 511 页。

③ 《吴廷康与顾孟馀的谈话记录（1926 年 8 月 18 日）》，*Коминтерн и Китай*，第 2 卷，上册，第 334 页。

④ 《谭平山在共产国际执行委员会东方书记处会议上的讲话（1926 年 9 月 23 日）》，*ВКП（б），Коминтерн и Китай*，第 2 卷，下册，第 454 页。

⑤ 《吴廷康与顾孟馀的谈话记录（1926 年 8 月 18 日）》，*Коминтерн и Китай*，第 2 卷，上册，第 453 页。

集各省市联席会议，蒋便成了共产国际和他们心目中的左派“内定”的对手。

10 月 15 日国民党中央委员会及各省特别市委联席会议（广州联席会议）开幕。与会者有八十余人，提案委员会有张静江、徐谦、孙科、李济深、鲍罗庭、甘乃光、谭延闿七人组成。鲍罗庭安排谭延闿、徐谦、张静江、宋庆龄、吴玉章为主席团成员。吴玉章主持会议。

开幕后第二天讨论迁都问题，“会上经过吴玉章等人的力争”[①] 通过了以下决议：国民政府地点仍设广州。会后张静江把联席会议讨论的情况和迁都问题告诉蒋介石：迁都问题；改组；省政府和国民政府的权限；国民党对于时局的方针。[②]

蒋介石坚持国民党中央党部留在广州，同意政府迁武汉。[③] 对于联席会议，不言而喻，他十分不满，特别是得知广州军校学生有推倒他的意思后，他认为自己本是为孙中山遗愿奋斗，却“三年来受尽屈辱，忍痛至今者纯为总理革命之使命与一手所扶植之学生也”。他认为自己受人“愚弄胡闹”。[④]

蒋介石并非受人“愚弄”者，这不言自明。他认为共产党提出的统一党的领导机关的建议，其真谛在于“破坏军事时期之统一组织”。[⑤]

蒋介石和共产国际代表们心照不宣：这些争执的焦点在于能否恢复以汪精卫为首的左派的权力和能否急剧削弱蒋介石的势力。武汉国民党领导人和共产党同蒋介石派的冲突日甚一日。这一切为后来的迁都之争预先造成了许多纷争。蒋介石自然不会轻易放过。

为了汪精卫的复出，共产国际颇费了些心思。蒋介石早在 5 月 22 日的国民党二届二中全会闭幕式上就表示希望汪精卫“赶速销假，主持党务”。[⑥] 但他并没有实际行动。况且不排除，这仅仅是他的政治手腕。

共产国际执行委员会，特别是其设于上海的远东局，在这个问题上起了不小的作用，而实际主持该局工作的共产国际左派吴廷康的表现尤其突出。这个远东局的酝酿始于 1926 年 3 月 25 日，“三二〇”事件刚刚过了五天，联共（布）中央委员会政治局还不知道事件端的，但是本着其一贯的“对左派国民党作出让步”，以基本维持现有国共“组织关系”的想法，决定设立共产

---

① 李新、陈铁健主编：《中国新民主主义革命史长编》之《北伐战争》，上海人民出版社 1994 年版，第 526 页。

② 《张静江档案》，《中华民国史资料汇编》第 4 辑，上册，江苏古籍出版社 1986 年版，第 373 页。

③ 中国第二历史档案馆编：《蒋介石年谱初稿》，档案出版社 1992 年版，第 754 页。

④ 中国第二历史档案馆编：《蒋介石年谱初稿》，档案出版社 1992 年版，第 754 页。

⑤ 蒋介石：《中国国民党第三次全国代表大会党务报告》，引自李云汉：《中国国民党史述》第二编，台北，中国国民党中央委员会党史委员会 1994 年版，第 781 页。

⑥ 《民国十五年以前之蒋介石先生》第 3 卷，第 919 页。

国际执行委员会远东局,[①] 4 月确定了该局吴廷康任（主席），成员有：拉斐斯、赫勒尔（Геллер）,[②] 福金，以及中国共产党，朝鲜共产党和日本共产党代表各一名。联共（布）还建议国民党派一两个常驻代表来莫斯科。[③] 陈独秀代表中国共产党中央执行委员会正式进入远东局。吴廷康要参加中国共产党中央执行委员会的工作，于是他实际上就成了共产国际派驻中国共产党中央执行委员会的代表。

这样一来，便有三个中心在指导中国的共产主义运动，即北京的加拉罕机关，它统领在中国的全部莫斯科工作人员——政府方面的和共产国际方面派出的；广州的鲍罗庭机关，主要关注国民党中央执行委员会，广东国民政府和国民革命军，以及中国共产党广东区委的工作；远东局集中精力于领导中国共产党及其活动。[④]

远东局虽然与国民党并不直接发生工作联系，但它主张的是一条更加激进或曰左的路线，所以对中国运动的影响不能低估。

例如远东局代表团 8 月 6 日至 9 月 2 日用了近一个月的时间到广州做调研。[⑤] 它与共产国际代表鲍罗庭取得了一些共识，明确了近期的工作方针：暂时不能取代蒋介石国民革命军总司令的位置，但务必寻找一些办法，以消除他军事独裁的威胁；利用北伐最大限度地发展群众运动，以便在此基础上最终改变国民党内、广东国民党政权机构以及（国民革命军）占领区内左派与中派（“三二〇”事件蒋介石归入中派）之间的力量对比，达到孤立和削弱右派势力的目的。其目的都是设法恢复“三二〇”事件以前的局面。

他们之间的区别在于远东局认为，鲍罗庭过分注意在国民党、国民政府

---

① 《联共（布）中央委员会政治局会议记录第 17（特字第 12）号（1926 年 3 月 25 日）》，*ВКП（б）Коминтерн и Китай*，第 2 卷，上册，第 157 页。

② Л. Н. 赫勒尔（1875—?），化名“教授”、“工会工作者”、“塔拉索夫”。20—30 年代红色工会国际东方部部长，1926 年起为共产国际执行委员会远东局成员，红色工会国际驻中国代表。1930 年起执教于国际列宁学校。遭非法镇压，死后平反。

③ 《联共（布）中央委员会政治局会议第 22（特字第 16）号记录节录（1926 年 3 月 25 日）》，*ВКП（б）Коминтерн и Китай*，第 2 卷，上册，第 202 页。

④ 远东局积极参与了中国共产党中央执行委员会扩大全会（7 月 12 至 15 日）主要决议的起草工作，为直至 1926 年底中共的工作确定大政方针（*ВКП（б）Коминтерн и Китай*，第 2 卷，上册，第 73、75 号文件）。该局与中国共产党领导筹备并讨论了 1926 年 10 月上海起义的计划（*ВКП（б）Коминтерн и Китай*，第 2 卷，上册，第 116 号文件）及其经验，尔后为即将于 1927 年初举行的中国共产党第五次代表大会拟定了文件和向共产国际第七次全会提出的建议（*ВКП（б）Коминтерн и Китай*，第 2 卷，上册，第 122、123、126 号文件）。

⑤ 《鲍罗庭会见远东局调查团时的讲话（1926 年 8 月 9 日）》，*ВКП（б）Коминтерн и Китай*，第 2 卷，上册，第 79—87，94—95 号文件。

和国民革命军的各派系中间做“上层斡旋”，因他不同意远东局的做法：立即壮大城乡群众组织，“自下而上”地壮大国民党的根基，通过这样的做法建立起颇有实力的左翼，依靠这些组织向蒋介石和中派施加压力，促其左转。

远东局认为，在广东，进行土地革命和“清洗”地方政权中反动官僚的时机业已成熟，必须为广大农民群众的利益而“立即解决土地问题”。[①] 在北伐的形势下这意味着在北伐军将领的后院点火。

受到批评的鲍罗庭一针见血地指出了远东局建议的根源：“对于在中国的工作情况了解甚少……我们在这里不能沿袭我们一直用于西方的布尔什维主义方法”。[②]

分歧归分歧，共产国际代表们依照其划分左中右派的教条，到1926年10月达成了一致意见，即在国民革命军占领湖北的主要城市之后召开国民党代表大会（或代表会议），拟在会上按照原在广东与一些左派国民党讨论过的意见，通过一个请汪精卫回国领导党中央执行委员会的决议，[③] 显然旨在将此作为限制蒋介石在党内权力的一个实际步骤。

继蒋介石5月22日提出迎汪复出建议后，彭泽民在1926年5月25日的国民党中常会上也有提议。随后，江苏、安徽、湖北、广西等省党部陆续发电，要求汪精卫回国主持北伐，于右任、经亨颐等也电请汪回国。8月19日，何香凝在中常会临时动议，要求国民党中央通电各方就此作出答复，并将电报转汪精卫。

与此同时，黄埔军校内也出现左倾化和明显的反蒋情绪。[④] 北伐前线的将领也在酝酿迎汪。[⑤] 有人认为蒋介石固然在统一东江、敉平南路的军事行动中建立了功业，但是汪精卫在国民政府任上也有其贡献，所以对于他中山舰事件后的出走“大家想到三月二十之变；因为想到三月二十之变，大家遂不满意于蒋先生，那时虽说不上反蒋，可是崇拜而惧怕蒋倒是一个显而易见的心理”。[⑥]

吴廷康对广州情况自有其分析，认为迎汪复位乃是一个极其重要的举措。他的基本认识是，北伐顺利进军的过程中，“广州已经走出了那种靠枪杆子定江山的局面。蒋介石再也不敢对汪精卫怎么样，因后者得到社会舆论支持。

---

① 《远东局考察团关于广州政治和党际关系的调查报告（1926年9月12日）》，*ВКП（б），Коминтерн и Китай*，第2卷，上册，第408页。

② 《鲍罗庭会见远东局调查团时的讲话（1926年8月9日）》，*ВКП（б）Коминтерн и Китай*，第2卷，上册，第311页。

③ *ВКП（б），Коминтерн и Китай*，第2卷，上册，第84、85号文件。

④ 张海鹏主编：《中国近代通史》第七卷，王奇生：《国共合作与国民革命》，凤凰传媒集团2007年版，第299—300页。

⑤ 陈公博：《苦笑录》，现代史料编刊社1981年版，第50页。

⑥ 陈公博：《苦笑录》，现代史料编刊社1981年版，第61页。

如何为汪精卫的归来做好准备呢？良方便是通过党组织。现在进行的广泛的运动，还会越来越扩大"①。于是左派汪精卫一时间成了"众望所归"的人物。吴廷康所谓"广泛的运动"，释放出的依然是共产国际的教条：念念不忘阶级斗争，此时便是加紧开展土地革命。

中共也同样为蒋汪合作，做了许多配合工作，认为形成蒋汪合作，那也许是最好的局面。但是也看到，"迎汪倒蒋"的政策隐含着危险："一动摇了北伐的局面；二继蒋之军事首领不见比蒋好"。中共向蒋诚恳地表示，"汪回国后我们绝无报复行为，决不推翻《整理党务案》"，同时，中共还希望用群众运动等形式"做示威请愿运动"，安排"各地工农商学团体"给国民党中央发电，"以群众力量使大会左倾"。②"如果蒋能执行左派政纲成为左派，我们亦可不坚持要汪回来"。③

加伦苦口婆心劝说蒋介石

加伦因与蒋介石关系密切，便亲自出马说服蒋介石召回汪精卫。从共产国际的角度看，上述对唐生智的态度可以说是一种不得已的转寰。加伦的态度最为明显，他跟随国民革命军北伐途中，8 月份向蒋介石提出请汪精卫回来。虽然蒋在 10 月 4 日与朱培德谈话中表示愿意请唐生智当军事领袖，但是对唐没有太大的信心，反而有相当的保留。此次谈话后加伦直接建议蒋介石，"迫切需要紧急召回正在休假的汪精卫"。④

鲍罗庭更加相信汪精卫，他与加伦在对待国民党问题上的分歧由来已久，很长时间无法协调，乃至引起了斯大林和联共（布）中央委员会的注意。斯大林亲自致函鲍罗庭和加伦："我们获悉加伦和您之间发生误会和磨擦，中央委员会认为你们的共事极其必要，故希望你们以所肩负的责任为重，达成和解并共事。请你们二人立即报告，你们认为什么样的相互关系准则能够保证正常的合作。如遇分歧，请确告分歧的实质，及你们每人认为应取的形式"。⑤

---

① 《吴廷康与顾孟馀的谈话记录（1926 年 8 月 18 日）》，*ВКП*（*б*），*Коминтерн и Китай*，第 2 卷，上册，第 334 页。

② 指即将于 10 月 1 日举行的国民党中央扩大全会。中共《中央通告第 17 号（1926 年 9 月 16 日）》，中央统战部、中央档案馆编：《中共中央第一次国内革命战争时期统一战线文件选编》，档案出版社 1990 年版，第 257 页。

③ 中央统战部、中央档案馆编：《中共中央第一次国内革命战争时期统一战线文件选编》，档案出版社 1990 年版，第 257 页。

④ 《加伦致温什利特的电报（1926 年 11 月 20 日，南昌）》，*ВКП*（*б*），*Коминтерн и Китай*，第 2 卷，上册，第 474 页。

⑤ 《联共（布）中央委员会政治局会议第 81（特字第 61）号记录节录（1927 年 1 月 27 日）》，*ВКП*（*б*），*Коминтерн и Китай*，第 2 卷，下册，第 607 页。

加　伦

加伦一方面想争取蒋介石左转，与汪精卫合作，另一方面并不想完全由汪取代蒋介石。行军赴长沙的路上，他向蒋指出，“由于国民党组织上的软弱无力和其自身存在的弱点，不仅他，就连政府也将面临巨大的困难，这可能被一些人和派系利用来变本加厉闹独立”。故此加伦趁机向蒋介石强调“国民党左派团结起来的必要性”。①

加伦最初通过邓演达向蒋氏提出请汪精卫回来的事。蒋以此事涉及国民党“未来的策略问题”为由，将其搁置下来。但是到了武昌以后，蒋介石明显地左右不了局势。加伦又让邓演达去说服蒋介石，请他召回汪精卫。蒋拒绝说：“如果汪回来，他蒋就甩手不干了”。这正是蒋介石在绝望之中的时期，乃至于他曾提议让加伦担负起指挥行军作战的重担，并“把这个想法重复了不止一次”。

加伦没有放弃努力，在行军途中继续争取蒋接纳这个意见。“在夜里，在黑暗中低声谈话的时候”，蒋多次绝望地说“北伐完全崩溃了，彻底失败了”。蒋把自己的失败等同于党和政府的失败，并且抱怨说，“前方后方都有人造谣中伤，说他的坏话，还提出‘打倒蒋介石，欢迎汪精卫’的口号”。

加伦自然利用这个绝好的机会向蒋指出，“这是党威望不高的结果，并且暗示他用什么办法来挽救党和政府的威望，向他说明，他对党内有人想召回汪精卫一事的理解有失偏颇”。加伦告诉蒋，这不是要排除他（蒋介石），而是因为“在党内分工的基础上他们二人分工合作是完全可能的”。

一次，蒋在火车上安排了以陈铭枢为首的诸将领的会议。陈表示反对召回汪精卫。后来再谈话时，蒋介石总司令以陈铭枢和会上的意见为据说，不止陈一个人，全军都反对召回汪精卫。

---

① 《加伦致中共中央的电报（1926 年 11 月 21 日，南昌）》，卡尔图诺娃编：《加伦在中国（1924—1927）》，莫斯科，2003 年版，第 488 页。

加伦［中］和蒋介石［右二］在北伐前线，取自卡尔图诺娃：《加伦在中国》

加伦只好通过邓演达与陈铭枢交谈，后者终于同意，承认召回汪精卫是客观形势的需要，并答应和总司令谈一谈。同时，加伦又想通过朱培德和程潜劝说总司令召汪回国。9 月 27 日，加伦“花了三个小时反复说明召回汪的客观必要性”。蒋介石“先是沉默，继而发怒，面红耳赤，直到第二天才接受了加伦的建议，蒋给汪精卫发电报时，加伦已经在高安前线了。”①

9 月 29 日蒋介石收到汪精卫的信函，后者表示“前事无嫌”，蒋介石决心请汪复出，“只求党国有利，革命有利”，② 便于 10 月 3 日电汪氏云“本党使命前途，非兄与弟共同一致，始终无间。则难望有成”。蒋介石并且告诉汪氏拟派张静江和李石曾前去劝驾。③ 10 月 18 日国民党中央执行委员会及各省市联席会议通过了《国民政府发展案》和《请汪精卫销假案》。10 月 20 日国民党中央执行委员会及各省市联席会议通过了“省政府与县、市政府组织案”，这个由左派掌权的政府似乎已见端倪。莫斯科坚定地主张“我们应推出

① 卡尔图诺娃编：《加伦在中国（1924—1927）》，莫斯科，2003 年版，第 488 页。

② 《蒋介石年谱初稿》，档案出版社 1992 年版，第 708 页。

③ 《蒋介石年谱初稿》，档案出版社 1992 年版，第 712 页。

……一个与我们同心同德的人物来对抗蒋介石，汪精卫就是这样的人物”。[①]

明智的蒋介石

蒋十分明白鲍罗庭的意图，他对于北伐途中据鲍氏建议成立的国民党中央执行委员会和国民政府联席会议十分不满。[②] 原来12月10日鲍罗庭一行到达武昌后，便建议成立这样一个联席会议，执行最高职权，以徐谦为主席，叶楚伧为秘书长，湖北政务委员会邓演达和湖北党部董必武也参加。邓演达将此事通知蒋介石后，蒋还是同意了。[③]

对于未来政府的分工，11月8日蒋介石同加伦谈到北伐前景时，主动提出了军事中心的问题。蒋建议“在总司令不能完全掌握军队权力的形势下，必须撤销总司令称号，建立军事委员会，由他任主席”。11月11日他向邓演达表示，他，蒋本人“担任军事委员会主席，负责军务，而汪精卫主持党务”，而且最好请“汪精卫和李石曾（国民党中央执行委员会驻北京代表）为搭档”。[④]

蒋介石十分清楚，在这个时刻，北伐的顺利进行暂时离不开苏联的帮助，加伦将军正发挥着重要作用，特别是经江西一役，有加伦的通盘考虑和具体安排。蒋、加配合默契，使蒋十分感佩，甚至不止一次建议加伦担任总司令指挥北伐。[⑤]

另外，尽管有上述种种不快，蒋介石还是作出了对苏友好的姿态，在1926年的11月苏联的十月革命节他从南昌向莫斯科中山大学的学生们发了电报，一则为他本人不能前来参加“友好邻邦苏联的庆祝活动”感到遗憾，请同学们向苏联人民转达他“真挚的祝愿”，同时以国民革命军已经占领了武昌和汉口，吴佩孚部受重挫，国民革命已经胜利在望的好消息相告。[⑥] 蒋介石还通过鲍罗庭向斯大林、加里宁、共产国际东方部拉斯科利尼科夫发了更加热

---

① 《吴廷康致联共（布）驻共产国际执行委员会代表团的信（1927年1月21日）》，*ВКП（б），Коминтерн и Китай*，第2卷，下册，第605页。

② 徐谦：《关于武汉成立国民党中央执行委员会国民政府委员临时联席会议经过报告（1927年3月10日）》，这是徐在国民党中央执行委员会二届三中全会上报告的速记记录。《中共党史参考资料》第4册，第357—359页。

③ 蒋介石：《复邓主任》，《蒋介石日记摘抄·党政（1926［7］年1月24日）》。杨天石：《蒋氏密档与蒋介石真相》，上海书店出版社2004年版，第189页。

④ 《加伦致中共中央的电报（1926年11月21日）》，卡尔图诺娃编：《加伦在中国（1924—1927）》，莫斯科，2003年版，第488—490页。

⑤ 《加伦致中共中央的电报（1926年11月21日）》，卡尔图诺娃编：《加伦在中国（1924—1927）》，莫斯科，2003年版，第488页。

⑥ 电报译文见：РГАСПИ，全宗530，目录1，案卷2，第7页。原文载中国第二历史档案馆编：《蒋介石年谱初稿》，档案出版社1992年版，第781页。

情的贺电，代表国民革命军全体将士“至诚恭祝”俄革命纪念日，并表示愿与俄“共同奋斗，以完成世界革命之责任。”①

莫斯科方面对蒋的期望依然未减，在他率军挺进江西时，苏共决定“满足广州政府的要求，向其提供总价值为二百八十四万四千零二十六（2，844，026）卢布的炮兵和航空物资”。② 这一次援助的数额，超过了1923年5月从共产国际的后备基金中拨给孙中山的二百万卢布。

共产国际之所以会给蒋介石援助，是因为它把蒋介石视为“中派领袖”人物，他依然掌握着“军政大权乃至党权”，况且“三二〇”事件后他“被迫剔除了一些右派”，如吴铁城的被捕，伍朝枢不再担任广州市长，古应芬被迫卸任广东民政厅长，左派陈友仁担任了外交部长等。中共和共产国际方面都还寄希望于蒋介石“左转”。③

第五节　北伐所经地区的新气象

共产国际对中国工人运动的看法相当乐观。红色工会国际的洛佐夫斯基认为，中国没有像法国、德国那样的社会民主党的传统，既所谓黄色工会，中国工人阶级斗争最坚决，一经发动便能“推翻大资产阶级的代表”。

共产国际和中共之所以对蒋介石抱有“左转”的希望，乃因大家都看到北伐所经之地出现的新气象。1925年五卅运动后，工人运动发展迅速，1925年6月发生省港大罢工。设于东山区东堤抯翠路的罢工委员会总部在一年多的时间里成了一个指挥中心。1926年中华全国总工会为动员工人支持北伐，在广州举行了第三次全国劳动大会。红色工会国际代表洛佐夫斯基率团前来。会上出现了极其热烈的革命气氛。大会提出的口号是“拥护革命军北伐”和“拥护国民政府”。国民革命军出师北伐后，中华全国总工会于7月25日发表《对国民政府出师宣言》，号召工人支援北伐。北伐军所经之地，无论是湖南还是湖北，都得到了工人有组织的声援。如在湖南有铁路工人拆毁铁路、割

① 中国第二历史档案馆：《蒋介石年谱初稿》，档案出版社1992年版，第781—782页。

② 《联共（布）中央委员会政治局会议第63、64（特字第47）号记录节录（1926年5月20日）》，*ВКП（б）Коминтерн и Китай*，第2卷，上册，第484页。

③ 《谭平山在共产国际执行委员会东方书记处会议上的讲话（1926年9月23日）》，*ВКП（б）Коминтерн и Китай*，第2卷，上册，第453页。

电线，破坏和阻碍北洋军。许多地方如安源工人踊跃参军，壮大革命军队伍。湖北工人不为吴佩孚制造枪炮。北伐军所到之处，工人获得了集会、结社的自由。在湖南，受到破坏的工会和工人俱乐部如安源路矿工人俱乐部、水口山工人俱乐部得到恢复。李立三、刘少奇在武汉成立办事处，全国总工会的会员由北伐前一百二十万增加到二百多万。工人经济斗争在各地都有大小不同的成果，工资有所提高。① 学生运动、妇女运动②也逐渐高涨，出现了许多新气象。可以说国民革命军的北伐激活了其所经之处的社会生活。

自然，任何大规模的群众运动都不可能温文尔雅，工人运动中出现某些错误倾向也在所难免。况且中共的政策中也包含相当左倾的成分，值得注意的是就像农民运动中的急风暴雨一样，城市也发生了不少错误倾向，如工人和纠察队擅自抓人，拘捕店主，甚至封闭外资企业、不顾全局随意停电、阻断交通等。③ 有时过高的经济要求已经影响到企业的正常运营。

然而与农村情况相比，城市工人运动和工会工作还在可控范围。1927 年 2 月下旬，中华全国总工会执行委员会扩大会议通过并颁布“全国工人阶级目前行动总纲”，旨在纠正某些过火行为。④

这个时期的国民党为联合商民进行反对北洋军阀、反对帝国主义挤压中小资产阶级活动做了许多工作，如发展党员等。在这个意义上，上海市党部、广州市党部都得到商民的支持。商民的经营对于发展当地经济，保障市场起了相当重要的作用，但他们毕竟是“有产者”，当运动发展影响到他们的利益时，他们先是提出要求，后是改变态度。1926 年 10 月 20 日广州总商会、广东全省商业联合会、广州市商会、广州市商民协会举行会议，国民党中央委员会收到此四单位的联名上书，反映工人运动中的“左”的倾向。他们描述的情况和得出的结论是“对于商民资本阶级动辄宣传打倒，引起劳资间之冲突及仇恨，以致两方情感被其离间”，故要求“设法促进劳资协作，使工商联合，一致救国，以图发展”。⑤ 另有孙科、毛泽东、邓泽如联署，陈其瑗、简琴石交上的《商民运动提案》称：“我们应打倒者是买办阶级及帝国主义之走狗的资本家。中小商人同是被压迫阶级，应受本党保护”。1926 年 10 月 23 日

---

① 李新总编、杨天石主编：《中华民国史》第二编，第 5 卷，中华书局 1996 年版，第 236—239 页。
② 李新总编、杨天石主编：《中华民国史》第二编，第 5 卷，中华书局 1996 年版，第 240—253 页。
③ 刘少奇：《关于大革命历史教训中的一个问题》，《党史研究资料》（二），四川人民出版社 1981 年版，第 314 页。
④ 《中国工会历史文献》（一）（1921. 1—1927. 7），工人出版社 1958 年版，第 364—365 页。
⑤ 引自《中华民国史》第二编，第 5 卷，中华书局 1996 年版，第 251 页。

毛泽东提出“重订适合一般商人利益之商会法”在会上得到通过。[①] 显然，调处劳资关系，是这个时期工会运动中值得关注的现象。它说明，工人运动还在可控范围。

但共产国际则不同，它还是高举你死我活的阶级斗争的旗帜。布勃诺夫考察团在对待蒋介石的问题上不得不面对当时的状况，实行了被称为“退让”的政策，但是在工农运动问题上则不同。他严厉指责设于广州的工会领导中心把非企业的领导权拱手交给国民党，致使那里的工会运动完全脱离了“全中国的工会运动”。他要求中共不能像国民党那样“温吞水”，必须进一步激化工会运动。[②] 1926 年 10 月省港罢工停止，但是共产国际并未改变其越来激烈的路线。1927 年 5 月底，如前述，斯大林要工人直接拿起武器推翻旧政权。1927 年 6 月，连比较激进的邓演达都认为“工农在革命斗争中确实有些超前而不慎重了”。[③]

第六节　武汉、南昌对峙时的共产国际

1926 年 11 月中国国民党中央政治会议决定把中央党部和国民政府迁至武汉。11 月 16 日，鲍罗庭、徐谦、宋子文、宋庆龄、孙科、陈友仁等一批中执委和国民政府的几个部长先行。他们原拟经南昌至武汉做一些调查并筹备政府与中央的迁都。随着迁都的动作，国民党内的分歧也逐步明朗化。

即使这样，共产国际相信和依靠国民党左派的方针依然未变。如果说 1926 年 10 月 26 日联共（布）中央政治局否定了吴廷康的激烈做法，认为“激化对中国资产阶级和土豪劣绅斗争，为时过早且极其危险”，并且否定了远东局关于召回鲍罗庭的建议，[④] 但是共产国际并不想放弃在北伐的同时进行阶级斗争。它希望其驻华代表就农民运动问题提出切实可靠的意见报上级批准。

① 《中华民国史》第二编，第 5 卷，中华书局 1996 年版，第 251 页。

② 《布勃诺夫考察团的总结和实际建议（1926 年 5 月 17 日）》，*ВКП（б）КоминтерниКитай*，第 2 卷，上册，第 215 页。

③ 《罗易致联共（布）中央委员会政治局的电报（1927 年 6 月 8 日）》，*ВКП（б）Коминтерн и Китай*，第 2 卷，下册，第 773 页。

④ 《联共（布）中央委员会政治局 1926 年 10 月 20、21 日会议第 63、64（特字第 47）号记录节录》，*ВКП（б）Коминтерн и Китай*，第 2 卷，上册，第 484 页。

然而，当时情况十分复杂，什么是“切实可靠”的措施，没有人说得清楚。中共的工作也进退维谷。1926 年 10 月 4 日中共中央致电粤区党组织，指示他们对国民党左派既不能越俎代庖，也不能放任不管，不要使他们感到中共“可怕”，也不能让他们感到自己“太没有根据”和依靠。① 实际情况则是，在农民运动蓬勃开展的广东、湖南、湖北等地方，中共若多做工作，便有“包办”之嫌，少做了，会被视做“右倾”。如何对待国民党，也是一个很大的难题。有人认为是国民党中央农民部的甘乃光是左派，他做了许多工作，身边有不少国民党青年配合，中共既然不能包办，便只能“始终保持了‘苦力’的身份帮助左派”，可有的地方情况不同，一些地方的中共组织认为“如果我们不做，那个地方的国民党，那个地方的农会都是土豪劣绅的了”。②在这样的形势下制定出可行的措施，几乎是天方夜谭。

共产国际期望的“切实可靠的”措施还没有出笼，莫斯科就被迫进一步退却。鉴于“在中国的反帝及其代理人的斗争战火最酣之际立即发起农村的内战，可能会削弱国民党的战斗力”，1926 年 11 月 11 日联共（布）中央政治局做出决议，在加拉罕离开中国后③，鲍罗庭直接听命于莫斯科，而远东局则应将自己的一切决定和措施征得鲍罗庭的同意。④ 这个决定不仅结束了远东局和鲍罗庭之间的争论，而且实际表明对远东局过左方针的不信任，同时把鲍罗庭提升为联共（布）和共产国际驻中国的总政治代表。事实上共产国际这时对国民党已经无计可施了，吴廷康承认：终于到“现在开始明白了，中国的解放斗争何其独特，而维护真正的革命策略则又难上加难……一方面怕滑到机会主义的道路上去，另一方面，又怕过左，乃至破坏不可或缺的国民革命阵线”。⑤ 然而共产国际并没有停止对中国复杂形势的“瞎指挥”。

就是在这样的背景下，1927 年 1 月 1 日国民政府命令以武汉为首都。但 1 月 7 日中央政治会议“决定国民政府暂驻南昌。此事引起武汉与南昌的对

① 中共《中央致粤区信（1926 年 10 月 4 日）》，中央统战部、中央档案馆编：《第一次国内革命战争时期统一战线文件选编》，档案出版社 1990 年版，第 271—272 页。

② 中央统战部、中央档案馆编：《第一次国内革命战争时期统一战线文件选编》，档案出版社 1990 年版，第 287、291 页。

③ 1924 年 9 月 1 日加拉罕离开北京，因恐激化苏联同张作霖在中东铁路沿线的关系，苏联政府将加拉罕召回，后由车尔尼代办行使工作。

④ 《联共（布）中央委员会政治局会议第 67（特字第 50）号记录节录（1926 年 11 月 11 日）》，*ВКП (б) Коминтерн и Китай*，第 2 卷，上册，第 512 页。

⑤ 《吴廷康致联共（布）驻共产国际执行委员会代表团的信（1926 年 11 月 6 日）》，中央统战部、中央档案馆编：《第一次国内革命战争时期统一战线文件选编》，档案出版社 1990 年版，第 508 页。

立”。[①] 是日蒋介石又在中央政治会议临时（第七次）会议决定“组织中央政治分会于武汉，以现在湖北及可来之中央及政府委员组织之”。[②] 这就在事实上否定了武汉国民政府。由于形势发展迅速，临时联席会议不得不几乎每天开会，“决议案两百数十件之多”。国民党 2 月 21 日召集执监委扩大会议，决定“结束联席会议，中央党部、国民政府即开始办公”。[③]

于是武汉、南昌对峙，这种局面揭破了国民党内部的矛盾。尽管莫斯科一直坚持并反复向蒋介石说明保持“国民党左派团结一致的必要性”，[④] 但它没有达到目的，结果确如一些学者所说，硬要“从组织上形成一个左派，导致了两个政府，导致了国民党的分裂”。[⑤] 国民党在没有掌握全国政权的情况下就正式出现了两个中心。此时南昌还算不上什么政府，不过是蒋介石在那里勉强支撑着自己的班子而已。

1926 年 9 月国民革命军来到武汉后，一些领导人表现了相当强烈的热情。当地劳工运动迅速发展，李立三、毛泽东、刘少奇等在一个月里就组织起了三十多个工会，1926 年 10 月 10 日湖北省总工会成立，此时它已经拥有三十多万会员，足见其规模。[⑥] 共产国际认为应当立即予以组织的革命力量还不止这些，“在革命的现阶段”还有一大批“具有革命能量的后备力量”没有被利用，这就是“受帝国主义压榨遭到破产而具有革命情绪的城市手工业者”。中国共产党应当采取减少租税、建立劳动组合等的措施，尽快把他们争取到革命队伍中来。[⑦]

再如对外政策方面，则有“坚决反帝”方针的贯彻。在这届政府的行动中最突出的体现就是 1927 年 1 月初收回汉口九江英国租界的行为。应该说，国民党的左右派都主张按照孙中山“民族主义”精神反对并废除帝国主义迫使中国签订的一切不平等条约。武汉政府“派遣军队六连与警察六十人进入

---

① 张玉法：《中华民国史稿》，台北，联经出版社 1998 年版，第 176 页。

② 具体人员是：宋庆龄、宋子文、孙科、陈友仁、蒋作宾、陈铭枢、唐生智、邓演达、王法勤、李宗仁、董用威（董必武）、刘骥十三人。台北，中国国民党党史会档案：《政治会议临时会议议事录（第七次）》。

③ 徐谦：《关于武汉成立国民党中央执行委员会国民政府委员临时联席会议经过报告（1927 年 3 月 10 日）》，《中共党史参考资料》第 4 册，第 359 页。

④《加伦致中共中央的电报（1926 年 11 月 21 日）》，卡尔图诺娃编：《加伦在中国（1924—1927）》，莫斯科，2003 年版，第 488 页。

⑤ Н. Л. 玛玛耶娃：《共产国际与国民党》（Мамаева，*Коминтерн и Гоминдан*1919—1929），莫斯科，2003 年版，第 298 页。

⑥ 李恩涵：《北伐前后的“革命外交”》，台北，“中央”研究院近代史研究所 1993 年版，第 50—51 页。

⑦《共产国际执行委员会第七次扩大全会关于中国形势问题的决议（1926 年 12 月 16 日）》，苏联科学院远东研究所编：《共产国际与中国革命》，莫斯科，1986 年版，第 102 页。

英租界，工会纠察队一千人旋亦即开进。左派要员武汉临时联席会议主席徐谦与交通部长兼汉口市长孙科，皆亲自在场维持秩序，劝导群众保持纪律”。[①]政府主要成员对事态演进产生了相当大的幻想。孙科认为这是在中国革命运动“生出曙光”时代的举动，乐观地估计革命群众的举动“一方面引起帝国主义的重视，一方面却又给北京军阀官僚以重大的刺激……北京的伪外交部亦有向北京公使团接洽要求收回租界之举”。对群众特别是工人阶级的经济要求，国民党领导人中不乏支持者。孙科认为现在工人的工资是“增加三倍了……现在工人普通的要求是不得作工过八小时，此种要求，实在是很正当的”。这样有助于“农工一齐起来”。他认定对此指手画脚的人，就是“站在资产阶级地位来设想”。[②]

国民党左派对汉口事件的国际反应也不无幻想成分。孙科等鉴于汉口租界被收回后三个星期英方没有“什么强硬的手段或蛮横的表示”，就认为帝国主义“不敢施用他们向来的炮艇政策”，而英国自由党领袖劳合·乔治公开表态支持中国，说明就连英国政府内也是“公道”立场占了上风。[③] 这种认识决定了国民党左派们一段时间里看似革命的态度。

国民党领导人尚且如此，莫斯科就更加有理由认为这里“形势大好”。它主张发起“大规模的反英运动”也就不足为怪了。

事实上，这不过是英国为保证其在上海的利益而使用的外交手腕。上海工人已经于1926年底举行了第一次武装起义，等待国民革命军前来。英驻华参赞欧玛利（Owen St. Clairs O’ Malley）专程从北京前往汉口同国民政府谈判。外交部长陈友仁也明确表示“国民政府深望以谈判及协议之手续，解决中国与列强间一切之问题”。[④]

英国的意图不过是“诱导国民党内部的温和派人士与其建立一种新关系”，达到既保证英国在华利益，又不阻挠英国“在必要时为保卫其重要权宜而运用武力”[⑤] 的目的。还有一个不可忽视的事实是：美、法、意、土、西、

---

① 《顺天时报》，1927年1月6—8、11日。引自李恩涵：《北伐前后的“革命外交”》，台北，“中央”研究院近代史研究所1993年版，第69、60、61页；*ВКП (б)*，*КоминтерниКитай*，第2卷，上册，第215页。

② 孙哲生：《废除不平等条约（1927年1月7日在交通部纪念周讲）》，秦孝仪主编：《孙哲生先生文集》第2册，台北，1990年版，上册，第26页。

③ 孙哲生：《收回汉口英租界后我们的对英策略（1927年1月24日在汉口特别市党部纪念周讲）》，秦孝仪主编：《孙哲生先生文集》第2册，台北，1990年版，第38页。

④ 湖北社会科学院历史研究所编：《汉口九江收回英租界资料选编》，1982年版，第123—125页。

⑤ 伊罗生：《中国革命的悲剧》（Harrold R. Issacs *The tragedy of the Chinese revolution*），美国斯坦福大学出版社1951年版，第124—125页。

荷等国的一百七十一艘军舰游弋于长江水域，其中大多数是英国军舰。[①] 扬子江上正酝酿着一场恶战。

后来的事态迫使国民党考虑未来政府的组织和对待中共及苏联的态度。蒋介石认为形势大好，决定下一步进攻江浙，以便依靠那里各财团的支持站稳脚跟，鲍罗庭见蒋介石在迁都问题上相当固执，便向莫斯科提出打乱蒋介石计划的建议。不过他又说从策略上看，为达到这个目的，暂时还要避免武汉同南昌分裂，要等待时机。蒋介石与共产国际的博弈在持续。

① 李恩涵:《北伐前后的"革命外交"》，台北，"中央"研究院近代史研究所 1993 年版，第 67 页。

第十六章
国民党在国内外的两种博弈

北伐顺利推进，国民革命军不断壮大。然而胜利在望时，国民党同共产国际的关系越来越紧张。一方面蒋介石派遣邵力子到苏联，为争取国民党的国际地位和排斥共产党掌权再做努力，以避免未来大权“落入”中共手中；另一方面，总司令蒋介石羽翼渐丰，甚至开始尝试向共产国际摊牌。鉴于上海工人已经在1926年底发动起义迎接国民革命军的到来，共产国际“信心”大增，认为国民党左派和中共掌权已经为时不远，中国革命能够迅速“从资产阶级民主革命”发展到“无产阶级革命”。本着这个信念，共产国际依然把左派国民党人为主的武汉政府当做自己人，再次“坚定信心”，到1927年3月汪精卫回国途经莫斯科时还答应给予援助，向其提供贷款，或分两次或以商品形式支付。①

第一节　邵力子出使苏联

邵力子

所向披靡的北伐把中国革命到底会沿着什么道路发展的前景提到日程之上。究竟用什么思想来指导革命的下一步发展？国民党能否坚持三民主义？国民党的做法是坚持《整理党务案》的实施，既靠苏联援助取得成功，又把中共排除出权力之外。国民党一直想在共产国际中有一个正式的“名分”，以“独揽”对苏外交。胡汉民的苏联之行仅仅给了中国国民党以共产国际同情党的地位，还没有使该党成为共产国际的正式成员。正在崛起的蒋介石，于胡汉民回国后不久，便又派邵力子②出使苏联。邵力子这位早年的同盟会员，与国共两党都有渊源。他是

① 《联共（布）中央委员会政治局会议第93（特字第71）号记录节录（1927年3月31日）》，*ВКП(б) Коминтерн и Китай*，第2卷，下册，第658—659页。

② 原名邵闻泰（1882—1967），浙江绍兴人。早年中举人。思想活跃，辛亥革命后与柳亚子等发起成立南社，五四时期积极参加新文化运动。1927年后任国民革命军总司令部秘书长，中国公学校长等职，30年代任中国驻苏联大使。1949年后为中国国民党革命委员会中央常务委员，全国人大、全国政协常委。两次奔走于国共间，参加谈判，有“和平老人”之称。还可参见朱顺佐：《邵力子传》，杭州大学出版社1988年版。

中国共产党上海组织的发起人之一，与苏联已经有间接交往。由他任主编的上海《民国日报》最早报道了十月革命，该报副刊《觉悟》用许多篇幅介绍新俄情况。1921 年张秋白赴苏俄远东人民代表大会也是邵力子签署的委任状。

邵力子出行前，蒋介石嘱其向斯大林转达：请共产国际直接领导中国。[①]此话可以解读为邵力子出行的主要目的之一。

1926 年 9 月，邵力子到达苏联。邵力子先后向共产国际执行委员会提交的报告，阐述的是国民党的对内对外政策。

第一份报告约于 9 月中旬提交，邵力子称"受国民党及其领袖蒋介石（他是国民党中央执行委员会主席）派遣前来"，使命是就"解决中国国民革命过程中出现的问题，请共产国际给予指示"。[②] 吴廷康从中国发至莫斯科的电报则把"指示"的内容明确地限定：鉴于邵力子的身份，"目前只能同他谈蒋介石必须同左派国民党合作的必要性并请他把这一点电告蒋介石"。[③] 可见吴廷康更多强调的蒋介石同汪精卫等人的合作。他的想法与前述中共是一致的。

讲到国民党的对外政策时，邵力子像蒋介石、胡汉民一样，也强调中国国民革命是世界革命的一部分，所以应当与世界革命同志保持密切联系并服从于世界革命及其核心共产国际的领导。[④]

邵力子人很机敏，知道国民党与共产党和共产国际在农民土地政策方面有明显的分歧，所以在介绍中国农民运动情况时，态度十分慎重，既没有赞颂，也没有谈及运动中的过火行为，仅仅介绍了一些情况：广东六十六个县有六十万会员。报告中有一段颇费思索的话："蒋介石同鲍罗庭有过一次谈话，通过了一个决议，在适当的时候会将其公布"[⑤]。它的字里行间让我们产生了云遮雾障的感觉。因为这时湖南、湖北等地农民运动的开展已经在国共关系间、在国民党同共产国际驻中国代表之间引起了许多矛盾。

关于国民党的迅速发展，邵力子强调广东省的大部分国民党员是农民，

---

① 当时邵力子就感到为难，说毕竟中共是共产国际的支部。见邵力子《出使苏联的回忆》，《文史资料选辑》第 60 辑，第 184—185 页。

② 邵力子：《向共产国际执行委员会的报告（不晚于 1926 年 9 月 16 日）》，*ВКП（б）Коминтерн и Китай*，第 2 卷，上册，第 420 页。

③ 《吴廷康致共产国际执行委员会的电报（不晚于 1926 年 9 月 16 日）》，РГАСПИ，全宗 514，目录 1，案卷 80，第 75 页。

④ 邵力子：《向共产国际执行委员会的报告（不晚于 1926 年 9 月 16 日）》，*ВКП（б）Коминтерн и Китай*，第 2 卷，上册，第 420 页。

⑤ 邵力子：《向共产国际执行委员会的报告（不晚于 1926 年 9 月 16 日）》*ВКП（б）Коминтерн и Китай*，第 2 卷，上册，第 425 页。

但他们在国民党内并不起什么重要作用。西山会议派也没有成气候。至于国共关系，邵力子表明他不愧为蒋介石的私人代表，他说《整理党务案》"并不意味着限制共产党"，仅仅是不给那些企图分裂党的人以把柄，不让他们中伤革命斗争。而对于蒋介石所谓的"一个政党，一个领袖"的论点，邵力子说蒋介石当上中央执行委员会主席，是为了让党有一个公认的领袖。况且邵说共产党也"同意这样做"。他还用共产党人照旧"在各处工作"为例证明两党关系状态良好。

邵力子"重点突出"，先转达蒋介石的意思如下："统一领导和同心同德是革命胜利的基本条件。中国革命是世界革命的一部分……中国革命也必须步调一致。共产国际是世界革命的领导者。相应地，中国国民党就是中国革命的领导者"。[①] 这才是蒋介石的本意。

邵力子归纳蒋介石对共产国际的要求如下：

> 1. 国民党应当同共产国际建立更加密切的联系。请共产国际派一名代表担任国共联席会议的顾问。国民党要求共产国际就中国革命运动的一切问题给予指导。国民党要经常派遣本党代表或者常驻代表到共产国际。请共产国际向中国派遣更多的顾问。
>
> 2. 针对我上面谈的情况，制定出对待不同的帝国主义和各派军阀的策略，并要求中共采取统一行动。
>
> 3. 请就中国统一战线的团结，加强和巩固国民党，在共同斗争中改善国共关系等问题给予指示。[②]

关涉共产党的事，他承认，进一步处理两党关系和减少磨擦依然是"亟待解决的问题"。[③] 话语中透露着谨慎的担心。

如果说此前国民党的使者们不过是谨慎地阐述直接同共产国际联系的必要性，一般是回避或委婉地提及作为共产国际支部的中共，那么此次邵力子的做法就相当直白了。9 月 16 日他向共产国际执行委员会写了一个报告，后来又写了一个补充报告，其中对一些问题的表述相当"坦率"，直截了当并毫不含糊地指出：

> "国共两党……统一战线并非两个平行政党联合的形式，而是共

---

① 邵力子：《向共产国际执行委员会的报告（不晚于 1926 年 9 月 16 日）》*ВКП（б）Коминтерн и Китай*，第 2 卷，上册，第 427 页。

② 邵力子：《向共产国际执行委员会的报告（不晚于 1926 年 9 月 16 日）》*ВКП（б）Коминтерн и Китай*，第 2 卷，上册，第 427 页。

③ 邵力子：《向共产国际执行委员会的报告（不晚于 1926 年 9 月 16 日）》*ВКП（б）Коминтерн и Китай*，第 2 卷，上册，第 426 页。

产党加入到国民党内来的形式”，“革命的领导者非国民党莫属”。要求中国共产党的是：

“透彻地理解……1. 巩固和扩大国民党是中国革命取得胜利最基本的条件之一，也是跨党的共产党人的目标。

2. 为使国民党真正成为坚强的政党，就要使这个党有真正为工农利益而奋斗的左派，通过这样的办法去取得工农的信任”。①

邵的这番话说得很策略，表面针对中共实际是针对莫斯科说的。

邵力子进而传达蒋介石对国共关系的看法，蒋认为磨擦产生的原因是：

1. 一些共产党员在工农群众中说国民党是资产阶级政党（或者是小资产阶级政党）且总在摇摆不定；说别看国民党今天保护工农利益，将来它就要压迫工农了。他们想以此说明只有共产党才能代表工人阶级，共产党是无产阶级政党。既然这样，工农就开始怀疑国民党了，国民党便不能取得工农的信任……工农不参加国民党……

2. 共产党人竭力吸引左派国民党青年参加共产党，结果纯粹的左派国民党几乎就没有了。

蒋针对的显然是共产国际把国民党领导人划分为左中右的做法，甚至对共产国际内部管共产党人称作“自己人”而表示不满。②

邵力子的话切中要害。但是鲍罗庭有另外的看法。在鲍看来，国民党领导层也没有左派，“国民党上层的所谓左派，只是一部分不能与中派和右派合作的分子，为了防御右派的进攻以保持其地位而形成的组织，并不是在认同左派政纲的基础上形成的一种结合。这些人是因为在某一时、某一事上表现出与右派不同，才被认做左派的，实际上他们最多只能称作‘准左派’。真正的左派是一般被压迫的学生、商人、农民、市民和手工业工人。”③

为了真正让国民党掌握国民革命运动的领导权，使国民党不至于“大权旁落”，邵力子又写道：“我相信，只要有大批真正的左派国民党，国民党领导人就会加强取缔右派分子的斗争”。言下之意是此事国民党自己完全可以做到，无需外力帮助。

至于共产党人为保持自己的独立性而对国民党政策和行动进行的批评，

---

① 邵力子：《向共产国际执行委员会的报告（不晚于1926年9月16日）》*ВКП（б）Коминтерн и Китай*，第2卷，上册，第432—434页。

② 邵力子：《向共产国际执行委员会的报告（不晚于1926年9月16日）》*ВКП（б）Коминтерн и Китай*，第2卷，上册，第432—434页。

③《粤区对于左派问题之讨论（1926年10月）》，中央统战部、中央档案馆编：《中共中央第一次国内革命战争时期统一战线文件选编》，档案出版社1990年版，第295—299页。

邵力子直言不讳地表示否定和拒绝，要求：

> "关于军政建设中的那些错误（如果尚有可能纠正），国民党希望共产党先与人为善地予以指出，如遭到拒绝，再开始公开批评"。①

邵力子写这份补充报告时，中国的北伐正顺利进行，受掌握全国政权前景的鼓舞，国民党的文武官员独揽大权的愿望表现的十分明显而强烈，从蒋介石到下级官员，无一不敏锐地觉察到中共在争夺国民革命运动的领导权。

试看"粤区的同志建议，鉴于左派不愿居于 C. P. 的附庸地位，中共应在表面上尊重他们的独立地位，但实际上中共要取得领导他们的地位；对于真正的左派群众与准左派的结合，中共亦应在表面上尊重他们的独立，但实际上要有领导左派群众的实权"。②

显然，争夺领导权是国共双方都十分明确看到的。此时邵力子在报告中索性直接提出：共产党人设在军队内的党团有时候为国民党军方领导调遣干部掣肘。这也同样引起人们的误解和仇恨。国民党希望共产党暂时不要在军队内设立秘密组织。③

然而共产党不仅是在军队内设立党团，自从 1925 年中共中央建立军事部（后为军事委员会）后，筹建共产党军队的工作一直没有停止并且在有计划地进行之中。中共在 1926 年 7 月的扩大会议上通过的《中国共产党与国民党关系问题决议案》明确了自己的方针："和左派国民党结合强大的斗争联盟，以与资产阶级争国民运动的指导……保证无产阶级政党争取国民革命的领导权"。④

11 月 22 日，邵力子和谭平山分别以国民党和共产党代表的身份参加共产国际执行委员会第七次扩大全会并在开幕式上做了发言。邵力子称共产国际为世界革命的"司令部"，国民党领导的中国革命是世界革命的一部分，期望得到共产国际的帮助。⑤

但是，这并不等于说邵力子已经从思想上"接受"了共产国际的理论。试以此次全会《关于中国局势问题的决议》为例，看看国民党会如何对待共

---

① 《邵力子向共产国际执行委员会的报告（对于报告正文的补充（不晚于 1926 年 9 月 22 日），莫斯科）》，*ВКП（б），Коминтерн и Китай*，第 2 卷，上册，第 432—434 页。

② 《粤区对于左派问题之讨论（1926 年 10 月）》，中央统战部、中央档案馆编：《中共中央第一次国内革命战争时期统一战线文件选编》，档案出版社 1990 年版，第 295—299 页。

③ 《邵力子向共产国际执行委员会的报告（对于报告正文的补充（不晚于 1926 年 9 月 22 日，莫斯科）》，*ВКП（б），Коминтерн и Китай*，第 2 卷，上册，第 432—434 页。

④ 中央档案馆编：《中共中央文件选集》，（二），第 175—176 页。

⑤ 《世界革命之路——共产国际执行委员会第七次扩大代表会速记记录》上册，莫斯科、彼得格勒 1927 年版，第 3—4 页。

产国际讲坛上为中国制定的大政方针。

如果说他正式向共产国际执行委员会提出的要求是中共“务必”巩固左派国民党的领导地位和撤销设在国民革命军内的党团，如果说早在全会举行前的两个月，他就在农民国际的会上阐明了国民党土地政策，委婉地表示反对十月革命式的没收政策，那么他本人的基本思想倾向也就不言而喻了。国民党的立场使共产国际执行委员会第七次扩大全会的决议几乎成了一纸空文。

农民国际的回应

农民国际（Крестьянский Интернационал（缩写为 Крестинтерн）），又称国际农民理事会（Международный крестьянский Совет），1923 年在莫斯科成立，行动口号是“全世界工农联合起来！”其领导机关是理事会，常设机构称主席团，援共产国际之例设有总书记。1926 年农民国际开设了一个土地研究所。

邵力子 9 月份向共产国际执行委员会提交的第一份报告没有立即得到回答。倒是中国北伐的顺利进行和土地农民问题的状况引起了共产国际支部之一的农民国际的注意。这个国际组织不言而喻完全赞同共产国际的路线，所以同样认为中国农民运动“好得很”，但是他们并不十分了解中国农民运动的真实情况，以为那是国民党的政绩，所以它对于同国民党建立经常性联系表现出的主动性远远超过了共产国际。农民国际愿意吸收国民党参加其活动并向该党使者表示了热情态度。农民国际致邵力子的信十分清晰地表明了共产国际执行委员会当时对中国土地农民的态度。

> 目前中国国民党以您为部长①的农民部已经具备了对农民运动和中国土地问题的解决发挥重大影响的条件。
>
> 当前阶段中国土地问题的任务对于中国革命的成败具有十分重要的作用，然而同时也面临极大的困难。只有直接和立即唤起中国农民的主动性并建立同他们的组织联系，才能克服这些困难。
>
> 为此，您当然要利用别的国家首先是苏联在这方面的经验。
>
> 您当然明白，您的初步措施和办法引起我们特别的关切，所以我们想请您就下述问题哪怕提供最简短的信息：
>
> 一、您向农民发表了哪些文告；
>
> 二、您在立法领域拟定了哪些方案；
>
> 三、您是否认为有可能设立（也许您已经做到了）由您掌管的

① 原文如此。先后担任担任农民部长的是林祖涵和甘乃光。

农民部的特别全权代表制并由您向各地派遣这些代表去实施您制定的措施。我们在十月革命后建立过这样的全权代表制，用的是“特使”一词，他们是奉派到各地去的；

四、您是否打算立即召开农民代表会议；

五、您对于组织各地贫农协会有什么打算?

这就是我们极为关心的问题，我们当然认为，中国共产党会全力协助您的工作，况且我们可能做的不仅是鼓动工作，而且还有组织工作。①

邵力子迅速觉察到笼罩着莫斯科特别是共产国际执行委员会的强烈革命气氛和强烈的争取中国革命速胜的愿望，同时他也看出了农民国际在对待中国国民革命“土地政策上的左倾主张”。② 10 月 20 日和 29 日，他在农民国际的会议上两次发言，系统地阐述国民党的政策。在介绍国民党的政纲时，突出的依然是三民主义；至于土地政策，邵强调的是孙中山“耕者有其田”的思想，而不是实行苏俄式的没收政策。他反复说明，眼下中国农民运动的发展还处于初级阶段，只能逐步做去。③ 有论者认为，邵力子的发言，毕竟让共产国际多少了解一些中国国情。④

邵力子所说国民党的主张是：先把农民组织起来，逐步改善他们的地位。国民党按照本党的主张开办了农民运动讲习所，事实证明这样的做法是成功的，国民党已经组织起广东农民对北伐的支持。⑤ 29 日，他的发言直接针对苏式激进的土地问题政策，他说“在我们向农民提出口号时，应当避免极左的现象”。⑥

为把国民党推向世界，邵力子确实煞费苦心。他除了表明国民党的土地政策，还努力促使国民党在国际舞台拥有一席之地。在 10 月 13 日农民国际举行的会议上邵力子提出过一个设想：召开一次远东农民代表大会，以显示

---

① 《国际土地研究所致谭平山的信（1927 年 3 月 23 日）》，*ВКП（б）Коминтерн и Китай*，第 2 卷，下册，第 647 页。

② Н. Л. 玛玛耶娃：《共产国际与国民党》（Мамаева *Коминтерн и Гоминдан*），莫斯科，百科全书出版社 1998 年版，第 289 页。

③ РГАСПИ，全宗 535，目录 1，案卷 82，第 98—105 页，引自 Н. Л. 玛玛耶娃：《共产国际与国民党》（Мамаева *Коминтерн и Гоминдан*），莫斯科，百科全书出版社 1998 年版，第 295 页。

④ Н. Л. 玛玛耶娃：《共产国际与国民党》（Мамаева *Коминтерн и Гоминдан*），莫斯科，百科全书出版社 1998 年版，第 289 页。

⑤ Н. Л. 玛玛耶娃：《共产国际与国民党》（Мамаева *Коминтерн и Гоминдан*），莫斯科，百科全书出版社 1998 年版，第 295 页。

⑥ Н. Л. 玛玛耶娃：《共产国际与国民党》（Мамаева *Коминтерн и Гоминдан*），莫斯科，百科全书出版社 1998 年版，第 295 页。

农民的政治力量，并且建立一个常设的农民问题中心。[①] 但他的努力并没有什么效果。不言而喻，共产国际执行委员会第七次扩大全会的决议不可能赞同他的观点，更不可能将其写入决议。

引起共产国际执行委员会和联共（布）注意的，只有他提出的关于允许国民党经常派遣代表驻共产国际的要求。但莫斯科并没有什么热情。远东书记处[②] 1927 年 1 月 18 日举行会议，决定接纳中共代表谭平山的建议：在农民国际中设立研究中国土地和农民问题的委员会，由谭平山领导。参加者有农民国际、国际土地研究所、共产国际执行委员会远东书记处、国际革命战士济难会、中山大学等部门的代表。[③] 邵力子也开始接触和参加这个委员会的工作。[④] 这是他为争取国民党在国际上的地位达成的结果之一，不过仅仅算是半个成果，因为他是在中共代表谭平山的领导下工作。

第二节　未完成的使命

说邵力子有未完成的使命，缘于其要求国民党与共产国际互派代表，此事的实施不算顺利。因共产国际执行委员会远东书记处还不清楚这个建议是否代表国民党的意图，其次是由谁担任代表没有明说。前述 1927 年 1 月 18 日共产国际执行委员会远东书记处会议并没有拒绝这个要求，而决定就上述问题征求国民党中央委员会的意见，并请邵力子就国民党状况做一个报告。

共产国际执行委员会 1927 年 1 月 6 日会议，就国民党在共产国际执行委员会设代表的建议作出积极回应，并决定电告鲍罗庭："共产国际执行委员会主席团原则上同意共产国际与国民党互派代表。国民党中央执行委员会的代表可以以列席代表的资格进入共产国际执行委员会主席团"。电报嘱鲍罗庭确

---

① Н. Л. 玛玛耶娃：《共产国际与国民党》（Мамаева *Коминтерн и Гоминдан*），莫斯科，百科全书出版社 1998 年版，第 295 页。

② 这是 1926 年共产国际执行委员会第七次全会设立的机构，建于 1921 年那个远东书记处已经于 1922 年撤销。

③《共产国际执行委员会远东书记处会议记录节录（1927 年 1 月 18 日）》，*ВКП*（*б*），*Коминтерн и Китай*，第 2 卷，下册，第 581—582 页。

④《共产国际执行委员会远东书记处会议第 5 号记录节录（1927 年 1 月 29 日）》，*ВКП*（*б*）*Коминтерн и Китай*，第 2 卷，下册，第 608 页。

认国民党代表的人选：是此时身在莫斯科的邵力子，还是派别人前来。[①]

国共两党不仅在中国国内为争夺领导权角逐，在国外，面向共产国际时也一样。邵力子的建议是否有代表性，受到中共代表谭平山的质疑。两党代表在外人面前争执起来。谭平山仅同意共产国际执行委员会主席团会议关于国民党以同情党的资格派代表驻共产国际执行委员会主席团，即维持共产国际执行委员会第六次扩大全会针对胡汉民提出的要求所做的决定。但是对于国民党的新建议，谭平山认为："1. 这个建议只是几个国民党员提出的，其他人并不知道。谈不上多数国民党员会赞成此事。2. 无论是国民党中央执行委员会还是国民党政治委员会都没有通过这样的建议。3. 大家都知道胡汉民代表的不是国民党而是上海，当时……一方面他试图提高自己在国民党内的威信，另一方面，贬低中国共产党在群众中的影响"。所以谭请共产国际执行委员会政治书记处再次审核这一问题。东方部的彼得罗夫（拉斯科利尼科夫）则强调邵力子的建议之所以行不通，是"因为共产国际在每一个国家只能有一个支部，在中国，中国共产党是共产国际的支部"。至于国民党派代表驻共产国际一事，他认为应当"建立共产国际和国民党之间的直接联系"，不过，首先要查清国民党是否确实正式提出了这个建议。会议决定把这件事的调查交由小委员会[②]去查实。

对于国民党来说，希望并没有完全破灭，共产国际执行委员会起初于1月7日作出的决议比谭平山的建议进了一步，即原则上通过了与国民党互派代表的决定，并且确定了国民党代表在共产国际执行委员会主席团内享有发言权，没有表决权。[③] 拟通过电报请鲍罗庭确定是否由邵力子担任代表。次日电报发出。[④]

这样一来，相较于中共代表谭平山，共产国际执行委员会对国民党的态

---

① 《共产国际执行委员会主席团会议记录节录（1927 年 1 月 7 日）》，*ВКП（б）Коминтерн и Китай*，第 2 卷，下册，第 575 页。

② 小委员会（Малая комиссия）是据共产国际执行委员会第六次扩大全会决定设立的，此次全会取消了共产国际执行委员会书记处，建立政治书记处，其下设有小委员会，从事秘密问题的研究。1935 年共产国际第七次代表大会后取消。

③ 《索洛维约夫致共产国际执行委员会主席团核心委员会的信（1927 年 1 月 10 日，绝密）》，*ВКП（б）Коминтерн и Китай*，第 2 卷，下册，第 577 页。"核心委员会"的俄文是 узкая комиссия，它是共产国际执行委员会主席团的核心，由主席团内最为重要的 3—5 个人组成。

④ 《共产国际执行委员会政治书记处核心委员会第 6 号会议记录节录（1927 年 1 月 11 日）》中有向鲍罗庭发的电报："共产国际执行委员会主席团原则上同意共产国际与国民党互派代表。国民党中央执行委员会的代表可以以列席代表的资格进入共产国际执行委员会主席团。国民党内部是否已经讨论过这个问题，邵力子同志是否已经被委派为国民党驻共产国际执行委员会的全权代表？国民党党员们对此事持何态度？鲍［罗庭］、吴［廷康］和中国共产党中央委员会的同志们对此事有何意见？"*ВКП（б）*，*Коминтерн и Китай*，第 2 卷，下册，第 578 页。

度还应算热情一些，它想在远东书记处内新建一个国民党“常设会议”，由共产国际执行委员会的要员库西宁和主管东方事务的彼得罗夫、从 1926 年 12 月 30 日刚刚被任命为驻国民政府代表的莱特（В. И. Соловьев 索洛维约夫）、[①] 奥尔洛夫（Н. Л. Орлов）、海默（М. А. Хеймо）、蔡和森和邵力子组成，该机构专门处理有关国民党的事务。[②]

然而历史没有给邵力子提供完成其使命的条件，1927 年 2 月 11 日共产国际执行委员会政治书记处否定了关于在共产国际“建立常设的国民党委员会的建议”。[③]

第三节　邵力子致力于促进国民党同莫斯科的关系

这时的中国事态正在急剧变化，特别是农民运动的迅猛开展和上海工人已经开始的武装起义，使斯大林自相矛盾，一方面认为“在城市实行退却和收缩工人为改善自身状况而进行的斗争的总政策是错误的。在农村要开展斗争”，同时又承认要“避免过火和冒进的行为”。[④] 然而如何把这两者结合起来？既要坚持斗争，又要不冒进，不仅是他，任何人也没有好办法。另外，不久前刚刚因指导中国革命有功而被授红旗勋章的鲍罗庭，[⑤] 此时也认为要适度收缩，但他受到共产国际某些驻中国代表的指责。蒋介石早就对鲍罗庭偏向武汉政府不满。于是撤换鲍罗庭的呼声日强，遂有鲍罗庭回苏“休假”的传闻。邵力子听到后便于 1927 年 2 月 9 日致函共产国际执行委员会和联共（布）中央委员会为鲍罗庭“说情”云，“此时为中国革命重要关头，帝国主义者正挟全力以挑衅，北方军阀亦尚有最顽强者未能打倒；而党与政府领导

---

① 《联共（布）中央委员会政治局会议第 75（特字第 57）号记录节录（1926 年 12 月 30 日）》*ВКП（б）Коминтерн и Китай*，第 2 卷，下册，第 572 页。

② 《共产国际执行委员会远东书记处会议记录节录（不晚于 1927 年 2 月 4 日）》，*ВКП（б），Коминтерн и Китай*，第 2 卷，下册，第 608—609 页。

③ 《共产国际执行委员会政治书记处第 9 号会议记录节录（1927 年 2 月 11 日）》，*ВКП（б），Коминтерн и Китай*，第 2 卷，下册，第 618 页。

④ 《联共（布）中央委员会政治局第 74（特字第 56）号会议记录节录（1926 年 12 月 23 日）》，*ВКП（б），Коминтерн и Китай*，第 2 卷，下册，第 571 页。

⑤ 《联共（布）中央委员会政治局第 74（特字第 56）号会议记录节录（1926 年 12 月 23 日）》，*ВКП（б），Коминтерн и Китай*，第 2 卷，下册，第 570 页。

群众之工作，尤无一不关紧要。一切对外对内政策之决定，皆亟待有深悉中国情形，富有革命之理论与经验如鲍同志者，详细指导……请鲍同志暂忍劳苦……回俄休养之举，俟革命有相当之成功，再行计议”。①

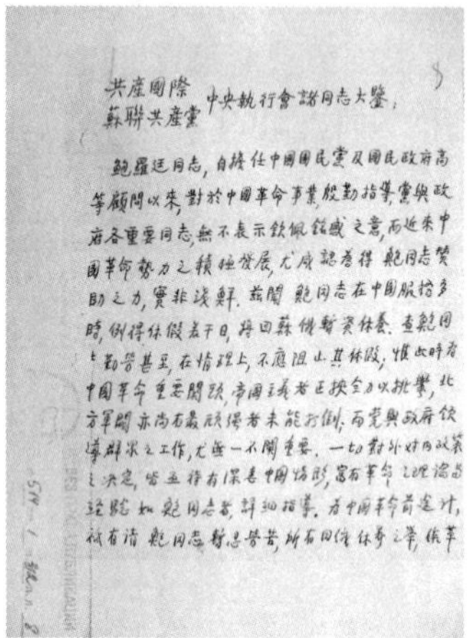

共產國際
蘇聯共產黨 中央執行會諸同志大鑒：

鮑羅廷同志，自擔任中國國民黨及國民政府高等顧問以來，對於中國革命事業殷勤指導，黨與政府各重要同志無不表示欽佩銘感之意，而近來中國革命勢力之積極發展，尤咸認為得鮑同志贊助之力，實非淺鮮。茲聞鮑同志在中國服務多時，例得休假若干日，擬回蘇俄暫資休養。查鮑同志勤勞甚至，在情理上，不應阻止其休假；惟此時為中國革命重要關頭，帝國主義者正挾全力以排擊，北方軍閥亦尚有最頑得者未能打倒；而黨與政府領導群眾之工作，尤無一不關重要。一切對外對內政策之決定，皆亟待有深悉中國情形，富有革命之理論與經驗如鮑同志者，詳細指導。為中國革命前途計，祇有請鮑同志暫忍勞苦，將回俄休養之舉，俟革

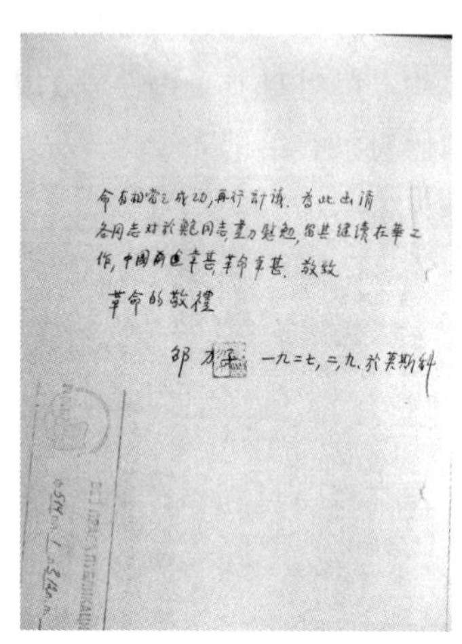

命有相當之成功，再行討議。為此函請各同志對於鮑同志盡力慰勉，留其繼續在華工作，中國國民革命幸甚，革命幸甚。敬致

革命的敬禮

邵力子 一九二七，二，九，於莫斯科

1927 年 2 月 9 日邵力子致共产国际执行委员会主席团挽留
鲍罗庭的信　РГАСПИ 收藏

对于中国国共两党的关系急转直下，蒋介石一方面不再隐讳对共产国际的不满，另一方面，他对自己掌权的信心随着北伐军的逼近上海而越来越坚定。2 月 22、23 日他向吴廷康摊牌说，因鲍罗庭“推行分裂国民革命运动的政策”而决定反对他。为改变两个政府并存的局面，蒋介石说“政府可以在任何时候迁至武汉，可是有两个重要因素：一，是否迁都取决于鲍罗庭是否离去；二，必须严格党的纪律”。②

英美就是在这个过程中疯狂炮击南京的。这一事件的用意在抗议和威胁国民革命军，但它们并没有达到目的。3 月 23 日国民革命军占领上海。而消息传来，莫斯科一片欢腾，认为中国革命胜利在望。就像当年蒋介石被苏联军队的装备和军纪受到鼓舞一样，此时的邵力子目睹“苏联群众与国际革命者对于中国人民的热情”感到无比兴奋。“英美炮舰轰击南京以后，我们又看见苏联群众与国际革命者对于中国无限的同情和悲愤。这实在是足以增加我们的勇气，慰藉我们的哀痛”。“尤其使我们深深铭感的，是这几天苏联工人群众，

① 此信原文为中文，收藏于 РГАСПИ，全宗 495，目录 154，案卷 297，第 109 页。

② 《1927 年 2 月 22、23 日吴廷康在九江同蒋介石的谈话》，*ВКП（б）Коминтерн и Китай*，第 2 卷，下册，第 630—631 页。

以一致的热烈的同情，捐款救助我们的在南京死伤于帝国主义者炮火之下的同胞”。[①]

当年蒋介石在莫斯科对于共产国际执行委员会主席团迟迟不就“代表团意见书”作出答复十分不快，因察觉到苏联对于外蒙古的企图而开始重新审视对苏态度，这一切甚至深深影响了他，最后他与苏联分道扬镳，与此不无关系。邵力子则不同。受到革命气氛的感染，一直到离开苏联，对共产国际表述的都是感激，都是中国国民党不怕“任何威吓利诱”和“必彻底打倒国际帝国主义”的决心。他信中所写“第三国际领导之下的世界革命成功万岁!”[②] 并没有虚与委蛇的成分。

两天后，斯大林在联共（布）中央政治局闭门会议上决定给上海起义中牺牲的工人以十万卢布的帮助。[③] 莫斯科这一切使邵力子没有理由怀疑苏联的友好情谊。

伏罗希洛夫赠蒋介石的照片。赠语是：赠中国国民革命军总司令蒋介石将军。取自 Панцов《中苏关系秘史》

然而，国内局势已经是“山雨欲来风满楼”。4月7日邵力子收到共产国际执行委员会主席团的回信，其言词、语气显然已经与前大不相同了，国民党的使者们再三坚持的三民主义和国民党的领导权被“保证工人阶级及其武装组织拥有相应的地位”所取代，信中严厉地表明“旨在反对工人阶级和农民的任何策略都是对中国人民国民革命事业的犯罪”。不过共产国际依然寄希望于“国民党的团结”。[④] 不管邵力子是否同意这样的观点，他毕竟体验了共产国际执行委员会对中国国民党的态度。

早在3月下旬，联共（布）中央委员会从中共中央的电报中看到蒋介石准备“叛变”的消息后，曾对邵力子表示过挽留，嘱

① 《邵力子致共产国际执行委员会主席团的信（1927年3月29日）》，РГАСПИ，全宗514，目录，1，案卷992，第1、2页。

② 《邵力子致共产国际执行委员会主席团的信（1927年3月29日）》，РГАСПИ，全宗514，目录，1，案卷992，第3页。

③ 《联共（布）中央委员会政治局会议第93（特字第71）号记录节录（1927年3月31日）》，*ВКП（б）Коминтерн и Китай*，第2卷，下册，第659页。

④ 《共产国际执行委员会主席团致国民党代表邵力子的信（1927年4月7日）》，*ВКП（б），Коминтерн и Китай*，第2卷，下册，第663页。

当时正在莫斯科的青年共产国际驻中国代表 P. M. 希塔罗夫（Хитаров）[①] 探问已经在回国途中的邵力子是否想留在苏联，如果想，则会受到友好待遇；并告知各有关部门照此办理，但不可使邵感到苏联有丝毫强迫之意。对待在中山大学就读的国民党“右派”学员态度则完全不同。联共（布）拒绝蒋介石要求他们回国的要求，而有意扣留他们，“借口是他们应该完成学业”。[②]

另外，邵力子在莫斯科时，斯大林等共产国际领导人幻想着由他们指挥的中国革命很快便会胜利，于是作出友好姿态，向蒋介石赠送照片。斯大林、李可夫和伏罗希洛夫三人委托邵力子将其带到中国交蒋介石。[③] 这是“四一二政变”之前的事，照片已经在邵力子手里了。

斯大林赠蒋介石的照片，赠语是：中国国民革命军总司令蒋介石惠存　庆祝国民党的胜利和中国的解放（取自 Панцов《中苏关系秘史》）

---

① 希塔罗夫（1900—1939），1920 年起为俄国共产主义青年团驻共产国际代表。1927 年为青年共产国际驻中国代表，1928 年起为共产国际执行委员会成员和主席团委员，政治书记处成员。1939 年遭到非法杀害，后恢复名誉。

② 《联共（布）中央委员会政治局闭门会议第 96（特字第 74）号记录节录（1927 年 4 月 21 日）》*ВКП（б）Коминтерн и Китай*，第 2 卷，下册，第 693 页。

③ 《联共（布）中央委员会政治局闭门会议第 93（特字第 71）号记录节录（1927 年 3 月 31 日）》，*ВКП（б）Коминтерн и Китай*，第 2 卷，下册，第 659 页。

上海风云突变，斯大林不愧为有经验的政治家，他把照片给邵力子的时候已经有言在先，笑着说："如果蒋介石真的把工人纠察队缴械，可我却把自己的照片给他，工人们会怎么看我？"① 言下之意是一旦蒋介石"不革命"了，斯大林会同他划清界限，而站在工人一边。

邵力子归国途中从莫斯科到符拉迪沃斯托克的路上，发生"四一二政变"。他从符拉迪沃斯托克（海参崴）致函当时正在莫斯科的苏联驻国民政府的代表索洛维耶夫，首先说他为4月12日的上海事件而感到遗憾，但是决心回去，明天就走。其次邵力子相当敏感，因他手中有斯大林等人要转交给蒋介石的照片，行前②他从符拉迪沃斯托克（海参崴）把斯大林的照片寄给索洛维耶夫，请他转交斯大林，表态说自己不当"反革命的工具"，并向莫斯科请示下一步的行动。但迄今为止未见共产国际为此给他任何回信。

邵力子就这样结束了他的莫斯科之行。胡汉民、邵力子为国民党在共产国际中的地位而做的努力，成了水中月镜中花。国民党同共产国际的关系走的是一条下滑线。

第四节　蒋介石直言反共产国际

1927年春，中国政治局势跌宕起伏。因国民革命军接近上海，国共两党的关系日趋紧张，国民党同共产国际的分歧亦接近白热化。

蒋介石不满足于自己的地盘仅仅限于江西一地。1926年、1927年之交的上海工人起义，北伐所经之地农民运动的状况，蒋介石早就看在眼中，他已经在谋划着自己的行动了。这个时期的蒋介石已经要破釜沉舟了，他在日记中写道：

"遇军事最危急时，即是转胜之机。如一轻举妄动，即足招败亡而贻羞耻。以后不论何事，总要熟虑断行，切勿随人主张而转移也。军事第一要贯

---

① 信中说他"收到行李……明天动身"，同一天他又从符拉迪沃斯托克给共产国际执行委员会东方部的彼得罗夫写信（〈邵力子致 И. А. 皮亚特尼茨基的信（1927年4月26日）〉，同上，第696页），可初步断定他于4月24日从符拉迪沃斯托克动身回国。见《邵力子致索洛维耶夫的信（不早于1927年4月23日，符拉迪沃斯托克）》，*ВКП（б），Коминтерн и Китай*，第2卷，下册，第695页。

② 《И. А. 皮亚特尼茨基致斯大林的信（1927年4月26日）》，*ВКП（б），Коминтерн и Китай*，第2卷，下册，第696页。

蒋介石　РГАСПИ 收藏

彻到底，即使错误亦须错误到底，所谓将错就错也”。[1] 蒋介石下决心了，他要破釜沉舟，背水一战了。

早在1926年11月南昌和武昌两地对峙形势正式出现之前，蒋介石对共产国际的态度已经十分明显了。但是共产国际执行委员会特别是其远东局的代表们还很不清醒，以为对一向擅权的蒋介石，只要给予一定的权力和势力范围就可以使其满足，认为“如果蒋介石在占领江西省后留在该省，就让他担任临时省政府主席，让第二、六两军的代表进省政府。如果蒋离开江西，则由第二军的数名代表组成政府”。但在陈独秀同远东局的联席会议上，一致认为这样做是为了“防止国民革命军内部可能发生的冲突，以巩固左派国民党的地位”。[2] 中共中央则认为应当“扶助左派建立以汪精卫为领袖的文人派政府，军事首领不任政府的常务委员。军事委员会必须在政府的管理之下，以减少国民政府之军事独裁的性质与形式”。[3] 控制蒋介石独裁的意图非常清楚。

蒋介石自然不可能没有觉察。然而，此时的蒋介石已经非昔日可比，不是想控制便能控制的。他知道胜利在望，独裁的希望越来越大，反共的决心也越来越坚定。1927年2月21日，他在南昌行营向属下强硬地指出，武汉的联席会议是没有根据的，非法的，它“同中央执行委员会的权限有冲突”。所以，“如要提高党权，就要取消汉口的联席会议”。对于汪精卫，他以朋友相称，“两个人是如手如足的，可以说我们是最爱的同志”，不容人挑拨。特别是不容共产党挑拨。至于中共，他明言“我是中国革命的领袖，并不仅是国民党一党的领袖；共产党是中国革命势力之一部分，所以共产党员有不对的地方，我有制裁的责任及其权力”。

---

① 引自黄仁宇：《从大历史的角度读蒋介石日记》，北京九洲出版社，2008年版，第57页。

② 《共产国际执行委员会远东局与中共中央执行委员会联席会议（1926年11月10日上海）》*ВКП(б), Коминтерн и Китай*，第2卷，上册，第511页。

③ 陈独秀在中共中央特别会议上的《政治报告（1926年12月13日）》，中央统战部、中央档案馆编：《第一次国内革命战争时期统一战线文件选编》，档案出版社1990年版，第345页。

他把党政的现状归结为“同床异梦，兄弟阋墙”，说作为总司令他的权力受到牵制，军中经常出现的问题是：究竟谁在下达命令，某道命令是由哪一个方面发的。他把这一切的原因都归咎于中共的跨党和不听从他的指挥。但是他表态说自己并不“反对共产党”。①

后来的事也说明了他的真实态度，这就是次日他同吴廷康的谈话。。

吴廷康本想到九江去见蒋介石，但推迟了行期。共产国际方面显然对左派掌握全局怀有充足的信心。可是这时的国民党左派在哪里？

1927 年 2 月 22 日、23 日吴廷康到九江，蒋介石已经强硬摊牌。针对共产国际信任的武汉政府，蒋介石说：“南昌和武汉之间没有任何冲突”。蒋的话是否真心且不论它却是有分量的。可惜这句相当有分量的话并没有引起吴廷康或远东局什么人的注意。后来的事实证明，在对待中共、对待共产国际及它们的政策等根本问题上，他同武汉汪精卫并无二致。

蒋介石把矛头直接指向鲍罗庭，说“对南昌同武昌的冲突应当负大部分责任的是鲍罗庭”。他肯定鲍罗庭“为我国国民革命做了很多事情，为建立我国和我党的牢固基础出了很大的力”。同时他也毫不客气地指出，“近期来鲍同志开始推行分裂国民革命运动的政策。这样的政策对于下一步中国革命的命运是异常危险的。我本人对鲍没有任何恶意。迄今为止我一直把他当师长对待”。接着，蒋介石说：“可是现在我反对他了，因为他奉行的是导致两个政府并存的危险路线”。虽然蒋介石也说这不是“共产国际的路线，因为这种政策会引起中国人民对共产国际的不信任感，而且不仅对我们还会对所有东方被压迫的国家产生影响”。但他不过是给其谈伴吴廷康留下一点面子而已。他要求鲍罗庭离开中国，不管“帝国主义者将如何解释鲍罗庭的离去，这无关紧要，重要的是解决根本问题——国民党内部的问题”。

蒋介石表示他不想造成似乎国共已经分裂了的印象，所以愿意同陈独秀会见。

对于武汉方面，蒋介石说，他于 2 月 22 日“收到汉口来电，称国民政府已决定正式在武昌办公。然而中央政治委员会和政府却在这里，只有几位部长在那边。迄今为止他们均以某些部门的负责人身份出面理事，只有陈友仁以外交部长的身份出面，例如他同英国人进行过谈判。他以部长身份签署的协定也还不是整个政府的行为。政府在此地，汉口那里却想建第二个政府”。他流露的是对两个政府并在的不满。他质问吴廷康：

① 蒋介石在南昌行营总理纪念周的讲话（1927 年 2 月 21 日），《革命文献》第 16 辑，第 11、13、15 页。

“我想请问您，共产国际的路线是什么？共产国际是否要让国民革命运动分裂？如果不是，那么为什么鲍罗庭作为共产国际的代表推行那样的政策？我认为他在这个问题上没有持客观态度，他对此事处理太主观。这会破坏共产国际在中国人民以及东方被压迫的弱小民族心目中的威信。如果说我现在反对鲍罗庭，那并不意味着我反对共产国际。我认为您是相信我的”。

蒋介石丝毫不含糊地宣布：

“我们——政治委员会和中央委员会——认为眼下形势严峻，我们准备分裂。现在您肩负着重大责任，我将在汉口等待您的建议—怎么办，政府是否迁至汉口，我等您的消息”。

对于中共，蒋介石摆出咄咄逼人的气势：

“共产党人攻击我，您是否听说有人造我的谣言，说我变成军阀分子了，我要同苏联反目了，我似乎要同日本签什么协议了等等”。[①]

第五节　共产国际的应对

即使在蒋介石这样强硬严厉的表态之后，吴廷康和共产国际执行委员会依然没有放弃对国民党左派的幻想，期望工农运动会在中国共产党和左派国民党领导下成为一个独立的政治因素，期望共产国际、国民党左派和中国共产党“团结”起来，建立有影响力的民主政权代表机构，通过“自下而上”的途径取代蒋介石，以保证左倾民主化趋向的发展，达到中国革命工农化的前景。

共产国际之所以对工农运动的潜能作出这种过高估计，主要是因为它及其代表到这个时候还是十分主观，迷信苏俄经验和共产国际理论，执意把俄国革命经验中演绎出的概念和结论搬用到中国；另外，他们根本不了解中国农民的情况和农民运动情况，对于农会在许多地方出现的“小姐太太的牙床”上也要踏上几脚的行为，他们像毛泽东一样认为“好得很”，认为这就是他们

---

① 《吴廷康与蒋介石在九江的谈话（1927 年 2 月 22、23 日）》，*ВКП（б）Коминтерн и Китай*，第 2 卷，下册，第 630—631 页。

要的革命，这样做甚至大有前途，应当予以支持，应当加强宣传。

事实上，的确不能过高估计北伐期间中共宣传鼓动的成效。由于中国工农悲惨的政治经济境遇，他们几乎听不懂什么“资产阶级革命”、“国民革命”、“苏维埃”、“狄克推多”、“修正主义”等艰深的名词，这些“苦人”连买一块豆腐的钱都没有，如果他们不可能去买《向导》周报、《前锋》等刊物，那就谈不上受教育或据此提高什么阶级觉悟从而投身革命。有论者认为中共的宣传有些“自说自话”，难以被工农群众接受或产生影响。①

那么中共的宣传是否不起任何作用了呢？当然不是，根据共产国际指示，中共一直在宣传苏俄革命道路和苏式共产主义政策。广大农民最务实，他们关心的是一亩地能打多少粮食，自己能保存多少粮食，能否减少租税。鲍罗庭也好，吴廷康也好，无不时时坚持苏式“打土豪，分田地”的道路，它不仅直接涉及农民切身利益，而且简单易行，在北伐所经之地，这样的口号自然最有号召力。从某种意义上说，它对于动员贫苦农民群众支持北伐也起了相当的作用。共产国际对于蓬勃发展的农民运动充满希望是不言而喻的。

但是，不能认为这是《土地法令》式的苏俄道路在中国的成功实施。尽管“打土豪，分田地”有一定号召力，可农民运动的自发性一旦爆发，它就不可控制，战斗在北伐前线的国民革命军军官们，面对家庭受到的农民运动风暴的冲击，经历着从不安到仇视的过程，甚至逐渐走到运动的对立面。国民党左右派的领导人都感到自己权利受到的挑战越来越严重，形势也因之而越来越紧张。共产国际代表吴廷康竟然也认为，中共应“对阶级斗争有所节制，特别是在农村”。②

苏联史学对于这种现象做出的一贯分析和评估是：面对蓬勃发展的农民运动，一些不坚定的人产生了对于运动的恐惧，开始动摇甚至反对农民运动。毛泽东认为这些人是叶公好龙。

对于这种现象很难用某些阶层或个人是否具有“革命的彻底性”予以分析。个中原因十分复杂。首先是国民党对于苏俄革命后的状况并不十分了解。蒋介石、胡汉民、冯玉祥在苏联接触的人和单位都是由俄共（苏共）安排和挑选的，见到的仅仅是光明面。至于消极方面，他们接触甚少或者根本就没有可能接触。况且在苏俄国内也已经基本封杀了与斯大林不同的声音。第二

---

① 冬原：《豆腐涨价与向导周报》，《向导》周报第166期。引自王奇生：《党员、党权与党争》，上海书店出版2009年版，第63页。

② 《吴廷康致联共（布）驻共产国际执行委员会代表团的信（1926年11月6日）》，*ВКП（б）Коминтерн и Китай*，第2卷，下册，第508页。

是，他们都对莫斯科有不同程度的要求或依赖，或物质、经费或武器、人员或对根本政策的建议，所以尽管他们对于苏俄的政策各有自己的看法，但是他们并非共产国际理解中的可为依恃的“革命者”。

国民党领导人基本是居于社会中上层的人，他们不可能有“无产阶级觉悟”。况且毛泽东所谓农村土地革命的积极分子，其成分也是相当复杂的，他们之中有些人往昔受到地主为非作歹肆意残害，运动来了便认为到了报“阶级仇”的时候，一段时间里，越是打地主斗地主坚决的人，出手越是狠，就越是被认革命性强、阶级觉悟高。

不容否认，不同的阶级立场决定了人们的不同态度。请看湖南何键将军的一番表述。他对两湖地区的革命运动和领导者的看法与毛泽东完全相反：

> “革命以唤起民众为主。民众中农工占大多数，故农运工运，亦极重要。但民众两字，容易被人假借。农工知识浅短，容易被人利用。就两湖的事实观察，中央党部，中央政府，对于农工利益，算是极力提高。革命军人对于农工政策，也是极力拥护”。“土豪劣绅，打倒亦已不少矣。而何以民众之痛苦丝毫未减，且反加甚者。岂革命之道路，理论上说得过，事实上行不通”。

在列举了两湖发生的情况后，他说由于政策界限不清，导致种种对农民本身也不利的后果：

> “民众团体，时常发生越轨行动。而湖南各县，闹得更是极糟。指有饭吃有衣穿的人为土豪。指有学问有道德的人为劣绅。私擅逮捕，任意残杀……小民因之破家倾产。服毒悬梁者，不知凡几”。

何氏列举的群众运动破坏文化的现象有：

> “或勒烧祖宗主位，并毁其祠堂，捣毁寺庙佛像，并收其财气。中央本无盲目祀孔命令，总理亦无反对礼教宣言。竟将孔庙毁去，焚其牌位。关岳本千古精忠，人人敬钦，乃至杀其神像”。

在他眼中，下述现象为破坏法纪：

> “不问农工如何紧急，强迫到会。逆者处罚。以会场为刑场，以杀人为儿戏。不报告姓名，不宣布罪状，迫令民众举手。不举手者即为反革命”。

这样造成的社会后果是：

> “妇女运动有不要亲夫翁姑的标语。学生运动有仇父仇母的。佃户压迫田东，店员压迫店主，农不耕田，工不作事，商不营业，士不读书”。

他竟使用“天昏地暗，人人自危”来形容当地的社会状况，目的是为了号召人们反对共产党，[①] 反对共产国际。何氏认为国民党按自己的党纲规定已经做不少工作。他否定共产国际的没收政策，认为它不能保证社会的可持续发展。这就是共产国际代表面临的局势。

然而鲍罗庭、罗易（M. N. Roy）[②]、吴廷康们虽然肩负着贯彻莫斯科指示的使命，可是他们身处中国，目睹真实的情况，眼见土地革命的失控，莫斯科那些矛盾百出的指示在实践中并不可行。他们当时就产生了怀疑：把十月革命模式拿到中国来至少到这时还没有取得理想的成果。今后情况吉凶难卜。鲍罗庭早在1927年5月初就认为实施“自下而上”的开展农民运动夺取地主土地重新分配给贫苦农民的指令难以实行。[③] 他感到进退维谷，甚至受到“违背莫斯科立场”的指责。[④]

罗易是批评鲍罗庭的人之一。5月罗易就看出：

“形势非常严重。国民党和国民政府已完全在反动军阀控制之下。除汪精卫和谭延闿外，国民党的中央执行委员会已属右派，他们代表的是资产阶级和封建地主的利益。国民党内，除去工人和农民外，基本上都是小资产阶级。国民党的中央执行委员会反对进行土地改革。打击工农运动的倾向也日甚一日。事态的发展必将是与蒋介石妥协，把领导权拱手交给封建地主和资产阶级分子。国民党的正式文告，实际上已提出要消灭群众运动和消灭共产党。以谭平山为首的讨伐委员会动身去湖南，要通过宣传和武力手段，整顿秩序。在长沙，工人纠察队遭到枪杀，军队奉派去缴械和拘捕。唐生智和整个军事委员会与夏斗寅保持电报往来，而且袒护夏斗寅的反农民事变”。

撇开他使用任何人包括他自己都说不清楚的“革命”、“反革命”、“小资产阶级”等词语，他的电报反映了部分实情。然而他还是未能看透国民党

---

① 《何键反共训令（1927年6月29日）》，《中共党史参考资料》第4册，第447页。笔者对原文标点符号遵照现代汉语规范予以标注。

② 罗易，原名纳林德拉纳特赫·勃哈塔查里亚（Нарендранатх Бхаттачария），化名马纳本德拉·罗易 Манабендра（1887年3月21日—1954年1月25日），印度共产党人，早年参加印度独立运动，1915年到上海从事秘密工作。后为共产国际活动家。1916—1917旅居墨西哥、美国。1919年与鲍罗庭一起参加共产国际成立大会，后在苏俄塔什干参与印度共产党的创建，1920年参加共产国际第二次代表大会，1922年共产国际第四次代表大会上当选为共产国际执行委员会委员。1927年为共产国际派驻中国的代表。1928年因反对斯大林主义与共产国际决裂。回印度后被捕。主要著作有《中国的革命与反革命》（*Revolution and Counter-Revolution in China*）；与菲力浦合著：《新的定位》（*New Orientation*）以及《罗易文集》（1917—1922）。

③ 见 *ВКП（б）Коминтерн и Китай*，第2卷，下册，第221、224、228、229号文件。

④ 《希塔罗夫关于中共中央政治局与共产国际执行委员会代表联席会议的报告（1927年6月26日）》，*ВКП（б），Коминтерн и Китай*，第2卷，下册，第815页。

“左派政府”领导人汪精卫。自认为这样的退却策略能够保住左派政府。

参加中共第五次代表大会的共产国际代表罗易（取自乌索夫：《二十世纪二十年代苏联在华情报机关》）

鲍罗庭受到的另外一个指责是对国民党、工农运动和中国共产党都采取了错误态度。例如，他批评鲍“要求共产党支持国民党的让步政策，还认为改变局面的唯一办法，就是共产党人要行为得当。他为了达到这个目的而提出的方案，实际上就是消灭共产党。他要求共产党约束工农运动，而且认为领导工农运动的共产党人是反革命分子。他还要逮捕我党在湖南的领导同志，再把他们投入监狱。他声言，工人纠察队理应缴械”。[1]

罗易甚至向莫斯科告御状，称鲍罗庭“执行的是十足的扼杀革命的社会民主党的政策。他俨然是一副贵族派头。他从来不同负责干部们商讨问题而

① 《罗易致佚名者的电报（1927年5月25日）》，*ВКП（б）Коминтерн и Китай*，第2卷，下册，第742—743页。

且蔑视他们的意见。他对共产党发号施令。他的权势不是出自他的政治影响，而是依靠垄断莫斯科的声音。各项反映全面情况的报告，凡属不符合他的政策者，一律不予发出。我的一些电报，他也不让发出。这里多数俄国同志都反对他的政策，不满他的工作作风。莫斯科应当尽快加以干预。他发出的都是一些片面的报告。绝不可据这些报告作出决策”。[②]

罗易的思想状况看起来比共产国际执行委员会还要左一些。请看在他笔下的武汉国民党中央执行委员会和国民政府领袖人物的众生相。5 月 28 日他向斯大林报告说：“资产阶级作为一个阶级已经离开国民党，可是这个阶级的代表还留在武汉中央委员会和国民政府之内。这些代表人物对国民党和国民政府的政策起着决定性的影响。武汉的中央执行委员会不是左派……中央执行委员会中的多数人是资产阶级和封建地主。小资产阶级左派是少数。汪精卫和邓演达是小资产阶级的仅有代表，可以认为他们是真正的左派。谭延闿和徐谦代表的是封建派。孙科是危险的机会主义者。他披着左派的外衣，实际上代表的却是买办资产阶级。顾孟馀过去思想左倾，现已蜕化为真正的反革命派分子。他主张执行公开反对工人阶级和共产党的政策。唐生智是封建军阀，他之加入国民党是为满足其个人私欲。现在他扮演着和蒋介石过去一样的角色，而且很快就会成为不亚于蒋介石的危险的反革命敌人”。[①]

罗易的观点已经与共产国际执行委员会第八次全会关于在目前形势下“不能退出国民党”[②] 的观点相左了。

也许汪精卫说的“革命的朝左走，不革命的朝右滚!”[③] 给他留下太深的印象，使他最后“栽”在国民党中央执行委员会里“唯一的左派”汪精卫手里，把汪当成“自己人”，向他展示了 5 月 31 日的电报。不仅如此，到 6 月底，局势相当危急的时候，罗易还曾经建议汪精卫和邓演达率领武汉政府最可靠的部队南下，借助苏联的直接支持重建广东根据地。[④] 罗易的下场是因电报事“违反纪律”[⑤] 而被共产国际召回的。他的进攻策略同样没有保证左派汪精卫不反共。

---

① 《罗易致共产国际执行委员会政治书记处和斯大林的报告书（1927 年 5 月 28 日）》，*ВКП（б）, Коминтерн и Китай*，第 2 卷，下册，第 748 页。

② 《中共党史参考资料》第 4 册，第 545 页。

③ 这是王柏龄的回忆：汪精卫“一向痛哭流涕，将国民党挂在肩膀上，如天将倾”。原来他是要“做国民党独一的领袖而已”。“为要达到这个目的，就不择任何手段了”。《传记文学》第 17 卷第 1 期，第 94 页。

④ 他们的谈话见 *ВКП（б）Коминтерн и Китай*，第 2 卷，下册，第 234、240 号文件。

⑤ 《联共（布）中央委员会政治局会议第 112（特字第 90 号）号记录节录（1927 年 6 月 23 日）》*ВКП（б）Коминтерн и Китай*，第 2 卷，下册，第 802 页。

吴廷康在中国共产党第五次代表大会后不久就离开中国。他对当时的农民运动也多少有所了解。1927 年 6 月 22 日他向共产国际执行委员会主席团报告说，早在 5 月，湖南和湖北一些地区的农会就提出了一种新的要求，“最下层的农民——贫农开始说话了。他们不是佃户，是无地或少地的农民，他们说：夺了地主的土地，很好，没收土地，更好。过去那些游手好闲的人，还是老样子，而我们这些少地无地的农民得到什么好处了呢？还是没收土地吧，然后就可以让农会照当年孙中山耕者有其田的原则分配土地了。农民的这种要求……到处都有了”。

同时，他也见到那里出现的无政府状态：“农村提出的要求越来越尖锐，斗争也随之而更加深化，更加残酷。5 月 21 日湖北农会的一位领导人，就根据他掌握的湖北省的材料，向我描述了湖北发生的情况……农村打土豪劣绅的斗争，其政治性质越来越鲜明。私设公堂和处死劣绅的现象日益频繁。仅阳新县就处死了四十五名劣绅，其中一部分由农民亲手处死，另一部分则移交到县政府，县政府在农民的压力下将其处死。最近有一百六十五个劣绅因有反农民的劣迹，经省农会批准由农民予以逮捕。该省中部和东部的农村政权实际已经掌握在农民手中了”。① 也就是说，吴廷康已经见到贫下中农在农村夺权和掌权的情况了。

吴廷康着重描述农村的复杂情况，说在 1927 年 5 月“近一时期农民代表会议越来越频繁地提出没收大地主土地的口号。比如罗田和黄冈两县就发生了这样的事，地主们自愿来到农会，建议农会收走他们的土地。这就说明，一方面地主害怕，一旦农民前来没收，那没收的大概就不仅是土地，而且还可能剥夺地主的全部财产。另一方面，地主们希望，如果他们加入了农会，‘那以后分配没收来的土地时，自己可能分得一份’”。②

吴廷康的报告流露出一定程度的不知所措：“由于我们的做法，国民党中央才不得不站到较为坚定的立场上，正是由于执行这样的政策，中央政权才不仅得以保存，而且不得不在某种程度上走我们迫使他们走的路，按方兴未艾的工农运动迫使他们走的路”。但是他又认为“从改革的角度看，国民党政府却没有任何作为。仅仅由于面对运动的实际情况，国民党才被迫认可运动，然而中央执行委员会却没有亲自进行改革，以引导运动把矛头指向大地主并促使左派国民党巩固下来”。

---

① 《吴廷康在共产国际执行委员会主席团会议上的报告（1927 年 6 月 22 日）》，*ВКП（б）Коминтерн и Китай*，第 2 卷，下册，第 787 页。

② 《吴廷康在共产国际执行委员会主席团会议上的报告（1927 年 6 月 22 日）》，*ВКП（б）Коминтерн и Китай*，第 2 卷，下册，第 788 页。

不过，此时的他对国民党的做法依然感到迷惑不解：这个党为什么“从自己的处境出发做出决策”，“为什么不能立即完成土地革命。国民党的委员会开了三个星期的会”，可他们想到的仅仅是：农民从地主劣绅的压迫下解放出来就能多交钱给政府，“国民政府的财政才能得到加强”，“因为现在收获的大部分都归之于地主和劣绅，农民手中的很少，所以国民政府得到的仅仅是很小的一部分”。“国民政府收入有所增加，才能改善财政状况”。“由于士兵关心土地问题的解决，国民革命军的战斗力将会提高”。即使这样，吴廷康也还是很不解，为什么国民党“一旦到了需要行动的时候，他们往往迟疑不决。他们又开始想，这会影响军官们，农村会大开杀戒，根本失控，农民们自相残杀，就更不要说地主了，因为他们的地要被分了”。

可见吴廷康没有什么“高见”来应对僵局。他只强调：绝对不能“通过协定”迫使国民党中央执行委员会接受“我们的土地纲领”。远在莫斯科的共产国际执行委员会也没有什么“灵丹妙药”。他们只能在一个问题上于自己人之间基本达成一致：依靠中国共产党。但中国共产党在军队内势力薄弱，在农村建立武装困难重重，开展土地革命道路上的最大难点是共产党没有自己的军队。① 不言而喻，建立一支能够打败国民党无论哪个派别的军队，不是一朝一夕的事。

那么能否按照共产国际的意图，把国民党尽快变成一个群众性的工农政党呢？虽然吴廷康报告的整个基调与共产国际执行委员会的路线并没有什么分歧，但是，他对这个问题的回答却耐人寻味：

> “有这种可能。［中共］中央委员会在五大前就是这个方针，我们现在也还可能把各方面的工农组织纳入……因为他们并不反对武汉政府。无疑，现在我们会和左派国民党一道在各地组成反对派，养成对付那个政府的干部，在湖南斗争的基础上，国民党的组织肯定会扩大。湖北情况也是一样。与过去相比，现在自下而上对国民党中央委员会的压力要更大些。在这一过程中，我们完成任务，是顺理成章的事，但我不知道能否很快完成”。②

吴廷康就这样以向共产国际执行委员会主席团的报告为自己的使华做了一个总结。在他离开中国前的最后思想中，存在着的希望还是：国民党左派加中国共产党。

---

① 《吴廷康在共产国际执行委员会主席团会议上的报告（1927 年 6 月 22 日）》，*ВКП*（*б*）*Коминтерн и Китай*，第 2 卷，下册，第 795—796 页。

② 《吴廷康在共产国际执行委员会主席团会议上的报告（1927 年 6 月 22 日）》，*ВКП*（*б*）*Коминтерн и Китай*，第 2 卷，下册，第 800 页。

可是中国共产党当时能有什么办法呢？其他共产国际代表能想出什么妙计挽救时局呢？

第六节　中国共产党第五次代表大会上的共产国际代表

中共第五次代表大会于1927年4月27至5月9日在武汉举行，此时中共党员已经发展为五万七千九百六十三人。几乎是其第一次代表大会时的近千倍。代表中有陈独秀、蔡和森、瞿秋白、毛泽东、罗亦农、任弼时、董必武、张国焘、邓中夏、方志敏、恽代英等八十名。共产国际代表是罗易、吴廷康和鲍罗庭。在中国共产党历史上，从与会者情况看，这次代表大会是很有特点的。会上共产国际代表人数竟达三名，是此前历届中共代表大会国际代表人数最多的一次。另外，为充分体现与国民党左派合作的意愿并作出姿态，国民党代表谭延闿、孙科、徐谦、汪精卫也应邀出席中共的代表大会。与此形成鲜明对比的是，此时已经是蒋介石同共产党决裂成立南京政府九天之后的事。

对于当时的形势，大会认为武汉政府在汪精卫回国后“开始成为无产阶级同国民党左派的联盟”。土地和农民问题依然是会上争论的焦点。

罗易和鲍罗庭在会上互不相让，前者态度十分激烈，主张深化土地革命；后者主张取退却让步策略。当时政治气氛的特点是，态度越是激烈革命性就越强。所以大会通过的各个决议采纳的基本是罗易的观点，与共产国际执行委员会第七次扩大全会决议精神一致，“认为现在革命阶段的特质是需要建立一个工农小资产阶级的民权独裁制”。今后中国革命的任务是要“以无产阶级作领导，才能解决现在革命中的重要问题，并引导革命向非资本主义发展方向进行”。①

然而，对于年青的中国共产党来说，在极其复杂的形势中如何建树自己独立的见解相当困难，而独立决策就更难做到。有共产国际代表们在“定调”，罗易几次激烈发言，加上汪精卫继续表现左倾，认为“国民党完全接受共产国际关于革命发展的非资本主义的解释。没有人能够指责国民党支持资

① 《中国共产党接受“共产国际执行委员会第七次扩大全体会议关于中国问题决议案”之决议》，中央档案馆编：《中共中央文件选集》第3册，中共中央党校出版社1990年版，第47页。

产阶级的利益。相反，国民党正遵循一条革命的道路”。[①] 这样，大会通过的《政治形势与党的任务》决议中，依然明确“共产党不仅与国民党共同担负责任，而且共同担负政权”。大会的一系列决议，如《土地问题议决案》、《职工运动议决案》、《组织问题议决案》等，都是本着这个基调作出的。尽管决议中强调无产阶级领导权，但那都是要在“联合民权派的一切成分于国民党旗帜之下”。[②] 在这个前提下，中国“共产党加入国民党，参加国民政府的工作，并非是以竞争者的态度要夺取政权”。[③] 这样一来，就没有与国民党左派争夺领导权的问题了。罗易的激烈也罢，鲍罗庭的退却也罢，在他们主持下中共第五次代表大会通过的决议案本身就是自相矛盾的。

第七节　“第四条道路”折射出各方面的无奈

时近6月底，已经在徐州和郑州会议之后。陈独秀认为中共和共产国际“面临着两条路：向右和向左。向右的路意味着放弃一切；向左的路就是采取激进行动。这两条路上等待我们的都是灭亡。除此之外，还有一条中间道路，即保持现状，这也不可能。怎么办呢？也许要找第四条路？”于是中共与共产国际执行委员会代表便在1927年6月26日于汉口举行了一次联席会议，讨论这“第四条道路”。

鲍罗庭在会上说，“近六个星期以来收到”莫斯科的许多电报，包括他在内的一些人“并不同意电报提出的路线，为此给莫斯科发了复电”，但是莫斯科没有考虑这些意见而是坚持已经发出的各种指令。他认为莫斯科“提出的要求是进行土地革命，而不是没收土地”，[④] 这是办不到的。目前应该从以下几个方面开始土地革命：1. 建立农民自治，这是“我们借以开展阶级斗争的推动力。2. 孙中山早就实行的国民党的传统政策：减租。3. 加强对无地农民

---

① 王淇等译：《罗易赴华使命》，中国人民大学出版社1981年版，第83页。

② 《中国共产党第五次代表大会宣言》，中央档案馆编：《中共中央文件选集》（三），中共中央党校出版社1990年版，第105页。

③ 《中国共产党第五次代表大会宣言》，中央档案馆编：《中共中央文件选集》（三），中共中央党校出版社1990年版，第106页。

④ 《希塔罗夫关于中共中央政治局与共产国际执行委员会代表联席会议的报告（1927年6月26日）》，*ВКП（б），Коминтерн и Китай*，第2卷，下册，第811页。

的关心，因目前“我们只是在湖南一地建立了无地农民的专政”。4. 武装农民。怎样把农民武装起来呢？实行自治，通过有匪患的地区，我们应当尽可能深入土匪聚集地，去把那里无地农民组织起来。还有其他一些可行的办法。5. 教会我们的同志做农村工作，为此开办学校等。①

陈独秀表示：“我不理解也不同意莫斯科的指示。莫斯科简直对这里的情况一无所知。鲍罗庭关于土地革命的说法（不没收土地），不是莫斯科的想法。我们非常清楚莫斯科所说的土地革命的含义究竟是什么。莫斯科是要没收土地，可我们又不可能这样做。因此鲍罗庭的一整套方案，纯属废话”。②

谭平山不同意陈独秀的意见，认为应当采纳鲍罗庭的五点意见。另外，不能退出武汉政府。张国焘也认为，不能接受莫斯科的指示。如果莫斯科一定要坚持己见，那就再发一封电报，表示反对。周恩来指责共产国际出尔反尔，说“在上海，我们收到建立民主政府的指示。后来我们照做了，可又说这是错误的。莫斯科一向这样。要弄清楚，莫斯科到底要干什么”。张太雷则直接批评罗易惹是生非：“自从罗易来到以后，自从共产国际代表团来到以后，我们这里就总是发生分歧”。③

会上就如何保持中共的独立性争论了很久。罗易、吴廷康和青年共产国际代表希塔罗夫、任弼时等都赞成中共旗帜鲜明地活动。希塔罗夫认为中共作为一个革命党来说，“还是该用示威或罢工的方式，而不是采用那种和平的方式”，他甚至认为中共不妨单独带领群众开展活动。陈独秀认为，“这不可能，因为我们还跨在国民党内。我们应当服从。群众运动也应当服从国民党”。“如果我们要想在政治上独立，那就应该退出国民党”。④

就这样，会上就策略问题不可能达成共识，没有找到“第四条道路”，遂决定由瞿秋白和张国焘起草一个文件向莫斯科请示。

---

① 《杀塔罗夫关于中共中央政治局与共产国际执行委员会代表联席会议的报告（1927 年 6 月 26 日）》，*ВКП (б) Коминтерн и Китай*，第 2 卷，下册，第 811—813 页。

② 《杀塔罗夫关于中共中央政治局与共产国际执行委员会代表联席会议的报告（1927 年 6 月 26 日）》，*ВКП (б)*，*Коминтерн и Китай*，第 2 卷，下册，第 813 页。

③ 《杀塔罗夫关于中共中央政治局与共产国际执行委员会代表联席会议的报告（1927 年 6 月 26 日）》，*ВКП (б)*，*Коминтерн и Китай*，第 2 卷，下册，第 814 页。

④ 《杀塔罗夫关于中共中央政治局与共产国际执行委员会代表联席会议的报告（1927 年 6 月 26 日）》，*ВКП (б)*，*Коминтерн и Китай*，第 2 卷，下册，第 815—816 页。

第八节　“中派”蒋介石和国民党剑拔弩张

蒋介石的权力在1927年3月10日至17日举行的二届三中全会上，受到限制，他只剩下国民革命军总司令的头衔。但是国民党的主张已经旗帜鲜明了，就其决议的实质而言，它已经为讨伐共产国际而发布“出师表”了。

例如，到1927年春，农民运动的开展规模和激烈程度确实已经远非1924年可比，全会表示赞同，其决议乍看起来并没有反对农民运动的成分，但全会立场却相当强硬：

第一，国民党不能按苏俄模式把农民划分为阶级；

第二，国民党“对于妨碍农民运动之发展，或阻碍国民政府解放农民及解放全中国之革命政策之实行者，必毅然决然与之奋斗”。[①]

然而，如何理解“妨碍农民运动之发展”却是一个极大的问题。共产国际代表们基本还是左倾，要取“苏俄模式”，可全会要“毅然决然与之奋斗”的恰恰就是共产国际为之欢欣鼓舞的由中共领导的农民运动政策。

国民党“中派”蒋介石暗暗地做准备，要摆脱莫斯科控制，特别是从武器和经济上。早在2月他就派遣戴季陶到日本，与外务省次官、亚洲司长等会谈，“要求日本政府支持他”。另一方面他也公开对美国表示友谊并要求给予援助。他在南昌时曾经接触好几个国家的使者，其目的均为请这些国家帮助他做好同中共和苏俄反目的准备。有英美强大背景的虞洽卿则在南昌答应送给他巨额款项做军饷用以反共。[②]

同时，蒋介石清醒地意识到，他的“政府”需要一大批干部来充实自己的队伍，于是趁还没有同莫斯科正式断绝关系，要把可资利用的因素尽可能掌握在手并调动起来，便于1927年2月在他主持的第六十三次政治会议上通过“请莫斯科孙文大学学生谷正鼎……邓文仪、皮以书……邵志刚等二十二

① 中国国民党二届三中全会：《农民问题决议案》，荣孟源主编、孙彩霞编辑：《中国国民党历次代表大会及中央全会资料》上册，光明日报出版1985年版，第330页。

② 上海工人运动史料委员会编：《四·一二反革命政变前蒋介石勾结帝国主义的阴谋活动》，《中共党史参考资料》第4册，第269页。

人回国工作的决议。”① 如前所述，到 4 月，共产国际拒绝了他的要求。

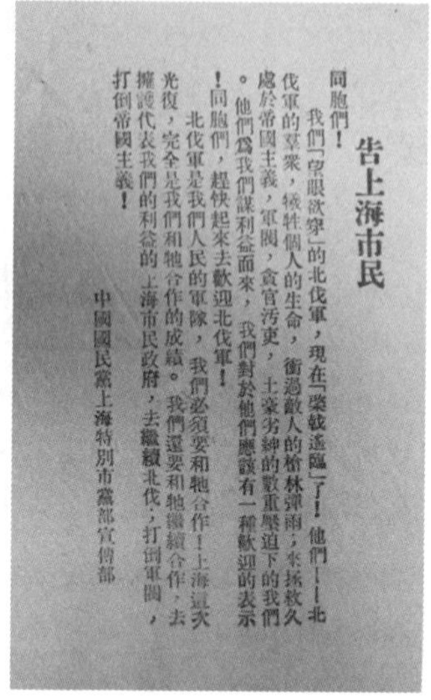

告上海市民

同胞們！

我們「望眼欲穿」的北伐軍，現在「榮載遙臨」了！他們——北伐軍的羣衆，犧牲個人的生命，衝過敵人的槍林彈雨，來拯救久處於帝國主義，軍閥，貪官污吏，土豪劣紳的數重壓迫下的我們。他們爲我們謀利益而來，我們對於他們應該有一種歡迎的表示！同胞們，趕快起來去歡迎北伐軍！

北伐軍是我們人民的軍隊，我們必須要和牠合作！上海這次光復，完全是我們和牠合作的成績。我們還要和牠繼續合作，去擁護代表我們的利益的上海市民政府，去繼續北伐，打倒軍閥，打倒帝國主義！

中國國民黨上海特別市黨部宣傳部

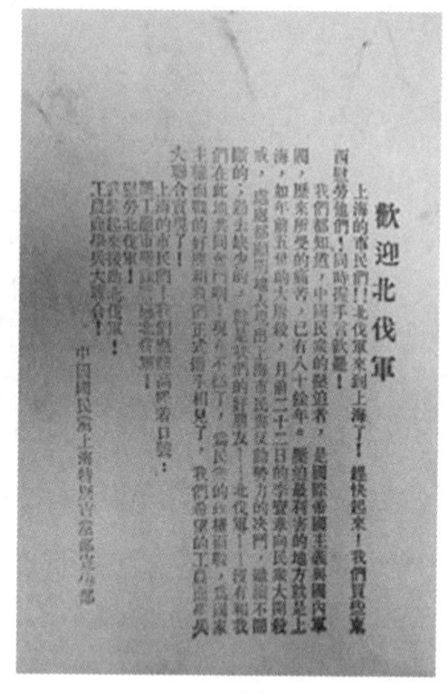

歡迎北伐軍

《告上海市民》中国国民党上海特别市党部为迎接北伐军散发的文告
荷兰海牙国家档案馆收藏

1927 年 3 月，山雨欲来风满楼，26 日蒋介石到上海，接见虞洽卿时答应“抱维持资本家主张”。② 这显然违背了共产国际关于阶级斗争的理论，特别是在上海工人已经发动武装起义的形势下，蒋介石的承诺不是要消灭资本主义保障无产阶级利益，而是相反，要“维持资本家”利益。同时他向上海资产阶级保证，绝对不会损害它们的利益，也绝对不会实施类似武汉的政策。另外，为了对付武汉政府，蒋介石可谓不择手段，甚至打通了黑社会，组织了所谓的上海工界联合会。③ 他已经有恃无恐，剑拔弩张，祭起反共产国际大旗了。

共产国际更加激烈和躁动

共产国际浸沉在国民党左派掌权的期望中。蒋介石到上海之前，联共（布）还在 3 月 3 日便认定形势大好，不是小好，必须千方百计推行发展工农运动，吸收工人入共产党，吸收工农群众入国民党的政策；千方百计为国民

---

① 台北中国国民党中央委员会党史委员会存国民党政治会议《第六十三次会议议事录（1927 年 2 月 23 日）》。

② 《上海商业联合会听取虞洽卿会见蒋介石等情议事录》，上海市档案馆编：《1927 年的上海商业联合会》，上海，1983 年版，第 46 页。

③ 李新总编：杨天石主编：《中华民国史》第 2 编，第 5 卷，中化书局 1996 年版，第 370—371 页。

党左派在农民、小资产阶级和工人中建立基础；在此基础上倾全力于变国民党为具有内部纪律、实行选举的组织，并在此基础上执行排除国民党右派的方针，破坏他们的政治威信并从下到上把他们通通从领导岗位上撤职，而千方百计加强提拔左派国民党和共产党人，安排他们到军队、军校和要害的军事技术部门等处去当干部。从此开始，共产国际明显激烈和躁动起来。与前一时期不同的是，莫斯科把中共掌权的时刻“大大提前”，让中共莫再遮遮掩掩，而以其“本来的面目出现”。如果说“三二〇”事件后莫斯科一度让中共和莫斯科顾问不要“越俎代庖”，而要强调国民党的领导地位，那么过了不到一年，此时到1927年的3月3日，苏共已经让国共两党“平起平坐”，摆在同样的地位，认为“必须动员群众团结在国民党和共产党周围”了。[①]

联共（布）也开始做两手准备，首先为国民党左派和中共制定了立即夺取政权的应急方针，其中把掌握军权放在首位：“必须把个别将领的雇佣军变为革命政府同群众密切联系的常规军；实行掌握军队要害岗位的政策，在有条件的地方着手建立特别忠诚于革命的部队”。同时，要在军队中加速建立国民党与共产党支部的工作，并创造条件建立新的支部；共产党人则应到不可能建立党支部的地方去开展秘密工作。联共（布）认为此时已经能够利用前一阶段农民运动的成果，所以“必须奉行武装工农的政策，把地方农会变为能够实行武装自卫的事实上的政权机关等”。[②]

莫斯科认为此策略定会灵验。二十多天后，到3月31日还在探询鲍罗庭的意见，看他“是否认为应当向蒋介石作出某些让步以保持团结并且阻止他彻底投向帝国主义怀抱”。[③] 接着，得悉蒋介石已经开始在上海采取一些类似政变的做法后，莫斯科依然支持上海和南京的工人，“以全俄工会中央理事会的名义从全俄工会中央理事会给上海市总工会寄出十万卢布，由其用于抚恤南京炮击事件罹难者”；[④] 同时也在安排把中山大学的一批“右派国民党”学员派遣回国。[⑤]

---

① 《联共（布）中央委员会政治局闭门会议第89（特字第67）号记录节录（1927年3月3日）》，*ВКП（б））*，*Коминтерн и Китай*，第2卷，下册，第632—633页。

② 《联共（布）中央委员会政治局闭门会议第89（特字第67）号记录节录（1927年3月3日）》*ВКП（б）*，*Коминтерн и Китай*，第2卷，下册，第633页。

③ 《联共（布中央委员会政治局闭门会议第93（特字第71）号记录节录（1927年4月7日）》，*ВКП（б）*，*Коминтерн и Китай*，第2卷，下册，第658页。

④ 《联共（布）中央委员会政治局闭门会议第89（特字第67）号记录节录（1927年3月3日）》*ВКП（б）*，*Коминтерн и Китай*，第2卷，下册，第659页。

⑤ 《联共（布）中央委员会政治局会议第94（特字第72）号记录节录（1927年4月7日）》，*ВКП（б）*，*Коминтерн и Китай*，第2卷，下册，第662页。

第九节　扑朔迷离的左派汪精卫

在联共（布）和共产国际从3月3日到31日一天强似一天的躁动之际，汪精卫于3月8日从欧洲到了莫斯科，在这里得到了联共的许诺：支持他建立一个左派国民党政府。①

4月1日《共产国际》杂志不无希望地宣称，蒋介石正等待“汪精卫回国复职”，② 因汪是他的“良师益友”。③ 就在这一天，汪精卫回到上海，他面临的抉择是：同中共和国民党左派组成政府，还是转向他真正的反共战友蒋介石。这时的他丝毫没有犹豫，次日便行动起来，先是尽可能表明自己也是“反共的，不过用的手段不同而已”。④ 他还向吴稚晖表态，反对共产党的阶级政策及劳农专政。⑤ 继而十分机灵地表示，愿意在国共间“负调和之责”。⑥

4月5日他同陈独秀发表了著名的《汪陈宣言》，其中阐明了中共对于民主革命时期的主张，申明了目前国共应共同遵循的政纲：“建立一个各被压迫阶级的民主独裁来对付反革命，不是什么无产阶级独裁”。文件驳斥了一些不利于国共两党关系的并非谣言的“谣言”，如“甲则曰：共产党组织工人政府，将冲入租界，贻害北伐军，将打倒国民党。乙则曰：国民党领袖将驱逐共产党，将压迫工会与工人纠察队”。《汪陈宣言》强调国共应互相尊重，“事事开诚，协商进行。政见即不相同，如兄弟般亲密”，⑦ 表达的是“合而不同”的情绪。昔日中共史学总认为这是陈独秀的大错误，凭心而论陈独秀

---

① 迄今为止没有发现俄罗斯方面关于汪精卫同苏联领导人会谈的史料，仅见《汪精卫言行录》上册中多少有些记载。

② 这是《共产国际》杂志的社论，见1927年4月1日出刊第13（87）期，第9页。

③ 《真理报》，1927年4月6日。

④ 《蒋介石及其党徒准备反革命政变》，《中共党史参考资料》第4册，第270页。

⑤ 台北中国国民党中央委员会党史委员会存：《中国国民党中央监察委员会政治委员会第十一次会议录》。

⑥ 台北中国国民党中央委员会党史委员会存：《中国国民党中央监察委员会政治委员会第十一次会议录》。

⑦ 《汪精卫、陈独秀联合宣言（1927年4月5日）》，《中共党史参考资料》第4册，第268页。

不过是实施共产国际的意图而已。[①]

事实表明，上述宣言中所谓“上海军事当局表示服从中央”，[②] 仅仅是一纸空文，国共合作已经在演奏最后的乐章。苏共党内以托洛茨基和拉狄克为代表的反对派在4月5日也曾警告说，蒋介石的表现说明中国事态正朝着他对革命者的血腥屠杀演进。[③]

直到这个关键时刻，共产国际的期望值依然很高。斯大林等还想核实蒋介石对上海工人和革命者的镇压是否确有其事，他们认为国民党内的状况整体上说是有利于共产党人的，因后者与国民党左派组成了以武汉政府为代表的“革命议会”。而蒋介石和国民党右派这一匹差强人意的“母马”还有使用价值，[④] 这个柠檬被榨干前不能扔掉。[⑤] 然而，这匹“母马”的驯服程度被共产国际大大地高估了。

蒋介石代表的右派势力赢得了国民党同共产国际较量的第一个回合。这就是4月12日发生的事件。蒋介石外借苏联援助，身边有苏联军事顾问，内有中国共产党的帮助，有中共靠大规模群众工作而争取来的广大人民对北伐事业的支持，带兵开进了上海，此后便向共产党人和拥护中共的工农举起了屠刀。北伐和国家统一还没有完成，军阀还没有肃清，兄弟加战友就阋于墙。这无疑是中国国民革命运动中的一个悲剧。

第十节　连锁反应

蒋介石的反共产国际并非孤立行动，它引发了中苏关系中早已酝酿的

① 唐宝林在其《陈独秀传——从总书记到反对派》（上下册，上海，1989年版）一书上册有详细论述；还可见他的《不要忘记历史——就“陈独秀右倾机会主义”再摆我们的观点》，载陈独秀研究会编：《陈独秀研究简报》2003年5月3日出版第3、4合刊。

② 《汪精卫、陈独秀联合宣言（1927年4月5日）》，《中共党史参考资料》第4册，第268页。

③ A. 马尔丁诺夫：《中国革命问题》，《真理报》，1927年4月1日。

④ 斯大林说它们的使用价值是“瓦解军阀的后方，给革命出钱”。“哪个主人会把虽然差劲但还有用的母马”扔掉？目前这匹马听武汉政府的话，国民党左派只有“同他们一道才能对抗帝国主义者的联合势力”。全文见《远东问题》（*Проблема Дальнего Востока*）2001年第1期，第152—158页。

⑤ 斯大林说对待国民党，要“像一只柠檬一样，先把它榨干，再把它扔掉”。王淇等译：《罗易赴华使命》，中国人民大学出版社1981年版，第61页。

包括意识形态在内的中外反苏声浪。北京政府也发出了自己的声音。原因如下。

第一，北京政府在对苏外交中受到莫斯科冷遇，因华南有国民政府的成立，它并得有苏联“种种接济”，而中苏交涉实际上也已由北京移到广州，名义上的苏驻华使馆暗中肩负帮助中共的使命，“青年共产党员，凡负有重要责任的，大都匿居俄使馆”，北京政府认为这是一个布置“赤色阴谋的魔窟”。

第二，在国际上，西方国家特别是英国认为苏俄支持的“香港罢工，已予英国在经济政治上以很大的打击，同时在东方的殖民地，也不免因之大为动摇，便是其国内的矿工大罢工，也都是由于中国当时革命潮流狂奔的影响”，所以英国一方面以炮舰政策给中国以“武装的压迫，另一方面更怂恿行将瓦解的北京政府，破坏这个制造赤色阴谋的巢穴”。[①] 北京政府则想利用此时“全国民众的反赤心理，来增高其政府地位，并借以压迫南方政府”。

第三，奉张对“苏俄恨之入骨”，对苏联驻华大使加拉罕“更深致不满”。[②] 这样一来，在相当时间里武汉政府就受到来自蒋介石方面和北京政府方面的双重压力。

北京政府同苏联的关系风云突变。2 月 28 日夜 3 月 1 日凌晨，张宗昌部以列宁纪念号(Память Ленина) 商船上的鲍罗庭夫人（Ф. С. Бородина）、三名苏联信使和船员携带传播共产主义的书刊为由，在浦口将其扣押，[③] 当日解至济南监狱，由保安队看守。[④] 孙传芳请中央政府派员处置鲍夫人，同时于 9 日通电对苏绝交。[⑤] 苏联方面也取对等行动——在伯力拘捕了华人仲星三。两

---

① 这是何汉文的看法（见《中俄外交史》，上海 1935 年版，第 374 页）。台北学者唐启华持另外的观点，认为英国并非此案主谋之一。见其文：Britain and the Raid on the Soviet Embassy by Chang Tso-lin，1927 台北中兴大学文学院：《文史学报》1992 年第 2 期，第 185—196 页

② 事实上加拉罕早已于 1924 年 10 月奉联共（布）命令停止履行其驻华全权外交代表的使命。何汉文：《中俄外交史》，上海 1935 年版，第 374 页。

③ 回国后鲍夫人 Ф. С. Бородина 鲍罗庭娜写了回忆录：《在中国土皇帝的刑讯室里》（*В застенках китайских сатрапов*），莫斯科、列宁格勒于 1928 同时出版。该书主要内容已经由侯均初译为中文（李玉贞校对），刊于中国老年历史学会的刊物《文存》（本刊物只于 1988 年出一卷共三期）第 1 卷第 2—3 期上。

④ 《申报》1927 年 3 月 10 日。警察厅长为鲍夫人一行设宴洗尘，为他们在魏家庄觅得了洋式楼房，有时还安排他们游览大明湖。《申报》3 月 3、14、15、21 日。

⑤ 《申报》3 月 10 日。

国抗议文书频繁往返。[①] 一番复杂交涉[②]并经苏联先后付了二十九万二千（先付 12,000 后付 280,000）美元罚金[③]鲍罗庭夫人等才于 1927 年 7 月 12 日获释。

就此事的交涉还没有结果，4 月 6 日，北京再起事端，这就是张作霖军警搜查苏联使馆案。

此案原委大致是如下：1860 年中国在第二次鸦片战争失败，被英美法俄强迫签订了《天津条约》，次年英国外交官进驻北京的东江米巷，后有美国等国外交官陆续前来。自此东江米巷使馆区成为北京的国中之国。外国银行也相继进入，如英国汇丰银行、德国德华银行、俄国道胜银行等。1900 年中国再被迫签订《辛丑条约》，其中除了赔款，还有更进一步损害中国主权的更加荒唐的规定，如使馆区内中国人不得居住，各国可以派兵保护使馆区。中国甚至被迫答应对将来一切“抗外行为”予以惩罚等。条约签订后，东江米巷更名为东交民巷，外文为 Legation Street（使馆街）。

旧俄使馆也在东交民巷内。苏俄十月革命后中俄关系中断，直到 1924 年 5 月两国关系正常化后苏联使馆才得以入驻东交民巷旧俄使馆。但从 1919 年起前来中国的苏俄使者，却都把宣传苏式共产主义当做推动世界革命的途径。从优林到越飞莫不如此。[④] 据使馆区规定，外交资历最久，年龄最长者担任外交团领袖。荷兰驻华公使 J. W. 欧登科（Oudendijk）便充任此职。

1926 年国民革命军北伐顺利进军，继东南底定后，于 1927 年 3 月占领上海。北京政府受到极大威胁。当时的北京政府形式上由顾维钧任国务总理兼摄大总统职务，但是大权却在驻节天津自称安国军总司令的奉系首领张作霖

---

① 中国驻伯力领事裘汾龄请外交部向俄抗议并要求立即释放之（《申报》3 月 12 日）。3 月 11 日中国外交总长顾维钧致电苏驻华大使，称鲍罗庭夫人等来华宣传共产主义，破坏中国社会组织，须彻查加以处分（刘绍唐：《民国大事日志》一分册，第 354 页）。苏联方面派遣斯皮礼温奈克（И. И. Спильванек）携翻译瓦西克夫（Васьков）赴鲁调查，苏联使馆发表了抗议书，谓此“苏联商轮列宁号赴汉运茶，并非初度，船上绝无军火等品，突被扣留，实属无理之甚”，对于中国方面利用白俄对付苏联外交人员，表示了极大的愤怒，“目下解决方法，惟有将该俄员立即释放”（《申报》3 月 14 日）。斯氏 16 日偕交涉署长徐东藩晋谒代理省长林宪祖，对于省政府给予鲍夫人等的安排“表示满意”。3 月 17 日鲍夫人一行被押解至北京。张宗昌甚至友好地为他们送行（《申报》3 月 21 日）。

② 苏联外交部编：《苏联对外政策文件集》，第 10 卷，第 74、79—81、101—114、182、310—311、339—340、629、642—643 页；第 11 卷，第 13 页。

③ 《联共（布）中央委员会政治局会议第 4（特字第 4）号记录节录（1928 年 1 月 5 日）》，*ВКП（б）Коминтерн и Китай*，第 3 卷，上册。第 197 页。

④ 王聿均：《中俄外交的序幕—从优林到越飞》，台北，“中央”研究院近代史研究所 1978 年版，第 105—106、124、146—149 页。

手中。他握有直、鲁、奉、吉、黑、察、热数省地盘，雄心勃勃，要与国民革命军相抗衡，派了十万奉军进入河南，会合吴佩孚残部，试图南下。但是他知道，国共在京津一带十分活跃，加之他得有情报知北京“三一八”惨案后，许多国共人士逃往苏联使馆避难。张作霖担心若他的兵力南下，国共反奉势力得有苏联支持会扰乱后方。本来就有反苏情绪的张作霖，决定采取行动。但是东交民巷使馆区，若没有领袖公使欧登科许可，张的属下是不能进入的。张作霖曾就此事商之于一些国家外交官，他们虽然也感到苏联使馆内会有“阴谋”，但从外交角度看事关重大，他们态度游移。[①]而在欧登科方面，身为外交团领袖，与其他外交官一样，担心苏联“赤化”中国而影响其他国家在华利益，这一切，决定了他不可能持反对张作霖的立场。北京政府顾维钧并不知道详细情况。[②]最后张作霖决定孤注一掷，于是在一个冠冕堂皇的要对使馆区的安全负责的借口下，他向安国军总司令部外交处长吴晋发放了许可证。[③]

张作霖

4月5日，京师警察厅总监陈兴亚获得外交团的签字，并制定方略。4月6日由荷兰公使欧登科坐阵，吴晋具体实施，[④] 张作霖的军警进入使馆区，搜查了苏联使馆旁的远东银行，这里原是旧俄兵营。结果搜得准备在反北京政府起事时使用的旗帜、钤印、名单，及种种证据文件。逮捕六十余名国共人士和十多名俄使馆工作人员。

帝国主义和张作霖大肆炒作，认为这是苏俄密谋推翻中国政府的文证，[⑤]

---

① 荷兰海牙国家档案馆（*National Archive*），全宗168。

② 顾维钧：《顾维钧回忆录》第1卷，中国社会科学院近代史研究所翻译，中华书局1983年版，第364—364页。

③ 田鹏：《从俄使馆案至国民党清共》，罗家伦编：《革命文献》第九辑，台北，1965年版。

④ 搜查情况见上海《民国日报》，1927年4月7日。时任北京外交团领袖的荷兰驻华公使欧登科在其外交生涯回忆录（J. W. Oudendijk，*Ways and by ways in diplomacy*）伦敦Peter Davis，1939年版第347—349页详细讲述了使团与中国有关方面安排此次行动的情形。李新总编：《中华民国史》，杨天石主编第2编第5卷《北伐战争与北洋军阀的覆灭》，中华书局1996年版，第495—501页。

⑤ 张国忱在1928年编译出版了《苏俄阴谋文证汇编》，但是其中许多人名和机构名称有待核实。

中苏两国关系已经无法维持了。①

从远东银行搜查到的中国国民党和
共产党的出版物

被捕的国民党北京市
特别党部妇女部长张挹兰

被捕的中共北方区委负责人李大钊

蒋介石的态度十分引人注目。既然张作霖和东交民巷明显是剑指苏俄，

---

① 北京政府同苏联的交涉大致情况是，7 日北京政府向苏联抗议。是日苏联驻北京代表向中国提出抗议要求释放所拘之人。同时莫斯科举行大游行。4 月 9 日，契切林向中国驻苏代办郑延禧抗议，声明如果未得到满意答复即撤退驻华大使。苏方所提四项要求为：中国军警区应即自武官室等处撤退；被捕之俄使馆馆员及苏俄经济调查处职员，立即释放；武官室内携去之各文件即予交还；军警劫去之物，应即交还原主。苏联外交部编：《苏联对外政策文件集》第 10 卷，莫斯科政治文献出版社 1965 年版，第 142—143，149—152 页。与此同时，代办齐尔内赫 Черных 等也准备离京。19 日 20 余名苏联人离京。

便应当符合他的心愿。但他十分巧妙地应对形势。4 月 8 日他给苏联驻华代大使车尔内赫（又作：车尔尼、车尔内克）发电慰问，认为“六日北京军警对于贵馆所施空前骇闻之大暴举，显受帝国主义者之间接指挥”，原因是他们见近来“国民革命军已淹有沪宁全线，且更将义旗北指，直捣燕京，深知其在华利益乃封建势力上，行将根本动摇，乃造谣中伤，挑拨离间”。[①] 蒋介石看似革命的词藻确实有相当令人费解之处，他好像完全站在苏联一边，以友好的笔调，以“最诚恳之友谊”，表示对苏联的同情，丝毫没有流露其反苏情绪，相反，他认为苏联绝对不同于帝国主义国家，恰恰是因为苏联使馆“适以处于许多封建遗毒反革命分子之恶鱼区域范围之内，”才“首遭蹂躏”。

蒋介石的电报被译为英文、法文等语种，在东交民巷各国外交人员间传播。[②]使团领袖欧登科一头雾水，不知道蒋介石到底站在哪一边。从列强来说，他们窃喜的是“铲除”了“危及”使馆区安全的因素。张作霖方面则要表示自己“反赤”、反苏，以赢得帝国主义支持。他要争取舆论并集中兵力对付正在威胁他的以蒋介石为首的国民革命军。从中国来说，张作霖为了消灭竞争者，乃利用外国势力对付国人，实在是在中国土地上演出的一出龌龊的戏。

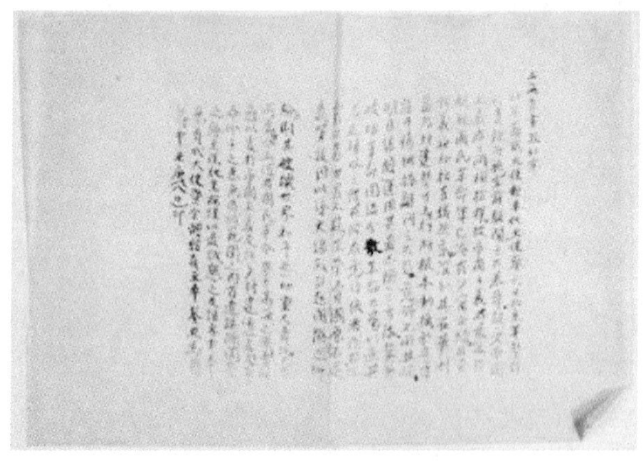

1927 年 4 月 8 日蒋介石致苏联驻华全代大使车尔尼的电报

一大批国共人士被捕，在国内引起轩然大波，社会各界要求释放被捕者，但是军阀丝毫不为之所动，十多名俄国人很快获释，但李大钊等十九名国共

① 荷兰海牙国家档案馆全宗第 168 号。这个电报曾出现于 1927 年 4 月 9 日《时事新报》上，文字略有不同。

② 荷兰海牙国家档案馆全宗第 168 号。

人士于4月28日被极其残酷地杀害了。牺牲者中间有：中共北方区委负责人李大钊，中共党员谢伯俞，中共北方区委委员、宣传部长，《政治生活》主编范鸿劼，中共党员莫同荣，国民党一届候补中委，国民党政治会议北京分会委员，北京市特别党部监察委员路友于，妇女部长张挹兰，国民党商民部长姚彦等。[①] 北京政府本想立即收回使馆区的管理权，但外国使领馆见反苏目的已经达到，便立即派遣卫队，以武力接收该处的管理权。围绕此事的交涉起初在苏联同北京政府间进行。这十五名使馆人员受到审判，但未做判决。1928年4月国民政府在南京成立。1928年6月国民革命军攻下北京，“接收”了这一批被捕者，继续予以关押。直到9月9日才将其释放。[②]

共产国际幻想依旧

如果说3月新到中国的共产国际执行委员会代表团罗易等人还想派鲍罗庭为该团成员，赋予其驻国民党代表的身份，并通过参加国民党的政治会议同该党保持直接联系，[③] 或许我们可以说他下车伊始并不了解国民党特别是蒋介石，那么在得悉4月6日苏联驻北京大使馆的部分房舍和上海总领事馆受到袭击，在帝国主义列强正采取相当强劲的侵略行动后，罗易依然抱有同蒋介石合作的幻想，依然寄希望于“左派”汪精卫和蒋介石在武汉举行的国民党中央执行委员会全会上来“解决所有党内争论问题”，甚至期望蒋介石服从全会决议。[④] 特别是4月12日事件本身和此后的一连串事件，说明华南和华北反苏势力已经明火执仗大打出手了。中国政局中的上述种种事态本应使他们清醒：国民党同共产国际在中国和国外的博弈已经基本见了分晓。但是莫斯科依然在罗织国民党左派和共产党人联合掌权的美好前景。种种事件造成的是苏联对华外交失败的艰涩。至于对苏外交，国民党中央执行委员会作出的第一个姿态是7月26日决定不再派遣学员赴莫斯科中山大学。7月27日在中国工作近四年的鲍罗庭离开汉口动身回国。国民党对苏关系急转直下。

---

① 李新总编：杨天石主编：《中华民国史》第二编第5卷，中华书局1996年版，第495—501页。北京《晨报》，1927年4月7日，4月12—17日，4月25、27、29日。荷兰驻华公使欧登科在其回忆录中也有记述（J. W. Oudendijk，*Way and by ways in diplomacy*，伦敦Peter Davis1939年版，第347—349页）。

② 他们从大沽出发，经日本到符拉迪沃斯托克。苏联外交部编：《苏联对外政策文件集》，第11卷，莫斯科，政治文献出版社1966年版，第739—740页。

③ 《共产国际驻中国代表团会议记录（1927年4月9日）》，*ВКП（б）Коминтерн и Китая*，第2卷，下册，第665页。

④ 《罗易致蒋介石的电报（1927年4月12日）》，*ВКП（б）Коминтерн и Китай*，第2卷，下册，第669页。

第十七章
大结局

国民党与共产国际的关系从4月12日上海事件发生到7月15日，短短三个月，中国经历了太多的变化。

这个时期的特点是，在国民革命军占领的地区，莫斯科期望的工农运动高涨并由此激化了深深隐藏着或早已时隐时现的共产国际革命道路与国民党理论和政策的矛盾；帝国主义列强则因其利益受到直接威胁，加强了武装干涉的布署并采取了一些行动，如炮轰南京等，一百七十多艘军舰集结于中国水域。在全中国范围内，则是华南华北反苏反共反赤的势力遥相呼应。

在国民党同共产国际的关系方面，最重要的乃是莫斯科一向倚重并寄予希望的国民党左派汪精卫及其政府——武汉政府也宣布分共。

第一节　武汉政府、共产国际对形势的不同估价和对策

"四一二政变"发生两天后的4月14日，共产国际执行委员会就发表《告全世界无产阶级和农民，告全体被压迫人民书》，称帝国主义利用炮艇政策"想把中国和世界推入一场苦难深重的新世界大战的渊薮"。列强特别是英、美、意、法的军舰、海军陆战队正和蒋介石一起进行着反对苏联和中国的战争。国际联盟和阿姆斯特丹第二国际的头领们一方面唉声叹气柏拉图式地祈求和平，一方面"支持并散布国际帝国主义报刊编造的腐朽的叛卖性谎言和诬蔑，倾全力于反对世界和平的堡垒苏联"。

苏联认为破坏国民党的是帝国主义："帝国主义不仅封锁了全中国：他们破坏了国民党的团结，收买了蒋介石，他已经变成了中国革命和中国人民的叛徒，成了全国反革命的中心"。关于中国事件的意义，文件中说："中国革命以其波澜壮阔的规模，以其对殖民地世界和欧洲无产阶级的巨大影响，表明资本主义的危机空前加剧"，① 所以共产国际号召全世界人民迎击帝国主义战争。

共产国际旗帜鲜明表态支持国民党，它提出的八个口号中就有"上海工人万岁！革命的国民党万岁！中国共产党万岁！"②

在斯大林的评价中，"蒋介石的政变表示民族资产阶级退出革命，国内反

① 苏联科学院远东研究所编：《共产国际与中国革命》，莫斯科，1986年版，第111—112页。
② 苏联科学院远东研究所编：《共产国际与中国革命》，莫斯科，1986年版，第113页。

革命中心已经出现，国民党右派已经同帝国主义勾结起来反对中国革命”。他估计中的中国形势是：“从此以后中国南部将有两个政府，两个军队、两个中心：武汉的革命中心和南京的反革命中心”。① 与上年蒋介石在南昌与武汉对峙相比，此时国民党确实出现了两个政府。

斯大林认为在这种形势下，中国革命“已进入其发展的第二阶段，已经开始从全民族联合战线的革命转变为千百万工农群众的革命，转变为土地革命”。革命的对象是：帝国主义、土豪劣绅、封建地主、军阀和蒋介石反革命集团。

斯大林控制下的共产国际执行委员会不断地表态支持“革命的武汉政府”和“革命的国民党”。

1927 年 4 月 6 日在张作霖的部队搜查苏联全权代表处外的中东铁路办事处时被捕的李大钊等 25 名国共人士和工人，于 4 月 28 日在北京被残忍地绞杀。共产国际执行委员会执行委员会于 5 月 1 日呼吁全世界人民，特别是欧美国家的工人阶级，在 5 月 1 日走上街头，举行集会，发出了抗议本国资产阶级，支持中国人民反对帝国主义和反动军阀斗争的最强音：抗议他们“非人性地绞杀中国共产党人，抗议他们残害无产阶级先锋队的代表人物”。在这个向全世界发布的文告中，“革命的国民党”、“左派国民党人”依然是革命的希望所在，请看其口号：“革命中国的劳动者们，工人和农民、共产党人和左派国民党人，牢牢地抓住、更高地举起无产阶级胜利的红旗！”“中国共产党万岁！”“革命的国民党万岁！”“中国革命胜利万岁！”“世界革命胜利万岁！”②

前已述及时任中山大学校长的拉狄克对斯大林的政策表示异议，斯大林也已经感觉到自己的政策未必应验，但他还要争取支持者，便针对该校内拥护反对派观点的人说：“拉狄克和一般反对派的错误就在于他们撇开中国半殖民地地位，看不见中国革命的反帝国主义性质，看不出武汉的国民党即没有国民党右派的国民党是中国劳动群众反帝国主义斗争的中心”。③

斯大林进一步表达其对武汉政府的期望：

“武汉政府还不是无产阶级和农民的民主专政。它可能成为这样的专政。如果以全力展开土地革命，武汉政府就一定会成为民主专政”。这需要两个条件：

---

① 《中国革命问题（1927 年 4 月 21 日）》，《斯大林全集》第 9 卷，人民出版社 1954 年版，第 203 页。

② 苏联科学院远东编：《共产国际执行委员会就二十五名中共党员被杀案发表的宣言书（1927 年 5 月 1 日）》，苏联科学院远东研究所编：《共产国际与中国革命》，莫斯科科学出版社 1986 年版，第 115、116 页。

③ 斯大林：《和中山大学学生的谈话（1927 年 5 月 13 日）》，《斯大林全集》第 9 卷，人民出版社 1954 年版，第 222 页。

第一，必须使武汉政府成为中国农民土地革命的政府，成为竭力支持这个革命的政府。

第二，必须使国民党以工农出身的土地运动的领袖补充其上层领导集团，并且扩大其下层组织，把农民协会、工会委员会和城乡其他革命组织都包括进去”。

“国民党现在约有五十万学党员。这太少了。对于中国实在太少了。必须使国民党把数百万的革命农民和工人包括进去，从而变成千百万人的革命民主组织。只有在这个条件下，国民党才有可能产生出一个革命政府”。[①]

然而，事实证明，这仅仅是一些并无根据的梦想。斯大林对武汉政府的估计仅仅有一句话是对的，即它“还不是无产阶级和农民的民主专政”的政府。他对武汉寄予的希望最后却只可能永远是一相情愿而已。

1927 年 5 月共产国际执行委员会举行第八次全会，它不像前两次全会那样是“扩大”的全会，邀请一些非执行委员会的成员党派出代表参加，如中国国民党以共产国际同情党的资格派遣的代表胡汉民、邵力子等。正值斯大林与托洛茨基反对派斗争最炽烈时召开的此次全会，基本重复了斯大林等对于中国问题观点，它决定了莫斯科 1927 年 4—6 月间对华的理论方针。这就是：要充分肯定“劳动群众自发的强大的运动”，开展土地革命和城市群众运动，土地革命的内容是：“自下而上”地进一步开展土地革命，“没收土地和实行土地国有化”，这是中国革命“新阶段的内容”。共产国际执行委员会认为“武汉政府与左派国民党就其基本倾向而言体现的是城乡小资产阶级群众与无产阶级的联盟”，所以在组织发展上，要“大力吸收工人入党，在城乡大力吸收劳动者加入国民党，并使该党尽可能迅速地转变为最广泛的群众组织”，[②] 在此基础上建立可靠的革命工农武装力量，并让共产党人在此联盟中发挥事实上的领导作用，这就是联共（布）和共产国际此一时期为国民党左派和中共“制定”的政策。[③]

既然共产国际认为蒋介石在 4 月 18 日建立的南京政府“是国内反革命的中心”，而“武汉国民党和武汉政府是资产阶级民主革命的中心”，[④] 那么，

---

① 斯大林：《和中山大学学生的谈话（1927 年 5 月 13 日）》，《斯大林全集》第 9 卷，人民出版社 1954 年版，第 228 页。

② 《共产国际执行委员会第八次全会决议—中国革命问题》，苏联科学院远东研究馆编：《共产国际与中国革命》，莫斯科科学出版社 1986 年版，第 122、123、125 页。

③ 见 *ВКП (б), Коминтерн и Китай*，第 2 卷，第 200、219、223、233、243 号文件。

④ 斯大林：《中国革命和共产国际的任务（1927 年 5 月 24 日在共产国际执行委员会第八次全会第十次会议上的演说）》，《斯大林全集》第 9 卷，人民出版社 1954 年版，第 279 页。

继续支持武汉政府并促使其迅速“转变”就顺理成章了。

武汉政府对形势的估计，是一个很意思的问题，这届左派政府是否真的沿着斯大林期望的路线向民主专政的机关转变呢?

1926年10月北伐军占领武汉后，的确实行了一些激进的措施，① 这届政府确实对群众性大规模工农运动给予一定程度的支持。共产国际赞赏的就是这一点。

然而这种受到赞赏的情况，是为运动的进一步发展创造了条件，还是由于其过激政策而孕育着极大的风险？前已述及，1月汉口英租界被革命人民收回。这在外交界、在国际上掀起一场不小的风波，引起外交交涉，帝国主义列强担心自己在这里的利益受到损害而酝酿着武装干涉，炮艇再次开到长江水域，直接威胁武汉国民政府。国内情况如何呢?

首先看工人运动。从第三次全国劳动大会到1927年6月，不足两年的时间里，“有组织的工会从一百二十万增加到二百九十万”。② 北伐军在武汉组织了工人纠察队，湖北全省总工会设立了工人纠察队总部，由共产党人项英、蒋先云、李立三为总队长。各产业工会设立纠察大队，分工会设立纠察分队。它拥有十分宽泛的权限，事实上这已经是一个权力机关。它有权管理工厂，规定工人的工作时间，纠察工贼，组织法庭、监狱以处置反革命，检查轮船、火车，控制或断绝交通，没收或分配工厂、店铺。1927年1月湖北全省总工会举行第一次代表大会，肯定了工会的成绩，提出了加强工会工作的措施。③ 也就是说，工会还要沿着这个方向进一步发展和开展活动。

工会下面还有劳动童子团的组织，它隶属于工会，由省总工会设立劳动童子团总部并委任其正副队长。孩子们的活动与工人纠察队相同。到1927年6月下旬劳动童子团已经发展到一万二千人，整顿后剩下八千人。④

这就难怪那些远在莫斯科的共产国际执行委员会领导人会表现出更强烈的极左情绪。5月12日季诺维耶夫表示：

“目前，在占领上海之后，在国民政府已经统管了两亿人口的地盘并掌握着大工业中心之后，在工人大罢工已经唤起农民运动之后，——在当前时刻应该提出建立苏维埃的口号了，建立工农代表苏维埃，劳动人民苏维埃，有

---

① 这方面的研究已经有不少，如蒋永敬：《鲍罗廷与武汉政权》；刘继曾、毛磊、袁继成合著：《武汉国民政府史》；李云汉：《从容共到清党》；杨天石主编：《中华民国史》第2编第5卷等。

② 刘少奇：《全国总工会会务报告（1927年6月）》，《中共党史参考资料》第4册，第426页。

③ 王宗华主编：《中国大革命史（1924—1927）》下册，人民出版社1990年版，第522页。

④ 会议情况见汉口《民国日报》1927年4月29、5月17、18、6月28日等，引自王宗华主编《中国大革命史（1924—1927）》，下册，人民出版社1990年版，第523—524页。

国民革命军士兵特别代表参加的苏维埃，没有资产阶级代表参加的苏维埃。共产国际第二次代表大会就说到，在东方也必须宣传苏维埃的思想，也必须只要一有可能就建立苏维埃的思想，这个时刻在中国已经到来了”。①

身为反对派的季诺维耶夫等人认为，中共应该退出国民党自己大干了。

但是斯大林派认为武汉国民党也是依靠对象：“现在武汉与南京的斗争，乃是无产阶级和民族资产阶级争夺革命领导权的斗争……正因为如此，资产阶级才要求分共，要求将共产党作为一个政党予以消灭。无产阶级呢，它相反，要致力于孤立民族资产阶级，把方兴未艾的土地革命领导起来，以便将革命进行到底，并将其引入社会主义革命的轨道。正因为如此，才要求共产党人把右派逐退出国民党并将其作为一支势力予以铲除”。斯大林派认为在目前情况下，如果像反对派主张的那样让中国共产党退出国民党，那么这样的要求“只能使右派在国民党内占上风，使中国共产党受到孤立，放弃革命立场，分散农民革命运动。这样的要求，其后果就像眼下上海和南京的共产党人被清除出国民党一样”。所以拉狄克、托洛茨基、季诺维耶夫的立场事实上一致符合国民党右派的要求，“季诺维耶夫同志的‘提纲’基本上是取消主义性质的”。②

那么当时能否如斯大林所说，武汉政府加上中国共产党的努力就能把右派清除出国民党呢？事实证明，斯大林囿于其理论教条，不可能理解，无论国民党的左派还是右派，对工农运动所持的立场不仅越来越接近，而且越来越公开地接近了。

还在 1926 年年底，国民革命军占领武汉后不久，中共就发现，由于频繁的罢工，而产生了“最近工人依赖政治的幻想”。③ 工人出于改变自己处境的迫切愿望“提出使企业倒闭的要求，工资加到骇人的程度，自动缩短工时到每日四小时以下”，乃至企业难以为继，无论中资还是外资企业都无法扩大再生产，工人纠察队“随意逮捕人，组织法庭、监狱，检查轮船、火车，随便断绝交通，没收分配工厂、店铺”，由于“中国工人运动的历史很短，工人文化程度很低”，再加上“革命工会领导与教育工作不力”等原因，④ 工人运动

---

① 《联共（布）中央委员会政治局会议第 101 号记录节录（1927 年 5 月 12 日）》《联共（布）中央委员会政治局与共产国际》，莫斯科，2004 年版，第 453 页。

② 《联共（布）中央委员会政治局会议第 101 号记录节录（1927 年 5 月 12 日）》《联共（布）中央委员会政治局与共产国际》，莫斯科，2004 年版，第 451 页。

③ 《中央局报告（1926 年 12 月 5 日）》，中央档案馆编：《中共中央文件选集》第 2 册，中共中央党校出版社 1983 年版，第 359 页。

④ 刘少奇：《关于大革命历史教训中的一个问题（1937 年 2 月 26 日）》，中国革命博物馆编：《党史研究资料》第 5 期，1980 年 3 月 5 日出版，引自王宗华《中国大革命史》下册，人民出版社 1990 年版，第 529—530 页。

出现严重的失控。[①]

但是既然“无法扩大再生产”，即使工人把所有中外资本家都赶跑，全部没收他们的财产和一切生产手段，那么当时也只能坐吃山空，无法保障工人状况的进一步改善。起义工人能否领导起新政权和新政府——苏维埃的建设？按照这样的道路走下去，能“建设”一个什么样的政府？问题十分尖锐地摆了出来。苏俄式的革命道路面临着严峻的考验。

共产国际的领导人被俄国革命模式牢牢束缚，迷信俄国经验到了不能自拔的程度。身在中国的远东局的成员们认为只要派遣“二、三个高级负责同志前来”，建立“依靠工人、士兵和农民的群众性组织”，依然有希望取得胜利。[②] 这已经到了1927年6月25日，被视为苏维埃性质的上海市民代表会议被驱散已经过了两个多月，共产国际依然沉浸在建立苏维埃的梦想之中。

简单回顾农民运动。当时仅湖南一地，“有组织、有农协会员册可查的计五百八十万，能影响的人数在千万以上”。[③] 在这里从事农民运动的最著名的中国共产党人是毛泽东。他的基本思想是“有土皆豪”，“无绅不劣”。乃至湖南农民运动出现过激，其中以“反对土豪劣绅”为最。打击土豪劣绅的办法很多，诸如“逮捕、监禁、审判、算账、罚款、戴高帽游街、杀猪、粜谷”等。逢大会，群情激烈时“只要有一人认定被审判者是土豪劣绅，往往无人敢加以反对。惩罚的方法愈激烈就越容易通过。这与法国大革命时，国民会议审判贵族的情景，大同而小异”。[④] 即使常说的减租减息，本来规定佃农所得应有一半归自己，这已经构成农民生活实质的改变。但是在执行中却一步步失控，地主觉得自己的“土地所有权出了问题，佃户们则主张以不交租、不还债为回应，”这样对于“生产准备和生产情绪都会有影响”。

一些地方“丈田插标”的做法，实际等同于没收地主土地并将其重新分配给无地农民了，“显然超越了武汉政府权力所能做到的范围以外。不还债，更使农村金融陷于窒息的状态……在资金极度短缺的湖南农村中，许多穷苦的农民，就失去了流通资金以维生产的机会了”。

至于“谷米阻禁”，本是穷苦的农民出于压抑粮价的传统愿望，希望本地粮食不外运而能买到价格相对低廉的粮食，但是这种做法却不能“保持商品

---

① 详见杨奎松：《武汉国民党的“联共”和“分共”》，中国社会科学院近代史研究所主办：《近代史研究》2007年第3期（总第159）期，第26—29页。

② 《谢苗诺夫致某人的信（1927年6月25日）》*ВКП（б），Коминтерн и Китай*，第2卷，下册，第808页。

③ 直荀：《马日事变的回忆（1928年5月30日）》，《中共党史参考资料》第4册，第439页。

④ 张国焘：《我的回忆》第2册，现代史料编刊社1981年版，第216页。

流通的正常状态”，从而引起“不仅军官官吏和商人们对于这个办法深恶痛绝，连乡村中也有不少的农民抱怨不已”。

减租减息的口号使中小土地所有者—主要的纳税人，濒临破产，而农民协会对于广大农村正常生活影响十分广泛，特别是破除乡村习俗。“当时毁庙宇、打菩萨、拆祠堂和推翻族长制度，鼓动寡妇改嫁，强迫妇女剪发，禁止抬轿子等等，都被当做是革命的必要表现，雷厉风行地执行，甚至还发生过为了节约粮食而禁止喂鸡、节省靡费而禁止演戏等不合理的现象”。

无政府状态给本来就反对农民运动的人以借口，“他们高唱农民协会是不孝祖宗、欺神灭道、主张公妻等等的组织。这与曾国藩以破坏中国道统来攻击洪秀全的法门，如出一辙”。[①]

面对这种形势，中共并非不想引导农民，但是一则他们有一个传统的看法，认为“右倾最要不得，左倾总是不坏的”。[②] 二则中共“一时显得手忙脚乱”，[③] 不知道如何既贯彻共产国际指示走十月革命道路，又真正指导农民运动走上一条健康的能促进农村经济发展的道路。苏俄十月革命并没有给这里的农民运动提供可行的成功的经验。

处于革命中心的武汉国民政府，在方兴未艾的农民运动中起初踌躇满志，感到能迅速完成孙中山“耕者有其田”的宏愿。尽管无论孙中山本人还是同盟会的创立者们早就表示过对于以暴力手段夺取地主土地这一做法的不赞同，然而，面对20年代中期湖南、湖北等地农民运动的兴起，农民协会的建立，农团军的出现等，国民党领导层也似乎感觉到革命时机已经出现，便作出了《农民问题议决案》。

这个决议做于1927年3月16日国民党二届三中全会上。它肯定北伐以来农民运动的发展，在国民政府统治之下已经有四百万农民加入农民协会，而“乡村把持政权者，同时亦即国民党之敌人，要国民革命能够成功，一定要铲除这一切封建制度残余势力。这些封建的残余势力就是农民痛苦之所在，也就是军阀及帝国主义在经济落后的中国之生存基础。所以本党与国民政府必须竭力保障及发展农民的组织”。[④]

不过，怎样才能如“决议”所说去“铲除”“乡村把持政权者”，会上并没有明确一定采取苏俄道路，也没有提出像《土地法令》那样激进的口号。

---

① 张国焘：《我的回忆》（二），现代史料编刊社1980年版，第218、219页。

② 张国焘：《我的回忆》（二），现代史料编刊社1980年版，第216页。

③ 张国焘：《我的回忆》（二），现代史料编刊社1980年版，第219页。

④ 荣孟源主编、孙彩霞编辑：《中国国民党历次代表大会及中央全会资料》上册，光明日报出版社1985年版，第327页。

武汉国民政府的左派们，如孙科，对于收回汉口英租界，当时发表的演说都是支持和同情的，因为这是“中国全体民众普遍的要求，这种要求，是无论什么势力不能抵抗的……派兵接管租界，乃是为保护中国人民及外国人民生命财产之安全”。至于外交部发表的通告，那“不是说要停止反抗帝国主义……乃是说在对英交涉期中……不可有危害外人生命财产的举动，使英帝国主义有所借口。因为帝国主义者现在是天天希望我们的民众，发生些直接损害外人生命财产的事实，他们便可以说中国民众现在还是像野蛮生番一样，不能不采用武力来保护在华外人生命财产的安全。我们切不要再上这个大当”。[①] 这些话强调的是运动要有理有利有节。

2 月 7 日孙科在交通部纪念周专门讲演国民党的联俄政策，驳斥关于国民党联俄是实行“共产”和“赤化”的论调。[②]

对于农民运动，孙科一度也是支持的，自然他并非不了解农民运动中的过火行为，但是他从“耕者有其田”，从孙中山三民主义的角度来理解农民运动，在湖北农民协会第一次全省代表大会上表明：“本党的农民运动，就是要替这全国百分之八十的农民，去争回自己应享的利益，不给一班不劳而获的压迫者来独享”。[③] 直至上海“四一二政变”发生后，他依然号召青年人到农民中去，帮助农民巩固自己的武装，“使农民的政权得着稳固的保障”。[④] 颇有些民粹主义的成分在内。

其他人如国民党农民部长甘乃光等也有过支持农民的思想和行动。中共认为甘乃光、顾孟馀、徐谦、陈树人和戴季陶等都是左派。如甘乃光。他的做为是人所共知的，他为组织左派所做的工作得到肯定。甘鼓励“左派青年到群众中间活动。甘并且给左派一个理论主张：以农民为国民党的阶级基础，国民［党］的工作应该从下层做”。他的一本讲农民运动的小册子已经印行了五万份。“他用国民党中央农民部的名义，创办农工行政人员的讲习所，造就一班青年，准备派到广东各省主持农工运动”。他还每天早晨 8 点就召集左派青年学习国民党的农工运动理论。[⑤] 这一切都得到中共和共产国际的支持，中

---

① 孙科:《收回汉口英租界后我们的对英策略（1927 年 1 月 24 日在汉口特别市党部纪念周讲）》，秦孝仪主编:《孙哲生先生文集》第 2 册，台北，1990 年版，第 39、40、41 页。

② 秦孝仪主编:《孙哲生先生文集》第 2 册，第 59—64 页。

③ 孙科:《革命与农民（1927 年 3 月 4 日）》，秦孝仪主编:《孙哲生先生文集》第 2 册，台北 1990 年版，第 76 页。

④ 孙科:《到军队中去！到农民中去！（1927 年 5 月 9 日在欢宴湖北全省学生联合会第三次代表大会代表讲）》，秦孝仪主编:《孙哲生先生文集》第 2 册，台北，1990 年版，第 88 页。

⑤ 中央统战部、中央档案馆编:《第一次国内革命战争时期统一战线文件选编》，档案出版社 1990 年版，第 287 页。

共甚至愿意在他需要的时候给予帮助。甘乃光的做法，基本是当年孙中山关于先组织农民、训练干部逐步开展运动的方针。但是甘乃光等人的立场很快就发生了变化。根本原因是共产国际和中共鼓动的农民运动遵循的是一条完全不同的路线，他们不能接受。

被称为国民党左派的汪精卫，当他还“留在”革命队伍里时，不仅对于农民运动中的情况心怀不满，而且对那个时期的某些社会现象也十分不满。他说，1927 年 5、6 月间听得湖北省党部青年团的宣传，“有所谓‘读书即是不革命，不革命就是反革命’的说法，认其为荒谬”，国民党中央的顾孟馀也证实这一现象。汪精卫后来议论道：“不读书的仍然叫好学生，犹之不做工的仍然好叫他好工人，不耕作的仍然好叫做农民，不做买卖的仍然好叫做商人。真是名实不符之至”。他还针对阶级斗争高潮中出现的“打倒知识阶级”的现象，从全社会的角度批判说：“社会譬如人身，劳动阶级，要打倒知识阶级，譬如两只劳动的手，要打倒一个储知识的脑，何愁不打倒”，他认为这样做的结果并没有胜利者，而是劳动者和知识阶级“同归于尽”，对社会发展不可能进促进作用。汪精卫甚至打出孙文学说“知难行易”为旗号，说孙中山的这一观点“一方勉人以力行，一方勉人以求知，决没有如此鲁莽的理论的”。[①]

从共产国际来说，支持中国农村的“自发”运动，是他们坚持十月革命道路的必然做法。当年遵照《土地法令》，俄国为对付所谓“反苏”分子而遍地私设公堂，审判反革命分子或将其就地正法的场景始终鼓舞着共产国际的领导人；开展旨在消灭资本主义的工人运动，则是共产国际讲坛上最正宗的题目，中国出现了这样的情况，他们欣喜不已。

但是，毕竟也还有头脑略微清醒的人，如鲍罗庭，他看到“目前国民政府反对的是以政府的名义发布采取激进措施解决土地的命令。之所以这样考虑是因为：眼下国民政府一方面同蒋介石冲突，另一方面军队还在向北京挺进。军官们大部分都是土地所有者。军官们担心，他们在前方杀敌，可后方他们的土地将被夺占，到头来他们（即军官们）会死无葬身之地。国民政府反对立即在土地问题上采取激进措施，并非属出于本心，而是策略上的考虑。必须保持国民革命军军官的战斗力。实行这些办法为的是不触动国民革命军军官们的利益”。他甚至十分委婉地为左派的武汉政府打保票说“国民政府将来不会反对农民夺取土地的运动”。他也看到，如果在省一级的会议上通过激进的决议，“农民真的立即实践去夺取土地。但是考虑到政治局势，眼下为避

① 汪精卫：《分共以后（1927 年 11 月 11 日在广州执信学校讲）》，《中共党史参考资料》第 4 册，第 482 页。

免瓦解军官士气，还不宜以政府和国民党的名义发表宣言和颁布激进的解决土地问题的办法”。[①]

鲍罗庭本人和谭平山也曾经去调查过农民运动情况，有了亲身体验，谭平山认为“必须纠正农民之幼稚行为，尤其不能不惩办佚出轨范而侵害多数农民之分子……至于与反革命奋斗，惩办土豪劣绅，则需以合法的手续进行，遵照党及政府之训令规章，即须交付正式官厅，不得自由行动”。[②] 为纠正农民运动中的某些“过火”行为，他提出的一些主张（如把没收地主土地的范围限制在拥有一定数量者如二十、三十、五十、二百亩以上者），被激进者称为“耕者无其田”。谭平山怕“第一，大规模的征发没收恐引起帝国主义的借口干涉；第二，潮汕是国民政府所在地，大规模的征发没收的结果，将是商业全停，秩序混乱，使反动派得以扩大宣传”。徐特立和周恩来都认为谭平山的担心不无理由，[③] 然而一些中共领导认为谭平山“可耻”。[④]

不管他们的看法有多么深刻的分歧，当时的状况是，近于疯狂的激情被冠以“革命”之后，就离理性的政策越来越远，理智被盲目的“热情”取代。

第二节　共产国际强化了武汉的革命气氛

共产国际把武汉国民党和武汉政府当做“资产阶级民主革命的中心”，便派遣了一个代表团前来参加太平洋劳动大会和第四次全国劳动大会。4月3日汉口举行盛大集会，欢迎由C. A. 洛佐夫斯基（Лозовский）[⑤] 率领的红色工会国际代表团和从苏联归来的中华全国总工会委员长苏兆征。刘少奇在大会上的发言等，传达的的全世界无产者联合起来共同推翻世界帝国主义的思想。5月20日至26日在武汉举行的太平洋劳动大会，则给武汉增添了更加浓厚的

① 《鲍罗庭关于中国政治形势的报告（1927年5月初）》，*ВКП（б），Коминтерн и Китай*，第2卷，下册，第704页。

② 中央档案馆编：《中共中央文件选集》第3册，中共中央党校出版社1983年版，第271页。

③ 中央档案馆编：《中共中央文件选集》第3册，中共中央党校出版社1983年版，第415—416页。

④ 中央档案馆编：《中共中央文件选集》第3册，中共中央党校出版社1983年版，第271页。

⑤ C. A. 洛佐夫斯基（原名德里兹多 Дризло）（1978—1952），1921—1937—红色工会国际总书记，1927—1939为苏共中央候补委员，1939年起为中央委员，1937年起任出版和外交工作，受到整肃，死后恢复名誉。

世界无产阶级革命的气氛。[①] 作为红色工会国际（或称赤色职工国际）的一个支部，中华全国总工会邀请了九个国家的代表参加，听取了来宾所做关于各国工人运动的报告，并且通过了二十个决议案。[②]

一个月后，在6月19日至28日举行的第四次全国劳动大会开幕式上与会者竟达四百余人。大会通过了会务报告决议案，关于工会组织、童工女工、失业问题等多项决议案。[③] 表面上武汉确实笼罩在共产国际希望看到而且熟悉的革命气氛之中。

共产国际火上浇油的指示相继传来

尽管前述鲍罗庭的报告中对于立即按照苏俄模式没收土地已经流露了相当的“担忧”，但是莫斯科并没有收敛的意思，5月19日联共（布）中央委员会政治局收到鲍罗庭等关于土地问题的电报后，发电给他、罗易、陈独秀，基调还是“加速”目前土地革命的进程，建议：

“1. 现在国民党对内政策中最主要之点，当为打出‘一切政权归农会和村民委员会’的口号，有秩序地在各省开展土地革命，特别是在广东。这乃是革命和国民党成功的基础。这乃是在中国建立广泛强大的反帝及其代理人的政治与军事队伍的基础。实际上对于强劲的农民运动已经波及的湖南、广东等省份，没收土地的口号是完全适时的。离开它就不能开展土地革命。国民党可以过上一个月或者再晚些批准没收土地。目前重要的是，农民已经在共产党的最积极参与下实际做没收土地的工作了。必须有一个保护军官财产和分土地给士兵的法令。

“2. 必须立即开始从革命农民和工人中组建有绝对可靠的指挥人员的八或十个师。无论对于在前线还是后方瓦解不可靠的部队来说，这都是武汉政府的一支近卫军。此事不可拖延。

“3. 必须加强后方工作和瓦解蒋介石部的工作，支持广东的农民起义者，因那里的地主政权尤其令农民不堪忍受”。[④]

按照共产国际的逻辑，既然认为农民已经“不堪忍受”，那么促进武汉土

---

① 刘少奇：《全国总工会会务报告（1927年6月）》，《中共党史参考资料》，第4册，第429页。会议情况见汉口《民国日报》1927年4月29，5月17、18，6月28日等。

② 《中共党史参考资料》第4册，第429页。汉口《民国日报》1927年5月21—27日，6月6日，引自王宗华《中国大革命史》下册，人民出版社1990年版，第525—526页。

③ 《第四次全国劳动大会的经过及其决议》，《中共党史参考资料》第4册，第430—433页。

④ 《联共（布）中央委员会政治局会议第103（特字第81）号记录节录（1927年5月13日）》，*ВКП（б）Коминтерн и Китай*，第2卷，下册，第729—730页。

地革命的进程便是理所当然的了，共产国际执行委员会于1927年5月30日给在中国的鲍罗庭、罗易等发来更加激进的电报指示：

“第一，不进行土地革命，革命就不可能取得胜利。不进行土地革命，国民党的中央执行委员会就要成为各派出尔反尔的军阀手中可怜的玩偶。要同过火行为作斗争，但不要动用军队，而是通过农会。我们坚决主张，真正实行自下而上，没收土地的做法。罗易对谭平山之行[①]表示担心，有一定的根据。不可脱离工农运动，而应千方百计促进之。否则你们会把事情办糟。

第二，向手工业者、商人和小地主作出让步是必要的。要同这些阶层联合起来。只能没收大地主和中等地主的土地。不要触动军官和士兵的土地。如果情况需要，可暂不没收中等地主的土地。

第三，国民党中央执行委员会中的一些元老怕乱求稳，动摇不定。要更多地从下层吸收新的工农领袖进国民党中央执行委员会。他们敢于说话，可促使这些老头子们处事果断，要么就让他们下台。目前国民党的成分应有所改变。国民党的上层一定要更新，并应补充进从土地革命中脱颖而出的新领袖，还要依靠参加工会和农会中的千百万成员扩大外围组织。如果不这样做，国民党就要冒脱离现实的风险，从而威信扫地。

第四，对那些不可靠的军阀，不可再行依赖。要把两万共产党员动员起来，再加上湖南、湖北的五万革命工农组建几个新的军，任用军校的学员为军官，组建自己可靠的军队目前还不晚。不这样做，就难免要失败。这事做起来很难，但别无他途……

第五，以有名望的国民党人和非共产党人士牵头，组成一个革命法庭。惩办支持蒋介石和教唆士兵反人民、反工农的军官。不可只做苦口婆心的劝说。快快行动起来。要讨伐那些暴徒。如果国民党学不会做革命的雅各宾派，对于人民，对于革命而言他们就灭亡了”。[②]

这个指示表面上是在促进农民运动，毛泽东在《湖南农民运动考察报告》中描述的农民扬眉吐气的状况，的确真实传达和记载了农村呈现的图景。就像毛泽东称赞湖南农民运动“好的很”并宣称“革命是暴动，是一个阶级推

---

① 指谭平山去“弹压”农民运动。

② 《联共（布）中央委员会政治局会议第107（特字第85）号记录节录（1927年6月2日）》，*ВКП (б) Коминтерн и Китай*，第2卷，下册，第763—764页。

翻另外一个阶级”的行动，它不是绘画绣花，不是做文章，“不能那样温良恭俭让”一样，斯大林在这个时期表达自己对农民采用的打土豪分田地的手段时，同样使用了一个相当激烈的词语：“平民式”（плебейский）的手段，[①]

这时人们再次看到历史的重复。就像1917年十月革命后的俄国一样，对于什么是“反苏”，什么是“反革命”，什么是“阻挠”革命等没有明确的界定和范围，自发的运动很难靠国民政府的某个命令或规章予以规范。至于“通过农会”而不要动用军队去没收土地，那就更是难上加难。因为许多基层农会确是“痞子”掌权，他们并不具备管理农村、指导运动、发展农村经济的能力，共产国际提倡的办法，其破坏性大于建设性。谭平山期望的那种不“佚出规范”的农民运动，不可能出现。至于武汉政府，共产国际执行委员会指令中要它利用“土地革命中脱颖而出的新领袖”，可是实情却是，一些“别有用心之不良分子，掺入地方党部，杀人越货；高级党部屡加制止，竟敢充耳不闻”。[②] 让武汉政府用他们去补充国民党的领导以“更新”国民党领导的成分，便成了海市蜃楼。没有带头人，没有领导，在无政府状态下“依靠参加工会和农会中的千百万成员扩大外围组织”，显而易见是不可行的，共产国际指示只能是纸上谈兵。

至于国民党内的“老头子们”，指的是国民党元老，指的是西山会议派，如吴稚晖、冯自由等。共产国际此时寄希望于国民党内的少壮派，青年党员，[③] 以及按照苏俄模式建立的黄埔军校出身的军官。事实证明，共产国际在这个问题上又一次“失算”了。

起初共产国际、国民党、中共都有不触动国民革命军在农村家产的规定，但是随着运动的发展，特别是1926年秋季以后，“湖南许多地区受到战争和农运影响，生产废弛，粮食歉收，本地豪强除了逃走的以外，不是被‘吃大户’吃光了，就是被一次次清算榨得再没有什么油水了。逐渐的，如果不动军官家属，就很少有可没收的对象；如果不截扣士兵的汇款，农会就无从获得足够的活动经费。因此，进入1927年春天前后，侵犯军官士兵个人财产的情况也就多了起来”。[④]

国民革命军的“军官们，因为家属受到农运的打击，对农运乃产生反感。北伐军官们多系湖南籍，也有出身乡村的殷实之家；有的因身为军官，有钱

---

① 斯大林：《中国革命和共产国际的任务（1927年5月24日在共产国际执行委员会第8次全会第10次会议上的演说）》，《斯大林全集》第9卷，人民出版社1954年版，第263页。

② 高兴亚：《冯玉祥将军》，北京出版社1982年版，第103页。

③ 王奇生在《党员、党权与党争》一书（上海书店出版社2009年版第59—63页）对此有详细分析。

④ 引自杨奎松文《近代史研究》2007年第3（总第159期）期，第41页。

有势，便在乡村买田置地，成为暴发的地主……所谓‘国民革命军，士兵多数是农民，军官多数是地主’这句当时在武汉流行的话，确是切合当时的实情”。[①] 从1926年底就出现的上述状况，使共产国际执行委员会指示中关于“不要触动军官和士兵的土地”根本上脱离了当地实情。共产国际执行委员会推崇的“自发”的农民运动造成的是不断加剧的无政府状态。

直至5月17日武汉国民革命军独立第十四师师长夏斗寅叛变，进攻武汉，5月21日夜许克祥正式围攻湖南省总工会屠杀农民的事件即马日事变发生后，武汉国民政府也依然因负有“领导农民、诱掖农民之责任”，于5月26日贴出布告要“对于农民所有一切幼稚举动应加以纠正”的表示，[②] 但是此时任何布告或规劝已经无济于事。

显然，莫斯科的领导层在这个关键时刻依然过高估计了革命势力特别是工农力量和中国共产党力量。5月30日共产国际执行委员会的指示，对于已经失控的农民运动只能产生推波助澜的负面效应。

“五月指示”毕竟是相当厉害的，“武汉方面国民党诸委员如闻晴天霹雳，大受震动，勃然愤怒。既恍然觉悟‘第三国际’及史太林之阴谋毒计，图以并吞手段消灭国民党，深信不能继续联俄容共政策”。[③]

“五月指示”第四条要求，“对那些不可靠的军阀，不可再行依赖”，抽象地说是有道理的，但是“要把两万共产党员动员起来，再加上湖南、湖北的五万革命工农组建几个新的军”，且不说组建新军，仅就《指示》中所说“五万”这一数字，就几乎是过分夸大了，因为马日事变的发生，湖南农民运动受到极其严重的打击，许多共产党人被杀害。一万多工农义勇队集聚湘潭附近准备于5月31日进攻长沙，但“因没有适当的指挥人才，结果是被敌人各个击破”，浏阳工农军单独进攻长沙也遭到镇压。[④] 至少一半的“兵力”已经不可能调用了。至于“两万共产党员”，到1927年3月，两湖各地中共党员只有一万三千名。其中相当数量是农民运动中涌现的积极分子，马日事变后至少湖南的共产党员已经被迫基本转入地下。很难凑足这个“五万”人马。

中共犹感难以执行共产国际指示。是否因国民党不能代表贫苦农民利益，共产国际的指示难以贯彻呢？以代表无产阶级利益著称的中共是否感到共产国际指示执行起来就得心应手呢？不是。

---

① 张国焘：《我的回忆》（二），现代史料编刊社1980年版，第221页。

② 《武汉国民政府农政部布告（1927年5月26日）》，《中共党史参考资料》第4册，第437—438页。

③ 简又文：《冯玉祥传》下册，台北，传记文学出版社1982年版，第285页。

④ 直荀：《马日事变的回忆》，《中共党史参考资料》第4册，第440页。

中共第五次代表大会（1927年4月27日—5月9日）据共产国际执行委员会第七次扩大全会的精神制定了关于农民运动的方针，但是中共当时也看到，在中国一些地方的农民组织，如红枪会、硬肚会等运动，虽然也是农民运动的一种方式，可他们是中世纪的组织和斗争方法，而且在农村阶级分化不明晰的地方如河南，“往往以地主土豪为领袖，有一部分甚至受反革命派的利用”，尽管这些农民组织也“代表小农利益而抗捐抗税”，反对军阀，“反对县官”，[①] 可是不能期望具有把握全局能力胜任指导革命运动的干部从其中涌现出来。这时的中国共产党“实处在一种矛盾的状态中。既要与一切封建势力土豪劣绅资产阶级宣战，而在另一方面又要与代表豪绅资产阶级的国民党合作，又要与封建余孽豪绅资产阶级的走狗，大小新军阀，讲亲善，谋妥协。对工农的要求，则制止他们自己动手来解决，而要他们等待国民党中央及国民政府的命令，这岂不是和俟河之清一样的无期吗？”[②]

到这年6月初，中共依然感到问题的严重，农村中“自由逮捕，罚戴高帽子，游街示众，吃排家饭等行动，往往殃及小地主，引起军官及小地主的反动，使他们联合农村中较为富裕的分子，都在大地主政治影响之下，实行反革命运动”。[③] 在这种形势下，落实共产国际执行委员会5月30日《指示》，无论如何“千方百计”努力，也是难达目的的。

至于《指示》中关于“任用军校的学员为军官”，就更是突发奇想，一些尚在读的军校学员怎么能一上沙场就打败国民革命军第三十五军独立第三十三团的团长许克祥和其他反动将领？

然而，随着形势的发展，共产国际的立场越来越强硬，其驻华代表们的主张和建议也越来越明显地揭示出共产国际路线的实质。例如希塔罗夫认为，在农民运动发展最为强势的湖南省，目前实行的是“无地农民的专政”，这还不够，鲍罗庭也激烈起来，说应该进一步“利用无地和少地的农民”，为了更加广泛地组织他们，应当进一步设法深入“土匪聚集地”，还说莫斯科会解决这些人的武装费用问题。[④] 共产国际想象从“土匪聚集地”造就出为共产主义而战的革命队伍。

---

① 中国共产党第五次代表大会《土地问题议决案》，中央档案馆编：《中共中央文集选集》（三），中央中共党校出版社1990年版，第68页。

② 直荀：《马日事变的回忆》，《中共党史参考资料》第4册，第439—440页。

③ 《中央通告第七号（1927年6月6日）》，中央档案馆编：《中共中央文件选集》（三），中共中央党校出版社1990年版，第174页。

④ 《希塔罗夫关于中共中央政治局和共产国际执行委员会代表联席会议的报告（1927年6月26日）》，*ВКП（б），Коминтерн и Китай*，第2卷，下册，第812，813页。

第三节 多变的冯玉祥 国民党对共产国际最后较量的第一个回合

冯玉祥这个人物当时的地位十分耐人寻味，无论汪精卫、蒋介石还是共产国际都在伺机争取他。蒋介石早在北伐前，1926 年 4 月 3 日分析形势时便定下了联络冯玉祥国民军的策略。鉴于张作霖据有奉天、德州两大兵工厂，且控制京奉、津浦二大铁路，并有日本财力支持，一旦北京政府成立，张作霖会得到更多援助。所以蒋介石认为明智之举乃在北方冯玉祥的国民军未被消灭前，联合其退至西北固有之实力。① 5 月中旬，他就联络阎锡山和莫斯科眼中的革命将军冯玉祥，告诉他们国民党中央“决定驱除共产分子”，因为这是“救国救我民族之唯一出路”。②

从冯玉祥这边说，他加入国民党后的表现并没有让共产国际领导人觉得不可靠，况且他当时急需武器弹药，故一直同莫斯科保持良好关系。1927 年 4 月上海事件发生后，他和阎锡山仍然支持汪精卫的左派武汉政府。因此苏共中央决定在 1927 年“6 月 6 日前为冯玉祥物色（国家政治保安总局、土地问题和工会方面的）三名顾问”，派遣格林施泰因（Гринштейн）和赫维辛（Т. С. Хвесин）③ 到国民军做军事政治工作。向国民军提供飞机④等事也在紧张地酝酿之中。

共产国际确实看到了冯玉祥在当时政局中的作用。就中国全局看，华北、东北的军阀派系，同国民革命阵营中两个已呈分裂的中心成对峙之势，而南方又有两个中心，南京政府是东南、华南和西南省份的领袖们对之倾心的地方；汉口是另外一个中心，它的势力及于湖北、湖南和江西，直到 6 月中旬它还受到华北冯玉祥和阎锡山派的支持。中国共产党仅仅在武汉政府的辖区能够公开活动。莫斯科认为，赖以推行其在华政策的种种打算能否成功，全

---

① 中国第二历史档案馆：《蒋介石年谱初稿》，北京档案出版社 1992 年版，第 555 页。

② 台北中国国民党中央委员会党史委员会存：《中国国民党中央执行委员政治会议第九十三次会议记录（1927 年 5 月 13 日）》。

③ 赫维辛（1894—1940），1922 年起任军事院校总监，1926 年起在工农红军总参谋部工作。后在国家机关担任领导工作，并任警察总局局长。30 年代苏联肃反时被错杀，后获平反。

④ 《联共（布）中央委员会政治局会议第 107（特字第 85）号记录节录（1927 年 6 月 2 日）》，*ВКП（б）Коминтерн и Китай*，第 2 卷，下册，第 763—764 页。

部悬系于武汉政府和冯玉祥的活动，悬系于继续同武汉国民党合作的中国共产党。所以对冯玉祥同莫斯科一直在维持着良好关系，他请求莫斯科给他的部队派遣医生和工农运动等方面的顾问，联共（布）遂于5月19日决定满足冯的要求，给他派遣五名医生，工人运动方面的顾问一名，土地问题顾问一名，国家安全顾问一名。①

当时共产国际代表罗易建议“拿下郑州以后，一定要打几次战役：1. 冯玉祥坚守陇海铁路，进攻北京；2. 其他兵力直指西南和解放广东。马上用兵宁沪是要冒风险的，那就等于与帝国主义直接发生军事冲突。况且说不定上海会有哪一个卖身求荣的军阀调转枪口反对革命。要靠我们自己的军队夺占上海。当务之急是镇压湖南和江西的反动势力，是通过打湖北、湖南，通过使蒋介石在上海陷于孤军无援的办法来间接同蒋进行武装斗争。根据这个计划，我们就可以赢得时间，在湖北、湖南、广东、江西进行土地改革，并在这些地区组建革命军队。拿下广东就可大大缓解财政困难。即使现在也可以向大资产阶级加重税收，用这样的办法来减缓财政困难。坚强的革命领导乃是极其重要的条件”。罗易知道此任务相当艰巨，但“现阶段中国共产党的领导很弱”，他建议大有必要让“共产国际来直接领导”。② 这是1927年6月2日的事。

与此同时，蒋介石也在5月对华北军阀开启战端。另一方面他竭力加紧瓦解武汉政府军，并竭力争取冯玉祥。结果是，这时的冯玉祥不可能再同共产国际的代表们同心同德了。

对冯玉祥产生直接影响的是共产国际的“五月指示”。曾在冯部工作十年（1927—1937）的高兴亚亲历这个文件引起的反应称，电报迫使冯玉祥决心解雇鲍罗庭和苏联顾问。③ 况且冯玉祥对武汉形势已经有自己的看法：那里“店员压迫店主，职工胁迫厂主，贫困户胁迫地主，甚至利用打倒土豪劣绅之标语，压迫出征军人之家庭，前方苦战奋斗之将士，力不能保护其在乡之父兄，彼等阳冒国民革命之名，阴怖全国恐怖之毒”。④

6月9日冯玉祥到了郑州，次日，武汉方面汪精卫、于树德、王法勤、邓演达、唐生智等人会同西北方面于右任、鹿钟麟、徐谦等人举行了著名的郑

---

① 《联共（布）中央委员会政治局会议第103（特字第81）号记录节录（1927年5月19日）》*ВКП（б）Коминтерн и Китай*，第2卷，下册，第729页。

② 《罗易致联共（布）中央委员会政治局的电报（1927年6月2日，汉口）》*ВКП（б）Коминтерн и Китай*，第2卷，下册，第765—766页。

③ 高兴亚：《冯玉祥将军》，北京出版社1982年版，第101页。

④ 高兴亚：《冯玉祥将军》，北京出版社1982年版，第103页，

州会议。由谭延闿主持的这次会议，确定了冯玉祥的势力范围：他拥有河南及陕、甘三省为防地，并负责清除河南、河北的敌兵，他和于右任、刘郁芬分别担任这三省政府委员会的主席，这样冯就有了地盘，有了四十至五十万军队，成了一支不可等闲视之的力量。事情的发展确如他自己所说："国民党这块招牌，总是拒入共产党的挡箭牌"。①

冯玉祥希望左右逢源，他也果然能够如愿。共产国际哪里知道他有什么"挡箭牌"，所以继续给予他援助。1927 年 6 月 16 日，也就是徐州会议前的四天，联共（布）中央委员会政治局举行秘密会议，决定从库伦的专门储备中拨给冯玉祥步枪三百支；五百万（500 万）发子弹；3 毫米炮弹五千（5,000）发；火炮四门。②

但是，国民党对共产国际的关系被接下来发生的事件继续推向更加冷淡的阶段：蒋介石也在力争冯玉祥，于 6 月 20 日至 21 日与之举行了徐州会议。与会者有中央监察委员会和军界要人"胡汉民、蔡元培、张人杰、李煜瀛、李鸣钟、黄郛、钮永健、白崇禧、李烈钧等人。③

蒋介石事先已经摸透冯玉祥的脾性，特别是知道他希望继续北伐，以解除张作霖在华北的威胁。两人相会时，蒋给予冯玉祥很高礼遇，并赠送五十万现金为冯犒军；蒋冯这次为期两天的会议，在基本问题：正在开展的农村的阶级斗争、对莫斯科关系、对中共态度上达成了一致，由吴稚晖代冯拟定了致汪精卫、谭延闿的电报。这次会议事实上是蒋冯商洽同共产国际分裂的预备会议了。结果是蒋冯达成共识：

> 国民党必须统一，取消武汉政府，不许武汉党部继续存在；请共产党离开国民党；武汉军队应当回到河南，一致完成国民革命。④

冯玉祥自己也"承认"，此时对于宁汉的纷争有了新的"感悟"。他不再隐瞒自己对苏式社会革命道路的反对态度，认为影响"宁汉合一"的乃是中共和鲍罗庭，"鲍太骄"，而中共则托国民党"行恶"。⑤

---

① 毛以亨：《俄蒙回忆录》，香港，亚洲出版社 1954 年版，第 194 页；武汉中央政治委员会第 28 次会议记录（1927 年 6 月 13 日），引自李云汉《中国国民党史述》第 2 编，台北，1994 年版，第 832 页。

② 《联共（布）中央委员会政治局会议第 111（特字第 89）号记录节录（1927 年 6 月 16 日）》，*ВКП（б）Коминтерн и Китай*，第 2 卷，下册，第 777 页。

③ 详见吴敬恒：《徐州会议报告》，中央政治会议 108 次会议记录（1927 年 6 月 24 日，南京）》，《革命文献》第 15 辑，第 790—791 页。

④ 蒋介石：《在上海市党部及各团体欢送会讲话（1927 年 7 月 6 日）》，《蒋介石先生演说集》第 5 册，民智书局 1929 年版，第 171 页。

⑤ 《徐州特别会议记录》，中国第二历史档案馆藏，引自《中华民国史》第 2 编第 5 卷，第 576 页。

冯玉祥设法居中调停。得悉汪精卫表态反对中共以第三国际路线为指导开展的工农运动后，冯玉祥开始扮演宁汉间调停者的角色。其思想基础自然是反共，反苏。

冯给汪精卫发了电报，指责共产党，并说该党“要对湖南和湖北的灾难负责。共产党正在阴谋策划消灭国民党。因此与共产党合作乃系违背国民革命的利益。武汉国民政府应摆脱共产党的影响。应将国民革命的一切敌人都赶出国民党，如必要则予以惩治。立即联手共同攻打北京，才是国民革命之第一要务”。[①] 同时他命令部下写标语，散传单，表明与共产党分道扬镳的政治立场。

共产国际开始醒悟

至此，冯清楚地把矛头指向莫斯科。这时，即在1927年6月28日，莫斯科才在其致鲍罗庭，加伦，陈独秀的电报中说：“冯蒋联手就是反对真正国民革命的联盟。将领们试图扼杀工农运动，使中国沦为帝国主义的经济附庸而最终与帝国主义者达成妥协，与帝国主义和封建主义取得妥协，从而保证在新的基础上建立大资本家和大地主的政权。冯玉祥背着国民党与叛徒蒋介石沆瀣一气互相勾结，就是从背后向革命捅了一刀。因此武汉政府必须公开揭露冯玉祥的策略并要求所有拥护武汉政府的人无条件地与叛变革命的冯玉祥划清界限。因此我们认为必须做到：1. 向冯玉祥申明，由于他站到了反对工农革命运动以及与蒋介石妥协的立场上，共产国际断绝与其来往；2. 建议武汉政府召回冯玉祥军中的顾问；3. 不再向冯玉祥提供援助”。[②]

这封电报本是联共（布）中央政治局征求其委员意见的。到这时莫斯科还认武汉政府为自己人，指望通过它实行国民党的民主化，指望建立工农专政。[③]

然而冯已经有恃无恐了：蒋介石决定每月为冯玉祥拨二百万军饷。[④] 国民党内反共产国际的力量因“革命将军”冯玉祥的变化而得以壮大。

冯玉祥6月21日离开徐州，22日到河南，不久便开始以其“平和”的方式清党。他命令其部下写标语、撒传单，攻击共产党。接着召集其部队中和地方上的共产党员到郑州，演出了“杯酒释兵权”的一幕。他宣称：“你们要反蒋，我是不能干的。我要和蒋介石合作反张作霖。在我的军队里穿二尺半

---

① 《联共（布）中央委员会政治局闭门会议第114（特字第92）号记录节录（1927年6月30日）》，*ВКП（б）Коминтерн и Китай*，第2卷，下册，第825页。

② *ВКП（б）Коминтерн и Китай*，第2卷，下册，第826页。

③ *ВКП（б）Коминтерн и Китай*，第2卷，下册，第827页。

④ 毛以亨：《俄蒙回忆录》，香港，亚洲出版社1954年版，第245页。

的不能反蒋，你们要反蒋，愿意到哪里就去哪里吧！”他发给共产党人刘伯坚一千元，其他人也多少不同都有一些“安置”费。① 他没有像蒋介石和汪精卫那样举起屠刀。这就是所谓“礼送”共产党人。冯派人将在其部队中的二百四十名中共党员“礼送”出武胜关。

在对待鲍罗庭问题上，冯玉祥也手下留情。他没有据汪精卫指示加害鲍罗庭，而是在7月份鲍罗庭和乌斯曼诺夫回国途经冯的驻地时，派遣张允荣和李莲山护送，由潼关经兰州到库伦，使他们“平平安安地回到苏俄”。② 他同共产国际的关系至此结束。

第四节　关键时刻的国民党左派政府

蒋冯达成共识后，武汉处于孤立无援的状态，经济凋敝，人心浮躁，民怨沸腾。

1927年的夏天，中国土地上无论工人运动还是农民运动都出现了极其复杂的局面。共产国际执行委员会5月底的指示本想加速工农运动特别是农民运动，以挽救共产国际心目中的革命运动，甚至有反对派人士季诺维也夫等提出建立苏维埃的想法。共产国际执行委员会再三指示“延缓土地革命就是犯罪”。但是这一切却很难调动武汉国民政府的左派汪精卫等步入莫斯科指示的轨道。

斯大林和共产国际并非根本不了解汪精卫。莫斯科的代表们看到，汪在相当一段时间里一直以亲共面目出现，知道他有言不由衷之处。早在“三二〇”事件前后，苏联驻华全权代表处的顾问，时任共产国际执行委员会东方书记处主任的索洛维约夫便发现汪精卫会耍手腕，又是称病不出，又是佯装辞职，但并无真正交权之意。③ 事件发生时身在广州的罗加乔夫认为国民党右派不喜欢汪精卫，就因为后者是左派。④ 鲍罗庭则更加清楚地看到，“汪精卫

---

① 周玉和：《蒋介石与冯玉祥》，团结出版社2009年版，第23页。

② 未见汪电报原文，引自冯玉祥：《我的生活》下册，湖南岳麓出版社1999年版，第563页。

③ 《索洛维约夫致加拉罕的电报（1926年3月24日）》，*ВКП（б）Коминтерн и Китай*，第2卷，上册，第153页。

④ 《罗加乔夫关于1926年广州“三二〇”事件的报告（1926年4月8日）》，*ВКП（б），Коминтерн и Китай*，第2卷，上册，第199页。

使用了最为狡猾的手腕，通过过分地突出共产党人在军队中、国民政府和国民党内的作用，去挑拨蒋介石同共产党人的关系，对共产党人这些做法，汪本人不仅没有表示异议，甚至索性有意火上浇油”。鲍罗庭本人并“不相信汪精卫，因为知道他要两面派”。但是两害相较取其轻，俄国顾问们毕竟感到蒋介石对革命的威胁更大，他们一方面心中愠怒：“我们为谁人出力？我们培植的是一股什么势力？我们给蒋介石卖力！我们的行为是在培植另一个张作霖，把另一个将会反对我们的独裁者套在我们自己的脖子上！”另一方面他们也不无“趁蒋还没成气候把他收拾了”的想法。[①]“三二〇”事件后，一些中共党员就认为，事件发生后“到5月15日共产党人就像为国民党服务的狗。这是最困难的一段时间。”连国民党左派都说，共产党员是蒋介石的小妾，对蒋百依百顺”。[②] 然而同时又“担心同蒋介石的关系”[③] 不好而影响全局工作。在这种情势下迎汪复位，最明显地表露了共产国际对汪寄予的希望。

在后来的事态中，汪精卫继续受到信任。上海工人武装起义开始后，斯大林认定中国革命已经接近他预想中的胜利，便在1927年2月亲自点将，“让汪精卫立即动身到莫斯科来，共同讨论中国事务。迅即决定汪精卫行期”。[④]

汪精卫得到斯大林进一步的支持

20世纪20年代中后期，国民党最后一个左派汪精卫到了莫斯科。[⑤] 继蒋介石、胡汉民、邵力子之后，他是第四个同莫斯科高层直接接触的国民党领导人。汪精卫回国后的表现已如前述。

6月27日共产国际执行委员会致函国民党中央执行委员会。称“我们完全同意你们的看法，即中国国民革命目前正经历着一个艰难时期。但是，我们坚信，国民党中央执行委员会的领导定能保证政治上的成功和军事上的胜利。我们已做了安排，再拨给武汉国民政府二百万卢布。至于你们请求再拨新的贷款，我们立时还不能满足你们的要求，但可考虑下一步再予讨论。近

---

① 《某人与鲍罗庭的谈话（1939年8月1日）》，РГАСПИ 全宗.514，目录1，案卷1043，第40—41页。

② 《共产国际执行委员会远东局调查团与中共广东区委工作人员的联席会议记录（1926年8月12日）》，*ВКП（б）Коминтерн и Китай*，第2卷，上册，第315页。

③ 《某人与鲍罗庭的谈话（1939年8月1日）》（Беседа с товарищем Бородиным 1 Августа 1939），РГАСПИ 全宗.514，目录1，案卷1043，第40—41页。

④ 《联共（布）中央委员会政治局会议第87（特字第65）号记录节录（1927年2月17日）》，*ВКП（б）Коминтерн и Китай*，第2卷，下册，第620页。

⑤ 迄今为止还没有发现汪精卫在莫斯科的材料。目前能够看到的仅仅是共产国际执行委员会和联共（布）文件中的一些线索。

期请你们考虑使用我们这第一笔贷款。我们认为，使用这笔贷款建立一支由工农分子和革命军官组成的可靠的忠于革命的军队，至为必要。请告知你们在这方面的工作进展情况。为了建立一支忠诚的军事力量，应不惜一切代价。而我们则愿意为此进一步提供一切可能的物质援助。我们相信，只要与共产党合作，奉行坚定支持土地革命的方针，你们定将建成这支坚定的军事力量并克服一切政治和军事上的困难”。[①]

斯大林等依然醉心于输出俄国的经验，期望汪精卫“奉行坚定支持土地革命的方针”。岂不知恰恰是他为此发出的一系列有关指示和罗织的天方夜谭式的前景，早已使汪精卫同床异梦。但多变的汪精卫看到，在马日事变之后，就凭莫斯科现有的和承诺中的支持，比起受到共产国际指责的蒋介石来，他本人有更大的掌权优势。这更坚定了他的信心。

显然，莫斯科又是一相情愿，俄国革命的模式再次使他们过高估了他们心目中的国民党左派汪精卫对苏联物质援助的依赖程度和重要性，特别是莫斯科并不十分了解此时汪精卫的对手蒋介石的动态，更不知道究竟蒋得了多少本国和外国的援助，使之如此坚决地反对共产国际。

共产国际执行委员会认为“需要全力坚持让武汉不向南京屈服，只要有可能，就得坚持。因为丢掉武汉这样一个独立的中心，无论如何就等于丢掉一个革命运动的中心，丢掉工人自由集会的可能性，丢掉共产党公开存在的可能性，丢掉革命书刊公开发行的可能性，简言之，丢掉公开组织无产阶级和革命的可能性”。斯大林“坚信，就为了这个，也还是值得再多给武汉三百万至五百万，不过要保证武汉不被南京收买，钱不会白花”。[②]

这是1927年6月27日的事。两天后，即6月29日，莫斯科就给武汉寄出了一百万美元。6月30日联共（布）政治局讨论了斯大林的建议，决定近几日还要追加寄往武汉五十万美元。斯大林希望以自己的身份感化汪精卫，嘱有关方面以“斯大林的名义”发一个电报给武汉说明寄款的事。[③]

此时的共产国际执行委员会把汪精卫和冯玉祥“区别对待”，认为冯玉祥固然叛变革命，汪精卫的武汉政府还是信得过的。“尽管有人叛变，武汉政府也不可后退或者动摇。武汉政府应成为中国争取另一条发展道路的中心，即

---

① 《联共（布）中央委员会政治局会议第113（特字第91）号记录节录（1927年6月27日）》，*ВКП（б）Коминтерн и Китай*，第2卷，下册，第817页。

② 《斯大林致莫洛托夫信节录（1927年6月27日）》，*ВКП（б）Коминтерн и Китай*，第2卷，下册，第818页。

③ 《联共（布）中央委员会政治局会议第114（特字第92）号记录节录（1927年6月30日）》，*ВКП（б）Коминтерн и Китай*，第2卷，下册，第826页。

真正国民革命的中心。这场革命反映的不是那些出尔反尔利欲熏心的将领们的愿望，而是渴求解放的、建立工农民主专政的广大下层人民的愿望。只有走这条路，革命才能取得胜利”。

共产国际认为国民党面前有两条路：“要么不怕分裂，依靠群众运动和土地革命，逐步清除取消派，要么听任半遮半掩的叛徒和暗藏的拥蒋分子来主宰国民党的命运”，它希望国民党“采取实现党的民主化和领导群众运动的大胆的方针。它一定要争取国民党走第一条发展道路。共产党应大张旗鼓开展鼓动和做好基层组织工作，遵循的口号是：不要相信将领们，只相信自己的力量。不要放慢步伐，主要的是在土地革命和国民党民主化的基础上，建立自己的武装力量。如将此事拖延和懈怠下去，就一定是听任反动派得胜。尽管叛变行为接连发生，暂时的甚至是严重的失败相继而至，只要依靠群众，最后一定稳操胜券”。[①]

共产国际此时的信念是，只有汪精卫的武汉政府能担当起这场阶级革命的领导者。

汪精卫继续表演，他曾致电斯大林，[②] 请领指示。共产国际执行委员会遵照斯大林的意图于6月23日致电汪精卫：

> “鉴于近来的事态，我们认为，将下述情况告知于您乃是我们的革命职责。我们认为国民党务必要支持土地革命和支持农民。认为可以靠反对农民或对农民运动袖手旁观来推动革命乃是短见行为。坚请您利用您的威望去影响国民党中央委员会的其他委员。国民党的命运，中国革命的前途，在很大程度上，皆取决于国民党的立场。我们认为通过国民党的民主化，同群众建立更加密切的联系和领导层停止动摇等的途径能够挽救时局。左派国民党同中国共产党人的合作是有客观上的坚实基础的。希望借助您的威望减小国民党中央委员会的动摇不定。我们建议您从基层吸收一些干部，一些农民运动中的头领前来相助”。[③]

5月底共产国际的指示精神在这封电报中进一步得到确认。汪精卫明白，共产国际的方针没有改变。电报中“威望”一词则令人啼笑皆非。是汪精卫

---

① *ВКП（б），Коминтерн и Китай*，第2卷，下册，第826—827页。

② 迄今为止笔者还没有未见到此电全文，但是斯大林肯定收到了这个电报，Г. М. 阿基别科夫，К. М. 安德森：N. M. 什里尼亚编：《俄共（布）—联共（布）中央委员会政治局与共产国际》，莫斯科百科全书出版社2004年版，第473页。

③ 《联共（布）中央委员会政治局会议第112（特字第90）号记录节录（1927年6月23日）》，*ВКП（б）Коминтерн и Китай*，第2卷，下册，第803页。

骗了共产国际还是他真的在“请领指示”，还是共产国际的权宜之计，这场博弈似万花筒，看点着实不少。

罗易表述了共产国际对汪精卫最后的希望。罗易见到徐州会议后再打北京已属不可能了。“除了唐生智以外，所有将领都反对与南京打仗。第四、十一两军是仅有能够调为此用的部队。光靠这两支军队拿不下南京”。他预感到，“未来是宁汉和解，在北京建立统一的反共可能也反苏的民族主义政府”。在这种情况下，他认为应当“找出一条拯救我们的力量包括拯救左派国民党的途径”。罗易提出了一条办法，这就是“收复广东。应该在广东建立以汪［精卫］和邓演达为首的左派军事政治基地。凭借这块基地就能顺利地完成土地革命、建立革命军队、武装民众和在邻省实行国民党民主化的计划。这一计划并不排除为保存我们在北方的阵地而尽可能多方周旋。邓演达想出国，汪精卫也有同样想法。要让他们有用武之地，否则不仅左派国民党，甚至整个国民党都将被消灭。汪本人认为把共产党人开除出［国民］党将意味着国民党的的死亡。但是只要我们不给他指出摆脱现状的出路，只要我们不帮助他走这条路，他也没有回天之力。不应当通过国民政府直接向拟议中的广东基地提供帮助”。同时罗易认为，“如果这一计划得到认可”，他将去广州，“届时就不必坚持让我回莫斯科了”。①

罗易已经感到共产国际对华政策“处于全面失败的前夕了”。② 但是他也把汪精卫这匹“死马当活马医”，尽力争取他。斯大林在罗易表述上面想法后的三天，即6月27日告诉莫洛托夫，马上给武汉寄出三四百万。③

也就是在同一天，罗易从汪精卫处得知了冯玉祥从开封打给他的电报，内称：

> “共产党应当对湖南、湖北的灾难负责。眼下共产党正阴谋消灭国民党。所以同共产党合作违背了国民革命的利益。武汉国民政府应当摆脱共产党的控制。务必把国民革命的敌人通通赶出国民党，如果需要则惩罚之。立即全力进攻北京乃是国民革命的当务之急”。④

---

① 罗易因把共产国际执行委员会5月30日电报给汪精卫看，而受到批评，共产国际要召他回莫斯科。见《罗易致联共（布）中央委员会政治局的电报（1927年6月24日）》，*ВКП（б）Коминтерн и Китай*，第2卷，下册，第806页。

② 《罗易致联共（布）中央委员会政治局的电报（1927年6月24日）》，*ВКП（б）Коминтерн и Китай*，第2卷，下册，第806页。

③ 《斯大林致莫洛托夫的电报（1927年6月24日）》，*ВКП（б）Коминтерн и Китай*，第2卷，下册，第807页。

④ 《罗易同汪精卫的谈话记录（1927年6月27日）》，*ВКП（б）Коминтерн и Китай*，第2卷，下册，第819页。

罗易同汪仔细讨论了冯玉祥的电报，汪精卫告诉罗易说他还是“赞成去广东。我们在武汉这里犹如陷于敌人重围，像在一个小岛上。我们在这里不能有任何作为。我已不可能遵照去郑州之前与您商讨过的方针进行工作了。”汪说他“原想通过南京给冯玉祥发一份措辞激烈的电报，但是谁也不支持”，只是在汪“做了些说服工作之后”，孙科才同意。罗易和汪精卫都明白，如果汪与第四、十一军到广东，那就意味着国民党的分裂，意味着“对右派反动分子的挑战”。但罗易还寄希望于左派国民党对汪的支持。他得知的是，孙科和邓演达也会同汪去广东。①

汪精卫“辜负”了莫斯科的期望

汪精卫知道莫斯科对他的“友好”态度，直到 6 月下旬他向斯大林提出追加给武汉政府的援助，好像也在把莫斯科当成一个“没有挤干的柠檬”。他居然没有遭到拒绝，斯大林收到信后也还在考虑。②

汪精卫相当善于伪装。他对于湖南的农民运动颇有微词，但是他没有轻易暴露真实想法，马日事变后，5 月 28 日当毛泽东在国民党中央军事委员会的会议上报告事变情形时，汪说：“毛泽东同志说得很详细，农民协会确有扰害军人家属的举动，但 5 月 21 日那天晚上，则是军队向农民协会进攻”。他在会上同毛泽东等人并没有发生什么争论，与会者同意要用和平方法解决事变。③

然而，到这时候，无论国民党还是共产党，不管汪精卫还是陈独秀，对于莫斯科的指示，就是想支持，想照办，也不知道怎么办了。且不说汪精卫，就是共产国际执行委员会的代表们，中共中央陈独秀等人，在 6 月底的联席会议上试图寻找“第四条道路”也终归徒劳，最后只好再向共产国际执行委员会请示。

事实果如陈独秀等人所说，共产国际对国民党究竟应该做什么，对于中国的运动究竟应当持有何种政策并不清楚，土地革命的含义并不清楚。是政治没收，仅仅限于没收土豪劣绅的土地；还是经济没收，没收大地主的土地无偿分配给农民；谁是土豪劣绅，拥有多少土地算是大地主。这些一直是国共两党争论不休的问题。

---

① 《罗易同汪精卫的谈话记录（1927 年 6 月 27 日）》，*ВКП（б），Коминтерн и Китай*，第 2 卷，下册，第 819—820 页。

② 《斯大林致莫洛托夫的信（1927 年 6 月 24 日）》，*ВКП（б），Коминтерн и Китай*，第 2 卷，下册，第 807 页。

③ 中央文献研究室逄先知主编：《毛泽东年谱》上卷，人民出版社、中央文献出版社 1994 年版，第 202 页。

此时的汪精卫根本就不可能再接受或实施共产国际执行委员会5月30日的指示了。那个电报中有“以有名望的国民党人和非共产党人士牵头，组成一个革命法庭。惩办支持蒋介石和教唆士兵反人民、反工农的军官”等严厉语句，可谁是“有名望的国民党人”？国民党领导中谁能或谁想学会“做革命的雅各宾派”？是国民党左派汪精卫吗？答案是否定的。可共产国际代表又错了，罗易认为汪精卫可能成为“革命的雅各宾派”。

但是十分离奇的事却发生了。罗易把共产国际执行委员会5月30日的电报在6月1日给了汪精卫。罗易本人认为，“如果我们需要告诉左派国民党提防右倾危险和指出摆脱现状的唯一出路，那么电报里就没有任何不能对他们说的话。这封电报无伤大体。早在汪精卫看到这封电报之前，多数的国民党领导者已经决定要考虑对这起反革命事件取什么对策了。过去夏斗寅叛变和长沙事变都是国民党和国民政府默许的”。①

此后，罗易认为自从电报事件后汪精卫变了，“邓演达是唯一的左派，可以以他为中心提出改组军队和撤换国民党领导的纲领，把反对派组织起来”。②

汪精卫还在继续敷衍和要手腕。蒋介石在上海分共后，汪精卫于4月16日发表了著名的铣电，斥责蒋介石违背中央命令、反抗国民党中央，“围缴工人纠察队枪械，且与总理扶助工农政策大相刺谬，悍然行之，无异甘为民众之公敌”。同时，以武汉国民党中央委员会的名义宣布要将蒋介石“本兼各职“一律予以解除，并着全体将士及革命民众团体拿解中央，按反革命条例惩治”。③

这看似革命的行动一度具有相当的迷惑力，那是罗易到中国之前的事。汪精卫“诚诚恳恳的外貌和慷慨激昂的革命言词”对于罗易不无作用和“吸引力”。④

但是此次电报事件之后，汪精卫并没有什么感激之情。相反，他向罗易“指出这个电报的内容违反当年的‘孙越宣言’；因为‘孙越宣言’明确指出共产组织甚至苏维埃制度，事实上均不能引用于中国，而这个电报却是要中国走向共产”，⑤ 是“要将国民党带往共产主义那条路去的”。汪精

① 《罗易致斯大林和布哈林的电报（1927年6月17日）》，*ВКП（б），Коминтерн и Китай*，第2卷，下册，第781页。

② 《罗易致联共（布）中央委员会政治局的电报（1927年6月24日）》，*ВКП（б），Коминтерн и Китай*，第2卷，下册，第806页。

③ 《中共党史参考资料》第4册，第370页。

④ 张国焘：《我的回忆》（二），现代史料编刊社1980年版，第250页。

⑤ 张国焘：《我的回忆》（二），现代史料编刊社1980年版，第251页。

卫认为这封电报表明，国共已经“到了争把舵的时候了……要将国民革命带往三民主义那条路去的，不能不将共产党变做国民党，否则只有消灭共产党之一法”。①

一边是罗易把汪精卫当成战友，那边是汪精卫并不买账，把这个电报给他“周围的要人们传阅，并表示这证明不是国民党不联俄容共，而是共产国际违反它的诺言，别具‘消灭国民党之阴谋’”。② 这就是6月6日汪精卫到郑州与冯玉祥会面时的精神状态。

5月30日电报事件，在国民党其他领导人中也产生了相当强烈的反应。吴稚晖认为罗易这样的做法是对的，“是以开诚布公形式与本党商榷”。吴同样感到共产国际和中共的做法使国共联席会议成了“一纸空文”，令政治委员会“主席团大失所望”。③

就像1927年3—4月间蒋介石进入上海时已经有恃无恐一样，此时的汪精卫也处于同样的状态。夏斗寅、许克祥事件后，许多地方接二连三发生逮捕共产党人，提出驱逐共产党人的要求，工会和农会被捣毁，受到镇压。6月初江西省政府主席朱培德遣走了在该省工作的共产党人。与1926年访问苏联时相比，此冯玉祥已非彼冯玉祥了。有6月20日至21日的徐州会议，有蒋介石给他的五十万；有汪精卫给他的国民党政治会议委员的头衔，冯玉祥在国民党内地位有了保障，尽管不太可靠。罗易因电报事件犯了错误奉调回莫斯科。④

发人深省的是，罗易乃共产国际代表，但是决定召他回莫斯科的是斯大林，足见联共和斯大林在共产国际中的作用。斯大林对中国事态的影响力十分明显。即使这样，斯大林也还想争取汪精卫，到6月底还没有完全拒绝向汪提供一千五百万（1，500万）的援助。⑤

国民党同共产国际较量的又一个回合已经开始了。武汉政府汪精卫、谭延闿、湖南省政府主席唐生智也公开表示联蒋并向武汉政府表示愿意居中斡旋，以分共为条件同南京罢战言和。汪精卫心中已经有了十分明确的计算。

---

① 汪精卫：《武汉分共之经过》，《中共党史参考资料》第4册，第476页。

② 张国焘：《我的回忆》（二），现代史料编刊社1980年版，第251页。

③ 吴稚晖：《武汉国民党政委会主席团宣言（1927年7月18日）》，原载《吴稚晖言行录》，引自《中共党史参考资料》第4册，第464页。

④ 《联共（布）中央委员会政治局会议第112（特字第90）号记录节录（1927年6月23日）》，*ВКП（б）*，*Коминтерн и Китай*，第2卷，下册，第802页。

⑤ 《斯大林致莫洛托夫的信（1927年6月24日）》，*ВКП（б）*，*Коминтерн и Китай*，第2卷，下册，第807页。

第五节 左派汪精卫把共产国际当成未被挤干的柠檬

汪精卫同共产国际做最后一个回合的较量。宁汉有条件地和解并联手便提到日程之上。自然，首要条件是武汉国民政府分共。这意味着莫斯科对武汉政府的计划和打算即将完全落空。

依靠国民党左派的方针，在共产国际是十分明确而坚定的。共产国际驻华代表罗易也在徐州会议后向共产国际报告说，应当直接援助国民党左派，如果没有共产国际给予的帮助以摆脱危急状态，就阻拦不了国共分裂，也阻挡不了把共产党人从政府中清除出去。他请共产国际给汪“指明前途”和出路。①

6月26日汪精卫收到冯玉祥从开封发来的的电报后，虽然口称这个电报可能是“伪造”的，实际上他本人心中十分明白，这乃是徐州会议后冯玉祥继续其分共并邀汪氏协同动作的措施之一。汪称“南京是最为不共戴天的大敌”，“蒋介石与冯玉祥已完全达成了妥协”，而他汪则作出一个超然物外的姿态。事实上他已经把这个电报给国民党的“许多领导同志”看过了。

在汪精卫眼里，共产国际是只还未被挤干的柠檬。直至这时，不管是真是假，汪精卫依然向罗易表示，他主张“国共密切合作，共同与右派和一切反动分子进行斗争”；并说为避开“反动分子”的进攻，他“就必须带领第四、十一两军通过湖南，赶紧去广东”。罗易甚至认为汪精卫的话不无道理，不仅表示同意，还主张与汪氏一起与那些尚未被国民党左派和共产党“控制的武装力量合作”，去广东是可能的也是应该的，“因为这是摆脱现有形势的唯一出路”。罗易认为“一切革命的、民主的力量目前都应动员起来去和反动派进行坚决斗争”。言下之意是汪精卫处于“一切革命的、民主的力量”之列，他对汪精卫表示了相当大程度的信任和期望，对汪说：

> “这只有在您的领导下才能办到。您应当去广东，使之成为所有这些力量的集结地。您可以相信共产国际会全力支持您的事业”。

罗易告诉汪精卫，目前共产党人“不应退出国民党，而应打破右派的计

---

① 《罗易致联共（布）中央委员会政治局的电报（1927年6月24日）》，*ВКП（б）Коминтерн и Китай*，第2卷，下册，第806—807页。

谋。现在退出国民党对左派毫无好处，而只能使左派遭到覆灭。不应将进军广东视为后退之举，而应视为取得行动基地进而合力彻底打倒反动派的战略策划”。①

罗易说这番话时，已经是6月27日了。这时汪精卫鉴于自己并没有军队，“反蒋是不可能”的，便问罗易“如果我们不能去广东，那我怎么办？去莫斯科吗?”罗易的回答是“不该考虑出国的事”。②

莫斯科则坚信，以汪精卫为首的“国民党中央执行委员会的领导定能保证政治上的成功和军事上的胜利”，并于6月27日“做了安排再拨给武汉国民政府二百万卢布”。至于“再拨新的贷款……可考虑下一步再予讨论”。这一笔贷款的用途是“建立一支由工农分子和革命军官组成的可靠的忠于革命的军队”，莫斯科表示为此“应不惜一切代价，而我们则愿意为此进一步提供一切可能的物质援助”。③

汪精卫要做出最后选择。对汪氏来说，存在过有三种选择：反共或分共，到广东，到苏联。

关于到广东，他告诉罗易，邓演达和孙科有可能同行前去，但是必须“实现国民党的民主化”，立即“彻底改组国民党，否则我不会有任何作为，我不敢承担责任”。④ 汪精卫的担心可以理解，因为李济深在这里势力不可小视，他在4月18日新任蒋介石南京政府委员、国民政府军事委员会参谋总长、中央政治会议广州分会主席、广东省政府主席和第八路军总指挥。

能否到苏联去呢？他探询了罗易的口气，得到的是善意的否定：“反蒋斗争并不完全取决于我们，我们应该同我们控制的武装力量建立合作关系。我们能够也必须要到广东去，这是现在的唯一出路。你不要考虑出国。目前所有民主力量应该动员起来与反动派斗争。只有在您的领导下才能这样做”。⑤去苏联这个选项也不存在了。那就只剩下留在国内一个选项了。

尽管罗易同汪精卫谈话时几乎是“披肝沥胆”，说是当时给他看5月30日电报本意就是信任他，是表明同以汪为首的“国民党左派合作的真诚愿

---

① 《罗易同汪精卫的谈话记录（1927年6月27日）》，*ВКП（б）Коминтерн и Китай*，第2卷，下册，第820—821页。

② *ВКП（б）Коминтерн и Китай*，第2卷，下册，第821页。

③ 《联共（布）中央委员会政治局会议第112（特字第90）号记录节录（1927年6月23日）》，*ВКП（б）Коминтерн и Китай*，第802页。

④ 《罗易同汪精卫的谈话记录（1927年6月27日）》，*ВКП（б）Коминтерн и Китай*，第2卷，下册，第820页。

⑤ 《罗易同汪精卫的谈话记录（1927年6月27日）》，*ВКП（б）Коминтерн и Китай*，第2卷，下册，第822页。

望”，但是汪并没有为这种真情所动，没有打算与什么“左派合作”。况且这也不可能是他的选择。

汪精卫知道，“这样做”指的便是按照莫斯科的意图，要奉行坚决支持土地革命的方针，并与共产党合作。武汉的混乱情况，他比任何人都了解。从苏联回来后，他就看到“武汉已成为共产党把持的局面了。只看工人运动和农民运动，其理论与方法已完全是共产党的，而不是国民党的了……然而主张立时分共是做不到的，因为4月19日已誓师北伐，第四方面军陆续出发，沿京汉路线，和张作霖作战……当四方面军在前线和张作霖死战的时候，如果后方同志，发生分共问题，则联合战线为之摇动，无异给张作霖一个绝好的机会了。所以当时一般忠实同志，虽明知已到了国共两党争生死存亡的时候……然而为前方武装同志着想，不便提出分共问题，而只提出制裁违反本党主义政策之言论行动”。①

武汉的情况和他本人的真实思想状况，决定了他不可能成为共产国际希望看到的“革命的雅各宾派”。不仅是看了罗易给他的电报，后来汪精卫参加了郑州会议，特别是得知徐州会议的情况后，他早就已经心中有数了。他与罗易等人的谈话或往来不乏虚与委蛇之意。

实际上，正是罗易给他看的共产国际5月30日那个电报使汪精卫“下定决心”去与国民党一道谋求“生路”，不再论什么左右派了。他自己坦言，从“六月中旬起，一面集合中央党部非共产党的同志，商量和共产党分离的方法，一面集合非共产党的武装同志，将那决议案［即5月30日共产国际执行委员会的决议］宣布，请他们在军队中留心防范，听候中央，努力奉行”。②

然而，共产国际代表罗易直到6月29日，还认为自己“执行了正确的革命政策”，说自己的做法是“共产国际多年来在中国活动中首屈一指的现象”。他认为自己“诚心诚意地照共产国际的决议办事。莫斯科最近的一些指示，确实肯定了我来到这里后一向执行正确的政策”。公平地说，除了因电报事“违反纪律”外，罗易的确贯彻了共产国际的指示，他还寄希望于“从政治和组织两个方面就地彻底改变领导班子。切不可让那些社会民主党式的和半国民党式的领袖人物去担当有千百万群众参加的革命事业”。③ 罗易的这一切也只能是希望而已。

---

① 汪精卫：《武汉分共之经过》，《中共党史参考资料》第4册，第476页。

② 汪精卫：《武汉分共之经过》，《中共党史参考资料》第4册，第476—477页。

③ 《罗易致斯大林的电报（1927年6月29日）》，*ВКП（б），Коминтерн и Китай*，第2卷，下册，第824—825页。

第六节　大结局

形势急转直下，谭平山、苏兆征发表了辞职书，称在国民政府领域“党部被捣毁，工农团体及其自卫之武装则被解散”的现象迭见不鲜，“中央委员之中如徐谦、顾孟馀等方在日夜咒骂民众，凡民众救护革命之行动，概视为不当；又复曲解孙总理之理论，谓中国不能有阶级斗争。实则中国国民革命之全部历史，皆阶级斗争之历史”。现在国民党中央“自身背弃”了其三中全会精神和孙中山的理论，“国民党中央委员之中，竟有人局限于与民众运动宣战，甚至与国民党历史上之革命的主义及政策宣战”，因此共产党人“同意于加入政府的基础已经消失。共产党员既为革命的国民党员及共产主义者，则在此种状况下退出政府，乃其天职”。①

就在这个过程中，莫斯科于 7 月 8 日指示中共：不能像谭平山那样，发表个声明就一走了事，而要态度强硬地宣示，国共分裂的局面乃因国民政府反对土地革命和工人运动而引起。共产党人要提出自己留在武汉政府内的明确要求，“自由开展工农运动，严惩一切镇压工农组织的罪犯，支持土地革命，实现工农的迫切要求，武装工农等”。共产国际的左倾和激进已经十分明确了。武汉国民党中央的态度也明确了。

“尽管我们一再建议，国民政府实际上还是不支持土地革命，倒是纵容敌人去反对土地革命，解除工人武装，派遣讨伐队打击农民，袭击武汉的工人组织，在长沙枪杀革命者。唐生智是反革命的直接体现者。武汉政府由唐生智率领的武装力量实际上已经成了反革命的工具，与蒋介石勾勾搭搭或者索性沆瀣一气。国民政府和国民党的上层把这些都加以掩饰，从而转到了敌对工农的阵营中去”。

令人费解的是，到这个关头，《指令》依然认为退出国民政府并不等于退出国民党，还要求中共“留在国民党内，在其所有组织内和支持国民政府的群众中间进行工作，争取改变国民政府的政策及其领导成员”。② 至于苏联顾

① 《中共党史参考资料》第 4 册，第 461 页。

② 《联共（布）中央委员会政治局紧急会议第 116（特字第 94）号记录节录（1927 年 6 月 2 日）》，*ВКП（б）Коминтерн и Китай*，第 2 卷，下册，第 842—843 页。

问们，共产国际已经要求他们鸣金收兵了：要求鲍罗庭和加伦体面地离开，千万不要给人造成“被赶走”的印象。[1]

同日，斯大林致函莫洛托夫，自认“过去已最大限度地利用了武汉的上层。现在该抛弃他们了”。但是对于国民党的中下层和外围，斯大林依然寄予希望，“要设法争取国民党的外围，让他们对抗国民党目前的上层”。他坚持，即使共产党人在“退出国民政府（现在必须这样做）的时候，暂时还不必脱离国民党（这个党在近期内可能还是必要的）”。[2] 当武汉工人纠察队已经被解散，农民运动受到镇压的时候，斯大林的要求与现实有多少距离，便不言自明了。

同为共产国际执行委员会的领导人，联共（布）党内的反对派人士伍约维奇（В. Д. Вуйвич）、[3] 季诺维也夫和托洛茨基等人，在这个关头的表现要理智得多，他们致函共产国际执行委员会主席团：

“最近来自中国的消息表明，把赌注押到武汉政府这个‘革命的组织中心’上的做法遭到了彻底失败。在武汉政府辖区内，反革命势力畅行无阻，而与此同时工农运动则遭到镇压。无论对中国革命，还对苏联来说，形势都极其严峻，因为中国革命的失败会把军事危机加剧十倍”。

他们的激烈批评打中了斯大林的要害，更确切地描述了斯大林在这个时期的政策。反对派人士进而要求“共产国际执行委员会主席团必须立即召集身在莫斯科的执行委员会委员和候补委员一道讨论形势，并纠正共产国际在中国执行的、由共产国际执行委员会最近一次［第八次］全会批准的错误路线”。这指的是必须让中共立即退出国民党，以保持中共政治上的独立性。[4] 但是斯大林派认为反对派关于中共退出国民党的主张是犯了“取消主义”的错误。[5] 很清楚共产国际自己也不清楚到底应该取什么样的对华政策。

到这个时候，左也好，右也好，再“纠正”某一路线或改行其他路线，

---

① 《联共（布）中央委员会政治局紧急会议第116（特字第94）号记录节录（1927年6月2日）》，*ВКП（б）Коминтерн и Китай*，第2卷，下册，第842—843页。

② 《联共（布）中央委员会政治局紧急会议第116（特字第94）号记录节录（1927上6月2日）》，*ВКП（б）Коминтерн и Китай*，第2卷，下册，第844页。

③ В. Д. 伍约维奇（1897—1936），1921—1927青年共产国际执行委员会委员，书记处书记。1927年被开除出苏联共产党（布），1930年恢复党籍，是年在国际土地研究所工作，1931—1935在共产国际执行委员会巴尔干地方书记处顾问。遭非法镇压，死后恢复名誉。

④ 《联共（布）中央委员会政治局第101号记录节录（1924年5月12日），《俄共（布）—联共（布）中央委员会政治局与共产国际》，莫斯科2004年版，第453页。

⑤ 《联共（布）中央委员会政治局第101号记录节录（1924年5月12日）》，《俄共（布）—联共（布）中央委员会政治局与共产国际》，莫斯科，2004年版，第451页。

都为时已晚。况且斯大林和共产国际执行委员会的许多领导人直至这时依然认为到目前为止“冯玉祥和唐生智还没有被冠以叛徒称号。国民党中央和国民政府内部拥护革命路线的一派和投降派正在进行你死我活的斗争。投降派坚持分共，实际上就是让武汉政府自行灭亡，进而蜕化为反革命资产阶级的工具。在这样的时刻，最大限度地支持武汉政府和国民党中央委员会内的革命派，同时无情批判和揭露投降派就是我们的当务之急。当前时刻中国革命面临的最大危险，就是与小资产阶级的决裂，这会孤立工人阶级并把这一阶段的土地革命镇压下去。所以在当前时刻宣布武汉政府是反革命的或者说它已经站到与工农为敌的立场上，不但不符合实际，而且也是有害的。同样在当前时刻就在中国发起一个反武汉政府和国民党中央委员会的运动也是极其不妥当的。这样做的结果，只能推波助澜，导致国共分裂并使共产党彻底陷于孤立”。共产国际依然反对“急剧地改变方针，特别是过早而不分青红皂白地把武汉政府划归反革命阵营”，说这样不会得到广大国民党人的理解，到那时他们会离开我们而跟着国民党中央委员会，切不可仓促行事，立即一股脑儿地废弃共产国际执行委员会最近一次全会作出的决议。为了执行这个决议，就必须尽最大可能维持与国民党左派的联盟，尽力引导他们，而无论如何不要发起反武汉政府的运动，从而激使与武汉政府的决裂。①

共产国际对自身政策的盲目崇信，对国民党左派的期望值之高，在这样的时刻实在令人咋舌。如果说，这个文件的作者仅仅是共产国际执行委员会的涉华工作人员，也许他的分量还不够，那么斯大林又如何呢？

这时的斯大林同样认为，反对派的议论是错误的。直至 1927 年 7 月 11 日，他在索契休养时，还对莫洛托夫坚定地说，等他回莫斯科，“会努力说明我们在中国的政策过去是，现在仍然是唯一正确的政策。无论我们对中国的政策，还是我们对英俄委员会的政策，我还从来没有像现在这样深信不疑、坚定不移过”。②

7 月的武汉，也像三个月前的上海一样，酝酿着巨大的风暴。没等斯大林回到莫斯科“说明”何以其政策一贯正确，事情就朝着他未曾预料的方向发展了。

7 月 13 日《中国共产党中央委员会对政局宣言》发表。鉴于国民党中央和国民政府并没有像其三中全会决定的那样实行镇压反革命，实行乡村自治，

① 《吴廷康致拉斯科利尼科夫的信（1927 年 7 月 6 日）》，*ВКП（б）Коминтерн и Китай*，第 2 卷，下册，第 839—840 页。

② 《斯大林致莫洛托夫信节录（1927 年 7 月 11 日，索契）》，*ВКП（б）Коминтерн и Китай*，第 2 卷，下册，第 852 页。

赞助工农运动等政策，“革命人民大大的失望”。国民党中央的政策“使武汉同化于南京，变成新式军阀的结合与纷争”。中共因此正式宣布“撤回参加国民政府的共产党员”，并要“必定严厉的揭发一切假借孙中山先生旗号的伪国民党之出卖革命。[①]

7月15日武汉国民党举行中央委员会扩大全会，通过三项决议：

“一、在一个月内开第四次中央执行委员会全体会议，讨论政治委员会主席团所提出之意见而解决之。

二、第四次中央执行委员会全体会议开会以前，中央党部应制裁一切违犯本党主义政策之言论行动。

三、派遣重要同志前往苏俄，讨论联合办法，其人选由政治委员会决定”。[②]

但是国民党史家认为这三项决议“仍然反映出汪兆铭与共党及苏俄妥协的意愿”。[③] 而汪本人后来却认为这是武汉“和平分共”的开始。

不管对这三项决定做何种评估，武汉国民政府没有像蒋介石在上海那样直接逮捕和杀害工农和共产党人。但是，武汉也没有再派出任何代表到莫斯科。

汪精卫明令共产党人退出武汉政府和国民党，是在武汉市面上7月16日出现中共散发的传单（即7月13日《中国共产党中央委员会对政局宣言》），7月19日市面上又出现青年团的传单，内容与中共传单大致相同。

显然汪精卫了解到斯大林的意图，他“后来看见莫斯科的电报，才知道共产党留在国民党里，为的是好从中取事，以破坏国民党”。[④] 事实上，国共两党已经没有调和的余地了。

7月26日，汪精卫以中央政治委员会主席团的名义发表《统一本党政策决议案》，命令中共全部退出国民党和国民政府，否则一律停止其职务。鲍罗庭于7月27日离开武汉经蒙古回苏联。

汪精卫的“和平分共”得到的回答是中共于8月1日在南昌举行起义。从此打响了中共向国民党进攻的枪声。8月8日汪精卫向武汉国民党中央提出清党。把一批中共党员开除出国民党，并宣布对其缉拿查办，将所有在国民

① 《中共党史参考资料》第4册，第455、456、457、458页。

② 中央党务委员会第20次扩大会议速记录，引自李云汉：《中国国民党史述》第2编，台北，中国国民党中央委员党史委员会1994年版，第837—838页。

③ 引自李云汉：《中国国民党史述》第2编，台北，中国国民党中央委员会党史委员会1994年版，第838页。

④ 汪精卫：《武汉分共之经过（1927年11月5日）》，《中共党史参考资料》第4册，第477页。

政府任职的中共党员悉行撤职。立即开始清查跨党的中共党员，对于著名的中共党员要动用军警监视等，不登记又不退出者以反革命论处。[①] 共产国际希冀的国民党左派政府完全落空。国民党赢得了同共产国际较量的最后一个回合。

从此，共产国际不再援助国民党，而是把援款用于帮助中国共产党。

至于蒋介石，他早有深远的考虑。还在上海事件前后，鉴于"清党运动"所需的"各地党务负责人员甚感缺乏"，他就着手选择国民党认为可用的工农运动干部，决定撇开中共，在上海设立国民党自己的党校，以保证用三民主义"端正"青年思想，贯彻"以党治国之精神，"甚至为此安排了经费。[②] 上海事件后清党紧张进行，国民党令其地方组织将中共各地组织"悉行解散"，对共产党员"不得稍事姑容"。

同时，国民党开始采取措施整顿和统一财政，发行货币，在一些省份开始按照国民党的政策，"解决民生切要问题"。如浙江省动手立即清查户口，治理农田，提倡并奖励工业，处理僧尼财产等举措。

在外交方面，蒋介石也开始作出安排，组织了外交委员会并派遣代表赴英美日三国；联络各该国朝野及民间感情，使之了解国民党的"真相"。[③]

至于国民党的"统一"，那也还面临着不少曲折，走的也是相当复杂的路。[④]

在国共合作统一战线分裂的同时，国民党内的左派也好，右派也罢，找到了反苏反共的共同语言，国民党同共产国际的关系破裂了。

---

① 武汉中央政治委员会第44次会议速记录（1927年8月8日），引自李云汉：《中国国民党史述》第2编，台北，中国国民党中央委员会党史委员会1994年版，第839—840页。

② 《中国国民党中央执行委员政治会议第九十三次会议记录（1927年5月13日）》。

③ 《中国国民党中央执行委员政治会议第一百另四次会议记录（1927年6月10日）》。

④ 李云汉根据国民党的档案材料，在《从容共到清党》台北，中国学术著作奖助委员会，1996年版，第756—812页探讨了统一的复杂过程。关于南京和汉口从8月8日至9月20日交换的电报，见《革命文献》第17辑，第3104—3109页。

尾　声

中国国民党从1919年开始与共产国际发生的联系，持续了八年，到1927年结束了其第一阶段。国共两党的第一次统一战线也演完了第一幕。

总结这八年国民党同共产国际的关系，可以清晰地看出以下几点：

第一，孙中山带领国民党实行“联俄、容共”的政策，从组织建设，军事建设和在国家政治生活中的地位等方面壮大了国民党，该党人数发展到号称一百万。同样由于国共合作，中国共产党也得到壮大，受到锻炼，党员从五十余人发展到五十九万七千名。应该说是一个双赢的结果。

第二，北伐是在国共合作统一战线的环境下进行的，当初蒋介石主张北伐曾经遇到不小阻力，他坚持下来了，共产国际和中共也积极配合并做了许多工作。北伐使身为总司令的他逐渐走向权力的顶峰，在他带领下的国民党为国家统一作出贡献。

第三，蒋介石本来就有很强的领袖欲，加上在1923年亲眼见到共产国际推崇的一党专政的运作如何有效，党首专政下的苏联，官兵百姓如何步调一致，便生出艳羡，踌躇满志，一旦时机成熟，自己也要仿效之。后来的“清党”便是他为达到党首专政而实行的。即使国民党的一些老国民党员也批评他清党“出发点的不正”，“不是立在党上来清党，乃立在介石同志的身上来清党”；批评他“态度的暧昧”，“事实的荒谬”。“个人的拥护”，“站在个人身上……弄来弄去，总跳不出个人主义范围”。① 蒋介石有意把中共完全清除出国民党，但是他不知道究竟谁是中共，于是清党成了镇压异己，导致白色恐怖的运动，仅1927一年，江苏、浙江等十三省和东三省被杀的就有三万七千九百八十一（37,981）人，被投入监狱的为三万二千四百一十六（32,416）人。②况且“由于这场清党主要不是通过国民党组织力量进行的政治清党，而是借军警力量进行的一场血腥的武装屠杀，故各地滥杀无辜，几乎毫无节

① 邹鲁：《清党感言》，《邹鲁文存》第三集，台北，1985年版，第70—74页。

② 原载《新晨报》1928年10月15日，引自王奇生：《党员、党权与党争》，上海书店出版社2009年版，第96—97页。

制”。[①]国民党并没有因此而“清”，相反，其“贪污毫劣及投机腐化分子以乘机崛起……凡属踏实同志，受其诬陷摧残，几至与共产党同归于尽”。[②] 国民党员减少近一半。清党的惨烈是蒋介石政治生涯上极不光彩的一页。共产国际错看了蒋介石，后者以其实际行动表明，他既不是什么“左派”也不是“中派”。国民党并没有因清党而强大，“除一部分国民党青年在这场运动中‘与共产党同归于尽’外，还有相当多的国民党人因清党而灰心，悲观失望，以至脱党”。清党前国民党的一百多万党员，清党后仅剩下六十五万，减少了三十多万。[③] 在一定意义上他对待国共斗争这种你死我活的思路，导致的是两败俱伤的结果。

不仅如此，国共两党也都出现了分裂。在所谓土地革命的过程中，身为农民部长的跨党党员谭平山认为中共政策不可行，需要刹车转向，但受到批判并开除党籍，国民党左派邓演达、宋庆龄等见到蒋介石的独裁倾向日趋强硬，共产国际的路线不可行，国民党前途堪忧，甚至共产国际代表罗易、鲍罗庭，中共领导张国焘都有另外组党的想法，这就是第三党的酝酿。斯大林等共产国际领导人，对于由国民党左派担任中国革命领导的梦想一直延续着，他们支持宋庆龄、邓演达、陈友仁等建立于莫斯科的作为中国国民党临时革命领导机关——中国国民党临时行动委员会的建立，以及他们于 1927 年 11 月 1 日在苏联发表的《对中国民众及世界革命民众的宣言》（即《莫斯科宣言》）。[④] 鲍罗庭分化国民党的楔子策略以新的方式继续着。

第二，尽管国民党人同共产国际接触开始，就怀疑苏式理论和实践模式，认其不能运用于中国，从孙中山、蒋介石到国民党的赴苏使者，在莫斯科或在中国国内，都高唱三民主义，共产国际对此心知肚明，但囿于其“坚强信念”，一直以为十月革命理论与实践是放之四海而皆准的，便一方面坚持改造或用“楔子策略”分裂国民党，另一方面始终希望国民党迟早会“明白”并接受共产国际道路。但是后者拒绝“明白”，最终也没有“明白”起来。共产国际的节节退让便发生在这个争取与等待的博弈过程中。

---

① 王奇生：《党员、党权与党争》，上海书店出版社 2009 年版，第 94 页。

② 《中央日报》1928 年 4 月 10、11 日。

③ 王奇生：《党员、掌权党史与党争》，上海书店出版社 2009 年版，第 97 页。

④ 黄振位、梅日新、黄济福编：《邓演达研究与资料》，中国文史出版社 2004 年版；上海市政协文史资料编辑部：《上海文史资料选辑》2007 年第 4 期（总 125 期），《上海农工党专辑》，上海 2007 年版。中共中央《政治纪律决议案（1927 年 11 月 14 日）》，中国人民解放军政治学院编：《中共党史参考资料》第 5 册，第 267 页。《向忠发致共产国际执行委员会第 9 次全会主席团的信（1928 年 2 月 11 日）》，*ВКП（б），Коминтерн и и Китай*，第 3 卷，上册，莫斯科，1999 年版，第 293 页。*РГАСПИ*，全宗 514，目录 1，案卷 355，第 39—40 页。

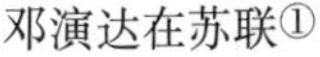
邓演达在苏联①

鲍罗庭、宋庆龄、邓演达在苏联高加索筹备第三党时期②

第三，至于共产国际来华代表，他们风华年少，有美好愿望，在俄国是布尔什维克意义上的革命者，其中有些人在第一次世界大战或俄国内战中建树战功。他们凭着对美好共产主义的憧憬，表现出高度的热情，如吴廷康，如在上海的共产国际执行委员会远东局的大部分成员。然而，这些代表对于共产国际的理论表现出的更多的是因笃信而盲从而热狂。况且他们没有人在中国生活过，没有人会说汉语，想深入了解中国并把苏俄理论和革命模式成功移植到中国，纯属天方夜谭。桔生淮北则为枳，他们遵循的苏俄模式在遭遇中国形势时屡屡碰壁。加上他们不可能比中国人更加了解中国的国情，所以往往是帮了倒忙。可叹的是，这些热情家中的绝大部分回国后在1937—1938年间的苏联肃反中成了“阶级敌人”，蒙受冤屈受到杀害，即使死后得到平反昭雪，他们的命运毕竟是悲剧性的。

第四，传统的苏联史学把苏俄暴力革命当成消灭资本主义，缩短社会发展进程，跑步进入最美好的共产主义社会的最佳道路，自认这是科学社会主义。事实是，对于共产国际的理论和实践说“不”的，不仅有第二国际及其

① 取自卡尔图诺娃：《加伦在中国》。

② 取自樊振编著：《邓演达年谱全集》，中国言实出版社2010版。

追随者，不仅有当年的部分中国国民党人，而且有一些中共领导人如陈独秀。尽管共产国际在世界共产主义运动中试图垄断话语权，对于国内外反对者或持有异议者一向不吝啬挥舞政治大棒乃至肉体消灭。但历史车轮兀自运转。七十多年后相当大部分的俄罗斯学者也产生了几乎与八十年前的国民党人相同的看法，这或许具有启迪作用：

“开展土地革命并在此基础上建立工农武装力量的打算，清楚地反映了把俄国几次革命的经验和布尔什维克在内战时期的经验搬用到中国的强烈愿望。无论当时还是事后的很长一段时间里，共产国际的领导和理论家们都没有意识到，是中国农村社会结构的特点、占有土地和使用土地的特点，决定了照搬俄国模式来进行中国土地革命是行不通的。由于陶醉在布尔什维克经验中，一些人认为能够在短期内建立起‘革命工农的武装’，而没有考虑到在中国组建这种军队的道路上会有特殊的困难（百姓对服兵役一向反感，百姓没有训练，连最简单的枪法都不会，按照官兵对立的俄国模式来瓦解军阀雇佣军并不现实）。”①

正是这个因素决定了共产国际对国民党关系的悲剧性结局，共产国际没有少出钱，没有少出力，最后却闹到赔了夫人又折兵的地步。

第五，国民党领导的人员成分决定了他们不可能接受共产国际移植苏俄模式到中国的做法。老一些的如西山会议派，新起的如蒋介石、汪精卫等，均有丰富的人生阅历，这个群体的社会或个人背景，使他们在革命道路的选择上具有自己的鉴别能力。横空出世的俄国十月革命固然一度使包括孙中山、蒋介石等在内的人感到兴奋，但经过考察和研究，特别是目睹实践情况，他们冷静下来。他们认为苏俄道路在中国“扞格不通”。

从孙中山开始，他们不愿意在国民党内、在自己势力所及的地区制造苏式阶级斗争，不愿意自己乱自己。鲍罗庭据其划分左中右派的理论概括出的“楔子策略”无从施展。他试图使用的那个“楔子”，似乎多少起过分裂国民党队伍的作用，但是“壮大”了的左派最后也站到共产国际的对立面。严格地说，国民党内，确如孙中山所说，只有急进派与稳健派之分而已。从这个角度便容易理解，共产国际在处理同国民党的关系时何以屡屡失手，鲍罗庭的“楔子策略”何以从一开始就遇到反弹，到最后完全失灵。乃至被“选作”依靠或援助对象或左派或革命者的国民党人，与共产国际的期望值形成了南辕北辙的态势，共产国际设计的政权结构：以陈炯明为中心统一中国，

---

① ВКП（б）*Коминтерн и Китай*，第2卷，下册，《编者导言》，第676—677页。

孙吴联合政府，孙中山—国民党与冯玉祥联合政府，国民党左派与中共的联合政府等，最后一个也没有成功，相反，一度得到援助和支持的人全部成了共产国际的反对者。共产国际一度担心国民党会用莫斯科援助来反莫斯科，结果他们不幸言中。到1927年，共产国际输掉了这一盘棋。难怪美国历史学家 Brabdt Conrad 几十年前就说这是“斯大林在中国的失败。”① 至少本书囊括的年代是这样。

第六，从孙中山到蒋介石，国民党领导人追求的是建立苏式党国制度，依苏俄红军模式建立党军制度，这在国民党夺取全国政权中发挥了决定性作用。蒋介石实施的是孙中山“师俄之法”即学苏俄的“组织”和“方法”，建立起的是一个独裁政权，并不是什么先进的政权模式。辛亥革命后出现的的国会，到蒋介石政权确立，连“名”也已经荡然无存。国民党的灭亡早就出现了凶兆。后来中共高举民主、反蒋介石独裁的旗帜，争取到广大人民的拥护，二十多年后掌握了政权。

第七，在国民党与共产国际关系方面，无法用“对”或“错”来界定某历史事件和人物，只能冷静剖析其背景。在这个方面，若要分析斯大林的指示，有一个重要因素必须予以注意，这就是，联共（布）党内斯大林派与联合反对派托洛茨基等人之间的斗争在中国问题上的反映。胡汉民访问莫斯科时看到联共两派的斗争，有过不要把中国问题放在共产国际内来搞的想法，事实证明，中国问题确实成了斯大林与反对派斗争的主要因素之一。反对派就国民党问题对斯大林的指责有时切中要害：有俄罗斯学者认为，联共（布）和共产国际领导得悉冯玉祥与蒋介石联手之后的“一切决议就又着意于寻求退路和避免再遭反对派的指责，以抚平党内对其路线的失败做出的反应。［1927年］6月的最后几个指令劝中国共产党寻求退路，不过同时还是重复旧有（土地革命等）的方针，致国民党中央执行委员会主席团的电报②已经为后来莫斯科对武汉政府和中共领导的指责埋下了伏线。”③

第八，1927年7月15日后，对武汉政府的批评已经没有什么意义，斯大林开始指责中国共产党。一些俄罗斯学者认为斯大林的指责是**“乱七八糟的”**。④ 例如对待部分国民党左派和谭平山等酝酿的第三党，起初共产国际予以支持，后来又指示中共予以追究并安排对邓演达、宋庆龄的批判。⑤

---

① 勃兰特·孔拉德：《斯大林在中国的失败》（Brandt Conrad *Stalin's failure in China*），剑桥，1958版

② *ВКП（б）Коминтерн и Китай*，第2卷，下册，第238号文件。

③ *ВКП（б）Коминтерн и Китай*，第2卷，下册，《编者导言》，第677页；第233、235号文件。

④ *ВКП（б）Коминтерн и Китай*，第2卷，下册，第677页。黑体为原文所有。

⑤ *РГАСПИ*，全宗514，目录1，案卷355，第39—40页。

中共与共产国际关系并非本书主题，但是作者想引用斯大林的一封信来说明正是他的傲慢和主观，显而易见地影响了共产国际与其称之为自己人的中国共产党的关系，也恶劣影响了他同中国国民党的关系。在他眼中，中共都什么也不是：中国“还没有一个真正的或者可以说还没有一个实实在在的共产党。”“中共中央执行委员会内还没有任何一个精通马克思主义能够理解当前事态内涵（社会内涵）的人”。①

下面的话生动描绘出中共如何踏实贯彻共产国际执行委员会的指示，而斯大林又是如何出尔反尔：

> “现在的中央委员会……根本不适应（原文斜体）土地革命的新阶段。中共中央不理解革命新阶段的含义。中共中央还不善于利用国共合作这一有利时机大力开展公开的组织革命、无产阶级、农民、革命部队的工作、公开组织军队革命化和动员士兵反抗将领的工作。整整一年的时间，中国共产党中央委员会靠国民党养着，有工作的自由，有做组织工作的自由，可它却又碌碌无为，没有做任何工作以便把这些（确实是相当好战的）乌合之众，把这些被误称为党员的人变成一个名副其实的政党……当然，基层还是做了工作。在这一点上我们应该感谢平庸的共产党人。然而值得注意的却是，中央委员会没有去找工农，倒是工农来找中央，而且工农向中央委员会靠得越近，请允许我使用‘中央委员会’一词，这个中央委员会就离得更远，宁肯去找国民党领导人和将军们做幕后谈判。中共中央有时候也大谈其无产阶级的领导权，可是这种喋喋不休的唠叨中，最不可容忍的是，他们对领导权一窍不通（确实是一窍不通），他们扼杀工人群众的主动精神，瓦解农民群众的‘自发’行动…… 这就是共产国际指示没有得以贯彻的原因。”

那么，斯大林本人是否胸有成竹呢？否！斯大林自己找出的原因是：来自中国的不全面的材料把他“弄糊涂了”。他在同一封信中承认：

> “不只是你们有点让我胡涂了，而且我那份很长且措辞相当厉害的密码复电可能也把你们全都弄胡涂了。”

自不待言，在斯大林本人和主宰共产国际执行委员会的其他领导人都“糊涂”的情况下，怎么能作出不“糊涂”的指示？

斯大林看到，在对待武汉政府问题上，布哈林和莫洛托夫“都上了反对

① 《斯大林致莫洛托夫和布哈林的信（1927年7月6日）》，ВКП（б）*Коминтерн и Китай*，第2卷，下册，第850页。

派的当了，他们最后都受骗了”，他承认，关于退出国民党的

“指示发得太晚了。我并不认为退出国民政府和国民党会使共产党的处境更好些，会‘使党独立起来’。相反，退出来，只能使共产党受到更严重的打击，产生新的分歧，也许还可能引出类似分裂的事。但是又没有别的出路，反正一样，最后我们应当走这条路。这个阶段要过，一定要过”。

然而，有趣的是，他一直“偏爱”[①] 国民党，迄今为止，我们并没有见到他如此粗暴地“咒骂”国民党。相反，对于中共，他依然强词夺理，颐指气使，要“修理”中国共产党，要“安排”它下一步的工作：

“如何来修理我们误称之为中国共产党的这些乌合之众呢？把陈独秀和谭平山召来—这于事无补，当然我也并不反对召他们来，好好教训教训他们。还要找别的办法。要立即毫不迟疑地拨出一笔必要的款项，用中文出版一份好的扎扎实实的马克思主义文献，而不都是那些‘传单’（要告诉克利姆）［即伏罗希洛夫］，这样花的钱比起把一百个黄脸的反革命官僚养上半年要少的多）。再者，我们太倾心于建立一套向中国军队派教官的制度，可是这些教官在政治上失职了，因为他们从未及时提醒我们，他们的‘上司’做的有多么出格。一切错误全是‘乌合之众’的中共造成的。现在已经到时候了，该真正关注党务顾问体系问题了，在中国共产党的中央委员会和它的各部内，每一个省委内，省委的各部门内，共青团内，中央委员会的农民部内，中央委员会的军事部内，中央机关内，中华全国总工会内，都要设立党务顾问体系。要把鲍罗庭和罗易从中国清出去，把一切干扰那里工作的反对派分子全都撤出中国。别净往中国派遣那些我们用不着的人，要派一些优秀工作人员。此事的安排要取这样的形式，即这些党务顾问在工作中要形成一个整体，由派往中央委员会总顾问（他也就是共产国际代表）来领导。鉴于现中央委员会软弱、混乱、政治上无知、业务上外行，这些‘保姆’在当前阶段还是必要的。中央委员会应向党务顾问们学习。中央委员会和各省委上层的重大失误将由这些党务顾问们采取补救措施。他们（目前）起的是螺钉的作用，把眼下这些乌合之众拧到一起建成一个政党……随着革命的发展和党的成长，这些‘保姆’的用途会日渐消失”。

---

① 他对国民党的偏爱甚至一直持续到中国的抗日战争期间。这是另外一个题目了。

语气之粗野，态度之专断，完全是老子训儿子。更有甚者，斯大林还用一些说不通的理由来指责中共：

“中共要么不理解要么不想执行这些指示，还常常哄骗共产国际执行委员会，要么就是不善于执行这些指示。这是事实。罗易把这一点归罪于鲍罗庭身上。这太愚蠢了。在中国共产党或其中央委员会眼里，鲍罗庭的分量不可能比共产国际还大……别的人（别的人!）的解释是，错误在于国共合作，这样做束缚了中国共产党的手脚，使党失去了独立性。这也不对，虽然任何形式的联合都会对参与联合者有这样或那样的束缚，但这也还不等于我们就应该笼而统之地反对合作。请看蒋介石由广州到上海途经的沿海沿江五个省吧，那里就不存在任何国共合作。蒋介石的间谍瓦解共产党‘军队’的活动，要比共产党瓦解蒋介石的后方做的成功，这怎么解释？许许多多的工会与中国共产党脱节，而蒋介石仍然稳如泰山，这怎么解释？这算什么中国共产党的‘独立性’?”①

这些“乱七八糟”的指责成立吗？“把莫斯科路线失败的罪责转嫁于中共领导这一主意的始作俑者”② 是谁，已经不言而喻了。陈独秀受到了严厉批评，成了斯大林在中国失败的替罪羊，尽管他后来被“修理”、被迫承认自己犯了机会主义错误并被开除出党，但他一直坚持：“我们应该坦白的很客观的认识过去以至现在的机会主义政策，都是来自国际，国际是应该负责任的。幼稚的中国党领导机关应该负责任的。”③ 他的论断有相当多合理的成分。

同样，在国共合作问题上斯大林和共产国际出尔反尔的指示，也严重地影响了两党关系。

国民党与共产国际关系的磕磕碰碰，始终围绕着中国发展的根本道路问题。国民党掌权后，没有采行苏式共产主义道路，但它继续了党国党军的治国模式，它对付政敌和异己的手段与苏俄没有太大区别。国民党掌权后过了二十二年，便兵败大陆到了弹丸之地台湾。中国共产党在华夏大地执掌政权，选择了苏俄十月革命道路。又过了近三十年，1978 年中共中央十一届三中全会决定实行改革开放的方针，有了今天中国的蓬勃发展。历史给研究者留下无限广阔的空间。

---

① 《斯大林致莫洛托夫和布哈林的信（1927 年 7 月 6 日）》，*ВКП（б）Коминтерн и Китай*，第 2 卷，下册，第 849—851 页。

② *ВКП（б）Коминтерн и Китай*，第 2 卷，下册，《编者导言》，第 677 页。

③ 陈独秀：《告全党同志书（1929 年 12 月 10 日）》，《中共党史参考资料》第 5 册，第 397 页。

鸣 谢

本书写作过程中得到俄罗斯国家社会政治历史档案馆前馆长 K. 安杰尔森（Кирилл Андерсон）博士、现任副馆长 В. Н. 舍佩廖夫（Валерий Николаевич Шепелёв）副博士的帮助和支持。在提阅和使用档案过程中，阅览室的 Валетина Николаевна Щечлина 女士随时给予指导。荷兰海牙国家档案也大力协助解决各种问题。

台北“中央”研究院近代史研究所和国民党中央党史会慷慨地向作者提供了档案史料。

中国国民党耆宿邹鲁先生的公子邹达先生，以耄耋之年，到美国胡佛研究所图书馆为笔者抄录蒋介石档案，并核对某些材料。尤其弥足珍贵的是，笔者在写作过程中不断通过越洋电话向邹先生请教，大至理论问题，小到琐事细节，邹先生均一一指示。2009 年金秋在上海与邹先生和夫人毛缦玉女士相见，几天里经常与两位促膝长谈。他们据亲身体会讲述中国国民党的人际渊源，提供了许多无法在书中看到的东西。

美国 Capital University 阿·潘佐夫（Александр Вадимович Панцов）教授，俄罗斯科学院远东研究所 И. 索特尼科娃（Ирина Сотникова）和 Н. 玛玛耶娃（Наталья Леонидовна Мамаева）教授均随时提供帮助。中共中央党史研究室原副主任章百家，中国社会科学院近代史所陈铁健研究员均给予指导并提出重要修改意见。中国国民党革命委员会上海市委联络部部长马铭德先生，香港李龙镳先生均给予多种帮助。中国社会科学院近代史研究所的严如平、贺渊两位专家对书搞提出修改意见。

作者在万分感激之余，对以上各位先生鼎力襄助学术事业之热忱极表钦敬。愿本书的出版成为对他们最好的答谢。

一、参加远东人民代表大会的部分中国代表的发言和文献[①]

中国代表团团长、中国共产党代表张国焘[②]向大会的祝词

（1922年1月21日）

我代表中国共产党和革命团体向大会表示祝贺。1922年1月21日远东革命党派的代表大会开幕了。我们中国革命党派的代表们以中国劳动人民和被压迫人民的名义对大会寄以厚望。我们相信，这次大会顾名思义是为远东而开的，是为革命而开的。我们坚信，大会之后，待所有革命力量联合起来，远东的革命运动一定会空前加强和深入。我们知道，这些国家的革命运动还相当软弱，革命力量处于分散状态，远东的革命运动还没有同世界其他地方的革命运动联系起来。现在我们举行这次大会就能排除这种不尽人意的状况。我们希望这次大会把革命组织联合起来，使它们更加强大，并且制定出明确的行动纲领。

欧洲人民中有一个类似谚语的说法，称革命是人类创造的最高级最和谐的音乐，我们现在就要制定这样一种坚定而和谐的行动纲领。

同志们，我们坚信，我们远东结成强大的联合并行动起来之际，便是资本主义和帝国主义的丧钟敲响之时，也是远东人民真正的幸福和自由到来之日。

同志们，我们号召大家团结起来，奋起斗争。远东共产党和革命团体代表大会万岁！

（译自 *The First Congress of the Toilers of the Far East*，伦敦1970年版第11页）

---

① 本附录所用资料部分已经发表，见：上海中共“一大”会址纪念馆、上海革命博物馆筹办处编：《上海革命史资料与研究》第7辑（上海古籍出版社2007年版，第707—750页）。此次发表时，作者对个别地方做了修改。

② 原文对中国代表姓氏的记载相当混乱，仅为TAO。

中国共产党代表张国焘①向远东人民代表大会提交的报告

中国的无产阶级和农民

序言

中国的经济发展有别于任何国家。

要了解中国工农的现状，必须哪怕最简要地了解中国工农业的发展史。

在过去的约2000多年前，全中国实行的一直是“井田制”，即每八个农户得九百亩（折合六百公顷）土地。土地分为九份，八个农户各耕种一份并拥有耕作收获，第九份地大家共同耕种，全部收成以土地税的形式上交国家。

随着人口的增加和经济的发展，这个制度不适用了，政府正式将其取消。然而，剥夺农民2000年来使用的土地是行不通的，所以农民不管政府法令，继续把这些土地认作私产，并一代一代传承下去。至今中国还有农民耕种着前辈依“井田制”拥有的土地。这就是为什么中国没有大地主，全是小农和中农。

至于工业，中国的工业从来没有脱离过农业，就是说，大部分农民甚至到今天依然用最原始的手段满足自己的需求。中国没有足够发达的手工业，所以是一个地地道道的农业国。

除蒙古外，中国到处人口密集。中国有三亿五千万人，其中20%（约七千万）仅仅从事农业劳动，加上他们的家人，这类人的数量达到二亿四千五百万，即占到全国人口的70%。如果不计蒙古，中国的耕地面积只有三十万平方公里，目前只占到国土面积三百万平方英亩的十分之一。由此可见，采用先进的耕作方法就能把现在用原始方法耕种的土地面积提高许多倍。

这样中国就有大量无地的农民，从事手工业的的居民只有2.5%（九百二十五万人），值得注意的是，在外国资本渗入到中国之前，大量无地农民开始从事手工业，因对手工业产品的需求很大，从事手工业生产的人数也相应增加。但外国资本出现后，市场充斥了工厂的产品，其质量自然优于手工制作，所以从事手工业生产的人数直线下降。各类工业基本集中在外国人手里，它们在中国某些地方不断发展。

---

① 原文中张国寿姓氏标志为Tao。

中国的劳动条件是十分恶劣的。在主要由欧洲人办的工业企业和少量的中资企业里，工人受到极其残酷的剥削。他们得到的报酬是微不足道的，干活干到精疲力竭。与此同时，一千万（10，000，000）手工业工人因敌不过工厂生产的竞争而遭到破产。

至于农民，人数日渐减少的一部分人依然在祖上传下的土地上耕作，勉强得以糊口，慢慢地也要卖掉土地，而大部分农民被迫为了微薄的收入去给富农当长工、听差，或到大城市找工作，最多也就是当苦力。其收入仅仅能使他们得一口饭吃。

我的报告就想简要介绍中国工农的情况。我尽可能在这里描述外国资本对中国民众的剥削和中国工人阶级运动的形式，他们对外国资本的反抗和工会组织状况。

我还要描述农民状况，看他们的境遇如何在外国资本压制下日愈恶化。

第一部分

中国产业工人的状况

中国现代工业从西方资本主义国家来华开始发展，这些国家的目的是攫取中国的自然资源，剥削千百万中国劳苦大众。

外国资本在中国的许多大城市开设了一系列工业企业。是有一些中国企业，可它们因资金不足，而处于完全依赖外国资本家的地位。

这样，中国就有两百多万工人逐渐依附于现代机器和车床，而成为真正的奴隶。成千上万的妇女儿童从事着超体力的繁重劳动，为本国和外国资本家创造着财富。

中国没有任何任何劳动保护方面的立法，千百万无产阶级被迫在极其恶劣的条件下为了极其微薄的工资而出卖着自己的劳动。

中国一些地方实行按日计算人工资制，有的地方则不发工资而把部分产品发给工人。领取日工资的也仅仅得到五分到三角钱，三角六分钱，平均一天三角钱。以产品形式发给工人的工资折合起来也在三角钱左右。再看看中国每个人的月生活费最低也要七元钱，那么大部分工人，有家眷的工人过的事实上是半饥半饱的日子。

各地的日工作量也不相同，铁路工人一般每天工作十个小时，每两个星期休息一天，而工厂工人每天工作十—十六小时，每周休息一天。一些地方的矿工工作，也有长达十二小时的，还有的二十四小时连轴转，然后休息一天。虽然矿工的工作日是一天八小时，但几乎所有工人都超时工作，因为正常工作日的工资太少，他们就超时，一天工作到十六个小时。

由此可见中国工人受到多么残酷的剥削。如果有人累死或饿死，很快便有人替补，因为失业者太多，老板没有任何损失。确实也有一些企业主遇工人在上班时死亡而支付四十至七十元的丧葬费，可这样的善心人太少，如果所有的企业主都起而仿效，那对工人也无疑是比较有利的，总比只付给工人最低工资好一些。

上面我说过，中国工厂里没有调整劳动条件的法律，工人没有劳动保险。即使重病也没有保险，从来没有任何物质或身体方面的保障。一些工厂里设有医疗点，是给工程技术和管理人员服务，工人享受不到。工人死亡时没有任何医生关照，死在陋室或大街上。工厂里同样没有健康监察，车间里是否通风不好或照明是否足够，谁都不会关心。

除了老板的剥削，工人还不得不忍受工头的虐待压榨。这些工头向他们勒索钱财，常常催逼他们干活，体罚他们，如有人稍微流露不满，二话不说就被赶到大街上。有的地方还兴一种工人和工头或其他资方代理人签订合同的制度。这是套在工人身上的第二条枷锁。

这样一来，工人特别是有家眷的人，就从来不可能挣到起码的生活费用，他们便不得不向资方代理人或小老板借贷。有时债务逼得他们没有办法，只好拿孩子抵债，后者便永远成了替父母“还债”的奴隶。

大部分外资工厂使用外国人当工头，他们比中国工头更加残酷地剥削中国人。他们对待中国工人的态度并不比他们在黑非洲对待黑人强。

最近为抗议工头而举行的罢工越来越多，工人殴打恶棍工头的事件时有发生。

在这种情况下，工人自然不可能受任何教育，中国工人只有5%识字，其他人既不能看书也不会写字。有些外企工人能说几句蹩脚的英语或日语，仅此而已，不过是为了听明白日本或英国工头的话。

近七年来，日用品涨价150%，工资仅仅涨了15%。结果是工人更难以糊口，住房条件更加恶劣，根本没有什么衣服，许多工人无法到公共场合。

长期忍饥挨饿使工人的劳动能力大大降低，工人怕失业。于是便完完全全听信日本的江湖医生，后者让他们服用毒品，一段时间里能维持劳动力，但是身体器官受到根本伤害。

各种各样的赌场和廉价的茶馆是工人唯一能够消遣的地方，他们常常到那里吃点东西，有时喝上一点酒：也是在这里工人会输得精光，给自己多招一层痛苦。

工人间肺病肆虐。据统计，两个铁路工厂的五千人中去年一年死于该病的人数超过3%。去年矿工死亡率超过9%。

作为一家之长的父亲不能养活全家，妻子和儿女也只好去上工，厂方也乐得录用他们，因让他们成为剥削的牺牲品更加容易，有了现代化的机器，他们完全能够顶替男人，可是给他们的工资还要低。女工和童工的数量不断增加，目前已经有二十五万（250，000）童工和二十万（200，000）女工，他们主要分布在纺织企业，这个行业在中国是最发达的。他们每天工作的时间像男工一样长，也上夜班，可女工日工资平均只有两角一分钱，童工才一角六分钱。

所以女工和童工的处境比成年男工还要恶劣。女工被迫放下家务，离开厨房。怀孕的妇女没有假期，母亲撇下新生的婴儿上班，孕妇看管车床是常事。

童工的年龄几乎始自十岁。童工们干的活对他们的年龄和健康来说是极其危险的。他们的体力消耗殆尽，有时在机床边上就睡着了。可是，老天爷，千万别让工头看见“小无产阶级”睡觉！他会把孩子打个半死。矿山、工厂的工人们就这样奴隶般艰苦度日。他们又不能回到农村种地，那样会饿死。

这种野蛮的剥削带来什么利益呢？下面的例子可以说明：一家日本公司十二年前以一百万日元的资金开创，目前公司已经有十三个工厂，每一家的规模都远远超过十二年前初开的那一家。

手工业工会和手工业

中国各地手工业的状况大致相同。农村手工业从业者约占人口的2.5%，城市2%—2.5%的人从事手工业。尽管没有确切的统计，在外国资本进入前，无疑还要多一些。我们可以看到，在中国腹地，还不通铁路的地方，还没有现代工业的地方，手工业依然繁荣，而通了铁路，有了现代工业的地方，手工业竞争不过机器，便日渐没落。

手工业工人分成三类：师父，工长和学徒。城市常有一些作坊，那里的老板就是师父，本人干重活，跟工头和学徒一样。农村多有游动作坊。这些人要么按小时收费，要么计件收费。情况好的时候，一个作坊里能有十个工人，情况不好时，人员就少了。这些作坊的老板几乎从来都发不了财，雇工受到的剥削并不特别苛重，老板靠他们干的活一天也能赚几分钱。遇生意不景气或失业，这些学徒甚至能够从老板那里多少得到一些支持。然而学徒的境况毕竟是十分悲惨的，他们受到的剥削已经达到极限。

徒弟一般是按天、按月或按年雇用的。如果管吃管住，一天挣一角钱，一个月两元五角，一年二十五元钱。不管吃住的，一天两角四分钱，一个月六元五角或一年六十五元钱。

学徒期为三年，这个期间学徒的待遇是老板只管吃饭，偶而也管穿。学徒工的年龄一般不到十八岁，他们全天工作，晚上要做些杂事或替老板家人或工头做个人的事，受到极坏的待遇。

小作坊的徒工日出而作，日落而息。夏天工作十四个小时，冬天十二个小时，夜班有时长达十二小时，没有任何补贴。平均日工作时间为十四小时。

如上述，并非所有的手工业者都有活可干。所以他们就尽可能限制同行业从业人员的数量。每行的师父都尽可能减少新人开业，所以对学徒态度恶劣，为他们从业掣肘。这样他们就设法不教徒弟并向其保守专业的秘密。他们不让普通学徒完成那些需要技术和本领的工作，只传给自己的儿子、亲属或看中的人。所以至今呈现的还是某些工作只能靠有数的一些业者或师父去完成。

为垄断技术，师父们及其帮工便组织了手工业工会即行会。这样的行会是由小商人组建的，但我们要说的不是他们。我们指的是私人手工业者组建的行会。

手工业工会分成七十二行，由此便有七十二个行会。这些行会由师父、帮工和学徒组成。许多行会里也有与此有直接关系的小商人。学徒工在这里是没有发言权的，所以对这些组织不发生任何影响。掌权的是师父和帮工头。有一些行业里存在不止一个行会，但他们彼此间没有联系，不过组织原则是相同的。

每一个行会都有自己的头领，即本行的老大，他受人尊敬，几乎被神化。即使当了工头，学徒出身的老大们也要向自己的先辈顶礼膜拜，期望徒弟们以后也这样做。他们相信或者是做出相信的姿态，认为每一行只有一个老大。可事实上他真正保护的仅仅是所有师父的利益。

每个行会都强迫本行业的工人入会；不入，就找不到工作。行会还限定每个师父的学徒数量，一个师父只许带一个徒弟。这说明行会事实上是在限制本行业技术工人的数量。

行会的规章里也有一条规定要学徒服从师父，否则师父会十分恼火。不听话的学徒会受到严厉惩罚。从一个师父手下逃走的学徒，任何地方也不会再要他。每个学徒认师父为“父亲”，把师父的父亲认作“师爷”等。这样一来，行会里的大权掌握在一代代的师父手里，保护着这个行业的利益，唯独伤害的是学徒。

行会在全体会议上决定自己产品的价格，也决定薪水标准和每一工种的劳动条件。行会的决定要一丝不苟地执行，以避免行会内部的竞争。然而，不管师父们多么处心积虑地提高劳动强度，他们还是竞争不过机器生产即外国资本。他们就只好不分昼夜地干，几乎是二十四小时马不停蹄，得到的报酬仅仅够维持起码的生活。

行会一年举行两次会议，一次是在全行业行帮师父生日，另外一次在年初择日举行。此外还安排有消遣娱乐活动。

虽然行会从一开始就组织起来保护本行业的利益，但是外国资本带着发达的工业涌入中国后，行会方面能够做到的仅仅是把学徒的薪水提高 20%，而与此同时，日用品的涨幅却达到 150%—200%。结果是私人手工业者此时已经丧失了“独立性”，成了外国人的奴隶，在工厂的重压下苟延残喘。

一些小作坊主为扩大生产已经开始购置小型机器，当然这仅仅能给他们自己带来好处，而帮工和学徒依然要不分昼夜地干活，老板过得也没有轻松多少。近来发生帮工学徒罢工反对师父的情况，但行会都将其摆平了。这样看来，行会内部也开始发生利益冲突了。

苦力及组合

因中国用于运输的机械很不发达，苦力就履行了交通运输的功能。由于国内资本主义的发展，许多农民失掉土地，苦力的人数便因这些离乡背井的农民涌入而大为增加。这些人往往是受雇去当车夫和脚夫，在一些港口城市则充当着装卸工和船夫。

中国有多少苦力至今尚不清楚。无论如何苦力人数超过需求总有二至三倍。他们的收入很不平均。有时候一天能挣一元钱，有时候一分钱也挣不到。日工作时间也不平均。一些地方他们能够拿到钱，另一些地方他们得到的是实物。苦力的处境总体上远比其他工种的工人恶劣。没有钱的时候他们就挨饿。他们找个过道、胡同、甚至河边和码头过夜。难怪一些旁观者把他们称为“乞丐、小偷、强盗的大杂烩”。他们住的地方肮脏不堪，经常患病或感染瘟疫。

尽管不断发展的工业吸纳了大量苦力，可他们的人数未见减少，且因无地农民的增加而越来越多。

因苦力供大于求，他们之间因争一口饭而进行着激烈斗争。为了取胜，他们也组织起来，互相争斗。这些组合是按照行会原则建立的，但大部分沿用的是古老的帮会式暴动的办法。正因如此，近来有苦力干活的工厂里这类的组合发展很快。

他们的组织是这样建立的：一个能干的苦力纠集一些同行，占一片地盘，将其宣布为自己的地盘“势力范围”，不让其他帮的人进来。有时候整个一大片地方就这样被“占领”。有时候从其他地方来的苦力也建起这样的组合，诸如“广州帮”等。

如上述，这些组合的建立完全是为了对付其他帮的人。

这些组合是由最厉害的人建立，所以大家对他都言听计从。按照行会原则建立起的这些组合也有自己的学徒干活，如“青帮”。但是在那些按照古老的暴动原则建立的组合里，头领和普通成员一样干活，“红帮”便属于这一类。

无论青帮还是红帮，除了同乡会外，都具有游击性质，普通成员受到龙头老大的严格控制，后者称，自己有充足的实力保护他们不受其他帮会的欺侮，况且各帮会间为争夺地盘也确实经常发生火并。

现代化的工厂在招募工人时，便把这些头目变成师父或工头，但他们在工厂外会像过去一样继续左右本帮会的成员。普通工人必需对过去的头目言听计从，否则会吃苦头。为了在工厂谋一份工作，无业的人首先要向帮会的头目行贿。

老板们知道这些头目的势力，便把他们玩弄于股掌之中，不时地抛给他们一点小恩小惠，把他们变成自己的特务和密探，成为镇压奴隶们任何反抗行为的工具。

从上述情况可以看得很清楚，这些帮会完全是为资本家服务的，是开展工人运动的障碍。

工　会

辛亥革命前，中国仅有的工人组织是：上海海员工会，铜业和铁业行会，印刷工会，香港机器工会等。工厂的行会只吸收一些小业主和其他有权势的人，他们像业主的行会一样，主要是为了把这一行产业控制起来。他们与行会的不同仅仅在于有部分失业保险。

广州的基尔特工会是中国最强有力的组织。他们对阶级差异有了一定的了解：自称是“受人雇用”，把老板称作“雇主”。他们不止一次用实际行动表现了其阶级觉悟，如果说收效甚微，那仅仅是因为他们还不够团结。工人们经常对小老板的恶劣态度表示抗议，有时甚至假以拳脚。雇主行会遂逐渐受到这样做法的影响。

目前大部分工厂的行会改组为工会。一些基尔特行会在大城市里依然存在，但因为他们没有阶级斗争精神，人数也不多，所以对外国掠夺者还没有构成威胁，后者对他们也还容忍。

产业工人与国民党

辛亥革命后国民党的一些成员组建了中国工党,[①] 想把全中国工人联合起来。因国民党当时知名度很高，当时加入工会的有两万（20,000）工人。其总部设于上海，全国各大城市均有分部。

工党的领袖是孙中山博士。工党的纲领很像国民党的纲领，当然，它与社会主义，与阶级斗争无任何相同之处。党的主要目的是扩大选举权，以壮大国民党。但孙中山的影响力下降了，政权逐渐转到了袁世凯手中，他杀害了该党的两名领导人，工党便瓦解了。

尽管该党主要是争取政治权利的组织，它位于上海的总部在1912年举行了两次顺利的罢工，第一次有八百名船厂的机器工人罢工，另一次有一千名木匠参加。两次罢工都因要求提高工资和普遍改善劳动条件而发。这成了中国罢工运动的开端。这时候汉口的汉阳兵工厂宣布罢工，反对减少工资，得到中国工党的支持。这次罢工以工人的准胜利告终。过了一年，恰好是国民党丧失政权的时候，同一个工厂的工人两次宣布罢工，但一个领导人被害后,[②] 罢工遭到破坏。此后，政府开始残酷镇压工人，罢工没有再发生了。

1916年，国民党开始东山再起，上海出现了几个工人组织，如：全国进步工人联合会，中国劳动联合会，全国产业工人联合会[③]等。建立这些工会的人把争取工人支持国民党的政治诉求作为主要目的，而工人追求的是改善劳动条件。因为工人对该党追求的纯粹政治目标帮不上什么忙，不言而喻，这些组织并没有很快发展起来。

在国民党组织“工会”为自己的政治目标服务的同时，其他机会主义者也试图在上海组建自己的“工会”。但工人有了第一次受骗的经验，就不想再上当了。工人们已经被“全国产业工人联合会”欺骗过一次，它本来承诺要把会员派到法国工作，结果是头目们收取了五万（50,000）名会员的会费后，装进了自己的腰包。

工人对现存“工人组织”的不信任使后者名存实亡，而“全国产业工人联合会”根本就不存在了。

广州现存的工会有：共和工人党，海外产业工人联合会,[④] 互助俱乐部，

---

① 原文如此。

② 邓中夏：《中国职工运动简史》（人民出版社版1953年版第4页），记载了一次汉阳兵工厂的罢工，但详情与此不同。

③ 这些工会名称和情况待查。

④ 待查。

广州机器工会等。这些工会是国民党在1915年组建的，其规模大致与国民党在上海建的那些工会相同。但广州工人暂时还没有上当受骗，所以他们还听信国民党。1920年国民党军队[①]便得到广州工人有力的支援，后者在粤汉路宣布罢工，阻止反国民党的势力广西督军调兵遣将。

工人，社会党和无政府主义派别

1912年以江亢虎为首的部分所谓社会党人[②]在南京建立了社会党。它与工人阶级几乎没有什么关系，仅仅在该党刊物的几篇文章中提及工人情况。1913年袁世凯迫害社会党，它便完全溃散了。[③]

此次失利后，无政府主义者登上舞台。他们印制了“总同盟罢工”，“工人之星”等的传单，并开始出版《劳工杂志》。但他们不会做宣传，对工人没有产生任何影响。不过应当肯定他们近几年来在广州，上海、北京、天津等城市的“五一节”运动中做的工作。最近一次广州的“五一节”游行是由无政府主义者组织的，有四万（40，000）多工人参加。

工人运动与学生组织

从上述情况不难做出结论：任何不以阶级斗争为基础的运动都不能赢得中国工人的信任，也不能吸引他们参加运动。无政府主义者组织的几次五一节游行开始赢得一定程度的信任。但是对于那些没有做出任何与工人有直接关系事情的其他一些组织，工人们不想与之携手。

1919年中国学生围绕山东问题掀起反日运动，中国工人热情地予以支持，尽管后者并不是十分了解山东问题何以如此重要，他们却每日都忍受着日本帝国主义统治带来的痛苦。

当时出现了一些爱国组织，每一个里面都约有十来个人，这些队伍充分代表了工人意旨。学生们开始反对日本掠夺政策的游行时，全国几万名工人举行罢工以表支持。上海甚至发生了纯粹由工人参加的游行，其间一名日本工头被打死，几名日本资本家被伤。

虽然反日运动平息后这些爱国组织也趋衰落直至消失，但是运动对工人阶级的影响却延续至今：运动唤醒了中国工人反对外国奴役者的精神，并在一系列的罢工中有所表现。香港机器工人和唐山矿工的两次最大的罢工就把

---

① 实际上指的可能是陈炯明的援闽粤军。

② 俄文 социалист 本义为“社会主义者”，但当时翻译成中文有的地方也作“社会党”。为表示两者的区别，此处出现了“所谓”（так называемый）一词。

③ 原文如此。

矛头直指英国压迫者。工人们要求提高工资和改善劳动条件。工人赢得了这两次罢工的胜利。

中国共产主义的工人运动

对方兴未艾的中国工人运动做一番跟踪，我们会得出这样一个结论：到目前为止，中国的工人阶级还没有以任何形式把力量集结起来。迄今为止我们见到的仅仅是一系列小规模的，孤立的罢工和冲突。虽然辛亥革命把工人运动向前推进了一步，使之到 1917 年一直在发展中，但此后，从 1918 年起几乎就没有什么起色，运动似乎还有后退迹象。这段时间里我们数不出任何一次稍具规模的罢工。这是因为工人组织不健全，缺乏战斗精神，乃至已经宣布的罢工均以失败告终。直至 1919 年工人们不能再行忍耐，便参加了反帝运动，不过这场运动的性质与其说具有阶级性，莫如说是民族主义性质的。

1920 年夏季中国共产主义组织开始对工人进行系统的宣传，承担起领导其改善劳动条件的斗争，矛头直指本国和外国资本。从那时候起创办了三个工人周刊：一个在上海，名为《劳动界》，一个在北京，名为《劳动音》，第三个在广州，名为《劳动》。[①] 可是三个杂志到 1921 年就被关闭，关闭《劳动界》是据法国驻沪领事的旨意，《劳动音》被北京政府关闭，而广州的周刊则因经费不支而停刊。中国共产党人在上海、北京、广州和其他一些地方办了一些工人补习学校，工人在这里主要学习阶级斗争的方法。学校发挥着很好的作用。

在上海，中国共产党人从 1920 年 9 月起便参预组建工会，例如机器工会，纺织工会，印刷工会等。由于经验不足，这些工会的的工作并不顺利。京畿长辛店有二千四百（2,400）名铁路工人，共产党人在 1920 年年底组建了工人学校，3 个月会员数量就达到七百名。现在已经有一万二千（12,000）会员。一千（1,000）多名工人参加五一节游行。这些工人要求提高工资，已经用罢工的方式威胁政府，结果是他们的要求得到满足。

京奉路上的唐山铁路工会受 1919 年杯葛的影响而具有民族主义性质，接触了共产党人的宣传后便在 1921 年春季改组为具有二千五百（2,500）名会员的革命组织。

在广州，共产党人还把许多小行会予以改组。

共产党人支持一切正在发生的罢工。不久前他们参加了上海法租界的电

---

① 查当时广东最著名的有社会主义倾向的刊物是《广东群报》，英文报名 The Socialist，是 1920 年 10 月由谭平山、谭植棠等人创办的。

车工人罢工，广州的机器工人罢工和其他一些工人的冲突。

湖南的纺织工会是由几个年青的共产主义者组织起来的，1921 年 3 月他们宣布罢工，要求掌管国营的湖南第一纺织厂。但是这次罢工没有什么可观的成绩。工会发行了《工人》周刊，通过它教给工人阶级斗争的原则。

去年 8 月共产党人促成了劳动组合书记部的建立，其总部设在上海，北京、汉口、广州设有分部。据书记部的第一个宣言，其宗旨是向工人进行工会方面的宣传，全力支持他们发展工会，提高工人群众的阶级自觉，联合并改造旧式工会，促进中国国内工人同海外工人的联合。虽然这个书记部存在了很短时间，但它在整合工人阶级力量为未来的斗争做准备方面却很有作为。

书记部发行了《工人周刊》，印量达到五千（5,000）册，北京分部出版了同名刊物，发行达两千（2,000）册。这些刊物全在铁路工人中间散发。

书记部支持每一次罢工。不久前在它的支持下发生了上海英美烟公司九千（9,000）工人的罢工，延续长达三个星期，其时间之久长于中国发生过的任何一次罢工。这次罢工的结果是工资提高了 10%，同时英国监工答应善待工人。罢工期间一些领导人两次被捕，工人举行了几次游行，要求将他们释放。游行期间还发生了几次同警察的冲突，最终被捕者获释。这次罢工还揭开了一个新的篇章——中国工人同雇主直接谈判，而此前一直都是资本家制定劳动条件。烟草工会通过这次罢工发展起来了。该厂的另一次罢工发生在 10 月，因厂方未经工会同意就解雇了三名工人。但这次工人们没有得到满足，只好复工。

书记部广州分部对当地两千（2,000）名木匠的罢工给予支持。有几人被捕，五千（5,000）名工人举行了大游行表示抗议；工人到了警察局所在地，包围了警察局大楼，要求释放被捕的罢工工人，这个要求很快得到满足。罢工的结果是工资提高了 50%。此后工人们取消了旧有的工会，另外组建了木匠工会和建筑工会，会员数达到一万三千（13,000）名。

书记部的上海总部为机器工会、纺织工会和印刷工会的改组也做了不少工作，使之大为加强。总部还促成了天津工人夜校，唐山铁路工人俱乐部和唐山工人公共图书馆的建立。

9 月中旬湖南工会和无锡印刷工会提出加入劳动组合书记部的要求。各行各业的工人经常就组织罢工等事来求助和请教书记部。我离开中国时，书记部召开了上海所有工会的代表会议，酝酿把当地工会全部联合起来建立统一的中央机关，并筹备召开全国的工会代表大会。

不过，工会发展中也遇到不少困难：1. 除广州外，工会不能公开活动，且受到当局种种迫害；2. 一些加入青帮、红帮的工会成员、监工和师父等维护老板的利益，往往采用远比警察更加残酷的手段进行迫害，恐吓工人，不让他们加入工会。不过这些障碍都将被克服。

最近有消息说，上海工人和无锡工人、浙江的印刷工人正在想方设法完善自己的工会。

鉴于这种发展状况，可以认为中国工人的忍耐已经到了极限，他们正在觉醒。他们已经走上为改善生存条件而奋斗的道路，他们已经向剥削者特别是奴役他们的外国掠夺者宣战。就在不久前陇海铁路工人举行的矛头指向法国压迫者的罢工，就得到劳动组合书记部的支持。Цин-Поу 和 Кин-Хоу 也发生罢工。这些现象又一次说明中国工人的觉醒，因为现在有劳动组合书记部在领导，所以毫无疑问，运动将走上正确的道路。劳动组合书记部肩负的使命是成为远东反帝斗争的实实在在的力量。

第二部分

中国农民

全中国每个人都有权得到土地。土地是自由买卖的对象。向国家交多少税，取决于手中地的数量和质量。二十年前，土地税还相当于年收入的 1%。由于外国人的进入和干预，由于中国政局的变化，赋税增加到年收入的 3%。次要的作物是豆类、烟草、茶叶、浆果和其他花卉。农民一般务农。因有一些专门种植花卉、茶树、烟草等的园子，他们的家眷便在那里做一些次要的活计。

手是中国农民的的主要农具，有时候也用牲口。直至今天他们沿用的还是几百年前的农具。很少有地方不用手工方式而就近使用水资源喷灌。直至今天现代农业机器对中国农民来说还是一种未知的神奇的东西。科学种田完全没有实行，所以像播种、护苗、防灾等等完全按老办法，靠天吃饭。

农民日出而作，日落而息。由于使用古老的办法耕种，他们不得不十分辛勤地干活。一年四季都是农忙，他们一天也休息不了。除非过年，也还要碰上风调雨顺的丰年，他们才能休息上一两个星期，否则他们无暇休息。

他们没有任何能力抵御自然灾害，苦不堪言。他们没有防洪设施，没有任何手段来利用流经他们谷地的河流。本来合理利用河流是可以灌溉，能够把干旱土地变为沃野的。由于河岸没有防洪能力又兼缺乏利用水资源的设施，中国两亿农民至今遭遇着周期性的歉收，食不果腹。

即使有时某些地方靠集体力量能够找到办法克服恶劣的自然条件，农民也不会去做，因为许多人是雇农，是打短工的，一般只干一年，他们并不打算去改善属于别人的土地。他们知道，即使实施一些改善农田的措施，那多半也不会延长他们受雇的期限。至于土地的所有者，他们则十分短见，并不懂得改良土壤。

农民经常为一条可供灌溉的小河而发生冲突，有时候所有农户都会卷入。

农村极少有学校。因为新学是近十八年才在中国出现，农村对这些还毫无所知。据统计，农民中只有3%的人识字，识几个字也没有什么用。

农民子弟很小就跟父母下地干活，儿童的劳力在租地时是计算在内的。为了把孩子拴在农村，中国农民一般在孩子很小有时刚刚十二岁就让他们结婚。

农家姑娘一般根本受不到教育，她们从七八岁就给父母打下手干农活。父母亲对女孩子甚至不像对男孩子那样关心，认为她们没有什么用。所以一个农民家庭如果穷到揭不开锅，父亲会把女儿卖掉，中国也没有法律禁止他这样做。在广州和安徽，妇女和男人一样下地干活，但总体上说，在中国妇女只做次要的农活。

中国农民很是迷信。他们造了许许多多的神，素常日子里逢事就向其顶礼膜拜。家中有了不幸，他们拜一个神，丰收了就拜另一个神。

中国内地的农民至今还是几百年以前那个样子。几百年来，他们在宗教、习俗、衣着方面没有前进一步。他们毫不关心国家的甚至本省的政治和经济生活。

他们相聚的机会很多，大家关心的唯一话题就是收成好坏。辛亥革命后颁布了一个法令，据此每个拥有五百元钱以上的农民就享有选举权，但是直至如今农民对此一无所知。他们从来不参加选举，即使选举他们的直接领导时，明明知道是在选举，他们也不去。他们特别害怕战争，因为一打仗首先遭殃的便是他们，又是士兵住宿，又是强盗袭击。

中国农民分为三种：有地的农民，佃农和雇农。现逐一分析如下。

有地的农民

有地的农民占农村人口的三成，农民的一份地约为五至四十亩。他们一般自己耕种，如果土地太多，自己种不了，他们就把地租出去或雇人种地。有的农民地不够，就再租一块，或者派家里人去别人家种地。

遇好年景，他们勉强度日，年成不好，就借贷，千方百计保住手中的地，因他们认为把父辈传下来的地卖掉而不留给子女是大逆不道。

佃　农

佃农的境况，不言而喻要比有地的农民差许多。为了租一块地，一个农民应当有能力向出租土地者预付两年的租金。此外，租地需求一般高出可供出租土地的许多倍，所以土地出租者尽可能抬高租价，给租地者造成极大负担。

租金一般是年收成的25%—75%，其中一半是实物地租。歉收时，佃农就要完全听凭土地出租者摆布，如果愿意也可以把女儿卖掉抵租。

租种土地的期限完全由出租者决定，他有权随时收回土地。一般佃农租地期限为一到两年，然后就归还出租者。

合同的条件一般由出租者和佃农间签订。粮食一收下来，佃农就要如数把晒干脱粒的稻米或麦子送到出租者家中。佃农在合同有效期内要十分精心地耕种土地。佃农只有在山地或林区种树的权利，而不能砍伐。地上的建筑应当按租佃时原样归还出租者。如果在租用期间倒塌，则租地者应当予以重建。如果出租者想收回或租给他人，承租者则必须立即腾出。如果佃户将房屋用为罪犯提供庇护所或本人犯罪，出租者免责。

此外，还规定佃户们应经常给出租者送礼。佃户不时地要为出租者干各种活计。

年景不好时，佃户就要借贷，如果再遇歉收，往往就失掉所有家当或沦为抗长活的，或流落到城市，进工厂当奴隶，当车夫，或到码头。经常发生的情况是为抵债而卖掉亲生的儿女。

长　工

雇主和长工一起干活，管吃管住。一年可挣六至四十元钱，月收入为一至十元钱，日所得三分八角。

这样看来，长工的命运很糟糕，实际就是全体农民命运的写照。农民不仅因繁重的劳动和天灾而身心交瘁，还要对付其他一些情况。下面我予以说明。

农民与政治斗争

辛亥革命后中国内战连绵，不管哪里发生战事甚至普通的军队换防，农民都要承担运送责任，供应给养，而没有任何报酬。

一些省份的县官和村官们沆瀣一气盘剥农民。他们不择手段地阻隔农民，不让他们参与政治。

内战已经使农民处于水深火热中，外国帝国主义又明显地从中插手煽动内讧。直皖战争就是日本帝国主义的侵略政策引起的。每一派政治势力背后都有一个帝国主义国家的支持，后者为了自己的利益，总希望自己支持的那一派掌权，届时后者便将国家交由其主子控制。例如，美国帝国主义支持南方政府，[①] 而日本帝国主义支持北方政府，于是南北之间的战争几年来一直硝烟不散，华北华南的农民因而经济凋敝。

只要有军队出现，士兵们就抢劫农民，把能拿的东西全拿走。到处是对农民的抢劫和殴打，特别是军队撤退的时候。

军阀们想建立强大的军队以实现其贪婪的目的，便怂恿士兵肆意抢劫和盘剥。湖南、安徽和山西的农民已经被迫交清1924年以前的赋税，有的地方甚至要交到1932年。此外，还有各省的省长们前来征收军用附加费。农民走投无路，在湖南、安徽一些地方，村里驻军人数不多时，农民将其悉数杀死的情况常常发生。

在交战区，军阀们经常迫使农民不种粮食，只种鸦片。

1920年夏季，对农民来说，流年不利，极其艰难，直皖战争爆发，几万农民被迫运送军需物资。1921年初曾经设法改善农民因歉收而遭遇的困境。但是匪兵们不管不顾，照旧前来征粮，有时甚至把正在运送的军粮没收。1921年夏季，湖北湖南交战，北方军阀为战事需要而决堤毁坝，几千农民遭遇水淹。官员们也不为农民“做事”。1920年歉收，他们竟然把赈灾款中的一千万（10,000,000）元据为己有。中国政府也试图改善耕种状况，为此在一些省份里建立了耕作团。可是政府经费支绌，政局如此混乱，村官们又如此恶劣，乃至农民没有从这类“德政”中得到任何好处。

农民与外国压迫

世界帝国主义既决定把中国变为殖民地，它们便把连绵的战争强加于中国，遂使中国农民生灵涂炭，灾难连连，田园荒芜。再加上帝国主义者还迫使农民支付军费。中国为军用举借的外债达到十亿元，主要摊在农民头上。

帝国主义者把资本投入中国，带来了自己的产品，破坏了中国国民经济的基础。虽然农民自家能够提供廉价的日用品，但他们的生产抵挡不住外国机器生产的竞争。所以近几年来中国家庭作坊的产品没有了销路，而外国产品则充斥了中国的城市市场。农民一度用压低自身产品的办法对抗外国产品的竞争，但外国产品也一再降价。只要当地生产一停，外国资本家便将自己的商品提价。这样一来，近十五年来生活必需品涨价超过150%，而农民的产品只涨价50%。

随着外国帝国主义的到来，他们的代言人——传教士也相继出现。遍布

① 原文如此。

于全中国。因为他们的使命就是助桀为虐，压迫中国人民，所以农民在初期予以抵制，许多人被打死。目前农民不敢再反抗他们，因为这些口蜜腹剑的人把一些土匪强盗诱入其“神圣”的机关，这些人一个星期里天天抢劫农民，到星期日便去教堂祈祷，鉴于他们“皈依”了宗教，便受到“基督教”会的保护，所以农民拿他们无可奈何，因为中国没有那种为农民说话的法庭和政府。

日本帝国主义在满洲和山东有其爪牙，他们公开抢掠农民，让农民以极其低廉的价格把地卖给他们，或者索性就强行霸占农民的土地。在山东和满洲有日本警察局和政府，它们压迫中国农民，有一次居然为日本政府向农民索税。

农民与土匪

耕地不足，农业凋敝，中国出现了许多无地的农民，其中许多人沦为罪犯。许多年来这个多灾多难的国家战争频仍，由于外资涌入而物价飞涨，犯罪分子的队伍不断扩大。因家庭手工业的日趋衰落，工业发展速度不够快，还不能吸纳越来越多的失业者，后者的队伍就不断扩大。这一切都促使了犯罪率的增加。而外来帝国主义分子关心的是让中国处于经常的混乱和凋敝状态，以便他们有理由继续其对中国的侵略政策，所以就找各种各样的借口对于形形色色的土匪施以庇护，助桀为虐。这样一来，土匪在中国就成了一种相当有利可图的职业。他们无恶不作：抢劫富人和穷人，农民则不言而喻，是最容易当牺牲品的，因为当地的中国政府几乎不向农民提供任何帮助。此外，还经常发生官匪一家的现象。他们不仅经常抢劫农民，让他们倾家荡产，而且毒化他们，强拉他们入强盗之伙，甚至强令他们种植鸦片。如果农民拒绝入伙，就会被送上天国。不错，有些地方的农民建立了一些自卫组织，但它们为数不多，力量薄弱，不足以与土匪对垒。

农民互助会

很久以前，不知道从什么时候，农民中间就有类似粥棚的“公共粮仓”和“弃儿收容所”。每个农民都据收入情况捐一点粮，这些慈善机构是由农民选出的德高望重的人来掌管。

这样一来，如遇突如其来的灾祸，农民就能从公共粮仓中得到粮食，如果需要还能把孩子送到收容所。这些团体在过去为穷苦农民做了不少善事。

可现在这类机构几乎全停办了，因为：第一，农民日趋贫困；第二，这项工作受到土匪和村官们的阻挠。这类团体近来全部关闭。

为了免受土匪的滋扰，农民建立了民团，吸收村里最优秀的人加入。有时候民团就能抵挡土匪的侵扰。但是村官们也不让民团发展，中央政府也同样不予支持，并已下令将其缴械。

村庙是农民唯一消遣的地方。农民不时到那里相聚，上供和娱乐。当然那里也是祭拜的地方。

近几年农民痛不欲生，他们顾不上消遣。中国农民这种没有欢乐的生活事实上也是目前时期中国典型的生活的特色。

（译自《远东革命组织第一次代表大会》，1922 年彼得格勒版，第 165—193 页）

少年中国学会代表高君宇在第四次会议上的报告

（1922 年 1 月 24 日，上午 11 时半）

我要讲的是中国经济形势。大家知道，中国受到全世界帝国主义的压迫。大家也知道，中国工农不仅受到帝国主义的剥削，而且受到本国资本家和军阀官僚的统治。因此，中国民众的境遇是十分艰难的，所以中国革命者的首要任务是谋求中国人民的经济解放，只有这个问题满意地解决了，其他问题才能迎刃而解。如果中国人民能摆脱外资的控制，其他民生问题也迎刃而解了。所以，我要谈的就是经济问题，首先是中国的经济发展。

1839 年，中英首次冲突爆发，它因英国掠夺者的鸦片走私而起。中国失败了，从那时候起，中国对列强的外交就连连失利，后者对中国的胃口越来越大。这次冲突向列强表明中国是一个爱好和平的国家，对中国可以肆无忌惮地欺侮，于是列强便开始攻击中国。

从那以后，我们历尽沧桑。我只讲几个重要的事件。1895 年中日战争爆发，日本侵入中国。1900 年发生义和团起义。这些事件刺激了欧洲国家①，它们组成了“八国联军”，打进北京。义和团起义后，他们提出了各种各样瓜分中国的方案。外国列强在中国领土上拥有了租界——英国在威海卫，俄国在辽东半岛，德国在山东等。在这场瓜分中，美国的胃口没有得到满足。当枷索在中国人民的脖子上越勒越紧的时候，它在隔岸观火。中日战争极其激烈地促使了外国在华势力范围的扩张。这一个个势力范围就像一条条绳索束缚着中国。

当中国的处境越来越恶劣时，美国开始对其竞争者们感到眼红了，它开

① 原文如此，当为欧美国家。

始推行自己的政策，可表面上诡称对中国有利，这就是所谓“门户开放”政策。这个政策旨在为美国人谋求更大的利益，使在经济上占优势的美国人得以挫败其在中国的竞争者。

1914 年的事态令所有欧洲国家卷入世界大战，它暂时遮掩了远东问题，引开了欧洲对这一问题的关注，使日本得以放手在中国胡作非为。在战争中期，日本向中国提出扩张其势力范围的要求并威胁说要奴役和占领全中国。为对抗这一企图，组成了国际银行团，以遏制日本掠夺者，并试图从政治上由他们自己来控制中国。

随着外国在华资本的增加，年青的中国工人阶级开始觉醒并认识到自己的阶级利益。中国工人阶级很快就会起来公开与外国压迫者斗争，反对外国干涉。这就是下面我要介绍的中国经济形势的背景。

我想先从大工业谈起。中国的部分工厂和面粉厂掌握在外国人手里，有一部分名义上是中国的，实际上也属于外国人。例如，具体地说，五十一家工厂中有三十家为外资所开，其他一部分名义上属于中国人。二十家化学工业和印染业中有十一家属于外国人，三十三家干果和蛋品厂中有十六家被外国人掌握。造船厂十三家几乎全在外国人手里。面粉厂、纺织厂、烟厂和其他工厂，无论名义上还是实际上全为外国人所开。这样一来，中国的所有工业就密切地同外国资本相联，不能独立存在。至于本土的煤矿工业，我要说，开采出的一千九百万（19,000,000）吨煤中有九百三十八万（9,380,000）吨直接为外国公司所有。炼铁业也一样。每炼出四十万（400,000）吨铁就有十五万（150,000）吨属于外国股份。这一切清楚地说明了中国工业完全依赖外国资本的状况。中国约七千（7,000）公里的铁路中，两千六百（2,600）公里系直接由欧洲人修建，其他的则依靠外国贷款。至于电报、邮政、电话，那么可以说，它们直接靠外国投资甚至由外国人直接经营。

关于中国的财政和财政政策，应该说，中国背负着非常大的赤字。税款的直接收入约三四十亿海关两，但逐年减少，结果到 1911 辛亥革命那一年，国家岁入锐减，致使任何系统的金融政策都不能推行。为缓和财政状况，从 1912 年到 1918 年这短短和几年里，中国政府签订了二十三笔外国贷款。但是这些贷款并未使情况有所转机。相反，它们带来的是用中国关税和其他一些国内税收（盐、烟草等）向直接控制着税收的外国资本家债主做一笔又一笔的抵押。这就把中国置于毫无希望的财政被控之中。外贸的情况如下述：1910 年至 1912 年出口额相当于四百六十万（4,600,000）担，[①] 超过了进口的八十至二百万担。这就在微不足道的出口和数额极巨的进口间形成了强大的反差。贸易的这种失衡给商民造成极其巨大的损失，他们频繁地破产。再者，这还使外资得以控制财政成本从而控制贸易。中国出口的仅仅是外国工厂和作坊需要的各种原料，外国资本家就靠这样的业务把中国的原料变为产品，再卖回来给中国人，从而为外国人赚取了巨额利润。还应该补充一点，即中国商人害怕远渡重洋，宁愿在国内经营。这也给他们造成巨大损失，它不仅殃及商人，而且殃及全体人民，因为贸易蒙受的损失在全中国都有反映。

我还想简单说一说农民的状况。中国农民不像其他国民那样直接受到压迫，而是间接被压迫。应该说远古以来，中国农民从事的就是辅助的雇佣劳动。冬天农闲他们做些手工贴补生活。这样他们便开发了一系列不断扩大的家庭手工业。

我特别要谈的是许多农村妇女从事的纺织业。20 世纪以来，中国受到外国经济的控制，外国人把自己的产品运进中国，而我们的家庭手工业产品，因质量较低且费时费力，便日渐萧条下去。所有手工业者像农民一样开始放弃世代相传的营生，因它已经没有价值了。这就使大量农民只剩下一条可资依赖的生计——土地，但他们只有很小的一块地。

过去国家依靠的本国产品价格低廉，现在由外国工业来提供日用品，其价格不断上涨。这样一来，农民的境况就空前恶化。国内的动荡，政治事件频发，两年前席卷华北五省的旱灾等则使农民的生活雪上加霜。这场旱灾夺走了几百万人的性命，政府为缓和局面决定禁止谷物出口。这一时期，中国同美国、日本的关系明显紧张。日本鉴于备战需要，想在旱灾严重的满洲就地购买谷物。中国这时国力太弱，经不起日本的强求。就这样，中国相当部分的谷物被强行运出国境。帝国主义者考虑的仅仅是维持其权利，至于几百万人可能成为饿殍，他们当然是无关痛痒，饥民再多，他们照样麻木不仁。

整体上说，目前中国的经济形势呈现出的是一幅受到残酷压迫和外国帝国主义国家前所未有剥削的图景。正在举行的代表大会应当制定出一个使我们摆脱这种羁绊的办法。我们在这里的所有代表一致认为，我们代表的是那些完全被帝国主义统治的国家。同志们，我们希望你们，与会代表们，考虑这个问题并且寻求行之有效的使我们挣脱帝国主义压迫的办法。

---

① 一市担等于 50 公斤。

（有人要求高君宇谈一谈银行团的历史及其影响）

高君宇：银行团是1917年由美国发起组建的，但是至今没有实施之。1919年巴黎举行的讨论建立银行团的会议是比较有效的，但是它并没有解决任何实质性的问题。银行团徒有其名，并没有任何作为。可以说，它没有建成，乃是因为各帝国主义国家尤其是美国和日本利益上的分歧。华盛顿会议的召开部分地是想达到启动银行团的目的。

（译自《远东劳动者第一次代表大会》，伦敦，哈默史密斯书店1970年版，第49—53页）

中国国民党代表张秋白在第九次会议的发言

（1922年1月24日上午）

张伯亚：诸位同志！前几天因为祇诺维夫[①]同志，对于中国革命党的主张上有许多误会，自经我一次说明，已经得了俄国同志们一部的谅解，可见，无论哪一方面发生了不明了的疑难出了，大家如有知道了，都有互相说明的必要。昨天听得萨法落夫同志报告的中间有句话，对于中国革命党[②]仍有未彻底的明了之点，我认为这种误会关系甚大，仍以个人资格加以说明的必要。他说："从前听说中国革命党是造成'美国式的民主主义'的一个团体，现在有人说不是的，我以为就［是］的也不要紧"。又说，"中国革命党的里面是少数人赞成'美国式的民主主义'的"云云；我对于他这话要说明的：第一，我前天对于祇诺维夫同志误会的说明，不是因为"要紧"的关系而说明，是为了说明中国革命党的真相而说明，中国革命党在二十年前成立时就定下了党纲，第一，驱逐［除］鞑虏；第二，建立民国［中华］；第三，平均地权，即所谓"民族"、"民权"、"民生"的三种革命计划也。

至于他说的"民族主义"，我暂且可以现在的"民族自决主义"一句话把他说明。至于他所主张的"民权主义"就有很多与俄国的制度相仿佛，因为他的计划，也是要从全国各县职工、职业组合选举代表"国民大会"，所有全国各种各级的执行政人员都要由国民自行选出，也要由国民自行罢免。所有制定法律决定法律之权，都要由国民掌握之。因为有了这种计划，所以他们对于现在"国会代议制度"均不赞成。

---

① 即季诺维也夫。

② 指中国国民党。

至于他所说的“民生主义”，就是一般人所说的“社会主义”，他的办法有很多的与俄国所定的计划相同。〔1〕土地国有；〔2〕全国铁路、矿山、大工业、统归国有；〔3〕粮食由政府分配；〔4〕根本上不承认资本主义存在——但在全国生产未开发以前，小资本之存在，乃予以多少之容许，而由政府加以严重之取缔，以限制，以防其发达，俟全国生产开发后，可以足全国人之分配时，便将以“资本制度”亦从根本上取消。这种办法好像现在俄国所行的新经济政策略同。像这种办法，美国式国民民主主义的原则必不能容纳，我所以前天说，他们［国民党］不是赞成美国式民主主义的团体，就是根据这个原则上的立说。至于他这种主张，有十余年的《民报》，与孙逸仙之著述和演说，及其历年来这党党员的论著可以证明。至于说他这党有少数人赞成美国式的民主主义云，这少数人断［不］能变更了他的党纲，也更不能为这党根本主义上的代表者。故我说，他这个革命团体，如果本是一个“社会革命”的团体，别人也不能加以否认—如不是，则任何人也不能说他是。诸位同志！可不要误会，我这话是因为社会革命的俄国，才像这样的说法，因为他“本身的性质”和他“根本的人格”本来是这个样子的，我不能放弃了再加说明的义务。更说到“远东的革命”，日本的同志固然要担负起不小的责任，我以为诸位同志忽略了中国这个革命党的责任，似乎与远东联合革命的前途，总有多少的可惜。我因为要课重他的责任，就不能不先说明他的性质。说到萨发诺夫①同志报告中原则，我都根本赞成，他所希望的几件，如“土地公有”②“实行所得的税”，“以劳工为活动的基础”，“适用苏维埃制度”这几种，在中国革命党，绝对的赞同，因为“土地国有”就是他的纲领，在1911年，南京革命政府就预备实行，后来政权转移到袁世凯手里，所以这种计划就没有办到。现在在广东的革命政府，准备设一“土地管理部”实行其从前未能贯彻的老计划，“所得税”也在试行期间，“以劳工为革命活动”基础，革命党在海外的党员即多数为劳动的工人，适用苏维埃制度这句话，我们都认为可能的，至于他那报告中未有提起蒙古问题，或者是一时的遗漏，别的话我也不B［必］再说了，请诸位同志研究！

现在我又对于萨发诺夫报告，还有一点补足的，就是他说远东革命日本、中国、高丽的同志们负有重任，而独遗漏蒙古的同志，所以我以为应补足为是。

［与会者针对张伯亚上述发言提出了一些问题，主席给予他五分钟时间回

① 原文如此，即上文的“萨法洛夫”。

② 英文为 Confiscation，俄文为 конфискация，即通常所说的“没收土地”或“土地国有”。

答。下面是他的回答]

张伯亚：刚才我讲完的时候，有两位同志问我中国革命里有多少无产阶级的劳动者与海外华侨加入中国革命党的是否是无产阶级和劳动者？我现在把这个答复一下。

1. 中国革命党的劳动组织在上海有中国机器工人联合会；在香港、广东及海外各处有海员联合会，并其他工人团体。这种劳动组合我当然不能说他是有无产阶级者，现在更请广东中国机器工人联合会会长马朝俊①办理广东劳工界的事情。至于有多少人数，因我不是经手办理的人，我就无从予以确数的答复。

2. 国外华侨加入中国革命党的，多属劳动阶级中人，因为自中产阶级以上的那些华侨，他们在 1911 年以前都早加入了保皇党，革命以后都改为“进步党”。所以我们对于他们那些劳动阶级的党员也就不能说他是非无产阶级者，至于人数，我也非办理经手的人，就不能确切的答复这位同志。

还有一位同志问我从前中国革命同盟会确有平均地权——土地国有的主张，但自改组国民党及中华革命党之后，何以绝对不提这种主张，我也答复在下面：

这位同志既知中国革命党的同盟会从前确有平均地权——土地国有，这种主张自是很好，至说到改组国民党以及中华革命党以后便没有提起这种主张云云，我把他说明在下面：

1912 年由五团体合组国民党以后，同盟会所主张的“社会主义”② 被他们改成了“社会政策”，所以同盟会中老党员如孙中山等都不承认这个国民党是他的嫡系。到了 1913 年中华革命党成立的时候，他们宣言这个党是同盟会一个系统，接着改组的。若说到他不提“土地国有”的主张，我刚才还说他的政府里面还正要设立一个“土地管理部”专办理“土地国有”的事情，怎说他们不提这主张，恐怕我说的时候这位同志没有留意听这段事情呢。

主席：现在张伯亚同志还要求时间，以便再答复其余的问题，主席以为这些问题可以在中国代表团单独会议上解决，为节省时间起见，张伯亚的答复可以暂停缓，现在可以按议事日程往下讨论。

（俄罗斯国家社会政治历史档案馆，全宗 495，目录 154，案，166，第 7—11 页）

---

① 档案中与会代表登记表中此人姓氏为：马超俊。

② 英文和俄文习惯上都用相同的一个词 socialism，социализм 来表述国民党的“民生主义”。

远东劳动大会第十次会议案[1]

——萨法洛夫的发言

（1922 年 1 月 27 日晚）

萨法络夫：同志们，我们大会根本的重要问题，就是远东民族革命运动与无产阶级革命运动相互间的关系，及此关系的重要意义。对于我提案的讨论，以我的意见看来，有几位同志对这个“关系”的价值似乎没有正确的观念，譬如中国国民党代表指出：“苏维埃制度的原则，其根本要求，与苏维埃革命有关系的，在中国这二十年间，国民党已经有所宣传。我自然并不要诘问这一[2]党革命的阶段，然而我以为第一方面——共产党，第二方面——民族革命劳动者，这两方面的协议联合，必须先有互相的了解，才能没有种种含糊之处。

我们知道中国南方政党真正是民主主义的革命党，我们绝不必再行诘问。我们以为，这一党确实为中国创许多革命事业，以后我们还都望和他携手并进。然自别一方面言之，我们又不能这样孩子气马上把他当成一个革命的共产党，马上就忘掉了他的出处，当他是无产阶级的政党。这反使我们离事实，和这一党结以错误的关系。我们公开地说了不少话，所提出来的问题非常之清楚、明确。我们讲坛上所发挥的意见，非常之明悉正确，说：我们将要赞助维持殖民地或半殖民地上一切资产阶级民主运动，只要他真正倾向于民族解放运动。我想，我们根据这种意见，我们站的地位非常之对的。这种声明在第二次共产国际大会上早就有过，第一次大会的宣言书上也曾说及。我们非常之明了说出这种观察点。我们说：在殖民地及半殖民地，革命运动之第一阶段，必不可免为民族民主运动。我们赞助这种运动，因为他反对帝国主义，我一定赞助他，将来也要赞助，然而换一方面说起来，按这种运动的性质，不能承认他是无产阶级革命。

假使我们站上这种错误观察点上，有所宣言，那么，我们对于中国韩国

---

① 档案所用标题。

② 原文如此。

的农民工人所尽力的帮助要变成了“狗熊的帮助”。[①] 因为中国、韩国农民工人，半无产阶级和无产阶级分子，有更大的责任，不仅民族解放运动而已。这些群众，半无产阶级的、无产阶级的、城市的、乡村的，能尽自己的责任，当求被压迫民族劳动的“社会解放”，那么，那种不正确的观察点，幻想，对于他们非常之有害。假使我们共产党说，在中国，韩国应当要有民主政府、土地国有、统一的所得税之口号——民主主义革命的口号，那么我们就是表示预备和正直的民族民主运动团体共同工作，要他们能保证大多数人民劳动者的利益。然而别一方面，无产阶级、半无产阶级应当组织独立的阶级的联合。中国那些和国民党有直接关系的组织，联合会等，我不能承认他是阶级的，他们本质上不是阶级的，他们不是无产阶级为自己解放的奋斗机关。所以我们向国民党一派的人说，我们的联盟者，知己朋友，我们可以非常之公开的说：我们赞助而且将要赞助你们，我们一派的人都应当赞助你们，祇要民族革命运动确是民族解放的事业。同时无产阶级半无产阶级群众组织中的共产主义的工作，我们自己会做的，这是工人阶级自己的事情，中国工人运动，应当如此脱离极端民主派的资产阶级团体或党派。我想此次大会屡次的声明，大家都可以明白。还有到会诸代表对于张伯亚同志的特别质问，很足以证明这一层意思。在一定的历史上的时期中，我们可以暂时分工。在第一方面，中国无产阶级及半无产阶级农民，与第二方面，民族主义极端民主派之间自有相当的分工。

然而双方都了解，这种分工是完全出于自由意志的。无产阶级群众不应当就因此抛弃自己的观察点，自己的奋斗，自己阶级的党派。于此必须有自愿的协合，自愿的共同工作。现在谁也不说中国人民群众已经成熟，可以举行苏维埃的革命，可以行苏维埃制度。

假使张伯亚同志说，十余年前国民党就宣传这些原则，这些类似苏维埃制度的原则，那么我只能假设是张伯亚同志还未有十分知道苏维埃制度的原则。苏维埃制度的原则就是劳动人民的“自己组织”，组织自己独立的阶级的革命力。中国工人阶级还在襁褓之中，他刚刚站得起来。农民群众非常黑暗，[②] 因此不能独立的观察点及要求，最好的证据，就是张同志所说的土地国有一例。他说，南方政府曾提出土地国有案。然而因为要实行这种革命政策，

① 俄国文学家克雷洛夫著寓言极负盛名，与伊索寓言相埒。有狗熊一篇中言，一人与狗熊偕游，狗熊待之如仆役，途中倦卧，狗熊旁坐，为之守候，蝇落其面，狗熊扑之，蝇去复返，肆扰无已，狗熊恐扰主人之酣梦，想［便］以石击之，头破血流，此人遂死。只欲以害之。俄人辄谓“狗熊之助”云。——原注

② 俄文 темный 在这里的词义应当是“愚昧”。

他说，必须意见一致，必须要实行于全国。照国民党的意见，先要廓清中国疆土，驱逐帝国主义及强盗督军，先要组织民主政府。

这样的解决关系问题，其实不对，非德谟克拉西的。假使我们要得大多数人民的心，我们应当触动人民群众最切己的利益，使人民能始终跟着我们走，为自己的事业肯死而不顾。对于中国南方人民，土地国有的问题—不是什么自上而下的行政改革的问题，他们是有实际上的生活上的利益的。所以应当就在一小块中国疆土上实行，给中国的农民看一看，在已实行民主主义的地方，农民生活怎样比别的地方好千倍万倍，农民的利益怎样有保证。不明白这一层，不明白这样解决土地问题的方法，不能得群众的心。单有好党纲，单在小团体里宣传，单有所谓有教育的社会里的讨论，不够，必须能应劳动群众实际生活上的要求。

祇有那个时候，这党纲才是真正的党纲，才是革命的党纲。因此我和张同志所说相对的一方面，断定要唤起中国劳动群众。应当有强大的、有组织的、预备的工夫。中国劳动群众要组织国家的共同生活形式，能与各国劳动人民利益相符合的国家，——苏维埃制度，必须先得一番预备工夫，不但要赞助一切反对帝国主义的运动，反对督军运动，还必要反对本国乡村间重利盘剥者，及［城］市的资产阶级，现在并不是立即取得政权的事，而是要使农民能保护自己日常生活的利益，反对那些一班剥削他们的佃租的人。

张伯亚同志说到蒙古问题。我所以不说蒙古问题的原因，是因为本题是“共产主义运动与民族革命运动之间的关系”。蒙古问题当然要放在一旁。蒙古的经济生活的畜牧事业，还有宗族制度的遗迹，共产主义的宣传，无产阶级革命的宣传在蒙古问题能算一种例外，况且跳过必要的历史阶段就像跳过自己的过去一样，是不可能的……①

我现在要说别一问题。同志们稍微有一些误记祇诺维叶夫的演说，以及我的，就是关于远东日本当占革命运动的首位［这］一问题。这不应当以民族主义这样来解释，而把实在的事情弄含糊了。从别方面而论，同志们不要成一乌托邦主义者，不要闭着眼睛不看事实。日本帝国主义的罪恶和沙皇帝国主义一样。日本帝国主义受远东共同的仇视。

俄皇帝国主义难道没有受全地球的嫉视么？俄皇帝国主义曾经是国际的刽子手，国际的宪兵。然而就是因为俄皇政府压迫国民异种人民，就是因为俄皇政府是大国之一——压迫者，所以社会革命的影响，十月的劳农革命的影响如此之大，所以所有各民族都能以自力滚入革命的巨轮，俄罗斯无产阶

① 以下是关于共产国际对外蒙古的政策部分，本书略去。

级又帮助他，指导他，而后行向苏维埃制度，不但行民族的解放，而且继行社会的解放。难道近东及东欧这一帝国主义的巨垒，俄皇政府的攻毁，对于近东及东欧各民族命运的解决，没有最大的价值么？只有瞎子都能看不见这一层道理。

拿日本的情形而论，日本亦是这样的强国和俄国一样，日本亦是这样的强盗和俄国的宪兵一样。假如这么一个帝国主义的怪物能被日本无产阶级打死，难道不是全远东很大的一个革命事业么？假使俄国革命真正能做全世界的开始，东方民族解放运动的开始，难道日本帝国主义的推翻，不是远东民族的国际的解放革命的开始么？在此地必须除去狭义民族主义的观察点，来看真实的事情，不但工人农民应当明白，凡是真正保护自己国家的都应当明白。假使日本天皇、财阀、帝国主义者、强暴者——是一个日本，那么还有别一个日本——日本的无产阶级、工人，那是将来要解远东之结的。应当看清楚有这对敌的两个营垒。只有国际的团结能达到解放远东，解放全地球的目的……①

总结起来，我们可以说，在殖民地或半殖民地，如中国、韩国，实际上确实是外国资本的殖民地，共产国际及共产党必定要赞助民族民主运动。这几国的共产党应当宣传与帝国主义激战并且维持民主主义的口号，如土地国有，自治等等。同时共产党必须扫清工人组织，如职工联合会里的资产阶级的影响，不能不组织工人于独立的共产党。②

如此，我们很明白的确定自己的观察点，知道我们共产党与资产阶级民主派、民族的民主派之间，应有什么样的相互关系。同时我们要使这一问题绝无含混乱杂之处。我们有明确的倾向，不愿意听任何一国家主义者，民族主义者，冒昧涂抹些共产主义色彩，即使他是一个为中国资本主义与日本资本主义的平权而奋斗的民族主义者。这样民族主义者，真正的资产阶级，骨髓里的资产阶级，我们共产党却赞助他，而且很可以公然说出来，也只有我们共产党是如此。因为日本、美国、英国的帝国主义是最反动的势力，我们可以很不客气的公然的说，凡是能够解放中国、韩国的生产力于外国资本主义之下的民族主义、国家主义的资产阶级，我们应当赞助他。然而从别一方面而论，我们要求这些资产阶级民主派，极端的民主派，不要想统治中国。韩国幼稚的工人运动，不要迷了正道，不要拿苏维埃的色彩来文饰民族民主

① 以下（原档案第6—8页关于日本旅工人韩如何对待当地工人，以及日本工人运动史的）部分略去。

② 以下（原档案第6—8页关于日本旅工人韩如何对待当地工人，以及日本工人运动史的）部分略去。

派的理想。我们公开地说一说我们大家的本色，反是很好的一件事。我们很有公开说话的可能。这可能应当利用，使我们的职任明了正确。根据这种职任，我们能做成伟大的革命事业，这是你我大家的事情：殖民地的民族解放与帝国主义之下的劳动解放。

（俄罗斯国家社会政治历史档案馆，全宗495，目录154，案卷166，第2—6、8—9页）

中国国民党代表张秋白的报告

（1922年1月）

外国对中国的统治始于1840年那个令人悲愤的事件，当时中国人民起而反对英国向中国输入毒品鸦片。中国在这场冲突中失败了，此后随英国人接踵而来的是其他欧洲国家的人。

1840年中国人还没有觉醒。直到1895年，中日战争开衅，日本觊觎陆地领土，想假中国之手扩张巩固势力。日本在战争中的优势是显而易见的。它的军队训练有素，纪律严明，他们自认要秋毫无犯，不能树敌。中国则毫无准备。中国百姓见日本军队讲仁义，有些地方的人甚至将其当做自己的解放者予以欢迎。日本的计划即将得逞时，其他帝国主义者便起而作梗。

1900年中国开始觉醒。旨在推翻外国统治的政治运动开始了。义和团起义的运动遭到镇压，但它在中国历史上具有十分重要的意义。1900年中国人悟到，中国人和欧洲人不能和平相处。从此便萌生革命运动，不过暂时还只是自发的。差不多在这个时候，有两个政治团体出现，一是保皇会，一是革命党。它们从截然相反的理念出发互相间开始了激战。保皇派认为一切祸患皆出于管理体制不完善，皇权不够强大，故拟巩固皇权，建立拥有绝对权威的政府。革命党则认为，中国受异族统治，朝廷只想依靠权势维护一己私利，达到个人目的。保皇会力图把中国变成一个军事国家，可与欧洲军事匹敌。因此便发生了以袁世凯为首的反对清廷佞党与慈禧太后的阴谋。但是阴谋没有得逞。保皇会影响很大，一些名人如康有为、梁启超都在其中。国民党即革命党与他们进行了激烈斗争。它有自己的机关刊物《民报》。革命党的主要攻击目标是上述人等想借用满族势力行事。《民报》进行了不懈的鼓动，指出了异族统治造成的诸多弊病，强调只有人民自己掌权才能获得幸福。就这样一点一滴地为爆发做着准备。全民的，席卷全国的计谋在酝酿之中。然而许多人动摇了，怀疑革命运动能否胜利，认为共和实现不了，革命除了带来新的灾难和新的压迫就一无是处。但经济压迫日甚，其造成的灾难日渐苛重，革命运动遂日趋广泛。这首先是清廷的外资政策使国家极度混乱。另外一个原因是外国资本涌入，破坏了中国经济。19—20 世纪之交革命运动已见端倪。在一系列失败之后，革命运动到 1911 年达到了其高峰，中国出现了共和制。但是这个胜利还不如说实为一场闹剧，因为它仅仅是宦官的更迭。当时袁世凯拥护革命党，当选为大总统，集军权、财权于一身，权倾立即开始为巩固自己的地位和权力而大肆活动，其独裁势头甚至超过清廷。革命党当即公开抗议；1915 年抗议活动规模宏大，发展为革命运动。可是袁世凯预料到会发生革命，已经有了准备，便集聚军力陷革命者于入败局，他自己称帝。此前他同日本签定了条约，为的就是巩固自己的权势。然而这种背叛行为已经不能延续，云南首先起事反袁，其他省份相继而动。最终袁世凯退位，只当总统，1916 年 7 月 6 日自杀身亡。

他的继任者是握有国家军权的重臣“北洋系”段祺瑞将军。段集华北军力于手中。他也想着皇权，便在 1917 年同日本签定了协约。此协约的借口是拟对德开战。日本向中国提供金钱和武器，似乎是要打败德国，事实上是要镇压中国革命者。段祺瑞建议对德开战并将此问题提交政府讨论，以便正式对德宣战，此后中国舆论群起反战。就连同情皇室的人也表示反对。时任总统的黎元洪见反段势头强劲，恐引出大乱，便将段解职。此决策事出突然，段愤而宣布辞却一切职务，以示对国内可能发生的风波负责。事实上，很快就有各种阴谋出现，国内大乱，乃至倒黎迹象日趋明显。条条线索均引向段。天津和徐州府将领们纷纷秘密集会，国会内以保皇会黄东①和梁启超为首的少数派也附应进步党。这些会议打着保护宪法，保护共和的口号通过了一些决议。1917 年 6 月 7 日，武官们和国会内的少数派在北京开会，以国会不称职为由向总统提出了解散国会的要求，并要求安排重新选举。这个要求如此一致而且以通牒形式不容回旋，乃至黎元洪束手无策，表示同意。这一要求的真谛是上述人等想攫取大权，并把中国变为帝国主义的牺牲品。这一计划得逞了：宣战了，同日本签订了借款协定。实施了订货，聘请了日本教官，运来了日本武器。但是军队并没有奉派到欧洲，而是用来对付革命的华南。华北的势力逐渐增大，孙中山鉴于形势危险，便开始了宣传鼓动，以尽快解决对待北京政府态度的问题。他说服了海军，收集了许多支持者的选票，于是中国就分裂为华南和华北。与此同时，段祺瑞联合日本竭尽全力向北京政府

① 音，原文如此。

施压。俄国发生革命[①]后，他担心共产党出现于远东，便同日本签订密约。冯国璋当总统后，遗老中的名人徐世昌为自己被冷落而恼羞成怒，便以个人名义同日本签订了几个秘密条约。日本代理人向他提供金钱，帮助他当上总统至今。但是华南不承认他。1921 年上海举行大会，讨论了南北分裂的问题。

会上通过的决议称，徐世昌不自动下台，不设法取消同日本签订的所有条约和协定，南北就无和解可言。各交战国派遣的代表在凡尔赛开会，中国由国民党派遣了代表前往。这个和约把山东半岛给了日本，使帝国主义者得以深入到中国腹地。大总统徐世昌对此完全无动于衷，他威信扫地，北京掀起了一场强大的所谓杯葛运动，矛头直指日本。日本既得到山东，它就会得陇望蜀。所以要以实力对付之，首先便要从经济上抵制日货。事实上运动向纵深发展了：北京发生了实实在在的袭击。一些政府官员曹汝霖，章宗祥、陆宗舆和其他卖国贼有被殴打者，有被殴打致死[②]者，他们的房子被焚。政府残酷地镇压了学生运动，其程度远甚于对待华南革命者。这些镇压引发了席卷全国的广泛的抗议浪潮。上海发生政府官员、官企工人罢工，商民罢市，以示反对政府，声援学生。运动引发频繁的游行，以表示对政府的不满和抗议。这就是 1919 和 1920 年的事态。中国政府的政策可以这样定性：开枪打学生，向外国借款。它的政策不过如此。至于治理国家，解决各种问题，这一切全仰仗外国人。政府好像没有哪一天不签订借款协定。这就是北京政府。华南政府的情况怎样呢？华南政府想有所作为，不得不克服许许多多的障碍。华南的民主运动实际上早从 1911 年就开始了。1913 年失败后，华南的革命力量受到破坏，直至 1917 年才重新组织起来。1921 年国民党以积极面貌活动起来，5 月 1 日在广东［州］建立了华南政府，它完全接受国民党的纲领。这个党是孙中山在 1911—1913 年间费尽千辛万苦组建起来的，那时候他被迫流亡国外。1920［1919］年这个党既然成了掌握政府的党，便从革命党更名为国民党。它的党纲已经是众所周知的了。国民党誓与帝国主义和奴役中国的势力做最坚决的斗争。它最强烈地反对华盛顿会议。国民党不与帝国主义同流合污，我们愿意与共产国际并肩前进，不会联合中国军阀。

（译自 *Первый съезд революционных организаций Дальнего Востока*, сборник, 1922, Петроград.（1922 年彼得格勒，共产国际执行委员会出版社版《远东革命组织第一次代表大会》（文集），第 196—199 页）

---

① 即俄国的十月革命。

② 原文如此。

广州机器工会代表［黄凌霜］[①] 的报告

（1922 年 1 月）[②]

广州机器工人联合会无疑是全中国最强大、组织最完善的工会。这个工会已经参加了许多次重大的斗争，远远超过全国其他的政治组织或所谓的工会。几千名工人因参加阶级斗争而受到各种各样的惩罚。工会参加了许多次罢工，一次也没有遭到失败。该工会的每一个会员都在有关的机械部门当过学徒。有时候，一些提出申请的工人要先到机器知识训练班去接受认真的培训，尔后才能入会。虽然该工会成立不久，目前还需要有人指导和革命者前来把工作引入正确方向，但工会毕竟还是认识到，工人阶级的解放应当是工人自己的事。

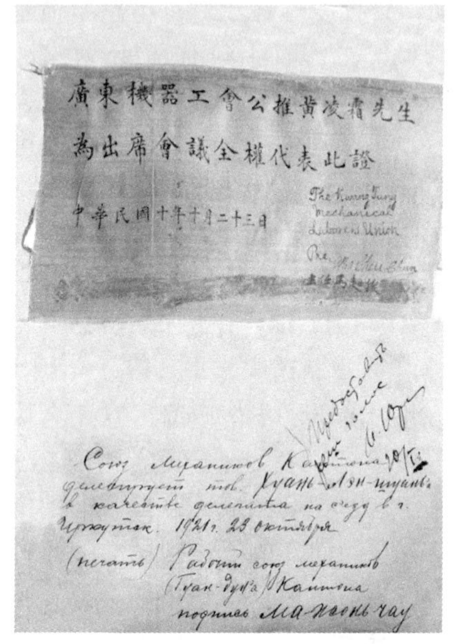
廣東機器工會公推黃凌霜先生
為出席會議全權代表此證
中華民國十年十月二十三日
The Kwong Tung
Mechanical
Labourers Union

Союз механиков Кантона
делегирует тов. Хуань-Лян-шуань
в качестве делегата на съезд в г.
Иркутск. 1921 г. 23 октября
(печать) Рабочий союз механиков
(Гуан-дун'а) Кантона
подпись Ма-Чаонь-чау

广州机器工会主任马超俊为黄凌霜开具的委任状

---

① 在 Первый съезд революционных организаций Дальнего Востока，一书中没有标示该代表的姓氏，译者据俄罗斯国家国际社会历史档案馆收藏的史料看到黄凌霜委任状，知该工会只有一个代表即黄凌霜。

② 前引英文版 *The First Congress of the toilers of the Far East* 一书（第 44—48 页）中，在第 3 次会议上还有一个中国代表 Wong-Kien-Ti 的发言，但只有此人的姓 Wong 多少像“黄”，但名字读音相去甚远。主席没有介绍此人，无法确定他与机器工会的关系。

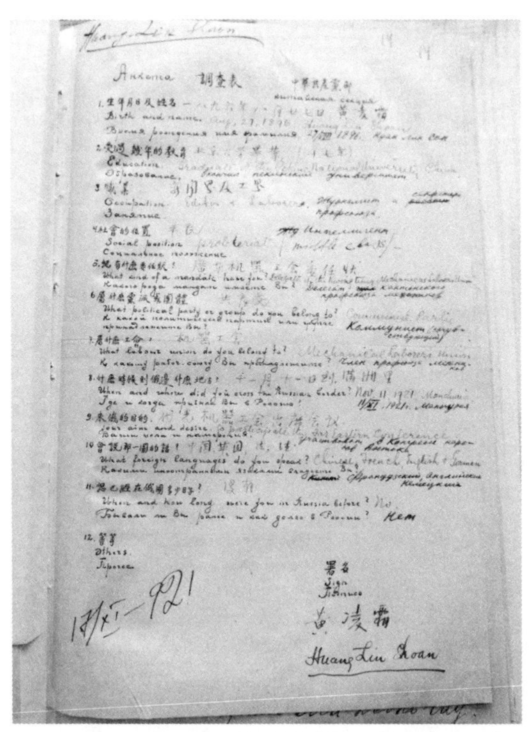

Анкета 調查表

1. 生年月日及姓名
Birth and name. Aug. 27, 1898
2. 受過幾年的教育
Education
3. 職業
Occupation
4. 社會的位置
Social position
5. 把有什麽委任狀！
What kind of a mandate have you?
6. 屬什麽黨派或團體
What political party or group do you belong to? Communist Party
Коммунист
7. 屬什麽工會
What labour union do you belong to?
8. 什麽時候到俄邊什麽地方？ 十一月十一日到满洲里
When and where did you cross the Russian border? Nov 11 1921 Manchuria
9. 來俄的目的
Your aim and desire.
10. 會說那一國的話！
What foreign languages do you speak? Chinese, French, English + German
11. 曾已經在俄國多少日子？ 没有
When and how long were you in Russia before? No
Нет
12. 等等
Others.

署名
Sign
黄凌霜
Huang Lin Shoan

黄凌霜的登记表

（一）工会发展史

机器工会成立于1909年，但由于政府的干预，工人运动的开展根本没有可能。所以在1917年前仅仅徒有其名。中华民国成立后，广州机器工会在香港举行大会解决恢复工会的问题。广州工人只用了很少的时间便募集了十万元，而汉阳工人（即华南的英、法、美[①]等国的殖民地）也募集了一大批款项，工会很快就建立起来了。在几年的时间里，工会积极参加了广州［东］省的阶级斗争，同时成为包括汉阳在内的中国工人的中心。

（二）会员数量

加入工会的有广州和其他城市的工人。下列表格可清楚说明其会员数量：

城市	会员数（约）
广州	16, 900

① 原文如此。

香港 …………………………………………………………………… 12,300
澳门 …………………………………………………………………… 850
梧州，南宁，桂林，柳州 …………………………………… 1,800
汕头，厦门，福州[①] ………………………………………… 750
江西 …………………………………………………………………… 300
汉口，汉阳 ………………………………………………………… 1,300
云南 …………………………………………………………………… 550
上海 …………………………………………………………………… 3,300
天津，唐山，卡尔甘,[②] 奉天,[③] 绥远 ………………… 5,580
新加坡，吉隆坡，河内等地[④] …………………………… 8,500
加尔哥答，孟买? ……………………………………………… 1,500
巴达维亚，德里等[⑤] ………………………………………… 27,200
暹逻等[⑥] …………………………………………………………… 26,500
西贡等[⑦] …………………………………………………………… 5,900
菲律宾 ……………………………………………………………… 2,800
泰国 …………………………………………………………………… 850
计 ……………………………………………………………………… 156,600

（三）组织分类

计绘图，炼钢，铸造工，钳工，镟工等十个工种——从略。

管理方面的分工——从略。

工会在大城市组有俱乐部，广东省有二十六个俱乐部（名称从略）。

（四）工会的经费

工会的费用完全依靠会费。罢工期间进行募捐以发放食品。目前正在为工会盖办公处大楼，已经用去十万元。

---

① 系揣译，原文为 Тучау。
② 即张家口。
③ 即沈阳。
④ 还有西贡等十余个地方。
⑤ 计十三个地方。
⑥ 计四个地方。
⑦ 计四个地方。

（五）工会的近期任务

当前工会致力于对工人进行经济方面的教育，建立学校，创办刊物等。总部制定的待实施的任务：

1. 开办机器工人学校；
2. 为机器工人办一个月刊；
3. 创办一个周报；
4. 为机器工人建立一个铸造工厂；
5. 开办工人医院；
6. 开办技校；
7. 建立工人储蓄银行；
8. 开办肺结核病人疗养所；
9. 开办老人休养所；
10. 开办幼儿园。

（六）最近发生的罢工及成果

近两年来，广州发生了三次罢工。第一次在1920年5月，据工人要求，工资提高了32.5%。同年9月发生第二次，罢工者提出的要求是把桂军赶出广东省，实行地方自治。结果是将其驱除。第三次发生在1921年5月，工人要求提高工资，缩短工时。此次罢工工人取得胜利，战胜了资本家，并要求其老板为罢工期间工人受到的损失做出两千元的赔偿。就这样，广州机器工会不仅靠口头而且主要通过实际行动开展宣传，这项工作已经取得了良好结果。

现在广州机器工会有四成工人每天工作八个小时，六成工人工作九个小时。工人的日平均工资从七角提到一元三角，技术工人从九角提到三元。

（七）结论

我们仅仅十分简要地介绍了广州机器工会的情况。虽然这个工会还远不完善，但是我们认为，就中国工人阶级的发展和组织而言，它是十分必要的。应当说，罗马不是一日建成的，通向自由的道路要靠我们日复一日坚韧不拔地开拓，只有这样我们才能达到目的。机器工会还很年青。必须向工会成员灌输阶级意识，才能建立起强大的有阶级觉悟的工会，担负起领导中国劳苦大众为自由而战的使命，那时他们才能举起社会革命的旗帜，开展消灭资本主义的斗争。

（译自《远东革命组织第一次代表大会》（文集），1922年彼得格勒版，第212—216页）

二、人名索引

陈树人
陈襄南
陈逸云
陈意遐
陈友仁
陈造新
陈志陆
程菊英
达林，C. A.
戴季陶（戴恩赛）
邓家彦
邓鸣球
邓培
邓文驥
邓文仪
邓希贤（邓小平，多佐罗夫）
邓演达
邓毅生
邓又铭（邓恩铭）
邓泽如
丁惟芬
董亦湘
董煜
董正兴
杜成志
杜威
端方
段可情
段平
段祺瑞
段世援
鄂利金（见拉兹贡）
鄂山荫，И. М.
恩克巴图
恩琴
藩燊衍
范石生
方乐周
方瑞麟
斐景原
费阿尔科夫斯基，К. С.
冯弗伐
冯弗能
冯国璋
冯洪国
冯洁芬
冯菊坡
冯声南
冯玉祥
冯正谊
冯自由
福勃士，D. F.
傅立叶，J. B. J.
傅汝霖
该鲁学尼 Г.
甘乃光
高传珠
高尔基
高和罗夫（巴甫洛夫，П. А.）
高尚德（高君宇）
高士华（高世华）
高煊（高炫）
高语罕
高云裳
戈公振
格尔曼，Я.
格克尔，А. И.
格米拉

葛崇楞
宫甲辰（宫锡川）
谷家儒
谷正鼎
顾叔型
顾维钧
顾学义
关有清
管鹏
郭春涛
郭景惇
郭慕泉
郭瑞
郭寿华
郭瘦真
郭莹珊
韩亮兼
韩麟符
汉钟
郝天柱
何汉文
何瑞祺
何畏
何香凝
河上清
贺恕
贺耀组
贺衷寒
赫尔岑，A. И.
洪一鹤
洪兆麟
侯鸿业
胡彬
胡炳琼
胡汉民
胡建三
胡景翼
胡明（铭）勋
胡木兰
胡士廉
胡世杰
胡适
胡锡奎
华盛顿
黄璧魂
黄昌度
黄大钧
黄鼎新
黄甘棠
黄季陆
黄菊
黄俊
黄凌霜
黄平
黄乾桥
黄韦白
黄维
黄兴
黄永伟
黄宇和
黄兆栋
黄振东
黄中美
黄仲哲
霍尔瓦特，Д. Л.
基列夫，Г. И.
季诺维也夫，Г. Е.
季山嘉（布勃诺夫，A. C.）

王少文
王世杰
王甦
王筱锦
王学步
王约瑟
王振翼
王正廷
王之春
王志文
威尔逊，W.
威廉斯基-西比利亚科夫
韦碧辉
韦荣生
韦秀英
维特，С. Ю.
魏金斯基，Г. В. Н.（吴廷康）
文锷
沃罗比约夫，И.
乌鲍列维奇，И. П.
乌格尔，Д.（化名列密）
吴淡人
吴国谦
吴晋
吴君实
吴鲁
吴佩孚
吴铁城
吴玉章
伍朝枢
伍家佑
伍修权
伍中文
西川光二郎
夏撰予
夏曦
夏云沛（夏云霈）
向警予
向忠发
萧赞育
肖楚女
肖劲光
肖子璋
谢持
谢启良
谢绮梦
谢英伯
谢幼田
谢振英
刑兆麟
幸得秋水
熊克武
熊雄
休斯，С. Е.
秀英
徐浩
徐君虎
徐谦
徐瑞华
徐世昌
徐向前
许赤光
许崇靖
许崇智
许德彦
许建屏
宣中华
雅科夫列夫，Е. А.

雅罗斯拉夫斯基，E.
严谔声
严凤仪
颜惠庆
杨家腾
杨可大
杨芦划
杨明斋
杨匏安
杨尚昆
杨石魂
杨树森
杨树状
杨希闵
杨振西
杨振藻
杨子福
叶楚伧
叶剑英
叶景芳
叶玮卿
伊万诺夫，A. A.（伊文）
易友
尹海
尹时中
永南
游宇
于单
于方舟
于树德
于右任
于卓
余楚帆
余鹳
俞秀松
袁东莞
袁世凯
约尔克，E. C.
越飞，A. A.
越蜇就
恽代英
曾扩清
曾绳点
翟比南 B. G.
翟荣基
翟云基
张伯亚
张慈安
张发冥
张国焘
张继（张溥泉）
张锦勋
张俊义
张民权
张慕周
张秋白（张伯亚）
张秋人
张善铭
张恕安
张太雷
张苇村
张闻天
张秀兰
张学廉
张引岚
张永奎
张佑忠
张元富

张镇
张之良
张宗昌
张作霖
章伯英
章章
赵铣
赵祥定
赵愚
赵云龙
赵云容
赵子俊
甄兆［照］权
郑尘
郑国深
郑介民
郑奇
郑仁波
郑淑鸾
郑蜀子
郑重民
郑子瑜
钟其本
钟婉如
周爱
周策
周达明
周达文
周砥
周恩来
周公
周光亚
周其鉴
周乾初
周任难
周文雍
周学鎏
周言
周永南
朱德计
朱汉杰
朱和中
朱茂榛
朱培德
朱务善
朱卓文
邹达
邹鲁
邹师贞
左叔亚
左镇南

三、参考文献

（一）档案

中文

台北　中国国民党中央委员会党史委员会政治会议档案

台北　中央研究院近代史研究所　中苏关系档案

中国第二历史档案馆　中苏关系档案

俄文

РГАСПИ 俄罗斯国家社会政治历史档案馆　全宗 5，17，325，495，514，527，530，531，532，627

英文

Archive of H. Sneevliet（Maring）International Institute of Social History（IISG）荷兰阿姆斯特丹国际社会历史研究所　斯内夫利特（马林）档案

National Archive in Den Hague（荷兰海牙国家档案馆）

Municipal Daily Report，Shanghai.（1920—1923）上海市档案馆公共租界工部局档案

（二）档案史料集

《戴传贤与现代中国》，朱汇森主编，“国史馆”印行，台北，1989

《革命文献》，罗家伦主编，中国国民党中央委员会党史史料编纂委员会，台北，1967—1978

《广东区党、团研究史料》，广东省档案局编选，广东人民出版社，1983

《汉口九江收回英租界资料选编》，湖北社会科学院历史研究所编，湖北人民出版社，1982

《黄埔军校史料》，广东革命历史博物馆编，广东人民出版社，1982

《黄埔军校史料》（续编），黄埔军校史料编辑组，广东人民出版社，1998

《蒋中正总统档案事略稿本》（1），王正华编注，台北，“国史馆”，2003

《介绍孙文主义学会及其文件》，李云汉，台北，“中央”研究院《近代史研究所集刊》第 4 期，1974

《联共、共产国际与中国》，李玉贞译，台北，东大图书公司，1997

《陆海军大元帅大本营公报》，中国社会科学院近代史研究所近代史资料编辑组主编，杜永镇编，中国社会科学出版社，1981

《马林与第一次国共合作》，李玉贞主编，杜魏华副主编，光明日报出版社，1989

《上海工人三次武装起义》，上海市档案馆编，上海人民出版社，1983

《伦敦蒙难记》，庚燕卿、戴桢译，中国社会科学出版社，2011

《苏联阴谋文证汇编》，张国忱编译，天津，1928

《先总统蒋中正思想言论总集》，台北，中国国民党中央委员会党史委员会编，1984

《新学生社史料》，广东省档案馆、广东省青运史研究室办公室合编，广东人民出版社，1983

《辛亥革命与——上海市公共租界工部局档案选译》，上海市档案馆编，中西书局，2011

《1927 年的上海商业联合会》，上海市档案馆编，上海人民出版社，1983

《中共中央第一次国内革命战争时期统一战线文件选编》，档案出版社，1990

《中国国民党第一、二次全国代表大会史料》，江苏古籍出版社，1986

《中国国民党历次代表大会及中央全会资料》，荣孟源主编，孙彩霞编辑，光明日报出版社，1985

《中华民国史档案资料汇编》第四辑（上、下），中国第二历史档案馆，江苏古籍出版社，1991

《中华民国重要史料初编—对日抗战时期》，《战时外交》（二），秦孝仪主编，台北，中国国民党中央委员会党史委员会，1981

《中山先生伦敦蒙难史料考订》，罗家伦编，京华印书馆，1935

《中苏国家关系史资料汇编 1917—1924》，薛衔天、李玉贞等编，第 1 卷，中国社会科学出版社，1993

《中外旧约章汇编》，王铁崖编，生活·读书·新知三联书店，1982

俄文

Архив Л. Д. Троцкого – коммунистическая оппозиция в СССР（1923—1927）.《托洛茨基档案——苏联的共产主义反对派（1923—1927）》Под редакцией Ю. Фельштинского，изд. Терра，Москва，1990

В. К. Блюхер в Китае 1924—1927 *Новые документы главного военного советника.*《加伦在中国——军事总顾问的新文献》Сост. Картунова

А. И. Изд. Наталис，Москва，2003

Большая цензура – писатели и журналисты в стране Советов 1917—1956，*документы*《极其严格的新闻审查制度（1917—1957）》（文件集）сост. Л. В. Максименко，изд. Международная демократитя，Москва，2005

ВКП（б），Компнмерн и Китай，докуменмы《联共（布）、共产国际与中国》第 1—5 卷）т. 1—5. РЦХИДНИ，Институт Дальнего Востока Российской Академии Наук，Восточно-Азиатский семинар Свободного Университета Берлина，изд. РОСПЭН（т. т. 4—5）. Москва，1994—2007

Второй Всемирный Конгресс Коминтерна（июль – Август1920）.《共产国际第二次世界代表大会》，Партиздат，Москва，1934

Голос народа，письма и отклики рядовых советских граждан о событиях，документы《人民之声》（苏联百姓对事件的反映・文件集），Институт Российской истории РАН，Федеральная архивная служба РФ，Российский государственный архив экономики сост. А. К. Соколов，1998. изд. РОСПЭН，Москва，1998

ГУЛАГ（Главное управление лагерей）1918—1960，《古拉格 1918—1960》，сост. А. И. Кокурин и Н. В. Петров，Международный фонд Демократия，изд. Материк，Москва，2002

Документы внешней политики СССР（ДВП） сост. Министерство ИД СССР，《苏联对外政策文件集》（第 1—11 卷）т. т. 1—Х1. Изд. Политиздат，Москва，1958—1965

Из Архива С. Ю. Витте，воспоминания（维特回忆录）т. 1 – 3，нзд. Дмитрий Буланин，С. -Петербург，2003 圣彼得堡，德・布拉宁出版社，2003

Коминтерн и китайская революция《共产国际与中国革命》，Институт Дальнего Востока Академии СССР，изд. Наука，1986

Первый Всемирный Конгресс Коммунистического Интернационала.《共产国际第一次世界代表大会》Партиздат，Москва，1933

Первый Съезд революционных организаций Дальнего Востока（сборник），《远东革命组织第一次代表大会》（文件集）изд. ИККИ，Петроград，1922

Переписка И. В. Сталина и Г. В. Чичерина с полпредом СССР в Китае Л. М. Караханом（1923—1926）*документы*《斯大林、契切林与苏联驻华全权代表加拉罕的通信》（文件集），сост. А. И. Картунова，изд. Наталис，Москва，2008

Политбюро ЦК РКП（б） – ВКП（б）*и Коминтерн* 1919—1943 *документы*），

《俄共（布）—联共（布）中央委员会政治局与共产国际》（文件集）Г. М. Адибеков，К. М. Андерсон，М. М Шириня. Изд. РОСПЭН，Москва，2004

Пути мировой революции Седьмой Расширенный Пленум ИККИ（27 *Ноября*—16 *Декабря* 1926）.《世界革命之路——共产国际第七次扩大全会速记记录》т. 1—2，Госизд，Москва，Петроград，1927

Пятый Всемирный Конгресс Коммунистического Интернационала《共产国际第五次世界代表大会》第1—2卷，т. 1—2. Госизд，Москва，Петроград ，1925

Расширенный Пленум ИККИ（*12 —23*）*июня 1923*. *Отчёт*.《共产国际执行委员会扩大全会（1923 年 6 月 12—23 日）》（会议记录）Госизд，Москва，Петроград，1923

Расширенный Пленум ИККИ（21 *Марта*—6 *Апреля 1925*），《共产国际执行委员会扩大全会（1925 年 3 月 21—4 月 6 日）》Госизд. Москва，Петроград ，1925

Советско—китайский отношения 1917—1957《苏中关系文件》，Капица，М. С. Москва，1957

И. В. Сталин Историческая идеология в СССР в 1920—1950 годы. переписка с историками，*статьи и заметки по истории*，*стенограммы выступлений*，*Сборник документов и материалов*.《（斯大林——1920—1950年间苏联的历史意识形态，与历史学家的通信，历史论文和札记，发言的速记记录文献资料集）》*Часть* 1，1920—1930，*Волга—Вятская Академия государстве-нной службы*，*Нижегородское отделение Российского Общества историков—архивистов*，*изд. Наука—Питер*，*Санкт—Петербург*，2006

Стратегия и тактика Коминтерна в национально—колониальной революции на примере Китая.《共产国际在民族与殖民地革命中的战略与策略——以中国为例》сост. Кара Мурза，под редакцией П. Мифа Москва，изд. Института МХ и МП，1934

Первый съезд народов Востока. Баку，1—8*сент*. 1920 *г*：*Стенографические отчеты*.《东方人民第一次代表大会》，Пг：Изд. Коммунистического. Интернационала

Тайны советской эпохи – бунтующие пролетарии，*рабочий класс в Советской России1917—1930*）《苏联时期的秘密——造反的无产阶级 · 1917—1930苏俄的工人阶级》，Д. О. Чуриков，Москва，2007

Третий Всемирный Конгресс Коммунистического Интернационала《共产国际第三次世界代表大会》，Госизд，Москва，Петроград，1922

Четвертый Всемирный Конгресс Коммунистического Интернационала，

. *Избранные доклады, речи и резолюции*《共产国际第四次世界代表大会》. Партиздат, Москва, Петроград, 1923

Чичерин Г. В. *Статьи и речи по вопросам международной политики*《国际政治问题文章言论集》, Изд. социально—экономической политики, Москва, 1961

Шестой Расширенный Пленум ИККИ（17 Февраля —13 Марта 1926）《共产国际执行委员会第六次扩大全会（1926年2月17—3月13日）》, Госизд, Москва, Петроград, 1927

英文

Saich, Tony *The origins of the 1-st United front on China*（*The role of Sneevliet*（*Alias Maring*）, Vol. 1—2, Brill, Leiden, New York, Kobenhaven. Koln, 1991.《中国第一次国共统一战线的起源——马林的作用》

Documents on Communism, Nationalism and Soviet advisers in China 1918—1927《共产主义、民族主义和苏联在华顾问的文献（1918—1927》, Wilbur C. Martin and Julie Lien—ying How

The First Congress of Toilers of the Far East《远东劳动者第一次代表大会》Hammersmith Bookstore, London, 1970

（三）年谱　日记

陈锡祺:《孙中山年谱长编》，中华书局，1991

樊振编著:《邓演达年谱会集》，中国言实出版社，2010

冯双编著:《邹鲁年谱》(上下卷)，中山大学出版社，2010

耿云志:《胡适年谱》，四川人民出版社，1989

蒋介石:《孙大总统广州蒙难记》，台北，黎明文化事业出版有限公司，1923

蒋铁生:《冯玉祥年谱》，齐鲁书社，2003

蒋永敬:《胡汉民先生年谱》，中国国民党中央委员会党史委员会，1978

毛思诚:《民国十五年以前之蒋介石先生》，1936

吴相湘:《胡汉民先生年谱稿》，载《中国现代史丛刊》第3册，台北，正中书店，1960

中国第二历史档案馆:《蒋介石年谱初稿》，档案出版社，1992

中国社会科学院近代史研究所编，杜春和、耿来金整理:《白坚武日记》，江苏古籍出版社，1989

中国社会科学院近代史研究所编，杜春和、耿来金整理：《冯玉祥日记》，江苏古籍出版社，1992

中华民国各界纪念国父百年诞辰筹备委员会学术论著编纂委员会主编：《国父年谱》上、下册，台北，1965

中华民国史事纪要编辑委员会：《中华民国史事纪要》1920—1927（初稿），台北，1970—1978

中央文献研究室逄先知主编：《毛泽东年谱（1893—1949）》，人民出版社、中央文献出版社，1994

（四）选集　论文集

中文

《1927年的上海商业联合会》，上海市档案馆编，上海人民出版社，1983

《蔡元培全集》（1—18卷），中国蔡元培研究会编，浙江教育出版社，1997

《陈炯明传》，康白石著，香港文艺书屋，1978

《陈炯明集》，段云章、倪俊明编，中山大学出版社，1998

《戴传贤选集》，中华民国各界纪念国父百年诞辰筹备委员会学术论著编纂委员会主编，台北，1965

《邓演达研究与资料》，黄振位、梅日新、黄济福编，中国文史出版社，2004

《国民革命与黄埔军校》，广州历史博物馆、黄埔军校旧址纪念馆编，吉林人民出版社，2004

《胡汉民全集》，台北，1978

《胡汉民先生名著集》（上、下册），袁清平、李剑萍编，军事新闻出版部，1936

《胡适全集》（44卷本），安徽教育出版社，2003

《胡适书信集》，欧阳哲生、耿云志编，北京大学出版社，1996

《蒋介石先生演说集》第五集，中央军官学校编，民智书局，1929

《李大钊全集》，中国李大钊研究会编，人民出版社，2004

《列宁选集》（1—4卷）人民出版社，1972

《论民生主义与社会主义》，《孙中山论集》，黄彦编，广东人民出版社，2008

《毛泽东选集》，人民出版社，1972

《饿乡纪程 赤都心史》，瞿秋白，东方出版社，2007

《上海革命史资料与研究》，中共“一大”会址纪念馆，上海革命博物馆

筹办处编，第1、2、6—8辑，上海，2001—2002、2006—2009

《上海农工党专辑》，上海市政协文史资料编辑部：《上海文史资料选辑》，2007年第4期（总125期），上海，2007

《斯大林全集》，人民出版社，1954

《斯大林选集》，人民出版社，1979

《孙文选集》，黄彦编，广东人民出版社，2006

《孙哲生先生文集》（1—4卷），秦孝仪主编，中国国民党中央委员会党史委员会编辑，台北，1990

《孙中山集外集补编》，王耿雄编，上海人民出版社，1994年

《孙中山全集》（1—11卷），广东省社会科学院历史研究室，中国社会科学院近代史研究所中华民国史研究室，中山大学历史系孙中山研究室合编，中华书局，1981—1985

《“孙中山与亚洲”国际学术讨论会论文集》，广东省孙中山研究会编，中山大学出版社，1994

《孙中山与中国近代化》，张磊、王杰编，人民出版社，1999

《汪精卫言行录》（下册），广益书局，1932

《辛亥革命》（二），中国史学会编，上海人民出版社，1987

《辛亥革命前十年间时论选集》（1—2卷计4册），王忍之编，生活·读书·新知三联书店，1977

《张溥泉先生百年诞辰纪念集》，中华民国史事纪要编辑委员会编，台北，1981

《张溥泉先生回忆录·日记》，台北，文海出版社，1985

《张溥泉先生全集》（续编），台北，中国国民党中央委员会党史委员会编，1982

《邹鲁先生文集》，中国国民党中央委员会党史委员会，台北，1984

《中共中央第一次国内革命战争时期统一战线文件选编》，中央档案馆、中央统战部编，档案出版社，1990

《中共中央文件选集》（1—3），中央档案馆编，中共中央党校出版社，1982—1991

《中国国民党党史论文选集》，李云汉主编，高纯淑编辑，台北，近代中国出版社，1994

《中国抗战与世界反法西斯战争》，社会科学文献出版社，2009

《中国现代史丛刊》，吴相湘编，台北，文星书店，1962

《中华民国初期历史研讨会论文集》，“中央”研究院近代史研究所编，

台北，“中央”研究院近代史研究所，1984

《中华民国建国史讨论集》，第3册，“中央”研究院近代史研究所编，台北，“中央”研究院近代史所，1981

《中华民国史事纪要》（1920—1927年），中华民国史事纪要编辑委员会台北，1974—1978

《周恩来选集》（上，下），人民出版社，1980

（五）回忆录　访问记

陈碧兰：《陈碧兰回忆录》，香港，十月书屋，1994

陈公博、周佛海：《回忆录合编》，春秋出版社，香港，1971年再版

陈公博：《寒风集》，地方行政社，1944

陈公博：《苦笑录》，现代史料编刊社，1980

冯玉祥：《我的生活》，岳麓书社，1999

顾维钧：《顾维钧回忆录》，第1—11卷，中国社会科学院近代史研究所翻译，中华书局，1983

郭廷以、王聿均、刘凤翰、谢文孙：《邓家彦先生访问记录》，台北，“中央”研究院近代史研究所，1980

郭廷以、张鹏园访问，马天纲、陈三井记录：《白瑜先生访问记录》台北，“中央”研究院近代史研究所，1987

胡木兰：《有关先父生平的几点补充》，《传记文学》第28卷，第6期，台北，传记文学出版社，1976

江亢虎：《新俄国游记》，商务印书馆，1923

蒋介石：《孙大总统广州蒙难记》，台北，1975

蒋经国：《风雨中的宁静》，台北，正中书店，1967

蒋经国：《我的父亲》，台北，“中央”日报出版社，1986

蒋宋美龄：《与鲍罗庭谈话的回忆》，《传记文学》第48卷第4期

毛以亨：《俄蒙回忆录》，香港，亚洲出版社，1954

丘权正编：《回忆冯玉祥将军》，北岳文艺出版社，1990

王凡西：《双山回忆录》，现代史料编刊社，1980

王力行、汪世淳：《宁静中的风雨——蒋孝勇的真实声音》，台北，天下文化出版社，2003

王觉源：《留俄回忆录》，台北，三民书局，1969

张国焘：《我的回忆》第1—3册，现代史料编刊社，1980

张西曼：《历史回忆》，上海济东印书社，1949

中国人民政治协商会议全国委员会文史资料研究委员会:《辛亥革命回忆录》，文史资料出版社，1981

中华民国留俄同学会编:《六十年来中国留俄学生之风霜绰厉》，台北，中华文化基金会、中华图书出版社，1988

邹鲁:《回顾录》第1册，南京独立出版社，1947

朱和中:《与胡汉民先生游俄八个月之回想》，载《中国现代史资料丛刊》第3册，台北，正中书店，1960

俄文

Аппен А. А（ХмелевА. П）, *Три шанхайских восстания*《上海的三次起义》, 1930, Москва

Аллен, Генри（Примаков В. М. ）*Записки волонтёра*, *Гражданская война в Китае*《一个志愿者的笔记——中国第一次国内战争》, Ленинград, 1927

Антонов. Н. Г. *Суньятсенизм и китайская революция*《三民主义与中国革命》, Москва, изд. Коммунистическая Академия, 1931

Бакурин А. В. *Записки об уханьском периоде китайской революции*（*Из истории китайской революции 1925—1927*《中国革命武汉时期的笔记（记1925—1927 中国大革命)》, Москва, Ленинград, 1930

Благодатов, А. В. *Записки о китайской революции 1925—1927*《中国革命笔记 1925—1927》. Москва, 1979

Бородина Ф. С. *В застенках китайских сатрапов*（ *Мои воспоминания*),《在中国土皇帝的刑讯室里——鲍罗庭娜的回忆》Москва, Ленинград, 1928

Вишнякова-Акимова В. В. *Два года в восставшем Китае 1925—1927*,《中国大革命见闻（1925—1927)》Москва, 1965

Войтинский Г. Н. *Мои встречи с Сунь Ятсеном*《我与孙中山的会见》Правда, 15 Марта, 1925

Го Шаотан *Историко—мемуарные записки китайского революционера*,《一个中国革命者的历史回忆录》изд. Наука, Москва, 1990

Далин, С. А. *В рядах китайской революции*《行走在中国革命的队列里》, изд. Московский Рабочий, Москва, Ленинград, 1926

Далин, С. А. *Китайские мемувры*,《中国回忆录》Наука, Главная изд. Восточной литературы, Москва, 1981

Ермашев И. *Сунь Ятсен*《孙中山》изд. ВЛКСМ, Молодая Гвардия, Москва, 1964

Журавлёв, В. В. *Трудные вопросы истории*《历史的难题》, Москва,

изд. Политической литературы，1991

Казанин，М. И. *В штабе Блюхера воспоминания о китайской революции 1925—1927*《在加伦将军的司令部里（1925—1927）》，Наука，Главная изд. Восточной литературы，Москва，1966

Кончиц，Н. И. *Китайские дневники（1925—1937）*《中国日记（1925—1927）》，Наука，Москва. 1969

Костарев Н. *Мои китайские дневники*《我在中国的日记》Изд. Писателей в Ленинграде，Ленинград，1935

На китайской земле Воспоминания советских добровольцев（1925—1945）《在中国土地上（1925—1945）》，Наука，Главная изд. Восточной литературы，Москва，1977

Примаков В. М. *Записки волонтёра гражданской войны в Китае*《一个志愿者的笔记——第一次国内战争时期》（初版），Прибой 1927，Ленинград；再版，1967，Москва，

Тихвинский С. Л.，Титаренко М. Л.，Мясников В. С.，Ипатова，А. С. *Сунь Ятсен 1866—1986*，изд. Наука，Главная редакция восточной литературы，Москва，1987.（孙中山——1866—1966 纪念文集）

Черепанов А. И. *Записки военного советника в Китае*《一个驻华军事顾问的笔记》，Наука，Москва，1964

Черепанов А. И. *Северный поход Национально—революционной армии Китая*（*Записки военного советника в Китае*）Наука，Москва，1966《国民革命军的北伐》

英文

Oudendijk W. J. K. M. G. *Ways and by ways in diplomacy*《外交生涯回忆》，Peter Davis，London. 1939

（六）专著

中文

陈春生：《新文化的旗手——罗家伦传》，台北，近代中国出版社，1985

陈定炎、高宗鲁：《一宗现代史实大翻案——陈炯明与孙中山、蒋介石的恩怨真相》，香港，Benlind Investment Ltd. ，1997

陈三井：《中山先生与美国》，台北，学生书局，2005

陈永发：《中国共产革命七十年》，修訂版，（上、下册），台北，联经出版社，2001

邓泽如：《中国国民党二十年史迹》，正中书局，1948

邓中夏：《中国职工运动简史（1919—1926）》，人民出版社，1953

段云章、沈晓敏、倪俊明：《历有争议的陈炯明》，中山大学出版社，2006

费正清、费维恺：《剑桥中华民国史》（上、下册），杨品泉、张言，孙开远等译，中国社会科学出版社，1993

高兴亚：《冯玉祥将军》，北京出版社，1982

郭恆鈺：《俄共中国革命秘档（1920—1925）》，台北，东大图书公司，1996

郭恆鈺：《俄共中国革命秘档（1926）》，台北，东大图书公司，1997

郭恆鈺：《共产国际与中国革命（“第一次国共合作”）》，台北，东大图书公司，1991

何汉文：《中俄外交史》，中华书局，1935

何云庵：《苏俄、共产国际与中国革命——从苏俄和共产国际的视角看中国革命》，社会科学文献出版社，2009

黄季陆：《划时代的民国十三年》，台北，“国史馆”，1978

黄仁宇：《从大历史的角度读蒋介石日记》，九洲出版社，2008

黄宇和：《中山先生与英国》，台北，学生书局，2005

黄宇和：《孙逸仙伦敦蒙难真相》，上海书店出版社，2004

简又文《冯玉祥传》，台北，传记文学出版社，1982

蒋介石：《苏俄在中国》，台北“中央”文物供应社，1957

蒋宋美龄：《与鲍罗廷谈话的回忆》，《传记文学》第48卷第4期

蒋永敬：《鲍罗廷与武汉政权》，台北，传记文学出版社，1967

蒋永敬《国民党兴衰史》，台北商务印书馆，2003

李恩涵：《北伐前后的“革命外交”》，台北，“中央”研究院近代史研究所，1993

李国祁：《民国史论集》，台北，南天书局，1990

李吉奎：《孙中山与日本》，广东人民出版社，1996

李剑农：《中国近百年政治史》（上、下册），商务印书馆，1946

李新、陈铁健主编：《中国新民主主义革命史长编》之《伟大的开端》，《北伐战争》，上海人民出版社，1991，1994

李新主编：《中华民国史》第1编；《中华民国的创立》第2编，第5卷《北伐战争与北洋军阀的覆灭》，中华书局，1981，1996

李玉贞：《马林 Henk Sneevliet 传》，中央编译出版社，2002

李玉贞：《孙中山与共产国际》，台北，“中央”研究院近代史研究所，1996

李云汉:《从容共到清党》，台北，中华学术著作奖助委员会，1966

李云汉:《中国国民党党史研究与评论》台北，近代中国出版社，1995

李云汉:《中国国民党史述》，台北，中国国民党中央委员会党史委员会，1994

联共（布）中央特设委员会编:《苏联共产党（布）历史简明教程》，人民出版社，1955

梁星亮、惠郭俭:《冯玉祥传》，华夏出版有限公司，2000

刘继曾、毛磊、袁继成合著:《武汉国民政府史》，湖北人民出版社，1986

茅家琦、徐梁伯、马振犊、严安林等著:《百年沧桑——中国国民党史》，厦门，鹭江出版社，2009

孟醒仁、曹书升合著:《冯玉祥传》，安徽人民出版社，1998

墨人:《诗人革命家——胡汉民传》，台北，近代中国出版社，1978

盛岳:《莫斯科中山大学与中国革命》，奚博铨、丁则勤译，陈庆华校，现代史料编刊社，1980

石川祯浩:《中国共产党创立史》，袁广泉翻译，中国社会科学出版社，2006

唐宝林:《陈独秀传——从总书记到反对派》，上海人民出版社，1989

唐启华:《被“废除不平等条约”遮蔽的北洋修约史（1912—1928）》，社会科学文献出版社，2010

陶涵:《蒋经国传》，林添贵译，台北，《时报》出版公司，2000

王建朗:《中国废除不平等条约的历程》，江西人民出版社，2000

王奇生:《党员、党权与党争》，上海书店出版社，2009

王奇生:《中国近代通史》第七卷:《国共合作与国民革命》，凤凰传媒集团、江苏人民出版社，2007

王聿均:《中俄外交的序幕——从优林到越飞》，台北，“中央”研究院近代史研究所，1978

王宗华主编:《中国大革命史（1924—1927）》（上、下册），人民出版社，1990

向青:《共产国际和中国革命关系史稿》，北京大学出版社，1988

谢幼田:《联俄容共与西山会议》（上、下册），香港，集成图书有限公司，2001

徐文珊:《北方之强——张继传》，台北，近代中国，1982

许有成、徐晓彬:《于右任传》，复旦大学出版社，1997

严如平、郑则民：《蒋介石传稿》，中华书局，1992

杨奎松：《国民党的“联共”与“反共”》，中国社会科学出版社，2007

杨奎松：《中共与莫斯科的关系》，台北，东大图书公司，1997

杨奎松：《走向破裂：毛泽东与莫斯科的恩恩怨怨》，香港三联书店，1999

杨天石：《寻求历史的谜底》，首都师范大学出版社，1993

杨天石：《蒋氏密档与蒋介石真相》，社会科学文献出版社，2002

杨天石主编：《中华民国史》第2编，第5卷，中华书局，1996

杨幼炯：《中国政党史》，商务印书馆，1969

余绳武、刘蜀永著：《20世纪的香港》，中国大百科全书出版社，1995

张玉法：《中华民国史稿》，台北，联经出版社，1998

中共中央党史研究室：《中国共产党历史》（上、下册），中共中央党史出版社，2002

中国农工民主党中央委员会：《邓演达》，文史资料出版社，1985

中国社会科学院近代史研究所编：《中国抗战与世界反法西斯战争》，社会科学文献出版社，2009

“中央”研究院近代史研究所编：《近代中国历史人物论文集》，台北，“中央”研究院近代史研究所，1994

周谷：《孙中山与第三国际》，台北，大地出版社，1997

周玉和：《蒋介石与冯玉祥》，团结出版社，2009

周聿峨、陈红民合著：《胡汉民评传》，广东人民出版社，1989

邹鲁：《中国国民党史稿》，中华书局，1960

译著：

连茨，J.：《第二国际的灭亡》，学庆译，斯人校，生活·读书·新知三联书店，1973

罗伊·沃森·科里著：《伍德罗·威尔逊与远东政策》（1913—1921），张玮英、曾学白译，社会科学文献出版社，1994

王淇等译：《罗易赴华使命》，人民大学出版社，1981

韦慕廷，M. W：《孙中山——壮志未酬的爱国者》，杨慎之译，新星出版社，2006

祖波克，Л. И. 主编：《第二国际史》（上、下册），南开大学外文系刘金质、杨光远、高放、李石生译，张礽荪、张芸芳校，人民出版社，1984

俄文

Аблова，Н. Е. *КВЖД и российская эмиграция в Китае*，《中东铁路和旅华俄国侨民史》Русская Панарама，Москва，2005

Адибеков, Г. М. , Шахназарова З. И. , Ширина, К. К. *Организационная структура Коминтерна*,《共产国际的组织机构》Москва, РОСПЭН, 1997

Антонов К. *Сунь Ятсенизм и китайская революция*, Москва, 1931

Быков, Д. В. *Комкор П. А. Павлов*《军团长巴甫洛夫》, Изд. Политической литературы, Москва, 1965

Н. Верт *История Советского государства*《苏维埃国家史》, изд. Весь мир, Москва, 2000

Войтинский Г. Н. *К. вопросу об ошибках КПК в революции 1925—1927*,《论 1925—1927 年间中共的错误》Проблемы Китая, Москва, 1930 № 4—5

В. Воронцов *Чан Кайши Судьба китайского Бонапарта*, 《中国波拿巴——蒋介石的命运》, Политиздат, Москва, 1989

Видные советские коммунисты – участники китайской революции《杰出的苏联共产党人——中国革命的参加者》, АН СССР Институт Дальнего Востока. Наука. Москва, 1970

Далин, С. А. *Очерки революции в Китае*, 《中国革命概述》, М. Л. Московский рабочий. 1927

Делюсин, Л. П. Персиц, М. А. Резников, А. В. Ульяновский, Р. А. *Коминтерн и Восток*《共产国际与东方》, Главная редакция восточной литературы, Москва, 1969

Глунин, В. И. *Коминтерн и Восток – критика критики*《共产国际与东方——反批评》, Главная редакция восточной литературы, Москва, 1978

Зубов А. Б. *История России. XX век*, Аст, Москва, 2009《二十世纪俄国史》

Камков, И. А. , Конопляник В. М. *Военные Академии и училища*, (军事院校) Москва, 1972.

Крюков, М. *Улица Мольера* 29, *секретная миссия полковника Попова*, (莫里哀路 29 号——波波夫上校的秘密使命) изд. Памятники исторической мысли, Москва, 2000

ЛузянинС. Г. *Россия*, *Монголия*, *Китай в первой поливине XX века*《20 世纪前半叶的俄国、蒙古、中国》, ИДВ РАН, Москва, 2000

Мамаева, Н. Л. , *Коминтерн и Гоминдан* (*1919—1929*)《共产国际与国民党 (1919—1929)》, Москва, РОСПЭН, 1998

Мировицкая, Р. А. *Советский Союз в стратегии Гоминдана*《苏联在国民党战略中的地位》, Наука, Главная редакция восточной литературы, Москва,

1990

Никанорова, Е. Б. , Тоскина, М. В. *Страницы истории* (*1989*, *июль - декабрь*)
《历史的篇章》, Лениниздат, 1990

Горев, В. К. Донченко, В. Н. Степанов, *С. А. Страницы истории КПСС*, *факты*, *проблемы и уроки*《苏共历史拾零——史实、问题与教训》, изд. Высшая Школа, Москва, 1989

Панцов, А. В. *Тайная история советско - китайских отношений*《中苏关系秘史》, изд. Муравей - Гайд, Москва, 2001

Персиц, М. А *Дальневосточная Республика и Китай*《远东共和国与中国》, Изд. Восточной литературы, Москва, 1962

Скачков П. Е. *Очерки истории русского китаеведения*《俄国汉学史纲要》), изд. Наука, Москва, 1977

Сладковский, М. И. *Знакомство с Китаем и китайцами*《了解中国和中国人》, изд. Мысль, Москва, 1984

Сладковский, М. И. *Новейшая история Китая* (*1917—1927*)《中国现代史(1917—1927)》, Наука, Москва, 1983

Тихвинский, С. А. *Сунь Ятсен - внешнеполитические мировозрения и практика*《孙中山——外交观与实践》, изд. Международные отношения, Москва, 1964

Усов, В. Н. *Советская разведка в Китае* 20 *- е годы*《二十年代苏联在华情报机关》, 2002 初版, 2011 修订版 Москва

Фирсов, Ф. *Секретные соды истории Коминтерна*《共产国际历史中的秘密机关》, под редакцией Г. А. Бордюгова, изд. КРАФТ, Москва, 2007

Хейфец, А. Н. *Советская Россия и сопредельные страны Востока* (*1921—1927*)《苏俄与东方邻国 1921—1927》, изд. Наука, Москва, 1964

Юрьев, М. Ф. *Революция* 1925—1927 *в Китае*《1925—1927 年的中国革命》, изд. Наука, Москва, 1968

英文

Brandt Conard *Stalin's failure in China 1924—1927*《斯大林在中国的失败(1924—1927)》, Cambridge, 1958

Fisher, L. *Men and politics.*《人与政治家》, 2-d edition. New York, 1941

Issacs, Harrold R. *The tragedy of the Chinese revolution*《中国革命的悲剧》, Stanford, 1951

Jacobs, D. N. *M. M Borodin – Stalin's man in China*《鲍罗庭——斯大林派往中国的人》Harvard University Press, 1981

Leon Sow – theng *Sino – Soviet diplomatic relations* (*1917—1926*)《1917—1926 年间的中苏外交关系》, Canberra, 1978

Loh, Pichon Y. *The early Chiang Kaishek: A study of his Personality and Politics. 1887—1924*《早年蒋介石个人经历政治升迁（1887—1924）》, Colombia Univ. New York, 1971

Parret, David *The role of Hu Hanmin in the first united front. 1922—1927*,《胡汉民在第一次国共统一战线中的作用》China Quartely, 1982

Sheridan, James E. *Chinese Warlord: the Career of Feng Yuxiang*《中国军阀冯玉祥的生涯》Stanford, US, 1966

Whiting, E. *Soviet Policies in China 1917—1924*《苏联对华政策（1917—1924）》, Columbia University Press. New York, 1957

Wilbur, Martin *Sun Yatsen – frustrated patriot*《孙中山——壮志未酬的爱国者》, Colombia Univ ersity Press, 1975

Woo T. C. The Kuomintang and the Future of the Chinese Revolution《国民党与中国革命的前途》, London, 1928

（七）期刊

中文

《百年潮》
《党的文献》
《党史研究资料》
《黄埔季刊》
《近代史研究》
《近代中国》
《历史研究》
《民报》
《民国日报》（汉口）
《民国日报》（上海）
《民生日报》（广州）
《前进报》
《申报》
《向导》周报

《新青年》
《新史学》
《亚洲研究》
《政治周报》
《中国国民党周刊》
《中苏文化》

俄文

Вестник НКИД《苏俄外交人民委员部通报》
Вопросы истории《历史问题》
Истоирческий Архив《历史档案》
Коммунистический Интернационал《共产国际》
Комсомольская Правда《共青团真理报》
Международная жизнь（国际生活）
Народы Азии и Африки《亚非人民》
Новая и Новейшая История《近现代史》
Новый Дальний Восток《新远东》
Правда《真理报》
Проблемы Дальнего Востока《远东问题》
Русское богатство《俄国财富》

英文期刊

International Press Correspondence《国际新闻通讯》
The China Press《大陆报》
The China Quartely《中国季刊》
The New Russia《新俄罗斯》

（八）本专题研究重要论文

陈慈蓉:《“孙越宣言”的再解读及其相关的几个问题》,《中华军事学会会刊》第2期，1997

陈存恭:《黄埔建校前后在华南的苏俄军事顾问》,《黄埔建校六十周年论文集》，台北，国防部史政局，1984

陈存恭:《蒋公中正与俄德籍军事顾问》,《先总统蒋公百年诞辰纪念论文集》（下）台北，国防部史政局，1986

陈三井:《俄国新档中所见的孙中山》,《孙中山与现代中国学术研讨会文集》，国父纪念馆，1998

陈三井：《蒋介石与苏俄军事顾问》，台北商务印书馆，2004

Josef Fass，［Sun Yat-sen and Germany in 1921—1924］，孙中山与德国 1921—1924 Archive Orientalni 36（1968，Praha）.

［德国］费路：《借助新的档案资料重新探讨孙中山与苏俄的关系以及对德态度》，林家有、李明主编：《孙中山与世界》，吉林人民出版社，2004

郭恒钰：《孙中山与德国（1922—1924）》，《国史馆馆刊》复刊第 23 期，台北，1997

韩迪德：《苏联军事顾问与中国国民党（1923—1927）》，《中华民国建国史讨论集》第 3 册，台北，1981

蒋永敬：《蒋中正先生赴俄考察记》，《近代中国》第 136 期，台北，2000

蒋永敬：《马林与国共合作》，《近代中国》第 137 期，台北，2000

蒋永敬：《三月二十日事件之研究》，《中华民国初期历史研讨会论文集》，台北，“中央”研究院近代史研究所，1984

蒋永敬：《孙中山先生与越飞联合声明前的谈判》，《中华民国初期历史研讨会论文集》，台北，“中央”研究院近代史研究所，第 130 期，1999

李国祁：《鲍罗庭策划下中共势力的快速扩张》，《民国史论集》，台北，1990

李玉贞：《宋庆龄与第三党》，孙中山宋庆龄文物管理委员会编：《孙中山宋庆龄文献与研究》，上海书店出版社，2011

李玉贞：《孙文越飞联合声明的幕后台前》，《广东社会科学》第 1 期，2011

李云汉：《孙文主义学会与早期反共运动》，《黄埔建军六十周年论文集》（上），台北，1984

裴京汉：《黄埔军校内部的国共对立与蒋介石的思想倾向——青年军人联合会与孙文主义学会的对立及蒋介石对此的反应》http：//www.hoplite.cn/templates/hpjxwx0184.html

唐锡彤、吴德运、蔡玉臻：《吴佩孚研究》，北京图书馆出版社，2007

［日本］田岛信雄：《孙中山与德国——兼论中德苏联盟的构想》，《南京大学学报：哲学人文科学社会科学》2009 年第 3 期。

王聿均：《加拉罕与广州革命政府》，《孙中山先生与现代中国学术讨论集》第 3 册，台北，1985

王正华：《宁汉分裂前中国国民党的党务会议》，《近代中国》第 156 期，台北，2004

余敏玲：《蒋介石与联俄政策之再思》，《“中央”研究院近代史研究所集刊》，第 34 期，台北，“中央”研究院近代史所，2000

四、缩写词

IISG	荷兰国际社会历史研究所
ВКП（б）	联共（布）
ВЛКСМ	全苏列宁共产主义青年团
ГУЛАГ	古拉格
ИККИ	共产国际执行委员会
КИ	共产国际
КОМИНТЕРН	共产国际
РГАСПИ	俄罗斯国家社会政治历史档案馆
РОСПЭН	俄罗斯百科全书出版社

策划编辑:吴继平
责任编辑:史　伟
装帧设计:徐　晖

图书在版编目(CIP)数据

国民党与共产国际(1919—1927)/李玉贞 著. -北京:人民出版社,2012.5
(2023.6 重印)
ISBN 978-7-01-010665-6

Ⅰ.①国… Ⅱ.①李… Ⅲ.①共产国际-关系-中国国民党-研究-1919～1927 Ⅳ.①D693.74

中国版本图书馆 CIP 数据核字(2012)第 017302 号

国民党与共产国际(1919—1927)
GUOMINDANG YU GONGCHAN GUOJI(1919—1927)

李玉贞　著

人民出版社 出版发行
(100706　北京朝阳门内大街 166 号)

中煤(北京)印务有限公司印刷　新华书店经销

2012 年 5 月第 1 版　2023 年 6 月北京第 2 次印刷
开本:710 毫米×1000 毫米 1/16　印张:43
字数:725 千字　印数:5,001-10,000 册

ISBN 978-7-01-010665-6　定价:96.00 元

邮购地址 100706　北京朝阳门内大街 166 号
人民东方图书销售中心　电话 (010)65250042　65289539

版权所有·侵权必究
凡购买本社图书,如有印制质量问题,我社负责调换。
服务电话:(010)65250042